KB234896

만일 우리 모두가, 늙은이나 젊은이나 남자나 여자나 모두 진실로 돌아가서 일할 때나, 밥먹을 때나, 마실 때나, 놀 때나, 눈을 떴을 때나, 언제든지 그리고 마침내 육체가 진실과 혼연일체가 된다면 얼마나 아름다울 것인가.

마하트마 간디

내 목에 탈리를 갖다 대고는 세 번 매듭을 지으려고 하는 손길을 느꼈다.

나는 망설이지 않고 타오르고 있는 장뇌 앞에 엎드려 절을 올렸다.

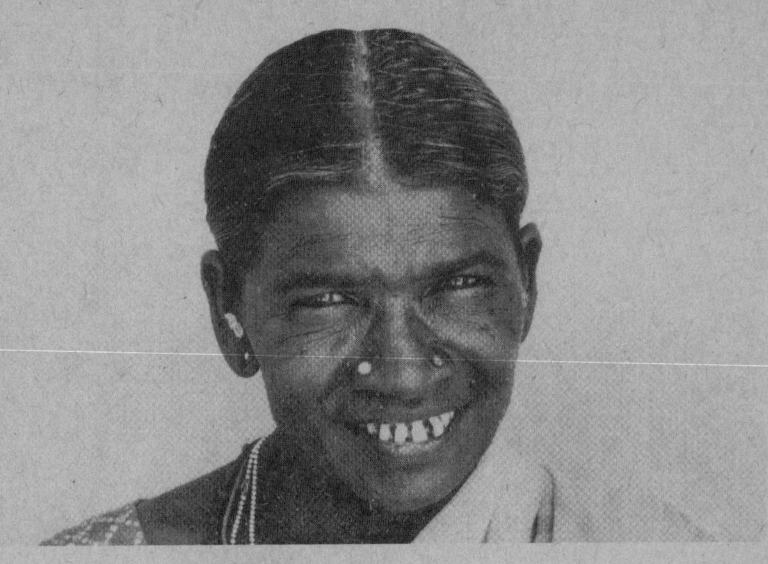

"나는 머리를 숙이고 앞으로 걸어갔다. 심장이 뛰면서 울음이 터져 나올 것 같았다.
그런 기분 속에 난 철저히 혼자가 된 듯했다.
거리는 깨끗이 청소되어 코코넛 잎이 뿌려져 있었고, 하늘은 파랗고 구름 한 점 없었다 …
뭔가에 홀린 것 같았다.
내 목에 탈리를 갖다 대고는 세 번 매듭을 지으려고 하는 손길을 느꼈다.
나는 망설이지 않고 타오르고 있는 장뇌 앞에 엎드려 절을 올렸다.
우리는 결혼했다."

비람마가 열한 살 때 한 결혼을 회상하면서

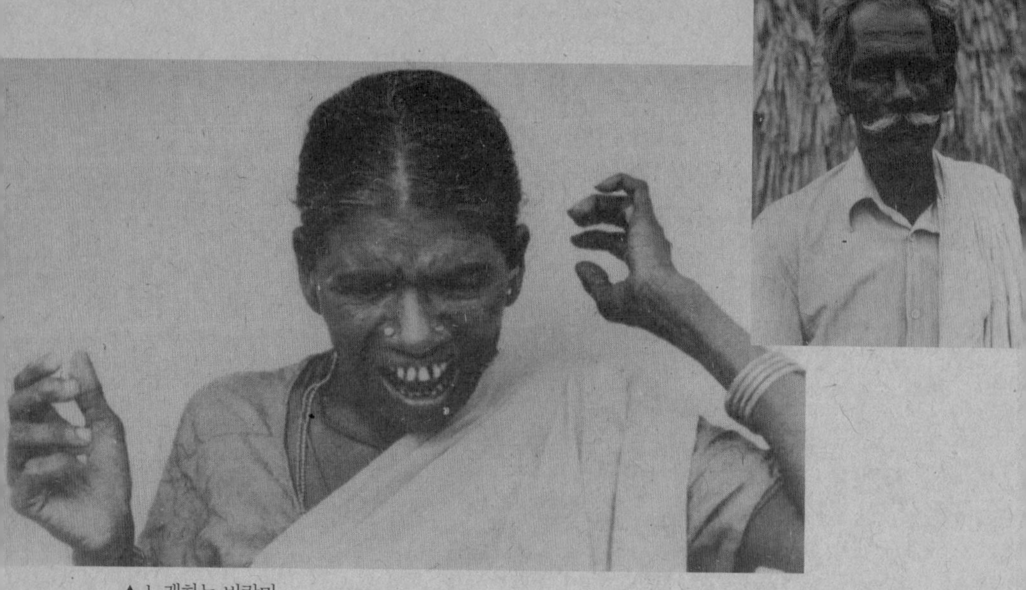

▲ 노래하는 비람마
▶ 비람마의 남편 마니깜

▲ 안반과 며느리 암사 그리고 손녀들
▶ 비람마의 딸 순다리와 미니암마

▲ 모내기
▲ 파라이메람(브라만을 제외하고 모든 카스트의 장례식 때 연주하는 파리아들의 악단이며, 우르의 축제 때 행렬을 선도한다)의 일곱 토띠

카라니 마을 세리의 중앙 도로

카라니 마을 우르의 중앙 도로

▼ 절구질하는 비람마
▼ 풍갈을 위해 단장하는 황소

▼ 고행자들의 행렬
▼ 카라니에 있는 DMK 선거운동 벽보

74°
76°
78°
80°
카르나타카
안드라 프라데시
1923
방갈로르
팔라르 강
마드라스
망갈로르
카베리 강
1713
퐁디체리 자치구
마이소르
포나이야르 강
카라니
12°
12°
아라비아 해
1750
벨라르 강
퐁디체리
2060
살렘
벵골 만
코지코데
카베리 강
코임바토르
탄자부르
케랄라
타밀나두
10°
10°
자프나
코치
바이가이 강
마나르 만
스리랑카
트리반드룸
코모린곶
8°
8°
0   500 km
아프카니스탄
중국
콜롬보
2243
파키스탄
델리
뉴델리
네팔
부탄
인더스 강
나가랜드
라자스탄
갠지스 강
아삼
메갈라야
6°
비하르
방글라데시
구자르트
마디아 프라데시
마하라쉬트라
오리사
캘커타
미얀마
봄베이
벵골만
아라비아해
4°
마드라스
0   100 km
케랄라
타밀나두
스리랑카
인도양
80°
2°

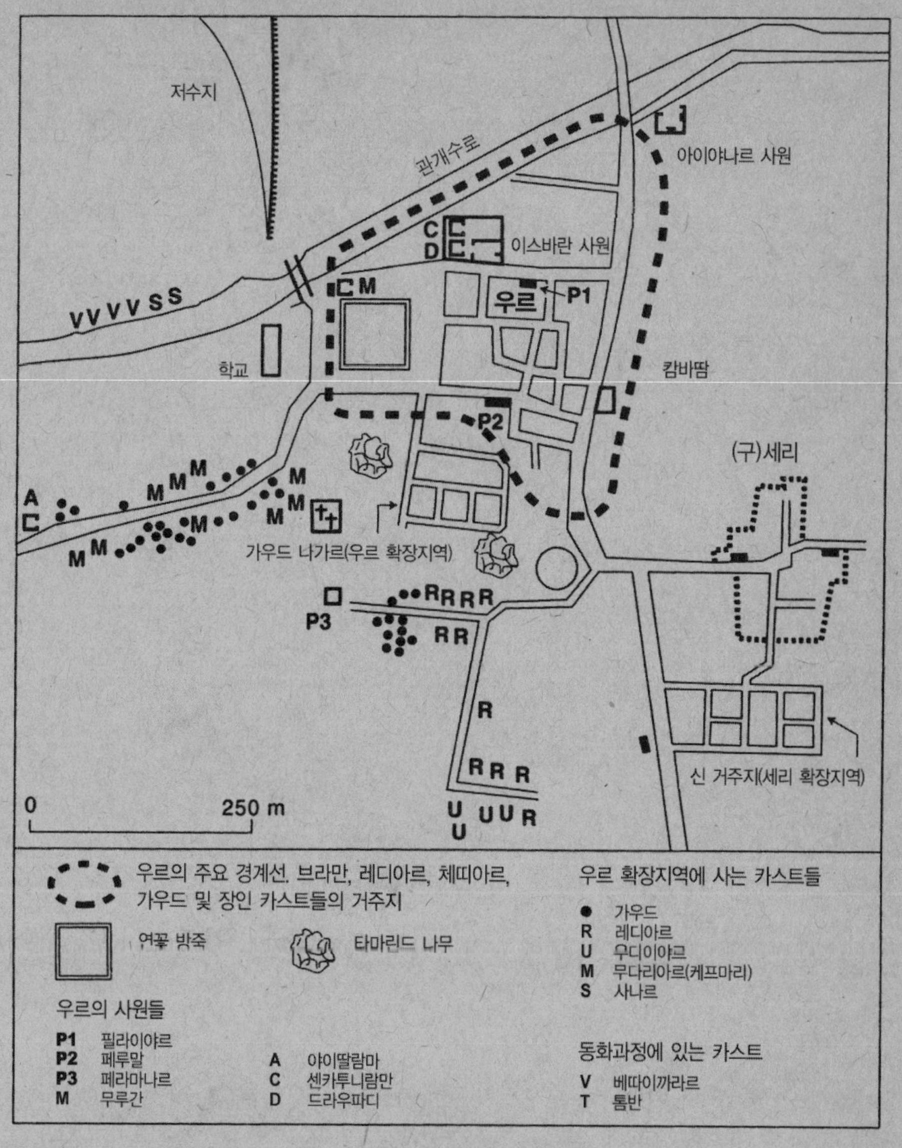

카라니 마을의 우르와 세리

우르ur　달리트가 거주하는 세리와 구별하여 마을 자체를 일컫는 말이다. 브라만, 지주 카스트에서부터 이발사 같은 서비스 카스트에 이르기까지 모든 카스트가 우르에 살고 있으며, 이스바란(시바) 페루말(비쉬누)을 모시는 마을의 주요 사원들이 이곳에 있다. 이들 사원에는 달리트들의 입장이 금지되어 있다.

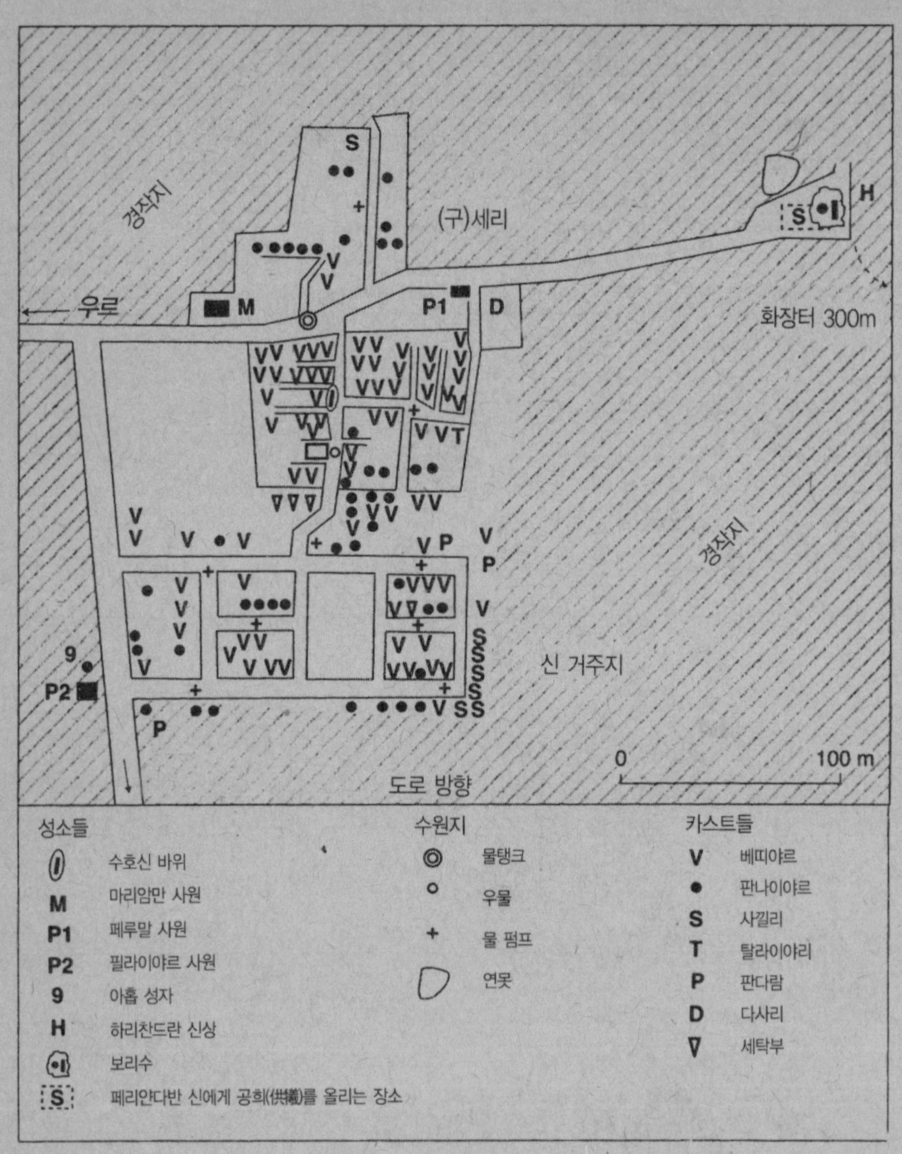

카라니 마을의 세리

세리ceri   '거주지'(colony)로 알려져 있으며, 마을의 일부로 달리트들이 살고 있는 구역이다. 다른 카스트들이 살고 있는 마을 중심부인 우르와 떨어져 있다.

파리아의 미소

파리아의 미소

* 1980년에서 1990년 사이에 이루어진 일련의 대화를 통해서 남인도의 한 마을에서 태어난 파리아 Pariah인 비람마는 조시안 라신느에게 자신의 생애를 타밀어로 이야기했다. 타밀어는 그들이 공유한 일차언어였다. 대화 속에서 비람마는 불가촉천민Untouchable을 나타내는 파리아라는 명칭을 쓰고 있는데, 비람마가 자신을 이렇게 부르는 것은 자신을 정말 파리아로 여겼기 때문이다. 오늘날 파리아는 보다 일반 용어인 '억압받는 자' 달리트Dalit로 대체되고 있으며, 이 용어를 사용하는 해방론자들과 사회운동가들에 의해 파리아라는 용어는 배척되고 있다.

* 정치적인 인물과 잘 알려져 있는 유명인사, 그리고 카스트 명칭, 인도의 읍과 도시의 이름들은 그대로 썼지만 비람마의 구술에 나오는 사람과 마을 이름은 익명으로 했다. 이들 가명들이 특정한 사람 또는 장소와 유사한 점이 있다면 그것은 우연의 일치이다.

파리아의 미소

한 불가촉 천민의 인생사

비람마·조시안·장–뤽 라신느 지음 | 박정석 옮김

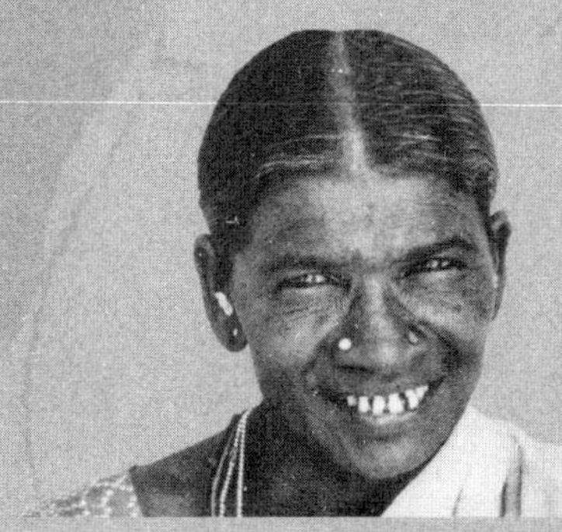

한 불가촉 천민의 인생사

비람마·조시안·장–뤽 라신느 지음 | 박정석 옮김

달팽이

차례

신을 경배하는 날 나는 태어났다

　내 할아버지 사미깐누Samikkannu는 스와라Swara 레디(Reddi또는 레디아르 Reddiar 텔루구 지역에서 기원한 상위 카스트로 지주계층)의 머슴이었다.[1] 할아버지는 정직한 사람으로 일을 열심히 했으며 주인에게 매우 충실했다. 농사를 지으면서 주술도 했는데 주문으로 귀신들을 길들일 수 있었다. 모든 사람은 그를 두려워하면서도 존경했다. 할아버지와 첫번째 부인인 칸니마Kannima 사이에는 다섯 아이가 있었다. 칸니마는 카라이Karai에서 온 마부의 딸이었다. 다섯 아이 중 세 아이를 귀신이 데려가 버렸고, 아버지와 아디Adi고모 둘만 살아남았다. 어느 날 사미깐누 할아버지는 더 강력한 주문을 배우려고 유명한 주술가를 찾아갔다. 할아버지는 자신에게 주술을 가르쳐 준 스승의 딸과 같이 돌아왔는데, 그녀는 임신 중이었다. 할머니는 아무 말도 하지 않았고 그녀를 못마땅해 하지도 않았다. 사람들은 할머니가 할아버지의 주술이 무서워서 아무 말도 못했다고 하지만 그것은 오직 신만이 알 것이다. 할머니는 자식들을 키우며 조용히 살았고, 첩으로 들어온 여자는 아들 하나와 딸 하나를 낳았다. 아이들은 같이 자랐는데 일할 나이가 되자 레디를 위해 같이 일하러 다녔다.

어느 날 사미깐누 할아버지의 친구분이 와서 자기가 일하는 마드라스Madras의 코코넛 농장에 일자리가 있다고 했다. 할아버지는 해가 진 후 아들들의 옷가지를 싸서 친구를 따라가라고 했다. 할아버지는 그것을 특별한 기회로 여겼고, 아들들이 읍에서 더 많은 돈을 벌 수 있을 거라고 생각했다. 다음날 할아버지는 레디에게 아들들이 먼 곳에 사는 친척을 보러갔다고 말했다. 할아버지는 떠나기 전 아들들이 했던 일을 할머니와 첩, 그리고 두 딸과 함께 대신 해보려고 했지만 쉽지 않았다. 왜냐하면 당시에는 여성이 할 수 있는 일이 거의 없던 때였다. 특히 어린 소녀의 경우 더 심해 빚을 지고 가까스로 살아갈 수밖에 없었다. 벨파캄에서의 생활은 더 어려워졌다. 그렇지만 우리는 최소한 하늘, 구름, 물과 같은 모든 자연을 누릴 수 있었다. 당시 물은 곳곳에 흐르고 있었다. 세 번의 몬순기와 비옥한 토지가 있어 곡식들은 별 탈 없이 잘 자랐다. 바로 그 때문에 할아버지는 아들들을 떠나보내고 난 뒤에도 자기 땅을 조금이나마 유지할 수 있었다.

하지만 할머니한테 아들과의 이별은 정말 가슴아픈 일이었다. 할머니는 눈물로 지새면서 최소한 자기 아들인 나데산Nadesan만이라도 놀아오게 해달라고 빌었다. 할머니는 밤낮으로 아들을 집으로 데려올 수 있는 방법을 궁리하다가 란가남Ranganam에 사는 언니와 의논했다. 할머니는 카닉카이Kanikkai 고모와 함께 언니를 보러갔다.[2] 할머니의 언니는 할머니를 위로하면서 마드라스에 사는 자기 친척의 딸과 나데산을 결혼시키라고 권했다. "그 집 딸은 정말 예쁘고, 타밀인처럼 희고, 건강할 뿐만 아니라 남자처럼 일도 잘하지.[3] 나데산은 그 애를 보고 틀림없이 반할 거고, 부인을 두고 떠날 만큼 냉정하지 못해서 마을을 떠나지 않을 거다"라고 말했다.

할머니는 언니의 말을 위안 삼아 벨파캄으로 돌아왔다.

여자들은 결혼계획을 세우는데 능란했다. 얼마 후 나데산이 마을을 방문했다. 할머니는 남자들을 불러서 자신의 계획을 말했다. 사실 내 아버지 나데산은 마드라스로 돌아갈 생각이 없었다. 아버지는 레디를 위해 다시 일을 하고 돈을 벌어서 집안 땅을 지키려고 했다. 하지만 아무런 소용이 없었다. 왜냐하면 할아버지는 자식들을 결혼시키기 위해 땅을 저당 잡혔고, 결국 땅을 포기해야 했다.

그때부터 앞으로의 미래는 새로운 세대인 후손들에게 달려 있었다. 내 어머니 파뚜Pattu는 일곱 아이를 낳았는데, 그 중 셋은 란가남에서 태어났다. 무뚜Muttu오빠가 태어났을 때 가족들은 판데리Panderi 외할아버지가 돌아가셨다는 소식을 들었는데, 당시 외할아버지는 수년 전에 마드라스로 떠난 뒤 소식이 끊긴 상태였다. 사리를 만드는 공장에서 외할아버지와 함께 일했던 친구가 외할아버지는 돌아가셨고 공장주가 장례를 치러줬다는 말을 해주었다. 그래서 외할머니는 외할아버지에 대해 잘 모르고 있었고, 엄마 역시 마찬가지였다. 외할아버지의 아내로서 책임을 다하던 외할머니는 시댁을 떠나기로 결심했다고 한다. 그녀는 금으로 된 부적〔탈리tali〕을 되돌려 주고 오빠들이 유복하게 살고 있는 고향인 코락쿠팜Korakkupam으로 돌아왔다. 외할머니가 떠나고 난 뒤 엄마는 아이를 낳으려고 더이상 란가남으로 갈 필요가 없어졌다. 시어머니인 칸니마는 엄마를 딸처럼 아껴서 자기 집에서 출산하게 했다. 그래서 나는 조부모가 살고 있는 벨파캄에서 태어났다.[4]

마르카지 달(Markaji 타밀 월력으로 아홉 번째 달이며, 12월 중순에서 1월 중순에 해당된다)의 어느 날 밤이었다. 그날 밤 사람들은 단식을 하면서 깨어 있었고 배우들은 새벽까지 사람들을 즐겁게 해주었다. 마을사람들은 모두 엄마한테 거기 있어서는 안 된다고 했지만 엄마는 산통을 겪으면서도 있고 싫어했다. 하지만 오래 버티지 못했다. 엄마가 해산하려 할 때는 달이 막 떠오르던 참이었다. 할머니는 엄마 바로 옆에 앉아 있었는데, 엄마가 소처럼 숨을 쉬는 것을 보고 서둘러 모든 여자들에게 모이라고 했다. 할머니와 카닉카이 고모는 따뜻한 물, 헝겊, 피마자 기름, 심황(turmeric 생강과의 다년생 식물), 젖을 나오게 하는 풀과 낫을 준비했다. 그리고 나서 엄마의 이마를 쓰다듬으면서 아이가 나오기를 기다렸다.

동이 텄다. 마을의 페루말(Perumal 비쉬누를 일컫는 가장 일반적인 타밀 이름. 그는 큰 독수리 가루다Garuda를 타고 다닌다) 사원에서 들리는 작은 종과 북소리가 도르래 소리와 물긷는 소리와 섞여 들려왔다. 사람들은 의례목욕을 하고 있었다. 단식이 이제 막 끝나는 참이었다. 세리(ceri 마을의 일부로 달리트들이 살고 있는 구역이다. 다른 카스트들이 살고 있는 마을 중심부인 우르와 떨어져 있다)에서 남자들은 밤을 지샌 후 일터로 갈 준비를 하고 있었다. 그들은 집 앞에 멈춰 머리를 손에 처박고 문 앞에 앉아 있는 아버지를 보면서 태어난 아이가 여자아이인지 남자아이인지를 궁금해 했다. 그들은 "나데산이 또 딸을 낳았군" 하며 떠들어댔다. 여자들은 목청 높은 여자아이 울음소리를 듣고 좋아하면서 "또 딸이야!" 하고 소리를 쳤다.

할머니는 마르카지 달이 불운을 가져올 수 있다는 생각이 들었지만 그날이 평일과 다르며, 페루말 축제가 있어 상서롭다는 생각을 애써 하면서 자신을 위로했다. 그날 태어난 아이는 가속늘에게 좋다고 한다. 그 아이는 가족에게 행운을 가져다준다고 하는데, 넷째 딸이 결혼 전까지는 집안에 부를 가져다주지만 결혼 후에는 시댁에 부를 가져다준다고 한다. 넷째 딸이 결혼하면 그녀의 가족은 가난해지는데 이는 꼭 그녀가 집을 망하게 한 것처럼 받아들여진다.

어쨌든 나는 운 좋게 신을 경배하는 날 태어났고, 신의 이름을 따서 비람마라 이름을 지었다.[5] 우리 파리아Pariahs들은 종종 신의 이름을 따서 이름을 짓는데, 왜냐하면 우리의 생활은 청결하지 않았고 의례목욕도 하지 않기 때문이다. 그렇지만 신의 이름을 따서 이름을 지어 부르면 우리는 하루에도 여러 번 우리 스스로를 정화할 수 있다. 또한 그 신의 자애로움이 그 사람에게 이어진다고 여긴다. 사실 신을 부르는 것은 길조를 나타내니까 그럴 만한 가치가 있지 않은가?

우리 같은 가난한 사람들에게 절망이나 불행은 오래 지속되지 않는다. 만약 우리가 항상 불운하다는 생각에 빠져 산다면 우리는 살 수 없다. 그래서 가족들은 내 출생에 대한 실망을 떨쳐버리고 나를 환영해 주었다.

내 유년시절은 지구상에 존재하는 신의 영토에 사는 것처럼 더없이 좋은 기억으로 남아 있다. 물론 내 삶은 내 딸 순다리Sundari의 유년시절과 비교할 수 없을 테지만 말이다. 어릴 적 우리는 학교에 다니지 않았다. 그러나 벨파캄에서 보낸 시간들은 나에게 항상 좋은 기억으로 남아 있다. 우리는 노래하거나 이야기를 지어내면서 놀았고, 인형을 만들 만한 것들을 주워왔다. 우리의 하루일과는 어른들보다 늦게 시작되었다. 우리는 엄마가 우물에서 돌아오고 해가 중천에 뜨면 일어났다. 남자들이 들일을 나가고, 여자들이 집안일을 하면 세리는 조용해졌다. 그러면 세리는 곳곳에서 아이들이 질러대는 소리로 가득 찼다. 우리는 눈뜨자마자 오늘은 어디서 무엇을 하고 놀까 이야기했다. 그러면 엄마는 우리 이야기를 도중에 끊으며 씻으라고 밖으로 내보냈고, 그동안 막내를 씻겼다. 우리집에서는 모두가 일을 했다. 할아버지와 할머니는 가족을 먹여 살리기 위해 돌아가시는 날까지 노예처럼 일했다. 아침에 엄마는 레디의 집에 가서 마구간 청소를 했고 필요한 일이라면 뭐든 가리지 않았다. 그래서 엄마는 내 동생을 큰 사촌 사다Sada에게 돌봐주라고 했는데 그녀는 자신의 아이와 내 동생에게 젖을 먹였다. 대신에 엄마는 그녀에게 젖이 더 많이 나오도록 쿠지(kuj수수와 라기로 만든 죽. 주로 일꾼들의 점심으로 제공되는 주식)와 탈린가talinga를 섞은 감자죽 한 그릇을 주었고, 가끔은 두 아이에게 엄마 젖을 먹이기도 했다.

세수하고 준비하는데 많은 시간이 걸리지는 않았다. 얼굴, 팔, 다리에 물을 조금 뿌리고, 약간의 재로 이빨을 닦았다. 그리고 나서 물 말은 밥과 기장 오트밀을 조금 먹었다. 어린 동생들은 벌거벗은 채 돌아다녔다. 나는 언니와 마찬가지로 속치마를 입었다. 손에 막대기를 들고 코코넛으로 만든 마차를 끌면서 우리는 놀아 줄 친구를 찾아 집집마다 다녔고, 아이들은 찻잔 세트, 공깃돌, 밧줄, 자갈, 작고 하얀 조가비 등 저마다 소중한 것을 가져왔다. 그리고 나서 우리는 출발했다. 우리는 곳곳에 멈춰 나무에 올라가고, 과일을 훔치고, 곡식과 식물들을 뽑고, 돌을 모으고, 노래부르고, 소리지르며 시간을 보냈다.

남자애들은 항상 우리보다 빨랐다. 우리 시야에서 남자애들은 점점 멀어졌다. 여자애들은 절대 갈라지지 않았다. 우리는 들판을 가로지르곤 했는데 기장이 날 때쯤이면 그것을 꺾으려고 멈추곤 했다. 벨파캄에서 기장은 유명했는데, 그것은 이삭이 크고 둥글둥글하고 매우 노랬다. 몇몇 아이들은 속치마를 펼쳐 다른 아이들이 꺾어 던진 이삭을 받았다. 우리는 밭마다 다니면서 이삭 열 개씩 훔치곤 했다. 우리는 훔친 이삭을 모아 멀지 않은 언덕 꼭대기까지 달려 올라가 커다란 보리수나무 그늘 아래에 내려놓고 이번엔 콩을 따기 위해 언덕 밑으로 다시 내려왔다. 아침나절은 눈 깜짝 할 사이에 지나가 버렸다. 그늘이 점점 없어지고 기온이 점점 높아졌다. 우리는 허기져서 배에서 꼬르륵 소리가 나야 밥 먹을 때가 되었음을 알아차렸다. 그러면 우리 중 몇몇은 먹을 것과 약간의 소금, 성냥을 가지러 세리로 돌아갔다. 부모들은 우리가 물건들을 가져가는 것을 몰랐다. 부모들이 작은 단지들 속에 쿠지를 넣으면 우리는 그것을 꺼내려고 몰래 집에 들어갔다. 언덕 아래 있던 여자 애들은 콩 껍질을 벗기고 나서 모아둔 보물들이 있는 곳으로 올라갔다. 거기서 우리는 작은 단지들을 머리에 이고 오는 여자 애들을 바라봤다. 우리는 소리치고 고함지르고, 이름을 부르며 웃어댔고 그 소리가 더 웃기게 메아리로 들려왔다. 모두가 돌아오면 우리는 단지를 땅 위에 내려놓고 원을 만들어 다리를 꼬고 앉았다. 먼저 우리는 불경기에 점심을 줄 수 없는 부모들이 있었기 때문에 모두 먹을 것이 있는지 확인했다. 그리고 음식을 나눠 먹었다. 사람들이 파리아에 대해 아이 어른 할 것 없이 까마귀 같다고 하는 데는 일리가 있다. 까마귀처럼 까매서 그런 것이 아니라 까마귀처럼 항상 무리를 지어 다니기 때문이다. 또 우리는 까마귀가 그렇듯이 절대 혼자 먹지 않았다. 까마귀 한 마리가 뭔가를 발견하면 친구들을 불러 같이 나눠먹는 것처럼 우리도 그랬다.

우리는 쿠지를 게걸스럽게 먹고 차를 마셨다. 우리는 놀기를 너무 좋아했고 종종 결혼잔치 놀이도 했다. 나는 항상 남편 역할을 했고, 키르티는 아내 역할을 했다. 의식은 성대했다. 모든 아이들이 자기 역할을 잘 알고 있었다. 신랑과 신부가 앉을 연단을 장식할 꽃도 필요했다. 우리는 사철 피는 노란 국화를 찾아내 계절별로 붉은 꽃 또는 향기 좋은 자스민과 섞어 꽃 장식을 만들었다. 키테리, 룩크마니, 니람마는 전문가였다. 그들은 화환에 대해 너무 잘 알고 있었다. 그들은 모양, 색깔, 향에 따라 완벽하게 꽃다발을 만들었다. 우리는 그들의 재능을 사랑했고, 가끔은 예술작품을 보여주기 위해 부모님을 불렀다. 카스투리, 나아키, 파참마는 드럼을 치며 노래를 부르곤 했다. 나감마는 사제 역할을, 다른 사람들은 잔치준비에 신경을 썼다. 한 무리 애들이 잔가지를 주워 돌 사이에 놓고 집에서 가져온 성냥으로 조심스럽게 불을 붙였다. 다른 아이들은 훔쳐온 기장껍질을 벗겼다. 막대기로 이삭을 때리면 알갱이가 땅에 흩어졌다. 준비하는 동안 우리는 웃고 노래하면서 마냥 즐거워했다. 우리는 어른들 흉내를 내면서 행복해했다. 의식이 끝난 뒤 식사로 기장과 콩을 산호 나뭇잎 위에 준비했다.

그리고 나면 해가 지기 시작했다. 야자나무 사이로 저녁해가 지면 우리는 기장을 질겅질겅 씹으면서 비어 있는 작은 항아리를 머리에 이고 집으로 향했다. 우리는 물가에 멈춰 항아리를 둑에 내려놓고 옷을 벗고 물 속에 뛰어들어 눈이 빨개지도록 첨벙대며 놀았다.

가끔 우리가 씻는 동안에 아침에 우리를 따돌리고 갔던 남자애들이 물가에 와서 괴롭혔다. 그 못된 애들은 우리 속치마를 가지고 근처의 나무에 올라가 장난을 치기도 했다. 처음에 우리는 부끄러워서 손으로 아랫도리를 가리고 그만 하라고 애원했다. 다 큰 여자 애들은 대부분 벌거벗어서 감히 나가지 못하고 제발 옷을 달라고 빌었다. 그러다가 점차 화가 나면 온갖 욕을 해대며 남자애들에게 돌을 던졌다.

"야, 이 양치기 놈아, 좀팽아. 야, 빌어먹을 놈아, 너 이리 와봐, 우리 엄마 아빠한테 가서 일러줄 테다. 야 해삼, 말미잘 같은 놈아, 왜 여기서 빈둥대니, 너희들 할 일이나 신경 써, 이 나쁜 놈들아."

그 말을 듣고 화난 남자애들이 우리를 때리려고 다가오면 우리는 그 애들을 잡아당겨 물에 빠뜨렸다. 그러면 남자애들은 우리 속치마를 내던지고 항아리를 깨트리고는 당나귀처럼 얼른 도망갔다.

우리는 부모님이 집에 돌아오기 전에 집에 들어갔다. 일을 마치고 돌아온 남자들은 발목까지 드리운 소만(soman 하얀 면으로 된 허리에 두르는 간단한 옷으로, 바느질을 하지 않고 만드는 남자 옷이다. 무릎까지 내려 입는 것보다 발목까지 내려 입는 것이 보다 공손한 차림이다)을 입고 툰두(tundu 남자들이 어깨에 걸고 다니는 면으로 된 숄인데, 가끔 낮은 카스트의 일꾼들은 터번으로 사용하기도 한다)를 머리에 매고 나가서는 술집에 앉아 나올 줄을 몰랐다. 일과가 끝나면 남자들은 집에 있지 않았다. 여자들은 돈을 달라고 남자들을 쫓아갔다. 왜냐하면 여자들은 장도 봐야 했고 다른 할 일이 많았다. 우리 또래 애들은 엄마를 따라 시장 가기를 좋아했다. 몇 개 되지 않는 가게에서 고를 것은 별로 없어도 시장은 항상 재미있었다. 여자들은 가게주인에게 붙들려 수다를 떠느라 정신이 없었고, 때로는 엄마가 우리에게 바다이(vadai 콩, 병아리콩과 검은콩에서 추출한 것으로 만든 가루 반죽 푸딩 또는 도넛. 어떤 것은 둥글고 어떤 것은 반지 모양인데, 반지 모양은 여자나 여인들을 빗대는 용어로 사용된다) 또는 무루꾸(murukku 콩가루와 쌀가루로 만든 비비꼬인 모양의 튀긴 입가심 괴자) 같은 과자를 사줬다. 그러나 엄마들은 저녁식사를 준비해야 했기 때문에 시간을 허비하지 않았다. 저녁메뉴는 쌀밥, 맵고 맛있는 양념장, 채소 등인데, 하루 식사 중 가장 잘 차렸다. 우리 여자애들은 호로파(fenugrek 콩과 식물로 카레에 맛을 내는데 쓰인다), 쿠민(cumin 미나리과 식물로 열매는 향신료로 쓰인다) 미나리, 아주 매운 고추 같은 양념을 빻는 것이 일이었다.

언젠가 나는 부엌에서 멍청한 짓을 한번 한 적이 있다. 고추를 갈고 난 맷돌 위에 발가벗고 앉았던 것이다. 아휴! 내 허벅지와 잠지를 불에 덴 거지, 신나암마!(Sinnamma 비람마는 대화를 하는 동안 내내 조시안 라신느Josiane Racine를 신나암마라고 불렀다. 어원상으로는 '작은 엄마' 또는 '젊은 아씨'를 의미하지만, 비람마는 조시안 라신느가 젊고 높은 카스트라는 점을 고려해 부르는 말이다. 일반적으로 젊은 숙모를 혹은 카스트상 자신들이 일을 해주면서 잘 알고 지내는 갓 결혼한 젊은 여인을 부르는데 쓰인다) 엄마는 다칠까 무서우니 맷돌 위에 다시 앉지 말라고 화를 내면서 나를 때렸다. 락쉬미(Lakshmi 비쉬누의 동반자로, 재물과 미의 여신이며 세속적이며 영적인 축복을 위해 기원한다)신이 사는 맷돌에 내가 엉덩이를 깔고 앉았으니 내 행동은 신을 모욕한 셈이었다. 화상에 덴 자리가 밤새 쓰라렸던 그때 기억이 생생하다. 어릴 때는 말이 아니라 경험을 통해 배운다.

한번은 내가 불을 낸 적이 있다. 무슨 이야기냐 하면, 그러니까 우리는 항상 엄마와 시장에 간 것은 아니었다. 종종 부모님은 집에 오자마자 장작불을 지피고, 불 위에 밥물을 올렸다, 밥물이 끓는데 시간이 오래 걸렸기 때문이었다. 그런 다음에 마구간에서 놀고 있던 우리에게 불을 지켜보라고 했다. 그때 우리는 정말 우리 자신이 중요하다고 느꼈다. 소꿉놀이나 하던 우리가 진짜 음식을 만들게 되었으니 말이다. 그러나 불을 지켜보는 것보다 친구들과 노는 게 더 신났기에 금방 흥미를 잃었다. 결국 나는 밥을 망쳐버렸다. 이웃 여자가 와서 타는 냄새가 난다고 했다. 그 여자는 불에서 밥을 내려놓고 엄마에게 달려갔고, 엄마는 서둘러서 시장에서 돌아왔다. 엄마는 내게 화를 내며 실망했다. 엄마는 저녁식사로 매운 양념으로 맛을 낸 쿠지를 준비했다. 그날 반쯤 취해 들어온 남자들은 제대로 된 식사를 하지 못했다.

마음먹은 대로 일이 되지 않았다. 어느 날 저녁 엄마를 도우려고 한 나에게 최악의 일이 일어나고 말았다. 엄마와 할머니는 레디 댁의 고추를 따느라 아직 밭에 있었다. 나는 엄마와 할머니가 돌아오기 전에 저녁식사를 차리려고 했다. 집에 있는 불쏘시개와 땔감으로 밥을 지으려고 했다. 그런데 불이 제대로 붙지 않았다. 매운 연기에 눈이 쓰렸지만 불이 붙지 않았다. 나는 성급하게 석유를 사용하려고 했다. 엄마가 불을 빨리 붙이려고 사용하는 것을 본 적이 있기 때문이다. 램프에 있는 석유 절반을 나뭇가지에 부었다. 그런 다음 성냥을 그었는데, 불길이 얼마 전에 수리했던 야자 잎으로 만든 지붕에 붙어버렸다. 겁에 질린 나는 도움을 청하려고 밖으로 달려나갔다. 큰오빠 신나탐비Sinnatambi와 칸난Kannan은 벌써 불길이 번지는 것을 봤다. 사람들이 몰려와 물 양동이를 날랐다. 불났다는 소식은 불보다 더 빨리 퍼졌다. 엄마가 넋을 잃고 달려왔다. 나는 엄마가 "아아, 애가 화상을 입지 않았나요? 오, 내 아이, 내 딸" 하고 소리치는 것을 들었다. 나는 사람들을 헤치고 엄마에게 갔다. 엄마는 나의 무사함을 확인하고서 화를 냈다. 엄마는 아주 화가 단단히 나서 나를 심하게 때렸고, 나는 엉엉 울었다. 온몸이 멍투성이었다. 나는 키테리 집에 숨어서 좋은 일을 하려 했던 대가가 이렇다면 다시는 좋은 일을 하지 않겠다고 다짐했다. 정말 다행히도 이웃 사람들의 도움으로 지붕만 불에 탔지만 사람들은 불이 전체 세리에 번지지 않도록 자기 집의 초가지붕을 재빨리 걷어냈다. 아버지와 아버지의 친구 이르신은 거래를 했다. 둘 다 이웃집 지붕을 수리하느라 하루 일을 공쳤다. 우리는 지붕을 교체하기 위해 돈을 빌려야 했다. 항상 낙천적이셨던 할머니가 와서 나를 데려갔다. 할머니는 엄마에게 "비람마가 무사하면 됐지. 그게 중요한 거야, 그렇지 않니?" 하고 말씀하셨다. 그날 저녁 나는 밥을 굶은 채 잠자리에 들었다.

우리 아이들이 세리에 일찍 도착할 때마다 우리는 돌차기, 말놀이, 숨긴 손 때리기 등 여러 놀이를 했지만 잭jacks놀이는 하지 않았다. 왜냐하면 밤에 뭔가를 줍는 것은 불행을 가져오고, 불행의 귀신들이 집안에 불행한 일을 가져온다고 생각했기 때문이었다. 우리가 정말 좋아하던 놀이 중의 하나는 반지게임이었다. 우리는 몇 시간이고 노래하고 춤을 추었다.

세리는 항상 소음과 노랫소리, 고함소리로 가득했다. 항상 우리 삶은 그렇게 왁자지껄했지만 마을 내 우르(ur 달리트가 거주하는 세리와 구별하여 마을 자체를 일컫는 말이다. 브라만, 지주 카스트에서부터 이발사 같은 서비스 카스트에 이르기까지 모든 카스트가 우르에 살고 있으며, 이스바란(시바) 페루말(비쉬누)을 모시는 마을의 주요 사원들이 이곳에 있다. 이들 사원에는 달리트들의 출입이 금지되어 있다)안에서는 모든 것이 조용하고 평화로웠다. 우르에서 아이들은 정해진 시간에만 놀 수 있었다. 아이들에게 금지된 것은 많았고 또 마을 주변 시골에 대해 잘 몰랐다. 오직 쿠디야나르(Kudiyanar 자자손손 농업 노동을 하는 반니야르Vanniyar 카스트 성원들 중 가장 가난한 사람들이다)의 아이들만은 예외였다. 그들 부모는 우리 부모처럼 농사꾼이었다.

당시 우리는 학교에 가지 않았다. 우르에 학교가 하나 있었지만 우리가 갈 수 있는 곳은 아니었다. 우리는 놀고 이야기하면서 지냈다. 우리들의 선생님은 무니싸미Munissami 할배였는데, 그는 키테리의 할아버지였다. 정말 이야기를 잘했다. 그는 우리를 재미있게 해주었고, 우리가 같은 이야기를 해달라고 졸라도 기꺼이 해주었다. 이야기는 며칠 동안 밤낮으로 계속되었는데, 그는 나에게 "애, 칸니마의 손녀야, 내가 어제 어디까지 이야기했지!" 하고 물었다. 내가 전날 저녁에 어디까지 이야기했노라 말해주면 할아버지는 계속 이야기를 이어갔다. 우리에게 노래와 수수께끼도 가르쳐

주었다. 나는 지금도 몇 가지를 기억하고 있다. '들판에서 끝없이 풀을 뜯어먹는 수많은 양은 무엇일까? 하늘에 있는 별들이지.' '등에 세 개의 줄무늬를 가지고 있는 브라만Brahmin은 누구지? 바로 다람쥐지'.[6] 엄마가 일하는 레디 집의 딸 미나치에게 나는 무니싸미 할배의 수수께끼 중의 하나를 물었다. "우리 부모님은 태양이자 바다인데 그들이 모든 집에 나를 남겨두었다면 나는 누구일까?" 답을 모르는 그 애에게 나는 답을 알려주지 않았다. 그 애는 자기 엄마에게 가서 일러바쳤다. 나는 우리보다 더 교육을 받은 주인들 앞에서 어줍잖은 지식으로 뽐내려고 했다고 비난을 받았다. 굴욕감에 나는 마구간 문 앞에서 "소금이 답이야" 하고 소리치고 마구간 안으로 숨었다.

무니싸미 할배는 많은 이야기를 알고 있었다. 그는 선생님만큼 많은 이야기를 알고 있었고 우리는 할배의 이야기를 듣고 싶어했다. 그는 쉴새없이 이야기했는데, 우리는 최면이라도 걸린 듯 할배의 이야기와 목소리에 열중했다. 우리 머릿속은 꿈으로 가득 차서 피곤하거나 배고픔을 느끼지 못했다. 가끔 "이 진드기 같은 가시내들아! 눈뜨기가 무섭게 일어나 해질 때까지 이야기 듣고 노는 데도 지치지도 않냐" 하는 나야키 엄마의 고함소리가 우리를 현실로 돌아오게 했다. 나야키 엄마가 딸을 윽박지르기 시작하면 그제야 우리는 집으로 돌아갔다. 돌아가면서 우리는 하루 종일 아무것도 못 먹은 것처럼 허기를 느꼈다. 밥그릇까지 씹어먹을 수 있을 것 같은 기분이었다. 집에서 엄마에게 또 야단을 맞고 나서 우리는 금방 잠에 빠져들었다. 우리는 또 다른 꿈의 세계를 향해 떠났는데, 그곳은 바로 무니싸미 할배가 밤마다 우리에게 이야기해주던 곳이었다.

놀이와 웃음으로 가득했던 우리의 행복했던 시절은 이렇게 빨리 흘러갔다. 우리들은 점점 나이가 들어갔다. 그러나 그때는 나이나 무엇을 할 수 있는가가 중요하기보다 가족의 재산이 얼마나 되는가가 중요했으며 결국 돈이 문제였다. 나이 많은 아이들은 일을 시작했다. 그들은 동생들을 돌보거나 돈을 벌어야 했다. 우리가 좀더 멀리 돌아다닐 수 있었을 때 부모님은 우리에게 논에 와서 일하는 것을 배우라고 했다. "얘야, 인생은 노래와 다르단다. 이렇게 항상 놀고 먹을 수만은 없단다. 넌 일하는 것을 배워야 해. 너 역시 어딘가에서 생활을 꾸려야 할 텐데, 그때 사람들이 너를 보고 '여기 일 잘하는 사람이 있어. 먹을 입만 가지고 있는 게 아니라 돈버는 능력이 있는 사람이 있다'는 말을 들을 수 있어야 한다구."

우리는 일 때문에 노는 것을 포기할 수 없다고 했다. 그렇지만 결국은 논에 끌려갔다. 처음에는 힘들지 않았다. 그냥 바라보기만 했으니까. 하지만 일을 배워야 했다. 우리는 한참 뒤에야 돈을 받았다. 콩, 녹색 편두, 흑편두, 고추 등을 따는데 아이들의 일당은 4안나(anna 타밀의 옛날 화폐 단위이다. 1안나는 1/16루피 또는 12파이세이다. 독립 이후 십진법이 도입되어 1루피가 100파이세가 되었다. 그러나 4안나는 아직도 1/4루피 혹은 25파이세로 통용되고 있다)밖에 안 됐다. 논 주인들은 우리 때문에 일이 늦어지고 망치게 될까봐 염려했다. 그렇지만 우리에게 책임을 떠넘기면서 하루 일당으로 4안나만 주는 것은 주인들에게 이득이었다. 우리는 돈을 더 받아야 했다고 본다. 일하는 동안 곡식을 조금이라도 훔치는 것은 불가능했다. 우리는 대지주 레디를 올빼미 눈이라는 별명으로 불렀다. 그는 모든 것을 볼 수 있고 사람들이 자기를 속이려 하는 것을 금방 알아챘다. 논을 떠날 때면 우리는 수중에 아무것도 없음을 보여주기 위해 속치마를 흔들고 항아리가 비어 있다는 것을 확인시켜주었다.

어느 날 나는 나감마와 나야키와 함께 땅콩과자를 만들기로 했다. 우리는 레디의 논에서 하루 종일 열매를 줍느라 땅콩을 사러 갈 수 없었다. 그래서 땅에 있는 땅콩을 조금 숨겨가자고 했다. 일을 마치고 우리는 몸수색을 받은 뒤 4안나를 받아 집에 가려고 줄을 섰다. 우리는 멀리 가지 않았다. 우리는 대지주 레디가 논을 떠나는 것을 보자마자 타마린드tarmarind

나무 옆의 샛길을 가로질러 개미처럼 기어 가우드(Gounder 반니야르Vanniyar 카스트를 부르는 보편적인 이름으로 반니야르는 농업에 종사하는 카스트이다) 논을 지나서 레디의 밭으로 들어가 땅콩을 슬쩍했다. 땅콩 다발은 우리 허리 둘레만 했다. 우리는 계획이 성공하고 올빼미 눈을 속인 것이 기뻐서 계속 킥킥댔다. 그런데 웃음소리가 멀리까지 퍼졌다. 레디는 논 근처에서 하위 카스트인 가우드와 라말린감 나이커와 이야기하다가 도대체 무슨 일이 있는지 알아보라고 자기 집사를 보냈다. 그때 우리는 안심하고 집으로 돌아가려고 서둘렀는데 갑자기 흰 옷 입은 집사가 우리 앞에 나타났다. 우리는 공포에 질려서 도망갈 생각도 못한 채 얼어붙었다. 그는 "도대체 여기서 뭐 하는 거야" 하고 소리쳤다. 집사는 머리를 쥐어박으며 우리를 레디 앞으로 데려갔다. 때리지만 않으면 훔친 땅콩과 받은 돈도 되돌려 주려고 했다. 우리는 눈물로 범벅이 된 채 레디 앞에서 꼼짝할 수 없었다. 그는 집사에게 땅콩 다발을 제자리에 돌려놓고 우리를 몇 대 때리라고 시켰다. 몇 대 더 맞을 거라고 생각하고 가만히 있는데, 레디는 "당장 여기서 꺼져버려, 이 계집애들아. 다음에 다시 그러면 가만 안 둘 거야" 하고 고함쳤다. 우리는 당장 그곳을 벗어나 죽어라고 세리로 달려왔다. 모두들 그 일을 어떻게 알았는지 다 알고 있었다. 쿱팜마Kuppamma 패거리와 다른 사람들은 우리를 비웃었다. 체면을 세우려고 우리 엄마들은 밖으로 끌고 나가 몇 대 더 때렸는데 훔친 것보나도 현명하지 못한 처신 때문에 더 야단이셨다. 나는 머리에 열이 올라 온몸이 타는 것 같았다. 그날 저녁 밥을 굶고 무니싸미 할배의 이야기도 듣지 않았다. 잠자리에 들면서 다음 번에는 땅콩 밭에서 더 많은 땅콩을 훔쳐 꼭 그 빌어먹을 땅콩과자를 만들겠다고 다짐했다.

클수록 일하는 날이 더 길어졌고 우리는 날마다 논에서 시간을 보내야 했다. 모를 심고 풀뽑는 것을 배웠다. 처음에는 지켜만 보다가 논 주인이 허락하자마자 논의 진흙바닥에서 엄마가 하는 것을 따라했다. 하지만 우리는 그 대가를 받지 못했다. 그들은 일이 더딘 사람을 고용하지 않았지만 우리는 점점 어른들만큼 일을 빨리 하게 되었다.

논 일은 정말 힘들었다. 시간을 빨리 보내고 피곤함과 등의 통증을 잊
으려고 노래를 불렀다.
진흙 속의 발이 정말 아프네
엘람바 엘란Ellamba ellan!
우리를 불쌍히 여기길, 이 박해자야!
엘람바 엘란!
식사시간이 되었네
엘람바 엘란!
우리는 모를 빨리도 심었네
엘람바 엘란!
모판의 모 한 포기를
엘람바 엘란!
무릎의 통증은 얼굴을 찡그리게 하고
엘람바 엘란!
우리는 세 카니kani*를 마쳤는데
엘람바 엘란!
칸니마는 시장에 가려 하네
엘람바 엘란!
기장 석 되를 사기 위해
엘람바 엘란!
그리고 말린 고추를 사기 위해
엘람바 엘란!
우리가 아주 지쳤을 때 원기를 돋기 위해서
엘람바 엘란!
그렇지만 그녀는 땅콩을 갈아야 하는데
엘람바 엘란!

*카니kani 5천850평방미터의 땅으로, 100쿠지kuji로 분할된다. 비람마가 종종 1/4카니를 언급하
고 있는데 약 천 338평방미터에 해당하는 땅이다.

우리는 서로 재미있는 이야기와 소문들을 떠들어댔다. 모두가 아는 노래에 가사를 붙였는데, 굉장히 소란스럽게 끝났다. 야자나무 그늘 아래에서 땅 주인은 자기 땅을 내려다 볼 수 있었다. 주인은 노끈으로 만든 침대에서 일어나 우산을 휘두르며 우리에게 쫓아오곤 했다.

우리는 그렇게 일을 배웠다. 우리는 계속 놀고 늦잠을 자고 싶었다. 항상 아이로 남아 있고 싶었고, 이렇게 어렵게만 살지 않을 거라고 위안하면서 행복하게 살고 싶었다. 우리가 어린 시절에 배웠던 것이라곤 논에서 배운 것이 전부였다. 요새는 학교에서 교육을 받는다. 아이들에게 책과 연필, 심지어 점심도 준다. 보모들은 애들 엄마가 일하는 동안 갓난아이들을 돌봤다. 그렇지만 세리에 끝까지 남았던 남자애들은 극소수였다. 우리는 안반Anban이 열 살이 될 때까지 학교에 보냈다. 그렇지만 그 바보 같은 놈은 학교에 가기 싫어했다. 그래서 우리는 그 애를 논으로 보냈다. 당시 아들은 안반 하나뿐이었고 딸 미니얌마Miniyam는 결혼한 직후였다. 안반은 동생들을 돌봐야 했고, 우리는 항상 어린 소치기가 필요했다. 우리는 그 애가 학교에서 돌아오기를 기다렸다. 지금 아이들은 학교와 논에서 시간을 보낸다. 그 애들 중 어느 것 하나 제대로 배운 애들이 없다. 만약 우리가 아이들을 논에 먼저 보낸다면 그 애들은 학교에 제대로 다닐 수 없다. 그리고 만약 우리가 애들을 학교에 먼저 보낸다면, 그 애들에게 논에서 일을 시킨다는 것은 더욱 어렵게 된다. 아이들은 크면 더이상 순종석이지 않은데, 어느 날 갑자기 자신들을 키우느라 고생한 부모를 뒤로한 채 읍내에 나가 일자리를 찾으려고 한다. 바로 그것이 우리 파리아 카스트의 운명인데, 사실이 그렇다. 그것을 가리켜 '한 뼘 앞으로 가서 한 발이나 뒤로 물러난다'고 말한다. 그곳에서 배움은 우리에게 달려 있지만 우리는 배운 것을 여전히 활용할 줄 몰랐다. 그곳에서 내가 살아온 동안 선택의 여지는 없었다. 단지 살아온 대로 살 수밖에. 농사일과 집안일을 어릴 때부터 배우는 것이 우리가 할 일이었고, 그에 따른 대가를 받으며 살아왔다.

논에서 일하고 세리로 돌아와도 내 일과는 아직 끝나지 않았다. 엄마와 함께 레디의 집 마구간과 안마당을 치우러 가야 했다. 엄마가 쌀을 골라내고 양념을 가는 동안 나는 청소하고 물을 길었다. 나는 엄마를 따라 레디 집에 가는 것을 좋아했는데, 왜냐하면 그곳에는 항상 뭔가 할 일이 있었기 때문이었다. 레디의 딸인 미나치와 자나키는 나를 많이 좋아했다. 나는 그들을 재미있게 해주었다. 그들을 위해 개처럼 행동했고 그들이 손에 지팡이를 쥐고 웃으면서 나를 쫓아다니는 동안 사방을 뛰어다녔다. 그들은 종종 나에게 이야기를 해달라고 졸랐다. 나는 그들보다 더 많은 이야기를 알고 있었다.

어느 날 큰딸 자나키는 귀신 이야기를 해달라고 계속 졸라댔다. 나는 자나키가 무서워할 걸 알았기에 이야기를 해주지 않았다. 그러면 자나키는 나를 때리면서 이야기를 안 해주면 저녁에 물 길러가다 항아리를 깨먹었다고 자기 엄마에게 이르겠다고 위협을 했다. 나는 어쩔 수 없이 그 애들이 가장 좋아하는 닭다리 나무에 살고 있는 무루간(Murugan 시바의 둘째 아들로 남성미, 젊음, 전쟁, 산의 신이다. 공작새를 타고 다닌다)의 심부름꾼 이야기를 해주었다. 나는 그 애들에게 태양이 가장 높이 떠올랐을 때 또는 태양이 지고 나서는 닭다리 나무 근처에 안 가겠다는 다짐을 하라고 했다. 자나키는 변소 근처의 닭다리 나무에 가서도 안 되냐고 물었다. 물론이지!

엄마는 일을 마치고 와서 나를 찾았다. 우리는 세리로 돌아갔다. 다음 날 레디의 부인은 엄마를 일찍 불러서 머리를 때렸다. 자나키가 발작을 일으키고 밤새 열병을 앓았기 때문이었다. 그 애는 밤새 내 울었다고 했다. 엄마는 무릎을 꿇고 나를 가만두지 않겠다고 다짐하면서 다시는 일하는데 데려오지 않겠다고 했다. 엄마가 무슨 이야기를 했냐고 물었다. 내가 닭다리 나무에 올라가는 귀신이야기를 해줬다 하자 엄마는 안도했다. 여주인에게 그 귀신이 해롭지 않으며, 단지 무루간의 심부름꾼에 불과한 것을 강조하면서 안심하라고 했다. 엄마는 귀신뿐만 아니라 귀신에게 뭘 해야 할지를 알고 있는 큰오빠 마니에게 가서 북을 치고 주문을 외면 아이를 치료할 수 있을 거라고 했다. 엄마는 마을 반대편의 시냇물 근처에 사는 큰오빠 마니 집에 달려갔다. 오빠는 막 일하러 나가려던 참이었다. 단순하고 평화를 좋아하던 오빠는 항상 도와주는 것을 좋아했다. 오빠는 집으로 가서 사나르(Sanar 야자와 야자나무 즙을 모으는 카스트)의 도구를 내려놓고 모래시계처럼 생긴 작은북을 챙겨 엄마와 함께 대지주 레디의 집으로 갔다. 마니는 뒷마당에 서서 그곳으로 아이를 데려왔다. 큰오빠 마니는 별 어려움 없이 자니타를 치료했는데 오빠가 마지막 찬양 노래를 마쳤을 때 그 애는 완전히 회복되었다. 레디의 부인은 마니에게 쌀을 조금 주었고, 오빠는 기뻐하며 집으로 돌아갔다. 나는 잠을 자다가 누가 때리는 바람에 잠을 깼다. 나는 울음을 터뜨렸다. 엄마는 마음을 진정시키려고 베텔 (betel 후추과에 속하는 덩굴식물로 인도에서는 이 식물의 잎과 열매인 빈랑자를 즐겨 씹는다-옮긴이)을 씹고 있었다. 나는 울면서 엄마에게 내 잘못이 아니라고 말했다. 협박에 못 이겨서 이야기를 해주었다고 했다. 엄마는 주인네에게 귀신이야기를 하는 것보다 자나키나 그 애 엄마에게 몇 대 맞는 게 더 낫다고 말했다. "그 애들은 집 밖에 나가본 적이 없단다. 자연에 대해 아무것도 모르고 악마의 눈을 두려워하지. 너는 그것에 대해 이야기해선 안 돼!"

엄마가 옳았다. 자나키와 미나치는 바깥에 한번도 나가본 적이 없었고, 심지어 틴나이(tinnai 기둥 앞에 만들어 놓은 집 바깥의 넓은 공간으로 실과 내문을 구별하고 있는 평평한 연단이다. 방문객 또는 집안으로 들여놓기를 꺼리는 낮은 카스트 성원들은 이곳에서 응접할 수 있다)에도 가본 적이 없었다. 불쌍하게도 그 애들은 항상 큰 집에 갇혀 지냈다. 친구를 사귀고 자연을 탐구하고 무니싸미 할배의 이야기를 듣는 일 모두 그 애들에겐 금지된 것이었다. 높은 계급에서 태어난 아이들의 운명은 바로 그랬다. 그 애들의 부모들은 장난감과 비싼 물건으로 애들을 행복하게 해줄 수 있다고 생각하지만 사실 애들은 거기에 별로 관심이 없다. 나는 인형결혼식에 처음 가보고서 그것을 깨달았다.

그것은 진짜 결혼식 같았다. 거기에는 꽃과 장작으로 뒤덮인 판달(pandal 손님이 많이 올 때 의식을 치르기 위해 대나무를 골조로 하여 야자 잎을 덮어 만든 차양막)이 있었다. 화환과 자스민으로 장식한 마차도 준비했다. 연주자도 있고, 여자들과 소녀들은 금실로 수놓은 비단 옷을 입었다. 또 샤프란 꽃, 장미향수, 선물바구니, 사탕 등으로 손님들을 위한 잔치를 준비했다. 우리는 인형결혼식에 그런 행진을 하는 것을 보고 기절할 지경이었다. 우리는 인형이 있는 마차 가까이 다가가려고 했지만 옷차림새와 몸의 땀 냄새 때문에 떨어져 있어야 했다. 결국 우리는 분수에 맞게 판달을 마주보고 있는 마르고사margosa 나무 아래에 자리를 잡았다. 나무 아래에서 원숭이 떼처럼 모여 우리는 의식의 진행과 부산대는 여인네들, 모퉁이에서 투덜대면서 의례 때문에 바쁜 브라만, 판달 중앙에서 베텔을 씹으며 이야기하고 있는 남자들을 지켜봤다. 앉아 있는 애들, 엄마를 따라다니는 애들이 있었지만 모두 따분해했다. 이미 다 커버린 아이들에게 인형을 가지고 노는 것은 정말 따분한 일이었다. 정말 인형결혼식은 너무 완벽했다.

우리 인형은 예쁘지 않았다. 비라만갈람Viramangalam의 도예가가 만든 것이거나 상처와 종기를 치료하려고 드라우파디(Draupadi『마하바라타』에 의하면 판다바 다섯 형제의 부인으로 나중에는 대중적인 여신이 되었다) 축제에서 산 약재나무로 만든 것이었다. 우린 인형도 많았지만 팔다리가 성한 것은 하나도 없었다. 하지만 우리는 그걸 갖고 놀면서 행복했다.

우리는 점차 따분해졌다. 인형들의 결혼식은 정말 지루했다. 우리는 단지 음식 때문에 남아 있었다. 음식냄새가 진동해서 배고파 죽을 지경이었지만 가난한 사람한테는 음식을 나중에 주었다. 우리는 음식을 받자마자 나눠먹으려고 세리로 돌아갔다. 그때 나는 인형결혼식이 아이들을 위한 놀이가 아님을 알게 되었다. 구혼자가 자나키를 보러왔지만 맞선은 무산되었는데, 그것은 나쁜 징조였다. 사람들은 인형결혼식을 치르고 나면 그 효과로 진짜 결혼식이 금방 치러진다고 했다. 인형결혼식은 우리보다 높은 카스트 특히, 레디아르Reddiar의 전통이었다.[7] 결혼식은 비용이 많이 들지만 그 효과는 탁월했다. 자나키는 그 해에 결혼했다.

나를 여자로 만든다고 했다

결혼하기로 결정되었을 때 나는 아직 가슴도 나오지 않은 순진하고 작은 소녀에 불과했다. 나보다 나이가 많은 사촌 큰언니 엘람마Ellamma는 카라니로 시집을 갔다. 언니는 장차 내 시부모가 될 사람이 며느리 감을 찾는다는 말을 듣자 고향 벨파캄에 딱 좋은 여자 애가 있다고 말했다. 우리 엄마를 좋아했던 엘람마는 이 결혼을 성사시켜 자기 애정을 보여주고 싶어 했다. 그 이야기를 전하려 큰언니가 집에 왔을 때 모두들 좋아했다. 엄마는 기뻐서 틴나이 위에서 흐느꼈고 엘람마는 엄마를 위로했다. 엄마는 큰언니의 생각을 따랐다. "엘람마는 거기서 잘 살고 있잖아. 비람마 역시 카라니에서 행복할 수 있을 거야. 만약 무슨 일이 있더라도 엘람마가 있으니 잘 돌봐줄 테고. 나의 푸자(puja 숭배자의 행위나 신성스런 존재에 공양을 하는 것이다. 다소 의례화된 절차가 있다)가 헛되지 않았고 페리얀다반(Periyandavan 시바의 장인인 닥샤Daksha가 만든 시바를 빼닮은 '위대한 신'이다. 비람마 친족들의 신)이 우리를 축복해 주었어" 하고 말했다.

그녀는 혼담준비를 위한 음식을 차리려고 셀비파띠Selvipatti에 있는 큰 시장에 가서 싱싱한 생선 몇 마리와 술을 사왔다. 일터에서 돌아온 아빠가 발을 씻으려는 데 엄마는 엘람마가 중요한 소식을 가지고 왔으니 빨리 들어오라고 했다. 아빠는 마구간 옆에서 기다리고 있는 친구들에게 손님이 와서 집에 있어야 된다고 말했다. 엄마는 할머니에게 각자의 생각을 아빠에게 말해달라고 했다. 할머니는 낮은 목소리로 자기 생각을 말했다. 가족들이 내 이야기를 한다는 걸 알았지만 나는 몇 마디만 들었을 뿐이었다. "비람마는 행복할 거야. 일도 잘 할 거고, 엘람마가 거기 있으니 돌봐줄 수 있고. 카라니는 여기서 그다지 멀지도 않으니 우리가 자주 가서 그 애를 볼 수도 있고……" 나는 식구들이 나를 큰언니 엘람마가 일하는 레디아르에게 보내서 돈도 더 많이 벌고 숙식도 하게끔 하려는 것으로 생각했다.

나는 가장 친한 친구인 나야키를 모퉁이로 불러내 그 이야기를 하면서 아무에게도 말하지 말라고 했다. 다음날 아침 사람들은 뭔가가 벌어지고 있음을 짐작하고서 도대체 무슨 일인지 궁금해 했다. 부모님은 아무것도 결정된 것이 없다면서 나에게 몇 가지 물어봤을 뿐이라고 조심스레 이야기했다. 만약 그 일이 무산될 경우 딸의 명예에 흠집이 날 것을 걱정했던 것이다. 그렇지만 엄마는 큰언니 엘람마를 믿은 나머지 자신만만해 했다. 그리고 카라니에서 나의 미래 시어머니가 될 사람도 같은 생각을 하고 있었다. 그녀는 벨파캄을 방문하기에 좋은 날을 잡으려고 아이에르(Iyer 타밀나두에서 시바파 브라만들을 일컫는 말이다. 특히 세리의 시바파 사제는 달리트이며 발루바르Valluvar(달리트 사제로 비쉬누파에 속한다) 카스트 출신인데도 이런 영예로운 직위를 부여하고 있다)에게 물어봤다. 일이 점차 구체적으로 진행되었다.

그동안 나는 결혼에 대한 설명을 들었다. 결혼은 내가 집과 가족, 친구들과 고향을 떠나 모르는 사람에게 가서 그들을 위해 요리하고 일해야 하는 것이라고 했다. 결혼 뒤에 나는 오직 그들에게 속하게 된다고. 그들의 딸이 되는 거고, 그들이 허락해야만 엄마 아빠를 만날 수 있다고. 나는 그 말을 듣고 밤낮으로 울었다. 엄마에게 결혼시키지 말아 달라고 애원했다. 착한 아이가 되겠다고, 놀지도 않고 열심히 일해서 돈을 많이 벌어오겠다고. 또한 나야키와 친구들에게 우리 엄마한테 결혼을 시키지 말라고 말해 달라고 했다. 어느 날 밤 엄마는 논에서 일하고 돌아와 울음을 터뜨렸다. 우리는 서로 부둥켜안고 펑펑 울었다. 엄마는 내가 아직 어린애에 불과해 결혼을 이해하지 못함을 알았다. 그리고 나를 이해시킬 수 없을 거란 것도. 엄마는 자신의 이야기를 해줬다. 엄마 역시 벨파캄에 오려고 엄마의 엄마를 떠났다고. 엄마는 여기서 아이를 낳았고, 여기서 항상 배불리 먹고 살지 못했지만 행복했다고. 그게 바로 여자들의 운명이라고. 떠나는 것은 두렵지만 모든 것에는 끝이 있다는 것을 알아야 한다고. 하지만 결혼은 모든 것의 시작에 불과하다고 했다. 결혼을 통해 나는 비로소 여자가 되며, 시댁에 활력을 가져다준다고 했다.

엄마의 말을 곰곰이 생각하니 힘을 조금 얻었다. 할머니 역시 나를 염려했다. 할머니는 결혼 뒤에 내가 바로 카라니로 가는 것은 아니라고 했다. 당분간은 집에 머물 거라고 했다. 나는 할머니의 약속을 믿고 신랑측의 첫 방문을 준비했다.

나는 엄마의 오래된 사리 옷을 재단해 만든 작은 사리를 입었는데 그보다 속치마에 상의를 입지 않은 차림이 더 편했다. 엄마는 내 머리에 짙은 검정 물을 들이려고 매일 코코넛 오일을 사서 그것에 에클립타eclipta와 첸닐chenille잎을 담가 자스민으로 장식했다. 시간은 금방 지나갔다. 나는 어느 날 저녁 시댁 식구들이 내일 올 거라는 말을 들을 때까지 계속 논에서 일하고, 친구들과 놀고, 무니싸미 할배의 이야기를 들으면서 지냈다. 그다지 놀랄 일도 아니었지만 막상 말을 듣고 나니 청천벽력 같았다. 어른들은 나를 진정시키려고 했다. 그들은 온화하게 충고했다. "미소를 잊지마라. 소금만 조금 가져와. 라임은 주지 말고." 그러나 나는 끔찍한 저녁을 보냈다. 최악의 일을 상상했다. 그 나이에 결혼을 이해하기는 힘들다. 내가 사랑하는 사람들과 헤어진다는 생각에 결혼이 마치 유괴와 같다는 생각이 들었다. 어렸을 때 유괴범을 조심하라고 들으며 컸는데 이제 식구들의 축복 속에 유괴되는 꼴이라니! 그들이 나를 죽이지는 않겠지만 '나를 여자로 만들 거라니.' 도대체 여자라는 것이 뭔데? 소녀 시절은 정말 행복했다. 태어나 처음으로 뜬눈으로 밤을 샜다. 첫 까마귀 소리가 곧 날이 밝음을 알려주었다. 하늘은 여전히 어두웠고 달도, 별도, 구름도, 빛도 없었다. 어쩜 내 마음과 똑같던지. 나는 밤새 깜깜한 하늘을 응시했다. 날이 샐 즈음에야 겨우 잠이 들었다.

신랑이 될 가족들은 오후에 방문할 예정이었다. 할머니는 내가 늦잠을 자도록 내버려두었다. 그날은 아무도 일하러 가지 않았다. 엄마와 사촌들은 닭나무 잎으로 이들리(idli 쌀과 콩을 익힌 케이크), 읍푸마(uppuma 호밀 또는 양념과 양파를 넣어 튀긴 간식거리)와 바다이, 그리고 양념으로 맛을 낸 유장(乳漿), 팬케익을 만드느라 바빴다. 그리고 큰 물동이와 작은 컵에 물을 담아 대문 앞에 놓았다. 내가 일어났을 때 모든 준비는 끝나 있었다. 모두들 목욕을 하고 머리를 빗어 넘기고 정장을 차려 입었다. 내가 준비하는 데는 시간이 오래 걸렸다. 나는 디파발리Dipavali 축제 때 받았던 속치마를 차려입었다.[1] 엄마는 시장에서 샀던 색깔 있는 유리 팔찌를 꺼내주었다. 큰언니 암마이Ammayi는 오랫동안 내 머리손질을 해주었다. 머리를 갈래갈래 따서 자스민으로 튼튼하게 말아 올리고, 내 얼굴과 팔에는 분을 발라주었다. 엄마는 나를 위해 특별히 준비한 반죽으로 눈 화장을 해주었고, 나중에는 그걸로 이마에 포뚜(pottu 과부를 제외하고, 여인들의 이마에 붙이는 행운의 표시. 전통적으로 어린 소녀는 검은 색으로 기혼 여성들은 붉은 색을 사용한다. 상징적으로 포뚜는 '삭티의 눈' 즉 파괴의 눈을 나타내는데, 성스러운 여인의 정수인 삭티-성스런 에너지 또는 힘을 의인화 한 여신이며, 시바의 아내 파르바티Parvati, 전쟁의 신 두르가, 파괴자 칼리 등 여러 여성상을 내포한다-를 신에게 바치는 것이다)를 그려 넣었다. 내 몸단장이 그렇게 끝났다.

반 벌거숭이로 땀 냄새를 풍기며 나를 보고 있던 친구들이 예쁘다고 했다. 이웃들과 호기심 많은 사람들이 떼지어 모여 있었다. 갑자기 밖에서 놀던 아이들이 "저기 와요, 저기 봐!" 하며 소리쳤다. 아빠는 많은 사람들을 헤치고 성큼성큼 집 밖으로 나갔는데 아빠를 보고 아이들은 자기들 장난에 속아넘어갔다고 좋아했다. 아빠는 화난 표정으로 숄을 흔들어 아이들을 쫓고서는 집 앞에 있는 남자들과 이야기를 나눴다. 얼마나 지났을까, 포누싸미 삼촌이 와서 신랑 식구들이 도착했다고 했다. 아빠와 가족들은 손님을 맞으려고 나갔고 나는 집안 구석으로 몸을 숨겼는데, 심장이 요동쳤다.

엄마는 손님들이 손발을 씻는 동안 틴나이 위에 자리를 깔았다. 양가 식구들이 자리에 앉았다. 틴나이는 양가 식구들이 모두 앉기에 비좁았다. 남자와 여자들은 벨파캄으로 오는 여정, 이곳과 그곳에 대한 이런 저런 이야기를 나누었다. 신랑 식구들은 두 집안에 인척지간이 있는지를 알고 싶어했는데 결국 알아냈다. 부계 삼촌뻘 되는 사람의 조카인 큰언니 엘람마가 그쪽 집안의 사촌과 결혼했다. 마침내 나를 한 번 보고 싶다고 했다.

엄마는 틴나이에서 일어나지 않은 채 나를 불러 물을 가져오라고 했다. 나는 머리를 숙이고 숨어 있던 곳에서 나와 나를 지목한 사람 옆에서 유리잔에 물을 채웠다. 나는 눈을 내리깔고 할머니 옆에 가서 앉았다. 침묵이 흘렀다. 그들은 마치 내가 어떤 며느릿감이 될 것인가를 생각하면서 나를 쳐다보는 것 같았다. 시댁을 일으켜 세울 좋은 며느릿감인가 아니면 처음 야단맞자마자 도망가버릴 만만치 않은 며느릿감인가? 시어머니가 될 사람은 단조로운 목소리로 나에게 베텔을 준비하라고 했다. 나는 시선을 숙인 채 그동안 계속 들어왔던 충고를 생각하면서 싱싱한 잎을 골라서 줄기를 자르고 약간의 라임-온순함의 표상인-을 바르고, 그 위에 베텔 열매와 씹는 담배가루를 흩뿌렸다. 나는 그것을 조심스럽게 오므려 두 손으로 시어머니가 될 사람에게 건넸다. 손님들 가운데 몇 명은 만족해하는 것 같았다. 나는 당황해서 숨어 있던 자리로 돌아갔다. 엄마는 나를 따라 집안으로 들어와서는 마당에 있는 삼지창(시바신의 상징) 앞에서 합장을 한 뒤 나에게 웃음을 지어 보였다.[2] 그리고 나서 엄마는 먹을 음식을 내갔다. 손님들은 음식을 맛있게 먹었다. 손님들은 자기들이 찾기를 바라던 소녀를 찾은 것 같았고 우리의 환대에 기뻐했다. 그들이 직접적으로 말하지는 않았지만 내가 맘에 들었다는 의중을 내비쳤다. 결혼은 성사될 것 같았고 이번에는 카라니에서 만나 결혼과 그 절차에 대해 논의하기로 했다. 엄마는 베텔 그릇을 가지고 왔다. 손님들은 음식을 다 먹고 나서 일어났다. 그들은 악수를 하고 이번 방문에 만족해하면서 돌아갔다.

이웃들과 친구들은 수많은 질문을 해대면서 틴나이로 몰려들었다. 할머니는 거기서 맞선에 대해 자세히 이야기해 주었다. 사람들은 칭찬을 하며 돌아갔다. 집안 식구들은 내가 제짝을 찾았다고 기쁨으로 들떠 있었다.

시바의 상징인 삼지창

다음날 바로 결혼준비를 시작했다. 우선 혼례비용과 지참금을 마련해야 했다. 아빠는 할아버지 소유의 땅을 저당 잡혀 많은 돈을 빌렸다. 아빠는 원금은 그대로 두고 장기간 이자를 갚으려고 했지만 결국 포기해야 했다. 그렇게 해서 우리는 땅을 잃었다. 그렇지만 불평하지 않았다. 부모님은 내게 필요한 것들을 모두 샀다. 코에 걸 보석, 두 개의 금팔찌, 발목에 찰 작은 은 발찌, 놋그릇, 여행가방과 옷가지 같은 잡화를 준비했다. 시어머니는 내 지참금에 대해 흠잡을 수 없었다.

카르티까이 달(Kartikkai 타밀 월력으로 여덟 번째 달이며, 11월 중순에서 12월 중순에 해당된다)의 어느 수요일에 우리 가족은 카라니로 갔다. 우리 쪽 여자 아홉 명은 옷을 깔끔히 차려입고 머리에 꽃을 달고 이마에는 포뚜를 하고 갔다. 모두들 융숭한 대접을 받았다. 두 가족 간에 다정히 이야기하면서 지참금에 대해 동의하고, 연달아 있을 네 개의 의식에 필요한 비용을 누가 지불한 것인가 그리고 언제 할 것인가 등에 대해 의견을 나누었다. 나는 우리쪽 사람들이 내 남편감을 보자고 했는지 궁금했다. 그런데 사람들은 혼사 얘기를 하고 돌아와서는 남편감보다는 결혼조건을 이야기하면서 더 행복해 했다. 나는 더 알고 싶었지만 감히 물어보지 못했다.

결혼서약은 우리집에서 했지만 그 비용은 신랑집에서 지불했는데, 그들은 많은 양의 가지, 고추냉이, 감자, 쓴 콩, 그리고 채소를 많이 가지고 왔다.[3] 결혼준비를 위해 요리사 한 명을 구했고 친구들과 친척들도 도와주었다. 식사가 끝나고 나서 양가는 베텔을 교환하고 혼인서약을 했다. 우리는 그들에게 "우리 딸은 이제 당신들 딸이고, 당신 아들은 이제 우리 아들이요"라고 했고, 그들은 "우리 아들은 당신 아들이고, 당신 딸은 우리 딸이요"라고 응수했다. 그때부터는 세리의 우두머리가 허용하지 않는 한 파혼을 할 수 없게 된다.

얼마 뒤 카라니의 아이에르가 약혼식과 결혼식 날을 잡았는데, 두 날짜는 항상 연이어 있다. 그날은 타이 달(Tai 타밀 월력으로 열 번째 달이며, 1월 중순부터 2월 중순에 해당된다)의 월요일이었다.

그날이 몇 주 남지 않아 부모님은 마르카지 달 내내 바쁘게 보냈다. 당시 부모님은 그렇게 가난하지 않아 최선을 다할 수 있었다. 대지주 레디에게서 빌린 돈과 그동안 당신들이 모은 돈으로 결혼준비를 마칠 수 있었다. 나는 보석을 많이 달고서 모두를 위한 환영파티를 열었다. 그것에 대해 카라니와 벨파캄 사람들은 지금도 이야기를 한다. 하지만 고통 없이 쉽게 얻어지는 것은 없다. 할머니는 불지피는 것부터 음식 만들기 등 그 간 해왔던 일을 모두 제쳐놓았다. 아빠는 술집 출입을 자제했다. 아빠는 논일이 끝나고 나면 친구와 팔미라palmyra 야자나무를 찾아서 챙이〔키〕, 바구니와 베텔 상자를 만들었다. 목화수확기에 엄마는 내 베개를 만들어주려고 여분을 조금 남겨두었다. 아빠와 할아버지는 그것이 비단처럼 부드러워질 때까지 빗질을 했다. 아빠와 할아버지는 두 개의 큰 베개를 솜으로 채워서는, 파라얌Palayam에서 온 직공이 만든 신나탐비Sinnatambi의 천을 주문하여 베갯잇을 만들었다. 결혼가방은 셀비파띠Selvipatti 시장에서 사왔는데 그것은 기하학적 디자인으로 채색된 예쁜 가방이었다.

이런 식으로 어른들은 마르카지 한 달을 보냈다. 나는 계속 일하면서 예전과 다름없이 놀았다. 우리는 내 결혼식 놀이를 해보면서 배꼽이 빠질 정도로 웃으면서 시간을 보냈다.

그렇지만 몇 주가 지나고 타이 달 금요일, 약혼식이 다가왔다. 이번에는 우리가 음식을 준비할 차례였다. 엄마는 일곱 가지 채소, 약간의 삼바(sambar 콩과 채소로 만든 양념), 이들리, 파야삼(payasam 우유, 푸른 콩, 버미첼리, 타피오카, 생강 향료, 캐슈 열매 그리고 건포도를 넣어 만든 후식용 음식) 그리고 고수풀과 생강으로 양념한 유장을 준비했다. 우리는 준비할 시간이 얼마 없었는데, 그것은 손님들이 불길한 날이 끝나기를 기다렸다가 출발했기 때문이었다.[4] 마침내 선물바구니를 머리에 이고 여자들이 별탈 없이 나타났다. 할머니와 우리집 여자들은 손님을 맞이했다. 당연히 신랑될 사람의 큰누나들도 왔는데, 그들 표정은 희색이 만연했다. 우리에게 인사를 하고 집 한가운데 짐을 내려놓았다. 바구니들은 넘칠 정도로 가득 차 있었다. 바구니 하나에는 사리, 블라우스, 치마, 팔찌, 거울, 빗, 그리고 약간의 쿤구맘(kungumam 물, 레몬 주스, 라임, 샤프란 가루로 개어 만든 반죽으로, 결혼한 여인들의 이마에 붙이는 붉은 포뚜로 사용된다)이 담겨 있었다. 다른 두 개의 바구니에는 베텔 세 묶음, 바나나 세 다발, 빈랑자(베텔의 열매) 세 통, 꽃, 코코넛, 심황, 기름 등잔과 베텔 주머니가 들어 있었다.

선물들을 자세히 보고 나서 우리집 여자들은 그것을 조심스레 바나나 잎 위에 놓았다. 그들은 기름 등잔에 불을 붙여 나에게 선물 주변을 세 바퀴 돌라고 했다. 그리고 나서 그들은 우리 집안의 신과 조상들 앞에서 무릎을 꿇어 예를 갖추었다. 정리가 완전히 끝난 뒤 손님들에게 식사대접을 했다. 처음처럼 식사준비를 잘해서 손님들은 엄마를 칭찬했다. 이번에 엄마는 손님들이 가져온 예쁜 사리와 선물에 대해 감사함을 전하면서 소만, 툰두와 셔츠, 바나나 다섯 묶음, 베텔 다섯 통, 빈랑자 다섯 통을 상자에 넣어서 주었다. 끝으로 악마의 눈을 벗어나기 위해 행하는 의례가 있는 이틀 뒤인 결혼식 전날에 다시 만나기로 하고 헤어졌다.

우리집에서 또 우리가 비용을 대고 악마의 눈을 예방할 의례를 준비하고 있었다. 이번에는 비용이 아주 많이 들 것 같았다. 남편 될 사람이 처음으로 방문하는 날이었으니까. 우리는 50명의 식사를 준비해서 그들을 잘 먹였다. 딸 가진 부모들은 아들 가진 집보다 음식을 더 많이 준비해야 하는데, 음식도 예전보다 훨씬 더 좋은 것으로 해야 한다.

바나나 잎에 차려진 음식을 함께 먹는 모습

결혼식 날까지 우리는 채식을 했다. 고기, 생선, 달걀을 먹지 않고 편두콩만 먹었다. '편두콩 없는 결혼식은 없다'는 속담이 정말 맞았다. 삼바 sambar에는 붉은 편두콩, 파야삼payasam에는 녹색 편두콩, 코코넛과 설탕을 뿌린 완두콩을 곁들였다. 무엇보다도 새로운 결혼식을 위해서는 녹색 편두콩의 반죽이 있어야 했다. 그것은 피부를 부드럽고 투명하게 해준다고 들었다. 부모님은 결혼을 위해 녹색 편두콩을 남겨놓았는데, 그 콩은 부모님이 직접 재배하고 나와 내 친구들이 수확했던 것이다. 우리는 쌀이 부족했다. 그래서 레디에게서 쌀 한 말, 그리고 우리를 잘 아는 마을의 마부에게서 또 한 말을 빌렸다. 엄마와 큰언니 네따빠깜, 사촌 수리야와 바나로자, 고모 등 우리 집안 여자들 모두 식사준비를 했다.

나는 다음날 신랑이 될 사람을 보기로 했는데 정말 두려웠다. 친구들은 나를 놀렸지만 불안함이 가시지 않았다. 신랑 부모가 처음 방문했을 때와 마찬가지로 기다리던 신랑이 왔을 때도 나는 여전히 한쪽 구석에 숨어 있었다. 나는 그를 보고 싶지 않았는데, 이 남자가 내 주인이 될 수도, 사형집행인이 될 수도 있다는 생각이 들었다. 그 생각을 하니 눈물이 났다. 그렇지만 호기심이 들고 용기를 내서 야자나무 문을 부드럽게 제쳤다. 그는 많은 사람들 가운데 흰 옷을 입고 결혼식단에 서 있었다. 그가 온화하게 웃으며 서 있는 것을 보고 놀랐다. 내 작은삼촌 또래로 보였는데, 나처럼 어린 애한테는 나이가 들어 보였다. 그러나 나이보다는 사람 자체가 중요하지. 첫인상은 그다지 나쁘지 않았다. 두고 볼 일이지만! 엄마가 "비람마! 비람마! 아직 준비 안 되었니?" 하고 부르는 소리를 들었을 때 치마로 눈물을 닦고 생쥐처럼 구멍에서 뛰어나왔고, 사촌들이 내게 옷을 입혀주었다.

내가 입장할 차례가 되자 큰언니 사르다가 내 손을 잡아서 연단 앞에 데려다 주었다. 나는 머리를 숙여 사촌들과 친구들이 그려놓은 모든 코람(kolam 쌀가루로 바닥에 그린 행운을 부르는 기하학 문양. 모든 카스트의 여인들이 즐겨 그리는 그림으로 다양한 모양이 있다)을 경배했다. 땅은 온통 코람으로 뒤덮여 있었다. 그때 나는 우리집이 말끔히 장식된 것을 처음 봤다. 물론 오빠의 결혼식 때도 그랬겠지만 그때는 아주 어려서 정확히 기억이 나지 않았다. 그들은 세탁소에서 빌린 흰 천으로 덮인 단 둘레를 세 번 돌라고 했다. 그리고 나서 약혼자 옆에 섰다. 나는 흥분해서 수줍어하는 늙은 여자처럼 떨고 있었다. 엄마가 내 귀에 대고 뭐라고 속삭였지만 들리지 않았다. 아마 진정하고 용기를 내라고 했을 것이다. 우리 앞에는 쌀을 찧을 때 쓰는 맷돌, 장뇌camphor를 밝힌 작은 등잔과 꽃송이들 그리고 오일, 백단향, 심황, 녹색 편두 가루가 가득 찬 접시들을 담은 놋쇠 광주리가 놓여 있었다.

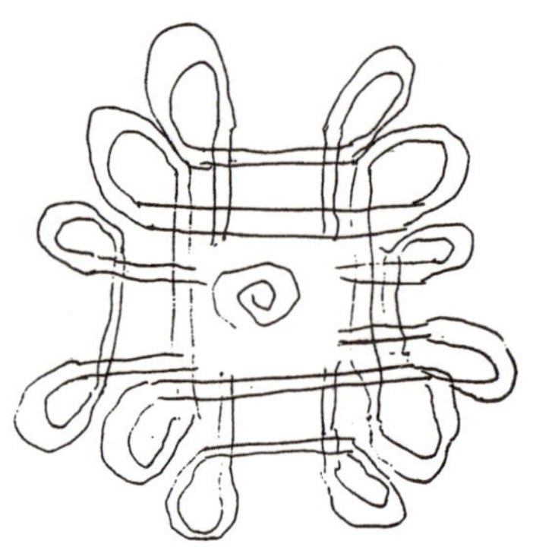

비람마가 그린 코람

　　신랑 어머니가 시작하라는 신호를 보냈다. 내 뒤에서 엄마는 내가 뭘 해야 할지 속삭였다. 나는 기름을 가져와 그것을 신랑이 될 사람의 이마, 손, 발에 발라주었다. 그런 다음 편두가루와 백단향을 차례로 똑같이 발랐다. 나는 작은 장뇌쟁반을 가져와 불을 붙여 신랑 주변을 동그랗게 돌면서 아람(alam 라임과 섞은 심황 물. '아람을 올린다' 는 말은 구리쟁반에다 이 물과 베텔을 담고, 장뇌에 불을 붙여 숭배하는 신상 앞에서 구리쟁반을 돌린다는 것이다) 을 수행했다. 그리고 신랑은 내 이마, 손, 발에 기름, 분가루, 백단향, 심황을 발라주었다. 베텔 쟁반을 주변으로 전달했다. 모든 사람이 베텔과 바나나를 챙겼다. 약혼자가 일어섰고 나도 따라서 일어났다. 우리는 타오르는 장뇌쟁반 앞에서 엎드려 절을 한 다음에 목욕을 하기 위해 각자 자리를 떴다. 의례가 진행되는 동안 어린 여자 애들 – 내 사촌과 친구들 – 은 축가를 부르려고 서 있었다. 그들은 식사시간이 되기까지 노래를 계속했다. 엄마, 큰언니 엘람마와 결혼한 다른 여자들은 나를 데려가 머리를 시카카이 (sikakai 비누로 쓰이는 덩굴식물. 꼬투리를 따서 샴푸로 사용한다)로 감겨주고 내 몸에 녹색 편두가루와 심황을 바르고 나서 내 몸을 헹궈 주었는데, 그것은 처음 해보는 것이었다. 신랑 가족의 남자들은 신랑을 씻겨 주었다. 목욕을 마치고 우리는 장뇌쟁반으로 새로운 아람을 수행하고 식사를 하러 갔다.

여자들은 이들리, 유장, 채소, 생강, 타마린드와 고수풀 양념장 등의 음식을 바나나 잎 위에 준비했다. 그것은 우리가 매일 자주 먹는 음식이 아니었다. 우리의 새 친척들은 그런 잔치에 행복해하며 가족이 된 것을 기뻐했다. 이것은 두 집안 사이의 관계를 원만하게 만드는데 있어서 중요한 것이었다. 우리는 페리얀다반의 도움으로 우리들의 의무를 매우 잘 수행했기 때문에 의기양양해하며 카라니에 갈 수 있었다. 내 부모는 페리얀다반에게 자금을 빌렸는데 그것은 앞으로 험난한 생활과 그 돈을 갚는데 오랜 기간이 필요하다는 것을 의미했다. 신나암마, 의식은 특별한 경우이거나 모든 사람이 특별한 경우라고 동의하지 않으면 지속해서는 안 된다. 불행히도 사람들 모두가 이런 의식을 감당할 수가 있는 것이 아니며 그래서 불행이 씌드고 죽을 때까지 심지어는 죽은 다음에도 불행이 시속된다. 신나암마, 여기 칼리유감(kaliyugam 힌두 사고 체계에 따르면 철의 시대 또는 암흑 시대이다. 칼리의 시대이며 혼돈의 세상이다. 비쉬누의 열 번째 화신인 칼키Kalki가 지배할 세상이다. 비람마가 이 말을 쓰는 것은 현재를 나타나며 그녀의 어린 시절부터 사회 질서가 변화했음을 의미한다)에서 돈은 곧 질서다. 우리 같은 빈민들 사이에서도 그렇다. 나룬구(nalungu 혼인식 전날 악귀를 쫓아내는 의식)가 뭐냐구? 그것은 결혼식을 올린 부부를 악마의 눈에서 보호해주는 의식이다. 그러나 사람들의 기억에는 뭐가 남아 있겠어? 잔치에 참석했던 수많은 사람들, 사람들이 소비했던 수많은 것들, 맛이 엄청 좋았던 음식들뿐이다. 정말로, 잔치가 끝난 다음 사람들이 기억하고 있는 것들 그리고 사람들이 서로 이야기를 주고받는 이야기들은 이것이 전부다. 의식의 진짜 의미는 잊혀진다. 나는 의례를 믿고 정말 진심을 다해 수행했다. 나는 어떤 질문도 하지 않았다. 나는 나룬구에서 살아남은 것, 그리고 악마의 눈에서 벗어난 것이 기뻤다. 그렇지만 그 후 나 역시 다른 사람들과 똑같이 되어버렸다.

다음날은 결혼식 날이었다. 우리는 아침 일찍부터 카라니로 떠날 준비를 했다. 내 머리와 내가 앉을 자리는 꽃으로 장식을 했다. 귀에는 다섯 개의 귀걸이를 했다. 열네 개의 팔찌 – 열네 개 중에 열두 개는 유리팔찌였고 두 개는 금팔찌였다 – 를 두 팔에, 은반지는 발가락에 차고, 화장은 큰언니 엘람마가 해주었다. 전날 저녁 큰언니는 헤나henna반죽을 가져와 내 손바닥에 예쁜 망고 그림을, 손가락과 발에는 작은 꽃들을 그려 놓고는 오랜 시간 그대로 두어 스며들게 했다. 다음날 아침 그 반죽을 떼어냈을 때 내 검은 피부와 대비되는 아름다운 붉은 모양이 들어 있었다. 언니는 내 볼에 예쁜 점을 그렸고 마지막으로 이마에 검은 포뚜를 그렸다.

내가 옷을 입는 동안 엄마는 결혼 상자를 준비했다. 엄마는 기름 한 컵, 물을 담을 작은 놋쇠 주전자, 기름 램프, 코코넛, 바나나 다발, 쌀가루로 만들어 바나나 잎으로 싼 아홉 개의 꽃 팬케익, 쌀과 야자나무 설탕을 결혼 상자 안에 넣었다. 여행가방은 큰오빠 사미가 머리에 이고 카라니까지 운반했다. 마시얀 오빠는 유장 항아리와, 큰 호박, 그리고 결혼식 돗자리가 든 바구니를 챙겼다.

그리고 행진이 시작되었다! 세리의 악대들이 앞장서고 뒤에는 짐꾼과 여자들, 엄마와 할머니, 큰언니 엘람마, 내 사촌들이 따라갔다. 나는 아빠와 삼촌들 앞에서 걸었다. 세리에 사는 모든 사람들이 우리와 함께 마리암만(Mariamman 천연두의 여신으로, 삭티의 여러 형식 중의 하나)사원까지 왔는데, 우리는 코코넛을 깨서 여신 앞에서 무릎을 꿇어 예를 갖추었다. 친구들과 사촌들은 거기서 멈춰 섰다. 그들은 집으로 돌아가기 전에 편안한 여행이 되고 행복한 결혼식이 되라고 기도해 주었다. 해가 아침 일찍 떴기 때문에 우리는 불행한 시간이 닥치기 전에 카라니에 도착하려고 서둘렀다. 어둠 속에서 나는 우리가 지나가는 논의 주인 하나 하나를 떠올렸다. 그들을 너무 잘 알았다. 수확물을 거둬들인 뒤 텅 빈 논 때문에 자연이 슬퍼하는 것 같았다, 나처럼. 그러나 어쩔 수 없었다. 나는 내가 태어난 곳을 떠나 전혀 모르는 사람에게 가야 할 운명이라고 들었기에. 그리고 내 결혼 이야기가 오가는 동안 난 흐느껴 울었다.

몇 시간을 걷고 난 뒤 우리는 카라니의 세리에 도착했다. 그곳은 벌써 논 일을 시작해 씨뿌린 논도 일부 있었다. 이렇게 삶이 시작된다는 것이 이상하게 느껴졌다. 세리로 들어가는 길에서부터 우리 악대들은 연주를 시작했다. 세나이(shenais 북인도의 전통 관악기로 성스러운 악기로 여긴다) 소리가 몸을 오싹하게 했고, 드럼 치는 소리에 생각을 집중할 수가 없었다. 친척들은 나를 둘러싸고 앉아 있었다. 몇 분 뒤 시어른들과 몇 명의 친척들이 양파와 야자나무 설탕즙 세 주전자와 베텔 세 쟁반을 들고 우리에게 인사하러 왔다. 그들은 우리를 마주보고 앉았다. 세리의 우두머리가 되는 사람이 그들과 같이 와 있었다. 그는 주전자 하나와 쟁반 하나를 아빠에게 전해주었다. 그리고 나서 약혼자가 있는 쪽으로 몸을 돌려 신랑 가족의 어른에게 주전자와 단지를 하나씩 주었다. 그리고 양가의 아버지들은 세 번째 베델 쟁반에 5루피짜리 지폐를 놓아 세 번째 주전자와 함께 세리의 우두머리에게 주었다. 세리의 우두머리는 그것을 받아 두 집안이 결합되었음을 인정했다.

그리고 나서 엄마는 결혼 가방을 열었다. 엄마는 아홉 개의 쌀가루로 만든 팬케익, 야자나무 설탕, 직접 껍질을 벗긴 열한 개의 바나나를 꺼냈다. 엄마는 "여기 결혼의 표시입니다. 결혼의 표시, 결혼의 표시!"를 되풀이하면서 바나나 잎 위에 꺼낸 것을 모두 한데 섞었다. 엄마는 그것을 삼등분해서 양쪽 집안에 하나씩, 그리고 세리의 우두머리에게 하나를 주었다. 악대들이 예식이 끝났다는 것을 알리는 연주를 하는 동안 그들은 받은 것을 한 모금씩 마셨다. 그곳의 아이들은 시끄러운 소리를 내면서 단지를 붙잡고 "여기도 주세요! 여기도 주세요!" 하면서 자기들도 마실 권리가 있다고 했다.

결혼서약을 하고 나서 시댁 식구들은 나를 새로운 세리의 일원으로 받아들였다. 악대들과 짐꾼들이 앞장서서 세리 안을 둘러봤다. 모든 사람들은 문 앞에 앉아 있었는데, 여자들은 환영가를 불러주었다.

결혼 상대가 없는 어린 소녀여
그가 너를 신부로 맞이했네
보석처럼 아름다운 신부여
그는 너에게 보라색 야생 흑단과 자스민 화환을 주었네
그는 장미향수와 가죽끈과 사향을 가지고
너를 씻겨주었네
너를 곱게 단장시키고
너의 목과 머리 끈을 장식하고서
신선한 노란 샴팍champaks 화환을 가지고
야생 자스민을 가지고
그는 너의 이마에 포뚜를 찍고
그는 너에게 왕관을 씌우고
그는 너의 금 탈리*를 매듭지었네
너를 위해 자신의 꽃마차에 연꽃을 달았네

*탈리tali 남편이 죽기 전까지 기혼 여성들이 목걸이와 함께 차고 다니는 금으로 된 패물

아이들은 기뻐서 소리를 질렀다. 나 역시 몇 주 전에는 아이에 불과했고 그들처럼 소리를 질러댔는데, 이제는 그것이 이상하게 느껴졌다. 나는 그

들 틈에 끼어 놀 수 있기를 바라면서 그 애들이 부러워졌다.

머리를 숙이고 앞으로 걸어갔는데 심장이 뛰면서 울음이 터져 나올 것 같았다. 그런 기분 속에 난 철저히 혼자가 된 것 같았다. 나를 제외하고 모든 사람이 즐거워 보였다. 거리는 깨끗이 청소되어 코코넛 잎이 뿌려져 있었고, 하늘은 파랗고 구름 한 점 없었다. 우리는 시댁에 도착했다. 집에는 판달을 세워놓았고, 출입문 기둥은 바나나 다발이 달린 바나나 나무 줄기에다 팔미라 과일과 야자나무가 한데 묶여 있었다.

시어머니는 판달 앞 입구에서 나를 기다리고 있었다. 악대들과 짐꾼들은 한 발짝 뒤로 물러섰다. 불을 붙인 장뇌 쟁반을 가지고 세 번 아람을 했었던 입구로 나를 데리고 갔다. 내 뒤로 세 여자가 따라왔는데 나는 오른발을 먼저 딛고 그 집에 들어갔다. 나는 그 집을 한바퀴 둘러보면서 앞으로 내가 살게 될 집에 익숙해지기 위해 모든 단지와 쌀, 소금, 밀가루를 비축해 놓은 것을 만져보았다. 그리고 나서 채식으로만 된 음식이 차려졌다. 참 맛있었다. 남자들이 먼저 먹고 나서 여자들이 먹기 시작했다. 그 뒤에 나는 실크로 된 결혼 사리를 차려입고, 머리를 다시 매만지고 눈 화장을 고치고 나서, 머리에 고정시킨 화환을 바꿔 달았다.

악대들은 나를 데리고 세리를 한바퀴 돌고 나서 꽃으로 아름답게 장식한 결혼연단으로 데리고 갔다. 큰오빠 마시얀이 가져온 돗자리를 바닥에 깔았다. 질구와 질구공이, 베델 쟁반, 향대, 짐도 쟁반, 카마치(Kamatch 시바에 의해 12년간 지상으로 추방된 파르바티Parvati의 형상을 가리키며, 그녀는 캄파Kampa 강가의 정원에서 진흙으로 만든 링감(시바신을 상징하는 남성성기) 앞에서 명상을 했다. 두 번째 저주를 받아서는, 파트차이얌마Patchaiyamma라는 이름을 얻어 일곱 명의 수호신, 무니Muni를 만들었다. 그녀의 만족한 표식은 집안의 제단 옆에 모셔두는 작은 청동쟁반 또는 동으로 만든 기름 램프 위에 비쳐진다) 모양의 작은 청동 램프, 발등에 올려놓을 큰 기름 램프, 논에서 가져온 흙, 야자식물, 수수이삭, 물 두 항아리 등의 물건들이 모두 필요했다. 잎사귀를 쌓아 만든 작은 사각형 한가운데 보리수 가지를 심었다. 그 주위에는 맥아를 달고, 자스민 다발을 두르고 심황과 쿤구맘을 바른 코코넛을 진열했다. 그리고 노란 실로 꿰맨 금으로 된 탈리를 두 개의 작은 팔찌 옆에 진열하고 요리된 쌀밥을 담은 양푼과 기름 한 컵도 진설했다.

아이에르는 보리수 가지 오른쪽에 서 있었다. 그는 뭔가를 중얼거리다가 시작해도 좋다는 신호를 보냈다. 그는 신랑에게 쌀 한줌을 주었는데, 신랑은 그것을 가져와 내 이마와 허벅지에 대고 나에게 주었다. 나는 그에게 똑같이 하고 나서 쌀을 다시 접시에 놓았다. 그 쌀은 사제 몫으로 가져갔다. 그리고 나서 사제는 두 번째로 악마의 눈에서 지켜주도록 참기름과 망고 싹을 뿌렸다. 그는 장뇌 쟁반에 불을 붙여 그 앞에서 무릎을 끓고 나서 우리에게 그것을 붙잡으라고 하고서는, 보리수 가지와 다른 모든 물건들에게 축원하라고 했다. 그리고 나서 식단의 우리 자리로 돌아왔다. 사제는 남편의 팔목에 팔찌 두 개를 채웠다. 사제가 나에게 절구공이를 주자, 나는 내 치마로 그것을 받았다. 나는 이 의례가 무엇을 의미하는지 몰랐는데, 주변 사람들이 놀리니까 더 주저했다. 나는 사람들이 웃으면서 "봐, 그녀는 아이에 불과해! 아직 순진하단 말이야!" 하고 말하는 것을 들었다. 우리는 다시 일어나 보리수 가지 둘레를 세 번 돌았다. 그리고 나서 다시 앉았다. 초례가 수행되었다. 내 목에 탈리를 걸어주는 의식이었다. 이제 악대들은 있는 힘을 다해 연주를 했고 사람들은 말하며 웃어댔다. 사제는 자야 만갈람(Jaya mangalam 승리를 노래하고, 행운을 부르는 찬송)을 암송했다. 내 심장은 드럼을 치는 리듬을 따라 요동쳤다. 나는 뭔가에 홀린 것 같았다. 내 허벅지를 밟고 있는 발과, 내 목에 탈리를 갖다 대고는 세 번 매듭을 지으려고 하는 손을 느꼈다. 뿔 나팔 소리가 아주 웅장하게 떠드는 소리를 가라앉히며 울려 퍼졌다. 나는 망설이지 않고 타오르고 있는 장뇌 앞에 엎드려 절을 올렸다.

우리는 결혼했다.

나는 다시 정신을 차려 마지막으로 보리수 가지 주변을 걷기 위해 젖 먹던 힘까지 짜내었다. 돌다보니 아무 생각이 나지 않았다. 그때 무슨 생각을 하고 있는지도 몰랐지만 너무 흥분해서 그것을 알았다 해도 뭐라 표현할 수 없었다. 내 시누이는 장뇌 쟁반을 가지고 우리 앞에서 걸었다. 악마의 눈을 다시 방어해야 했으니까. 각자 중요한 지점에서 아람을 수행했고, 우리는 몸을 숙여 연단의 제자리로 되돌아갔다. 손님들과 친척들은 우리에게 돈을 주려고 줄을 섰다. 마지막 시험은 누가 결혼 항아리 밑동에서 동전을 찾아내는지를 보는 거였다. 누구이건 간에 그것을 찾은 사람이 그 돈을 모두 가지고 집으로 가는 거였다. 놀이를 가장했지만 사실 나는 그것을 하고 싶지도, 이기고 싶은 마음도 없어서 남편에게 하라고 했다. 나뭇가지를 뽑고 난 뒤 여자들은 연단에서 내려와 판달을 청소했다. 저녁 식사는 첫 번째 식사만큼 푸짐하게 준비했다. 모두가 음식을 배불리 먹고 난 다음, 사람들이 벨파캄에 돌아가기 전에 거행해야 할 곡식들의 성장의례가 남아 있었다.

나는 코코넛, 빈랑자, 베텔, 꽃과 바나나 등 대략 열 가지 곡식을 혼합해 채운 바구니뿐만 아니라 약간의 소금, 세 가지 구운 후추, 바나나 잎으로 채운 쌀 단지를 받았다. 나는 그 단지를 머리에 이고, 바구니는 엉덩이에 걸치고 가면서 남편과 합류했다. 남편은 집 뒤에 있었다. 그는 마구간 근처 조그마한 땅을 정리해 네 부분으로 나눠 놓았다. 나는 바구니와 단지를 내려놓고 그 중 두 곳에 약간의 곡식을 심었나. 남편은 나든 두 곳에 곡식을 심었다. 그가 코코넛을 깨고 바나나와 꽃을 땅에 바치고 장뇌에 불을 붙이자 우리 부부는 몸을 숙여 절을 했다. 그는 일어나 손을 씻었고, 나는 물에 불린 쌀을 그의 손에 부어주었는데, 이것은 남편에 대한 아내의 의무와 각자의 일상을 암시해주는 것이었다. 주변의 아이들이 웃으면서 우리를 놀려댔는데, 남편은 물에 불린 쌀을 들이마셨고 나머지는 애들이 집어갔다. 나는 단지를 헹궈서 물을 채운 뒤에 결혼 사리를 접어 머리 위로 올리고 그 위에 단지를 이고 갔다. 남편은 바구니를 들고, 악대들의 인도에 따라 집으로 돌아왔다. 시어머니는 문지방에서 기다리고 있다가 우리를 맞아주었고, 우린 또 다른 아람을 수행했다. 다시 한번 우리는 양쪽 집안과 세리의 우두머리를 위해 베텔 쟁반을 준비했다. 우리는 쌀 한 되, 바나나 한 다발, 코코넛 세 개, 약간의 베텔과 빈랑자가 담긴 바구니를 받았다. 우리가 가져온 결혼식 돗자리와 베개 하나는 되돌려 받았다. 그리고 나서 내 가족과 나는 사돈에게 인사를 하고 남편과 함께 벨파캄으로 출발했다. 악대들이 길을 인도했다. 저녁에 도착했을 때 세리의 모든 사람들이 나와서 우리를 기다리고 있었다. 많은 사람들이 음악소리를 듣고 우리를 맞이하려고 큰길로 나왔다. 남편은 우리와 함께 이레 동안 머무르다 마지막으로 채식이 아닌 결혼축하 식사를 한 뒤 카라니로 돌아갔다.

나는 두 번의 우기를 벨파캄에서 지냈다. 가끔 나는 엄마와 함께 시댁을 방문했는데 아침에 출발해서 저녁에 돌아왔다. 실제 변한 것은 없었다. 나는 아직 어린애에 불과했다. 내 친구들은 내가 결혼한 사실을 거의 잊어먹었거나 또는 잊어버린 것처럼 행동했다. 우리는 계속 예전과 다름없이 놀았다. 그러던 어느 날 오후 나는 팍카누르Pakkanur에 있는 개울에서 친구들과 같이 몸을 씻다가 금 탈리를 잃어버렸는데 그것도 모르고 있었다. 집에 돌아왔을 때 엄마는 내 목에 아무것도 없음을 알고 놀랐다. 빛을 내어 구입한 금화 반 파운드를 그렇게 빨리 잃어버린 데다가 잃어버린 것도 모르고 있었으니 얼마나 어이가 없었겠나! 그 덕에 나는 매를 맞았지만 그렇다고 잃어버린 탈리를 되찾을 순 없었다. 금 탈리를 다시 사야 된다는 것은 의문의 여지가 없었다. 그렇지만 시댁에 그 상황을 설명해야 했고, 한번 잃어버린 것은 끝까지 이어졌다. 엄마는 지참금을 메우려고 새 놋쇠 기구를 사기로 결정했다.

그 일과 별도로 모든 사람들은 내가 곧 떠날 걸 알고 있었기 때문에 나는 하고 싶은 대로 응석을 부렸다. 내가 가슴을 드러내놓고 속치마 차림으로 밖으로 나갔을 때 세리의 여자들은 엄마에게 "젖꼭지가 봉긋 솟았네,

에! 금방 달거리 잔치를 시작해야 할 것 같은데!" 나는 그 말을 전혀 이해
하지 못해 아무 걱정도 하지 않았다. 나는 내가 태어난 세리에서 친척들과
같이 있는 것이 좋아서 그들을 떠나야 한다는 사실을 잊고 있었다. 하지만
지금도 그렇지만 사람마다 각각의 의무가 있다. 결혼 후 첫 디파발리에서
남편에게 보낼 선물과 옷을 마련해야 했다. 부모님들은 걱정을 했다. 이번
에도 고리대금업자에게 가야 했다. 왜냐하면 대지주 레디는 몇 달 전 결혼
식을 위해 많은 돈을 빌려간 우리에게 또다시 돈을 빌려줄 생각이 없었기
때문이었다. 그러나 나는 다른 아이들과 마찬가지로 디파발리에서 폭죽을
갖고 싶었다. 엄마는 한숨을 쉬면서 할머니에게 "어떻게 쟤가 거기서 살까
요? 저 애는 아직 아이에 불과한데!"라고 말했다. 할머니는 엄마를 나무라
면서 저절로 해결될 거라고 말씀하셨다.

몇 주가 흘렀다. 간간이 오고가는 대화들은 내가 나중에 떠나야 됨을
상기시켜주었다. 모든 사람들이 그 신호만 기다리고 있었는데 나는 그것이
뭔지를 몰랐다.

그런데 어느 날 그것이 나타났다.

나도 이제 여자가 되었다

오후였다. 나는 사탕수수 죽을 한 접시 먹고 손에 밧줄과 낫을 들고 루꾸마니Rukkumani와 그녀의 할머니 수부Subbu와 함께 땔감을 구하러 나갔다.

우리가 막 세리를 떠나던 참에 나는 뭔가 내 허벅지를 타고 흐르는 느낌이 들었다. 내가 속치마를 걷어올리자 피가 흐르고 있었다. 무서운 생각이 들었다. 나는 다치지도, 자해하지도 않았다. 그렇게 피가 흐르는 것을 보니 어디가 아픈 게 분명한데 난 다친 데가 없었다. 수부 할머니는 전혀 놀라지 않았다. 오히려 정반대였다. 할머니는 좋은 일이라고 말하면서 그것을 봐서 자랑스럽다고 했다. 우리는 되돌아왔다. 나는 엄마에게 달려가 허벅지의 피를 보여주었다. 엄마는 약간 놀랐지만 다른 때보다 기뻐했다. 엄마는 고모 카닉카이를 불러 "내 딸을 빨리 봐. 난 엄마라서 보면 안 되거든! 그리고 시어머니에게 말해 줘." 고모는 내 속치마를 걷어올려 보더니 "비람마가 생리를 하네! 잔치를 해야 되겠네" 하고 소리쳤다. 나는 이해할 수 없었지만 내 주위 사람들은 분명 기뻐하는 것 같았다. 축하하기 위해 다시 한번 사람들을 초대했다. 부모님은 기쁨과 동시에 돈을 빌려야 한다는 생각과 의식을 성황리에 마치기 위해 최선을 다해야 한다는 걱정을 하지 않을 수 없었다.

지체하지 않고 식구들은 나를 집으로 데리고 들어가 목욕의례가 준비될 때까지 잠자코 있으라고 했다. 나이에 비해 민첩한 할머니의 주도 아래 모든 것이 부산하게 준비되었다. 할머니는 가족 중 제일 나이가 많고 경험이 풍부해 당신 스스로 결정하고 때로는 집안 남자들에게 명령하기도 했다. 할머니는 사람들을 초대하는 것과 목욕을 능숙하게 처리해 자신이 얼마나 중요한 존재인지를 다시 한번 확인시켜주었다.

우선 할머니는 종종걸음으로 크리쉬난 삼촌이 농사짓는 논으로 갔는데, 아버지의 이복형제인 그는 그때 벨파캄에 있었다. 할머니는 그에게 그 소식을 말하고 가능한 빨리 네다섯 개의 야자나무를 집으로 가져와 나를 가둬둘 곳을 만들라고 했다. 그것은 대개 외삼촌의 일이었지만 엄마는 외동딸이어서 크리쉬난 산촌만이 그 역할을 수행하기에 제격이었다.[1] 할머니는 논과 세리를 가로지르고 다니면서 초경의례에서 맡은 역할이 있는 모든 사람들에게 소식을 알렸다. 할머니는 드럼 치는 사람인 칸난Kannan, 그리고 가족 중 결혼한 여자들 일곱 명에게 베텔을 주었다. 할머니는 오후의 무더위 때문에 숨이 매우 찼지만 집에 잠깐 들러 물 한 컵을 마시고 머리와 엉덩이에 단지 하나씩을 이고 무땀마Muttamma와 코낙칼리 고모와 함께 목욕물을 길으러 갔다.

그동안 엄마는 첫 생리가 시작한 후 일주일 동안 어린 여자 애들에게 주는 강장제를 준비했다. 녹색 편두죽, 쌀, 정제하지 않은 설탕, 참기름과 계란 등 자궁과 뇌를 강하게 해주는 강장제는 여자들로 하여금 질병과 생활의 피곤함을 이기게 해주고 임신과 출산을 안전하게 하도록 보장해준다. 엄마가 그것을 준비해서 우리집 신에게 바쳤다. 방 모퉁이에 엄마와 나만이 남겨졌다. 엄마에게 이게 다 뭐냐고 물었다. 엄마는 내가 이제 진짜 여자가 되어 앞으로 남편과 같이 살게 될 거라고 했다. 갑자기 몸 속에 냉기를 느끼면서 속에서 뭔가 치밀어 오르는 것 같았다. 싫다고 했지만 아무 소용이 없었다. 엄마는 나에게 일어난 일이 얼마나 의미 있는지를 말하면서 엄마 역시 결혼 전에 나와 똑같은 말을 들었다고 했다. 나는 울기 시작했다. 이번엔 정말 끝장이군! 결혼 때 약속했던 것처럼 의식이 끝난 뒤에 내가 집에 있어도 된다고 아무도 더이상 약속하지 못했다. 가족들과 있어 행복했는데! 나는 내가 결혼했음을 잊고 있었다. 2년 동안 거의 남편을 보지 못했는데 이제 모든 게 다시 시작되려 하다니. 엄마는 나를 보러 정기적으로 카라니로 오겠다고 말하면서 화난 목소리로 좋은 날 울지 말라고 했다.

할머니가 왔다. 할머니는 메마른 가슴으로 나를 껴안고 입을 맞추었다. 내 눈물을 닦아주면서 "이리 오렴 애야, 내 꿀 사탕, 내 보물, 내 귀염둥이. 이리 와서 달콤하고 시원한 물에 몸 좀 씻으렴, 내 금 덩어리, 내 진주, 내 보배야"하고 위로를 했다. 할머니는 내 팔을 잡고 집 뒤 마구간 근처로 데리고 갔는데, 결혼한 여자 일곱 명이 그곳에서 나를 기다리고 있었다. 여자들은 나를 땅에 앉히고 차례로 내 머리 위에 조리를 대고 물을 뿌렸다. 그들은 나에게 심황 가루를 바르고 나서 물로 씻겨주었다. 내가 여자들 틈에 끼자마자 칸난은 악의 영들을 내쫓기 위해 리듬에 맞추어 북을 쳤다. 내가 마지막 목욕을 하는 동안 그는 점점 더 빠르게 북을 쳤다. 여자들은 나를 씻긴 후 집으로 데려갔고, 나는 불켜진 기름 램프에 몸을 숙여 절을 했다. 여자들은 나에게 여기서 죽을 먹였는데, 난 그만 먹겠다고 말하기가 어려웠다.

그동안 세탁부 칼리무뚜Kalimuttu는 크리쉬난 삼촌이 짠 야자나무 가리개를 가지고 틴나이를 폐쇄시켰다. 그곳은 바로 내가 며칠 동안 살아야 할 곳이라고 했다. 그는 안으로 들어가도록 좁은 문을 내고 두 개의 레몬모양 구멍을 창문이라고 남겨놓았다. 태양이 내 작은 방에 비춰 들어서는 안 되었다. 태양은 이 시기에 불운을 나타내는 남자 신이었다. 그는 여자를 임신 못하게 만들 수 있었다. 마찬가지로 나는 열하룻 동안 남자를 보는 게

금지되었다. 칼리무뚜는 쌀 한 되, 바나나 하나, 약간의 베텔, 약간의 빈랑
자, 그리고 무엇보다 중요하게 내 피 묻은 속치마를 받아갔다. 디파발리 때
산 새 치마를 잃어버린다는 생각에 나는 화가 났다. 세탁부의 딸인 만잠마
는 그것을 갖고 기뻐서 어쩔 줄 모를 것이다.

헌 사리를 네 번 접어서 내 허벅지 사이에 놓고 실로 허리에 고정시키
고 나서 거처로 옮겨졌다. 나를 목욕시켰던 여자들은 심황 조각, 약간의 베
텔, 약간의 꽃과 바나나 하나를 주었다. 칸난은 1루피, 약간의 베텔, 바나
나 하나와 꽃을 보수로 받아갔다.

모두들 흡족해 하면서 나갔다. 나는 새장 안에 갇혀 있었다. 엄마와 할
머니는 아빠가 돌아오기를 기다렸다. 아빠는 그 소식을 듣자마자 레디에게
돈을 빌리러 갔는데, 주인은 그 청을 거절할 수 없었다. 천민이건 높은 카
스트이건 간에 초경을 시작하면 정화를 해야 하니까. 왜냐하면 악령들이
생리 때의 강한 냄새를 좋아하거든. 악령들은 소녀 주변을 배회하다가 의
례가 제대로 수행되지 않으면 소녀 몸으로 들어간다. 우리는 악령에 사로
잡힌 소녀들을 봤다. 모든 사람들은 레디가 지체없이 돈을 빌려주리란 것
을 안다. 가난을 핑계삼아 해야 할 일을 안 할 수 없다. 그래서 삶에서 중요
한 매 순간마다 레디에게 의지할 수밖에 없다.

아빠는 손에 50루피를 쥐고서 시부모에게 좋은 소식을 알리고 열하루
째 되는 날에 있을 심황수 의식에 우리 친인척들을 초대하려고 카라니로
갔다. 그들은 아빠에게 먹을 것과 음료수를 대접한 뒤 더 명확한 내 별자리
운세를 알아보려고 아이에르에게 아빠를 데려갔다. 마니 아이에르Mani
Iyer에게 약간의 베텔과 빈랑자, 장뇌, 바나나 하나, 1루피 지폐가 담긴 쟁
반을 건네주었다. 마침 그는 집에 있었는데, 호기심으로 몰려온 사람들을
피하려고 방문객들을 집안으로 데리고 들어갔다. 그는 내 생일과 생시, 그
리고 생리를 시작한 날과 시간을 물었다. 대답을 하고 나서 아빠는 무슨 점
괘가 나올지 걱정스럽게 기다렸다. 앞으로 무슨 일이 일어날지 알 수 없지.

만약 별자리에 문제가 있고, 또 만약 나와 가족에게 불행이 닥친다고 한다면 그런 위협을 막기 위해 의례 비용을 더 내야 하지. 마니 아이에르는 아빠가 말해준 날짜와 시간에 맞는 별자리 두 개를 재빨리 찾아냈다. 그는 별자리를 보고 모두에게 다 좋다며, 지금의 가난도 내가 시댁에 가면 끝날 거라고 확인시켜줬다. 그리고 내 초경 시작 일시도 나와 시댁 모두에게 좋다고 했다. 나는 건강하고 강하고 아이도 많이 낳을 거라고 했다. 아빠는 아이에르의 예언을 듣고 좋아서 가슴 뿌듯해했다. 아빠는 항상 친척들 앞에 나서지 않았는데, 그날은 나 같은 보물을 시댁에 보낸다는 것에 대해 자랑스러워했다. 아빠는 열하루째 되는 날의 의식이 카라니가 아니라 벨파캄에서 치러져야 한다고 주장하고서는 마을로 돌아왔다. 오는 길에 아빠는 시장에 들러 거울, 라임 상자, 브로치, 꽃, 바나나, 설탕, 베텔, 심황, 쿤구맘, 옷가방 등 필요한 것을 샀다. 그리고 큰길에 있는 술 가게에 들렀다. 나는 아직도 아빠가 술에 취해 아이에르에게 본 점을 하나도 빠짐없이 자랑스럽게 이야기했던 모습과 그 이야기를 듣고 매우 기뻐하던 할머니와 엄마를 떠올릴 수 있다.

나는 열하룻 동안 갇혀 지냈고, 누구도 나를 들여다보지 않았다. 매일 목욕시간을 빼놓고 은신처를 떠날 수 없었고, 집안에 들어가서도, 그릇을 만져서도 안 됐다. 나는 앞으로 무슨 일이 생길까 생각하며 시간을 보냈다. 저녁에 아라이와 나감마의 할머니를 포함해 나이가 든 여자와 젊은 여자들이 틴나이 근처에 앉아 재미있고 저속한 노래를 했다. 그들은 노래를 통해 나에게 앞으로 무슨 일이 일어날지, 그리고 남편이 나를 어떻게 할지를 가르쳤다.

나는 노래를 듣고서 민망해서 이 비좁은 공간에 있는 것이 오히려 더 낫다는 생각이 들었다. 어떤 사람은 매일 저녁 새로운 노래를 불러주려고 왔고, 또 어떤 노래는 계속해서 불러줬는데, 특히 사람들은 합창으로 쿠뿌 Kuppu 노래를 불러주었다.

오 귀여운 작은 소녀야, 너도 이제 생리를 하는구나
언제 생리를 하였니 작은 소녀야?
느낌이 어땠는지 말해보렴
그것을 했다고 해서 부끄러워하지는 말아라
애야, 이제 너는 사춘기에 접어들었구나
네 잠지는 곱슬거리고 부드러운 털로
감춰야 한단다
첫째 날 너는 묽은 수프를 먹어야 할 거야
다섯째 날 너는 *푸뚜를 먹을 거야
열한 번째 날 너는 심황 목욕을 할 거야
오 작은 소녀야, 나중에 너는 떠나게 될 거란다
남편과 함께 남편의 집으로 말야
그는 자신이 해야 할 모든 것을 할 거란다
그는 너의 작고 단단한 가슴을 애무할 거란다
넌 그럼 기분이 아수 좋아질 거야
그는 자신의 성기를 너의 예쁜 성기에 밀어 넣을 거야
구멍 속으로 말이지
그러면 아주 기분이 좋고 편안해질 거야
그렇게 그는 너를 임신하게 만드는 거란다
그리고 아이는 같은 구멍에서 나오게 될 거야
그리고 그것은 너의 성기를 아프게 힐 거란다. 오 귀엽고 작은 소녀야

* 푸뚜puttu 설탕과 야자를 넣고 찐 쌀밥으로 소녀의 초경의식 때 제공된다.

모두들 웃어댔고 나는 내가 여자라는 게 싫어서 구석에서 울었다. 아이가 그런 작은 구멍에서 나온다는 생각만 해도 속이 거북했다. 그 소란 속에서도 내 울음소리는 새어나갔다. 그러자 할머니가 여자들을 조용히 시켰다.
　나는 그런 노래를 알고 있었고 나 역시 니람마와 나감마, 그리고 카스

뚜리가 격리되었을 때 그 노래를 불렀었다. 내가 좋아했던 노래도 하나 있다.(웃음)

> 그는 안남말라이Annammalai의 언덕에 올라가 알리네
> 그는 클리토리스Clitoris 산에 올라가 보네
> 너의 가슴을 두손으로 꽉 움켜쥐고, 여보,
> 그는 털이 무성하고 곱슬거리는 성기에 들어가네
> 그는 자신의 성기를 구멍에 넣어 너를 아프게 하네
> 그렇지만 얼마나 좋아, 여보, 얼마나 좋은지!
> 이제 당신은 성숙해졌는데, 정말 놀랍지 않소, 여보,
> 정말 놀라워!

지금 다른 사람들이 하고 있는 것처럼 예전에 나도 그런 노래를 부르면서 웃어댔다. 그런 노래가 저속하단 걸 알았지만 그때는 지금처럼 놀라지 않았다. 왜 모든 것은 변해야 할까? 모든 것을 알려고 했던 내 친구들 때문에 그런 건가? '생리 색깔은 무슨 색이야? 그리고 아이가 나오는 구멍은 뭐야?'

단지 시간이 흘렀기 때문에 내가 남편에게 가야 했던 걸까? 난 몰랐다. 하지만 신체의 변화와 무관하게 내가 생리를 하는 것은 내가 남편에게 가야 한다는 것을 의미했다. 그게 바로 결혼의 마지막 단계였다.

우리집의 나이든 여자들은 나에게 노래로 성에 대해 알려주었다. 엄마와 할머니는 열하룻 동안에 내 안의 여성성을 끌어내려 했다. 그들은 생리 기간에 고기와 생선의 강한 냄새가 악령을 유혹할 수 있기 때문에 내 식사를 채소로 준비했다. 그들은 과일과 채소들을 바나나 나무속처럼 자르거나 또는 생리색깔처럼 얼룩을 남기는 녹색 바나나를 튀겼다. 가난해서 우리 같은 파리아 여자들은 돈을 절약하기 위해 옷이 더러워도 신경 쓰지 않고

대충 지냈는데, 바로 그 점은 우리 여자들이 다른 여자들보다 악마들을 더 쉽게 유혹할 수 있었다. 엄마는 이것을 알고 엄격하게 금기를 따랐다. 그래서 그들은 나를 대우해주고 잘 먹이고 돌봐주면서 매일 목욕시켰다. 오빠와 여동생들은 왜 내 응석을 받아주는지 이해 못하면서 내 식사와 차를 욕심냈다. 매일같이 나는 설탕과 약간 뭉갠 코코넛과 함께 마당의 상추 또는 쌀로 된 푸뚜를 먹었다. 푸뚜는 사춘기에 이른 여자들에게 있어 가장 중요한 음식 중의 하나이다. 그것은 엉덩이, 자궁과 모든 신체기관을 튼튼하게 해주는 것으로 만약 작은 여자아이가 생리를 하는지 여부를 알고 싶으면 "네 딸이 푸뚜를 먹었냐?"고 물으면 된다. 정화의례를 하는 날에 손님들은 푸뚜 콘을 받는다. 녹색 편두콩으로 만든 죽 역시 좋은 강장제인데 엄마는 잊지 않고 그것을 나에게 먹였다.

내 음식을 준비하는 데는 아주 많은 시간이 걸렸다. 아빠는 최선을 다해서 나를 잘 먹이도록 돈을 준비해왔다. 나는 그때 열하룻 동안 응석받이가 돼버렸다. 그때는 정말 내 인생에서 익숙하지 않은 순간이었다. 한편으로 나는 더럽다는 이유로 거부당하고 감금되었다. 다른 한편으로 모든 사람이 나에게 신경을 써주었지만 말이다. 나는 그렇게 잘 대해주는 이유가 내가 아이에서 벗어나 성인으로서의 진정한 삶에 들어서도록 하기 위해서라는 걸 알았다. 그때 열하룻 동안 나는 아이가 아닌 한 여자로 다시 태어나야 했다.

엄마로서는 그날이 아이를 돌볼 수 있는 마지막 날인 셈이었는데, 엄마는 우리의 이별이 가까이 왔다는 것을 감지했다. 엄마는 나에게 "잘 먹으렴, 딸아! 너는 인생에서 닥칠 많은 어려움을 헤쳐나가기 위해 힘을 길러야 해. 이제부터 엄마는 네 옆에 있을 수 없단다. 이제 내가 널 돌볼 시간이 없을 거야!"라고 계속 말했다. 나는 엄마의 마음과 엄마가 어려움을 감당해왔던 이유가 이해되기 시작했다. 예전처럼 징징대고 울지 않았다. 엄마의 충고를 들었다. "시부모에게 순종해라, 이제부터는 그분들이 너의 신이란다. 남편에게 순종해라, 이제 그가 너의 주인이란다. 그를 신뢰해야 한다. 대들지 말아라. 누구의 노여움도 사서는 안 돼. 그리고 말을 거칠게 해서도 안 되고 항상 좋은 말을 듣도록 해. 너도 알겠지만 그 일은 쉽지 않을 거다. 저절로 되는 건 없다!" 나는 비좁은 공간 속에 앉아서 곰곰이 생각하면서 그날을 맞이할 준비를 했다.

내가 격리된 지 열흘째 되던 날 엄마와 할머니는 손에 베텔을 들고 정화의례 때 나를 씻겨준 일곱 명의 여자들을 다시 초대했다. 악사들에게도 그것을 알렸고, 모든 친척들을 다음날 수요일 아침 불길한 시간을 피해서 열 시에 예정된 심황물 목욕의식에 초대했다.

열하루째 되던 날 세탁부인 칼리무뚜는 내가 격리되었던 곳에 와서 의례에 필요한 자리를 준비했다. 그리고 내가 격리된 동안 나와 접촉했던 모든 것을 한데 모았다. 돗자리, 베개, 토기, 야자 잎 등을. 시댁 식구들이 바나나, 베텔, 코코넛, 꽃으로 채운 쟁반을 이고 금빛 수를 놓은 사리와 블라우스, 속치마, 약간의 쿤구맘, 심황, 빗과 거울을 가지고 나타났다. 악대들은 방문객들을 마을 입구에서 맞이해 집까지 노래를 연주하면서 모시고 왔다. 집안 여자들은 쟁반을 받아서 그것을 집 한가운데 둥그렇게 쌓아놓고 작은 쟁반 위에 담긴 장뇌에 불을 붙였다. 모든 사람들이 엎드려 절을 했다.

몇 명의 요리사가 음식을 준비하려고 왔고, 여자들은 손님들을 위해 많은 양의 푸뚜를 쪘다. 그리고 나서 엄마와 일곱 명의 여자들은 나를 목욕시키는 의례를 했다. 먼저 그들은 내 몸에 녹색 편두 가루를 문질렀다. 그들은 나를 씻기더니 다시 심황으로 문질렀다가 다시 씻겨주었다. 화장을 맡은 여자들은 내게 옷을 입혔다. 나는 부모님이 사온 새 옷을 입었고, 향을 사른 연기로 머리를 말렸다. 그 뒤 여자들은 1루피, 바나나 하나, 약간의 베텔, 라임 한 상자, 빗 하나와 거울 하나를 받았는데, 그것들은 아빠가 티루라감 시장에서 사왔던 것이었다. 동시에 부모님들은 남편에게 소만, 숄,

약간의 베텔을 주었다. 그리고 나서 엄마는 손님들에게 양념한 유장과 함께 바다이를 주었다.

내 준비가 모두 끝났다. 고모 카닉카이가 나를 위해 아람을 수행한 후에, 나는 집으로 들어갔다. 악대들이 연주하는 동안 크리쉬난 삼촌은 자기 쟁반을 앞으로 가지고 나왔다. 내 남편과 나는 식단에 앉았다. 크리쉬난 삼촌은 아람을 수행하고서 우리 앞에 10루피와 함께 쟁반을 내려놓았다. 부모님은 그 대가로 20루피가 담긴 쟁반을 주었다. 삼촌에게는 항상 그가 준 것의 두 배를 줘야 했다. 그것은 삼촌의 의무이다. 왜냐하면 만약 부모들이 죽어서 아이들을 돌보지 못할 경우 삼촌은 부모를 대신해 아이들을 돌볼 의무가 있기 때문이다. 손님들은 우리에게 축복의 표시로 쌀을 던지고 선물을 주었는데, 대부분이 돈이었다. 그들은 푸뚜 콘과 바나나를 받았고, 여자들은 약간의 꽃과 쿤구맘 상자를 받았다. 축하연은 가족들 모두에게 맛있는 음식을 대접하는 것으로 끝을 맺었는데, 남자들에게는 야자술이 제공되었다.

떠나야 할 시간이 다가왔다. 내 가방에다 그릇과 돗자리, 옷을 넣었다. 엄마는 더이상 참지 못했다. 엄마는 눈시울이 붉어진 채 시어머니 옆에서 나를 잘 돌봐달라고 부탁했다. 세리의 사람들은 엄마가 나를 시어머니에게 인도하는 것을 보려고 집 앞에 모여들었다. 엄마는 나에게 다가와 다시 한번 충고했다. 그런 엄마를 보니 마음이 아팠다. 나는 더이상 울 수 없었다. 눈물도 나지 않고 더 심각해졌다. 즐거웠던 시절은 이제 끝나버린 것이었다.

악대들은 자리에서 일어나 행렬을 인도했다. 내가 떠날 순간이 다가왔다. 조부모님과, 부모님, 오빠와 동생들, 친구들은 울고 있었다. 세리 전체가 울먹였다.

카라니를 향해 우리 행렬이 출발했다. 이 시간이 영원히 계속될 것 같았다. 내 눈에서 눈물이 치솟기 시작했다.

첫경험을 생각하면 온몸이 떨린다

이제 나는 카라니로 가는 길을 안다. 내 나름대로 표시를 해두었다. 거기에 가려면 아레카 야자 숲 옆에서 왼쪽으로 돌아 튤립 나무와 맞닿은 큰 길로 가야 한다. 거기서 보면 마을로 가는 길을 보여주는 술집이 있다.

우리가 마을에 들어서자 악대들이 연주를 시작했다. 항상 그렇듯 아이들이 먼저 달려와 "신부가 와요! 작은 여자아이네! 우리랑 놀아도 되겠네!" 하고 소리쳤다. 나는 아이들의 말을 듣고 기운을 내서 슬픔과 꽃 때문에 무거워진 고개를 들었다. 나는 등까지 내려오는 화환과 귀걸이, 머리부터 내려오는 작은 고리장식들, 이마에 장식하는 팬던트를 해본 적이 없었다. 아이들은 나와 몸집이 비슷했다. 앞으로 내가 살게 될 새로운 마을에서 아이들이 환대해 주니 나는 좀 안심이 되었다. 최소한 놀 친구가 있으니 다행이라고 스스로 위로했다. 지금은 낯설고 수줍어 어색하지만 성격이 밝고 명랑한 나는 친구들을 쉽게 사귀어 왔다. 나는 새로운 놀이와 그들에게 해줄 이야기를 생각하느라 엄마와 할머니의 충고를 잊고 있었다. 그때 내가 얼마나 순진했는지 어떻게 설명할 수 있을까?

세리가 점점 가까워져 오자 호기심 많은 여자들이 우리를 보려고 모여들었는데 그 중 한 명은 "어머, 아직 애잖아!" 하고 한마디 했다. 그러자 또 다른 여자가 "마니깜에게 너무 어린 아내인 것 같은데! 그래도 한창때라 토실토실하네! 정말 영계네!" 세 번째 여자는 "어쨌든 괜찮네. 까무잡잡하지만 예쁜데 뭐" 하고 말했다.

한 여자가 아람을 하기 위해 준비한 놋쇠쟁반을 가지고 집에서 나와서는 그것을 시어머니에게 건네주었는데, 시어머니는 그것을 내 머리 앞에서 세 번 돌렸다. 그리고 나서 그들은 나에게 오른발을 먼저 딛고 집안으로 들어가라고 했다.

사람들은 틴나이나 앉을 만한 곳에 다들 앉아 있었다. 여자들은 시어머니 주변에 앉아 식구들이 벨파캄에서 어떤 대접을 받았는지 들었다. 모든 사람들이 그 대화에 푹 빠져 있는 것을 보며 나는 꽃과 보석, 짧은 사리를 벗었다. 나는 허리에 치마를 접어 넣고는 사람들 틈을 조심스럽게 지나 마을 주변에서 놀던 아이들을 찾아갔다. 아무도 내가 나가는 것을 몰랐다.

"애가 늙은 아저씨의 부인인가 봐!" 하며 아는 체하는 여자아이들과 만났다. 그 말을 들으니 슬퍼졌다. 내가 결혼했다는 것을 또 잊고 있었다. 만약 벨파캄이었다면 바로 욕설을 퍼부었을 거다. 그러나 나는 카라니에 있었고, 부끄러워서 아무 말없이 고개를 숙였다. 그러자 그 중 한 소녀가 내 손을 잡고 "괜찮아, 화내지마. 넌 우리 친구가 될 거야, 괜찮지'?" 하고 말했다. 나는 고개를 끄덕였다. 그 애들은 나에게 많은 질문을 했다.

"왜 결혼했니? 너 못된 애 아니냐?"

"아니야! 벨파캄에 있는 집에 있기에는 내가 너무 커서 결혼한 거야. 너희는 그 나이든 아저씨를 알아?"

"누구? 큰오빠 마니깜?"

"응"

"물론이지! 우리가 오빠를 얼마나 놀려먹었는데, 오빠 이빨 몇 개가 없거든. 우리는 오빠를 합죽이라고 놀려. 오빠가 정말 화가 나면 우리를 쫓아와서 돌을 던져."

"아, 그래, 이가 없단 말야? 난 몰랐어. 근데 왜 너희는'나이든 아저씨'라고 불러?"

"왜냐하면 흰머리가 있거든."

"너희는, 너희는 결혼하지 않았어, 누구 결혼한 사람 있어?"

"응, 칸니마, 삭캄마, 그리고 다남마. 그 애들 남편들은 칸난의 집에서 노래하고 있는 사람들이야."

"우리 돌차기 할래?" 아이들 중의 한 애가 소리쳤다. 그리고 우리는 일제히 "좋아" 하고 말했다.

그리고 나서 우리는 신나게 뛰고 달리고 소리치며 웃어댔다. 정말 재밌었다. 새로운 세리에서 첫날 저녁은 행복했다. 갑자기 누군가 나를 불렀다. 시어머니 목소리였다. 그렇지만 너무 놀라 나는 대답을 못했다. 새로 사귄 친구들에게 인사조차 못하고 집으로 달려갔다. 땀에 젖어 머리는 엉망인데다 치마를 내리는 것도 잊고 무릎을 드러낸 채 집에 도착했다.

여자들은 나를 보자마자 웃음을 터뜨렸다. "정말 가관이군! 큰언니가 정말 며느릿감을 제대로 찾았네! 온 지 얼마나 되었다고 몰래 나가서 당나귀 꼴로 뛰놀고 온 것 좀 봐! 마니깜은 저렇게 방정맞은 여자애랑 어떻게 살려나?" 적의를 품은 말을 듣자 무서웠다. 나는 작은 생쥐처럼 벽에 붙어 고개를 숙이고 집으로 들어갔다. 나는 어두운 구석에 숨어 서러워서 울었다. 시어머니가 나를 찾으러 와서 "애! 작은애야! 어디 있니! 거기에 있니? 어두운 곳에?!" 하고 불렀다. 엄하면서도 구슬리는 목소리였다.

"왜 울고 있니, 이 바보야? 이제 불을 켰으니 뚝 그쳐, 울면 불행해져! 여기! 카심마! 새애기에게 먹을 것 좀 줘, 시간이 너무 늦었어. 우리가 너무 오랫동안 이야기하고 있었나봐."

큰시누이인 카심마는 내 손을 잡고 눈물을 닦아주더니 먹을 것을 가져다주었다. 나는 배고프지 않았다. 너무 피곤해 잠이 왔다. 벨파캄에서는 종종 안 먹고 자기도 했다. 여기서는 그것을 나쁘게 받아들였다. "만약 네가 계속 이러면 우린 식량을 아껴서 돈을 모을 수 있겠구나." 시어머니는 계속 말을 이어갔다. "여기까지야, 내일부터는 아무도 너 먹으라고 쿠주(kuj 수수와 라기로 만든 죽. 주로 일꾼들의 점심으로 제공되는 주식)를 따라줄 사람이 없을 테니까."

그때 나는 시어머니의 말을 이해하지 못했다. 나는 시어머니가 하는 이야기를 들으며 배고픔을 참았다.

시댁의 여자들은 나에게 친절했다. 우리 카스트에서 시어머니와 시누이들은 나중에 며느리가 아이를 낳으면 못살게 굴었다. 어쨌든 레디하고는 전혀 상관없는 것이지만. 최근에 어떤 가족은 며느리가 또 딸을 낳아서 지옥 같은 생활을 하고 있었다. 대체 그녀에게 어떡하라고? 자궁 속의 아이를 골라 올 수 없잖아. 사람들은 이스바란(Isvaran 또는 Isan 시바의 다른 이름 중 하나로, '주인'이란 뜻이다. 타밀 지역에서 가장 대중적인 신이다)의 결정을 받아들일 수밖에 없는데 말이다. 소식을 전해들은 이발사의 부인인 안잠마가 나에게 말해주었다. 그 불쌍한 며느리는 울면서 자기 이야기를 했다. 시부모와 시누이들은 그녀에게 뭐 좀 먹으라고 부르지도 않고 아기를 돌보라고 내버려두었다. 내가 마구간 청소를 하러 갔을 때 나도 그녀를 봤다. 그녀는 항상 슬퍼 보였어, 가엾게도 말야. 우리는 밖에서 일을 하지. 우리는 논에서 이야기를 할 때마다 저마다 시어머니와 며느리 중 누가 잘못한 건지 말을 하지. 그렇지 않으면 세리 내에서 큰 논쟁을 하고 나서야 모든 것이 정리가 된다. 레디들은 달랐어. 그들 사이에서는 신호, 말, 분위기, 험담으로 표현한다. 그들은 부루퉁하니 골을 내며 살아간다. 불행하게 끝나는 경우도 있다. 내가 여기 카라니에 있는 동안 레디가 할 짓은 아니었지만 두 명의 며느리가 자살을 했다. 한 명은 우물에 몸을 던졌다. 그녀는 아이를 갖지 못했다. 그녀의 시어머니와 시댁 식구들은 그녀 때문에 아이가 생기지 않는다고 비난했고, 그 불쌍한 여자는 우물 속에서 자신의 생을 마감했다.

다른 한 여자는 부엌에서 몸에 석유를 뿌려 분신자살을 했다. 병원에서 할 수 있는 것은 아무것도 없었다. 그 사건은 그녀가 밥을 짓다가 나일론 사리에 불이 붙어 일어난 일로 무마되었다. 그렇지만 장례식에 북을 치러 갔던 우리집 남자들이 병원에서 그녀가 자살했다는 말을 들었다. 그녀는 가난한 집에서 시집 와서 친정 아버지는 약속했던 지참금을 지불하지 못했다. 그래서 시댁 식구들이 그녀를 욕하고 못살게 굴었다. 그 불쌍한 여자는 그것을 못 참고 분신자살을 했다. 더 높은 카스트라고 해서 좀더 낫게 사는 방법을 아는 것은 아니다. 그들은 동물과 다름없는 행동을 했다. 우리 파리 아들이 완벽하다고 말하는 것은 아니지만 우린 적어도 항상 보호해 줄 사람을 찾아 서로 도와준다. 물론 자살을 하는 사람도 간혹 있지만 그것은 정말 드문 일이고, 그런 일은 대개 간통 때문에 일어난다. 때로 남자가 자살을 하기도 하는데, 나는 인근 세리에서 그런 일이 있었다는 말을 들어보지 못했다. 우리는 병원에서 그런 말을 들었다.

카라니에서의 첫날밤 이야기로 되돌아가서 시어머니는 나에게 친절했다. 마치 작은딸처럼 내 머리도 매만져 주었다. 시어머니는 온화한 성품을 지녔다. 저녁을 먹고 나는 다시 울기 시작했고 어둠 속에서 잘 것이 두려웠다. 시어머니는 모든 사람이 곧 잠자리에 들 거며, 내가 혼자가 아니라며 안심시켜주었다. 시어머니는 이부자리를 펴 그 위에 하얀 옷을 두고, 내 옆에 기름 램프를 두며 말했다. "이제 자렴. 나는 문 앞에 앉아서 베텔을 씹고 있을 테니까. 무서워 말고, 푹 자렴!"

시어머니는 밖에서 한두 명의 여자와 함께 이야기를 나누었다. 나는 그들이 웃으면서 노래하는 것을 들었다. 여자들이 "오늘은 마니깜이 재미보는 날이 되겠지"라고 말하는 소리가 들렸다. 나는 더이상 그들의 대화를 들을 수 없었다. 내 의지대로 되는 것이 아니라는 것을 다시 확인시켜준 날이었다. 나는 피곤함과 감정에 북받쳐 금방 잠이 들었다.

깊은 잠에 빠져 있을 때 누가 내 손을 잡는 것 같았다. 난 겁에 질려 "아요요(ayoyo 놀람, 슬픔, 애도를 나타내는 감탄사 아요 ayo의 강조형)! 아요요! 누가 나를 만지고 있어요! 나를 깔아뭉개고 있어요!" 하고 소리쳤다. 시어머니는 "조용히 해, 네가 모두를 깨우고 있잖니!" 하고 속삭였다. "귀신을 봤어요! 방금 누가 나갔단 말예요!" 하고 소리쳤다. 시어머니는 아무도 없었다고 나를 진정시키면서 내가 악몽을 꾼 거라고 했다. 나는 다시 금방 잠이 들었다. 그렇지만 이내 누군가 나를 다시 숨막히게 했다. 나는 그 무거운 것을 치우려고 소리를 질렀다. 그렇지만 캄캄한 어둠 속에서 아무것도 할 수 없었다. 눈물로 범벅되어 눈이 시린 가운데 나는 빛이 흔들리는 것을 봤다. 아무것도 움직이지 않았다. 나는 두려워서 뜬눈으로 밤을 샜다. 하얀 형상이 점점 내 옆으로 다가오기 시작했다.

나는 더 자세히 보려고 고개를 들었다. 바로 그때 거친 손이 내 머리를 잡았다.

"이봐! 비람마! 왜 그렇게 무서워하지?"

나는 그 사람이 부모님이 준 하얀 소만을 입은 남편임을 깨달았다. 나는 서러움에 울면서 "벨파캄으로 돌아갈래요, 엄마에게 가고 싶어요, 여기서 일어난 모든 일을 말할 거예요" 하고 중얼거렸다.

"조용히 해! 조용히, 이 바보야! 아침이 되면 알게 될 거야!"

눌째 날노 삼을 잘 수 없있다. 나는 곤경에서 삐져나가기 위해 해가 뜨기를 기다렸다가 해가 뜨자 재빨리 나가서 북채나무 옆에 앉았다. 북채나무에 대한 사연이 있다. 그때부터 지금까지 나는 북채나무를 의지하고 있는데, 문제가 있을 때마다 북채나무에 가서 내 슬픈 이야기를 하면 그 나무는 나를 위로해준다. 금요일마다 나는 북채나무를 위해 장뇌에 불을 붙여 공양을 하고 삼지창에도 똑같이 했다. 그것들은 나의 신이었으니까.

나는 나무 아래에 있었다. 어깨에 괭이를 지고 지나가던 남자들이 내 앞에 멈춰서 "새댁, 도대체 뭐해!" 하고 말했다. 그렇지만 그들은 감히 묻지 않았다. 물 항아리를 들고 여자들이 왔다. 가장 말많고 떠들기 좋아하는 고모 코낙칼리가 나에게 "도대체 무슨 일이 있었어, 애야? 결혼 초야를 보내긴 했니?" 하고 물었다. 그렇지만 나는 그녀가 무슨 말을 하는지 이해하지 못하고 "지난밤에 집안에서 어떤 남자가 나를 팔로 잡아당겼어요, 고모!" 하고 대답했다. 시어머니가 그때 나와서 여자들을 돌아보며 "방금 그 말을 들었지" 하고 말을 하니 모든 사람들이 웃었다. 아! 그것은 나를 실망시켰다. 내 엄마 또래의 여자들이 나에게 일어난 일을 듣고서 웃고 있다니!

"이럴 수는 없어! 벨파캄으로 가는 길을 알고 있으니, 오늘 아침 무슨 일이 있었는지를 엄마한테 가서 말할 거야, 두고 봐, 엄마가 그 놈을 가만두지 않을 거야! 엄마는 그 놈 머리를 벨 거고 아빠는 그 놈을 두 동강이 내버릴 거야!"

"그래, 그래! 네 엄마, 아빠가 영웅이겠지. 우리 모두 네 엄마 아빠를 무서워하니까. 우리가 기다리는 동안 가서 좀 씻어라!"

그 이야기는 온 세리에 소문이 났다. 그 일에 대해 내 놀이 동무들이 제일 궁금해했는데, 그들의 쉴 새 없는 질문에 모두 답해주었다. 나는 벨파캄에 가기로 다짐했던 것과 달리 여자 애들과 나가서 놀았다.

그렇게 신혼 초야가 지나갔다. 나는 밖에 나가 놀고 식사시간에만 돌아왔다. 조금만 뭐라고 해도 울었고 남편을 매일 밤 거부했다. 시어머니는 인내심을 가지고 나를 닦달하지 않았다. 시어머니는 시간을 두고 나를 설득하려고 했지만 나는 싸울 태세를 취했다. 나는 내 자신을 남자에게 줘야 한다는 두려움을 극복하지 못했다. 정말 잔인했다. 시어머니는 큰언니 엘람마에게 가서 나를 설득해보라고 했지만, 누구 말도 듣고 싶지 않았다. 여자들은 나를 불쌍히 여겨 "그 애 남편 마니깜을 빼고 세리의 모든 사람이 그녀를 알아. 그녀는 너무 순진한 아이야! 아, 우리 여자들은 그것을 견뎌냈는데! 그게 여자의 운명인 거야" 하고 말했다.

누구나 마찬가지였겠지만 시어머니도 내 행동을 더이상 방치하지 않았다. 그녀는 나에게 밖에서 놀지 말라고 했다. 그리고 집안일을 돕기 시작했다. 그동안 내 놀이 친구들은 마을 주변을 배회하며 놀았다. 시어머니는 "계속 이렇게 지낼 수는 없다. 너에게 친구들과 나가서 놀라고 네 부모님이 그 많은 돈을 써가며 결혼시킨 게 아니야"라고 말했다. 그날부터 시어머니는 나에게 모질게 대하면서 내가 노는 것을 볼 때마다 혼을 냈다. 시어머니는 나를 놀지 못하게 하려고 쌀 한 되와 편두 한 되를 섞어서 골라내라고 했다. 그동안 시어머니는 내 옆에 앉아서 나를 가르쳤다. 시어머니는 할머니와 엄마가 했던 모든 것을 상기시켜주었다.

그러던 어느 날 시어머니는 아주 조용하게 "시아버지와 나는 따로 살림을 낼 거다. 우리는 이 큰 방을 셋으로 나눌 거야. 네 남편과 너는 왼쪽을 사용하거라. 우리는 중간을 사용할 거고, 마리무뚜와 그 가족은 오른쪽을 쓸 거다. 이제부터는 쌀 단지가 세 개가 될 거야. 물론 각자가 식사준비를 할 거고" 하고 말했다.

얼마나 놀랐던지! 나는 눈물을 글썽이며 시어머니를 바라봤다. 시어머니는 지금까지 내게 잘해 주었고, 나에게는 엄마와 다름없었다. 그런데 이제 그녀는 모질게 규칙을 세웠다. 나는 이제 의지할 사람이 아무도 없었다. 큰언니 엘람마는 시어머니와 남편에게 순종하라고 충고했다. "그들에게 잘해" 하고 그녀는 말하곤 했다.

"딸이 시집가서 못살면 엄마 이름에 먹칠하는 거야."

나는 정말 외롭고 불행했다. 큰언니 엘람마는 결혼 뒤에는 남편이 내 보호자고 난 남편에게 속하니 그를 기쁘게 해줘야 한다고 계속 말했다. 난 계속해서 이 충고를 들었다. 그렇지만 그 나이에 충고를 듣는다고 해서 그 것을 이해하는 것은 아니지. 왜 내가 나를 키워준 엄마, 아빠가 아니라 밤마다 내게 손대려 하는 짐승 같은 놈에게 순종해야 하지? 나는 부모님이 카라니의 이 사람들에게 나를 팔아버린 게 아닌가 궁금했다. 내 가족 중에 엄마 사촌은 실론의 차밭에서 일하는 노동자를 구하는 중개상에게 팔려갔었다. 나이 많은 고모는 남편이 아주 적은 돈에 아들을 팔아 넘겼다고 항상 남편에게 대들었다. 그 중개상은 많은 혜택과 돈을 약속했지만 그들을 본 사람은 아무도 없었고, 아들도 다시 돌아오지 않았다. 나는 그 이야기를 상기하면서 나 역시 같은 상황이라고 느꼈다. 스스로에게 엄마 아빠가 아마도 나를 버리고 싶었을 거라고 말했다. 그렇다면 왜 그런 많은 의식을 치르고, 왜 축하와 선물을 주고, 행진을 했을까? 눈물이 나면서 슬픔이 빌려와 진정할 수 없었다.

그날 오후 시아버지와 남편은 옷을 허리에 두르고 터번을 쓰고 집을 세 개로 나눌 진흙 벽을 세우려고 일을 했다. 나는 여자들이 짐을 옮기는 것을 도와줬다. 지나가던 이웃사람들은 멈춰 서서 "진작 이렇게 했어야지, 이제서야 알다니! 얘, 이 철딱서니야, 인형하고 노는 것은 그만 둬, 알겠어. 진짜 사랑 놀음을 해야지! 네 부모님은 아무런 대가 없이 그 많은 돈을 쓴 게 아니란다. 계속해보렴, 곧 굴복하게 될 테니. 두고 봐, 머잖아 다시 해달라고 할 테니! 사람들은 다 알고 있단다!" 그리고 나서 모두들 웃었다.

"너는 어리고 네 남편은 이미 나이가 들었어! 최대한 많이 즐겨야 해. 이럴 때는 시간이 정말 금방 지나간단다!"

지붕 위에서 한 남자가 소리쳤다.

"오늘따라 여편네들이 더 귀찮게 하네!"

목소리의 주인공은 시아버지였는데, 시아버지가 하는 말을 들은 것은 그때가 처음이었다.

그날 저녁에도 나는 배가 고프지 않았다. 시어머니는 억지로라도 밥을 조금이라도 먹으라고 했다. 그리고 나서 그녀는 자리를 깔고 그 위에 하얀 시트를 깔았다. 나에게 자기는 옆방에서 잘 테니 잠을 자라고 했다. 남편이 곧 옆에 있어줄 테니 두려워하지 않아도 된다고 하면서 시어머니는 문을 닫고 나갔다. 이번에 나는 저항하지 않았다. 이제 새로운 단계에 들어선 것이다. 남편을 기다리며 내 심장은 요동쳤다.

이윽고 남편이 들어왔다. 난 곧장 눈을 감았다. 머리를 손에 묻고 새우처럼 구부렸다. 남편은 램프를 더 가까이 댔다. 난 시체처럼 가만히 있었다. 그는 뭐라고 중얼거리더니 내 옆에 누웠다. 입고 있던 소만을 서둘러 벗고 내 옷을 재빨리 벗겼다. 나는 벌거벗자 수치스러웠다. 그는 거머리처럼 나를 움직이지 못하게 하고 내 가슴을 콱 움켜쥐었다. 그의 무게에 눌려 나는 숨을 쉴 수 없었다. 떨렸다. 오줌을 싼 것처럼 완전히 젖었다. 마침내 그가 내 가슴 한 쪽에서 손을 떼더니, 사탕수수 줄기처럼 단단한 자신의 물건을 한 손에 쥐고는, 자기 다리로 내 허벅지를 벌려 놓고서, 물건을 내 허벅지 가운데로 밀어 넣었다. 그가 나를 갈기갈기 찢어놓는 듯한 느낌이었다. 그는 사자처럼 헐떡이며 깊숙이 들어왔고, 나는 침묵 속에서 고통스러워했다.

지금 이 나이가 되었어도 그때의 첫 경험을 생각하면 온몸이 떨린다. 그것은 끔찍한 기억으로 남아 있다. 보다 세련된 레디들은 파리아들처럼 야만스럽게 초야를 치르지 않는다. 나는 레디가 초야를 어떻게 치르는지 안다. 레디들은 과일, 지레비(jilebi 당밀로 만든 빵의 일종으로, 결혼식 때 먹는다), 라두(laddu 병아리 콩가루와 캐슈 열매, 건포도와 생강을 넣고 만든 과자), 미소레 팍(Mysore pak 병아리 콩가루로 만든 바싹한 빵), 본다(bonda 검은 콩과 커민 씨앗, 생강, 푸른 고추, 양파, 야자 그리고 후추 열매로 만든 튀김), 웁푸나, 그리고 아몬드와 샤프란과 함께 우유 두 잔을 자스민 화환으로 장식된 침실로 갖다 놓는다. 그리고 하얀 시트를 침대 위에 깐다. 노인들은 신혼부부를 침실로 인도해주고 문을 닫아준다. 그러면 신혼부부들은 하루종일 서로를 확인하고 부드럽게 사랑을 나누며 이야기를 한다. 우리에게 신혼초야는 너무 가혹하고 야만적이다. 우리는 레디처럼 그럴 시간도, 그럴 만한 공간이 없음을 안다. 그렇지만 내 경험은 너무 끔찍했다.

남편이 좀 진정되자 나는 울면서 "내 부모님이 이것을 허락했을 리 없어요. 집에 갈래요. 엄마한테 가서 이를 거야!" 하고 말했다. 그러자 그는 "진정해. 이제 네 집은 여기야. 너는 나와 살 거라고. 너를 행복하게 해줄 테니, 두고 봐. 처음이어서 기분이 안 좋을 뿐이야. 다음에는 더 나을 거야." 남편은 어둠 속에서 몇 마디 중얼거렸다. 그렇지만 나는 내 몸이 타는 것 같아 계속 울었다. 나 또한 이상한 기분이 들었다. 몸이 끈적거려 더럽혀진 것 같았다. 내가 비탄해하자 남편은 "밖에 양동이에 물이 있으니 가서 씻어" 하고 말했다. 나를 혼자 두지 않으려는 듯이, 그는 집 밖으로 나가서는 틴나이에 앉아서 기다려 주었다. 나는 큰 양동이 물을 내 몸에 부었다. 그러자 통증이 좀 가라앉았다. 나는 몸을 닦지 않고 치마와 셔츠를 입었다. 나는 남편이 나에게 짐승같이 했던 일에 화가 치밀어 그가 자기 옆에 와서 누우라고 했지만 방구석으로 갔다.

아침에 눈을 뜨니 집에 나 혼자만 있었다. 남편은 레디의 논에 일하러 나가고 없었다. 나는 큰언니 엘람마가 "그 애에게 무슨 일이 있었냐?"고 묻는 말을 들었다. 시어머니는 "그 애가 제대로 했는지 가서 보세"라고 대답했다.

큰언니 엘람마와 시어머니 카심마, 그리고 네타칼리 고모가 들어왔다.

"그런데 애가 어디 있어, 작은 땡삐야!

"아, 저기 있네, 평상시처럼 방구석에 있군!"

"이것 봐, 옷이 단지 옆에 있네!"

그들은 개짐대로 몰려갔는데, 나는 그것을 왜 그렇게 중요하게 여기는지 몰랐다. 그들은 "여기 흔적이 있네!"라고 말하며 나가더니 네타칼리 고모가 시어머니를 불러 "큰언니, 언니 아들은 좋겠네. 제대로 했으니 말야! 흠잡을 데 없는 애였군. 그렇지만 그 애 고집은 알아줘야 해요. 그렇게 오랫동안 고집을 꺾지 않은 것을 보면 말예요!"

그런 식으로 순진했던 시절에 일어났던 일들이 오늘날 우리들 세대에서 단절되어 버린다. 그래도 레디아르들은 여전히 순수한 사랑을 지속하고 있다. 그러나 쿠디야나르들에게서는 점점 찾아보기 어려워지고 있다. 우리와 마찬가지로 그들 역시 가난해서 논에서 일을 해야 한다. 그들은 몰래 만나서 결혼 전에 같이 잔다. 그들을 막을 수는 없다. 시골에서 함께 잘 곳은 아주 많다. 그리고 여기 칼리유감에서 여자아이들이 첫 생리를 하고 나서 몇 년을 기다려야 한다면 순결은 덜 중요하게 된다. 딸의 혼사에서 사돈이 될 사람은 그 애의 처녀성보다 지참금을 더 중요하게 생각한다. 시대가 변했다. 난 어렸을 때 엄마의 충고를 듣지 않았던 것을 종종 후회한다. 그렇지만 달리 뭘 어쩌겠어? 어릴 땐 침착하지 못하고 곧잘 성을 내잖아.

각방을 쓰면서 나는 남편을 위해 모든 것을 손수 해야 했다. 나는 남편의 식사준비, 씻을 물 데우기, 논에 음식 내가기, 베텔 주기 등을 해야 했다. 더이상 중개인은 없었다. 지금까지 시어머니가 했던 일이 이제 내차지가 되었다. 다시 말하지만 나를 움츠리게 했던 것은 집안일이 아니라 밤에 내게 상처를 주고 낮에 사라져버리는 남편을 위해 그 일을 해야 한다는 것이었다. 그러나 나에게 주어진 답은 오직 복종뿐이었다. 만약 내가 그것을 거부했다면 나는 창고에서 채찍을 맞았을 거다. 나는 결코 다정한 말상대가 아니었다. 그래서 내 방식대로 화난 인상으로 절대 웃지 않음으로 나름대로 복수를 했다. 일례를 들어, 논에서 일하는 남편들에게 점심을 내다주는 일곱 명의 젊은 부인들이 있었다. 그 여자들은 사리를 접어 머리에 올려서 그 위에 구주 단지를 놓았다. 그렇지만 나는 빅해자는 그런 대접을 받을 권리가 없다고 스스로 말하면서 머리에 아무것도 놓지 않고 단지를 이고 갔다. 나는 그에게 존경심을 보이지 않음으로써 매번 그를 화나게 했다. 그래서 남편은 밤에 온갖 구실을 대며 – 식사에 소금을 충분히 내 놓지 않았다거나 씻을 물을 너무 뜨겁게 데워 놓았다고 해서 – 나에게 욕을 했다.

"이 염병할 년아, 빌어먹을 화냥년! 빌어먹을 네 모습 좀 봐라!"

난 수치심에 울기 시작했다. 사람들이 와서 그를 진정시키면서 말했다.

"화 내지 마, 마니깜! 아직 애잖아!"

그러면 그는 "아니요. 저 년이 얼마나 뻔뻔한지 몰라서 그래요!"라고 대답했다. 그러면서 그는 내가 아침에 한 행동을 말했다. 나는 기가 죽으면서도 동시에 내 장난에 만족해했다.

그를 화나게 하는 또 다른 방법을 알고 있었다. 그의 칸지(kanji 주로 하루 전에 지은 밥을 말하며, 물에 담가 두었다가 아침 이후에 먹는다. 쌀 부스러기로 지은 죽을 가리키기도 한다)를 가지고 갈 때 남편 근처의 땅에 단지를 놓고 등을 돌리고 멀리 떨어져 앉아 엄지발가락으로 흙장난을 쳤다. 그러면 남편은 흥분해서 "여기 여자들은 칸지를 가지고 와서 남편이 음식을 먹는 동안 옆에서 시중을 든다구! 그런데 벨파카따(Velpakkatta 문자 그대로 벨파캄에서 온 여인이다. 비람마의 택호이다)는 어디 앉아 있는지 봐!"[1] 3미터나 떨어져 있어"하고 소리쳤다. 모두들 웃으며 "이봐 마니깜! 틀렸네. 계산착오야. 만약 네가 그녀에게 숨을 좋은 장소만 알려주면 그녀는 당장 그리로 갈걸!" 하고 소리쳤다. 나는 화가 나 경멸하는 눈으로 그들을 쳐다보고 '도대체 당신들하고 무슨 상관이야, 소 대가리 같은 놈들이!' 하고 중얼거렸다.

나는 내 남편이 하는 욕에 감히 대꾸도 못했다. 그가 때릴까봐 무서웠거든. 남편 앞에서는 내가 마치 마하디스바란Mahadiavaran 앞의 벌레 같은 존재이지.[2] 그러나 나는 항상 남편을 나와 대립하게 만드는 사람들을 욕했다.

"그렇게 말하는 넌 아무렇지도 않을까 봐! 네 입 조심이나 해!"

나를 건드리는 사람은 없었다. 나는 논에 있는 어린 사람들 앞에서만 내 자신을 드러냈다. 세리의 노인들 앞에서는 결코 나를 드러내지 않았다. 항상 나를 학대하는 사람을 조심했다.

논에서 돌아온 후 단지를 내려놓고 바구니를 들고 땔감을 주우러 갔다. 시어머니한테 욕먹는 것이 싫어 예전처럼 놀지도 않았다. 나는 더이상 놀이 친구들과 놀지 않았고 그들을 거의 볼 수도 없었다. 친구들은 화를 내더니 결국 나를 무시했다. 힘든 시간들이었다. 나처럼 결혼한 여자들과 친해지기 시작했는데 특히, 칸니마와 안자라이와 친해졌다. 그렇지만 논에 식사를 내 갈 때만 그들을 볼 수 있었다. 그래서 외로웠고 버려진 기분이 들었다. 나이 든 여자들은 나를 가르치려고만 했다. 하지만 훈계는 충분했다.

결국 내가 보는 사람은 항상 나를 정복하려고만 했던 남편이었다. 그는 다른 사람들보다 먼저 세리에 돌아왔다. 남편은 항상 할 일이 있다는 핑계를 댔다. 사람들이 "이봐 마니깜, 넌 집하고 부인이 정말 고마워 죽을 지경인가 봐?" 하고 말하면 "아니, 전혀 아냐" 하면서 안으로 들어가 버렸다. 그는 "야! 꼬맹아! 숨어 있지 말고 나와" 하며 나를 불렀다. 그러면 나는 "싫어, 안 나갈 거야!" 하고 움직이지 않았다. 나는 불평하기 시작했다. 그는 화가 나서 나에게 욕을 해댔다.

"등 껍질이 벗겨지고 싶다면 구석에 계속 처박혀 있어! 그러고 싶지 않으면 빨리 나와, 이 빌어먹을 계집애! 남편으로 내가 싫은가? 내가 어때서? 나보다 더 나은 놈이 있으면 나와 보라고 그래? 마하라자 아니면 만마단의 아들을 원해?"

남편이 그렇게 이성을 잃으면 나는 아무 대꾸도 하지 않았다. 그의 구애를 계속 거부하고 자극할수록 오히려 그의 화만 돋군다는 것을 알았다. 내 욕을 하는 남편을 보니 화가 치밀어 그를 때리고 싶었다. 우리끼리 말이지만 신나암마, 남자를 때리는 것은 그렇게 어려운 게 아냐. 우리 세리에서 아무것도 안하고 술만 마시는 여자도 있었다. 그 부부는 웃음거리였다. 모든 사람들이 남자를 무골충으로 여자를 파트라칼리Patrakali라 불러. 우리 파리아들이 여자를 파트라칼리로 부르는 것은 절대 칭찬이 아냐! 모든 신들은 칼리(Kali 시바의 아내로 추정되는 여신들 중 가장 무시무시한 모습을 하고 있는 여신이다. 해골 목걸이를 한 칼리 또는 칼리 마(검은 엄마)는 인간을 도살하는 자로 피의 공양을 요구하는 신이다)를 두려워해. 그녀는 독립적이야. 그녀는 화장터 주위를 어슬렁거리며 시체를 먹어야 하는 운명이야. 코라티는 무엇을 참는 자가 아니었어. 남편이 팔을 들면, 자기는 발을 들어올리는 사람이었어! 그러나 그들은 우리와 다른 카스트야. 그들은 유랑인 집단이야. 우리는 떠돌아다니지 않아. 우리는 부락에 정착해 살고 있으며 규칙을 따라야 해.[3]

사실 남편은 좋은 사람이었다. 그는 나를 알고 친해지려고 했다. 오히려 문제는 나였다. 나는 너무 어려서 그의 사소한 말이나 행동을 공격적으로만 봤다. 나는 구석에서 신세한탄을 하며 그를 지켜봤다. 남편은 잘 생기고 온화해 보였다. 태양 아래에서 흘린 땀에 젖은 그의 단단한 몸은 나를 자극했다. 그를 보면 나도 자극을 받았다. 그는 온화한 성격의 소유자였다. 항상 친구들과 농담을 주고받으며 웃었다. 재미있는 노래와 사랑스런 이중창을 많이 알고 있었다. 나는 날지도 못하고 두려워 죽지도 못하는 작은 까마귀에 불과했다. 나보다 나이가 더 많은 그는 많이 참았고, 말하자면, 나의 비위를 맞추려 노력했다.

저녁에 나는 두 번 밥을 지었다. 처음에는 저녁 식사를 다음에는 다음날 아침 식사를 위한 밥을 지었다. 그때 우리는 그런 식으로 살았다. 나는 아버지가 지참금으로 주었던 놋쇠그릇에 밥을 담아냈다. 아버지는 그때 마드라스에서 일했는데, 그는 나를 빈손으로 시집보내지 않았다. 아버지는 내 지참금으로 물 단지와 놋쇠그릇, 기름램프, 큰 푸자 쟁반, 작은 기름단지, 베개, 돗자리 등을 보냈다. 아버지는 문명화된 사람으로 일처리를 잘했다.

나는 가지 또는 소금절인 생선을 가지고 향이 강한 타마린드 소스를 만들곤 했다. 내 요리에 불평하는 사람은 없었다. 그리고 나서 방을 청소하고 목욕물을 올려놓고 문 옆에서 남편을 기다렸다. 그는 빈둥대지 않고 손에 뭔가를 들고 왔다. 그는 항상 구운 병아리콩, 약간의 무루꾸 또는 바다이를 가지고 왔다. 또한 저녁을 위해 무스타치오에드Mustachioed에서 약간의 베텔을 사왔다. 나는 그가 오는 소리를 듣자마자 불 옆으로 달려갔다. 그는 내가 문 옆에서 기다렸다가 달려나와 자기를 환대해주기를 원했을 거다. 그렇지만 나는 움직이지 않았다.

"야, 여기, 이봐! 와서 이것 받아!" 그는 따스하게 말했다. 나는 그가 나를 '야Aye'라고 불렀기 때문에 그를 쳐다보기도 싫은 듯 뒤돌아보지도 않았다. 화난 그는 언성을 높이면서 "이거 가져갈 거야, 아니면 내가 가서 등껍질을 벗겨줄까?" 하고 말했다. 그러면 나는 누가 그걸 사달라고 했냐고, 어쨌든 나는 뭘 사달라고 한 적이 없다고 대꾸했다. 그리고는 그것을 휙 잡아채 먹지도 않고 바닥에 내려놓았다. 그러면 또다시 싸움이 시작되었다.

"왜 내가 가져온 것을 먹지 않는 거지, 이 고집쟁이야?"

"싫어, 먹고 싶지 않아. 배고프지 않아. 나중에 먹을게. 뭐라고? 당장 먹어야 하는 건가? 나는 나중에 먹을 권리도 없나 보군, 그런 건가?"

나는 울지 않고 이런 논쟁을 기대하고 있었는지도 모른다. 왜냐하면 그러면서 우린 더 가까워졌으니까. 내가 풀이 죽었다고 말했던 시어머니와 다른 사람들은 남편이 내 응석을 받아 줘서 버릇이 없어진 걸로 어렴풋이 생각했다. 우리가 주고받는 말을 벽을 통해 다 듣는다는 것을 알고서야 나는 밤에 우리끼리만 있을 때 싸워야겠다고 생각했다.

남편이 씻는 동안 저녁을 준비했다. 그리고는 내가 먹는 동안 그는 산책을 나가서 부모들과 이야기를 나누거나 세리의 젊은이들과 이야기를 나누었다. 난 서둘러 설거지를 하고 단지와 냄비를 치웠다. 그런 뒤 결혼 때 받은 예쁜 돗자리를 깔고 남편이 오기를 기다리면서 누워 있었다.

남편도 밖에서 오래 있지는 않았다. 그는 빨리 돌아와서 내 옆에 기지개를 펴면서 누었다. 내가 재빨리 일어나 그의 다리를 주물러주면 그는 나에게 이야기를 해달라고 졸랐다. 그러면서 나는 행복감을 느꼈는데, 왜냐하면 내가 아주 많은 이야기를 알고 있었고, 이야기를 하고 있노라면 내 마음도 안정되었기 때문이었다. 이제 나는 이야기꾼이 되었고, 그 말을 들으면 기분이 좋았다. 내가 이야기하는 동안 그는 나를 자기 쪽으로 당겨서 다리를 서로 꼬고 몸을 뻗어 누었다. 나는 전혀 부끄럽다고 느끼지 않았다. 좋았다. 남편은 거친 손으로 내 몸을 애무했다. 그의 움직임은 상당히 긴장

됐지만 거칠지는 않았다. 우리는 오랫동안 서로를 애무했다. 신나암마, 어떻게 이 이야기를 해야 할지 모르겠네. 그때 그는 뭐든 하려고 했다. 한때 나는 신혼 초에 남편이 내게 거칠게 군 것을 벌주려고 내 발바닥과 발가락을 핥으라고 했었다! 그 느낌은 정말 좋았다. 나는 남편이 귀와 무릎 뒤 움푹한 곳을 애무해주면 쾌감이 온다는 사실을 알았다. 거기뿐만이 아니었다. 나는 작은 털이 무성한 남편의 불알과 보라색 귀두와 사탕수수 줄기처럼 두툼하고 단단한 물건을 보면 몸이 달아올랐다. 당시 나는 항상 반응을 보였는데, 그 기분은 예전에 느껴보지 못했던 것이었다. 그는 털이 무성한 나의 잠지를 애무하면서 "여기는 티루반나말라이Tiruvannamalai 언덕이고 여기는 그 심지야"하고 말했다.[4] 아요! 아요! 우리가 젊었을 때는 뭔가 색다르게 했어! 그는 '코코넛을 벗기는' 자세를 좋아했다.[5] 아요! 다 말하기 부끄럽지만 모두들 그렇게들 해. 우리는 행복했고 서로에게 만족했다. 난 그가 편했다. 남편과 매우 행복하다고 말했지만 첫 경험이 너무 힘들어 나중에 걱정을 많이 했다. 다른 사람들이 너에게 하는 충고는 아무소용이 없다. 넌 전혀 이해하지 못 할 테니 말야. 네 경험이 제일 중요해! 그때부터 우리 사이에 사랑이 싹트기 시작했다. 어쨌든 그때부터 난 남편을 내 생애에서 가장 신실한 사람으로 사랑하게 되었다.

영감은 지금도 나를 원해!

　　우리 사이에 모든 것이 순조로워지기 시작했다. 이제 결혼생활에 만족했다. 나는 안달이 나서 남편이 집에 돌아오기를 기다렸고 그와 같이 있는 것이 즐거웠다. 온순한 그는 잘해 주었다. 우리 생활은 더할 나위 없이 좋았지만 시골에서 악마의 눈을 절대 잊어서는 안 된다. 모든 일이 순조롭게 풀려가자 집안 여자들은 나에게 자기들의 할 일을 떠넘겼다. 어떻게 싫다고 하겠는가? 나는 양념을 갈고 매일 물 여덟 동이를 길어오고, 조카들을 놀봐야 했다. 남편이 집에 놀아왔을 때에도 나는 이일 저일 바빴지만 시누이는 우물 옆에서 시간을 보냈다. 일을 다 하지 못하면 시누이는 내가 게으르다고 욕을 했다. 나는 시누이가 질투 때문에 그런 다는 것을 알았기에 아무 말도 하지 않았다. 시누이는 우리 부부처럼 자기 남편과 편안한 관계가 아니었다. 그는 늙었고 시누이에게 무관심했다. 그는 온종일 술 마시고 세리 남자들과 노닥거리며 시간을 보냈다. 시누이 부부에게 좋은 날은 이미 지난 셈이었다. 시어머니도 아들한테 버림받은 기분을 느낀 것 같았다. 남편은 내가 집안 여자들의 질투의 희생양임을 알면서도 어쩔 수 없었다. 그를 이해해야 했다. 누구 편을 들겠는가? 자기 가족 편을 들겠는가, 아니면 새 사람인 내 편을 들겠는가? 나는 누구에게도 불만을 품지 않았다. 왜냐하면 밤에 남편 옆에서 행복해하면서 용기를 얻었기 때문이다. 나는 시어머니가 우리에게 따로 살림을 하며 살라고 했을 때 부당하다는 생각을 했었는데 지금 생각하면 정말 다행스런 일이었다. 신나암마, 당신도 알다시피 그것은 내가 의도한 것이 아니라 순전히 내가 너무 순진했기 때문이었다. 절대 내가 의도한 것은 아니었다.

나는 밤에 내 문제를 남편에게 이야기하지 않았다. 우리는 정말 '밤일'을 잘했다. 쾌락에 젖어 너무 오랜 시간 성교를 하다보면 성기가 부어 올라 쓰라린 때도 있었다. 나는 그 쓰라림을 달래려고 물을 부어 아픔을 가라앉히곤 했다. 이런 일들이 당시 내게 필요했던 인내심을 길러 주었다. 때때로 우리는 아이야나르(Aiyanar 이전에는 드라비다의 신이었으나, 시바의 아들이거나 비쉬누의 여성형 모히니Mohini로 일찍이 브라만 신성 체계에 융합되었다. 농사의 수호신이며 마을을 지키는 무장한 수호신이다. 이 신의 사원은 항상 마을 언저리에 위치한다) 사원 뒤쪽 우물로 가는 길에서 만났다. 우리 파리아들의 우물은 선인장에 둘러싸여 있었다. 거기서 우리는 베텔을 씹었고, 그는 내 손을 잡거나 내가슴을 만졌다. 나에게 입을 맞추고 누가 보기 전에 재빨리 일을 치뤘다. 나는 우리가 그곳에서, 허리에 실만 묶은 어린아이들처럼, 발가벗고 누워서 보냈던 그 밤들을 좋아했다.[1] 나는 그가 헐떡이는 소리를 듣곤 했는데, 그 소리는 내 기분을 좋게 만들었다.

그렇게 새로운 마을에서의 시간이 흘렀다. 나는 모든 사람들을 알아가면서 새로운 세리에서 안정을 찾았다. 나는 몇 차례 우르에 갔다. 벨파캄에서 온 학교 선생님의 엄마를 제외하고 아는 사람이 없었다. 신나암마도 상상할 수 있겠지만 어느 누구도 세리의 새로운 파리아에게 관심을 갖지 않는다. 그러나 대지주 레디 집의 사람들은 내가 마니깜의 부인이란 걸 알았다. 나는 시어머니와 마구간을 청소하고 쇠똥을 치우려고 거기에 가곤 했다. 시댁은 몇 세대에 걸쳐 레디의 머슴으로 일해왔다. 어느 날 시어머니가 아파서 내가 대신 레디의 집에 갔다.

그 당시 나는 젊고 건강미가 넘쳤다. 내 엉덩이와 허벅지는 바나나 나무 줄기처럼 부드러웠다. 나는 작고 까마귀처럼 까무스레했지만 내 곡선미는 매력적이었다. 파리아로서 나는 그런대로 괜찮은 편에 속했고 우르에서조차 모두들 그렇게 말했다. 나는 길을 지날 때마다 그런 말을 들었다. 레디의 집에서 돌아오면서 나는 학교 교장의 아버지 파자니 가우드의 집에 들려서 그의 부인에게 벨파캄의 소식을 물었다. 그녀는 매번 나에게 작은 일들을 시켰다. "와서 마당 좀 한번 쓸어 줘"라고 말하고선 나에게 소금에 절인 병아리 콩 한줌이나 동전 한 닢을 줬다.

그녀 집과 등기소 사이에는 담장이 있었다. 어느 날 나는 머리에 꽃장식과 포뚜를 예쁘게 하고 아주 단정히 차려입고 나갔다. 공무원은 창문 옆 탁자에 앉아 있었다. 그는 내가 옆을 지나가자 들어오라고 손짓을 했다. 나는 속으로 '그는 높은 사람이야, 공무원이야 존경심을 보이기 위해 멈춰야 한다' 고 생각했다. '아마 나에게 길이나 마당을 쓸어달라고 할 거야'. 나는 등에 사리를 걸치고 공손히 손을 모으고 방으로 들어갔다. 내가 눈을 들었을 때 뭘 본 줄 알아? 그놈의 빌어먹을 물건이었다! 성난 물건이었다구! 그는 한 손에 그것을 움켜쥐고 다른 한 손에 돈을 들고 있었다. 나는 놀라서 소리를 질렀다. 온몸이 부들부들 떨리고 어떻게 그 상황을 모면해야 할지 몰랐다. 학교 선생님의 엄마와 그녀의 남편은 자기 집 마당에서 그 장면을 보고 있었고, 내가 그의 제안을 받아들일지 아니면 구원을 청할지 궁금해 하고 있었다.

우리 파라치(Paratchie 파라이야르 카스트의 여성을 나타내는 타밀 구어체)들은 누가 휘파람만 불면 아무하고나 잠자리를 하는 헤픈 여자로 소문나 있다. 사실 우리 젊은 여자 애들은 결혼 전에 성관계를 즐긴다. 나는 결혼 후에도 그러고 다니는 사람을 몇 명 알고 있다. 그러나 그것은 우리 사이에서만 그렇다. 우리가 멀리 떨어진 논에서 일하고 있으면 젊은 남자들이 수작을 건다. 그렇지만 우리는 매춘부가 아니다. 우르의 신사들은 불가촉천민들의 지저분함에 대해 말하고 다니지만 우리는 언제라도 그들을 기분 좋게 만들 수 있다. 우리야말로 그 사람들의 더러운 수작을 받아주는 사람들인데, 바로 그 때문에 우리가 그들의 여편네보다 더 낫다는 생각을 하기도 한다. 병원에서도 마찬가지다. 의사부터 청소원에 이르기까지 모두 우리에게 수작을 걸곤 한다. "아에, 뭐라고? 가까이 와보라고?" 의사들은 심장소리를 듣는 척하면서 우리 가슴을 만졌다. 다른 사람들은 돈을 주면 만져도 되냐고 했다. 그런 일은 우리에게 비일비재했다. 우리는 그런 일 때문에 끊임없이 애를 먹었다. 그렇지만 우리는 감히 그런 일을 드러내놓고 말할 수 없었다. 그럴 경우 거짓말쟁이로 손가락질 받고, 기록에 이름이 남아서 다시는 그 병원에서 치료를 받지 못했다.

만약 우리가 신나암마처럼 교육을 받고, 단정하고 아름다웠다면 어땠을까? 걱정하지는 마, 우리는 신나암마처럼 아름다움을 오랫동안 간직 할 수 없을 테니까. 젊음? 그래. 우리는 타마린드 씨앗처럼 강해. 그렇지만 아이를 낳다보면 모든 게 끝나버린다. 우리는 아이를 낳으면서 피를 쏟고, 그 밖에도 해야 할 일이 쌓여 있다. 씨뿌리고, 잡초를 뽑고, 추수하고, 가축들을 돌보고, 쇠똥을 치우고, 여덟 동이의 물을 길어 나르고, 기장을 찧어 골라내고, 쌀 껍질을 벗겨내 그것을 티루라감에 있는 제분소로 가져가고, 그 밖에도 집안일과 우르에서 할 일이 남아 있다. 파리아 여자들은 자신들의 아름다움과 강인함을 너무 빨리 잃어버린다. 레디의 여자들은 먹고 자고, 몇 가지 부엌일이 하는 일의 전부이다. 그 여자들은 단정하고 교육을 잘 받았다. 밤이 되면 우리는 땀에 젖어 탈진해서 집에 돌아온다. 씻을 시간도 없어서 우리는 그냥 잠자리에 든다. 우르 여자들은 하루에도 여러 번 씻지. 우리 삶은 그들과 다르다. 그렇지만 그 남자들은 우리와 잠을 자려고 안달이다.

공무원 이야기로 돌아가서 그 당나귀 같은 놈 때문에 나는 겁이 났다. 사람들은 모두 내가 그 놈의 제안을 받아들일 거라고 생각했다. 나는 가우드가 자기 마당에서 나를 보고 있다는 생각도 못하고 소리지르며 뛰쳐나갔다. 나는 감히 그 이야기를 누구한테도 할 생각을 못했다. 교장 엄마가 나를 불러서 무슨 일이냐고 물었다. 물론 자기가 모든 것을 봤다는 말을 하지 않았다. 나는 "아요Ayo! 어머니! 어머니! 등기소 직원이 나를 불렀어요. 마을 공무원에게 복종해야 한다는 생각에 안으로 들어갔는데 그 사람이 한손에 자기 물건을 움켜쥐고 또 한 손에는 돈을 들고 서 있는 거예요!" 하고 말하면서 울었다. 어머니는 나를 위로하면서 "진정해, 벨파카따, 잘 처신했어. 그놈들은 다 그래. 시골에 온 도시 놈들 말야. 남자가 널 부르면 절대 멈추지 마라!" 하고 말했다.

세리로 돌아오는 길에 나는 수치심이 밀려왔다. 나에 대한 소문은 아주 빠르게 퍼졌고, 남편은 그 이야기를 듣고 절망에 빠졌다. 오는 길에 남편이 술에 취해 손에 칼을 들고 있는 모습을 보았다. 남편은 "그 놈을 죽여버릴 거야, 빌어먹을 놈! 오늘밤에 그 놈을 당장 요절내버릴 거야, 감히 내 아내를 희롱하다니! 그 놈을 짓밟아버릴 거야, 이 후레 자식놈!" 하고 소리쳤다. 그런 일이 자기 부인에게 일어났다는 사실에 대해 분노했다. 남편은 그 공무원 놈에게 화풀이를 할 용기를 얻으려고 술을 마셨다. 당시 파리아들은 권리가 없었다. 주인 앞에서 천민은 간도 쓸개도 없이 살아야 했다. 그는 이런 식으로라도 자기 주장을 해야 했다. 그래서 그는 술에 만취해 우르로 들어가는 입구에서 욕을 해댔다. 남편은 그럴 수밖에 없었다. 어느 누구도 그것을 심각하게 생각하지 않았다. 그들은 그것을 술주정뱅이의 말로 여기며 지나쳤다. 욕설을 퍼붓는 사람은 세리를 떠나지 않고, 그 일은 없던 것처럼 무마된다. 요즘은 우리가 원한다면 상황이 달라지기도 한다. 왜냐하면 정치가들이 항상 우리를 도와주려고 하기 때문이다. 생각해봐, 물론 대가가 없는 것은 아니다. 그들은 우리의 투표권을 원한다. 어쨌든 신나암마, 선거는 별개의 이야기이다.

나이든 사람들이 남편을 진정시켰다. 그들 중 하나는 말리가의 아버지였는데, 그는 당시 세리의 우두머리였다. "잊어버려, 그 놈이 네 부인을 건드린 것도 아니잖아! 설령 건드렸다 해도 우리가 할 수 있는 것은 없어. 그는 높은 카스트야!" 남편은 "안 돼" 하고 소리쳤다. "말이 필요 없어. 여기 빌어먹을 자지가 있잖아. 내 자지는 그 놈을 겁내지 않아! 그가 머리털 하나라도 손댈 수 있는지 두고 봐!"

그러나 사람들은 그를 달래면서도 남편이 자신의 물건을 보여주자 계속 웃었다. 그 당시 그는 젊었고, 그 나이 또래의 사람들과 마찬가지로 반항적이었다. 그는 나이가 좀더 들어서야 그런 사람들과의 싸움이 아무 소용없는 것이란 걸 알게 되었다. 그날 저녁 세리에서 모든 사람들은 그 일로 한바탕 웃었는데, 그것은 공무원 때문이 아니라 자기 물건을 보여주면서 대응한 남편 때문이었다.

다음날 빌어먹을 공무원 놈은 나와 논에서 같이 일해서 잘 알고 있는 쿠디야나르 카스트에 속하는 큰언니 타심마Tacimma에게 똑같은 짓을 했다. 그녀는 두려워하지 않고 즉각 소리치면서 큰 소란을 피웠다. 그렇게 두 번의 스캔들이 있었다. 하나는 세리에서 나와 관련된 것이었고, 다른 하나는 우르의 한 여자와 관련된 것이었다. 그렇지만 우르에서의 스캔들은 세리에서의 스캔들과 전혀 다르다! 당시 대지주 레디의 아버지는 캄바땀(kambattam 지주를 가리키는 말이지만, 특히 한 마을에서 가장 부유한 지주와 가장 전통이 깊고 부유한 지주 가문의 수장을 가리키는 용어이다)으로 권력을 손에 쥐고 있었다. 그들은 레디에게 불만을 토로해 그 공무원을 당장 전출시켜 버렸다. 우리는 이 지역에서 그를 다시 보지 못했다. 그 남자는 무슬림이었다고 들었다. 무슬림들은 절대 만족을 모르지.[2]

나는 물을 길러 가다 그 이야기를 듣고 세리로 달려가 모두에게 말했다. "그 공무원 놈이 나 때문에 잘렸대!" 나는 자랑스러웠지! 나는 내가 축하 받을 거라고 생각했다. 그렇지만 천만에 말씀이었다. 질투심 많은 여자들이 모든 상황을 나에게 불리하게 만들었다. 그들은 "네가 너무 문란해서 이런 일이 일어난 거야!" 하고 말했다.

나는 그때까지 친정 아버지가 준 지참금과 혼수품들을 가지고 있었는데, 시누이들은 자기들 기분 내키는 대로 이것들을 사용했다. 우리같이 가난한 사람들에게 며느리의 지참금은 보통 그 집안의 딸이 결혼할 때 지참금으로 사용한다. 1페니도 없는데 무슨 일을 할 수 있겠는가? 그렇지만 다행히도 내 남편의 두 누이동생은 이미 결혼을 해서 나는 내 혼수들을 아직 갖고 있었고, 그것은 아직 새 것이었다. 다른 여자들은 남편과 내 사이가 좋다는 것, 그리고 남편이 내 응석을 받아준다는 이유로 질투를 했다. 이제 여자들은 나를 보면 귓속 말을 하거나 킬킬댔다. 그리고 나이 든 여자들은 "에, 얼마나 벨파카따가 그녀 남편을 무서워했는지 너도 알지, 근데 지금은 남편의 자지가 좋아 어쩔 줄 몰라하는 꼴이라니!" 하고 말했다. 그 말은 상처를 주었지만 나는 개의치 않았다.

그럼에도 불구하고 새로운 세리에서 행복했다. 나는 벨파캄과 가족을 점점 잊어갔다. 내가 그들을 떠난 것이 한 추수 전에 불과했지만 꽤 오래된 것처럼 느껴졌다. 나는 남편 때문에 행복했고 그가 내 인생에서 중요하다는 것을 깨달았다.

그 역시 행복해했다. 신나암마, 발하기 부끄럽시만 시금 그는 이도 빠지고 없지만, 우리 아이들이 결혼한 지금도 여전히 나를 원해! 우리는 자주 잠자리를 같이 한다. 그는 나를 내버려두지 않고 항상 나를 원해. 그럴 때마다 나는 그에게 "발정 난 당나귀처럼 굴지 말아요. 나와 당신 모두 기운이 빠질 거예요!"라고 말했다. 신나암마, 우리 세리에는 일할 기력도 없을 정도로 놀아나는 사내들이 있다. 판데리도 그런 사내 중의 하나이다. 그는 여자들을 사랑하는데, 그 사실을 모두가 안다. 그런데 지금 그는 '나쁜 물' 때문에 약해졌지만 여자들과 정말 많은 관계를 가졌다. 그의 손발은 부어올랐고, 그의 피 색깔도 변했다. 그의 아들 중 한 명도 같은 증세를 보였다. 사람들은 그가 매독에 걸렸다고 했다. 신나암마, 매독을 낫게 하는 유일한 방법은 머리와 함께 제거하는 수밖에 없다고 들었다.[3] 그 불쌍한 남자는 고기나 생선을 먹을 수 없다. 그의 어머니는 온갖 약을 써봤다. 우르의 케프마리Kepmari 사람들도 그 병에 걸려 많은 피해를 입었다. 그 사람들은 여행을 많이 한다. 외국을 비롯해 봄베이와 델리도 다닌다. 그들이 누구와 같이 잠을 자는지, 그리고 누가 매독에 걸렸는지 아무도 모른다. 라마무르티의 아들인 마니는 괜찮아 보였다. 그는 마르지도 않고 아무런 증상도 보이지 않았다. 그렇지만 사람들은 절뚝거리며 걷는 것을 보고 병에 걸린 것을 알아챘다. 안자라이, 파끼암과 나는 서로 "오, 젠장, 저 사람도 걸렸군!" 하고 말했다. 이틀 뒤 이발사의 작은 아들이 나를 찾아 왔다. 그의 엄마와 큰누이 안잠마가 집 밖으로 나와 나를 한쪽으로 데리고 가서는 "저기 비람마, 흰 월계수 잎과 니루리가 필요해" 하고 말했다.

"집에 있는 사람 때문에 필요한 건가요, 큰언니?"

"아니, 라마무르티의 아들인 마니를 위해서야. 그가 매독에 걸렸어."

그들이 말하기를 그의 땀샘이 모두 빨갛게 달아올라 여기저기 진물이 흐를 뿐만 아니라 성기도 끔찍하게 쪼그라들었다고 했다. 그는 자신의 성기를 남편에게 보여주었다. 나다르가 그를 돌봐주었다. 나다르는 그에게 성기에 바를 쿠민과 함께 뜨거운 피마자 기름을 주고서 약간의 니루리, 흰색 월계수 잎과 유포비아(euphorbia등대풀류) 잎으로 사흘 간 바를 가루를 만들어 주었다. 나는 그 말을 듣고 내 예감이 적중한데 감탄했다.

이곳에서 우리는 매독이 심해지면 중병이 된다고 말한다.[4] 우리는 점점 나이가 들고 남편은 내가 생리 중인데도 같이 자려고 했다. 그럴 때면 나는 그에게 "왜 거리의 발정 난 개처럼 행동하죠? 내가 창녀야? 도대체 왜 이래요? 난 항상 당신 옆에 있어요. 나를 원하면 할 수도 있지만, 그 나이에 미치는 것이 두렵지 않아요? 목이 뻣뻣하고 다리도 부어올랐지만 당신은 꽤 멋져요! 당신은 그런 상태에서 배가 저절로 부를 거라고 생각해요? 제발 진정해요, 여보! 왜 그리 걱정하죠? 기장과 라기(ragi 남인도에서 곡물의 통칭) 때문에 걱정스러운가요? 누가 가져가 먹어버릴까 봐서? 당신도 잘 알잖아요, 개미 한 마리도 내 허락 없이 여기서 움직이지 못하죠. 당신보다 잘생긴 사람이 있을까요? 당신은 당신 물건이 뒤틀렸다고 내가 다른 남자 물건을 좋아할 거 같아요?" 하고 말했다.

나는 점점 자신감이 생겨 젊은 사람이건 삼촌이나 사촌 같은 친척이건 간에 여전히 거칠게 말을 했다.

"기다려봐 잠깐만, 이 나쁜 놈아! 네 얼굴에 내 오줌을 싸줄 테니까 기다려! 짐을 싸서 나랑 같이 나가자! 내가 죽여 줄게! 나는 아이들도 한 바가지로 낳았어!"

내 말을 들으면 젊은애들은 수줍어서 머리를 숨기고 "아요요! 저 여자는 정말 무례해요! 그녀는 아들, 손자가 있고, 나이가 들 만큼 들었는데 말하는 게 상스럽기는!" 하고 말했다. 그러면 모든 여자들과 나는 웃어댔다.

신나암마, 나는 오랫동안 남편과 관계를 끊었다. 처음에 시작은 좋았지만 그 대가를 지불한 건 누군지 알아? 바로 나다. 그에게 그것은 아무것도 아니었다. 그는 내 몸에 올라타면 그뿐이었다. 그렇지만 나는 매번 임신해서 일어서고 앉고 잠잘 때의 모든 불편함을 감수해야 했다. 정말 불편했다. 나이 든 사람들은 나에게 "원한다고 해서 매번 잠자리를 같이 하지 마, 벨파카따! 그러면 너의 아름다움과 건강함을 금방 잃게 될 거야!"라고 말했다. 사실 그랬다. 아이를 낳을 때마다 나는 많은 피를 흘렸다. 남자들은 아무 상관이 없었다. 남자들은 잘 먹고 신들의 수호자가 들고 있는 곤봉만큼이나 강했다![5] 남자들은 성 관계를 맺는 것을 두려워하지 않지만 우리들은 그 결과를 생각해야 하는데, 대게 우리는 아무 생각도 안 한다. 심지어 부유한 여자들도 마찬가지다. 부자건 가난하건 간에 같은 구멍에서 아이가 나오고 많은 피를 잃는 거지. 물론 그 여자들은 자기들이 먹는 음식 때문에 오래 살 거다. 그렇지만 나는 내가 오랫동안 애를 낳을 거라곤 생각 안 한다. 나는 이제 더이상 낳을 힘도 없다.

우르에서 남자들은 그 사실을 깨닫기만 하면 스스로를 통제한다. 봐, 학교 교장은 아들 하나, 작은 가우드는 아이가 둘, 대지주 레디는 세 명뿐이다. 그렇지만 그들은 가족계획을 할 수 있다. 돈도 있고 칸지도 보장되니 말야. 하지만 우리는 다르다. 우리는 하루 종일 일을 해야만 겨우 입에 풀칠하고 살 수 있다. 만약 우리가 가진 것이 많다면 별 어려움 없이 세리에서 먹고 살 수 있다. 그렇지만 신나암마가 나이가 들어서도 부양해줄 사람이 없다면, 나이가 들어도 읍내에서 일자리를 찾아야 하지, 안 그래? 뿔피리를 즐겨 불렀던 구두장이 비라싸미의 아버지는 부인과 두 아들이 죽자 산야시sanyasi로서 모든 것을 포기하고 떠났다.[6] 그렇지 않았으면 깡통을 들고 구걸하는 것 외에 다른 방도가 없었을 거다.

공무원들은 항상 '행복추구'와 '인구증가율을 낮추기' 위해 가족계획을 해야 한다고 말했다. 나는 퐁디Pondy 병원에서 온 트럭에 침을 뱉었다. 그들은 라디오 방송을 하고, 돈을 주었기 때문에 처음 우리들은 거기에 가봤다. 요즘 우리는 매 선거마다 더 많은 것을 얻고 있다. 게다가 불임을 위해 주던 시혜도 중단해 많은 사람들이 흥미를 잃었다. 신나암마, 그들은 남편에게 정관수술을 받으라고 했다. 한 아이가 와서 남편이 정관수술을 받기 위해 줄서 있다고 말해주었다. 나는 소를 팽개쳐두고 안자라이와 파끼암과 같이 세리로 달려갔다. 우리는 트럭에 있는 의사에게 "내 남편을 가만둬요! 우리는 열 명의 아이를 낳아 잘 키워왔어요. 우린 모두 행복하게 살고 있다구요! 염소, 젖소, 당나귀, 말한테나 당신들 맘대로 하고, 우리 남편들은 내버려둬요" 하고 말했다.

"자, 돌아가세요, 아주머니들!" 그들이 말했다.

우리는 "우리는 아이 열 명도 더 가질 수 있어요! 빨리 트럭을 타고 돌아가요!" 하고 대답했다.

그들은 우리를 욕했지만 결국 떠났다.

그것은 정말 위험한 수술이다. 시바파띠Sivapatti에서 한 남자는 수술이 잘못되어 미쳐버렸는데, 그 남자는 그 뒤로 매일 저녁 편두통을 앓았다고 했다. 사람들은 수술을 하고 나서 자기 물건이 발기가 되지 않는다고 한다. 심지어는 몇 시간을 붙들고 있어도 물건이 서지 않는다고 들었다. 남자들은 정욕을 잃어버린 셈이다. 그게 행복이라 할 수 있겠어? 내 딸이 나에게 그렇게 말했다. 자기는 다섯 아이를 낳았고, 그걸로 충분하다고 말야. 내 사위는 수술을 했다. 내 딸은 예뻤지. 글쎄, 사위는 이빨 빠진 노인네와 다름없었지. 그렇게 되면 어떤 사람은 빨리 죽거나 영양실조가 된다. 다른 사람들은 몸을 강화시켜주는 오렌지, 귤, 다른 과일 등 이것저것을 먹어 살아남는다. 그러나 우리는 그렇게 먹을 수 없기 때문에 건강이 약해져 병에 걸리기 쉽다. 그리고 나면 그들은 정욕이 사라져 버린다. 여자 배 위에 올라타 있을 때가 가장 좋은 시절이었지. 봐, 심지어 작은아이라도 네가 그의 고추에다 애정 어린 입맞춤을 해주면 곧바로 서지 않는가! 만약 중요한 신경을 잘라버린다면 모든 것은 끝나버리지! 높은 카스트는 아무한테나 요구할 수 있다. 그러나 그로 인해 아이들이 생기면 병원에서는 그들이 원하건 원치 않건, 남자건 여자건 간에 모두 낳지 말라고 했어!

그들은 여자들의 수술이 더 문제를 일으킨다고 한다. 왜냐하면 여자들은 붓는 데다가 빨리 피곤해져서 이전처럼 일을 할 수 없기 때문이다. 그것은 보통 나쁜 피가 제거되지 않아서 그렇다. 탁아소나 사무실에서 일하는 여자들에게 그 일은 아무 문제될 게 없지만 논에서 일하는 파리아들한테는 큰 문제가 된다. 내가 아이를 가졌을 때는 세상이 달랐다. 당시에는 아이를 가지면 모두가 축하를 해주었다. 오늘날 세상은 모두 바뀌었다. 심지어 정부에서도 우리한테 아이를 둘만 낳으라고 말한다. 그리고 정치와 영화의 영향을 많이 받은 우리 젊은이들은 그것을 받아들여 성생활을 꺼리게 된다. 결국 그들은 쓸모 없게 되지!

왜 모든 사람들은 내가 불임하기를 원하지, 신나암마? 나는 아이들이 많아서 이제 과일을 생산하는 나무 같은 기분조차 든다. 인간은 죽어야만 욕망에서 해방된다고 한다. 그리고 심지어 시체조차도 화장될 때 물건을 세우려고 애를 쓴다고 시어머니는 말하곤 했다.

그러니 내 남편이 여전히 나를 원한다고 해서 그것이 범죄는 아니다. 물론 그런 것이 우리 나이에 정상이라고 생각되지는 않지만 말이다. 그렇더라도 나는 아직도 생리를 한다. 나는 남편에게 "봐요, 우리는 아이가 많아요, 우리는 아들도 있고, 이름을 지어주고 우리 손으로 키웠어요. 이제 그 아이가 커서 자기 부인하고 자고 있어요. 그것을 행복해하고 자랑스러워하기는커녕 당신은 우리가 여전히 남편과 아내이기를 원하잖아요! 부끄럽지 않아요? 당신 도대체 남자예요, 여자예요? 도대체 뭘 먹은 거죠, 지푸라기, 아니면 쌀? 도대체 이해가 안 되요. 당신 정말 이 나이에 내가 또 임신을 해서 아이를 낳기를 원하나요?" 그렇게 논쟁하면서 나는 그의 요구를 들어주지 않았다. 그리고 만약 남편이 집요하게 잠자리를 원하는 경우에는 나는 틴나이에서 소리 높여 모든 것을 말했다. 이웃집 사람들은 즉각 웃음보를 터뜨렸는데, 거기에는 항상 남편을 웃음거리로 만드는 젊은애들이 있었다.

"아이구! 마니깜 삼촌! 삼촌은 늙었어도 여전히 비람마 고모와 잠자리를 하려고 하는 거예요?"

아이 열두 명을 낳았다

나는 남편과 잠자리를 하는 게 좋았다. 우리는 서로 잘 어울렸고 모든 것이 순조로웠다. 그런데 어느 날 시어머니가 "비람마, 이번 달에 목욕을 했니?" 하고 물었다.[1] 나는 바로 "네, 왜요?" 하고 대답했는데, 시어머니는 그냥 궁금해서 물어봤다고 했다. 곧이어 큰언니 엘람마와 다른 사람들이 같은 질문을 하자 나는 그렇다고 대답했다. 그러자 그들은 "그런데 우리는 네가 이불을 선인장에 너는 것을 못 봤는데" 하며 직설적으로 말했다. 나는 대답을 피하며 물동이를 이고 우물로 샀다. 나는 모두에게 서슷말을 했다. 나는 생리를 하지 않았는데, 그때는 무지해서 그 이유를 몰랐었다. 나는 최근 남편과 성 관계가 너무 잦아서 그렇지 않나 생각했다. 그런데 왜 이 여자들은 내가 생리를 하는 것에 관심을 갖는 거지? 내 얼굴에 내가 성 관계를 너무 자주 갖는다고 써 있나? 생리가 없어서 기뻤는데 점점 걱정이 되었다. 도대체 왜 그런 거지? 남편에게 생리에 대해 감히 물어볼 엄두가 나지 않았다. 다시금 나는 혼자가 되었다. 큰언니 엘람마는 나이가 많아 경험이 풍부했지만 여전히 망설여져 어떻게 말을 꺼내야 할지를 몰랐다. 나는 내가 실수를 저질렀다고 생각했다. 단맛이 든 팜 과일들이 많이 나기 시작하는 시기였다. 그것을 너무 많이 먹어서 그런 건가 아니면 남편과 너무 잠자리를 자주 해서 그런 건가? 왜 생리가 없는 거지?

내가 그 이야기를 엘람마와 의논하기 전 어느 날 저녁상을 물린 뒤 갑자기 배가 아팠다. 나는 겨우 먹었던 것을 틴나이 위에 토해냈다. 옆에서 베텔을 씹고 있던 시어머니는 물을 가지고 달려와서 나를 일으켜 세우면서 괜찮아질 거라고 했다.

시어머니는 내 얼굴을 적셔주고 이부자리를 펴 나를 앉히면서 "누우렴, 한동안 이러다가 괜찮아질 테니"라고 했다.

"그렇지만 왜 그런 거죠? 가슴이 아파요"

"아냐, 아무것도 아니란다, 아가. 좋은 일이야, 임신했구나!"

나는 이해를 못했다. 내 뱃속은 여느 때와 다름없는데 임신했다니! 시어머니는 밖에서 이야기하고 있는 남편에게 그 소식을 말하려고 곧장 나갔다.

"마니깜, 네 마누라가 임신했어!"

"마니깜, 드디어 해냈구나."

그의 친구들이 말했고 모두들 웃기 시작했다. 여자들이 집 밖으로 나왔다. 그들은 시어머니와 같이 출산일을 맞춰보려고 내가 임신한 날을 헤아려 보았다. 나는 안에 누워서 그들이 나누는 이야기를 모두 들었다. 나는 아프지도 임신한 것 같지도 않았다. 잠시 후 남편이 달려왔다.

"이리 와서 당신이 임신한 걸 보여줘!"

그 역시 나처럼 경험이 없는 걸 알고 웃음이 나왔다. 그렇지만 그는 계속 보여달라고 졸라댔다.

"도대체 뭘 보고 싶은 거죠? 그것은 내 자궁 속에서 조그만 애벌레만 하다가 점점 커진단 말예요!"

나는 임신에 대해 그런 이야기를 들었었다. 시어머니는 나를 자랑스러워하면서 모두에게 "우리 비람마가 임신했어요!" 하고 말하고 다녔다. 그 소식은 벨파캄까지 전해졌고 우리 부모님 역시 과자를 잔뜩 싸들고 나를 보러 왔다. 엄마는 임신 7개월째가 되니 친정으로 나를 데려가고 싶어했다. 그것은 우리 카스트의 관습이었다. 그렇지만 남편은 밥해줄 사람이 없다는 이유를 들어 엄마의 청을 거절했다. 보통 첫 아이를 낳으려고 우리는 일찌감치 친정으로 가는데 언제가 정확한 출산 예정일인지 모르기 때문이다. 임신은 10개월 간 지속되는데 우리는 7개월째에 시만탐simantam 연회를 열어 임신한 것을 축하한다. 그렇지만 나는 임신 9개월이 되어서야 벨파캄으로 갔다.[2]

임신 5개월째에 부모님은 임산부에게 좋은 음식을 처음 가지고 왔다. 부모님이 가져온 음식은 쌀 다섯 되, 온갖 종류의 채소와 과자였다. 그 음식들을 집 한가운데 놓고 장뇌를 피웠다. 모든 친척들은 엄마가 제대로 하는지 보려고 왔다. 그리고 나서 남편과 나는 앉아서 두 개의 바나나 잎에 차려진 음식을 같이 먹었다. 모든 음식을 조금씩 담아서 차려 놓았다. 요구르트를 곁들인 밥, 밀을 넣은 밥, 밤색 밥, 기름에 잘 튀긴 도넛, 그리고 나머지 음식들은 신나암마도 그렇겠지만 가족, 친구, 이웃들과 나눠 먹었다. 신나암마도 서로 다른 집에 과자를 보내잖아? 우리도 친구들에게 예의를 표시한다.

내 경우 임신 9개월째 시만탐만을 거행했는데 잘 치러냈다. 부모님들은 굉장히 큰 놋쇠 그릇에 음식을 가득 담아 가시고 왔나. 설령 신나암마가 가난하다 해도, 당신은 적어도 그 절반의 음식이라도 보내야 한다. 체면치레는 해야 되니까. 당신은 다른 집에서 그릇 하나를 빌리고 또 다른 집에서 약간의 쌀을 빌려야 한다. 그것은 명예에 관계되는 것이기 때문에 사람들은 기꺼이 빌려주려고 한다. 가난을 이유로 우리가 시댁 식구들 앞에서 체면을 잃어선 안 되니까. 빌려온 것은 딸이 친정에 아이를 낳으러 올 때 되돌려 받는다. 우리는 큰 놋쇠 단지에 세 종류의 쌀밥을 지었고, 거기에 라두, 지레비, 마이소르 팍, 바다이, 그리고 무루꾸를 넣었다. 옛날에는 버드

나무 바구니에 담아 보관했지만 요즘은 세상이 바뀌었다. 이제는 옛날 가난했던 사람들도 스테인리스 항아리와 선풍기를 가지고 있으니까. 우리는 그것을 모두 노란 천으로 싼 큰 놋쇠 대야에 담아서 친정에서 시댁으로 가져왔다.

우리는 출산을 하기 전에 매우 중요한 의례를 치른다. 이번에 남편과 나는 물을 가득 채우고 바나나 잎으로 덮은 두 개의 단지를 마주보고 앉았다. 단지 하나는 사리를 덮어놓고 위에다 쟁반을, 다른 하나에는 소만을 덮고 쟁반을 올려놓았다. 모든 준비가 끝났다. 사람들은 내 등 위에 바나나 잎을 놓게 등을 구부리라고 했다. 그리고 나서 시댁의 여자들이 와서 그 잎 위에 젖소우유를 부었고, 그때마다 누가 물을 부었는지 말했다. "비람마의 시어머니가 물을 부었네! 큰 시누이가 부었네!" 하고 말이야. 의례가 끝나자 나는 쟁반 위의 새 사리를 입고 남편은 소만을 입었다. 우리는 축하금을 받으려고 자리로 돌아가 앉았다. 남자들은 내 이마 위에, 여자들은 남편의 이마에 돈을 올려놓았는데, 이번에도 누가 얼마를 주었는지를 말해주었다. "시어머니가 5루피! 시동생이 3루피!" 이런 식으로 말이야. 그동안 식사가 준비되었다. 그런 다음 우리는 집으로 들어갔다. 바나나 잎을 땅 위에 내려놓고 내 가족들은 앉아서 식사를 하라고 했다. 식사 후 아버지는 우리가 곧장 벨파캄으로 갈 수 있는지, 돌아오는 길에 불행한 징조와 마주칠지의 여부를 알아보려고 아이에르에게 갔다. 가장 중요한 것은 금성이 우리와 마주하고 있는가 여부였다. 아이에르는 자기는 그녀의 후손이나 조상 중에 금성이 존재하는지 모른다고 말하면서 집이 어느 방향이냐고 물었다. 그러면서 아이에르는 출입구가 남쪽이면 북쪽으로, 출입구가 북쪽이면 남쪽으로 돌아서 가라고 했다. 그렇게 우리는 벨파캄으로 걸어왔다.

나는 거기서 임신 10개월이 될 때까지 지냈다. 내 자신에게 무슨 일이 일어날지 전혀 몰랐다. 내 배는 점점 더 불러왔다. 나는 작은 새끼 코끼리처럼 배가 불러 천천히 걸어다녔다. 사람들은 나를 동정했다. 그들은 멈춰서 "이봐, 작은 아가씨, 어디 다쳤어?" 하고 물었다. 나는 그들에게 치골을 보여주면서 "여기요, 배를 다친 게 아니라 치골을 다친 거예요" 하고 말했다.(웃음) 당시 얼마나 무지했던지! 나는 고통을 참을 수 없었다.

"어떤 과부나 다른 년들이 내 결혼을 못마땅해 하나봐, 나에게 일어나는 일을 봐!"

여자들은 나에게 "불쌍한 것 같으니, 첫 아이는 그렇게 낳아. 다음에는 좋아질 거야!" 하고 말했다.

그러던 어느 날 베란다에 앉아 있을 때 엄마가 내게 "비람마, 가서 지붕 위에 있는 쇠비름잎 좀 가져오렴, 쿠뚜(kuttu 콩과 야채 또는 푸성귀로 만든 수프)를 만들 건데" 하고 말했다. 나는 벽에 기대고 일어나 지붕 모서리로 갔다. 나는 겨우 두서너 잎만 집을 수 있었다. 그때 아랫배가 당기기 시작하면서 찌릿한 통증이 왔다. 나는 잎 몇 개를 집고 주저앉아 엄마에게 "엄마, 배가 아파요, 아악! 생강가루좀 뿌려주세요" 하고 말했다.

"움직이지 마라, 진통이 시작된 거야. 이제 첫 아이를 기다리면 된단다."

나는 올케 사로자Saroja에게 생강즙을 해달라고 했다. 그녀는 식힌 생강즙을 갖다주었다. 냄새가 정말 향기로웠다. 그것이 내 통증을 완화시켜 줄 거라고 생각했지만 전혀 그렇지 않았다. 벽에 기댄 채 생강즙을 들이마시면서 엄마에게 "아요, 엄마! 풀숲에 가야 될 것 같아요" 하고 말했다.[3] 그래. 나는 병원에서 첫 아이를 낳으려고 온 여자들의 기분이 이럴 기라고봐. 화장실 변기에 앉았다가 그 자세로 아이를 낳았다고 하는 말도 들은 적이 있다. 나는 겨우 생강즙을 마셨다. 더이상 참을 수 없었다. 나는 "아야(ayya 윗 사람을 부르는 경칭), 사미(sami 신을 부르는 통칭, 혹은 남성 신을 지칭하며 확장하여 주인을 일컫는 말로 사용된다)!" 하면서 털썩 주저앉았다. "풀썩!" 하는 소리를 들었는데, 꼭 수도꼭지 트는 소리 같았다. 그게 다였다. 사리를 접어서 아이를 받았다. 아기는 사리에 싸여 울고 있었다. 겁에 질려 엄마를 불렀다.

"엄마, 엄마, 아야, 더러운 과부 같으니! 빨리 와요, 빨리!"

겁에 질려 달려온 엄마는 "아야, 내 딸아! 내 딸아! 이 바보야, 몸 상태가 안 좋다고 말했어야지! 말을 했어야지!" 하고 말했다.

엄마는 산파였다. 엄마는 탯줄을 자를 낫을 찾으러 갔다. 엄마는 태반과 탯줄을 묻었다. 동시에 올케는 물을 데워서 샤프란 가루를 준비했다. 올케는 비누로 아이를 씻겨 샤프란 가루로 문지른 다음 뜨거운 물로 헹궜다. 아이의 민감한 피부에 상처가 나지 않도록 깨끗하고 부드러운 사리로 아이를 감쌌다. 악마의 눈을 피하기 위해 크고 검은 포뚜를 이마에 그려주고, 양 볼에 또 다른 포뚜를 그려서 이불 위에 눕혔다.

나는 나쁜 피를 배출하려고 기름으로 먼저 머리를 마사지 한 다음 배를 마사지했다. 온몸을 뜨거운 물로 구석구석 씻고 나서, 질을 통해 공기가 들어가지 않도록 복부를 천으로 꽉 동여맸다. 모든 여자들이 그렇게 한다. 그런 다음 내 몸 속의 부산물을 받으려고 두껍고 좋은 개짐대를 사타구니 아래에 놓는다. 아이와 나는 모퉁이에 누워 있었다. 내가 일어서려 하자 머리가 빙글빙글 돌았다. 아침에 이를 닦을 약간의 재와 물을 받았다. 들고 있는 질그릇에 물을 뱉은 후 가져다 준 세숫물로 얼굴을 닦았다. 나는 밖에 나가서는 안 되었다. 씻고 나서 배고픔을 없애려고 방금 만든 세라뷰(selavu 생강과 으깬 커민, 겨자와 암미 열매로 만든 가루) 가루를 먹고, 따뜻한 물을 마시고 나서 다시 자리에 누웠다. 이틀 간 제대로 음식을 못 먹었다. 빵과 생강, 커피만 먹었다. 그게 다였다. 나는 좌우로 움직이지 않고 납작하게 누웠다. 앉을 때는 올케나 엄마의 도움을 받았다. 팔에 아이를 안아서 젖을 먹였다. 매우 허약해져 이틀 밤낮을 아무것도 먹지 못했다. 온몸이 피곤해서 아이를 안을 수도 없었다. "엄마, 아이를 좀더 올려서 나에게 대주세요!" 이런 식으로 아이에게 젖을 먹였다. 그 뒤 내가 먹기 시작하고 기운을 좀 되찾으니까 젖을 먹이는 것이 좀더 쉬웠다. 얼마 되지 않아 혼자 힘으로 일어나 방문객들과 이야기를 나눌 수 있었다. 아이를 어떻게 낳았는지 자세하게 말해 주었다.

　　그렇게 첫 아이를 낳았다, 신나암마. 나는 친정에서 잘 먹으면서 건강도 좋아졌다. 나는 울지도 않고 아이를 순산했다. 병원에서 당신도 몇몇 산파들을 볼 수 있을 테지만, 아이 팔이나 다리를 부러뜨리는 잔인한 산파도 있다.

　　아이를 낳은 뒤 아홉 번째 목욕을 할 때까지 밖에 나가지 않았다. 그 동안 우리는 세탁부를 먹여 살린 셈이다. 세탁부는 아이를 낳은 뒤 더럽혀진 린넨을 씻는데 그것이 새 것이건 실크이건 간에 그 사람들이 차지한다. 그게 바로 세탁부의 권리다. 아홉 번째 목욕일에 그에게 약간의 시카카이, 오일, 베텔과 2루피짜리 지폐를 쟁반에 주면 우리 할 일은 끝난 셈이다. 마지막 목욕인 아홉 번째 목욕은 암미ammi를 가지고 한다. 뜨겁게 달군 씨앗 한 움큼과 기름을 섞어 머리맡에 둔다. 그 느낌은 정말 좋다. 같은 기름으로 몸을 마사지하고 시카카이로 몸을 씻는다. 이때 가장 중요한 것은 목욕 후에 졸지 않는 건데, 잘못하면 물이 머리에 스며들어 두통이 올 수 있다. 우리는 태양을 보면 안 되는데 태양은 우리가 마신 물을 몸에서 배출하기 어렵게 만들기 때문이다. 그래서 물이 우리 몸, 우리 머리에 남아서 시타람(sitalam 고열과 오한을 동반하는 병의 통칭)을 일으킨다. 그 물은 피와 섞인다. 그럴 경우 기침을 하고 숨을 가쁘게 쉬고, 열이 심하게 날 수 있고, 정신착란에 빠질 수 있고, 몸이 허약해진다. 때로는 피까지 증발시킬 수 있어!

　　엄마는 내가 벨파캄에 있는 동안 나를 잘 돌봐주었다. 사흘째 되던 날 엄마는 새로 산 질그릇에 분말로 요리한 세라뷰 소스, 말린 생강과 커민, 겨자와 암미 씨앗으로 만든 밥을 많이 해주었다. 엄마는 특별한 분말을 많이 준비해 절반은 소스에 사용하기 위해 철제 상자에 남겨두고, 나머지 절반은 종려 당palm sugar과 섞어서 내가 일어나 배고플 때 먹게 했다. 그것은 정말 효과 있는 치료제였다, 신나암마. 그것은 자궁에 남아 있는 불결한 것을 모두 제거하는 동시에 아픈 곳을 치료해준다. 내가 벨파캄에 있을 때 엄마는 내 음식에 많은 신경을 쓰셨다. 엄마는 시타람을 피하도록 나에게 찬 음식을 주지 않았는데, 그것은 정신착란을 일으켜 사람을 죽게까지 할 수 있다.[4] 처음 사흘 동안은 찬물도 못 마시게 하고 따뜻하게 데워 주었다. 9일째 되는 날까지 나는 세라뷰 소스와 밥, 약간의 카리(kali 수수나 라기로 만든 걸쭉한 죽. 쿠지는 같은 재료로 만든 묽은 죽)만 먹었다. 우리같이 가난한 사람은 매일 쌀밥을 먹을 수 없다. 한 달 동안 나는 쿠주, 호박, 오크라, 양호박, 토마토, 푸른 채소, 하루 전에 지은 밥 또는 유장을 먹지 않았다. 그런 음식은 모두 찬 음식이어서 피해야 하는데, 그렇지 않으면 아이가 아프고 설사를 할 수도 있다. 출산 뒤에는 따뜻한 음식을 먹어야 한다. 나는 더 많은 세라뷰 소스, 가지, 편두콩, 소금 간한 생선, 고기, 염소젖을 먹었다. 그리고 마늘, 커민, 등도 마찬가지로 매일같이 먹을 수 있도록 준비해 주었다. 그렇지만 나는 종려 당이나 사탕수수는 많이 먹지 않았는데, 그것 역시 아이에게 설사를 일으킬 수 있기 때문이었다. 엄마는 사람들이 이런저런 뒷말을 하거나 시댁에다 고자질하는 것을 듣고 싶어하지 않았다. 신나암마, 며느리가 시댁에서 산후조리를 제대로 못해도 사람들은 친정을 욕한다.

나는 석 달 더 벨파캄에서 지냈다. 시댁 식구들은 아이를 낳은 뒤 나를 보러 왔고, 석 달이 지나자 나를 데리러 왔다. 남편은 그 사이에 두 번 다녀갔다. 남편은 아기가 보고 싶어 "언제 카라니로 올 거야?" 하고 부드럽게 물었다. 그는 나를 빨리 데려가고 싶어했고, 나 역시 모든 금기를 충분히 지켰다는 생각이 들어 그러고 싶었다. 나는 손발을 물에 담그면 시타람에 걸릴 수가 있어 논일도 하지 않았다. 우물에 가서도 안 되었고, 무거운 것을 들어올리거나, 갑자기 움직여서도 안 되었다. 벨파캄에는 엄마 또래의 한 여자가 있었는데, 그녀는 항상 무릎까지 내려오는 헐렁한 웃옷을 입고 있었다. 분명 그녀는 너무 빨리 쌀 단지를 옮겼을 것이다. 그래서 우리는

"여자들은 매사에 조심해야 해. 만약 산후조리를 잘못하면 너도 쿠푸 Kuppu처럼 허벅지 사이로 자궁이 빠져 내려와 혹처럼 달고 다니는 꼴이 될지도 몰라" 하고 말했다. 우리는 웃어넘기면서도 걱정스러워 매사를 신중하게 처리했다. 우리는 항상 첫아이를 낳을 경우 어느 정도는 두려움 때문에 시킨 대로 모두 다 지키는 편이다.

당신도 알겠지만 신나암마, 아이들은 쉽게 설사병에 걸리고, 그것 때문에 종종 죽는다. 내 아이 가운데 두세 명도 그 때문에 죽었다. 엄마는 도샴(dosham 일종의 신들림으로 특히 어린이들에게 설사와 탈수를 불러온다)에 걸린 아이들을 치료하기 위해 논 귀퉁이에 쓴 사과를 심었다. 우리는 갓난아이를 앉혀놓고 희석시킨 라임, 심황을 탄 물, 쓴 사과 약간을 쟁반에 놓았다. 쟁반을 아이의 머리 앞에서 세 번 돌린 뒤 땅에 부어버리고 세리 밖으로 가서 쓴 사과를 쪼갠다. 아침과 저녁에 커민과 뽕나무 즙을 준다. 그것은 가장 일반적인 것으로 어두운 길에서 걸리는 도샴의 치료법이다. 그렇지만 더 심각한 도샴도 있는데, 어떻게 손 쓸 방도가 없다. 그것은 세탁부들이 처리한다. 세탁부는 드럼을 치고 만트라를 부르면서 아이에게 매듭지어진 실 또는 부적을 준다. 우리 시골에는 정말 위험한 것이 많다! 우리는 땔감을 구하러 다니는데, 화장터에도 간다. 만약 아이에게 모유를 먹이는 엄마가 서기서 귀신에 홀리면 아이는 바로 도샴에 걸린다. 아이의 얼굴을 보면 도샴에 걸렸는지 여부를 바로 알 수 있는데, 도샴의 징후는 눈을 반쯤 뜨고 매우 피곤해 하면서 웃지 않고 줄곧 우는 증상을 보인다. 그럼 그 아이는 틀림없이 쿠지도샴(kujidosham 화장터 부근에서 빠지는 신들림으로 어린이들에게 설사를 일으킨다)에 걸린 것이다. 나는 예전에 시사타에게 그것을 말했다. 아이와 함께 날리벨리Naliveli의 보건소에 갔다 오던 그녀가 나에게 "큰언니, 애를 사흘 동안 주사를 맞히려고 보건소에 데려갔는데 전혀 낫지 않네요" 하고 말했다. 나는 "보건소에 간다고 애가 나을까. 내가 보기에 이 아이는 쿠지도샴에 걸린 거야. 큰오빠 페람반에게 가봐, 그가 만투라로 너와 아이를 치료해줄 거야. 쿠지도샴을 치료할 주사제와 약이 아직 개발되지 않았으니까 말야!" 하고 말했다. 요즘 사람들은 살든 죽든 간에 병원으로 달려간다. 병원이 없던 옛날에는 식이요법만 가지고도 전혀 문제가 없었지. 지금 보건소에서 주는 것들은 모두 따뜻해서 그것을 상쇄시킬 차가운 음식을 먹어야 한다!

요즘 의사들은 마을에 왕진을 다니면서 임산부들에게 약과 강장제를 준다. 임신한 지 6,7개월이 되면 임산부들은 검진을 받으러 보건소에 간다. 지금은 모든 게 달라졌다. 신나암마, 요새는 의사들이 우리에게 약을 가져다준다. 간호사 하나가 마을에 온다. 먼저 그 간호사는 이발사의 부인이자 산파인 안잠마와 같이 우르를 둘러본다. 간호사는 우르의 임산부들과 최근에 아이를 낳은 여자들의 이름을 적은 후 세리로 온다. 여기 산파는 바로 나인데 우르와 마찬가지로 내가 그녀를 데리고 목욕을 하지 않거나(생리가 중단되었거나) 분만 직전의 여자들에게 데려간다. 나 역시 태어날 아이가 남자인지 여자인지를 말해준다. 그리고 나서 그녀는 퐁디 병원에 가서 자세히 기록한다. 약과 주사는 날리벨리로 보낸다. 보건소 사람들은 마을에 와서 약을 들고 세리를 돌아다닌다. 출산 때 우리는 엄마와 보건소에 가야 하지만 보건소에 가도 빈 병실이나 의사가 없는 경우가 많다. 퐁디까지 가는 데도 버스를 타야 한다. 옛날에는 정말 위급한 경우에만 병원에 갔다. 우리는 소달구지나 인력거를 타고 갔는데 가는 도중에 죽은 산모도 있었다.

우리 산파들은 아이를 낳는 동안 간호사를 도와주는데, 정부에서 한 달에 20루피를 준다. 그들은 나에게 보건소에서 정규직으로 일할 것을 권했지만 그럴 생각이 없다. 집에 해야 할 일이 있어서 정규직원으로 일할 수 없었다. 내가 나가서 일을 하면 누가 내 소와 송아지를 돌보겠어? 만약 내가 혼자였다면 그랬을 것이다. 원장 의사와 간호사, 모든 사람들이 세리에 와서 경력을 쌓으라고 했지만 거절했다. 나는 레디아르의 논에서 일했다. 레디의 토지 3/4헥타르를 경작했다. 레디에게서 벗어나기란 어려운 일이었다. 이발사의 부인인 안잠마는 수련을 받으며 많은 것을 배웠다. 산모가 위급할 경우 그녀가 이곳 세리에 와서 나를 도와주었다. 당연하지 않아? 파리아건 아니건 간에 급할 때에는 서로 도와야 한다. 우리 여자들이 먼저 말야. 그녀는 주저 없이 이곳에 왔다. 아이 상태가 나쁘고, 태반이 올라가고, 탯줄이 목에 둘러져 있다면 둘이 하는 게 당연히 더 낫지 않겠어? 그렇지만 우리는 그녀에게 그만한 대가를 지불했다.

요즘 나는 세리에서 아이를 낳을 때마다 5루피를 받고, 탯줄 값으로 1/2루피를 더 받는다. 사람들은 산모가 진통을 시작하면 나를 찾는다. "큰 언니! 산모가 진통이 왔대요!" 그러면 나는 모든 일을 제쳐두고 달려가 임산부를 이쪽저쪽으로 돌아 뉘어보고 진찰을 해본 다음 그녀를 안심시키면서 아이가 곧 나올 것이라고 말한다. 두세 시간 뒤 또는 해뜨기 전, 혹은 영화관의 조조 상영이나 두 번째 상영이 끝난 다음 식으로 임산부에게 출산 시간을 말해준다. 그러면 내가 말한 대로 아이가 태어난다. 칼로 탯줄을 자르고 나서 그 자리에 있는 여자들에게 괭이와 지렛대를 찾아 집 근처 배수구에 구멍을 파라고 말한다. 그리고 태반이 나오기를 기다렸다가 그걸 갖다 묻었다. 그런 뒤에야 산모를 돌본다. 산모를 자리에 눕혀 베개를 배게 한 다음 뜨거운 물로 씻겨주고 나서 그 옆에 아이를 눕힌다. 그런 다음 낮과 약간의 마르고사 잎을 베개 옆 머리맡에 두는데, 그러면 귀신들이 산모와 신생아 곁에 다가가지 못한다. 장난스런 귀신들은 저녁에 길거리를 배회하기를 좋아하고 땅 위에 있는 음식 부스러기를 먹으면서 사람들에게 달라붙으려고 한다.

그런 귀신들은 우리가 낫질을 하거나 씨를 뿌리거나, 개짐대를 갈고 있을 때, 머리를 감을 때건 어디든 따라다닌다고 한다. 그 귀신들은 우리가 출산예정인 임산부를 방문할 걸 알고 우리에게 들어오는데, 왜냐하면 귀신들이 임산부의 몸으로 들어가려면 매개인이 필요하기 때문이다. 그래서 우리는 그 귀신을 쫓으려고 낫과 마르고사 잎을 준비한다. 그 뒤에 산모와 아이가 괜찮은지를 보려고 자주 그들을 방문하고 연락을 한다. 때로 자궁에 불결한 것이 남아 있는 경우에는 '소 간지럼' 풀잎을 삶아서 그 즙을 산모에게 세 번 마시라고 한다.

아이들의 출산은 그렇게 이루어진다. 여기 세리에서 사람들은 집에서 아이 낳는 것을 선호한다. 산모들은 난산일 경우에만 병원에 간다. 신나암마에게 말했지만 의사와 간호사들은 세리에 자주 와 산모들에게 임신 동안 강장제를 먹고, 보건소에서 아이를 낳으라고 교육한다. 그렇지만 우리 여자들은 보건소에 가지 않는다. 우리 중에 거기서 아이를 낳았던 몇 사람들조차 보건소에서의 출산을 권하지 않았다. 그 이유는 우리가 좋은 대우를 받지 못하기 때문이다. 그곳에서 우리는 진찰을 받기까지 오랜 시간 기다려야만 한다. 입원하면 우리 시골여자들은 항상 큰 목소리로 말하는데, 산통이 오면 "아야! 엄마! 고통스러워요!" 하고 고함을 지른다. 그러면 간호사들은 우리를 비웃으면서 "에, 이제 기분이 나아지지 않았어요? 글쎄 이제 좀 아플 거예요!" 하고 말한다. 그렇게 말하는 간호사들은 다 어린 간호사들이지, 신나암마! 더 심한 경우는 "일어나요! 걸어요! 침대에서 내려가요! 화장실에 가세요!" 하고 말하는 것이다. 거기선 산모가 모든 것을 알아서 해야 하며, 때로는 가족이 산모를 돌봐야 한다. 그렇지만 그것만으로 우리가 보건소에 가지 않으려는 것은 아니다. 거기 가면 우리는 아무것도 모르는 바보가 되어 버린다. 우리는 뭐가 뭔지도, 어디에 뭐가 있는지도 모른다. 남자들은 여자들의 구역에 들어가서는 안 되며, 우리는 잘 몰라서 항상 고함을 질러야 하기 때문에 보건소에 가지 않으려고 한다. 산통이 심해져도 우리는 그들이 하는 짓을 모두 참아야 한다. 수치스러워도 참아야 한다. 그렇지 않으면 간호사들이 우리를 내보내거나 병원장에게 거짓말을 한다. 병원장은 뭐가 어떻게 돌아가는지 전혀 모른다. 그는 간호사 말을 곧이곧

대로 믿고 우리에게 "아줌마! 왜 간호사 지시대로 안 한 거죠?"하고 말한다.[5] 우리가 병원장에게 뭐라고 말을 하겠어? 옆에 있던 남자들은 "아닙니다. 사미, 내 처가 시골에서 와서 아무것도 몰라서 그래요, 용서하세요, 당신이 하라는 대로 다 할게요!" 하고 말한다. 병원장은 심하게 굴지 않지만 돌볼 사람이 많은 그는 산모 옆을 지키고 있지 않는다. 그래서 많은 시골 사람들을 돌보는 일은 간호사들의 일이다. 보건소에는 각지에서 여러 가지 병을 앓는 사람들이 온다.

이르삼마와 카리얌마에게 그 일이 있고 난 뒤 우리는 여전히 세리에서의 출산을 선호했다. 아마 신나암마는 우리가 왜 그리 사람을 못 믿는지 이해할 거다. 당신도 빗자루처럼 비쩍 마른 나단의 부인을 봤지? 그녀가 이르삼마야. 그녀는 둘째 아이를 임신했다. 첫 아이는 죽었다. 그녀는 약했고 피를 많이 흘렸다. 날리벨리의 보건소에서는 그녀에게 아이를 낳으려면 퐁디 병원으로 가야 한다고 했다. 우리 역시 그렇게 생각했다. 병원에서는 최소한 약간의 강장제나 수혈을 받을 수 있을 테니 말야. 이르삼마, 나단, 그녀의 시어머니와 나는 출산 며칠 전에 병원에 갔다. 하지만 병실을 배정 받았어도 빈 침대가 없었다. 할수없이 방 모퉁이에 자리를 잡았다. 그녀는 그런 대로 괜찮아 음식도 먹었고, 우리들이 돌봐줬다. 우리 셋은 병원 앞의 공원에서 지냈다. 우리는 요리노구를 가져가 교대로 이르삼마를 보러갔다. 어느 날 아침 그녀가 진통이 와서 해산실로 갔다고 들었다. 나는 다른 사람에게 그 말을 전하려고 내려갔다. 간호사 한 명이 와서 이르삼마가 막 아이를 낳았다고 했다. 그렇지만 그들은 아이를 꺼내기 위해 겸자를 사용했고, 이르삼마는 피를 너무 흘려 몸이 쇠약해져 있었다. 그래서 그녀는 아들과 격리되었다. 우리는 너무 놀라서 울었다. 그때 병원장이 와서 이르삼마의 기력을 회복시키기 위해서 포도당 주사를 맞고 격리시켰다고 말했다. 병원장의 말은 우리에게 다소 위안이 되었다! 그녀는 1인 병실에서 일주일 이상 격리되어 지내다가 일반병실로 옮겨졌다. 우리가 그녀를 보러 갔을 때 울고 있었다. 그렇지만 좋아 보였고, 몸에 어떤 튜브도 끼고 있지 않았다.

"왜 그래? 어디 아파?"

"내가 아니라, 아이가 문제예요." 그녀가 소리를 질렀다.

"아이가 왜? 아이가 아직 젖을 빨지 않아? 애가 아픈 거야?"

"아니! 아니! 아들을 낳았는데, 그 애가 온통 까매요!"

"그래서 운다고? 아이가 까매서? 아이가 까맣다고 우는 엄마가 어디 있어?"

나단과 그의 엄마는 아이를 들여다보며 말했다.

"뭐라고? 이 녀석은 하얀데! 그리고 중요한 것은 아이지 아이 피부색이 까맣고 하얀 것이 아냐? 당신은 우리 피부가 하얗다고 생각하는 거야? 아니, 당신 제정신이야?"

그래서 나는 "아니, 이르삼마 탓이 아니라, 여기에 너무 많은 귀신들이 있어서 그래요! 아마도 그 놈들이 이 짓을 하고 있는 거 같아요!" 하고 말했다.

이르삼마는 더 격하게 울기 시작했다.

"애를 돌려주세요, 온통 까만 애라구요! 난 그 애를 봤어요! 돌려줘요!"

우리는 이해할 수 없었다. 나는 아이를 팔에 안고 "그럼, 이 아이는 누구지? 이애는 여자 애인데!" 하고 말했다.

이르삼마는 한쪽에서 울고 있었는데, 다른 한쪽에서 화난 얼굴로 우리를 빤히 쳐다보고 있는 간호사들을 보니 뭐라 할 말이 없었다. 그 난리통 속에서 정신이 하나도 없었다. 나는 더이상 뭘 해야 할지 몰랐다. 간호사들이 우리를 욕하기 시작했다.

"당신은 여기 와서 쉽게 애를 낳은 게 아녜요, 당신 말이 심하군요! 정말 파리아들은 어쩔 수 없다니까!"

그때 나비모자를 쓴 수간호사가 왔다. 나는 그녀가 우리를 내보낼까봐 걱정스러웠다. 그 불쌍한 이르삼마는 강장제와 안정이 필요했다. 그래서 나는 한걸음 나아가서 "간호 원장님, 간호 원장님, 아무 일도 아녜요, 단지 애 때문에 그런 거예요. 이르삼마가 아들을 낳았다고 생각하고 있었나봐요" 하고 말했다.

"뭐예요? 기가 막혀. 여기서 일하는 사람은 바로 우리예요! 우리는 당신들의 헛소리를 들어줄 여유가 없어요! 엄마와 아기의 번호가 몇 번인지 확인해 봐요!"

그때서야 나는 산모와 아기가 팔에 숫자가 적힌 딱지를 붙이고 있다는 것을 알아차렸다. 그리고 나서 수간호사는 "둘 다 같은 번호를 가지고 있네요, 와서 봐요! 더 궁금한 게 있나요?" 하고 말했다.

그렇지만 우리는 읽을 줄을 몰랐다. 우리 주변의 사람들이 "네 맞네요. 도대체 산모는 뭘 본 거야?" 하고 말했다.

나는 "아녜요, 간호사님, 산모가 그녀에게 쓴 악귀가 그런 거예요" 하고 덧붙였다.

간호사들은 어깨를 들썩이면서 떠났다. 우리는 정말 멍청한 짓을 한 셈이었다. 이르삼마조차 설득 못한 우리는 그녀를 보호하고, 혹시 그녀가 걸릴 수 있는 도샴 징후를 약화시키기 위해 검은 실을 그녀 목에 둘러줘야 했다고 위안을 했다. 아마도 이르삼마는 조산한 여자를 봤고, 바로 그 때문에 그녀가 정신착란을 일으켜 도샴을 일으킨 것으로 보였다. 우리는 그녀가 그곳에서 산후조리를 잘 받은 뒤에 귀신을 쫓기 위한 주술사를 데려오고 싶었다.

이르삼마는 매일 주사를 맞고 약을 먹었다. 그렇지만 정신나간 그녀는 우리가 가져간 음식을 거의 먹지 못했다! 병원장은 그녀에게 먹지 않으면 병원에 다시 와야 한다고 말하고서 우리에게 아침저녁으로 와서 음식을 먹이라고 했다. 이르삼마의 상태가 호전되어 회복되자 우리는 그녀를 데리고 집으로 돌아가야겠다고 생각했다. 나데산은 병원을 떠나기 전 푸자에 필요한 것을 사러 시장에 갔고, 우리는 장뇌를 피워 보건소 입구 옆에 있는 돌 위에다 코코넛 하나를 깼다. 그러자 이르삼마가 우리 앞에서 발작하며 울기 시작했다.

"아요, 안다바!(Andava 시바의 다른 이름 중의 하나) 잘못하고 있어! 나에게 준 것을 다시 빼앗아 갔어요!"

우리는 정말 이르삼마에게 화가 났다. 신의 가호로 그녀가 겨우 건강을 회복했는데 이런 이야기를 되풀이하고 있다니! 이르삼마의 남편과 시어머니는 그녀를 잘 달래기 시작했다. 나는 신 앞에 그곳에서 소리를 지르지 않겠다고 다짐했다. 그렇지만 쇠창살 근처에 있던 관리인이 다가와서 말했다.

"그녀를 내버려두세요. 뭐라고 하지 말아요. 모성본능이니까. 그녀가 맞을 수도 있지만 운다고 아이가 돌아오는 것은 아니니까! 진정하구, 집에 돌아가세요. 아직도 살 날이 많잖아요."

나데산은 보건소의 모든 고용인에게 동전 한 닢을 주었고, 나는 "가죠. 저녁이 되기 전에 집에 도착하려면 서둘러야 해요. 아이가 곳곳에 숨어 있는 악마의 숨결을 접촉하거나 악마의 눈을 봐선 안 돼요!" 하고 말했다.

우리는 인력거를 타고 집에 가려 했는데 요구하는 액수가 정말 터무니없었다. 우리는 물 항아리를 비롯해 짐이 많았는데, 여자들은 많은 사람들 속에 우리끼리만 남겨지기를 원하지 않아서 나는 나데산에게 "이봐 동생, 여자 둘과 아기, 다른 짐을 싣고 인력거에 타지. 나는 걸어가겠네" 하고 말했다. 그리고 모두들 그렇게 떠났다.

나는 걸어가면서 관리인이 말했던 것을 곰곰이 생각해봤다. 그 이야기가 내 맘에 걸렸다. 그래서 발길을 돌려 관리인을 보러갔다. 병원에 몇 번 갔을 때 그는 항상 오후에 문을 지키고 있어서 그와 안면이 있었다. 그래서 그를 믿을 만하다고 생각해서 물어보았다.

"이봐요! 이보세요! 좀 전에 아이에 대해서 말한 게 무슨 뜻이죠? 그녀 말이 맞는 건가요?"

"당신 정말 모든 것을 알고 싶소? 알고 나면 어떻게 할 건데요?"

"어떻게 하다니? 한 귀로 듣고 한 귀로 흘리는 거죠, 우리 같은 파리아가 어떻게 하겠어요?"

그러자 그는 이르삼마가 아이를 낳은 후 높은 카스트의 여자도 아이를 낳았다고 말했다. 이 여자는 이미 딸이 셋이어서 절대적으로 아들을 낳아야 했다. 왜냐하면 이후에는 더이상 아이를 낳을 수 없다고 들었기 때문이다. 그래서 그 가족은 그 여자 애를 사내아이와 바꿔치기 하려고 의사와 간호사들에게 뇌물을 먹였다는 거였다. 이르삼마는 그때 튜브를 낀 채 별실에 있었고 그때 그들이 아이를 바꿔치기 한 거였다. 그렇지 않고서 도대체 어떤 엄마가 감히 아들을 바꿔치기 할 수 있겠어? 사실 사람들은 때때로 너무 가난하거나 나쁜 짓을 저질러서 아이를 버리는 경우가 있기도 하다. 하지만 감히 누가 자기의 아이를 바꿔치기 할 수 있겠냔 말야? 이르삼마는 몸 상태가 좋지 않은 상황에서도 자기 아들을 알아봤고, 바꿔치기를 하다는 사실을 몰랐던 간호사가 우리에게는 아이가 아들이라고 말한 것이 틀림없었다. 그렇지만 또 모를 일이다. 왜냐하면 속임수는 항상 나중에서야 확인되니까! 누가 알아? 우리는 당시에 모든 일에 잘 속아넘어갔다, 넌 이의를 제기할 수 있었겠지만 말야. 어쨌든 이르삼마의 아들은 부잣집으로, 이 여자 애는 파리아들의 세리로 오게 된 거지! 아마 그들은 태어나면서 이렇게 뒤바뀔 운명이었던가봐. 그 애들이 전생에 뭐였는지 누가 알 거야? 어찌되었건 간에 이르삼마는 그 여자 애를 자기 딸처럼 키워 카라니 옆 마을로 결혼시켜 보냈다.

몇 년 뒤에 비슷한 일이 카리얌마에게도 일어났다. 그렇지만 이번에는 간호사가 아니라 아이 엄마가 아이를 바꿔치기를 했다. 산모들은 병원의 큰 병실에 있었다! 카리얌마가 아이를 낳은 뒤 우리는 낮 동안 산모와 있을 수 있었지만 저녁에는 산모를 두고 복도에서 잠을 청해야 했다. 당직 간호사는 옆방에서 잤다. 그들은 산모들에게 어떤 일이 일어날지를 전혀 들을 수가 없었기 때문에 누가 마음만 먹으면 무슨 일을 일으키기 쉬웠다. 카리얌마는 그 일이 일어났을 때 잠들어 있었다. 물론 사건이 일어났다는 것을 제일 먼저 안 것은 그녀였다. 카리얌마는 아침에 아이에게 젖을 물리기 위해 젖가슴을 열고 아이를 안으려고 하다가 아이가 다름을 발견했다. 그녀는 즉시 나에게 "이게 뭐죠? 아이 얼굴이 달라요!" 하고 말했다.

나는 밤마다 잠을 거의 못 이뤄서 그 이야기를 들었을 때 정신을 차릴 수 없었다. 나는 "아에! 눈을 비비고 다시 한번 봐요!" 하고 말했다.

그녀는 아이 옷을 벗기고 있었다. 아이는 사내가 아니라 계집아이였다. 카리얌마는 비탄에 떨며 가슴을 쳤다. 나는 어안이 벙벙해 몸이 떨리기 시작했다. 나는 확실히 그녀의 아기를 봤는데, 그 아이는 사내애였다. '도대체 무슨 일이 일어났었지? 간호사들이 카리얌마의 엄마 마리얌마, 그녀의 남편 가네산과 함께 달려왔다. 나는 무슨 일인지를 설명해주었다. 그들은 놀랐지만 교대시간이 가까워져 어떤 결정을 내리려고 하지 않았다.

그들은 우리에게 병원장을 기다리라고 했다. 카리얌마는 그들이 말하는 대로 포기한 채 방안을 돌아다니더니 갑자기 양말과 덮개모자를 쓰고 옷을 잘 차려 입힌 아기를 가리키면서 "바로 저 애예요, 내 애예요! 내 아기란 말예요!" 하며 소리를 질렀다. 그 아이와 있던 여자는 카리얌마에게 미쳤다고 하면서 날뛰었다. "뭐라고? 하리잔Harijan과 바꿔치기 했어? 젠장!" 그녀는 무슬림이었다. 그동안 간호사들이 교대를 했다. 병원장이 그 이야기를 듣고 방으로 왔다. 나는 병자나 산모들과 병원에 자주 갔기 때문에 병원사람들이 나를 알고 있었다. 이번에 병원장은 우리편을 들어주었다. 그 계획은 위에서 내려온 게 아니었다. 의사는 아기 옷을 벗기라고 했다. 그리고 그는 기록부를 살펴봤다. 기록부에는 카리얌마가 아들을 낳았고, 다른 여자가 딸을 낳은 것으로 올라 있었다. 가네산은 읽고 쓸 줄 알았다. 그 역시 기록부에 가서 같은 것을 보았다. 카리얌마는 사내아이를 돌려받았다. 그 여자는 야근 간호사가 침대에 아이들을 눕히다가 아이를 바꿔치기 한 거라고 변명을 했다. 신나암마도 알겠지만 모든 신생아들은 비슷하게 생겼고, 비슷한 옷을 입는다. 그렇지만 엄마는 직감과 아이에 대한 사랑으로 그 차이를 바로 안다! 그 여자와 의사는 계속 논쟁을 했다. 우리는 아이를 다시 되찾아 행복했다. 오, 지금 그 애는 라마크리쉬난이라고 하는데, 정말 미남이야. 키도 크고 학교에서 공부도 잘하지!

신나암마는 왜 우리가 그렇게 병원을 싫어하는지 이해할 수 있을 거다. 나는 열두 명의 아이를 혼자서 낳았다. 아이를 낳다가 음부가 찢어지거나 내 아이 중 한 명의 뼈가 탈골되었어도 아무도 내 옆에 가까이 못 오게 했다. 나는 나리벨리에서 간호사들에게 항상 "나를 그냥 내버려두세요, 아이는 저절로 나오니까! 거기서 뭐 찾을 거라도 있나요?" 하고 말했다. 나는 장미 봉우리가 피는 것처럼 항상 아이를 순산했다. 아이를 낳는데 시간이 오래 걸리지는 않았다. 나는 아이를 낳느라고 며칠 간 산통을 겪는 여자들과 달랐다. 그 여자들에게는 약간의 물이나 쿠주 또는 커피를 줘야 했다. 난 전혀 아니었다!

무엇보다도 내가 가장 중요하게 생각한 것은 에띠얀(Ettiyan 화장터의 수호신이며 죽음의 신 야마의 보좌이다. 파리아의 하위 카스트인 베띠얀들은 자신들이 에띠얀의 후예라고 믿고 있다. 그래서 그들의 의례적인 일은 죽음과 결부되어 있으며 무덤 파는 일을 하고 있다. 비람마는 베띠얀에 속한다)과 두꺼운 턱수염을 기르고 근육질 어깨 위에 곤봉을 이고 있는 거인들을 위한 쟁반을 꼭 챙기는 것이었다. 그들로 하여금 탯줄을 끊자마자 아이에게 일을 할 수 있는 건강함을 기원해 달라고 쟁반에는 녹색 망고와 코코넛, 다른 과일과 괭이, 쇠지레, 바구니 같은 기구들을 놓아두었다. 나는 내가 해야 할 일들을 너무 잘 알고 있었다! 나는 아이를 많이 낳았다! 우리가 먹는 모든 영양분은 아이에게로 간다. 얼마나 신기한 일이야! 이산(Isan 또는 이스바란. 시바의 다른 이름)은 10개월 간 모은 피를 가지고 우리 자궁에 아이를 만든다. 오직 그만이 그것을 할 수 있다. 그렇지 않고서 어떻게 정자 하나가 아이가 될 수 있겠어? 그리고 이산은 우리가 아이를 낳은 뒤에 통증을 완화시키려고 에띠얀과 그의 거인들을 보낸다. 그들은 진흙을 가져와 우리 자궁에 던져서 통증을 가라앉히는데, 그렇게 해서 뜨거운 석탄처럼 빨갛고 면같이 부드러운 피부가 그렇게 빨리 치료될 수 있다!

그래서 나는 가장 먼저 에띠얀을 위한 쟁반을 준비한다. 그리고 나서 물을 재빨리 데운다. 다음에는 사리를 벗고 물 한 컵을 허리와 엉덩이에 붓는다. 몸을 말리고 작은 천으로 닦는다. 천천히 걷다가 벽에 기댄다. 진통이 다가옴을 확실히 느낀다. 양수가 열리기를 기다린다, 오! 나는 그것이 '푸두pudu!' 하고 터져 나오고 '살라sala, 살라, 살라' 하면서 흘러나오면 그 뒤에는 모든 것이 재빨리 빠져 나온다. 먼저 아이가, 머리부터, 그리고 나서 태반, 그럼 이제 끝이 난다. 데비(Devi 여신, 여왕 혹은 부인을 부르는 일반적 호칭)는 사미에게 명확하게 '신이시여! 당신 발로 한번 차주세요! 이 아이가 1분이라도 자궁에 더 있지 않도록 해주세요. 이 여인은 영리한 여자랍니다!' 하고 말한다. 맞아, 하느님도 나처럼 경험이 많은 여인네를 편애한다.

나는 전혀 한치의 실수도 없이 모든 아이를 그렇게 낳았다. 나는 우리 같은 산파를 위한 비쉬누Vishnu라는 휴양지로 가는 길을 알고 있는데, 사실 그곳은 산파로 가득했다. 만약 내가 오늘 당장 죽거나 늙어서 죽는다면 야마(Yama 죽음의 신) 또는 그의 수호자들은 나를 불러 세워 형을 선고하려 멈추라고 하지 않을 것이다. 이스바란은 우리 산파들에게 지옥에 가라고 선고하지 않는다. 우리 눈으로 숱하게 고통스런 것을 많이 보니까 말이야! 우리가 보는 흘러내리는 것은 모두가 피란 말이다! 우리 손에 묻힌 피! 그 고통! 바로 그 때문에 우리 앞길에 장애물은 없다. 문은 활짝 열려 있고, 우리는 그 문을 가로질러 야마가 있는 곳에 격리된다. 그는 우리를 다시 태어나게 하지 않을 거다! 이 환생의 고통에 빠지지 않기를.[6]

많은 아이들이 죽었다

    나는 임신과 출산 이후에도 우유를 아주 많이 마셨다, 흘러내린 우유방울에 사리가 뻣뻣해질 때까지 마셨다. 지금 다시 임신한다 해도 나는 우유를 마셔 델 거다. 내 딸도 나를 닮았는지 나보다 더 심하다. 신나암마, 아이가 죽어가고 있을 때 내 젖가슴의 무게를 봤어야 한다. 젖 때문에 가슴이 퉁퉁 불어서 얼마나 아팠던지! 세리에서는 다음에 태어날 아이가 먹을 젖이 안 나올까봐 감히 찜질약도 바르지 않는다. 그래, 신나암마! 찜질 약을 바르고 나면 젖이 더이상 나오지 않아! 그러면 우리는 보건소에 가는데, 거기 가면 그들은 젖 아래에 파이프와 펌프가 달린 투명한 컵을 받쳐 준다. 그렇게 젖을 짜고 나면 가슴이 축 쳐진다. 우리는 애가 클 만큼 크고, 또 처음처럼 젖이 나오지 않으면 젖을 떼려고 한다. 그리고 나서 우리는 많은 양의 자스민을 캐서 가슴에 붙이고 밴드로 꼭 동여맨다. 그렇게 사흘만 있으면 된다. 그렇게 하면 젖이 마르다가 다음에 임신하면 젖이 다시 나온다.

    신나암마도 알다시피 우리는 젖을 오랫동안 먹이는데, 아이가 세 살이 될 때까지 먹인다. 그런 식으로 우리는 아이들의 임신터울을 조정한다. 사람들은 우리가 임신 중에도 뙤약볕에 나간다고 욕을 한다. 만약 우리가 매번 아이를 갖는다면 어떻게 일해서 먹고 살 수 있겠어? 신나암마, 당신은 부자니 임신 중에 일 안하고 다리 뻗고 놀아도 된다. 그렇지만 나는 칸지를 위해 임신 중에도 정말 열심히 일해야 한다. 씨뿌리고 괭이 질하고, 소에게 풀을 먹이고, 나무를 모으고 말야. 그리고 아이가 좀 자라 팔에 안아 줄 수 있을 정도가 되어도 마찬가지다. 우리는 어디든 아이를 데려 가지만, 일하는 동안 그 아이가 어디서 무엇을 하는지 몰라서 걱정이 많다. 그래서 우리는 아이가 자라 걸으면서 ‘엄마’ ‘아빠’ ‘저건 우리 소예요’ ‘저기 고모가 와요’ 이렇게 말할 때까지 3년을 기다린다. 그게 우리에게는 일종의 신호인 셈이다. 우리는 아이가 말을 할 무렵부터 다시 밤일을 시작한다. 만약 우리가 이 터울을 지킨다면 아이는 강하고 통통하게 자란다. 우리 파리아들은 오랫동안 젖을 먹여 젖이 부족할 지경이다, 신나암마!

우르에서 아이나 아이 엄마가 아프면 사람들이 젖을 물려 달라고 찾아 온다. 전당포를 운영하는 마르와리(Marwari 라자스탄의 마르와르에서 기원한 장사 공동체이다. 그들의 구성원들은 인도 전역에 깔려 있다. 그들 중 많은 사람들이 전당포 주인이거나 고리대금업자이다)는 마드라스에 있는 파리아들의 시장에 점포를 하나 가지고 있다. 어느 날 그가 나에게 젖 한 컵만 달라고 사람을 보냈다. 빌어먹을! 나는 엉덩이에 아이를 엎고 시장을 걸어가고 있었다. 그는 나를 발견하자 사람을 보내 자기 부인과 아이가 아프니 젖 한 컵만 달라고 했다. 그는 내 젖에 가루약을 타서 아이에게 주려고 했던 것이다. 나는 사람이 많은 큰 읍내에서 그 말을 듣자 부끄러웠는데 내 남편이 나에게 “젖을 주라니까, 아이가 아프잖아!” 하고 말했다. 그래서 나는 모퉁이로 가서 젖을 짰다. 신나암마, 마르와리는 내가 준 젖 한 컵에 대한 대가로 10루피를 주었다. 10루피를! 그래, 우리 젖은 인기가 좋다. 우리 젖을 신나암마, 당신네 아이들에게 먹이면 정말 빨리 낫는다. 왜냐하면 우리 젖은 영양분이 풍부하기 때문이다. 우리는 금기된 음식이 없어 모든 음식을 먹을 수 있다. 우리는 사정이 허락하면 닭, 쇠고기, 양고기, 모든 종류의 생선과 녹색 채소를 먹을 수 있다. 그래서 우리 젖은 정말 특별하고 영양분이 많다. 신나암마는 채소만 먹잖아. 물론 빵과 우유, 과일을 많이 먹을 수 있겠지만 우리보다 더 약하다. 우리는 가난해서 간단한 식사를 한다. 밭에서 캔 채소와 함께 많은 편두를 재빨리 요리해서 소금절인 생선과 향이 강한 소스와 녹색 망고를 곁들여 먹는다. 때로 우리는 쇠고기를 먹기도 한다. 바로 그 때문에 우리 젖은 영양소가 풍부하다. 당신네 아이들 중 한 아이를 안아보면 항상 맥없이 축 늘어져 가볍게 느껴진다. 그렇지만 우리 애들을 들어보면 마치 네가 필라이야르(Pillaiyar 코끼리 머리를 한 신으로 가네산(가네쉬), 가나파티, 비나야가르로 알려져 있다. 그는 부를 관장하고 모든 일의 성공을 보장해준다) 석상을 든 느낌일 거다!

가까이 있는 레디아르의 아들만 봐도 그렇다. 지금 그는 잘생기고 멋지고 강한 젊은이다. 그는 내 아이 중의 한 애와 같은 시기에 태어났는데, 아마 큰 아이와 같은 날 태어났을 거다. 나는 그 애에게 내 젖을 물려줬다. 그 애가 아기였을 때 그 애 엄마는 해야 할 집안 일이 많았다. 그녀는 아침식사로 이들리, 읍푸마를 준비해야 했고, 다섯 명의 시동생들을 위해 목욕물을 데우고, 논에서 일하는 70명의 일꾼들을 위해 쿠주를 준비해야 했다. 그 집의 여자들은 할 일이 너무 많아 나에게 아이를 봐달라고 했다. 그들은 나에게 "정원에서 아이를 좀 돌봐주고 당신 젖도 좀 주세요!"라고 말했다. 나는 그 아이를 세리로 데려가 내 아이처럼 먹였다. 내가 쇠고기를 요리하면 그 애한테도 좀 주었다. 그 아이는 그 맛을 좋아해서 그것을 달라고도 했다! 이제 그는 다 커서 더이상 나를 존경하지도 않는다. 내가 자기 집 안뜰에 있으면 그는 나에게 "아에! 거기 서! 파리아 냄새가 여기까지도 풍기네!" 하고 말한다. 어느 날 나는 소에게 풀을 뜯기러 나갔다가 돌아오는 길에 물을 마시고 싶었지만 소를 멈추게 할 수가 없었다. 나는 소들을 묶고 그에게 "이봐! 나에게 물 좀 줄 수 있니, 목말라 죽을 지경이야!" 하고 말했다. 그는 부엌에 있는 엄마를 쳐다보더니 "엄마, 벨파카따가 물 좀 달래요" 하고 말했다. 그러자 그의 엄마는 가서 큰 컵을 가져오라고 했다. 나는 그를 내 젖을 먹여서 키웠는데, 이제 물 한 잔 주는 데도 인색하게 군다.

내가 신나암마에게 말하고 싶은 것은 우리 파리아들의 젖이 그만큼 인기가 좋았다는 것이다. 그리고 우리는 애들이 자라서 말을 할 수 있을 때까지 먹였다.

아이가 태어나면 남편은 부인 곁에 가서는 안 된다. 그림자도 얼씬거려선 안 된다. 만약 남편 손이 부인에게 닿으면 젖은 그냥 물이 된다. 찬물처럼 말야. 그러면 아이는 죽게 될 거야. 아이가 병에 걸려 회복도 안 될 거구. 아이는 엄마 젖이 부족해 야위어 가겠지. 모든 여자들이 그래, 신나암마! 네 엄마이건 다른 사람이건 간에 만약 아이에게 젖을 먹이는 동안에 임신을 하게 되면 키우던 아이는 자연히 자지러지게 되겠지!

나도 젖이 부족해서 아이 하나를 그렇게 잃을 뻔했다. 놀랐나? 난 항상 젖이 넘쳤다고 했는데 말야. 그게 어떻게 된 일인가 하면 말이지. 어느 날 레디아르의 마당을 쓸다가 나는 사제가 울리는 종소리를 들었다. 그곳에는 사람들을 앉은 자세로 매장하는 공동묘지가 있었다. 그래서 나는 그것을 보려고 담장으로 올라갔다. 우리가 일해주는 레디아르의 가족들은 파카누르Pakkanur에서 왔는데, 그 사람들은 집안 신을 위해 푸자를 하고 있었다. 나는 엉덩이에 아이를 들쳐업고 세리로 돌아갔다. 아마 세째 아이였을 거야. 나는 그 애가 아들이었는지 딸이었는지 기억도 안 나는데, 정말 오래 전 일이거든! 어쨌든 애가 울기 시작했다. 배가 고팠던 게지. 나는 애에게 젖을 먹이려고 했는데 아무것도 나오질 않았다. 단 한 방울도! 그러자 아이가 자지러지게 울음을 터뜨렸다! 저녁 무렵이었는데 애가 그렇게 울자 이웃에서 무슨 일이 있나 하고 나왔다. 사람들은 애가 혼자 있다고 생각했었나봐. 나는 영문을 모르고 어리둥절하면서 사람들에게 내 젖이 갑자기 안 나온다고 했다. 그들은 나에게 "세리 주변을 어슬렁거리는 카떼리

Katteri들이 너에게 씌웠거나 너를 놀라게 해서 그래! 내일 가우드를 찾아가 봐. 그는 네 목둘레에 작은 실을 두르고 이마에 약간의 재를 발라 줄 거야, 그러면 괜찮아 질거야!" 하고 말했다. 그걸 기다리면서 내가 뭘 할 수 있었겠어? 아기에게 쌀죽을 조금 먹였다. 그날 나는 잠을 이룰 수 없었다. 도대체 나에게 무슨 일이 일어날 것인가 걱정스러웠다. 그러다 갑자기 카떼리에 대한 생각이 머리를 스치면서, 그날 레디아르 집안의 여신인 카떼리를 경배하면서 치른 푸자를 본 기억이 났다. 그렇지만 카떼리는 좋은 신인데, 그 신은 아이를 길러주는 신이니까.[1] 나는 그것이 도대체 뭘 의미하는 것인지 몰랐다. 날이 새자 나는 일어나서 아이를 들쳐업고 레디의 집으로 달려갔다. 안 주인은 나를 보자 "아니, 벨파카따! 이른 아침부터 아이를 들쳐업고 여긴 웬일이야?" 하고 말했다.

"네, 마님! 나는 한숨도 못 잤어요. 아이에게 먹일 젖이 나오지 않아요!"

나는 울면서 모든 이야기를 그녀에게 했다. 그녀는 "카떼리가 너의 더러움 때문에 노한 거야! 장뇌와 약간의 베텔, 코코넛 하나와 작고 검은 팔찌를 나에게 가져와!" 하고 말했다.

그때는 아침이었는데 나와 내 남편은 돈이 없었다. 나는 재빨리 친구 암비가이에게 1루피를 빌려 레디의 부인이 나에게 가져오라고 한 것을 준비해 갔다. 그녀는 그것을 가지고 방으로 들어가 푸자를 했다. 그러는 동안 나는 두려움에 떨면서 마구간을 청소하고 있있다. 한참이 지나 그녀는 새와 팔찌를 들고 나와서 "이봐! 벨파카따! 여기 이것을 네 아기의 팔목에 둘러주고 너의 가슴에다 이 재를 좀 뿌려. 명심할 것은 우리가 푸자를 하는 동안 우리 주변에 얼씬거려선 안 돼! 우리 카떼리는 좋은 신이야. 그 신이 너를 억누르고 있어. 만약 그녀가 정말 노하면 임산부를 유산시키거나 아기를 길러주기는커녕 질식시킬 수도 있다. 네 신분을 잊었던 거야? 너희는 불결한 부류잖아!" 하고 말했다.

나는 경배하듯이 그 재를 손에 받쳐들고 그녀가 말한 대로 사흘 동안 그것을 가슴과 이마에도 바르고, 아기 이마에도 발라주었다. 아기에게는 소젖, 설탕물, 쌀죽을 주었는데, 아기는 그것에 만족하지 못하고 여전히 젖을 달라고 보챘다. 나는 울면서 그 애를 지켜봤다. 무릎에 앉히고 노래를 불러줬다. 자장가를 부르다보니 나도 모르게 애도가를 부르고 있었다. 나는 목놓아 울었다. 그러다가 사리로 코를 훔치고 싶은 기분이 들었는데 그때 갑자기 뭔가 뻣뻣해진 기운이 스쳐갔다. 나는 아이를 만져보고 무슨 일이 생긴 건지 알았다. 젖이었어, 신나암마! 젖이 내 사리에서 말라가고 있었던 거야! 아요! 나는 행복했다, 나는 아이에게 젖을 배불리 먹일 수 있다는 생각에 정말 행복했다.

그 뒤부터는 나는 매번 임신과 출산 후 세탁부에게- 카떼리는 그의 집안 신이었거든 - 푸자를 두 번 해달라고 했다. 한번은 임신 동안 나를 보호하고, 또 다른 한번은 내 아이를 병과 악령들에게서 보호해주도록 말야. 비용이 꽤 들었지만 과히 나쁘진 않았다. 젖이 안 나오면 뭘 할 수 있겠어? 젖 없이 어떻게 아이를 키울 수 있겠어? 내 젖이 안 나왔던 때는 그때 한번뿐이었다. 이스바란은 나에게 매년 아이를 한 명씩 점지해 주었는데 그때마다 배를 곯리지 않고 젖을 먹일 수 있었다. 그렇지만 그것은 아기를 어떻게 돌보느냐에 달려 있기도 하다.

나는 항상 걱정이 떠나지 않았다! 나는 근근히 애들을 잘 먹일 수 있었다. 돈이 좀 생기면 아이들에게 사탕을 사주었다. 나는 틈나는 대로 쌀밥, 도사이(dosai 발효시킨 쌀가루와 콩가루로 만든 일종의 구운 빵 같은 것), 이들리를 아이들에게 만들어주었고, 소젖에 설탕을 조금 넣어주었다. 나는 그렇게 아이들을 키웠고, 그 애들은 지금 자라 서로 친하게 지낸다! 물론 자기 아이에게 규칙적으로 밥을 주지 않고 키우는 여자들도 있다. 사람이라는 게 배고플 때 젖만 조금 먹어도 살아남더군! 우리 중에는 집안일을 하거나 돈을 좀더 벌기 위해 아이들 끼니를 거르기도 한다. 그렇다면 어떻게 그 애가 제대로 성장하기를 기대할 수 있겠어? 어떻게 그 애가 쑥쑥 크기를 기대하느냔 말이야?

나에게 그것은 운명이었던 거 같다! 이스바란은 나에게 아이를 여러 번 점지해 주었다. 하지만 문제는 그 뒤였다. 많은 아이들이 죽었으니 말야.

나는 정말 예쁘고 건강한 아이를 낳았다, 신나암마. 단지 그 뒤에 아이 몇 명이 죽었을 뿐이다. 한 아이는 설사병에 걸려서, 다른 한 아이는 열사병으로 죽었다. 그 애들 모두 걸을 수 있었는데! 내 아이들 중 두 명은 땅콩 추수하는 곳까지 왔었다. 그 애들은 풀을 뽑아주거나 작고 하얀 버들 바구니에 채소 잎을 따서 나에게 주기도 했다. 나는 그 애들 코에 장식을 달아주려고 구멍까지 뚫었다. 머리를 땋아서 꽃 장식을 해주고 이마에 가루로 만든 예쁜 포뚜까지 해주었다. 밭에 일하러 가야 하는 상황에서도 최선을 다해 아이들을 돌봤다. 애들 옷도 항상 단정하게 입혔다. 그 애들은 항상 단정한 차림이어서 신나암마 같은 사람들이 거리에서 달려가는 그 애들을 보고 자기 카스트로 생각해 친절하게 말을 걸기도 했다.

몇 명의 아이가 있었냐고 물었지? 글쎄, 열두 명의 아이가 있었다. 첫 아이는 딸이었는데 무땀마라고 불렀다. 둘째는 아들로 가네산이라고 불렀고. 다음이 딸인데 아라이고. 아이 참! 그 뒤에는 더이상 기억 못하겠군, 신나암마! 잠깐, 잠깐만. 그렇지만 어쨌든 내가 열두 명의 아이를 가졌던 건 분명하다. 우리는 애들 출생신고까시 했나. 애를 낳으면 신고를 해야 하잖아. "저기요, 내가 아들 또는 딸을 낳았는데, 그 애를 마니벨루Manivelu, 나타라자Nataraja 혹은 페람바타Perambata로 이름 붙였어요" 하고 말야. 그러면 그 애들은 모두 큰 장부에 이름이 올랐다. 아요! 그 사무실에 가면 내가 아이를 몇 명이나 가졌는지, 애들 이름이 뭐였는지 알 수 있을 거다. 아요! 나는 더이상 애들 이름도 기억 못해. 그 애들은 태어나자마자 죽었다. 내 아이들의 이름조차 기억 못하고 있으니! 때로 아이들은 내가 이름을 지어주기도 전에 죽어버렸다.[2] 나는 그 애들을 제대로 알 겨를이 없었다. 등기소에서 우리는 아이들의 이름을 말해주지만, 애들 머리를 처음 깎고 코에 구멍을 뚫고 나면, 애들에게 다른 이름을 지어주고는 그 이름으로 부른다.

잠깐, 다시 시작하지. 첫아이는 무땀마야. 셋째는 여자 애인데. 이봐! 이봐! 다음이 둘째인데, 둘째는 이르삼마구. 아이들 이름을 제대로 기억하기 위해서 우리는 애들이 태어난 순서대로 이름을 붙인다. 무땀마는 무달mudal에서 따온 건데, 첫째를 의미한다. 이르삼마는 이루iru에서 따온 건데 둘째를 의미하고…… 아니, 그렇다 해도 기억하기가 어렵군. 다섯째는 여자 애인데 안자라이구. 첫째가 무땀마, 둘째는 남자애고. 맹세하는데, 신나암마, 정말 어렵군. 넌 내가 애들 이름을 다 기억하고 있을 거라고 생각하지만 죽은 애들 이름은 전혀 생각나지 않는다. 기다려봐. 잠깐, 생각나기 시작했어! 셋째는 남자애인데 무투크리쉬난Muttukrishnan이야. 넷째가 코라이유르Koraiyur에 사는 딸인데 이름이 미니얌마야. 다섯째가 안자라이구, 여섯째가 아라이, 일곱째가 무뚜게산Murugesan이고 남자애야. 일곱째까지 했지? 아홉 번째 다음에 여자애고. 아, 아니! 아니야! 일곱 번째 다음이 여덟 번째인데 그 애가 내 아들 안반이야. 아홉 번째는 여자 애인데 옴깐니Omkkanni이고, 열한 번째는 여자 애. 맞는 건가?

"아니에요, 다음은 열 번째!"

열 번째라고? 글쎄, 더이상 기억 못하겠다. 아니, 생각났다! 팔라이Palayi야. 그렇게 하면 열이고. 열한 번째가 순다리Sundari, 딸이야. 열두 번째는 남자애로 고빈단Govindan이구. 거기까지야.

아이들의 순서는 정말 중요해, 신나암마. 우리를 비롯해 모든 사람들은 결혼시킬 때 딸이나 아들이 몇째인지를 묻는다. 만약 그 순서가 안 좋으면, 불행을 가져올 수도 있으니까. 만약 그 순서가 좋으면 앞으로 올 불행을 모두 끝낼 수도 있다. 난 아이들이 많이 죽어서 네게 이름을 말해주기가 어렵다. 지금 살아 있는 애들은 넷째인 미니얌마, 여덟째인 안반, 열 한 번째인 순다리 뿐이다. 그렇지만 난 아이들 낳은 순서를 잘 안다. 미니얌마만 해도 그래. 그 애는 넷째인데, 모든 사람들에게 행운을 가져다주기 위해서는 아들로 태어났어야 했다. 반면 넷째로 태어난 모든 여자아이들은 집안을 망조가 들게 한다, 하나도 남김없이 말이야. 하지만 미니얌마는 그렇지 않았다. 그 애의 별자리와 성별이 안 맞았으니까. 만약 부유한 가정에서 넷째가 딸로 태어나면 그 가정은 계속 번창하다가 그 애가 결혼하고 나면 시댁이 망하게 된다. 그렇지만 그 애가 태어난 가정이 불행해진다면 그 애의 시댁은 그녀가 들어오고 나서부터 번창하게 된다. 미니얌마에게 일어난 일을 봐. 우리는 그 애를 우리보다 더 부유한 칸자파깜Kanjapakkam의 마을로 시집을 보냈다. 그 집은 소도 있고 작지만 논도 가지고 있었다. 그렇지만 우리 딸이 거기로 시집을 가고 난 뒤 망해서 그 집은 이제 가난해졌다. 내가 미니얌마를 도와줬지만 별 소용이 없었다. 별로 달라지지 않았다.

집안이 잘 되기 위해서는 여덟째는 아들이 태어나야 해, 신나얌마. 그래서 나는 안반에게 기대를 걸었다. 나는 정말 귀하게 아들을 키웠다. 그가 태어나고 나서 신나얌마, 우리 형편이 좀더 나아졌다. 신나얌마도 보면 알 거다. 나는 지금 소와 양도 있고 매일 일을 한다. 우리는 차차 나아졌다. 아쉬운 점이라면 며느리가 아직 아이를 낳지 못했다는 거다. 그렇지만 그 애가 아이를 가질 수 있다면 뭐든 다 할 거다. 그녀를 사원에 데려가야 한다면 그럴 거고. 두고 보면 알겠지. 이스바란이 알려줄 거야. 어쨌든 페루말 사원의 아이에르는 다시 한번 내 아들 안반에게 모든 일이 순조로울 거라고 이틀 전에 알려주었다. 그가 키우는 소도 튼튼할 거고, 여신 락쉬미도 이 집에서 우리와 머물 거라고 말야. 뭐가 더 필요하겠어? 그의 평생 운세에 따르면 -그의 인생에서 단 30분이라도 - 그가 칼로써 승리하고 어딘가에 기념비를 세울 거라고 하더군. 그건 여덟째로 태어난 모든 사내애들에게 공통적이다. 그 애들이 마하라자의 아들들이건, 마실 물도 없는 집안의 아들들이건 간에 모두 똑같은 기회가 주어진다. 우리는 그 애를 에티안

Ettyan, 여덟째라고 불렀지만 그 애가 처음 머리를 깎은 후 나는 "안 돼요, 난 이 여덟 번째 아이를 오랫동안 기다려 왔어요. 나는 그 애를 모든 질병에서 꿋꿋이 지켜왔어요. 나는 그 애를 사랑스럽다는 뜻으로 안반이라 부를 거예요" 하고 말했다.

열한 번째 아이인 내 딸 순다리Sundari의 이름도 그렇다. 순다리는 내가 바라탐Bharatam에서 가장 사랑했던 여신이야.[3] 순다리는 정말 위대한 어머니였어! 신나암마도 아마 이야기꾼이 '파티니 순다리 데비…' '오 자비스런 여신 순다리' 하고 노래를 부르면 그녀가 불 속에서 험악한 얼굴을 하고 걸어나오는 모습을 상상할 수 있을 거야. 그때는 얼굴이 얼마나 검던지! 분노로 까맣게 되어서 말야. 여신의 모습은 분노 그 자체였어. 그녀는 진짜 분노가 어떤 건지 보여주기 위해 태어난 여자였어!

해마다 힘들어도 나는 내가 가장 좋아하는 이야기를 들으러 갔다. 논에서 집으로 돌아오는 길에 연꽃 웅덩이 옆에 앉아서, 혹은 땔감을 줍고 잠시라도 들었다. 해가 지면 땔감을 머리에 이고 집으로 갔고, 저녁에는 세리에서 나머지 일을 마쳤다. 어디서 무슨 일을 하건 간에 빠지지 않고 가서 노래를 잠깐이라도 들었다. 모든 일손을 놓고서 말이지. 난 마다바Madhava 레디의 논에 가기를 정말 좋아했다. 그의 논은 드라우파디 사원 담 옆에 있었다. 나는 거기서 아이에르가 바라탐을 읽고 있는 것을 몰래 들었다. 신나암마한테도 그것은 좋은 거야, 네 죄를 용서해주니까. 그렇지만 그것은 오직 우르에서만 일어난다. 아무도 우리를 위해서는 그것을 읽어주지 않는다. 그러기에 우리는 너무 천하고, 그것을 낭독하고 있는 동안에도 우리를 저주하는 빌어먹을 놈이 항상 있다. 그렇지만 누가 알겠어? 지금 세상은 돈이 제일 중요하다. 아마 사람들은 돈을 많이 주고, 우르에 오는 사람보다 더 많이 준다면, 바라탐을 읽어줄 사제를 찾을 수 있을 거다. 아직까지 그런 일이 없었지만 말야. 그런 일이 어떻게 세리에서 일어났는지 말해줄까. 우리 모두는 위대한 책인 바라탐 전집을 사기 위해 서로 돈을 모았다. 책을 볼 줄 아는 남자들이 이 책을 가져가서 쿠람(kulam 일반적으로 사원 근처의 우물 또는 물이 많이 있는 장소) 근처에 자리잡았지. 그동안 사원의 이야기꾼은 바라탐을 읽고 설명해주고. 그러면 영리한 우리 젊은이들이 그 책에 자세한 것을 모두 써놓았다. 여기가 밀랍을 둘 장소, 여기가 불의 혈통이라는 것 등등을 말야. 세리에서 일이 없는 날에는 너댓 명이 틴나이 위에 앉아 십여 명의 남자들 앞에서 그것을 읽어주면 우리 여자들도 같이 가서 듣는다. 그렇게 나는 드라우파디를 알게 되었다. 그때부터 나는 내 딸 중의 한 애를 그녀의 이름 중 하나로 짓고 싶었다. 특히 열한 번째 애를 말야!

우리는 일곱째로 태어난 아이에 대하여 "심지어 오두막에 사는 사람조차도 금으로 된 지붕에서 살게 될 거야"라고 말한다. 그 애의 가족은 축복을 받을 것이고 부족한 것 없이 살 거라고 말야. 그 애가 거주하는 마을은 아요다Ayodhya가 될 것이다.[4] 그 애가 결혼할 나이가 되면 모두들 그 애와 결혼하려고 앞을 다툴 거다. 그렇지만 일곱 번째로 태어난 애가 아들이라면 그 반대가 되는데, 그 애는 자기 집안에 불행을 가져온다. 정말 그 애의 집안에는 안 된 일이지만 말야. 잘되던 일도 잘못될 거고, 그는 많은 실패를 경험하게 될 거다. 아냐, 일곱 번째 아이는 반드시 여자로 태어나야 해! 다섯째가 만약 딸이라면 그 아이는 집안의 곳간을 가득 채워 줄 운명을 타고난다. 하지만 그 애의 성격은 정말 활달하다. 그 애는 세상을 뒤흔들 것이다. 발썽 많고 말괄량이 내장으로 사랄 것이다. 그렇지만 그 애가 아들이라면 그는 속이 밴댕이 같을 것이다. 그는 시바Siva의 거지들처럼 헤매고 다닐 것이고, 개처럼 일만 해도 넉넉하게 살지 못한다. 이리저리 떠돌이처럼 사는 게 그 애의 운명이다.

"아라이 푸라이 암바띨라 날라이Arayi purayi ambattila nallayi" "여섯 번째 딸이 시집을 가는 날 남편은 행복하지 않을 거야!" 네가 설령 여섯째로 태어난 여자 애를 가둬두더라도 그 애는 발정이 나서 외간 남자와 바람이 날 거다. 그 애는 남편 몰래 쉽게 서방질하고 다니면서도 그다지 행복한 줄 모른다. 모든 카스트가 다 마찬가지다. 레디, 옹기쟁이들, 가우드, 우리도 그렇고, 신나암마 당신네 카스트도 그렇고 말야.

아홉째로 태어난 딸은 행복할 거야. 그 애는 항상 오마카니로 불린다. 세 번째로 태어난 여자 애는 집안에 안정을 가져온다. 그렇지만 머리 앞뒤에 나선모양이 없어야 한다. 그렇지 않으면 그 애의 첫 남편은 죽을 거고, 두 번째도 마찬가지다. 세 번째 남편만이 자신이 그애 목에 묶은 매듭을 풀지 않고 잘 살 수 있는데, 왜냐하면 그 아이는 모두 세 번 결혼할 운명이기 때문이다. 오, 물론 그것은 그 아이가 선택한 게 아니다, 불행하게도 말이지! 신이 그 애의 머리에 이런 나선모양을 그려놓은 것이다. 네가 그런 나선 모양을 가지고 있으면 체념하고 살아야 한다! 셋째가 아들로 태어나도 마찬가지야. 만약 그 아이가 나선모양을 가지고 있으면 그의 첫 번째 부인, 두 번째 부인도 죽게 될 거야. 그는 세 번 결혼할 운명이니까 말야.

그 애는 여덟째로 태어났네
그 애랑 결혼하지 마세요!
열 번째로 태어난 소녀여,
나를 처다보지 말아요!

이것은 남자들이 논에 물을 대면서 부르는 노래다. 신나암마가 만약 여덟째로 태어난 여자 애와 가까워지면 당신은 망하게 되는 거다. 그리고 만약 그 아이가 열 번째라면 그 애는 궁전마저도 폐허로 만들 수 있다. 아무런 흔적 없이 말야. 그래서 여덟째 딸과 열 번째 딸의 이름을 항상 바꿔버린다. 보통 그들을 에티얌마Ettiyamma와 파라이Palayi로 불러야 하지만 우리는 그 애들을 사로자Saroja, 카마취Kamatchi 또는 다른 이름을 지어 부른다. 그래야만 그 애들이 결혼을 할 수 있다. 모든 여자들이 다 그렇다. 네 엄마라도 어쩔 수 없다. 그녀 역시 딸의 이름을 바꿀 거다. 그 애들을 결혼시키기 위해서는 어쩔 수 없다. 결국 운명은 수많은 것들에 달려 있다. 당신을 임신한 시간과 당신을 낳은 시간은 모든 것을 바꿀 수 있다.

첫째 아이는 딸이건 아들이건 간에 항상 행운을 가져온다. 중요한 것은 아이를 갖는 것이다. 만약 신나암마가 아이를 하나도 낳지 않는다면 사람들은 당신을 임신도 못하는 여자라고 부르면서 네가 불행을 가져온다고 피할 거다. 너는 명예와 살아갈 이유를 잃는 거지. 당신은 더이상 네가 아니게 되니 말야. 신나암마, 우리 중에 임신을 못하는 여자가 가장 고통받는다. 마음이 항상 불편하니 말야. 도대체 전생에 뭘 어쨌다고 이렇게 된 거지? 그녀의 부모는 자기 다르마(dharma 개인들 각자의 세속과 종교적 의무로 그들의 사회적 위치에 따라 결정되는데, 이것은 세상의 질서를 보존하기 위하여 필요한 것이다)를 제대로 수행할 수 없고, 다르마는 자기 딸과 더불어 중단된다. 우리가 모를 심을 때 항상 〈아이 없는 여자〉 노래를 부르기를 좋아한다. 그 노래는 너무 슬퍼서 자녀가 있는 여자들조차도 울어버린다. 그 노래는 이렇게 해.

숲속에서, 에라람yelalam, 용기를 내봐, 그렇게 되지 않아?
에람마 에람
용기를 가져, 그럼 그렇게 되지 않아!
카리얌마, 에라람, 사람들이 나를 본보기 삼아서
나를 본보기 삼았네
아요! 그럴지라도, 에라람
그들은 아이가 없었지
에람마 에람
다섯 아들, 에라라, 판다바
다섯 아들, 판다바

푸뚜뿌딴 성지에서
성지에서
나는 바구니에 바칠 제물을 가지고 왔는데도, 에라라
아요! 그런데도
그들은 아이가 없었지
그들은 아이가 없었네
다섯 아들, 판다바
다섯 아들, 판다바!

셀리얌마 사원에서
사원에서
나는 닭을 두고 왔네, 에라라
아요! 그런데도
그들은 아이가 없었네
다섯 아들, 판다바!

파차이얌마 사원에서
나는 약간의 우유를 가지고 왔는데도
우유가 엉기지를 않네, 암마!
내 과거의 잘못들은 속죄받지 않았네!
그런데도
그들은 아이가 없었네
다섯 아들, 판다바!

아요! 아이가 없다는 것을 자조하면서
나는 치담바람으로 걸어갔네
티라이 나나는
숲의 주인인 엠마를 갖지 못했네
그는 나에게 자식 복을 주지 않았네!

그런데도
그들은 아이가 없었네
다섯 아들, 판다바!

내 자신에게 난 심황도 가지고 있지 않다고 말하면서, 엠마
나는 마야바람으로 걸었네, 엠마
마야 나나는
강둑의 주인인 엠마를 갖지 못했네
그는 나에게 심황의 힘을 주지 않았지!
그런데도
그들은 아이가 없었네
다섯 아들, 판다바!

*각 시구에서 불임여성들은 다른 사원에 제물을 바치지만 카우라바Kaurava와의 싸움에서 아이들이 모두 죽은, 판다바처럼 여전히 아이가 있다. 갈리얌마는 모신, 칼리이고, 푸뚜뿌딴Puttupputtan은 아이야나르의 다른 모습 중 하나이며, 셀리얌마는 시바의 머리칼에서 태어난 일곱 처녀 중의 첫째이며, 파차이얌마는 삭티의 한 형태이다. 그리고 틸라이 숲 속의 치담바람은 시바가 성스러운 무희인 나타라자로 출현했던 곳이며, 성스러운 강 카베리 둑에 있는 마야바람은 비쉬누가 환상의 신인 마야로 현현했던 도시이다. '에람마 에람', '나나' 그리고 다음 부분에 나오는 '아리가리' 는 모두 의미가 없는 순수한 의성어이다.

다섯 판다바가 그들 군대의 주인인 드로나에게 축복을 기원함

아이가 없는 여자는 그래서 조카를 입양하는데 대개 시누이의 아이를 입양한다. 그렇지만 만약 입양한 아들을 자기 오빠의 딸과 혼인시키려 하면 올케가 이 결혼을 거부할 것이다. 오빠와 여동생의 대화는 대충 이러하다.

나는 기꺼이 내 딸을 주고 싶어, 에람마 에람
기꺼이 주겠네, 내 누이여
내 딸, 나나, 오 여신이여! 내가 기꺼이 내 딸을 주고 싶어
에람마 에람
기꺼이 주겠네, 내 누이여
온갖 꽃 장식을 하고서, 왕자를 위해서, 나나
만약 네가 여드레만 더 빨리 왔더라면, 에람마 에람
네가 먼저 왔더라면, 내 누이여
정숙한 딸을, 나나, 내 딸을 줄 것인데
내 딸을, 나나, 정말로 주고 싶어, 아리가리
네 잘생긴 아들에게, 내 딸을
오 내 누이여, 만약 여드레만 먼저 왔더라면
아리가리, 여드레만 일찍 왔더라면
정숙한 내 딸을 주었을 텐데!

오, 내 오빠여! 만약 당신 딸이 있더라도, 나나, 당신이 주지 않겠지
오빠, 내가 큰 항아리를 들고 가서
그것을 깨버릴 거예요. 오빠, 당신 문에다 대고!

정말 슬픈 노래지, 신나암마? 그녀는 모든 사원에 갔지만 아기를 간절히 원하는 이 불쌍한 여자의 소원을 들어주는 이는 없었다. 그녀는 친정과의 관계를 유지하기 위해 오빠의 딸을 자기가 입양한 아들과 혼인시키기를 원했지만 그것도 성사되지 않자, 자기가 그 집안의 딸로서 아무런 가치가

없음을 보여주려고 문에다 물동이를 깨면서 말했다. 그게 바로 아이 없는 여자의 일생이다. 더이상 존재 이유가 없다. 더이상 아무 존경도 받지 못한다. 심지어 지나가는 아이들조차 "저 여자 봐, 아이 못 낳는 여자다!" 이렇게 말한다.

시골에 사는 사람들은 아이를 갖기 위해 할 수 있는 모든 것을 다 한다. 우리가 아이를 점지할 수 있는 능력이 없다는 것을 신나암마도 잘 알 거다. 의사도 아이를 점지할 수 없다. 이스바란만이 그 결정을 할 수 있다. 그래서 사람들은 만트라를 암송하는 사람이나 사미아르(samiar 신통력을 지닌 거룩한 사람)를 찾아가는데, 그들은 부적, 재, 레몬, 실 또는 다른 것들을 주면서 신과 여신에게 봉헌하라고 말한다. 가만 있자, 바로 어제 내 친척 몇 명이 우리 집안의 신 페리얀다반에게 푸자를 하기 위해 가는 것을 봤다. 파카누르에서 시집 온 며느리를 위한 푸자였다. 그녀는 결혼한 지 3년이 지났어도 아직 아이가 없었다. 모두들 퐁갈(pongal 축제 때 쌀에다 우유를 넣고, 육고기, 콩과 양념을 섞어 끓여서 만든 음식. 추수 축제로 둘째 날에 황소와 암소에게 퐁갈을 준다), 코코넛, 바나나와 수탉을 가지고 연못으로 갔다. 아이에르를 모셔와 악대들과 같이 따라갔다. 나는 불쌍한 그녀를 위해 페리얀다반이 그녀의 기도를 들어줘 임신하게 해주기를 빌었다.

내가 세리의 산파여서 사람들은 나에게 헌신하러 오기노 한다. 그래, 누구라도 축복을 받고 싶다면 신에게 헌신해야 한다. 이런 제를 올리려면 일상적인 봉헌에 필요한 것과 쌀가루로 만든 아기형상이 필요하다. 세리에서 아이 없는 여자들을 위해 아이인형을 만들 수 있는 사람은 바로 나다. 세리 우두머리의 아들에게 내가 마지막으로 아이인형을 만들어 주었다. 나는 그의 부인 폰니를 잘 안다. 벨파캄에서 멀지 않은 카트라파캄 Kattrapakkam 출신인 그녀는 아주 어렸을 때 엄마와 같이 이사와 마니와 결혼해 지금은 여기에 산다. 그녀는 카라니에 시집 온 지 5년이 되는데 한

번도 임신을 못했다. 그 불쌍한 여자는 자기 마을에서 출생을 주관하는 신 파차이싸미Patchaissami(비쉬누의 화신으로 파트차이얌마를 수호하는 일곱 무니 Muni의 우두머리)에게 아이를 갖게 해달라고 헌신했다. 그 때문에 그들은 나를 찾아 왔다. 우리들의 방식은 이런 식이다.

우리는 나락(paddy 벼를 추수하여 타작을 해서 수확한다)을 네 되 가져왔 다. 우리 여자들 넷은 절구공이 네 개를 가지고 나락을 찧는다. 기술이 좋 아서 쉬지 않고 그것을 잘 찧었다. 당, 당, 당. 그 소리는 듣기 좋은 규칙적 인 리듬을 내며 세리의 모든 소음을 잠재웠다. 그리고 나서 우리는 물을 부 어 풀을 만들기 전에 쌀을 여러 차례 체질을 했다. 풀을 가지고 아기인형을 만들었다. 우리는 각각 신체 부분을 만들었다. 나는 얼굴을 만들었다. 이를 드러낸 채 웃는 얼굴을 잘 만들었다. 눈, 귀, 코도 만들었다. 그리고 나서 모든 부분을 한데 붙였다. 정말 진짜 아이 같았다! 옆에 있는 큰솥에서는 물이 끓고 있었다. 우린 네 개의 대나무를 단지 주둥이에다 가로질러 놓고, 그 위에다 옷을 한 벌 걸쳐서 대나무 위에다 조심스럽게 풀로 만든 아기인 형을 내려놓고 휘장을 둘러 씌웠다. 나는 순식간에 스물한 개의 작은 기름 램프를 만들어 곳곳에 놓았다. 그리고 나서 한동안 김이 오르기를 기다렸 다. 우리가 기다리는 동안 가족들은 나머지를 준비했다. 코코넛, 곡식과 나 뭇가지 속에다 향도 피우고, 바나나와 장뇌 등을 준비했다. 30분 정도 지 나, 나는 아기인형을 불에서 꺼냈다. 그 인형은 정말 단단하게 만들어졌는 데, 한동안 식으라고 두었다. 나는 쌀가루 램프 속에 양초심지와 기름을 부 었다. 그때 노란 사리를 입은 폰니가 나왔다. 그녀의 채비가 끝나자, 나는 쌀을 이는 큰 체를 그녀의 엉덩이에 엎어두고 그 안에 쌀가루로 만든 아기 인형을 넣었다. 그런 다음 그녀는 가족들과 떠났고, 가는 길에 악대들은 항 상 그렇듯 축원을 했다. 그런 뒤에는 아기인형을 공중으로 높이 던져버린 다. 거기 있던 모든 사람들은 - 남자, 여자, 친척들 또는 호기심이 많은 사 람들이 다 있는데서 말야 - 앞으로 달려나와, 쌀가루 반죽으로 만든 아기인형 조각이라도 얻으려고 애를 쓴다. 남자들은 소만을 뻗어서, 여자들은 사리를 펼쳐 그것을 받으려고 한다. 아기인형 한 조각이라도 잡을 수 있는 행운을 가진 남자나 여자는 그 해에 아이를 갖게 된다. 그래, 폰니는 실제적으로 그 아이의 모든 것을 가졌다. 아기인형의 머리와 배 부분이 그녀의 사리로 떨어졌으니까. 그녀의 소원이 이루어진 거지, 신나암마. 이제 그녀는 아이가 셋이 있다. 내 막내딸도 그렇게 해서 생겼다. 드라우파디 축제에서 누군가 아기인형을 던졌는데 내가 운좋게 한 조각을 잡았고, 그 해에 아이를 낳았다.

우리 속담 중에 만약 네가 꿈에서 조상을 보거나, 결혼한 여성이 초상이 나서 장례행렬을 따라가는 사람에게서 장례식 우유단지를 얻으면 그녀는 열여섯 번째 의식이 시작되자마자 임신하게 된다는 말이 있다. 우리는 친정엄마가 죽었을 때 올케 사로자에게 그렇게 해보라고 했다. 사로자는 브리만처럼 옷을 차려입었다. 여자들은 그녀와 함께 펌프로 갔다. 왜냐하면 벨파캄에는 강이 먼 곳에 있었기 때문이다. 물 세 동이를 그녀에게 부었다. 남자들이 단지를 들고 도착했을 때 사로자는 완전히 흠뻑 젖어 있었다. 그녀는 젖은 차림으로 장례행렬을 이끄는 남자들에게 다가가 1루피짜리 지폐와 베텔 약간을 그의 손에 쥐어주면서 단지를 바꾸었다. 그녀는 그 단지를 경건히 가져와 온갖 기름등잔을 밝혀놓고 가운데다 쌀 한 말을 뿌려두고 그 위에 단지를 놓았다. 죽은 사람이 여자였기 때문에 사리, 팔찌와 귀고리도 그곳에 진설했다. 사로자가 모든 것을 진설했다. 사로자는 엎드려 절을 하면서 그 단지를 경건히 모셨다. 우리는 죽은 사람의 영혼이 그 단지 안에 있다고 믿고 있다. 마지막에 그녀는 옷을 갈아입으려고 밖으로 나왔다. 그 의례는 임신 못하는 여자들에게 정말 효과가 있다. 이듬해 사로자는 딸을 낳았고, 그 뒤에는 아들을 낳았다.

시골에서 우리는 그렇게 한다. 그러니 높은 분들과 충돌하지 않을 사람이 누가 있겠어? 내가 이미 말했듯이 아이가 없는 여자는 사는 게 무척 힘들다. 약을 먹는다고 아이가 생기는 것도 아니다. 그런데 의사들은 가족계획을 하라고 계속 말하지 않아? 만약 아이 없는 여자들이 정반대로 임신하려고 약을 달라고 하면 주겠는가. 대답해봐. 바로 그 때문에 임신 못하는 여자들은 나가Naga신에게 우유를 바치고, 조상신에게 퐁갈을 공양하고, 울긋불긋한 신상에 절을 하고, 사원을 방문하고 이 사람, 저 사람에게서 들은 충고들을 모두 따라서 하려고 한다.

임신 못하는 여자들은 한편에서 아이를 가지려고 온갖 노력을 다하는 반면, 세리에서는 아이를 두세 명 낳은 뒤에 낙태를 원하는 여자들이 더 많아지고 있다. 세라뷰 가루를 한움큼 삼키고 자궁 속의 통증으로 몸부림치는 여자들이 바로 그런 부류이다. 그들은 피도 많이 흘리고 사나흘 동안 마치 아이를 낳은 것처럼 축 쳐져버린다. 게다가 그들은 임산부와 같은 식이요법을 한다. 빵, 생강, 그리고 마늘과 가지와 소금절인 생선을 많이 넣은 소스로 식사를 한다. 일상적인 식사를 하기 이전까지는 그렇게 먹는다. 간혹 남자들과 혼전 성 관계를 맺어 임신한 처녀들은 설익은 망고와 파파야를 먹기도 하는데, 왜냐하면 이 음식들이 매우 따뜻한 음식이기 때문이다. 그들은 그 음식들을 먹어서 아이를 유산시킬 수 있기를 바라지만 제대로 효과가 있는 것은 아니다. 그래서 그들은 자궁에 쐐기풀줄기를 넣어 유산을 시키려고 나에게 온다. 그러나 나는 그들에게 "안 되는 일이야! 불가능해! 병원에 가, 나는 그 짓을 못해" 하고 말한다.

내가 한 가지 말해줄까. 마지막으로 내가 임신했을 때 나 역시 유산을 하고 싶었다. 하지만 나는 다른 방법으로 하고 싶었다. 왜냐하면 쐐기풀로 하는 것은 정말 고통스러웠으니까. 사위와 손자가 있는 데다가, 결혼을 앞둔 아들까지 둔 내가 임신 3개월이라니. 나는 그 아이를 임신한 것이 너무 부끄러웠다. 참나! 나는 그것을 숨기고 싶었다. 나는 임신을 하고 싶지 않아 모든 사람들이 보는 앞에서 남편을 욕했다. 그래도 그는 나에게 끈질기게 채근대서 불쌍한 생각까지 들었다. 나는 스스로에게 '그는 나에게 성

관계를 요구할 권리가 있다. 그는 나를 간절히 원하니 그냥 내버려두자!'
하고 말했다. 사실 남자들은 여자냄새를 맡지 못하면 약해진다. 나는 그가
아플까봐 걱정이 되었다. 사람들은 성 관계를 못해 비탄해하면서 죽은 남
자들도 있다고 말했다. 그래서 나는 그를 내버려두었다. 그리고 이스바란
은 아이의 형체를 내 자궁 속에 집어넣었다. 나는 세라뷰 가루, 검은 커민,
녹색 망고, 녹색 파파야, 히비스쿠스 꽃, 모든 따뜻한 것들을 먹었기에 유
산할 거라 생각했다. 그렇지만 이스바란은 어떤 효력도 나에게 나타나지
않게 했다. 그래서 나는 자궁 안에 쐐기풀을 넣는 것이 두려워 이발사의 부
인인 안잠마에게 유산시킬 수 있는 알약을 얻으려고 갔다. 그녀는 병원에
서 산파 교육을 받았다. 당시 그녀는 친절하고 예의바르게 나를 대해줬고
나와는 한번도 다툰 적이 없었다. 그런데 그녀는 나에게 2루피를 달라고
했다. 그리고 나서 종려 당과 염소 똥처럼 생긴 작은 환약을 주면서 함께
삼기라고 했다. 나는 티루라감 시장에 종려 당을 사러 나갔다. 나는 그것을
설탕가루처럼 갈아서 그 가루로 작은 환약들을 싸서 입에 넣고 삼켰다. 나
는 사흘 동안 그것을 먹었다. 그런데 봐봐! 털끝하나 건드리지 못했잖아!
나는 간호사들이 있는 보건소에 유산시켜주는 뚱뚱한 독신 간호사가 있다
는 말을 듣고 찾아갔다. 나는 비용생각은 전혀 안하고 우리를 비웃고 욕이
나 할 정부병원이 아닌 보건소로 갔다. 어쨌든 그 뚱뚱한 보건소 간호사는
5루피나 받아쳐먹었는데 유산이 되지 않았다. 사위를 얻은 뒤에 나는 튼튼
한 아이를 낳았는데 그 애가 바로 막내인 열두 번째 아이이다. 물론 그 뒤
그 애는 죽었지만 말야.

　　나는 낙태를 해선 안 된다는 것을 안다. 만약 내가 낙태를 한다면 내 후
손들은 그로 인해 자자손손 고통을 받게 될 거다. 무엇보다도 내 아이들,
내 딸들과 내 아들들이 말야. 바로 그 때문에 나는 내 자신에게 '안 돼! 내
손으로 절대 그럴 수 없어! 새싹을 자를 것이 아니라 귀중한 결실을 얻어
야 해' 하고 말했다.

아이를 잡아가는 귀신

신나암마, 당신도 알겠지만 임신부가 낙태를 원한다고 해서 항상 성공하는 것은 아니다. 임신부는 주변을 어슬렁거리는 모든 귀신들의 공격대상이 된다. 귀신이나 송장귀신, 악귀들, 페이(pey자살한자 또는 사고로 죽은자의 악령), 피카쿠(picacu 아수라asuras – 하늘의 신적 존재로 매우 강력한 일종의 타이탄이다. 일반적으로 악마[demon]로 번역되며, 데바devas의 앙숙이다 – 와 싸우기 위해 칼리가 만들어낸 신령)들이 호시탐탐 노리니 임신부는 매우 조심해야 한다. 특히 임신부가 파리아라면 더욱 그렇다. 우리 파리아 여자들은 어디든지 가서 소에게 풀을 뜯기고 땔감을 구해 와야 한다. 우리는 항상 밖에 나가 있고, 심지어 해가 중천에 떠 있는 대낮에도 그렇다. 이런 기회를 노려 잡귀들은 우리를 잡아서 소유하려고 한다. 둘 중에 하나다. 우리가 겁에 질려 병에 걸리거나 유산을 하는 것. 내가 둘째를 임신했을 때 나도 그런 일을 겪었다. 내 큰 시숙의 아들, 즉 조카가 어려서 죽었는데, 그는 약혼 다음날 갑자기 죽어버렸다. 그 애는 정말 잘생겼는데, 내 남편을 쏙 빼 닮았다. 어느 날 밤 남편과 내가 잠자고 있을 때-그때 나는 임신 초기였다 – 나는 그 애가 내 위에 앉아 있는 것 같은 기분이 들었다. 남편은 내가 팔로 자기를 너무 꽉 껴안았다고 말했다. 정신이 나가서 뭔가를 중얼거리면서 말야. 나는 전혀 기억이 없었다. 다음날 우리는 그 애가 뭔가 필요해서 우리를 찾은 거라고 판단했다. 남편은 아락 술 한 병과 야자술 한 병을 사러 나갔다. 나는 집안 한가운데서 봉헌할 준비를 했다. 베텔, 아레카 열매, 라임 (내 조카는 여자처럼 베텔을 씹었다), 쌀밥을 많이 얹은 큰 바나나 잎, 소금간 한 생선, 약간의 토스트, 담배, 술 한 병, 물을 가득 채운 항아리, 기름과 큰 심지가 있는 예쁜 램프를 준비했다. 그동안 남편은 페루말 사원에 사제를 데리러 갔다. 사제는 장례의식을 주관하는 사람이었다. 사제는 봉헌물 옆에다 강에서 가져온 모래를 뿌리라고 했다. 그는 야마를 불러냈는데, 야마가 온 표시인 듯 모래 위에 글씨가 새겨졌다.

우리는 평상시처럼 저녁을 먹고 모퉁이에서 잠을 청했다. 사람들은 절대로 문 정반대 편에서 잠을 자서는 안 된다, 왜냐하면 '그'가 들어오는 길에 우리를 발견하고는, 우리를 때릴 수 있기 때문이다. 귀신이 나타났을 때 정말 용감해야하지! 사실 그것을 볼 수 는 없다. 단지 발자국 소리만 들릴 뿐이다. 그 소리는 작은 방울 소리 같아, 댕, 댕, 마치 소달구지가 지나가는 것 같다. 마치 뭔가를 열렬히 원하는 것처럼 한han! 한! 한!하고 표현한다. 귀신은 항상 메신저를 데리고 나타나는데 둘 다 모두 큰 밧줄에 묶여 있다. 사람들은 그들이 규칙적으로 둔탁하게 걷는 소리를 들을 수 있다. 쿵, 쿵, 쿵! 우리는 무서워서 몸을 떨었다. 이런 일을 겪고 나면 어떤 사람은 설사병에 걸리기도 한다. 귀신이 도착하자마자 순식간에 등불이 꺼져버렸다.

우리는 귀신들의 발자국 소리와 배불리 먹는 소리를 들었는데 그런 뒤에 갑자기 귀신들이 날아가는 것 같았다. 우리는 귀신이 '쉬익' 하고 잽싸게 달려나가는 소리를 들었고, 몇 분 뒤 불이 켜졌다. 우리는 무슨 일이 일어났는지 보려고 달려갔다. 밥이 여기저기 흩어져 있었다. 모래 위에는 고양이 발자국과 비슷한 모양과 글씨가 지워져 있었다. '그'가 고양이로 둔

갑하여 왔던 게 틀림없다. 우리는 사제에게 조언을 들으려고 기다리면서 거리에 있는 개들이 몰려오지 않도록 봉헌물을 큰 버들바구니에 담았다. 사제는 매우 만족해하면서 '그'가 다시 돌아오지 않을 거라고 했다. 그렇지만 그 뒤에도 나는 여러 번 아팠다. 그리고 약해져서 유산을 하기도 했다.

그래도 그것은 약과였다. 심지어 임신 내내 계속 우리를 감시하는 카떼리도 있다. 카떼리는 정말 조심해야 한다. 카떼리도 여러 종류가 있는데, 피가 뚝뚝 흐르는 상처를 가지고 있는 라나Rana 카떼리는 피를 마신다. 이르시Irsi 카떼리는 태아를 먹는데, 물론 다른 것도 마찬가지다. 이르시 카떼리는 정말 끔찍하다. 이 귀신이 바로 유산을 일으키는 장본인이다. 이르시 카떼리는 여자가 임신한 낌새를 알아채는 순간 태아를 집어삼킬 기회만 호시탐탐 노린다. 아기를 유산했을 때 만약 숯처럼 까만 덩어리가 나오면 그것은 바로 이르시 카떼리의 소행이다. 이르시 카떼리는 좋은 피는 다 마셔버리고 나쁜 피만 남겨놓는다. 누군가 그렇게 유산을 하면 우리는 가지, 소금절인 생선, 모든 종류의 채소를 가지고 소스를 당장 준비한다. 우리는 많은 양의 밥에 소스를 섞은 뒤 그것을 한움큼씩 쥐고서 세리의 모든 모퉁이와 교차로에 던진다. 이르시 카떼리를 만족시켜서 아이를 건드리지 않고 떠나게 하려고 말야.

산모의 젖은 이르시 카떼리를 유인하기에 딱 좋다. 한번은 그 귀신이 내 젖을 안 나오게 한 적이 있는데, 세리의 다른 여자들한테도 똑같은 짓을 했다. 젖 한 방울도 안 나오게 말야! 애들은 날마다 죽어나갔다. 엄마 젖도 먹지 못하는데 애들이 얼마나 버틸 수 있겠는가? 정말 속수무책이었다. 우리는 사미아르 또는 만트라를 하는 사람을 찾아가야 했다. 그들은 카떼리보다 힘이 더 강했다. 우리는 푸자를 위해 필요한 모든 것을 준비해갔다. 그런 다음 무당은 구리로 만든 잎사귀 모양 위에 진언을 쓴다. 그는 아이 이름을 쓰고 잎사귀 위에다가 소라고둥(비쉬누의 상징) 또는 삼지창(시바의 상징)을 그린다. 그는 반대편에도 똑같이 하는데, 이번에는 아이 이름 대신에 엄마 이름을 쓴다. 그리고 나서 잎사귀를 말아서 부적을 만들어 재와 함께 건네준다. 안자라이는 막내딸을 위해서 그것을 했다. 나는 내 딸 순다리를 위해서 티루라감 시장에서 부적 두 개를 샀다. 거기에는 만트라를 알고 미리 부적을 준비해둔 장사꾼이 있었다. 그는 0.25루피에 판다. 그는 쇠로된 실린더에 말아서 넣은 공작깃털을 내 딸에게 주고, 나에게는 자기만 아는 나무뿌리 조각을 주었다. 우리에게 만트라를 독경해주고 나서 공작깃털 다발을 우리들의 머리에 대고 축원했다. 나중에 나는 그 부적을 잃어버리고 말았다.

고대 인도의 서사시 『라마야나』에 나오는 원숭이 영웅 하누만Hanuman과
그가 찬양했던 비쉬누의 상징인 소라고둥

무섭지만 태아를 먹는 이르시 카떼리 이야기로 돌아가서, 나는 정말 희한한 경험을 했다. 내가 미니얌마를 임신했을 때 남편은 잠시 동안 마드라스(첸나이)에 일하러 갔었다. 남편은 식사를 챙겨줄 사람이 없어 나를 데려갔다. 거기에는 세리에서 온 다른 사람도 몇 명 있었다. 그때에는 지금같이 건물이 많이 없었고, 선인장 덤불과 키 작은 관목 숲이 널려 있었는데, 그곳은 바로 온갖 사악한 귀신들의 소굴이었다. 오! 마드라스는 큰 도시이다. 내 남편은 알코올을 옮기는 일을 했었다. 그 일은 임시직이어서 우리는

방을 빌리지 않았다. 우리는 선인장 덤불 근처에 천막을 치고 살았다. 주변에는 우리 같은 사람들이 많았다. 당시에는 천막을 칠 만한 땅이 있었다. 요즘에는 교통체증이 심한 도시의 포장된 길 위에 살라고 강요하는데, 그래도 그때가 지금보다 훨씬 나았다. 샤워시설이나 공중 화장실은 아무 데나 세웠다. 그렇지만 아무도 그 방향에 주의를 기울이지 않았다. 귀신들은 그 점을 기뻐하면서 우리를 감시했다. 그렇게 이르시는 내가 공중화장실로 씻으러 갔을 때 나에게 들어왔고, 9개월 동안 내내 피를 많이 흘려서 나는 유산하게 될 거라고 생각했다.

마드라스에는 정말 많은 사람들이 있었다! 거지들, 실업자들, 병자들. 그 사람들은 쉴 곳을 찾아와 거기서 죽기도 했다. 그들의 장례식을 치러줄 사람은 아무도 없다. 그런 사람들은 시청에서 나와 묻어주었다. 주변에서 어슬렁거리는 모든 귀신들은 그 사람들이 죽기를 기다린다. 아요! 그곳에는 우리 시골보다 수천 배나 많은 귀신들이 있다. 가난한 사람들은 시골에 가족이 있지만 누가, 어떻게 그들 부모를 찾아가서 말해줄 수 있겠어? 만약 죽은 사람이 정규직 노동자였다면 사장이 그 부모들에게 시신을 수습해 가라고 말해준다. 그렇지만 일일 노동자들은 의지할 데가 없다. 아는 사람이 없거든. 그래서 회사에서 알아서 그 사람들 장례를 치러준다. 죽은 사람과 이웃에 살았던 동료들이 그의 묘를 돌봐주기로 결정한다. 시장에서 쟁반 위에 기름 램프를 올려놓고서 "불쌍한 시체를 위해 적선하쇼! 장례비용 좀 도와주세요" 하는 것을 신나암마도 봤을 거다. 기부금이 쏟아지듯 모인다. 심지어 나는 10루피짜리 지폐를 주는 사람도 봤다. 그 사람들은 그 돈으로 악대를 고용하고, 꽃을 사서 장례식을 성대히 치러준다. 그렇지만 회사에서 장례를 치러준 사람들은 귀신이 된다.

어쨌든 나는 계속해서 많은 피를 흘렸다. 내 주변 사람들은 카떼리가 내 안에 들어와서 그런다고 여겨, 주술사를 찾아가 보라고 했다. 그때 시동생이 우리랑 같이 있었다. 그는 사람들에게 물어서 바나라펫Vannarapet에 있는 세탁부가 카떼리에 관련된 모든 병을 치료한다는 것을 알아냈다. 남편과 시동생은 나를 인력거에 태워 그곳에 갔다. 주술사는 땅에 큰 원을 그리고 만트라를 읊었다. 그는 향을 들고 내 주위를 한바퀴 돌고 나서 이마와 팔에 재를 발라주었다. 그리고 나서 일어났다. 그는 금속으로 만든 잎사귀 위에 뭔가를 쓰더니 안자네야르(Anjaneyar 원숭이 신인 하누만의 다른 이름이다. 하누만은 라마야나에 의하면 스리랑카의 왕인 라바나와 라마가 싸울 때 라마를 도왔다고 한다) 모양을 그리고, 그것을 두드려 말아 부적을 만들었다. 그는 카떼리의 남자모습인 미니수프라얀Minisuprayan을 불러내는 것이라고 말했다. 미니수프라얀은 아이들을 보호해주는 좋은 신이다. 주술사는 나에게 만약 태어날 아이가 여자라면 미니얌마로, 남자라면 미니얀Miniyan으로 부르라고 했다. 바로 그 무렵에 나는 미니수푸라얀에 신들렸었다. 나는 그 사실을 완전히 알아차리지 못했지만, 사람들이 드럼을 치고 뿔피리를 불자 내가 격렬하게 춤추며 울부짖는 것을 보니 분명해졌다. 오! 문제는 그것이 아니었다. 나는 그를 내게서 쫓아내려고 한 게 아니었다. 미니수푸라얀이었으니까. 나는 그가 아이들을 보호해줄 걸 알자 내게서 떠나지 말라고 기도했다.

어쨌든 나는 그 부적을 목에 걸어 보호받을 수 있었고, 점점 피도 멈춰 아이를 무사히 지킬 수 있었다. 하지만 나는 마드라스에서 애를 낳고 싶지 않았다. 나는 그 귀신들이 너무 무서웠다. 주변에서 아이가 있는 여자들은 항상 애들을 자기들이 볼 수 있는 곳에 있게 했다. 만약 애들을 땅에서 놀게 하면 귀신들이 아이들에게 달려들건 불 보듯 뻔했다. 난 그 이야기를 듣자 세리로 바로 되돌아오고 싶었다. 내가 편안하게 안정을 취할 수 있는 내 집으로 말이다. 어쨌든 남편은 나를 마을로 데려다 주기로 했다. 나는 내 아이를 건강하게 지켜준다면 카떼리 여신에게 퐁갈을 바치기 위해 바나라펫으로 돌아오겠다고 서약했다. 주의해, 태아를 먹는 악마 카떼리가 아니야! 여신이야! 세리로 돌아와 나는 아이를 낳았고, 주술사가 말했듯 그 애를 미니얌마라고 불렀다.

나중에 그 애가 말을 하고 걷게 되자 우리는 약속을 지키기 위해 행렬을 이끌고 세리의 악대들과 함께 바나라펫으로 갔다. 난 내 딸처럼 검은 옷을 입었다. 나는 주술사를 위해 소만과 숄을 가져갔고, 검정 수탉 한 마리하고 봉헌에 필요한 모든 것을 준비해갔다. 거기서 우리는 채소 소스와 밥을 준비했다. 주술사는 반얀banyan 나무 아래서 벽돌 세 개를 놓고 닭 머리를 베어 의례를 정갈하게 수행했다. 그런 뒤 미니얌마의 머리를 밀어주었다. 정해진 대로 모든 것을 했다, 아무 실수 없이 말야. 그때 만트라를 읊어주었던 사람은 지금 죽고 없다. 불쌍한 사람 같으니! 그는 순수한 박티(bhakti 헌신, 굴종과 믿음을 나타내는 말로 신에 대한 강렬한 사랑. 호혜적이기도 하다. 신은 숭배자에게 스스로를 내어준다)를 가지고 있었다! 만약 그가 아직도 살아 있다면 내 며느리 암사를 그에게 보여줄 텐데. 그 애는 내 아들 안반과 결혼하고 나서 아직까지 애가 없다. 당시 암사는 우르에서 사미아르가 된 무루가이야Murugaiya 가우드에게 데리고 갔다. 그는 암사에게 만트라로 주문을 건 레몬 두 개를 주었다. 암사는 하나를 먹고 나머지 하나는 가지고 있었다. 그는 또 암사에게 매일 사원 주변을 걸어다니라고 했다. 아이야나르의 사원, 필라이야르의 사원 또는 마리암만의 사원을 걸어다니라고 했다. 우리는 암사가 귀신들렸다고 생각했다. 그는 암사에게 매듭진 흰 실을 목에 둘러주었다. 그것 역시 만트라로 주문을 건 것이었다. 그래. 사미아르가 말한 것은 사실이다! 여행하며 떠도는 악대들이 세리에 돌아왔던 날도 여느 날과 다름없었다. 그들은 북과 뿔피리를 연주했는데, 암사는 춤을 추면서 빙빙 돌기 시작했고 내 아들은 암사를 진정시키려고 애를 썼다. 우리는 암사가 뭐에 홀렸는지 몰랐지만 희망을 버리지 않았다.

나는 친정인 벨파캄에서 첫째부터 셋째 애까지 낳았다. 그들의 탄생은 무사했으며, 그 애들이 죽음을 맞이했을 때는 정결한 상태였다.[1] 하지만 벨파캄 집에 살고 있던 꼬마 도깨비가 그 애들을 데려가 버렸다. 친할아버지는 주술사인 친구에게서 주술에 대해 좀 배워서 약간 알고 있었다. 그렇지만 우리는 귀신을 부르는 것에 전혀 신경쓰지 않았다. 할아버지는 어떻게 사람들을 '주술에 걸리게 하는지'에 대해 잘 알고 있었다. 사람들은 할아버지를 보려고 벨파캄으로 왔다. 할아버지는 돈을 요구하지 않았지만 사람들은 야자 술, 장뇌와 베텔, 그리고 바나나를 가지고 왔다. 사람들은 할아버지가 꼬마 도깨비를 불러 이야기도 나누고 나갈 때 같이 나가자는 말을 했다고 한다. 할아버지가 애초에 꼬마 도깨비랑 같이 살았다니! 할아버지가 돌아가셨을 때 우리는 그 귀신들을 쫓아내려고 했다. 왜냐하면 그 귀신들은 정말 해로운 존재였기 때문이었다. 그러나 아무 소용이 없었다. 그 귀신들은 되돌아와서 할아버지 모습을 하고 앉아 있었다. 그 귀신은 할아버지가 그랬던 것처럼 할머니를 부르면서 대화에 끼려고도 했다. 할머니는 "야! 이 빗자루로 쓸어버릴, 개 같은 놈! 내 넌 줄 알아봤어! 누군지 안단 말야! 여기서 당장 나가!" 하고 응수했다. 그는 할머니 얼굴에 타마린드 씨를 던질 뿐이었다. 오수르Ossur에서 온 주술사가 귀신을 쫓아내려 하자 귀신은 사악한 본색을 드러냈다. 주술사는 우리에게 자기는 그 귀신을 통제할 수 없다고 했다. 그 귀신은 땅에다 뿌리를 박고 있었다. 그는 오래 묵은데다 교활하기까지 했다. 떠나야 할 사람은 바로 우리였다. 그는 모든 것을 박살내버렸다! 모든 것을! 심지어 마늘 한 뿌리도 자라지 않을 정도였다! 아버지는 가지고 있던 논을 팔아야 했다. 나는 세 차례 그곳에서 아이를 낳았다. 그런데 그 애들 모두 죽어버렸다. 애들이 태어나자마자 그 귀신이 잡아먹은 것이었다. 아무것도 자랄 수가 없었다. 귀신이 끼어 들면 모든 게 그렇게 돼버린다. 귀신이 한번 씌우면 계속 그렇게 귀신과 지낼 수밖에 없다. 그렇지 않으면 귀신이 도리어 우리에게 해를 끼칠 거다. 그래서 나는 더이상 벨파캄에 가서 아이를 낳지 않았다.

아이들은 죽은 곳에 묻어주었다. 첫째 아이는 벨파캄에, 다른 애들은 카라니에 묻었다. 엄마는 첫째를 화장해서 강에 재를 뿌려주었는데, 주술 사가 다시 찾아와 그 애들에게 해를 못 끼치게 해야 한다고 말했다. 주술사 들은 첫째 애들의 재나 뼈들을 갖고 싶어 안달이다. 첫째 아이를 화장한 재 조금 또는 머리카락 하나만 가져도 충분했다. 첫째 애를 화장하거나 묻은 곳 주변에서 어깨에 괭이를 들고 어슬렁거리는 주술사들을 신나암마도 본 적이 있을 거다. 심지어 모래가 섞인 약간의 재라도 주술사들은 갖고 싶어 안달이다. 죽은 사람을 묻는 관습을 가지고 있는 사람들 역시 첫 아이들을 몰래 묻기 전에 마대자루에 넣는다. 첫 애를 묻을 때 우리는 모든 것을 다 없앴는지 확인했다. 재가 물에 완전히 녹으면 둘째 아이가 바로 생기게 된 다는 속담이 있다.

신나암마, 첫 애를 임신했을 때 손금쟁이, 점쟁이 등 마을을 돌아다니 는 사람들을 매우 조심해야 한다. 그들은 우리에게 자기들을 따라오도록 주문을 걸 수도 있기에 우리는 절대 혼자 다니지 않는다. 그리고 그들은 우 리가 아버지나, 엄마, 형제나 누이, 마을에 대한 모든 것을 잊어버리도록 뭔가를 삼키게 하기도 한다. 신나암마도 마라알리malayali 지방에서 온 주 술사들을 본 적 있을 거다.[2] 거기 남자들과 여자들은 정말 무섭다. 여자들 은 손금을 보고, 남자들은 주문을 건다. 그 사람들은 우리말을 완전히 이해 하지 못한다. 그 사람들한테 주정뱅이, 씨발놈 등 우리 마음대로 불러도 괜 찮다. 우리는 그 사람들을 욕하면서 한바탕 웃지만 동시에 그들이 두려워 욕한 뒤에 몸을 숨기기도 한다. 그 사람들은 항상 첫째 아이의 손뼈를 들고 다니는데, 그 손뼈에는 심황을 칠해 놓고 부적도 달고 다닌다. 부적은 논바 닥에 있는 악령 페이 피카츄를 쫓아주고 악몽을 꾸지 않도록 해주는 것으 로 세리에서 1루피 또는 1.5루피를 받고 우리들에게 판다. 그런 일은 우리 파리아에게 항상 일어난다. 그래서 우리는 항상 우리 스스로를 보호하기 위해 부적을 사려고 한다.

그들은 반얀 나무 아래 앉아 부적을 팔면서 주술을 하기도 한다. 그들은 우리 아이들 중의 한 애를 잡아서 그 애 머리 위에 부적을 붙여놓고 화장품 상자 안에서 뭔가를 꺼내어 애에게 읽으라고 한다.

"꼬마야! 상자 안에 뭐가 있지?"

그러면 아이는 "아라이, 칸니마, 판데리가 보여요. 일곱 명의 사람이 보이네요"라고 답한다.

그렇지만 그들이 부적을 떼어내고 나면 아이들은 더이상 아무것도 못 본다. 부적의 힘이 화장품 상자 바닥의 세계를 보게 만든 셈이었다!

그들은 또 다른 속임수를 쓴다. 그들은 한 아이를 붙잡아 마라얄람 malayalam 억양으로 "봐! 봐! 봐! 보라니까! 눈을 크게 뜨고 이 신기한 것을 보란 말야!" 그런 다음 작은북을 격렬하게 치면서 "자나카뚜janakkattu, 자나카뚜, 자나카뚜, 자나카뚜! 빨리 나와! 빨리 나와! 빨리! 여기 나왔네!" 하고는 아이의 작은 궁둥이에서 알을 꺼내간다. 우리는 그 속임수를 보고 배꼽을 잡고 웃으면서도 두려워한다. 그러면 그들은 우리에게 "도망가지마! 두려워 마! 거기 서, 그렇지 않으면 주문을 걸어 피가 사방에 튀게 할거야!" 하고 말한다. 우리가 뭘 할 수 있겠어? 우리는 겁에 질린 가난한 사람들에 불과해. 그들에게 0.25루피, 0.5루피 또는 쌀 한 되, 또는 기장 또는 라기를 적선해준다. 그들도 그럼 뭔가를 해주긴 하지! 그들은 여자 한 명을 불러내서 눕게 하고, 크고 날카로운 칼로 그 여자의 배를 가른다. 피가 튀기지만 아무것도 느끼지 못하는 그 여자는 아무 말도 하지 않는다. 우리는 그녀가 걱정되어 소리를 질러댄다. 그들은 그녀의 내장을 하나하나 꺼내어 한쪽에 놓아둔다. 마지막에 그들은 만트라를 부르고, "자나카뚜, 자나카뚜, 자나카뚜, 자나카뚜! 빨리 나와! 빨리 나와! 빨리!" 하고 말한다. 그러면 모든 것이 제자리로 돌아가고, 그녀는 아무 일도 없었다는 듯 일어난다. 그 주술은 일종의 속임수라고 할 수 있다. 우리가 모두 모여서 그것을 보는 동안 그 사람들은 첫아이를 임신한 여자를 찾아내 납치해간다. 바로 그 때문에 임신부는 주술사들이 마을을 지나갈 때 밖으로 나와서는 안 된다. 또한 우리는 그들의 그런 속임수를 봐서 임신부가 유산을 하게 될까봐 걱정을 한다.

마라얄리에서 온 사람들만 마을을 지나가는 것은 아니다. 작은 꼬마 도깨비와 첫째 아이들의 머리뼈를 가지고 우리 마을을 지나가는 다른 사람들도 간혹 있다. 그 사람들은 흑마술을 한다. 그들 중에는 코브라를 가지고 다니는 사기꾼도 있다. 그들은 여기 구아디안Guardian 거리 근처에 자리를 잡는다. 그들은 마구디magudi 음악소리를 들으면서 코브라가 바구니에서 나오도록 만든다[3] 코브라는 나와서 사진 찍는 자세를 하고 세 번을 돌고는 머리를 땅에 처박는다. 그게 전부다. 코브라 공연은 그걸로 끝이다. 나중에 그 놈들은 코브라를 풀어놓고 돈을 달라고 한다. 사람들은 주저하지 않는다. 어떤 사람들은 코브라가 집 앞에 나타나기도 전에 문지방에서부터 곡식을 붓기도 한다. 코브라가 너무 무서워서 정신을 못 차린다. 만약 코브라가 캄캄한 집안으로 숨어 들어올 경우 할 수 있는 것이라곤 밖으로 나가는 것뿐이다. 코브라들이 들어와서 쌀 단지에 숨기라도 하면 무슨 일이 일어날지 상상이 되나? 우리가 왜 그리 서둘러서 돈을 줘버리는지 이해할 수 있을 거다. 돈을 받으면 그들은 코브라를 자기 바구니로 불러들이고 우리는 바구니 안에 있는 코브라 머리 위에다 곡식들을 부어준다. 그렇게 우리는 그 나쁜 놈들을 보내버린다.

첫아이를 임신한 여자들에 대한 이야기로 시작했는데, 이번에는 주술사들에 대한 이야기를 할까. 중요한 것은 임신했을 때 매우 조심해야 한다는 것이다. 우리 마을에서 유괴당하거나 제물이 된 아이는 한 명도 없지만 다른 곳에서 그런 일이 있었다는 것을 들었다. 여행하면서 노래하는 사람들은 그런 이야기를 한 곡 이상 노래로 해준다. 당신도 마찬가지야, 신나암마. 첫아이를 임신하면 몸을 잘 숨겨야 한다. 항상 주변을 어슬렁대는 사악한 귀신들이 아주 많으니까 말야.

애들이 자라서 충분히 클 때까지, 우리 엄마들은 아이들을 위해 항상 배를 곯는다. 우리는 애들을 먹여야 하고, 병에 걸리지 않도록 해야 하고, 일터에 갈 나이가 될 때까지 키워야 한다. 내 조카는 엄마가 돌아가신 지 열엿새째 의례를 치르던 날 죽었다. 대개 엄마와 조카를 위해 다른 의례를 치러야 하는데, 우리는 같은 날 두 사람을 위한 의례를 했다. 두 명이 동시에 죽었는데 우리가 뭘 어떻게 할 수 있겠어? 우리는 부자가 아닌데 말야. 내 동생은 집안의 유일한 남자였다. 그 애는 형이나 동생이 없었다. 도와줄 사람이 아무도 없는데 그 불쌍한 놈이 무엇을 할 수 있었겠어?

같은 해 판구니(Panguni 타밀 월력으로 열두 번째 달이며, 3월 중순에서 4월 중순에 해당된다) 달에 나의 세 여동생 중 한 명이 죽었다. 그 애는 기침을 많이 했다. 오래 전부터 일종의 결핵을 앓았다. 그 애가 아기였을 때 쥐들이 그 애를 쪼아댄 적이 있다. 쥐새끼가 신나암마를 물어뜯어도 그 호흡 때문에 그것을 느끼지 못한다는 걸 당신도 알 거다. 쥐는 그 애의 귀를 완전히 물어뜯어 놓았고, 그 독이 그 애 몸 속에 남아 있었다. 사람들은 아기는 아기고, 쥐는 쥐일 뿐이라며 대수롭지 않게 여겼다! 심지어 애에게 약조차 주지 않았다. 그 독은 아이의 핏속까지 스며들었고, 결국 결핵에 걸렸다. 그 애는 기침을 심하게 했고, 발작도 일으켰다. 통증을 줄이기 위해 철을 뜨겁게 데워 그 애의 등 곳곳에 올려놓았다. 불쌍하게도 말야, 그 애는 곳곳에 화상을 입었다! 그렇지만 아무 소용이 없었다. 사냥꾼 주술사가 준 약초를 가루로 빻아 먹여도 보았다. 그 애가 퉁퉁 부어올라서 사람들은 온갖 종류의 치료사들에게 데리고 갔다. 그들 중 한 명은 사냥꾼이었는데 그는 독에 대해 잘 알고 있었다. 그는 독을 씻어내기 위해 만트라를 읊으면서 공작 깃털 뭉치를 쥐고 있었다. 그러나 아무 효험도 없이 그 애는 죽었다. 그 애는 결혼을 했는데 아들을 남겨두고 죽었다.

아들을 낳으려고 얼마나 갖은 애를 썼던지. 아이의 엄마가 죽고 나서 내가 그 조카를 돌봐주었다. 조카도 자기 엄마처럼 자주 아팠는데, 내 동생은 나에게 아들의 병이 낫도록 서원을 하겠다고 했지만 그러기도 전에 동생은 죽어버렸다. 그래서 내가 대신 그 애의 서원을 했다. 나는 세 집을 다니면서 집집마다 천 조각을 달라고 했다. 땅에 천 세 조각을 놓고, 그 위에 아이를 올려놓았다. 그리고 나서 또 다른 세 집에 가서 왕겨 세 되를 그 아이와 바꿨다. "이제 이애는 당신 애고, 보리는 내 꺼요" 하고 말하면서 말야. 물론 그것은 왕겨를 얻는 동안만 그랬고, 그 후에는 아이를 돌려 받았다. 그리고 나서 나는 똥 한 무더기를 얻기 위해 또 다른 세 집을 찾아갔다. 나는 똥 세 무더기를 섞어서 얇게 편 다음 그 위로 아이를 굴리면서 말했다.

"네 이름은 쿱파kuppa가 될 거다! 넌 쿱파야! 너는 똥에서 태어났다."

그런 뒤 반지에 휘감은 은실로 그의 콧구멍을 뚫었다. 효과를 봤다! 그 애는 아직 살아 있고, 여전히 그 반지를 코에 끼고 있다. 이런 의식들은 아이들이 죽지 않게 해준다. 노인들은 그런 식으로 말들 하는데, 나 역시 그것을 따랐다. 안반에게도 그렇게 했었지, 아마? 나는 아들 넷을 낳았는데, 매번 죽었다. 그런데 이 의식을 한 뒤 아들 하나가 살아남았다. 난 그 애를 안반이라 불렀다. 모든 카스트들이 마찬가지다. 부자들도 그렇게 한다. 레디의 경우를 봐도 그렇다. 한번은 레디가 자기 아들을 위해 나에게 그 의식을 해달라고 했다. 그 애는 지금 쿱파라고 부른다. 쿱파와 그 집안의 다른 신의 이름으로 말야. 가족들은 그 의식을 당장 하려고 하지는 않는다. 아이들이 몇 명 죽고 나서야 한다. 그리고 내가 그 의식을 해줬던 아이들은 지금까지 살아 있다!

그렇지만 왕겨와 아이를 바꾸고 똥 무더기 위에서 아이를 굴리는 것으로 충분하지 않은 경우도 있다. 그 애들은 다시 아플 수 있다. 황달에 걸린 애가 있으면 우리는 그 애를 병원에 데려가지만 동시에 우리에게 있는 약을 먹이기도 한다. 그 약은 니루리 즙인데, 정말 효과가 좋다. 그렇지만 애들은 황달에 걸린 다음에는 몸이 매우 약해져 있다. 유해한 열병에 걸린 뒤처럼 말이다. 그 애들이 다른 애들처럼 영양가가 풍부한 음식을 먹지 못하기 때문에 그런 상태로 평생을 살거나 아니면 죽게 된다.

병이 심해지면 우리가 할 수 있는 것은 한 가지밖에 없는데, 바로 '벽돌 매장'이다. 우리는 샌귀니의 작은딸을 위해 그 의식을 치렀다. 샌귀니는 집안 한가운데 기름 램프 앞에다가 노란 심황 물을 적신 천으로 싼 벽돌 세 개를 놓았다. 작은딸은 큰 버들바구니를 둘러씌워서 마당 한구석에 뉘어놓았다. 세리의 모든 사람들은 마치 누가 죽기라도 한 것처럼 그 집을 방문했다. 그리고 우리 여자들은 벽돌 주변에 앉아서 가슴을 치면서 한탄했다, "아야요! 샌귀니의 딸이 죽었데!" 하고 말야. 그 동안에 죽음을 알릴 책임을 맡은 토띠(totti 매년 파라이메람 악단을 구성하는 파리아의 하위 카스트인 일곱 명의 베띠얀Vettiyan 또는 Vettiyar-파라이야르의 하위 카스트로, 특히 장례와 관련된, 의례적 업무를 수행한다 - 을 가리킨다)가 파리아들의 악대와 같이 모여서 세리의 모든 거리를 돌아다니면서 "오늘 푸라따시(Purattaci 타밀 월력으로 여섯 번째 달이며, 9월 중순에서 10월 중순에 해당된다) 달 8일인 월요일에 샌귀니 댁의 딸이 죽었소. 장례는 오후 네 시에 카라니의 화장터에서 있을 거요, 둠dum, 둠, 둠, 둠, 파라para, 파라, 파라" 하고 장단을 맞춘다. 예정된 시간에 우리는 행렬을 지어 심황수에 담근 천으로 만든 해먹 속에 벽돌 세 개를 넣어서 옮긴다. 화장터에 도착해서 우리는 마치 사람을 묻는 것처럼 벽돌을 가지고 같은 의례를 한다. 사흘 뒤에 그 가족은 우유 의식을 위해 화장터로 돌아가고, 아이에르는 마지막 의례를 위해 열엿새째 되는 날에 왔다. 행렬을 이끌고 온 남정네들은 쇠로 만든 단지에 코코넛을 담아오는데, 윗부분은 꽃으로 장식을 했다. 아이에르는 화장터에서 만트라를 읊는다. 그 대가로 그는 허리에 두르는 옷, 약간의 베텔, 아레카 열매, 5루피를 받는다. 우리는 악사들에게도 돈을 지불하고, 친구와 친척들에게 음식을 대접한다. 이 모든 의식에는 돈이 많이 든다. 그렇지만 애를 살릴 수 있다는데 하지 않고 배기겠는가?

나는 열 손으로 모자랄 정도로 많은 아이들을 낳았다. 마지막까지 세 명의 아이가 살아남았는데, 그것은 푸자와 내가 했던 서원 때문이었다. 내 아들 안반을 위해서 벽돌매장을 했었지만 악사들에게 줄 돈이 충분하지 못했다. 그것을 안 그들은 나에게 아무것도 요구하지 않았다. 그렇지만 신나 암마도 너 자신을 위해 애써준 사람들을 빈손으로 보낼 수는 없지 않아? 나는 그들을 위해 야자술 한 병을 샀는데, 그들은 모두가 기뻐했다. 이미 말했지만 내 딸 미니암마는 마드라스의 카떼리에게서 벗어날 수 있었다. 그래서 나는 마리암만의 사원이 있는 바로 이곳 세리에서 서원을 했다. 나는 "여신이시여! 만약 당신이 내게 원하는 아들을 준다면 당신의 사원에 종을 기부하겠어요!" 하고 말했다. 여신은 내 청을 들어주었다. 나는 아들을 낳았다. 그 애가 안반이다. 그렇지만 난 내 약속을 당장 지킬 수가 없었다. 그래서 안반을 낳은 그 해 우르의 마리암만 축제에서 내 품에 있는 안반처럼 '요람 속의 아이' 모두에게 노란 옷을 입혔다. 우리는 사원에서 쓸 수 있는 놋쇠로 만든 작은 종을 살 돈을 모으지 못했다. 게다가 그때 당시 그 사원은 거의 버려진 거나 다름없었다. 우리의 K.S.가 선출되었을 때 그는 사원을 재건축하라고 돈을 주었다.[4] 그 후 날리벨리의 레디는 청동여신상을 헌정했다. 그때부터 푸자를 규칙적으로 올렸다. 하지만 나는 모아둔 돈이 한푼도 없었다. 그래서 나는 내가 서원한 것을 잊지 않았음을 보여주고, 여신에게 기다려 달라고 하는 뜻에서 우르에서 옹기쟁이를 데려와 구운 흙으로 어린이용 침대에 누워 있는 예쁜 아기인형을 만들어 바쳤다. 우리는 비록 가난할지라도 약속을 지키지 않으면 어떻게 된다는 것쯤은 알고 있다.

고빈다! 오, 고빈다!

　파리이인 우리가 불결한 것은 사실이지만, 우리는 티루파티의 페루말(Perumal 비쉬누를 일컫는 가장 일반적인 타밀 이름. 그는 큰 독수리 가루다를 타고 다닌다) 신의 힘에 대한 믿음이 깊다.[1] 커대한 폭풍이 불어 닥쳤던 바로 그 해 우리 가족들은 모두가 몸이 아팠다. 남편은 기침을 심하게 했다. 손자는 열이 내리지 않아 정신 착란을 일으킬 정도였다. 그 애는 파상풍에 걸려 결국 죽었다. 너무 슬펐다. 나를 위안해줄 사람이나 사미아르는 아무도 없었다. 나는 수호신 바위로 갔다.

　장뇌에 불을 붙이고, "우리 모두를 치료해주시고 내 딸이 아이를 가질 수 있게 해주세요. 나는 티루파티의 페루말에 소 한 마리를 바칠게요" 하고 기원했다. 나는 마구간에서 회색 송아지를 끌고 나와 송아지에게 심황수를 뿌리고 이마에 포뚜를 듬뿍 발랐다. 그런 다음 남편에게 그 서원을 말하려고 갔다. 남편은 "잘 했군!" 하고 말했다. 소를 바치는 것은 우리 같은 가난한 사람이 위대한 티루말Tirumal에게 할 수 있는 최대의 공양이다. 우리들은 건강을 되찾기 위해 어른이건 아이이건 간에 모두 매일 뭔가를 먹어야 했고, 내 딸은 이미 손녀를 잃었다. 나는 열 달 동안 아이를 임신해 있는 것이 어떤 것인지, 그리고 끝까지 아이를 지키지 못한 것이 어떤 것인지 잘 안다. 나는 이 모든 불행을 막아보려고 벤카타파티Venkatapati에게 소를 바쳤다. 우리는 이일을 가리켜 '산에 소 바치기'라고 말한다.

비쉬누가 타고 다니는 큰 독수리 가루다

내가 서원을 한 날 집에 쇠똥을 칠했다. 내 딸과 나는 단식을 했다. 다음날 사제가 우리 팔목에 두를 노란 실을 매주려고 왔다. 노란 실은 서원을 했다는 표시다. 사제는 장뇌에 불을 붙였고, 코코넛을 자른 뒤 만트라를 읊었다. 그가 가지고 온 쟁반에 내가 1루피를 올려놓자 그는 그것을 티루파티에게 바칠 거라고 장담했다. 나는 식사를 위해 닭다리 콩으로 만든 삼바르와 튀긴 가지를 준비했다. 사람이 먹기 전에 먼저 신에게 음식을 바쳤다. 그 주 동안 남편은 소를 훈련시킬 조련사를 찾아 돌아다녔다.

남편은 아이벨리Aiveli에 한 사람이 있다는 말을 듣고, 버스를 타고 그 사람을 찾으러 갔다. 조련사는 자기가 아는 모든 기술을 소에게 가르쳐주기로 했다. 그는 집 앞에 당도할 즈음에는 훈련받은 소가 모든 질문에 대답할 수 있을 거라고 했다. 예를 들어, 그가 "이 집에 결혼식이 있을 거 같아?" 하고 묻는다. 그리고 잠깐 동안 북을 치고 나면 소가 고개를 흔들면서

"맞아요"라고 대답을 한다. 아니면 그가 "이 집에서 덕망 있는 왕자가 태어날까?" 하고 물을 수 있다. 그런 식으로 많은 질문을 하는 것이다. 나는 티루파티에 갈 돈이 필요했다. 그래서 우리는 아이베리에서 온 남자에게 헐값에 소를 팔았다, 고작 100루피에. 그리고 가는 길에 그 돈을 한푼도 쓰지 않고 티루파티에다 바쳤다. 소를 조련사에게 넘기기 전에 나는 깨끗한 물로 소를 씻기고 심황 가루를 뿌리고, 커다란 포뚜를 소 이마에 그려주었다. 또한 종려 당을 섞은 쌀가루 퐁갈, 바나나, 코코넛을 바나나 잎 위에 올려서 소에게 먹였다. 그리고 조련사에게 새 소만과 숄을 주었다. 모든 사람들이 자기가 할 수 있는 것을 했다. 어쨌든 목에 꽃 화환을 맨 나의 회색 소는 아주 예쁘게 보였다. 소와 조련사는 행복해 보였다.

내가 우리 모두 특히, 미니얌마를 위해 서원을 한 후, 나는 내 딸에게 아이를 하나 점지해 달라고 만가바르탐마Mangavarttamma 여신에게 빌었다. 우리는 사위의 가족과 함께 만가바르탐마 사원에서 요람 푸자를 하러 갔다. 우리는 3미터짜리 흰 천, 새 벽돌 한 장, 굵고 예쁜 심황 뿌리 하나, 약간의 꽃과 쿤구맘을 가져갔다.

그 사원은 티루파티로 가는 거대한 반얀 나무 숲 속에 있었다. 우리는 밤새도록 여행을 해서는 아침 일찍 그곳에 도착했다. 버스에서 내리니 목에서 기침이 나올 정도로 공기는 차가웠다. 그곳에 도착하자 미니얌마와 나는 벽돌 위에 빨간 점을 그려 벽돌을 단장했다. 그 뒤에 사위가 뛰어올라 반얀 나뭇가지 하나를 끌어내렸다. 그가 가지를 잡고 있는 동안 나는 가지에 흰 천을 묶었다.

우리가 마을에서 막대기에 사리를 묶어서 요람을 만드는 것과 똑같이 말야. 그리고 나서 미니얌마는 요람 위에 벽돌을 놓았다. 딸은 그 위에다 심황 뿌리를 놓은 후 꽃을 올려놓았다. 그런 뒤 사위가 잡고 있던 나뭇가지를 놓자, 우리는 얼굴이 바닥에 닿도록 엎드려서는 "만가바르탐마! 우리에게 은혜를 베풀어 아이를 하나만 점지해 주세요!" 하고 기원했다. 그것은 공중에 매달린 수천 개의 요람 중에 새로 한 개를 더 추가한 것이었다. 이 듬해 미니얌마는 임신을 했다. 그녀는 아들을 낳았다. 그리고 우리 모두는 건강을 회복했다.

우리는 그 아이가 자라서 "할아버지, 우리 소예요!" 하고 말할 수 있을 때까지 기다렸다. 그때까지 그 애의 머리를 깎지 않았다. 왜냐하면 그렇게 하기로 티루파티에다 약속했기 때문이었다.

우리는 쌀 다섯 말을 가까스로 모았다. 그것을 팔아 우리 서원을 지키려고 떠났다.

티루파티까지 가는 길은 멀었다. 그 길은 너무 멀어 푸자를 할 돈을 넉넉히 가지고 있어야 했고 빈손으로 올 수도 없었다. 누군가가 티루파티로 가겠다고 서원을 하면 가족들이 그 사람과 같이 갈 수도 있다. 우리 나이 또래 특히 여행할 기회가 많지 않은 우리 같은 여인네들에게는 여행을 할 수 있는 좋은 기회가 된다. 그래서 많은 사람들이 같이 간다. 가기 전에 그 곳의 페루말에게 바칠 것의 절반을 이곳 세리의 에제우마라이얀 Ejeumalaiyan에게 바쳐야 한다. 그걸 모두 수행하는 데는 돈이 많이 들기에 항상 기부를 받아야 한다. 흰 천 몇 미터를 사서 노란 심황수로 염색을 한다. 우리 사원의 사제가 서원을 한 모든 사람들의 목에 바실(basil 비쉬누를 나타내는 상징적 식물이다) 화환을 걸어준다. 10파이세를 더 내면, 그는 남자들의 이마에 비쉬누 표시로 나맘(namam 비쉬누파의 표시. 콧마루까지 그린 붉은 줄무늬를 두 개의 흰 색 줄무늬가 감싸고 있는 V자 모양의 형태)과 줄무늬 표시를 해준다. 여자들의 경우에는 이마에 한 줄을 그어준다. 그리고 작은 단지를 준비해 가운데를 자른 노란 천을 씌운다. 모든 준비가 끝나면 우리는 노란 옷을 갈아입고 출발한다.

아이에르가 앞장서서 징과 작은북을 친다. 그 뒤에 서원을 한 사람들이 목에 바실 화환을 걸고 비쉬누 표시를 하고서 따라온다. 비쉬누 표시만 한 다른 사람들은 그 뒤에 따라온다. 우리는 "고빈다!(Govinda 크리쉬나의 다른

이름으로 '소를 발견한 자' 라는 뜻이다. 크리쉬나는 비쉬누의 여덟 번째 화신이다)
오, 고빈다! 고빈다! 오, 고빈다!" 하고 소리치면서 세리를 한 바퀴 돈다.
모든 사람들이 돈이나 곡식을 준다. 그리고 우리가 일을 해주는 우르와 인
접한 마을 다섯 곳을 돈다. 가장 많은 돈과 쌀, 곡식을 받는 곳은 우르이다.
우리는 받아온 것을 세 개로 나눈다. 1/3은 티루파티에다 바칠 것이며 다른
1/3은 사제 몫이다. 나머지 1/3은 우리들 몫인데, 그것은 단식이 끝난 후 먹
을 음식과 돌아오는 길에 티루파티 신을 우리들 집으로 모시고 오는데 쓰
인다.

출발 당일 우리는 버스정류소와 티루라감 시장에서 "고빈다! 오, 고빈
다!" 하고 외치면서 또 돈을 모금한다. 내 남편은 지폐가 놓여진 쟁반과 단
지를 들고 다녔다. 버스가 도착하면 요리를 위해 필요한 모든 것을 버스에
싣는다. 쌀, 양념, 편두, 겨자 씨, 타마린드와 기름 자루를 싣는다. 노란 옷
을 입고, 내가 처음으로 버스에 올랐다. 그런데 갑자기 내 자궁 속에서 뭔
가 소용돌이치는 기분이 들었다. 뭔가 내 허벅지를 타고 흘러내리는 것 같
았다. 너무 두려워서 나는 나이든 여자에게 물었다.

"아주머니! 이게 무엇을 나타내는 거죠? 막 사원으로 가려는 참에 이런
일이 일어나다니! 내가 사원에 가도 될까요, 아니면 가지 말아야 할까요?"

"그것은 해롭지 않아, 넌 사흘째 목욕이 끝난 뒤 티루파티 계단을 올라
갈 수 있을 거야."

그래서 나는 버스에서 내려 몸을 깨끗이 씻고 수건으로 닦았다. 내가 돌
아오자 버스는 모든 사람들을 태운 다음 티루파티를 향해 떠났다.

그렇게 멀리 여행한 것은 내 일생에서 처음이었다! 산기슭에 도착하자
우리는 버스에서 내려 사원으로 연결되어 있는 계단을 오르기 시작했다.
우리가 도착하기 바로 전에 우리 사제가 페루말에 대한 노래를 부르기 시
작했다. 그가 노래를 멈추자 우리는 "고빈다! 고빈다!"하고 소리쳤는데,
세리 사람으로서 사원에 간 것은 우리가 처음인지라 정말 공손하게 소리쳤

다. 우리는 사제가 하라는 대로 입 조심하면서 베텔도 씹지 않았다. 우리는 불결해 우리에게 해가 될 것을 하면 안 되었다. 사제는 우리에게 그것을 반복해서 확인시켜주었다.

아요, 신나암마! 가는 길에 나는 만가바르탐마 사원에 있는 칼리의 동상을 보고 정말 놀랐어! 아요요! 그 동상은 양쪽에 예순 개의 팔을 가지고 있었다. 신나암마, 여신상을 보니 두려움으로 온몸이 땀으로 젖었다. 그것은 나에게 즉각 영향을 미쳤다. 다시 생리를 하기 시작했으니 말야! 그것이 내가 불결했던 마지막 순간이다. 나는 티루파티에서 돌아오는 길에 만가바르탐마 사원에서 마지막으로 목욕을 했다. 나는 만가바르탐마에게 열심히 기도했다. 나는 생리를 하면서도 웅덩이에 가서 몸을 담갔다. 두 손을 모아 "만가바르탐마, 나는 이미 열두 명의 아이가 있어요. 이제 더이상 아이를 원하지 않아요. 이 물로 내 자궁을 잘 씻어 헹궈주세요. 나 역시 당신 같은 여자예요. 이 나이에 더이상 아이를 갖고 싶지 않아요!" 하고 말했다. 신나암마, 그것이 마지막이었다. 나는 더이상 생리를 하지 않게 되었다.

그곳에서 내가 엄청나게 놀랐던 이유는 칼리를 깨끗이 하려고 동상에 뿌려놓은 버터의 양 때문이었다. 그곳 사람들은 칼리를 녹은 버터로 목욕을 시킨다. 그리고 그곳에는 또 다른 칼리 동상이 있는데, 웅덩이 중앙 오른편에 금으로 덮여 있다. 칼리상은 태양처럼 빛났다. 물은 새하얗고 달팽이의 점액처럼 차가웠다. 우리는 또한 엄청난 소리를 내는 폭포를 볼 수도 있었다. 정말, 그 여행에서 본 장관은 굉장했다!

마침내 우리는 티루파티에 도착해 내가 한 약속을 지켰다. 내 손자는 말뚝으로 둘러싸인 바구니 안에 한움큼의 동전들을 던졌다. 아요요! 그 바구니는 돈 두 포대를 담을 수 있었다. 우리는 약속했던 것처럼 손자의 머리를 밀어주었다. 그때서야 나는 티루파티의 이발사가 하는 일이 이런 일임을 깨달았다. 한! 이발사들은 고객을 잃지 않으려고 조그만 칸막이를 쳐 머리를 밀려는 사람들에게 줄지어 앉아 기다리게 했다. 이발사들은 일이 부족하지는 않지만 항상 더 많은 일을 원한다.

카라니로 돌아온 우리는 티루파티에서 돌아왔음을 나타내는 마지막 푸자를 해야 했다. 마을에 남아 있던 식구들이 집안에서 푸자를 할 준비를 했다. 그들은 쇠똥으로 마당을 청소해 놓고, 우리를 맞이하기 위해 쇠똥 바른 마당 위에 소 오줌을 뿌렸다. 머리를 밀고 난 우리는 토요일에 도착했다. 순례여행을 마친 다음 마지막 식사를 준비하려고 몇 개의 새로운 단지와 가지, 토마토 등 몇 가지 채소를 좀 샀다. 우리는 일곱 가지의 채소를 준비해야 했다. 먼저 비쉬누 표시를 해놓은 큰 단지 안에 벼로 퐁갈을 요리했다. 요리하는 동안 사람들은 단지 주변을 돌면서 "퐁갈로! 퐁갈로! 고빈다! 오, 고빈다!" 하고 소리쳤다. 그리고 나서 퐁갈을 화로에서 내려놓고 그 속에 설탕 한 숟가락을 넣었다. 기름 램프들, 제물을 담을 수 있는 쟁반 같은 모든 쇠그릇은 잘 닦아서 내놓았다. 뒷벽은 쿤구맘으로 붉은 점들을 찍어 장식한다.

물론 그 뒷벽에도 쇠똥을 발라놓았다. 모든 준비가 끝나면 사제를 불러 온다. 사제는 작은북을 가지고 노래를 시작하기 전에 제물들 주위에 장뇌 등잔을 둘러놓는다. 그리고 나서 벤카타파티를 찬양하는 노래를 부른다. 흰 쌀밥 한 그릇을 가득 채워서 큰 바나나 잎 위에 달짝지근한 퐁갈, 우유 한 단지, 쿠르드 한 단지, 녹인 버터 한 단지, 요리된 채소들, 둘로 가른 코코넛 아홉 개, 티루파티에서 산 라두laddu, 그리고 당밀과 쌀을 섞어 만든 큰 밀가루를 램프와 같이 놓는다. 장뇌가 타는 동안 램프에 녹인 버터를 부으면 두꺼운 심지에 불이 붙는다. 사제는 일어나서 벽 위에 티루파티 신의 형상과 그 옆에 거대한 나맘을 그린다. 순례자가 티루파티에서 돌아올 때까지 누구도 순례자의 집에 오지도 않고, 달콤한 퐁갈 의례를 구경하지 않는다. 바로 그날만이 호기심 많은 사람들이 유일하게 행사가 있는 집에 들리지 않는 날이다. 왜냐하면 어느 누구도 그 집안으로 들어가려는 티루파티 신의 길을 방해해서는 안 되기 때문이다. 티루파티는 불결한 것을 봐서는 결코 안 된다! 그 순간 박티는 너무 커서 티루파티의 가루다 새가 와서 그 집 위를 선회한다. 진짜라고 나는 맹세할 수도 있다. 사제는 가루다가 우리 머리 위를 지나갈 때까지 노래를 부른다. 독수리가 도착하면 우리는 "고빈다! 오, 고빈다!" 하고 소리친다. 그때가 되면 집에 있던 사람들이 "고빈다! 오, 고빈다!" 하고 소리치며 밖으로 나온다. 남녀노소 할 것 없이 모두가 소리를 친다. 사제는 점점 더 크게 소리를 치고, 점점 더 크게 북을 친다. 오, 신나암마! 그것을 보는 것은 정말 운이 좋은 거야! 봐! 단식 마지막 날이잖아! 남자들이 먼저 가서 음식을 먹는다. 그리고 나서 허약한 늙은이들과 과부들이 일렬로 서서 바나나 잎 위에 먹을 음식을 받아온다. 그날 그 많은 사람들을 먹이기 위해 쌀 열두 가마를 풀어 밥을 한다. 그리고 나서 티루파티에서 가져온 물과 과자들, 코코넛 조각, 달콤한 퐁갈, 그리고 향을 사른 분말가루를 바나나 잎에 담아 이웃들에게 나눠준다.

이렇게 해서 우리는 벤카타파티에게 한 우리의 약속을 지켰다. 신나암마, 당신도 알다시피 이번에 나는 내 아들을 위해 서원을 했다. 앞서 말했듯이 아들이 결혼한 지 4년이 지났는데도 며느리에게서 아무 소식이 없었다. 아무것도, 벌레 한 마리도 말야! 매주 화요일 날 사미아르 무루가이야는 아들에게 재를 주고, 여러 금속들로 부적을 만들어 준다. 나 역시 며느리를 티루라감의 무슬림에게 데려갔다. 정말 간절히 벤카타파티가 내 소원을 들어주기를 바랐다. 그에게 거의 혼신을 다해 기원했으니, 나를 비난할 아무런 구실도 찾지 못할 것이다. 고빈다! 오, 고빈다!

우리 여자들에게 아이보다 소중한 것이 뭐가 있겠어? 만약 우리가 아이를 낳지 못한다면 여자로서 무슨 소용이 있겠느냔 말야? 자기를 먹여 살려줄 아들이 없는 여자, 눈을 감겨줄 딸이 없는 여자는 정말 불행한 여자다. 그녀 또는 그녀의 부모는 그들의 다르마를 수행하지 못했을 것이다. 나는 그런 점에서 축복 받았다고 할 수 있다. 이스바란은 나를 여러 번 임신하게 했다. 아, 만약 내 모든 아이들이 살아 있다면 세상 모든 직업을 다 맡아서 했을 것이다. 하나는 노동자가 되었을 테고, 다른 하나는 목수가 되었을 거야. 나는 그 중의 한 명은 공부를 시켰을 거다. 우리는 딸 둘을 시집보내 손자들을 보며 즐거워했을 테고, 나는 아들들을 찾아다니며 한 달씩 쉴 수 있을 것이다. 맞아, 우리는 아이들을 정말 자랑스러워했을 것이다.

역신 마리아따가 도착했다!

마리아따mariatta가 세리에 퍼졌을 때 나에게는 젖먹이 애가 있었다. 기억을 못하니 몇째였냐고 묻지 마라. 여자애고 몇 살 되지 않았다는 것만 기억난다. 당시 그 애가 젖먹이였을 때인데, 마리아따를 잃었다. 마리아따가 뭐냐하면 수두 또는 천연두라고 한다. 모신(母神)인 마리암만이 마리아따의 형상을 하고 사람들에게 죽 항아리를 얻으러 오기 때문에 시골에서는 천연두를 가리켜 마리아따라고 부른다. 그녀는 사람마다, 집집마다, 세리마다, 여기저기 기웃거리며 한두 명을 데려간다. 마리아따는 모든 사람들이 그녀에게 제물을 바치고, 자신이 원하는 것을 채워줬을 때 이 세계를 떠난다.

남편인 이스바란이 화가 나서 마리암만을 내쫓았던 어느 날 그녀는 스물한 가지의 반점을 지닌 형상으로 세상에 나타났다. 남편은 마리암만을 저주하면서 "퉤! 넌 이 집에 있을 가치가 없어! 여기서 나가! 네 주변 곳곳에 그 반점들을 뿌려 사람들이 그것을 치유하려고 주는 것으로 먹고살아!" 하고 말했다고 한다.[1] 우리처럼 가난한 사람들은 벌거벗은 채 반점으로 뒤

덮인 이 여인이 도착하자 누구인가 궁금해 했다. 빨래터에 있는 일부 세탁부들은 재빨리 심황수에 흰 천을 적셨다가 그녀에게 몸을 가리라고 건네주고서는 반점을 치료해 주었다. 그리고 나서 그녀는 몇 명의 신기료 장수를 만났다. 그들은 그녀의 발끝에 몸을 숙이고 절하면서 발을 다치지 않고 세상을 돌아다니라고 샌들 한 켤레를 주었다. 조금 더 걸어가자, 우리 카스트 사람들이 벼를 추수하고 있었다. 그들은 재빨리 쌀 몇 이삭을 골라 가루로 빻아서 정갈한 코코넛 껍질에 담아서 여신에게 주었고, 쿠주도 마시라고 주었다. 그리고 나서 여신은 자기 갈 길을 가면서 자기에게 속치마, 사리, 쿠주와 쌀가루 덩이를 주었던 모든 사람을 축복하였다. 그 뒤 여신을 기리는 사원들이 곳곳에 세워졌다. 이런 연유로 네가 마리아따를 앓을 경우, 세탁부에게 가서 오트밀을 얻어오고 신기료 장수에게서 얻은 쌀로 밥을 하는 것이다. 보통 우리는 그 사람들이 만든 음식을 먹지 않는다. 그들은 우리보다 더 천하니까 말이다. 세탁부로 말하자면 그들은 우리의 더러운 옷을 빤다. 기본적으로 그들은 우리를 위해 일한다. 마리암만은 그들에게 정말 중요한 여신이다. 여신은 그들에게 북을 칠 힘을 부여해준다. 그들은 집 앞에 서서 연주하면서 마리아따를 불러내는 노래를 하는데, 그렇게 하면 재빨리 떠나게 된다.

　신들린 사람은 여신이 세리를 습격할 때를 경고해준다. 신 중의 하나가 신댁된 사람에게 내려온다. 신들린 사람은 춤추기 시작하면서 우리에게 "데이!(Dei 소년들이나 남자들을 향하여 대개 경멸을 내포하는 뜻의 감탄사. 그러나 때때로 애정의 감탄사로 쓰이기도 한다)데이! 여신이 도착했어. 데이! 여신이 막 너네 세리로 들어갔어. 데이! 모두들 주목해. 특히 불결한 것이 없게 하고. 처신을 잘해. 불결해선 안 돼!" 하고 소리친다. 그는 거리를 가로질러 교차로에 서서 그렇게 목소리를 높인다. 우리는 집에서 나와 그를 둘러싸고 마리아따가 세리에 있는지 아니면 마을에 있는지 주의 깊게 듣는다. 그래, 사람들은 마리아따에 걸리면 감추려고 한다. 그들은 너무 두렵고 부끄러워 사실을 말하려고 하지 않는다. 그렇지만 우리는 신들린 사람의 말을 듣고 나름대로 예방책을 강구한다. 쿠팜의 늙은 여자 또는 세리의 다른 노인들이 신들린 사람에게 "여신이여, 여신 마리아따여! 얼마나 이 마을에 머물까요? 언제 그녀가 세리를 떠날까요? 열흘, 아니면 열이틀이 지나면 갈까요? 닷새, 아니면 이레 뒤에? 그녀가 농사에 해가 될까요? 우리가 제물을 바쳐야 할까요? 만약 우리가 신의 영토에서 푸자를 하면 여신이 떠날까요?" 하고 물었다.

가우드 거주지에서 온 이 빠진 남자는 가장 많은 질문을 하곤 했다. 그렇지만 우리 중 몇 명은 그가 말할 때마다 웃음을 터뜨렸다. 지금 그 사람은 죽었는데, 왜냐하면 그 남자는 앞니가 없어서 말할 때마다 퓌유 하고 소리가 났다! "여신이여 퓌유! 여신이여 퓌유 마리아따 퓌유!" 하고 소리가 샜다. 우리가 그를 비웃으면 남자들은 우리를 욕했다. "아에! 미친년들, 창녀들, 잡년들 같으니. 입 닥쳐!" 하고 말야. 그때 신들린 사람이 갑자기 뛰어올라 소리를 쳤다.

"개 같은 파리아들아! 욕하는 것 좀 봐. 욕하는 꼴이라니, 너희는 어쩔 수 없어. 데이! 조심해."

노인들이 사과를 하고, 우리는 사리를 접어 입을 가리고 킬킬거렸다. 당신도 그가 말하는 것을 들었다면 웃었을 거다, 신나암마. 정말 그래, 그는 이가 빠지고 없어 정말 우스꽝스럽게 말을 했다. 때로 우리 여자들은 자진해서 그 남자와 이야기를 하려고 했고, 그에게 노래를 시키기도 했다. 그가 말하는 것을 듣기만 해도 여자들은 자지러지게 웃어댔다. 그러면 그 남자가 일어나 터번을 바로 매고 걸어가면서 우리에게 이렇게 말했다,

"망할 년들 퓌유, 망할 년 퓌유, 암내를 풍기고 있네 퓌유!"

그 말은 우리를 더 웃겼다. 우리는 그를 진정시키려고 쫓아가 베텔과 빈랑자를 씹으라고 주었다. 그는 그것을 받고서 좋아하면서도 여전히 "정말 빌어먹을 년들이 퓌유, 많기도 하군 퓌유" 하고 말했다. 어려서 나는 스

스로를 통제할 수 없었는데, 심지어 여신 마리아따가 도착했다는 것을 알리는 심각한 상황에서도 그랬다. 어쨌든 나중에 이가 없는 사람은 공공장소에서 더이상 말할 수 없게 되었다. 왜냐하면 그는 젊은이들을 너무 웃겼고, 심지어 노인들도 웃음을 참기가 힘들었기 때문이다. 그렇지만 그는 여전히 자문요청을 많이 받았다. 그는 많은 것을 알고 있어서, 사람들은 그에게서 많은 것을 듣고 싶어했다. 사람들을 웃겼던 것은 그가 말하는 방식이었을 뿐이다. 심지어 작은 여자 애들도 웃었으니 말야.

신들린 사람 이야기로 되돌아가서, 그는 모든 질문에 답하고 뭘 해야할지를 말해준다. "경계를 표시해야 해." 그리고는 쓰러졌다. 신이 그를 떠나 산으로 돌아간 것이다. 우리는 그에게 물을 뿌려 정신을 차리게 하고서는 카라감(karagam 마르고사 잎으로 덮개를 씌운 물을 담은 항아리로 삭티Sakti - 성스런 에너지 또는 힘을 의인화 한 여신이며, 파르바티, 시바의 아내, 전쟁의 신 두르가, 파괴자 칼리 등 여러 여성상을 내포한다. 마리암마 같은 이차적인 여신들도 삭티의 여러 형태 중 하나로 간주된다 - 를 재현한 곳에서 행렬할 때 사용한다)을 준비한다. 신들린 사람이 벌떡 일어섰다. 마르고사 가지로 그의 온몸을 칭칭 동여매고, 원기를 되찾아, 마리암만의 북 두 개를 가지고 그를 도와줄 십여 명의 남자들과 함께 출발한다. 왜냐하면 마리아따가 포기하지 않을 걸 알기 때문이다. 여신은 그곳에 머물려고 싸울 것이다. 신들린 사람은 여신이 너무 강력하기에 조금은 두려워한다. 여신은 그를 때릴 수도, 네가 막대기를 부러뜨린 것처럼 그의 갈비뼈를 부러뜨릴 수도 있다. 하지만 그는 신의 보호를 받고 있다. 그는 머리에 카라감을 이고 마을 경계를 지나서 깃발을 꽂은 여덟 개의 주요 지점에서 "고빈다! 오, 고빈다! 마리암만을 이 마을에서 나가게 해주세요, 고빈다!" 하고 소리친다.

다음날 우리는 실을 바치는 푸자를 수행하기 위해 함께 모여 집집마다 돈을 각출한다. 가구 당 10파이세 또는 20파이세를 걷는다. 우리는 실 한 뭉치를 사서 심황수에 담가 사원의 마리암만에게 바친다. 그러면 신들린 사람이 사람들을 보호하기 위해 집집마다 가서 모든 사람의 팔목에 실을 묶는다. 심지어 그는 간밤에 태어난 아이들과 암소, 수소, 염소에게도 실을 묶는다. 그렇게 한다고 해서 마리아따를 머물지 못하게 하거나 그녀가 하는 일을 막을 수는 없지만 최소한 해를 덜 끼치게 하는데 도움이 된다.

당신은 마하라자의 아들이나 코라반(Koravar, Koravan 반 유목 생활을 하는 사냥꾼 부족. Koratti는 이 부족의 여인들을 지칭하는 이름이다)의 아들이 될 수도 있지만, 만약 마리아따가 당신에게 강림하기를 원한다면 그녀는 그렇게 해버린다. 그녀를 피할 수 있는 사람은 아무도 없다. 이곳 사람이라면 모두 다 알고 있는 이야기를 하나 해주겠다.

카라감을 나르는 짐꾼

한 여자가 아들 하나를 두고 있었는데, 그녀는 마리아따가 그 애를 데려가는 것을 원하지 않았다. 그래서 그녀는 "내 아들아, 여신이 세리에서 놀고 있단다. 할머니 집에 가서 숨어라. 다른 세리에서 여신은 너를 건드리지 못할 거야"라고 말했다. 그리고 아이는 떠났다. 그렇지만 그 애가 할머니 집에 당도하기 전에 누군가가 반얀 나무 아래서 그를 기다리고 있었다. 맞았어! 마리아따가 반얀 나무 밑에서 기다리고 있었던 거야! 이 소년이

오는 것을 보면서 그녀는 몸을 오들오들 떠는 나이든 여자로 변장했다. 아이가 그녀 앞을 지나자 불러 세웠다. "누가 지나가나? 잠깐만! 이리 와봐! 나는 가난한 늙은이야, 어느 마을에 가는 거니, 사미? 머리가 정말 가려운데, 이 좀 잡아줄 수 있겠어? 친절을 베풀어 이것들 좀 잡아 줘, 이놈의 이가 나를 못살게 굴어. 그렇게 해주면 내가 호의를 베풀어줄게!" 그 아이는 이를 잡아주기로 했다. 그는 짐을 내려놓고 그녀의 머리의 매듭을 풀면서 밀가루 체처럼 수없이 많은 눈(眼)들을 봤다. 아이는 놀라 "할머니, 할머니 머리에는 눈밖에 안 보이는데…… 온통 눈밖에 없어요! 무서워요!" 하고 말했다.

"겁먹지 마라." 할머니는 이렇게 그에게 말하면서 "나는 마리아따란다. 넌 나에게서 도망가려고 했지만 네가 어디 가든 나는 네 바로 앞에 있단다. 나는 모든 곳에 존재하고 모든 것을 볼 수 있단다!" 하고 말했다. 아이의 머리숱을 손에 쥐고 흔들면서 여신은 꼬마에게 "너에게 베풀 호의는 바로 이거야. 너는 이마에 다섯 개의 작은 열꽃을 갖게 될 텐데, 별로 고통스럽지 않을 거야!" 하고 말했다. 그리고 여신은 사라졌다. 할머니가 사는 세리에 도착해서는 소년은 곧 고열에 시달렸는데, 이마에는 다섯 개의 반점만이 있었다. 그런 이유로 우리는 그 다섯 개의 반점들을 '의무의 열꽃'이라고 부른다.

여신이 어느 집에 들어가 그곳에 머물기를 원하면, 마리아따는 지금도 머리를 잡아당겨 흔들어 자기 희생양을 정한다. 만약 머리가 손에 뽑히면 그녀는 그냥 사라진다. 그렇지 않으면 그녀는 보통 반점을 남기는데, 그 반점은 몸 전체에 퍼져 환하게 빛이 난다. 방해받지 않는다면 그녀는 자기가 줄 것을 줄 텐데 그것은 참 예뻐 보인다. 그 반점들은 며칠이 지나 싹이 틀 거고, 심지어 가장 작은 것도 빠르게 자라난다. 닷새째가 되면 이마에 있는 작은 열꽃들이 피어오르고, 다른 것들도 곧 피어오른다. 아흐레째가 되면 마리아따는 몸에서 빠져 나와 상처만 남기고 떠난다.

마리아따에 걸렸을 때 절대 밖에 나가선 안 된다. 아이들조차도 마지막 목욕을 마칠 때까지 갇혀 지낸다. 밖으로 나오기 전에 여신이 떠나기를 기다려야 하는데, 그렇지 않고 악마의 눈이나 불결한 사람을 만나면 마리아따가 노해서 우리에게 평생 동안 지닐 흉터를 남긴다. 더러운 음식 또는 다른 불결함에 대해서는 개의치 않는다. 그러나 그녀는 잠자리에서의 기쁨만은 용납하지 않는다. 왜인지 알 거야, 신나암마! 이 여신은 자기 남편과 한 번도 행복하지 못했다. 그녀는 순결했다. 하지만 이스바란은 그녀를 저주했고, 바로 그 때문에 이 마을 저 마을을 떠돌아야 했다.

내 아이와 나는 마리아따를 앓았다. 그 불쌍한 어린 것은 반점투성이가 되어 풀 같은 고름 때문에 힘들어 했다. 전신의 반점에서 쏟아져 나오는 고름 때문에 고통이 컸다. 마리아따의 고름은 캐쉬즙 같다. 나는 아이를 팔에 안고 있을 수가 없었다. 우리 둘 다 끈적거렸기 때문이다. 시어머니는 아이에게 젖을 먹이라고 바나나 잎에 아이를 싸서 나에게 안겨주었다. 나는 옆에다 소 오줌과 심황을 섞은 단지를 두었다. 그것을 아이의 달아오른 피부를 가라앉히려고 흩뿌렸다. 나는 여신이 조용히 물러가면 그녀의 사원에서 금요일에 오트밀 단지를 부어주겠다고 약속했다. 나는 쿰밤(kumbam 마르고사 잎으로 덮은 물이 담긴 항아리. 마리암만Mariamman이 주재하는 집안의 한 곳에 모셔둔다)을 불러오는 주문을 외며 말했다. 우리 세탁부인 칼리무뚜는 여신을 찬양하기 위해 보통 하루에 세 번 정도 와야 했지만 그럴 시간이 없었다. 그는 마리암만의 사원에 오트밀을 바칠 탄원자를 데리고 다녔는데, 이 집 저 집 다니면서 북을 들고 뛰어다닐 정도로 분주했다. 한번은 그가 아침에 집에 들렀다. 그는 우리집을 나가 순례를 시작하면서 시어머니에게 "자매여, 노래 한 번 해보게. 자넨 목소리를 타고나지 않았나. 자네 며느리도 그렇고. 마리아따에게 자장가를 불러 줘. 그녀가 네 노래를 듣고 싶어하네. 내가 북을 가지고 매일 아침 들리겠네. 이제 더이상 어디로 가야 할지도 모르겠어. 여신이 곳곳에 돌아다니고 있거든!" 하고 말했다.

시어머니는 그에게 "나가! 꺼져! 돈벌이나 실컷 해!" 하고 말했다.

닷새째가 되었지만 마리아따는 여전히 나갈 기미가 없었다. 나는 시어머니에게 "아요! 그 고집불통이 세탁부의 고깃국물과 신기료 장수의 밥을 먹고서도 아직 여기 있어요!" 하고 말했다.

시어머니는 쿰밤 앞에서 열 차례에 걸쳐 참회하고 경의를 표하면서 여신에게 애원했다. "아요! 여신이시여! 당신이 우리를 고통스럽게 하고 있어요. 우리 곁에 있으면서 우리를 시험하고 있군요. 여신이시여! 우리는 당신을 믿고, 사랑해요. 당신은 우리집에 온 걸로 충분해요. 제발 여기를 떠나 다른 곳으로 가주세요!"

나는 여신에게 항의했다. "아요! 이렇게 어린애가 있는데, 저 과부가 우리에게로 들어와 이리저리 움직이면서 다녀요! 무엇을 먹고살라고! 빈털디리인데! 내가 어떻게 이처럼 완강한 여신에게 대들 수 있습니까?"

나는 여신을 저주했다. 여신이 머무는 동안 우리는 저녁에도 장뇌에 불을 붙이지 않았다. 우리는 문 앞에 코람을 그리지도 않았다. 우리는 당밀을 섞은 밥처럼 단 음식을 만들지 않았다. 램프를 밖에 내놔서 집안은 어두웠다.

아흐레째가 다가오니 마리아따는 자신에게 "아요! 나를 위해 10파이세짜리 장뇌조차 붙여주지 않는 저주받은 여자 집에 와 있다니! 여기 있을 이유가 없군! 떠나지!"라고 말했다. 그게 맞아, 신나암마. 만약 모든 집에서 그녀를 그렇게 대우하면 결국 세리를 떠난다.

아흐레째가 되면서 결국 이마 위의 작은 열꽃들이 터지기 시작했다. 점차 다른 것들도 터지기 시작했다. 열하루째가 되면 마리아따는 약간의 흉터를 남기고 완전히 사라진다. 그럼 목욕을 준비한다. 시어머니가 옹기쟁이에게서 새 단지를 사왔다. 시어머니는 심황과 붉은 점으로 단지를 장식하고 나서 햇빛으로 뜨거워진 물을 채웠다. 그리고 마르고사 잎을 따고 풀

뿌리를 캐러 나갔다. 신나암마, 이즈음의 마르고사 나무는 잎사귀 하나 없이 앙상하게 마른다. 모든 사람들이 마르고사 나무의 잎을 따내 자기 내장을 깨끗이 하려고 먹기 때문이다. 그리고 사람들은 마르고사 잎을 가지고 피부치료와 가려움증을 낫게 하려고 목욕할 때 사용하며, 그것으로 마리아따가 가고 난 뒤 집안을 정화시킨다. 그래서 시어머니는 아주 많은 양의 심황, 마르고사, 마른 풀 가루를 만들었다. 그것을 조금 덜어내 햇빛으로 데워진 물과 섞어서 온 집안을 정화시켰다. 먼저 아이를 씻겼고 다음은 내 차례였다. 나는 많은 기름을 바르고, 풀가루로 씻은 다음 조심스럽게 단지의 따뜻한 물로 헹구고 나서 마지막에 흰 천을 둘러썼다. 나는 완전히 기가 빠진 채, 마르고사 가지를 손에 쥐고 오트밀을 모으려고 출발했다. 집집마다 들러서 "마리아따를 위해 적선하세요! 마리아따를 위해서요" 하고 요구했다. 나는 그렇게 집집마다 오트밀을 걸으면서 세리 전체를 돌았다. 사람들은 아무도 거절하지 않고 아주 걸쭉한 오트밀을 주었다. 집으로 돌아와서는 걸어 온 오트밀을 큰 항아리에다 붓고는 물을 더 부어 묽게 만들었다. 그동안 시어머니는 '마리아따의 곡분(穀粉)'을 준비했다.

아이가 마리아따를 앓으면 곡분을 준다. 어른인 경우에는 오트밀을 준다. 우리는 아이와 내가 마리아따를 앓았기 때문에 밀가루와 오트밀 둘 다 받았다. 칼리무뚜는 우리와 함께 마리암만의 사원에 가려고 북을 들고 왔다. 우리는 찬송가 몇 곡을 부르고 가지고 간 제물을 마리암만에게 바쳤다. 나는 아이에게 약간의 곡분과 오트밀을 한 입 주면서, "마리아따, 이 곡분을 먹고 이 오트밀을 마셔요, 여신이여!" 하고 말했다. 그런 뒤 우리는 아이, 노인들, 과부, 불임여자 순서로 오트밀을 다른 사람들과 나눠먹었다. 나는 흰 밥, 가지와 북채콩을 곁들인 생선 소스 같은 좋은 음식을 먹어야 하는 환자였다.

어느 해인가 우리 세리에 마리아따가 오랫동안 횡행했다. 우리는 마리암만의 사원 마당 전체를 덮을 마르고사 잎을 구하려고 진땀을 뺐다. 진짜

매트리스처럼 두껍게 깔기 위해서 말야. 반점이 있는 어른들이 거기에 꽉 들어찼다. 모두가 벌거벗고 있었다. 남자들은 부적을 떼고 여자들은 장신구를 풀어놓았다. 모두 제각기 오트밀을 먹으려고 코코넛 껍질을 가지고 있었다. 사람들은 사원 입구에 쿰밤을 놓았다. 칼리무뚜, 무르티 삼촌, 그리고 벨라이 영감은 마리암만 이야기를 노래하기 시작했다. 밤낮으로 세 사람 모두 마리암만을 찬양하는 노래를 했다. 그렇지만 마리암만은 몇 명의 아이들과 어른 두 명을 명부에 올려놓았다. 한 명은 나리벨리야Naliveliya에서, 다른 한 명은 페루말 사원의 길에서 말야. 여신은 다른 사람들은 원하지 않았다. 그래서 그들만을 걷어차고는 떠나갔다.

그렇지만 바이쿤담(vaikundam 비쉬누의 안식처 또는 천국으로, 메루산 위 또는 북해에 있다고 알려져 있다. '바이쿤담으로 가라' 는 말은 '죽어라' 하는 뜻이다)으로 간 사람들을 위해서 아무런 일도 할 수 없다. 죽은 사람들을 위해서 눈물을 보여서도 안 되고, 노래나 음악, 꽃도 허용되지 않는다. 그 사람들은 대충 노란 천으로 싸여 무덤 파는 자들에게 넘겨진다. 마리아따로 죽은 아이의 엄마조차 눈물을 흘려서는 안 된다. 아무라도 붙잡고 물어봐라, 신나암마. 안 돼, 안 돼! 죽은 사람을 위해서 통곡을 하면 안 돼, 우는 것은 마리아따를 더 노하게 해서 더 큰 화를 불러 올 수도 있기 때문이다.

마리아따의 종류도 여러 가지가 있다. 고수풀 씨앗이라 부르는 작은 반점과 팔미라 열매 비슷하게 생긴 검은 반점이 있다. 목에 난 마리아따는 정말 고통스럽다. 여신과 그녀의 남편이 양쪽 귀에 앉아 있다. 목은 부어 올라 머리를 움직일 수도 없고, 아무것도 삼킬 수 없게 된다. 침조차 말야. 그것은 치유하기가 어렵다. 기다리는 수밖에 없다. 할 수 있는 거라곤 마르고사, 심황, 마른 풀 가루로 찜질을 하여 통증을 줄이는 것밖에 없다.

사실을 말하자면, 마리아따는 탈리(결혼생활)를 갈망해서 찾아온다. 그녀를 유인한 것은 금 탈리이다. 그녀가 탈리를 즐기지 못했음을 신나암마도 알 거다. 파라마시바Paramasiva가 그녀를 내쫓았다. 그는 심지어 그녀의 머리를 베고, 저주했다. 그는 그녀에게 "네 시대가 올 때까지 세상 사람들에게 네가 원하는 것을 받을 거다"라고 말했다. 그 때문에 마리아따는 이렇게 갖가지 형태로 우리에게 자신이 원하는 것을 요구한다. 그녀를 만족시키기 위해 우리는 흰 끈을 골라 그것을 심황수에 노랗게 염색한다. 우리는 빨간 반점으로 장식한 새 탈리를 실에 꿰어 마리암만에게 바친 다음 마리아따의 목에 묶어둔다. 만족한 그녀는 즉시 자기 길을 간다. 그렇지만 넌 매우 조심해야 하는데 특히, 연인이 있는 곳에 가서는 안 된다. 그렇지 않으면 여신은 무서운 모습으로 나타나 우리를 목조여 죽일 것이다. 그녀를 노하게 하지 않고 경건하게 기다려야 하는데, 그렇게 하면 그녀는 왔을 때처럼 조용히 떠날 것이다.

이제 모든 것이 변했다. 의사들은 마리아따 주사를 들고 마을을 돌아다닌다. 그들은 어린애들을 잡아서 주사를 놓아준다, 아직 채 자라지도 않은 애한테도 주사를 놓는다. 의사들은 주사가 우리가 팔목에 묶는 실처럼 마리아따로부터 보호해 줄 거라고 말한다. 그렇지만 의사들은 제물을 바치지는 않는다. 의사들은 우리를 송아지처럼 잡아 주사를 놓고 가버린다! 어느 누구도 마리아따가 오는 것을 막을 수 없지만 예전만큼 세리에 마리아따가 퍼지지는 않는다. 처음에 우리는 의사가 세리에 오면 숨었다. 우리는 의사들이 마리아따를 불러들여 해를 끼칠까 두려워했다. 시간이 지나면서 세상도 변했다. 그렇지만 지금도 의사를 보고 도망치는 사람들이 있다. 옛날에 마리아따가 유행하면 나는 안반을 숨겼다. 의사가 왕진 오면 그에게 "우리 집에 마리아따 걸린 사람은 없어요!" 하고 말했다. 나는 내 아들을 병원에 데려가기 싫었다. 우리같이 가난한 사람이 병원에 가서 애 옆에 앉아 기다릴 여유가 있다고 생각하지는 않겠지? 그러면 여기 일은 누가 할 건데? 예전에는 그보다 더 심한 병도 많았다. 이제 우리도 병을 치료하려면 병원에 가야 한다는 것을 이해한다. 몇 년 전 세리에 우리가 '풍토병'이라고 부르는 것이 발발했다. 그것도 정말 무서웠다. 그것에 걸린 사람은 다 죽었다.

그 병에 비하면 마리아따는 아무것도 아니었다. 마리아따가 나타나 병이 나더라도 원하는 것을 얻으면 가버리잖아. 마리아따는 수많은 사람을 죽인 콜레라 하고는 비교가 안 된다.

고빈다! 오, 고빈다! 신나암마, 당신은 너무 젊어서 콜레라를 경험하지 못했을 거야. 콜레라가 발병했을 때 나 역시 벨파캄에 있었다. 나는 매일 대여섯 명의 사람이 죽어 가는 것을 지켜봤다. 콜레라는 나야감의 아들을 시작으로 벨파캄에 퍼졌다. 그는 아침 일찍 그 병에 걸렸는데 아파하면서 계속 설사를 했다. 불쌍하게도 그는 더이상 버틸 수가 없었다. 그는 거의 결혼할 나이가 되었다. 그의 엄마는 가족을 불러 그의 상태를 보여주었다. 그들은 "고빈다! 오, 고빈다! 고빈다! 오, 고빈다!"라고 말하는 것을 들었다. 나는 그때가 마르카지 달이었던 것으로 기억하는데, 우리 사제가 마을에서 징을 울리고 있었다. 사람들이 무슨 일인지 보려고 밖으로 나왔다. 폼부르Pombur의 노인이 몽환경에 빠져 있었다. 그는 "데! 일어나라! 귀신 쫓을 불꽃을 피워라! 모든 것을 태워버려! 고빈다! 오, 고빈다!" 하고 소리쳤다. 이 노인에게 에제우마라이얀이 씌어 우리에게 경고를 해준 것이었다.

콜레라는 칼리 여신이다. 사람들은 그녀가 바구니에 감청색 기름을 채운 단지를 가지고 세상에 왔다고 말한다. 그녀는 자기가 데려가고 싶은 사람을 찾아 집집마다 돌아다닌다. 그녀는 남자들, 여자들, 아이들 또는 동물들을 찾아다닌다. 그녀는 기름 한 숟가락을 그들 입에 부어놓고 사라진다. 폼부르의 늙은 남자는 콜레라가 발병했음을 보여주었다. 그는 몽환지경에서 그것을 보여주었다. 그렇지 않았다면 우리가 어떻게 알 수 있겠어?

그 늙은이가 하는 말을 듣고 우리는 즉각 "고빈다! 오, 고빈다!" 하고 소리쳤다. 우리는 마르고사 나무로 달려갔다. 모두들 손에 마르고사 가지를 들고, "고빈다!" 하고 소리쳤다. 우리는 야자나 잔가지 같은 불피울 만한 것을 찾으려고 거리와 교차로를 찾아다니다 서로 마주쳤다. 여기저기 다른 집을 두드리고 다녔고, "그녀가 저기 나타났다! 아니! 그녀는 여기 있어, 저것은 과부야!" 하고 소리쳤다. 세리 전체에 난리가 났다. 곳곳에서 불이 타올랐다. 사람들은 불을 지르면 여신이 겁을 먹고 다른 마을로 달아난다고 말을 한다. 사방이 불에 타면 그녀가 이곳을 떠날 거라고 말야!

그렇지만 벨파캄에서는 전혀 달랐다. 그때 세리는 북쪽에 즉, 우르 보다 높은 곳에 있었다. 나는 어떤 머저리가 그렇게 했는지 모르지만 어쨌든 설계를 한 놈은 남쪽에 우르를 지었다. 마리아따나 콜레라 같은 전염병이 돌 때 어느 쪽으로 여신이 도망가겠어? 글쎄, 세리가 불타자 칼리는 우르로 도망칠 수밖에 없었다. 그럴 수밖에 없었다. 우르에서 사람들이 콜레라에 걸리기 시작했다. 그들 역시 여신을 쫓으려고 불을 피웠지만 그녀는 북채 나무 옆으로 숨었다. 그들은 폼부르의 늙은이를 보냈다. 그는 몽환경에 빠져서 악사와 수십 명의 사람들과 같이 기름 단지, 바구니, 숟가락을 살피려고 갔다. 물론 마을의 여신인 드라우파디는 늙은이가 칼리를 내쫓도록 도와주었다. 드라우파디는 마리아따와 다른 귀신들을 내쫓았다. 그녀가 우리 마을을 보호한 셈이다.

기름 단지에는 신들린 사람만이 가까이 갈 수 있다. 그 밖에는 누구도 할 수 없다. 왜냐하면 칼리가 그들을 때려죽일 수 있기 때문이다. 우리는 바이쿤담(저승)으로 가는 길로 데리고 가야 한다. 그는 기름 단지를 뒤지면서 멀리 있는 연못 옆의 타마린드 나무까지 가져갔다. 거기서 단지를 깨서 불태웠다. 그 불은 해가 질 때까지 계속 탔다. 나는 그 뒤로 아이들을 낳고 사위 둘과 손자까지 보았지만, 신의 은총으로 콜레라가 이곳에서 다시는 발병하지 않았다.

이 모든 일은 내가 처음 임신해서 7개월째 의례를 마칠 때 일어났다. 그 소식을 들었을 때 우리는 벨파캄 집에서 목화를 까고 있었다. 아버지는 목화껍질을 황급히 길거리로 내던져 불을 붙이고 계속 불을 피울 만한 것을 찾았다. 우리는 모두 집으로 들어가서 문을 닫았다. 콜레라에 걸린 사람만이 부적도 없이 사원 마당에 발가벗고 있었다. 그들은 하얀 재로 몸을 비벼댔다. 그들은 처량하게 입안에 든 것을 토해냈다. 그들은 하루하루 쇠약해져갔다. 우리는 역신이 움직이고 있음을 알 수 있었다. 기름 같은 설사를 했는데, 기본적으로 단순한 기름이었는데, 그것은 역신이 그들에게 부었던 기름이었다. 바로 그 때문에 칼리를 잡아 내쫓기 위해서는 배를 바닥에 대고 자야 한다. 만약 역신이 들어와 우리를 나뭇가지로 생각해 발로 차면서 "파!pah 아무것도 아닌 나무등걸이잖아!" 하고 말하도록 말이다. 그렇지만 만약 등을 대고 자면 그녀는 우리가 사람이라는 것을 알게 된다. 역신은 자기 기름을 네 입에 넣고 도망갈 것이다. 그러면 콜레라에 걸린다.

하지만 모든 게 예정되어 있었다, 신나암마! 우리 세리가 얼마나 사람이 많은지 봐! 나는 열두 명의 아이가 있었다. 어떻게 내가 그 애들을 먹이고 키웠겠어? 모든 집들이 마찬가지야! 만약 모든 사람들이 살아 있다면 이곳 세리에 얼마나 많은 사람이 있겠어? 그 때문에 해마다 역신이 세리에 들어온다. 역신은 어떤 사람에게는 콜레라를, 또 어떤 사람에게는 마리아따를 옮긴다. 그녀는 세리마다 다섯 명 또는 열 명의 사람들을, 우르마다 열 명 이상을 데려간다. 그녀는 모든 세리와 우르에서 그렇게 하는데, 그것은 먹여 살릴 사람이 점차 줄어듦을 의미한다.

전통을 깨뜨리지 마라

우리는 해마다 마리아따를 위한 축제를 한다, 신나암마. 우리만이 아니라 전세계 58개 국이 다 그렇다. 마을마다 얼마나 많은 마리암만 사원이 있는지 본 적 있어?

이곳의 사원 하나는 내 남편의 조부모가 살던 시절에 세운 것이다. 정부에서 세워주었다고 들었다. 나는 그것에 대해서 전혀 모른다. 그렇지만 내가 결혼하고 이태 후에 세리의 연장자들이 모임을 가졌다. 당시에는 체띠Chetti의 아버지가 마을 어른이었다. 노인들은 사원을 더 크게 만들기로 결정했다. 마을에는 100여 가구가 있었는데, 가구마다 10루피씩 냈다. 인근 마을에서도 많은 돈을 거둬들였고, 세리의 위원회에서는 사원 건축 경력이 있는 사람을 찾아 고용하기로 했다. 아무나 못하는 것이었으니까. 거기에는 우리가 모르는 규칙과 의례가 있다. 계약자는 "2천 루피를 주면 벽돌공이 설계도대로 사원 벽을 쌓을 수 있도록 하겠소. 하지만 잡일꾼 그리고 벽돌과 회반죽은 당신들이 별도로 부담하시오" 하고 말했다. 그는 온 일꾼을 고용하는데 20루피, 절반 일꾼을 고용하는데 15루피, 1/4 일꾼을 고용하는데 10루피씩을 계산하면 그렇게 많은 돈이 소요된다고 했다.[1] 우리는 불평 없이 그 의견을 받아들였다.

우리 세리 사람들은 공사현장 일이 끝날 때까지 돌아가며 일을 했다. 집집마다 한 명씩 매일같이 말이다. 여자 여섯 명은 세 명씩 마주보며 석회를 열심히 발랐고, 노래리듬에 맞춰 받침대를 떼내었다. 남자들은 벽돌공에게 회반죽을 운반해주었다. 사원을 짓는데 정말 오랜 시간이 걸렸다!

처음에 우리 사원에는 작은 방 하나만 있었다. 우리 세대에 와서야 탑과 외벽을 세워 사원을 좀더 크게 만들었다. 서원을 했던 많은 사람들이 와서 질그릇, 사리, 은 장신구, 금으로 된 부적을 바쳤다. 그것을 가지고 우리는 이듬해에 탄자브루Thanjavur 장인이 만든 청동 마리암만 상을 안치할 수 있었다. 브라만 한 명이 정화의례를 위해 왔다.[2] 다시 한번 돈을 많이 걷어서 악대를 고용했다. 신나암마도 여신의 축제에 공연장이 필요함을 알 거다. 폼부루에서 온 악단은 아주 유명했다. 그들은 마리암만 축제달인 아디(Adi 타밀 월력으로 네 번째 달로 칠월 중순에서 팔월 중순에 해당된다)달에는 아주 먼 곳에서도 그리고 많은 곳에서 초대를 받을 정도이다. 그렇지만 우리들은 그들에게 베텔을 가지고 가서는 선금을 주고 여러 달 전에 미리 예약을 해놨었다. 그들은 우르 악단의 지휘자인 '흰 옷 입은 자'(상층 카스트)의 도움으로 모든 것을 조직했다. 폼부르 배우들은 반니야르Vanniyar(농부 카스트로, 타밀어권의 북부지역에서 가장 인구가 많은 카스트. 그들의 사회적 위치에 따라 카스트의 성원들은 서로를(또는 다른 카스트 성원들도) 다른 이름으로 부른다. 예를 들어 나익케르, 가우드, 파다이야치, 팔리 또는 쿠디야나르 등)였기에, 세리에서 음식을 먹거나 잠을 잘 수가 없었다. 그래서 우리는 상층 카스트 남자의 집에서 먹고 자는데 필요한 돈을 주었다. 그리고 매일 저녁, 공연이 시작되기 전에 여신을 위해 자장가를 부르도록 마리암만의 사제를 오라고 했다. 우리는 마리암만 사원의 제막식을 아주 성대하게 했다!

그 뒤 모든 사람들이 사원에 필요한 물품들을 갖다주었다. 어느 해인가 칼리얀Kaliyan은 의례적 행진에 사용하는 목재로 만든 신상을 단독으로 기부했다. 다라수람과 마니베루는 카타바라바얀Kattavarayan 신상을 사원에 바쳤다. 또 다른 해에 우리는 문나디얀Munnadiyan의 신상을 안치하려고 모두 헌금을 냈다. 안반이 태어났을 때 나는 작은 종을 바쳤다. 그리고 어느 날 저녁 카릭키메두Karikkimedu 축제에서 돌아오는 길에 사원 꼭대기에서 전등이 빛나는 것을 보았다. 나는 놀라서 놀고 있던 애들에게 "이봐! 꼬마야! 어떻게 전등불이 사원 꼭대기에서 빛나는 거지?" 하고 물었다. 마침 나를 만나려고 나온 남편이 말했다.

"무루가이야 가우드가 전등을 거기에 달아주었대. 그는 우리에게 '데이! 너희 세리 사람들이란! 걱정하지마! 내가 자비를 들여 전등을 설치해주겠네' 하고 말했어. 그 사람 덕에 지금 전기가 있는 거야. 이렇게 해서 마리암만을 기리는 우리들의 사원이 완공되었지!"

우린 다른 사원을 건축하는 데도 돈을 냈다. 마니 아이에르는 필라이야르 사원을 지을 때 티루반나말라이Tiruvannamalai에서 석공을 데려오는 책임을 맡았다. 우리는 페루말 사원을 책임질 나맘을 갖춘 사제가 없었다. 그래서 코꾸르Kokkur에서 온 사람을 고용했다. 그는 이곳으로 이사와 저녁이면 사원에 불을 켜주고 있다. 우리들의 수호신에 대해 이야기하자면, 그는 홀로 이 세상에 왔는데 누구도 그를 위해 사원을 지어주지 않았다. 사원들 중에 큰 축제를 해마다 개최하는 사원은 없다. 마리암만만 그럴 자격이 있다.

그래서 일년에 한 차례 우리는 마리암만의 오트밀을 나눠먹는 의례를 한다. 네 명의 소년들이 여자로 분장해서는 마을의 모든 사람들이 먹을 수 있는 양을 걸으러 다닌다. 우리는 부족 여자들처럼 그 애들에게 속치마와 브라를 입히고, 코에 보석을 달아주고, 목에는 탈리와 진주 목걸이를 걸어준다. 그 애들은 손에 아름다운 마르고사 가지를 들고 북과 심벌즈 연주에 맞춰 갠지스Ganges 여신 춤을 춘다. 그때 코라반 한 쌍이 온다. 코라반은 항상 세리에서 온 두 남자가 맡는다. 비라팜이 코라반(Koravar, Koravan 반 유목 생활을 하는 사냥꾼 부족)으로, 란가는 코라띠(Koratti 코라반 부족의 여인들을 지칭하는 이름)로 변장했다. 그들은 발목에 작은 방울들을 달고 쉬지 않고 춤을 춘다. 지칠 줄 모르고 춤을 춰! 그리고 노래하지.

> 유리 진주 목걸이를 사지 않을래?
> 만약 네가 그 목걸이를 사서 목에 걸면 정말 아름다울 텐데!
> 아요요, 아요요, 오오오!
> 우리가 연못에 그물을 던졌을 때
> 우리는 숨어 있었지
> 그대여, 우리와 같이 있지 않을래?
> 나리카라Narikara, 아아아[3]
> 아줌마, 그녀가 말하는 것을 들어봐요 내 아내는 임신 6개월이죠
> 오, 어머니! 그녀가 길을 가다가 애를 낳으면 난 뭘 해야 할까요?
> 오, 어머니! 우리가 약을 살 수 있도록 돈 좀 주세요!

그래, 나리카라는 구걸도 하고 노래도 부르면서 집집마다 돌아다녀. 그러다 갑자기 비라팜과 란가가 리듬을 바꾼다. 그들은 춤추고 노래하면서 뛰기 시작하지.

> 나리쿠리 시장에서 나리카라
> 나는 잘 차려 입고 여우 이빨을 팔려고 나갔지
> 거기서 나리카라 난쟁이가 나에게 신호를 보냈지

그들은 광란의 춤을 춘다. 모두들 화덕에 음식을 올려둔 것도 잊은 채 넋을 놓고 춤을 구경한다. 그때 '코끼리발'이라 불리는, 손금쟁이가 도착한다. 그는 손에 작은북을 들고 노래하지.

이 집안에 행운이 일어나길!

마리아타에게 줄 것을 줘야지!

우리는 마리아타를 위해 오트밀을 만들 거야

곡식들을 숨겨놓다니

우리에게도 나눠줘야지!

쿠둑쿠둑쿠둑쿠둑카

그때 산카란Sankaran이 온다. 그는 주술사 역할을 맡았다. 그 해는 변장을 아주 잘했다. 까마귀 깃털과 공작 털로 장식한 종이왕관을 쓰고 선홍빛 얼굴을 한 그는 손에 인조머리칼을 단 커다란 채찍을 들고 있었다. 옆에서 보는 사람마저 숨넘어갈 정도로 춤을 추면서도 머리에서 왕관을 떨어뜨리지 않았지!

거기에는 얼굴이 까만 사냥꾼 한 쌍도 있었다. 크리쉬난과 쿱판이 그 역할을 해마다 맡는다. 얼마나 많은 숯가루를 자기들 얼굴에 묻혔는지 몰라! 관중들은 그들을 따라다니면서 모두들 웃는다. 그 광경을 보았다면 당신도 웃었을 거야, 신나암마! 그들은 노래하면서 격렬하게 북을 친다. 박자가 너무 빨라 발바닥에 불이 날 정도다. 얼마나 멋진지! 두 양치기는 훨씬 더 조용하다. 그들은 거의 말이 없다. 그들은 거기에 있기만 하면 되는 역할이다. 세탁부처럼 참석하기만 하면 된다. 이 세상에서 만난 모든 사람들이 마리암만만 생각하도록 말이지.

가장 무도회 참가자는 카라니와 인근 마을을 돌아다녔다. 우리 우르에서 모금하는 데만 해도 이틀이 걸린다. 쿠디야나르도 마찬가지다. 그들이 마리암만 축제를 위한 모금을 할 때도 이틀이 걸린다. 아디 달이 되면 우리는 곳곳에서 북소리와 함께 "여신 갠지스여! 여신 갠지스여!" 하며 외치는 소리를 듣곤 한다. 모두들 여신들의 축제를 축하하려고 헌금을 한다. 왜냐하면 마을마다 드라우파디 사원과 마리암만의 사원이 두세 개는 있기 때문이다.

매년 파리아 악대들은 무희들과 함께 모금을 하러 간다. 처음에 그들은 우르의 무희들을 데려가는데, 그 무희들이 먼저 모금을 하러 간다. 물론 그들은 여기 세리로 오지 않고 인근 마을의 쿠디야나르로 간다. 2주 후에 파리아들이 모금을 하러 간다. 두 남자가 곡식들을 모으기 위해 커다란 버드나무 바구니를 운반한다. 또 다른 남자는 - 항상 체띠가 맡는데 - 돈을 모금하려고 구리쟁반을 갖고 다닌다. 그들은 먼저 세리에 있는 집으로 찾아간다. 모든 사람들은 자기 형편대로 기부를 한다. 세리의 우두머리는 물론 무희들도 마찬가지다. 그는 자기가 가지고 있는 큰 장부에 누가 얼마를 주었는지, 누가 아직 안 냈는지를 적어둔다. 왜냐하면 모든 사람들이 뭔가를 기부할 준비가 된 것은 아니니까 말야. 그래서 그런 사람들은 이렇게 말한다

"조금만 기다려 줘. 잠시 뒤에 다시 와요, 내가 레디아르에게 가서 곡식 좀 달라고 했거든요."

우두머리는 이 집 저 집에 다시 가야 한다고 적어놓는다. 그러나 나처럼 앞을 내다보는 일부 사람들은 땅콩 추수철에 마리암만을 위해 한두 되를 비축해 둔다. 바구니 안에 마당의 곡식 또는 다른 곡물을 넣거나 쟁반에 돈을 놔도 된다. 우르 사람들은 인심이 후하다. 특히 부자들이 그렇다. 그들은 곡식과 돈을 준다. 큰 바구니는 금방 무거워질 정도로 가득 찬다. 헌금을 수노한 악대들은 수고비를 안 받거나 받아도 아수 조금만 받는다. 그렇지만 악대들에게 원하는 만큼 먹고 마실 음식과 술을 제공한다. 그들은 집집마다 돌아다니며 쿠디야나르 여자에게 "오, 작은 어르신의 안주인이여, 오트밀 조금만 주세요!" 하고 요청한다. 또는 더 나아가 "오, 레디아르 집의 안주인이여, 오트밀 좀 주세요!" 하고 말한다. 모든 사람들은 주라고 하지 않아도 그들에게 오트밀을 준다. 맞아, 마리암만 축제는 악대들의 축제이자 우리들의 축제이다.

우리가 일을 해주는 인근 마을에도 헌금을 받으러 간다. 날리벨리와 만

가빠깜Mangappakkam의 높은 사람들은 멀리서 들려오는 소리를 듣고 우리가 오는 것을 알아본다. 왜냐하면 우리 남자들이 노래 잘하고 춤 잘 춘다고 널리 알려져 있기 때문에 그렇다. 우리 일행이 거기에 도착할 때 캄바땀은 모두에게 오트밀을 주라고 지시하고, 악대와 무희들은 각자 라기 두 되와 2루피씩을 준다. 만가빠깜의 캄바땀은 사람들에게 라기와 3루피를 준다. 그리고 캄바땀은 우리 마리아타를 위해 큰되로 라기 열두 되와 내키는 만큼 돈을 기부한다. 50루피나 100루피 정도이다. 그런 유지들은 카라니에 있는 논의 절반을 소유하고 있어, 거의 모든 세리 사람들이 그들을 위해 일하고 있다. 그래서 그들은 해마다 우리들의 축제가 열리면 잘 해준다. 신나 암마, 우리 마리아따가 그들을 보호해줄 뿐 아니라 그들에게 이로운 것은 사실이다. "마리아따를 멋지게 축하해! 좋은 악대를 고용하고 돈이 없으면 우리에게 와서 말해" 하고 만가빠깜의 캄바땀은 우리에게 말한다. 오트밀을 나눠 먹을 때쯤이면 그가 작은 테라스에서 나와서는 축제가 열리는 곳으로 온다. 작년 축제날에 그는 세리 입구까지 왔었다. 그리고 요즘에는 세리에 있는 마리암만 사원에 들어가 경배를 할 수 있게 허용해 달라는 쿠디야나르와 레디아르도 있다. 우르 출신이건 세리 출신이건 간에 카라니를 떠나 이사간 사람들도 마리암만의 오트밀 나눠먹기 행사를 위해 곡식이나 돈 또는 둘 다를 보낸다.

모금이 끝나면 돈을 세고 자루에 곡식을 담는다. 모금한 것은 사람들에게 오트밀을 나눠 주기에 충분하다. 우두머리, 회계사, 육손이는 티루라감 시장에 가서 남은 것을 판다. 작년에 그들은 750루피를 가지고 돌아왔다. 마리암만의 오트밀을 준비하는 데에는 많은 돈이 들어! 축제에 쓰일 용품은 부족하지 않아야 해. 램프와 네온을 걸고, 춤꾼을 사흘 간 고용하고, 음반과 확성기도 빌려온다.

올해 멍청한 젊은 놈들은 마지막날 공연대신 비디오를 보여주기를 원했다. 춤을 춰야 하는 바로 여기 세리에서 말야. 그 젊은 바보 놈들은 너무 부끄러워서 더이상 뭘 어떻게 해야 할지를 몰랐다! 결혼하기 전에 안반은 락쉬마난Lakshmanan 역할을 했다. 지금 그는 더이상 그 역할을 하고 싶어 하지 않아, 다 잊어버렸다면서 말이지. 이제 아무도 그것에 관심을 갖지 않는다. 그들이 원하는 것은 머리에 기름을 쳐바르고 번듯한 옷을 차려입고 극장에 가는 거다. 심지어 바깥도 예전 같지 않다. 시골에서도 극장을 볼 수 있지, 티루라감에도 세 개나 있다. 사람들은 이제 우리만큼 축제를 좋아하지 않는다. 카누르Kanur에서 온 늙은 '야자따개' 삼촌과 '오리영감' 할아버지는 공연장에서 책을 읽는 것을 배웠다. 광장에서 말야. 육손이의 장인은 모래에 글자를 썼다. 그들은 글자를 조합하면서 조금씩 읽기 시작했는데, 시간이 지나자 유창하게 읽게 되었다.

그들은 세리에서 악단을 만들었다. 그래, 과거에 우리가 사는 세리에는 여러 개의 공연단이 있었다. 내 남편은 오랫동안 공연해왔지만 지금은 그것을 하기에 너무 늙었다. 그는 『마하바라타』에 나오는 카르나Karna역을, 안자라이 남편은 『바가바드 기타에』 나오는 비마Bhima역을, 체티의 삼촌은 아르주나Arjuna 역을, 마니베루는 드라우파디 역을 했다. 남편은 강하면서도 매혹적인 목소리를 가졌다! 그는 밤새 공연하고 다음날 일하러 가기도 했다. 당시 나는 한쪽 구석에서 남편을 우러러봤다. 그는 다섯 명의 판다바 형제들에 대한 이야기만 공연한 게 아니었다. 카따바라얀 Kattavarayan, 비라 판댜Vira Pandya와 다른 많은 역을 했다. 그는 모든 이야기를 잘 알고 있었다! 야자 술 한 잔만 마시면 모든 준비가 다 된 거였다! 그는 뛰어올라 춤을 췄다. 청산유수처럼 말도 잘했다. 말을 더듬거나 틀린 적도 없고 다음 번 이야기를 떠올리려고 멈춘 적도 없다.[4] 때로는 육손이의 아버지와 함께 다른 세리로 공연하러 가기도 했다. 그는 나이가 들면서 젊은애들을 훈련시켰다. 하지만 지금은 모든 게 끝나버렸다. 공연단은 조금씩 분열되었다. 네 명의 소년들은 퐁디에서 일하는데, 그 중 둘은 마드라스로 가버렸다. 그리고 여기 남아 있는 한 애는 공연에 관심이 없다. 그 애들은 비디오를 더 좋아한다. 심지어 대우를 잘 받는 코둑쿠르에서 온 쿠디야나르의 공연단에 비해 대가가 너무 적다고 불평하기도 한다.

올해 우리가 폼부르 공연단에게 연락했을 때 이미 예약이 다 차 있었다. 그래서 우리는 베텔을 가지고 코둑쿠르의 공연단에게 갔다. 그들은 자기들이 먹을 음식을 미리 마련해 왔다. 그들은 사원마당에 자리를 폈다. 캄바땀이 그들에게 약간의 도구들을 빌려주어, 그들 스스로 양고기로 음식을 만들었다. 우리는 술을 제공해 주었다. 그들은 낮에 자고, 밤에는 술을 마시면서 밤새 춤출 준비를 했다. 우리는 폼부르 공연단 중에서 누가 가장 훌륭한 연기자들인지 파악하고는 그들에게 개별적으로 술 접대를 했는데, 그들은 한쪽 구석에서 우리를 위해서 춤을 추었다. 이 모든 게 재미있지 않아, 신나암마? 군중들 속에서 이쪽 저쪽으로 밀리기도 하지만, 신나암마도 공연을 좋아하지? 이제 그들은 비디오를 빌려 와서는 겨우 500루피만 지불했다고 말하고 있다! 그들 마음대로 하도록 내버려둬, 미련한 놈들 같으니. 하지만 일부 공연장은 남아 있어야 한다, 최소한 첫째 날 오트밀을 나눠먹기 위해서라도 말야.

오트밀을 준비하려고 여섯 명의 여자들이 라기를 빻아 가루로 만든다. 나는 해마다 그 일을 하는데 불려갔다. 왜냐하면 내가 노래를 부르면서 다른 여자들과 일을 잘했기 때문이었다. 우리는 라기를 고르고, 빻고, 갈고, 체에 거른다. 우리는 사원의 시멘트 바닥에 자리를 잡고 일하는 내내 노래한다. 우리는 일한 대가로 각기 약간의 라기를 받는데, 곡식을 자기 사리에 숨겨 가는 사람은 아무도 없다. 왜냐하면 그 곡식은 마리아따 것으로 그녀는 우리를 몹시 아프게 하거나 눈을 멀게 할 수도 있기 때문이었다. 레디의 집에서는 또 달랐다. 우리는 그 집에서 일하면서 곡식을 숨겨 가는 것을 선물로 여겼다. 거기서 곡식을 키질하라고 시키면, 나는 왕겨와 쭉정이 속에 낱알들도 조금씩 흘려놓았다가 나중에 그것을 쓸어 담아 집으로 가져간다. 또는 후추, 쓴 오렌지 또는 팔미라 열매를 추수할 때도 벌레나 쥐가 갉아먹은 것을 한쪽에 치워놨다가, 아들이 일하는 곳에 잠깐 들르면 그것을 집에 가져가라고 했다. 뭐 다 그렇지! 그것은 뭐 큰 문제가 되지는 않는다. 뭔가 훔치려고 내가 그 집에서 일하는 것은 아니다! 아요요, 신나암마! 어쨌든 우리는 마리아따의 곡식은 단 한 톨도 훔치지 않는다. 우리는 정확하게 곡식을 다룬다.

우리가 일을 마치고 나면 세리의 어른들이 나와서는 라기 가루의 양을 재고, 크기가 서로 다른 열한 개의 단지에 넘칠 정도로 가득 담는다. 그들은 나눠먹기 의례 전날인 목요일까지 단지를 사원의 첫 번째 방에 둔다. 나머지 가루는 세리의 집집마다 나눠준다. 의례가 시작되면 선택받은 열 명의 깨끗한 여자들은 금요일 전날까지 발효시켜두었던 오트밀을 요리한다. 그동안 각 가정에서도 오트밀을 준비한다. 정오 무렵 우리는 오트밀을 기름램프와 장뇌와 함께 집 한가운데에 차려둔다. 그런 다음 남편과 아들, 며느리와 나는 단지 앞에서 몸을 숙여 예를 갖추고 그것을 여신에게 바친다. 안반이 가서 세탁부를 데려오고, 나는 그녀를 위해 오트밀 한 접시를 뜬다. 그리고 우리는 그 나머지를 먹는다. 세탁부들은 오트밀을 맨 처음 맛볼 수 있는 자격이 있다. 그곳이 사원이건 집이 되었건 간에 말이다. 왜냐하면 그들은 마리암만이 좋아하는 사람들인 데다, 여신을 맨 처음 알현했던 카스트이기 때문이다. 그들은 일년 내내 우리에게 봉사하고, 우리의 더러운 옷가지를 씻어주고, 여자 애들의 첫 생리소식을 친정집에 전해준다. 우리는 모든 축제와 신들에게 푸자를 올릴 때마다 세탁부에게 음식을 대접한다.

그렇지만 신나암마, 올해 신나암마가 여기 없는 동안 이곳에서 뭔 일이 일어났었다. 오! 심각한 것은 아니고, 큰 싸움이 있었던 것도 아니다. 단지, 드라우파디 축제기간인 열여드레 동안 연주를 해야 하는 우리 악대들이 올해는 노임을 달라고 했다.

그들은 가우드에게 이렇게 말했다.

"사미, 우리는 열여드레 동안 잠도 못 자고 연주하기 위해 일찍 일어나야 해요. 당신은 우리에게 고작 10루피밖에 안 줬어요. 올해 우리 각자에게 더도 덜도 말고 딱 10루피씩을 줬으면 해요, 사미!"

"개인당 10루피라고! 너 도대체 파리아로서 의무를 잊고 있는 거야, 뭐야? 감히 그렇게 많은 돈을 달라고 요구할 수 있어?"

"사미, 드라우파디는 우리의 모신이예요, 우리가 여신을 위해 연주하는 것은 사실이죠, 그게 우리 의무니까. 하지만 요즘 물가가 비싸잖아요. 우리는 축제 내내 밤낮으로 연주해야 되기 때문에 논에 일하러 갈 수도 없어요. 사미, 일을 나가면 우리는 하루에 10루피는 벌어요!"

"배은망덕한 파리아들이라고! 열여드레 동안 먹여주잖아? 왜 곡식은 계산에서 빼지?"

"화내지 마세요, 사미. 나야 배불리 먹지만 그동안 누가 내 식구들을 먹여주나요?"

"아, 날강도들 같으니! 퐁디에서 온 놈이 이렇게 하라고 시켰겠지!⁵ 너희들의 음악연주는 더이상 필요 없어! 그리고 축제 동안 너희들 중 누구라도 이곳에 발을 들여놓으면 잡아죽일 테니 조심하라고, 이 빌어먹을 놈들아! 너희들의 축제 때는 다른 데 가서 도와달라고 해. 여기에 발도 들여놓지 말고 꺼져, 더러운 새끼들!"

올해 그 일이 일어났다. 나중에 우리는 세리에서 회의를 했다. 젊은이들은 "잘된 거네"라고 했다. 나는 일어나서 그 젊은 멍청이들한테 욕을 퍼부었다.

"이제 어쩔 건데? 이 얼간이 후레자식들아! 이제 우린 더이상 우리의 신이자 마을의 신인 드라우파디 축제에 참여할 수 없는 데도 그게 잘된 거라고, 정말 그렇게 생각해? 얼빠진 놈들 같으니!'

많은 사람들이 내 편에 섰다.

"벨파카따가 맞아!"

그렇지만 젊은애들은 "앉아요 아주머니! 드라우파디를 위한 또 다른 사원을 세워 축제를 하면 되지" 하고 조용히 대답했다.

"아! 정말 미련한 놈들 같으니. 너네들이 정치꾼들의 말을 너무 들었군! 그놈들 말만 믿고 우리말은 전혀 들으려 하지 않는군!"

내 아들이 일어나서 말했다.

"왜 그렇게 고함만 지르세요? 엄마는 아직도 옛날로 착각하고 옛날처럼 우리가 굽실거려야 된다고 생각하세요? 진정하세요! 올해 우리가 연주할 차례이지만 우리는 어떻게 연주할지도 몰라요. 우리가 거기서 피 터지게 맞기를 원해요?"

"야, 이 골빈 놈아, 호로 자식아!"

그래서 올해 드라우파디와 마리암만 축제는 파리아들 없이 열렸다. 우리는 세리나 인근 마을에서 한푼도 모금할 수 없었다. 석 달 동안 우르에 아무도 일하러 가지 않았다. 우리 모두 다른 마을에서 일자리를 찾아야 했다. 자신들의 논을 경작하고 있던 쿠디야나르들이 우리를 대신해 레디들의 일을 해주었다. 우리 파이아들만의 마리암만 축제는 성대하지 않았는데, 매년 우리가 모금했던 만큼의 곡식을 올해는 얻을 수 없었기 때문이다. K.S.가 첫날 의례에 필요한 춤꾼들을 데려올 돈을 주었고, 다음날에는 비디오를 틀어놨다.

사실 우르의 상층 카스트 사람들이 여덟 명의 토띠에게 80루피만 줬더라면 쉽게 타협했을 것이고, 그러면 만사가 순조롭게 해결되었을 것이다. 그렇지만 양쪽 모두 자기 고집만 세웠다. 이것이 내가 살아 있는 동안 세리와 우르에서 벌어진 일인데, 내가 죽은 다음에는 무슨 일이 일어날까? 나는 항상 안반과 세리의 젊은이들에게 여신들의 뜻을 거스르지 말라고 충고한다. 여신들이 우리를 돌봐주고 보호해준다. 여신들의 가호로 우리가 일할 수 있고, 풍족하게 먹을 수 있다. 왜 그런 전통을 깨뜨리려고 하느냐?

물의 정령들

드라우파디 축제에 대한 그 논쟁은 우리 노인들에게 깊은 슬픔을 안겨주었다. 그러나 젊은이들은 그것을 농담삼아 말하면서 걱정하지 않았다!

요즘 우리 시골에서의 변화는 정말 놀라울 정도다! 정부는 우리 가난한 사람들 특히, 파리아들을 위해 일한다. 우리를 위한 시설이 지금 얼마나 많은데! 모든 정당들은 우리를 위해 싸우고, K.S.당은 심지어 이제 더이상 카스트는, 파리아는 존재하지 않는다고 주장한다. 그들은 우리가 퐁디에서 자기들처럼 한데 섞여 살아야 한다고 말한다. 그들은 말만이 아니라 행동으로 보여준다. 가난한 한 쿠디야나르가 집 지을 땅을 정부에 요구하면, 그는 세리에서 집 지을 땅을 거저 얻을 수 있다. 하지만 어떤 쿠디야나르가 여기 와서 살려고 하겠는가? 신나암마라면 그럴 수 있겠어! 그리고 학교에서 일어난 변화에 대해 알고 있어? 지금 학교에는 새로운 선생님이 서너 명 있다. 그 중 두 명은 하리잔Harijans이라고 들었다. 그들은 카라니 출신의 파리아가 아니며, 우르에 있는 학교 옆에 산다. 그리고 돼지치기 두 가족이 어디에 거주지를 지정 받았는지 알아? 연꽃 연못 너머 옹기장이 집 근처라고! 레디 구역 너머의 공터를 기억하지? 바로 거기야, 우르의 한 가운데라고! 정부가 그렇게 명령해서 우르의 어느 누구도 시비를 걸지 못했다. 돼지치기 가족 중 하나는 이제 더이상 돼지를 키우지 않고 우리처럼 농사를 짓는다. 다른 한 명은 아이야나르 사원 반대편에 있는 논 한가운데서 돼지를 키운다. 그 둘은 우르에서도 가장 천한 사람들이다. 그들은 정부, 즉 K.S.당의 명령 때문에 우르에서 살 수 있었다.")선생들도 마찬가지였다. 정부당국은 계속해서 말한다.

"만약 당신이 아이들을 학교에 보내고 싶다면 우리가 선택한 선생을 받아들여야 합니다. 싫으시면 아이를 집에서 빈둥빈둥 놀리세요!"

그리고 선생님은 기회가 있을 때마다 교육이 오염되는 것이 아니라는 말을 했다. 지금 세상은 모두 변하고 있다! 어쨌든 우르의 사람들은 그것을 심각하게 받아들여 임금을 높여 주라던 우리들에게 앙갚음 하려고 했다. 그들은 악대뿐만이 아니라 우리 모두를 드라우파디 축제에서 몰아내려고 했다. 우르 사람들이 단지 몇 루피 때문에 우리를 쫓아내려 한 것은 부당한 일이었고, 여신 드라우파디도 그들의 꿈에 나타나 그런 말을 했다. 어쨌든 우르의 지도자들은 전통적으로 우리가 해왔던 일에 파리아들을 더이상 쓰지 않기로 결정했다. 그 이후 우르에서 소 한 마리와 라마싸미 가우드의 아버지가 죽었다. 그런데 우리 일곱 명의 토띠 가운데 누구도 심부름꾼으로 혹은 무덤 파는 사람으로 불려가지도, 악대로 연주하라는 호출을 받지 않았다. 사냥꾼들이 우리 토띠를 대신했다. 네가 아는 사냥꾼이 아니라 포라이야타(Poraiyatta 경계의 여신이며 마을 영토의 수호자이다)사원 남쪽 길 들판에 사는 그들의 친척들이 우리를 대신했다.

요즘 사냥꾼들은 많이 변했다. 그들은 더 많이 문명화 되었다. 그들은 농사일 하면서 라디오를 듣는다. 그들은 자전거도 타고 다니고, 옷도 잘 차려입는다. 과거에는 하루 종일 논과 숲에서 일을 했다. 남자들은 아랫도리만 입고, 여자들은 무릎이 드러나는 짧은 속치마를 입고서 일을 했다. 그들은 쥐와 온갖 종류의 뱀, 그리고 통통한 도마뱀을 잡았다. 그들은 그것을 먹거나 다른 사람에게 비싸게 팔았다. 동물들의 가죽은 퐁디나 마드라스에서는 더 비싸게 팔렸다. 우리는 그들을 마을 안에서는 거의 볼 수 없다. 우르에서 드라우파디 축제가 시작되면 그들은 장뇌에 불을 붙이고 코코넛을 깨 신에게 바친다. 쥐, 전갈 또는 뱀에게 물렸을 경우 사냥꾼들을 찾으면 되었다. 그들은 약초와 액막이로 상처를 잘 치료했다. 그들은 숲을 보호하는 일곱 명의 여신들이 항상 함께하기에 힘을 지니고 있었다. 집 근처에 뱀 구멍이 있거나 집 주변에 뱀이 어슬렁거리면 사냥꾼을 찾아가면 된다. 그들은 뱀을 잠재우려고 약간의 물건들을 구멍 주위에 뿌린 후 쉽게 뱀을 잡았다. 나이든 사냥꾼들은 뱀을 유혹하기 위해 마구디magudi를 연주했다. 다른 사람들은 그렇지 않았지만 말야.[2] 바로 그럴 경우만 사냥꾼들이 필요했다.

우리는 논에서 일할 때면 멀리서 무리를 지어 걸어가는 그들을 볼 수 있다. 사냥꾼들은 자기 부인을 두고는 아무 데도 가지 않는다. 모두들 그걸 안다. 사냥꾼은 어디를 가건, 어떤 영역이건 간에 항상 아내를 데리고 다닌다. 왜냐하면 사냥꾼이 사냥하는 동안 여편네들이 세상 모든 남자들과 잠을 자기 때문이다! 그 여자들은 하루에 서른여덟 명의 남자와 잔다고 알려져 있다. 그 여자들은 코라반에서 레디, 그리고 파리아, 코무띠(Komutti 텔루구어를 사용하는 상인 카스트)와 가우드를 포함해서 어떤 카스트건 간에 모든 남자들을 유혹할 수 있다. 아주 눈 깜짝할 새에 말이야. 남편이 잠깐 눈을 감았다 뜨는 동안에도 그런다고 하더군. 그 여편네들은 신통하게 마을 구석구석을 잘 알고 있다! 신나암마, 아무한테나 물어봐, 같은 말을 들을 거야. 만약 일곱 명의 여신들이 사냥꾼들에게 뱀을 유혹할 힘을 주었다면 그 아내들에게는 세상 남자들을 유혹할 수 있는 힘을 준 셈이지! (웃음)

사냥꾼들은 자기의 전통적인 직업을 포기했다. 그들은 지금 우리들처럼 농사를 짓는다. 또 정부에서 지어준 가옥에 산다. 그들은 더이상 숲에서 사냥하지 않고, 하루 일을 마치고 우리처럼 일당을 받아 생계를 유지한다. 우리는 더 받으려고 다투지만, 그들은 받은 것에 만족해 한다. 그들은 무슨 일이든 가리지 않는데 심지어 우리가 해왔던 전통적인 일까지도 하려 한다. 봐, 올해 우르 사람들은 그들을 불러 시체매장을 시켰다! 나는 그들이 그것을 최대한 이용해 이득을 챙기길 바란다. 왜냐하면 그들도 돈을 많이 못 받으니까. 요전 날 사냥꾼 부인 중의 하나가 나에게 말했다.

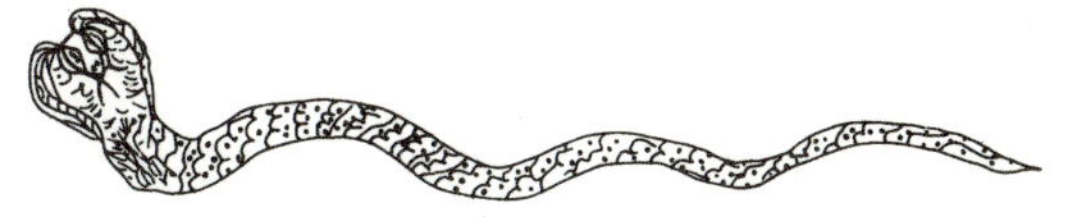

"들어봐, 벨파카따! 과거에 우리는 인구도 많았을 뿐 아니라 우리 친척들에게만 돈을 모금해도 일곱 여신에게 푸자를 올릴 수 있을 만큼 충분한 액수를 마련할 수 있었다. 그런데 지금 우리는 숫자도 줄어들었을 뿐만 아니라, 간혹 티루반나말라이Tiruvannamalai 근처의 카니유르Kanniyur에 있는 우리 일가들만으로 푸자를 올리는 경우도 있다. 우리는 예전처럼 바로 여기서 여신들에게 푸자를 올리는 것을 좋아한다. 봐, 아이들은 별 탈 없이 자랐지만 아직 귀도 못 뚫어줬다. 아이들 머리를 처음 깎아서 여신들에게 바치지도 못했고 말야. 만약 우리가 여기서 일을 한다면 레디아르 또는 가우드에게서 약간의 돈을 더 벌 수 있겠지. 바로 그 때문에 우리 남편들이 우르에서 일을 하기로 했다. 벨파카따 너도 의식행렬에 사용했던 나무로 만든 일곱 여신의 신상들이 들판 가운데 있는 관개펌프 창고로 옮겨진 것을 알고 있겠지. 그것들이 썩어가고 있어……"

그 늙은이가 살아 있을 동안에, 사냥꾼들은 세리에서는 안 했지만 우르에서 일곱 여신의 신상들을 의식행렬에 들고 다녔다. 한 남자가 머리에 카라감을 이고 앞장섰고, 여자들이 여신상을 어깨에 메고 운반했다. 그들은 노래도 했는데, 두 남자는 약한 박자로 드럼을 치면서 리듬을 맞추었다. 오! 정말 특별한 연주였다. 어느 누구도 다른 신 앞에게 그런 연주를 할 수 없을 거다. 그 소리가 들리면 우리는 그들을 보려고 달려갔다. 몽환경에 빠진 사냥꾼은 채찍으로 여자들을 항상 때렸다. 피가 튀었지만 여자들은 아무것도 느끼지 못했다. 채찍을 맞는 것은 여신들이었으니까. 여자들은 머리를 풀어 헤치고 황소처럼 숨을 헉헉대며 비틀거렸다. 정말 끔찍했다! 바로 그때 무아지경에 빠진 여자들 중의 하나가 노래를 부르기 시작했다,

"데이! 여기서부터 땅에서 파리아 냄새가 나는구나! 오! 너희 모두 여기서 달아나!"

그것을 듣자마자 앞줄에 섰던 사람이 등돌려 나오고, 뒷사람들도 재빨리 등을 돌리고 나왔다. 우리는 우리들의 존재와 더러움이 그 여신들을 노하게 할까 두려웠던 데다가 무엇보다도 채찍을 맞을까봐 무서웠다. 여신들이 우리를 대신해 채찍을 맞아주진 않을 테니까 말야! 채찍을 맞으면 우리는 살점이 조각조각 떨어져 나갈 거라고 생각했다!

요즘에는 그런 것을 하지 않는다. 티루라감에는 여전히 여신들의 축제를 정기적으로 기념하는 몇몇 사냥꾼 가족이 있지만, 요즘 시골도 문명의 영향을 받아 참여하는 사람들이 줄어들고 있다. 사냥꾼들의 부인들은, 신나암마, 네가 입고 있는 것처럼 발목까지 내려오는 예쁜 나일론 사리를 입고 이마에 큰 포뚜를 한다. 그들은 여전히 행렬 속에서 여신상을 어깨에 메고 운반하기는 하지만, 요즘에는 가족들이 농업노동자로 고용될 수 있는 이 마을 저 마을을 찾아다닐 수 있도록 한 곳에서 생활을 한다. 이제 그들은 정착을 했으니 말야! 의식행렬은 여전히 세리로 오지 않지만 우리는 그것을 좀더 가까이 다가가 보려 하고, 사냥꾼 여자들은 우리에게도 뭔가를 말해 주려고 멈춘다. 사람들은 일곱 여신들을 축원하는 노래를 부르고 신들의 자비를 구하며, 경배한다. 몇몇 사람은 아이들의 머리카락을 처음으로 자르고, 귀를 뚫거나 이름을 지어준다. 여자들은 행렬이 지나가는 동안

자비를 베풀어달라면서 여신들에게 오트밀을 올리려고 많은 돈과 곡식을
모금한다. 오트밀은 나중에 모든 사람들에게 나눠준다. 모든 병자들이 오
트밀을 먹으려고 뛰쳐나오는데, 병자들을 즉시 치료해준다고 알려져 있다.

그래서 사냥꾼들은 여신들에 대한 푸자를 아주 경건하게 수행한다! 왜
냐하면 그들은 여신들을 매일 접하기 때문이다. 매일 낮에는 목욕을 하고,
매일 저녁 해가 지면 북을 쳐서 불러낸다. 그래서 그들은 한낮이나 밤중에
도 숲 속이나 들판, 산 속에 들어가는 것을 두려워하지 않는다. 그곳은 일
곱 여신들의 영역으로 여신들은 사냥꾼들을 아끼고 보호해준다. 사냥꾼들
은 남녀노소 구분 없이 모두 구리로 만든 잎사귀에 일곱 여신을 그린 부적
을 차고 다닌다. 그들은 부적을 팔목에 두르는데, 심지어 사랑을 나눌 때도
차고 있다! (웃음) 어쨌든 그들은 우리보다 낮은 카스트로, 신나암마에게
말한 것처럼, 우리가 마리암만 축제에 필요한 오트밀을 모으러 다닐 때, 우
리네 남자 둘은 항상 사냥꾼처럼 옷을 차려입고 코라반의 어눌한 어양과
비슷한 사냥꾼들의 억양을 흉내내면서 모두를 한바탕 웃긴다.

"여자…들이여! 다…앙…신들…어어어디이에 지레에대를 두우었
지?"

그렇지만 신으로서 일곱 여신들은, 관대하고 인자한 우리의 신 페리얀
다반에 비해 훨씬 더 무시무시하고 한층 높은 청결성을 요구한다.

일곱 여신들은 하늘의 신에 속하지만 그들은 지상에서 태어났다. 그들
은 일종의 물의 정령들이다. 그들은 물과 목욕을 숭배한다. 옛날에 벨파캄
근처의 언덕은 아주 높았다고 하는데, 일곱 여신들이 몸에 바르려고 심황
뿌리를 언덕에 문질러서 산이 낮아졌다고 한다. 그리고 지금 언덕의 돌들
은, 신나암마, 네 뺨처럼 부드러워! 일곱 여신들은 몸매와 나이가 모두 같
다. 그 중에서 늙은이는 한 명도 없다. 그들이 누군가에게 신내림을 할 때
도 마찬가지다. 나이든 여자를 아예 고르지 않는다. 내 딸이나 신나암마 또

래의 사람들을 데려갈 거라는 거지. 만약 여신들을 진정시키지 않으면 여자들을 공격하는데, 그럼 우리들은 생리통이 아주 심해지거나 설탕 녹듯이 힘이 풀어져버린다. 그리고 마른 생선처럼 앙상하게 야위어 버린다. 임신한 여자들은 더 심하다. 임신부들은 일곱 동강이 될 위기를 감수해야 한다! 우리는 태양이 높이 떠 있는 한낮에도 나무를 모으거나 소에게 풀을 뜯기려고 들판에 있어야 하기에, 여신들이 사냥을 나가면서 춤추고 노래하는 소리를 듣는다. 만약 그들의 그림자가 길 위에서 우리를 스쳐 지나간다면, 그때는 우리가 살 기회를 얻는 셈이다. 그렇지만 만약 우리가 그들을 정면으로 보고 지나가면 그땐 다 끝장이다. 그들은 비쉬누의 안식처로 우리들을 곧바로 보내버린다! 모든 게 우리들의 신에게 달려 있다. 만약 우리들의 신이 우리를 보호하고 싶으면 그들과 맞서 싸울 수 있다. 하지만 우리들의 신이 그들 편을 들면 어쩔 도리가 없다! 한 번은 일곱 여신이 세리에 사는 열 명의 여자들에게 들이 닥쳤는데, 아무도 살아남지 못했다. 그 여자들은 죽을 때 모두 해바라기처럼 노래졌는데, 그것을 보고 우리는 일곱 여신이 그들을 덮쳤다는 것을 알았다!

여신들은 여자만 공격하는 것은 아니다. 그들은 자신들이 신내림을 하고자 하는 남자들에게 달려들기도 한다. 그들은 남자들한테 들어가 살면서도 석 달간 모습을 드러내지 않는다. 한번은 안자라이 아들이 신들린 적이 있었다. 그는 다른 소년 한 명과 같이 대지주 레디의 논에 물을 댈 관개펌프를 점검하고 있었다. 정오 무렵 그들은 노래 소리와 춤추는 소리를 들으며 자스민과 부드러운 장미향을 맡았는데, 강한 심황 냄새로 인해 머리가 어지러웠다고 했다. 심지어 키흐탄은 횃불이 깜박이는 것을 보았는데, "저기, 저기 여신들이 사냥 가네" 하고 혼자 말을 했다. 안자라이의 아들은 기절했다. 그 애는 키흐탄만큼 겁을 먹었다. 나중에 둘은 여느 때처럼 집으로 갔다. 다음날 그 애들은 열이 없었는데, 그것은 보통 귀신들릴 때 일상적으로 일어나는 일이다. 그렇지만 그때 정말 강하고 활동적이던 이 소년이 쇠약해졌다. 석 달이 지나 우리는 그가 노랗게 수척해지는 것을 봤다. 그의 손, 손톱, 발 모두, 그는 마치 노랗게 칠한 동상 같았다! 안자라이와 그녀의 남편, 친척들은 사냥꾼에게 달려갔다. 사냥꾼들이 그 소년에게 액막이를 했을 때, 그들은 그것이 여신들의 소행이며 그 애를 치유시킬 방안이 있음을 알아냈다. 바로 그런 일들이 우리가 사냥꾼들에게 요구하는 주된 일이다. 사냥꾼들은 우리에게 그게 무엇인지 말해주고 여신들에 대한 푸자를 수행할 것을 약속해 준다. 우리가 무엇을 해야 하는지 알고 나면, 우리 스스로 푸자를 할 수 있다. 그렇지만 그것을 수행하려면 숫총각이 필요하다. 세리에서 우리는 항상 봄마이칸누를 보냈다. 이제 그는 더이상 소년이 아니지만 독신생활을 고수하고 있었기에 계속 그를 보냈다. 게다가 그는 정말 용감해서 여신들이 있는 곳에 가는 것을 두려워하지 않았기 때문이다.

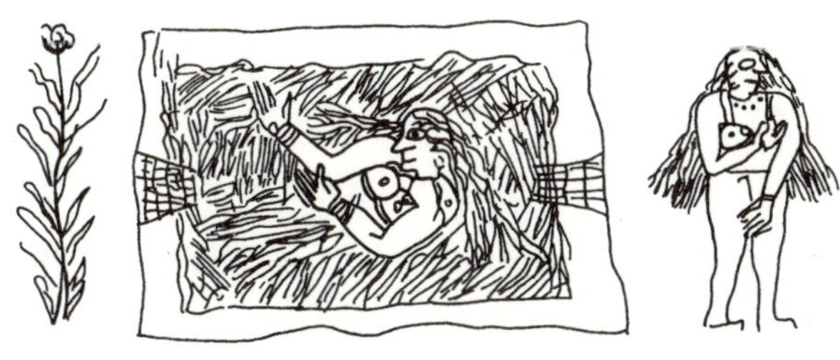

목욕하는 처녀

안자라이는 푸자를 위해 꼼꼼하게 일곱 개의 새 벽돌, 일곱 개의 베텔잎, 일곱 개의 빈랑자, 일곱 개의 꽃다발, 일곱 개의 토실한 심황 뿌리를 준비했다. 그리고 일곱 개의 동전, 팜 설탕 일곱 조각, 일곱 개의 쓴 사과, 일곱 개의 쓴 가시사과, 으깬 병아리콩 일곱 되, 쌀가루 일곱 되, 그리고 팜 설탕과 단 양파즙이 든 큰 단지도 준비했다. 봄마이칸누는 봉헌물이 든 바구니를 머리에 이고 강 넘어 멀리 아무도 가지 않는 숲 속으로 갔다. 그리고 거기서 그는 항상 해왔던 것을 했다. 그는 나무 밑에 바구니를 내려놓고 옷을 벗었다. 그는 허리에 찬 부적까지 뗀 채 완전히 발가벗었다. 그런 다음 벽돌 일곱 개를 꺼내 물로 깨끗이 씻었다. 그는 심황 뿌리를 갈아 가루를 만들어 벽돌에 뿌렸다. 그리고 벽돌에다 크게 붉은 표식을 하고 나서 꽃으로 장식했다. 그는 모든 제물을 진설하고 그 앞에 몸을 숙여 예를 갖추었다. 푸자를 끝낸 그는 일어나서 옷을 다시 입었다. 제물을 뒤에 남겨두고 그는 자기 소만에 매놨던 재를 챙겨서 즙 단지를 머리에 이고 그곳을 떠났다. 그가 푸자를 올리는 동안 안자라이의 아들은 마을 어귀의 강 근처 들판에 앉아 있었다. 봄마이칸누가 제일 먼저 그를 볼 수 있도록 말이지. 봄마이칸누가 안자라이의 아들을 보자 그는 그 애의 이마에 재를 묻히고 여신들에게 공양했던 즙 몇 방울을 입에 부어주었다. 그리고 나서 그 애가 가져온 작은 단지에 나머지 즙을 부었다. 그 아이와 가족 전부가 이레 동안 정오에 그 즙을 마셨다. 그렇게 해서 여신들은 안자라이 아들의 몸에서 떠났고, 그 애는 치유되었다. 만약 이런 절차를 무시했더라면, 그 애는 어려서 죽었을 것이다. 즉, 여신들이 데리고 갔을 것이다.

우리는 이 세상에 존재하는 모든 신을 믿을 수도 있지만 일곱 명의 여신, 카떼리, 만나르사미(Mannarsami 진흙으로 만든 린감으로 시바의 남근을 상징하는데, 이 린감 앞에서 지상으로 추방당한 카마치가 12년 간 명상을 했다)와 비란(Viran 이차적인 신격으로, 무섭고, 인육을 먹으며, 술을 즐기는 신이다. 신화에 따르면 시바의 장인인 닥샤가 모든 신들을 초대해서 푸짐한 희생제의를 하면서 시바를 초대하지 않자 그에 앙심을 품고 닥샤를 죽이기 위해 창조한 아들이다)은 불가사의하고 끔찍하고 위험한 존재들이다. 신나암마도 여기로 오는 길에 비란의 신상을 봤겠지? 너무 가까이 다가가 그를 보지마. 자칫 잘못하면 문제가 생기거나 유산하게 될 테니 말야. 그는 손에 술병을 들고 커다란 붉은 눈을 가지고 거대한 모습으로 서 있다!

그 곁에는 항상 여인상 하나가 같이 있다. 그들은 부부사이다. 아직 몰랐는가? 그들은 허벅지를 마주하고 있다. 그의 눈을 회상할 때마다 피처럼 빨간 눈이 떠올라 몸서리 쳐진다! 그 옆을 지날 때마다 나는 머리를 숙이고 두 손을 모아 공손히 예를 올린다!

카라니에도 비란을 숭배하는 사람들이 있다. 비란은 그 사람들의 집안 신이다. 비란에게 올리는 푸자가 있는 날 그 사람들은 비란에게 수십 병의 술을 바친다. 비란은 술 마시는 것을 엄청 좋아하는 신이다! 그들은 또한 염소, 수탉을 제물로 바치고 라기빵을 만든다. 일곱 여신처럼 비란은 더러운 것에 민감하다. 만약 생리 중인 여자가 비란을 모시고 있는 어떤 집을 방문하면 그때는 모든 게 끝장이다. 비란은 그녀를 설탕을 녹이듯이 녹여 버리고 수도꼭지를 틀어놓은 것처럼 생리를 계속하게 만들 것이다! 그리고 만약 그 여자가 임신했다면 그는 당장 유산하게 만들 거야!

내가 아는 또 다른 무서운 신은 만나르사미다. 그는 벨파캄에 있는 언덕 위 일루피illupie나무 숲 속에 산다. 그곳은 아주 멀리 떨어져 있어 맷돌 소리조차 들리지 않는 곳이다. 마을에서 아주 멀리 떨어져 있다. 그는 일곱 명의 무니(muni 파트차이얌마가 만든 일곱 명의 수호신으로 시바가 그녀에게 두 번째 저주를 내린 이후에는 카마치로 불렸다)중에서 가장 어리다. 여섯 명의 형들이 그를 먹여 살렸는데, 그는 다른 형제들보다 더 컸다. 그를 모시는 사원은 있지만 일곱 여신, 비란, 페리얀다반을 기리는 사원은 없다. 그러나 그는 무니이기에 숲 속에 그를 모시는 사원이 있다. 그는 세상과 담을 쌓고 숲에서 혼자 지낸다. 벨파캄에서 그의 죽제는 시띠라이Cittirai에서 열린다. 드라우파디가 카라니의 여신인 것과 마찬가지로 그 역시 시띠라이 마을의 신이다. 그렇지만 그는 무섭다! 임신한 여성이 그를 한번만 쳐다봐도 바로 애가 떨어져 버린다! 그래, 태아는 순식간에 바닥에 떨어질 것이다. 토띠는 북을 치면서 만나르사미의 축제를 알리면서 마을 전체, 우르와 세리를 돌아다닌다. 그는 어느 날 언제 만나르사미에게 제를 올리니 첫아이를 임신한 모든 여자들에게 친정으로 돌아가라고 말한다. 왜냐하면 만나르사미가 우리에게 공포를 몰고 오기 때문이다! 우리 파리아들은 그 축제에 발을 들여놓을 수 없기 때문에 멀리 비켜서서 그 축제를 지켜본다. 우리는 사원에서 멀리 떨어진 곳에다 별도로 퐁갈을 바친다. 우리는 만나르사미를 위해 따로 꽃을 준비하지 않지만 그가 욕심이 아주 많은 걸 알기에 병아리 콩과 흑색 편두 조각들로 만든 큰 화환을 바친다. 만나르사미는 바로 그 화환을 목에 두르고 있다! 그리고 사람들은 만나르사미를 염원하며 불 위를 걷는다. 마치 우리의 신인 드라우파디를 축제 때 그 사람들이 하는 것처럼 말이다. 여기서 사람들이란 물론 우리가 아니라 반니야르를 가리킨다. 신나암마는 세상 어디에서도 파리아가 불 위를 걷는다는 말을 들어보지 못 했을 것이다! 절대, 절대 그런 것을 못 보았을 걸! 봐, 정부는 하리잔을 위해 많은 일을 한다. 지금 내가 신나암마에게 말한 것처럼 파리아들도 우르에 거주할 수 있다. 심지어 돼지치기도 말이지. 그렇지만 그것이 불 위를 걸어도 좋다고 말하는 것은 아니다!

우리는 꿈에서도 불 위를 걷는 것은 생각할 수가 없다, 신나암마. 우리는 그것이 불가능하다는 것을 정말 잘 알고 있다. 불 위를 걷기에는 우리가 깨끗하지 못하니까 말야! 파리아들이 불 위를 걷는 다고, 절대 그럴 수 없다. 나는 이 칼리유감에서 그런 일이 일어나리라고 믿지 않는다!

어머니가 돌아가셨다

내가 벨파캄에 있는 만나르사미 축제에 마지막으로 간 것은 친정 어머니가 돌아가셨을 때였다. 사실대로 말하자면 엄마는 축제 바로 전에 돌아가셨는데 나는 벨파캄에 돌아가기 전에 축제날 애도의식이 오래 걸릴 것을 알았기에 계속 머물고 있었다. 어머니가 돌아가시기 전과의 세상은 완전히 달라진다. 내가 자란 마을에는 남동생이 아직 살고 있지만 지금 그곳은 거의 타향이나 다름없다. 우리 여자들에게 어머니의 존재는 시집을 간다 해도 매우 중요하다. 결혼하면 여자는 손님으로 친정 엄마를 방문해야 한다고 말하지만 세상 어느 엄마가 딸을 그렇게 대할 수 있을까? 규칙과 의무, 감정은 전혀 별개의 것이다. 어머니를 구하기 위해서라면 내 목숨이라도 주었을 테지만, 어머니는 죽음 앞에서도 당당했다.

내가 오랫동안 아팠던 적이 있다. 그때 엄마는 손자들에게 줄려고 쓴맛이 나는 오렌지를 묵힌 장과 검은 쌀 그리고 과자를 챙겨서 나를 보러왔었다. 그 해 나는 카사바를 약간 심었는데 엄마는 내가 티루라감에 있는 시장에 간 사이에 도로 옆 들판에 심어놓은 카사바를 둘러보러 갔다. 시장에서 돌아오는 도중에 안자라이를 만났는데, 그녀는 나를 보자마자 말했다.

"비람마, 어서 와! 당신 친정엄마가 들에서 돌아오다가 도랑에 빠져 일어서지도 걷지도 못해! 칸난이 당신 엄마를 업어서 당신 집에다 모셔놓았어"

곧 남동생이 엄마를 데리러 왔다. 엄마에게 찜질 치료를 했다. 그리고 오떼리빨라이얌Otterippalaiyam에 있는 접골사에게 데리고 갔지만, 접골사의 치료는 엄마에게 아무런 효험도 없었다. 그 뒤 얼마 되지 않아 엄마는 돌아가셨다. 그녀에게 있어 유일하게 재수 없는 일이 닥쳤던 것이었다! 엄마는 그때까지 눈도 밝고, 걸음도 잘 걷고, 이빨하나 빠진 것 없이 건강해 큰 병을 앓은 적도 없었다. 그 재수 없는 일이 있기 전까지는 엄마는 누구의 도움도 필요로 하지 않았다. 그런데! 죽음의 그림자가 그녀에게 드리워졌다. 죽음이 가까워 오자 엄마는 편안히 돌아가셨다!

엄마는 돌아가시기 전에 모든 준비를 했다. 남동생에게 사람을 보내어 자신이 곧 죽을 것임을 나에게 전하라고 했다. 벨파캄에서 온 사람이 그 소식을 가져 왔다.

"큰누나 빨리 와! 엄마가 '내 큰딸! 내 큰딸!' 이라는 말만 되뇌고 있어. 엄마는 누나만 기다려. 누나를 보는 게 엄마의 마지막 소원이야. 서둘러! 어서 와서 엄마의 소원을 들어줘!"

나는 빈손으로 갈 수가 없어 이들리와 도사이를 급하게 만들어 소식을 전해준 사람과 함께 벨파캄으로 갔다. 나를 보자마자 엄마는 내 손을 잡고서 말했다.

"비람마야! 드디어 왔구나. 나를 보러 올 짬이 있었느냐? 안반은 잘 있고? 그리고 순다리는? 내 사위는 잘 있겠지?"

엄마의 질문이 끝나고 나서, 나는 엄마에게 묽은 죽을 먹였다. 죽은 쌀가루를 여러 번 채로 쳐서 하얗고 고운 흰 가루로 만든 것이었다. 이 죽은 소화를 돕고 설사를 멎게 한다. 또 임종을 앞둔 사람에게 먹이는 음식 중의 하나이다. 이 죽을 먹고 나면 약간의 원기를 회복하게 된다. 나는 엄마를 씻기고 나서 올케와 함께 저녁을 지었다. 그런 다음 우리 둘이 밤새 엄마 옆을 지켰다.

내가 벨파캄에 간 지 이틀 밤낮이 지난 뒤 엄마는 돌아가셨다. 갑자기 엄마의 호흡이 거칠어졌다. 엄마는 나를 가까이 불렀다.

"비람마야! 옆으로 더 가까이 오너라?"

"네, 엄마!"

"비람마, 슬기롭게 살아라! 가족들을 잘 돌보고. 살아 있는 동안에 사위는 나에게 아무것도 바라지 않았다. 네 스스로 살 길을 찾아보고 동생에게 아무것도 바라지 마라. 내가 얼마 못살 것 같구나. 순다리와 안반의 결혼을 보지 못할 것 같구나. 마지막이 될 텐데 사위가 나를 보러 오지 않는구나. 비람마야! 비람마야!"

이것이 엄마의 마지막 말이었다. 내가 우유를 한 모금 마시게 하자 엄마는 조용히 눈을 감았다. 엄마의 부음을 전할 사람이 곧장 카라니를 향해 출발했는데, 그는 맨 먼저 남편과 시댁에, 그 다음으로 우리 친척들이 있는 곳에 가서 소식을 전할 것이다. 우리는 어머니의 두 가지 바람을 지켰다. 하나는 엄마의 시댁 식구들에게 알리지 않는 것이었고, 또 다른 하나는 아들이 아닌 사위가 해준 옷을 마지막으로 입는 것이었다. 이것은 엄마가 벨파캄과 카라니의 모든 세리의 언상사들에게 반복해서 밀했던 것이다.

"내가 당신들에게 말하건대 비록 오늘밤 내가 죽는다 해도 내 아들이 아닌 사위가 마련해준 사리를 입고 싶다!"

다른 곳과 마찬가지로, 우리 쪽에서는 물론 엄마의 친정 쪽에서도 부조가 오는 것이 관습이다. 즉, 시집간 딸집에도 부조를 보내야 한다. 예를 들어 내 남편이 죽으면 내 어머니 쪽과 딸들 집에서 우리 집으로 부조를 보내야 한다. 만약 내 사위가 죽으면 나는 부조와 함께 소만을 보내야 한다. 한 가족에 열 명의 딸이 있다면 각기 망자를 추도하면서 부조를 해야 한다. 이래서 사람들은 딸 낳기를 두려워한다! 정말 딸을 낳으면 비용이 많이 든다!

그래서 엄마가 돌아가셨을 때 여동생과 나는 엄마를 위해 각각 사리와 소만을, 남동생을 위해 어깨에 두르는 스카프를 가져왔다. 그리고 엄마의 소원대로 내 남편이 해준 사리를 입혀드렸다. 내 남편이 가져온 사리는 25루피짜리로 아름다웠다. 그는 부조로 쓰일 물품은 물론 나이얀디(naiyandi 젊은 파리아들이 자체적으로 조직한 악단으로 사랑노래와 우습고 풍자적인 노래를 주로 부른다) 악대와 장례 악대인 토띠를 불러 왔다. 카라니에서 많은 사람들이 조문객으로 왔다. 벨파캄 세리의 대표와 유지들이 화환을 바쳤다. 군중들이 집 앞으로 몰려들었다. 그래, 신나암마, 우리 어머니는 인자하고 사려 깊고 아량이 넓은 매우 친절한 사람이었다. 사람들은 엄마가 남편에게 학대받으며 살아온 것을 알고 있었다. 누구나 엄마의 용기 있는 삶을 알고 있었으며 얼마나 불평 없이 열심히 살아왔는지를 알고 있었다. 엄마는 존경받을 만한 사람이었다. 그녀는 사위의 면전에서 결코 대화에 끼어들지도 않았을 뿐만 아니라 그가 나를 모욕해도 아무 말도 하지 않았다. 식사시간에 나는 순다리에게 말하곤 했다.

"가서 할머니에게 식사 준비가 다 되었다고 말하렴."

그러면 엄마는 조용히 다가와 염소가 있는 구석쪽 잡동사니가 있는 틴나이 앞에 매우 불편한 자세로 말없이 앉곤 했다.

소식을 전할 사람이 떠난 후 남동생과 토띠는 판달을 세우는데 필요한 모든 것을 준비했다. 그들은 가능한 재빨리 대나무를 잘라 장례용 들것을 만들고, 새끼를 꼬고, 구덩이를 팠다. 나는 시신 씻는 일을 맡았다. 내 올케와 조카딸들 그리고 여동생들은 모두 젊어서 일이 서툴렀다. 이런 일에 경험이 없던 그들은 좀 당혹해 했다. 나는 다른 사람들이 엄마의 시신을 만지는 것을 원치 않았다. 무엇보다도 내가 큰딸이었으니, 그것은 내가 할 일이었다. 대개 사람이 죽은 후 곧바로 시신을 씻기지 않는데, 시신은 어머니의 친정에서 부조가 도착하고, 시신을 들것에다 내어놓기 직전에 씻긴다. 남편이 죽었을 경우에는 베텔을 교환하는 의례를 수행해야 한다. 미망인은 죽은 남편의 손에 약간의 베텔을 놓고, 장남은 그 베텔을 집어서 다시 그녀에게 준다. 이것은 결혼생활이 끝났음을, 사랑하는 사람과의 걱정 없고 유쾌하고 즐거웠던 시절이 끝났음을 보여주는 것이다. 그 다음에 남편의 남자형제가 미망인의 어깨에 새 사리를 걸쳐주면, 모든 사람들이 "고빈다! 고빈다!" 하고 외친 뒤 시신을 메고 나오면 악사들은 빠른 박자로 연주를 한다.

엄마는 과부여서 베텔 교환의식이 없었다. 그래서 우리는 엄마의 시신을 곧바로 씻길 수 있었다. 시신을 목욕시킨 다음 나는 음부를 쇠똥으로 막았다. 만약 엄마에게 남편이 있었다면 나는 긴 심황 뿌리를 사용했을 것이다. 내 남편이 가져오기로 한 사리를 기다리는 동안 흰 사리로 시신을 덮어 그녀의 이마에 나맘을 그렸다. 나는 코코넛 기름을 엄마의 머리카락에 바르고 기름이 잘 스며들도록 여러 번 빗질을 했다. 그런 다음 시신을 옮겨 사리로 막을 친 침대 위에 마련된 판달 아래 뉘였다. 나는 단번에 코코넛을 쪼개 장뇌 등잔을 만들었다. 우리는 장뇌 등잔을 엄마의 가슴에, 코코넛 조각을 발등에다 올려놓았다. 모든 여인들은 서로 포옹해주면서 엎드려 절한 다음 시신 곁에 둘러앉았다. 그리고 우리는 어머니의 생애에 대해 이야기하면서 곡을 했다.

갑자기 "띵, 띵, 띵" 하는 북소리가 들려오고, 꼬마들이 북 장단에 맞추어 춤추는 것이 보였다. 내 심장이 매우 빠르게 고동치기 시작하면서 눈물이 쏟아졌다. 잠시 후 다른 소리가 들려왔다. 멀리서부터 다른 북소리가 들려왔다. 내 가족을 맞이하라고 남동생이 보낸 벨파캄의 악대가 마을 입구에서 기다리다가 카라니에서 보낸 부조 물품을 들고 오는 시댁식구들과 같이 도착했던 것이다.

나는 시댁에서 오는 부조가 제대로 갖추어졌는지 걱정스러웠다. 왜냐하면 내가 큰딸이라 사람들은 내가 해온 부조를 가장 꼼꼼히 살펴볼 것이기 때문이었다. 나는 남편과 시댁식구들의 부조에 잘못된 것이 있을까봐 염려하였다. 부조를 든 행렬이 우리가 있는 곳에 오는데는 시간이 걸렸는데, 악대들이 망자의 집 근처에 도착하면 멈춰서 노래 두 곡을 부르고 다시 출발하기 때문이었다. 잠시 후 나는 랑가Ranga의 노래 소리를 또렷이 들었다. 내 남편의 부조가 도착한 것이다. 내 뒤를 이어 다른 여인들이 따라 나왔다. 나는 가슴을 치고 곡을 하면서 그들을 맞이했다. 수많은 사람들이 있었다. 내 큰동서가 사리를 들고 왔다. 막내 동서는 티루라감의 꽃장수가 만들었을 커다란 화환을 들고 왔다. 나는 그 사람이 장미와 웜우드 꽃으로 화환을 만드는 방식을 익히 알고 있다. 10여 명의 여인들이 나머지 부조를 운반해 왔는데, 채소, 쌀, 그리고 일곱 개의 새 항아리 등이 있었다. 소금과 물을 제외하고 장례 뒤 저녁 식사에 쓸 것들을 모두 가져왔다. 나는 여인들 뒤에 서 있는 내 남편과 20여 명의 세리의 유지들을 보았다. 카라니와 벨파캄 사이에는 직통 버스가 없다는 것을 감안할 때 그들은 매우 빨리 온 셈이었다. 그들은 수킬로미터를 걷고, 강을 건너서 왔다. 내 뒤에서 사람들이 "이리와 봐! 큰딸의 부조가 악대와 함께 도착했어!"라고 하면서 웅성거렸다. 나는 사람들이 만족스러워 하는 것을 보고 안도했다.

여인들은 행렬을 벗어나 부조로 가져온 물품들을 어머니의 발 밑에 내려놓기 시작했다. 나는 부조 속에서 야자 한 개를 들어 올려 깨트렸다. 조그만 장뇌 등잔과 야자 두 조각을 엄마의 가슴에 놓아두었던 접시에 올려놓고 흐느껴 울었다.

"아이고, 엄마! 이 세상에 나만 남겨두고 엄마는 이제 하늘나라로 가십니까! 내가 잘 살도록 보호해주세요!"

올케와 다른 여인들이 달려와 나를 팔에 안고는 애도가를 불렀다. 항상 하던 방식대로 까마귀 이야기부터 시작했다.

아이고, 까마귀가 나에게로 날아오지 않았구나!

까마귀를 본 사람들은 까마귀에 대해 아무것도 나에게 이야기해주지
않는구나!
아이고, 독수리가 나에게로 날아오지 않았구나!
독수리를 본 사람들은 독수리에 대해 아무것도 나에게 이야기해주지
않는구나!

까마귀는 항상 나쁜 소식을 전해 준다. 신나암마 집 앞에 까마귀가 한
번 이상 날아오면 손님이 올 것이다. 그러나 까마귀 한 마리가 날아와서
집 지붕에서 까악 까악하고 울거나, 두 마리의 까마귀가 입맞추고 있는 것
을 보았다면 이것은 나쁜 징조이다. 이것은 집안의 여인들이 울며 서로를
껴안을 것을 나타내는 것이다. 즉, 누군가 곧 죽을 것을 나타낸다. 바로 이
때문에 까마귀는 불행의 전령사라고 애도가 초반부에 언급된다.

우리가 노래를 끝낼 무렵, 벨파캄에서 온 악대가 연주를 시작했고 뒤이
어 카라니에서 온 나이얀디 악대가 연주했다. 나는 소년들이 목을 가다듬
고 북 칠 준비를 하는 소리를 들었다. 나는 그 소리를 들으려 곧장 달려나
갔고 뒤를 이어 다른 여인들도 따라 나왔다. 란감은 마치 여자처럼 옷을 차
려 입었다. 그는 찰싹 달라붙은 상의를 입고 있었다. 가슴에는 반쪽으로 나
눈 코코넛 껍질을 넣었는데, 코코넛 껍질의 돌기를 약간 남겨놓아 마치 유
두처럼 보이게 했다. 그는 허리 부근 사타구니 바로 위에다 소녀처럼 작은
치마를 두르고, 옷가지를 모두 한데 조여 쉽게 몸을 돌릴 수 있게 만들었
다. 그가 춤을 출 때마다 치마가 올라갔다. 물론 치마 밑에는 복대를 매고
있었다. 그의 화장한 모습은 완전히 여자 같았다. 얼굴에는 분가루를 칠하
고, 눈썹은 매우 예쁘게 잘 그렸고, 빨간 립스틱을 하고 예쁜 포뚜를 정수
리에 붙였다. 팔목에다 팔찌를 차고 진주장식이 된 벨벳 방울 술을 매달아
아름답고 두꺼운 주름장식을 했다. 그는 많은 찬사를 받았는데 정말 매력

적이었다. 그는 어떤 여인보다, 영화배우보다 더 예뻤다. 땅딸막한 비나야
간이 젊은 연인 역할을 했다. 그는 끝이 꼬여서 오른쪽으로 올라간 커다란
콧수염을 얼굴에 그려 넣고 빨간 터번을 둘렀다. 하지만 그들을 요상하게
생각하지 마라! 그들은 모두 안반의 나이또래이다. 잘 차려 입은 여섯 명
의 소년들은 모두 비슷한 키와 체격을 가졌는데 네 명은 악사이고 둘은 춤
꾼이었다. 하여간 그들은 지금 모두 결혼했다. 그들은 잘생겼고 여행도 많
이 했다.

오, 얼마나 리듬이 감미롭던지, 신나암마. 그들이 연주를 시작할 때의
그 리듬이라니! 그들은 바로 노래를 시작하지 않고 리듬에 맞춰 발로 박자
를 맞췄다.

　　헤이! 살락, 살락켓 살락, 살락칸
　　헤이! 살락, 살락칸
　　헤이! 살락, 살락
　　헤이! 앗차그, 앗차가탄, 틸라가탄

그들은 마치 타마린드 씨처럼 가볍게 뛰어올랐다. 그들은 금새 분위기
를 달아오르게 했다. 그들의 눈은 빨간 산딸기 같았다. 점점 사람들이 몰려
들었다. 세리에서는 아무도 일하러 가지 않았다. 소년은 '여인'에게 다가
가 희롱하면서 젖꼭지를 건드렸다. 그들 두 사람 모두 야한 자세를 취하면
서 목소리로 리듬을 끌어나갔다.

　　헤이! 알락, 에 틸락
　　헤이! 살락, 에 살락

그리고 나서 소년이 첫 구절을 시작했다.

나무들이 줄지어 있는 이 길을 따라서 걸어와, 난나, 어서
오, 처녀여!
산디페트Sandipet를 넘어서 오렴
오, 처녀여!
나무들이 줄지어 있는 이 길을 따라서 걸어와, 난나, 어서
오, 처녀여!
도망가자, 우리 둘이서, 콜라루Kollaru로

첫 구절이 끝나자 북 장단이 매우 빨라졌다. 춤꾼들이 연인들 흉내를 내면서 볼을 맞대고 입을 맞추면서 춤을 추었다. 신나암마도 보았겠지만 란감은 진짜 여자 같았다. 부드러운 살결로 비나야간을 흥분시켰음에 틀림없다! 그들은 서로를 애무하고 살을 부비면서 마치 황홀경에 빠진 것처럼 춤을 추었다. 발목에 찬 작은 방울들이 그들의 스텝에 따라 리듬이 점점 빨라졌다. 그들은 숨을 몰아쉬었다.

헤이! 아훔, 헤이! 아훔, 헤이! 아훔, 헤이! 아훔

마치 부부가 '그 짓을 하는 것' 처럼 그들은 춤을 추었다. 우리 여인들은 사리로 입 언저리를 가리고, 웃음을 참을 수 없어, 킥킥거리며 웃었다. 우리들이 웃는 모습을 보고 그들은 보다 야한 자세를 취하고는, '아차가트, 틸라가트!' 라고 외치면서 가슴을 올렸다 내렸다 했다. 두 소년들은 아름다운데다 야성미도 있었다. 그랬기에 그들이 하는 모든 역할에 잘 어울렸다. 그들은 내가 좋아하는 다른 구절을 노래하기 시작했다.

술집 옆, 헤이! 당신 엄마
난 귀리 밭에 김매러 갔다네

술집 안, 헤이! 당신 엄마
그는 자그만 탈리를 내게 매어주었네
헤이! 알라가타, 헤이! 앗차가타, 헤이! 알라가타, 헤이! 앗차가트

그리고 새로운 리듬이 보다 멋지게 다시 시작되었다. 모든 어린애들이 모여 그들처럼 춤을 추기 시작했다. 사람들이 모두 나왔다. 조금 과장하자면 이 광경을 보지 못한 유일한 사람은 망자뿐이었다! 시골에서 우리의 장례방식은 이렇다. 망자가 캄바땀이든 파리아든, 사람들은 망자의 친척들이 와서 매장을 할 때까지, 기다리는 동안 노래하고 춤을 춘다. 중요한 것은 생을 즐겁게 마감하는 것이다. 이것은 당신들이나 브라만이 하는 방식은 아니다. 당신 아버지의 죽음에는 아무것도 없었다, 신나암마. 나는 최소한 애도가라도 부르고, 당신을 내 팔로 껴안아 주고 싶었다. 그러나 입구에서 사람들이 말하길, "비람마, 비람마, 여기에는 애도가가 없구나!" 하는 것이었다. 그날 저녁 세리에서 내가 당신 아버지가 돌아가셨다고 말했을 때, 모두들 부조를 가져오고 악대를 부르려 했었다. 그러나 내가 "안 돼, 안 돼! 모두 조용히 해야 돼, 브라만들처럼!" 하고 말렸다. 신나암마, 평상시에는 나에게 노래를 부르라고 해놓고는 바로 그날에는 내가 당신 아버지를 위한 애도가를 못 부르게 해서 정말 슬펐다! 하지만 나는 이해한다. 당신은 고통스러워했고, 어쩔 수 없었다는 것을. 마치 브라만들처럼! 뿐만 아니라 거기에는 북소리도 음악도 없었다. 시신을 어깨에 둘러메고 마치 도둑처럼 재빨리 운반해 가버렸다! (웃음) 집을 떠나자마자 속도를 내 달리면서 멈추지 않고 소리도 없이 화장터에 도착했다. 우리는 장례 때 사람들을 즐겁게 하는데, 노래나 음악, 애도가가 없이는 어떤 장례도 하지 않는다.

장례는 혼인보다 더 즐겁게 치른다. 장례는 망자가 우리에게서 떠나기 전에 우리가 망자에게 바치는 일종의 선물이자 잔치이다. 우리는 다음 세상에서 다시 만나게 될지 알지 못한다. 그리고 장례에는 다른 사람들이 참

여할 뿐만 아니라 망자가족에게 있어 멋진 장례는 위세의 한 표현이다. 친구들, 친척들과 이웃들이 잔치를 알아 줄 것이다. 만약 신나암마가 그렇게 하지 않는다면, 그들은 말할 것이다.

"불쌍한 사람, 사방 천지 어디에도, 제대로 장례를 치러줄 사람도, 악대를 불러다 줄 사람도 없구나."

우리 파리아는 요란하게 자신을 드러내는 카스트이다. 당신은 우리 중에서 최고의 울음꾼을 발견할 수 있을 것이다. 이 마을에서는 서로가 서로를 잘 알고 있고, 장례가 있을 때마다 우리가 가서 노래부르고 곡을 하면서 망자에 대해 좋은 이야기를 한다. 우리는 또한 일상생활에서나 들판에서 일을 하면서도 이런 애도가를 부른다. 멋진 애도가를 알고 있는 여인은 다른 사람들에게 그것을 가르쳐 준다. 우리는 그 애도가를 발전시킨다. 우리가 새로운 애도가를 배우자마자 그 애도가는 바로 곡(哭)이 되고 노래가 된다.

어느 날 큰 레디아르의 모친이 사망했다. 세리의 우리 여인들이 접시를 가져왔다. 나는 레디의 부인을 팔로 껴안고 같이 울었다. 물론 우리는 타밀어로 애도가를 부르기 시작했고, 조문이 끝날 때마다 곡을 했다. 그러나 레디 집안의 여인들은 텔루구어(Telugu 안드라 프라데쉬 주의 공용어이며, 드라비다 언어 중의 하나)로 노래부르고 끝에 가서는 '아훔' 하면서 짧은 탄식만 하지 우리들처럼 곡을 하지는 않았다![1]

어쨌든 내 엄마의 장례식은 순조롭게 진행되었다. 나이얀디 악대와 토띠 악대가 번갈아 가며 연주를 했다. 젊은이들이 술 마시러 간 동안, 장례 악대가 다시 연주를 시작했는데 그들의 애도가는 사람들을 재차 슬픔에 잠기게 했다. 토띠들은 나이가 들었지만 그들의 춤은 그런 대로 괜찮았고 박자는 젊은이들에게도 어울렸다. 점차 술이 취하자 사람들은 모두가 한데 어울렸다. 장례에서는 상주뿐만 아니라 악대들까지 모두가 술을 마신다. 리듬과 알코올이 악대들을 고무시켰다. 그들은 노래를 했다.

엄마에게 키 작은 자작나무가 있었네
그 나무에 뻐꾸기가 둥지를 틀었네!
누군가 그 나뭇가지를 잘라 버린다면
우리 뻐꾸기는 어디에 둥지를 틀까?

작은 냄비에 버터를 담아 가는, 오, 외삼촌
오, 만마단 라티 양반, 오, 라티 앵무새같이 예쁜 사람*
우리 엄마를 위해 소리나는 우유 통을 휘젓고 있는 동안
우리는 장례식의 북소리를 들었네

*만마단Manmadan은 사랑의 신이며 그는 앵무새를 타고 다닌다. 라티Rati는 그의 아내이다.
수많은 노래가 이들부부간의 아름다운 사랑을 모델로 삼아 찬양하고 있다.

이것은 진짜 애도가가 아니다. 그것은 단지 망자를 위한 노래였다. 술에 취한 사람들은 우리들과 함께 애도가를 부를 수가 없었다. 그들은 망자의 삶에 대해 즉흥적으로 흥얼거리거나 머리 속에서 나오는 대로, 술기운에 취해 제멋대로 지껄였다. 악대들은 식사를 제공받고, 수고비로 각각 5루피씩 받은 데다 덤으로 3루피어치 술을 마셨다. 엄마의 장례에서 그들은 지친 기색이 없었다.

다음날 아침 가족 모두가 도착했을 때, 집안 모든 여자들이 참여한 가운데 일곱 개의 항아리로 시신을 두 번째 목욕을 시켰다. 목욕이 끝난 후 우리는 엄마의 시신에 내 남편이 가져온 아름다운 사리를 입혔다. 그 뒤 세탁부가 엄마의 시신 위에 하얀 소만을 펼치자 집안식구들이 쌀을 한 줌씩 놓았다. 그 쌀은 일가 친척들이 가져온 것이었다. 마지막으로 시신을 들것에 올려 도중에 흔들리지 않도록 잘 묶었다. 이때 나는 실신할 정도로 통곡을 했었다, 신나암마! 나 혼자 내버려졌다고 생각하니 슬픔이 치밀어 하늘

이 노래졌다. 내가 우는 것을 본 사람들은 더욱 슬픔에 젖어 서럽게 울었다. 엄마를 잃고 난 딸은 항상 슬픔에 잠겨 지낼 것이기 때문이다. 모두가 통곡을 했다.

"오, 아주머니! 이제 가십니까! 오, 큰 누님! 어디로 갑니까! 아이고, 할머니, 우리를 두고 어디로 갑니까!"

시신이 떠나자 우리는 마루에 앉아 길길이 날뛰는 악대를 선두로 한 행렬이 길모퉁이를 돌아갈 때까지 가슴을 치며 슬퍼했다.

행렬은 하리찬드란Harichandran신상 앞으로 갔다.[2] 시신을 운반하는 행렬은 그 신상을 일곱 바퀴 돌았다. 그런 다음 남자들은 손을 모아 합장을 했다. 그때 뭔가를 읽었던 것으로 생각된다. 토띠들은 하리찬드란 신에게 화장터로 가는 길을 내어달라고 청했다.[3]

매장 전에 남정네들은 구덩이를 세 바퀴 돌고 난 다음 시신의 머리를 북쪽으로, 발을 남쪽으로 향하게끔 하여 구덩이에 내려놓았다. 마지막으로 모든 사람들이 망자와 맺고 있는 관계가 끝났음을 고했다. 각자 한 줌의 모래를 시신 위에 뿌리며 그들이 어떤 관계였는지를 말했다.

"사위의 모래 한 줌! 장조카의 모래 한 줌!"

마침내 구덩이가 메워지고 무덤 형태가 만들어졌다. 마르고사와 덩굴나무 잎으로 무덤을 덮고 무덤 머리맡에 나뭇가지 하나를 꽂았다. 그런 다음 내 남동생이 불이 담긴 작은 항아리를 들고 무덤을 일곱 바퀴 돌고, 난 다음 그것을 땅바닥에 던져 깨트렸다. 화장을 한 사람들은 항아리를 불더미 앞에 던진다. 하지만 우리는 집안에서 처음 태어난 자를 제외하고는 매장을 한다. 왜냐하면 매장이 비용 면에서 덜 들기 때문이다. 우리는 망자들을 화장할 경제적인 여유가 없다! 의식이 끝나자 남정네들은 화장터에 있는 우물로 가서 목욕을 했다. 왜냐하면 카라니와 달리 벨파캄에는 강이 없기 때문이었다.

그런 와중에 우리는 쟁반에다 가져온 쌀과 채소로 아침 식사를 준비했

다. 엄마가 죽고 난 뒤 처음으로 빗자루를 들고 집 앞을 청소했다. 그 이상
의 집안일을 해서는 안 되었다. 물 항아리는 채워서도, 집안을 쇠똥으로 치
장해서도 안 되었다. 대문 앞에는 물 항아리 하나를 남겨 두는데, 이것은
화장터에서 돌아 온 남정네들이 발을 씻기 위한 것이다. 내 올케와 여동생,
내가 그곳에 앉아 곡을 하는 동안 다른 여인네들은 모든 준비를 했다. 식사
가 준비되자 큰 바나나 잎 위에 식사를 덜어 놓았다. 그 옆에다 엄마의 소
지품들을 놓았다. 옷가지, 베텔 주머니, 그리고 엄마가 좋아했던 모든 것들
을 내놓았다. 우리는 기름 등잔을 열엿새 동안 밤낮으로 켜 놓았다. 만약
그렇게 하지 않으면 영혼은 환생하지 못하고 악귀가 된다.

세리에 있는 하리찬드라 신상

이윽고 남정네들이 화장터에서 돌아왔다. 그들은 집안으로 들어오기
전에 발을 씻고 나서 이마에 재를 발랐다. 내 제부(弟夫)가 제일 먼저 그것
을 했다. 제부는 엄마의 보석들을 엄마가 입던 옷가지 옆에 놓고 기름 등잔
앞에 엎드려 절을 했다. 다른 사람들도 마찬가지로 엎드려 절을 하고 밤을
지새지 않을 사람들은 아무 말 없이 조용히 떠났다. 우리는 다른 친척들과
세탁부에게 식사를 대접했다.

이레째 되는 날 여동생과 내가 음식을 장만했다. 우리가 음식을 준비하는 동안 남동생 식구들은 기름으로 목욕을 했다. 음식을 대접하기 전 우리는 엄마에게 먼저 공양을 올렸다. 엄마가 죽은 자리에 큰 바나나 잎을 놓아 음식을 진설했다. 우리는 모두 엎드려 절하고 축원했다. 올케와 여동생과 나는 서로 껴안고 곡을 했다. 다른 여인네들이 이 광경을 보고 가세했다. 다음에 우리는 모든 사람들에게 차례로 식사를 대접하고 우유 공양 날짜를 정했다.

애도 의례가 끝나기 전날, 소식을 전해줄 사람이 전 가족에게 공양 날짜를 알리기 위해 길을 떠났다. 남동생은 아이에르에게 연락을 하러 갔다. 그래야 그들이 의례를 집전할 수 있기 때문이었다. 세리의 아이에르는 우리를 위해서는 장례의 마지막 의례를 집전하고, 우르의 다른 카스트들을 위해서는 장례식에서 북을 친다. 그들은 지주인 레디아르 집에도 가고, 기도서를 읽는 일을 하는 신실한 가우드 카스트에게도 간다. 이곳 세리에는 의례를 집전하는 사람도, 성서 같은 책을 읽을 수 있는 사람도 없다.

마지막 의례를 위해 우리는 몇 개의 쟁반에 약간의 쌀, 기름, 장뇌, 곡물, 콩, 커민, 참깨, 남동생을 위한 옷가지, 작은 항아리 열 개, 망고 나뭇가지와 푸른 잎사귀 등을 담아 벨파캄으로 다시 왔다. 우리는 또한 참깨로 만든 둥근 과자와 해와 달 모양의 케이크를 준비했다. 그날 오후 집 앞 천막 안으로 사람들이 몰려들었다. 모두늘 엄마에 대한 이야기를 했다.

다음날 아침 올케와 여동생, 나는 곡을 하려고 아침 일찍 일어났다. 두 명의 아이에르가 도착하자 남동생과 몇몇 사람들이 그들과 함께 화장터로 갔다. 아이에르 한 명은 마르고사 잎과 유액이 나는 잎사귀를 담은 항아리를 들고 갔다. 그는 또한 과자를 담은 쟁반과 쌀과 암미로 만든 필라이야르 상을 들고 갔다. 다른 한 명은 제의용 불을 피우는데 필요한 물품들과 물이 든 항아리 하나를 가지고 갔다. 첫 번째 아이에르가 우유 항아리, 과자를 담은 쟁반과 필라이야르 상을 무덤 머리맡에다 놓았다. 그런 다음 차례로 엎드려 절을 하고, 앞으로 나가 우유와 과자를 흩뿌리고 나서 목욕을 했다. 남동생은 머리에 터번을 두르고 어깨에는 소만을 걸치고 돌아 왔으며 다른 사람들이 그의 뒤를 따라 왔다.

우리는 하리찬드라 신상 옆에서 그들을 기다렸다. 보리수 아래에 1평방미터 정도를 쇠똥으로 청소하고, 주위에다 기름 등잔을 밝히고 장뇌와 향을 피웠다. 나락 한 말을 한가운데에 쏟아 부었다. 중앙에 물이 담긴 항아리를 놓자 두 번째 아이에르가 불을 피워 의식을 시작하였다. 우리 식구들은 모두 약지와 새끼손가락 사이에 푸른 풀잎 줄기를 끼우고, 다른 사람들은 풀잎을 허리에다 매었다. 한 사람씩 차례로 불을 향해 걸어 들어갔다. 우리는 각자 자기 이름을 말하고 나서 풀줄기 두 개와 약간의 곡물을 불 속에 던지고, 물 항아리 주위에 소 오줌을 흩뿌리고 나서 아이에르에게 동전을 주었다. 아이에르는 우리들 각자에게 만트라를 읊어주었다. 모두 끝마치자 남동생이 하리찬드라 신상 앞에서 코코넛을 깨트렸다. 남동생이 물 항아리를 들고, 우리 모두는 집으로 돌아왔다. 내가 예전에 말했듯이 항아리를 불임여인에게 주면 그해에 그녀는 임신을 하게 될 것이다. 그러나 우리들 중에 누구도 임신 못한 사람이 없었기 때문에 남동생이 집안 한가운데 기름 등잔 옆에 항아리를 경건하게 모셔두었다. 그런 다음 우리는 재빨리 바나나 잎을 바닥에 펴고 그 위에 채소, 쌀, 콩, 타마린드, 고추 그리고 1루피짜리 동전을 올려놓고 아이에르의 발 앞에 엎드려 절을 했다. 모두 절을 마치자 아이에르는 자신이 받은 것들을 챙겨서 떠났다. 신나암마, 이들은 우리들과 마찬가지로 파리아이지만, 우리를 위해 의례를 행하기 때문에 아이에르라 부른다. 그들은 집안에 자기들이 섬기는 신들을 모셔두고 있기에 우리는 그들을 공경한다. 그들은 생선과 닭고기는 먹지만, 쇠고기는 먹지 않는다. 우리는 창(槍)을 제외하고는, 집안에 어떤 신도 모시지 않는다.[4]

망자의 영혼

망자의 영혼은 열엿새째 되는 날까지 야마(Yama 죽음의 신이다) 왕국의 결정을 기다린다. 이 때문에 망자의 친척들은 망자의 소지품들을 망자가 숨을 거둔 장소에 모아 놓는다. 그동안에는 매일 망자가 생전에 좋아하던 음식을 마련하고, 밤낮으로 등잔불을 밝혀 둔다. 열엿새째 되는 날은 헤어지는 날이다. 영혼은 육체와 무덤을 떠나 야마가 부여한 새로운 삶을 향해 떠난다.[1] 내 죽은 동서의 경우를 예로 들어 말해보겠다. 동서는 다른 세상으로 가기 전에 자기가 살았던 집, 자기가 입었던 옷가지, 자기가 사용했던 그릇들과 우리들을 살펴보고 아무 말 없이 떠나갔다. 모든 것이 움직인 흔적이 있었지만 깨어진 것은 하나도 없었다. 그러나 우리는 야마가 내 큰시숙에게 채찍질하는 소리를 들었다. 한낮 즈음에 누군가가 급히 숨을 몰아쉬는 것 같은 소리를 들었던 것 같다. "아훔! 아훔! 아훔!" 하는 소리가 났다. 야마는 길에 서 있다가 집 뒤로 돌아갔다. 그곳에 매어져 있던 소가 풀어져 사방으로 날뛰기 시작했다. 내 큰시숙이 집을 한 바퀴 돌아서 북채나무 앞에 갔다. 북채나무는 잘라놓기라도 한 것처럼 부러져 있었다! 망자가 꿈속에 나타나 말을 해주기 때문에 우리는 야마가 망자에게 내린 결정을 어느 정도 알 수 있었다.

자살한 사람의 경우는 다르다. 그들은 악귀가 된다. 그것은 확실하다! 이곳 카라니에서도 여러 사람들이 자살했다. 그들 모두는 모히니Mohini, 부담Budam, 미니수프라얀 또는 카떼리로 변해 우리들을 괴롭히려고 오곤 한다. 그래서 이런 존재들에 대해 알고 있다.[2]

이것과 관련된 다른 이야기를 해 볼까. 이 이야기는 벨파캄 인근 마을 페룩카루르Perukkarur에서 일어났던 일이다. 어느 날, 그곳의 세리 사람들이 돼지 한 마리를 잡으려고 모였다. 그들은 축제 때문이 아니라, 그냥 돼지고기가 먹고 싶어서 돼지를 잡으려 했다. 비라마니라 부르는 한 남자가 돼지고기 요리를 먹은 후 집에서 쉬지 않고 해가 중천에 있는데 바보처럼 시장에 갔다. 돼지고기를 먹고 나서는 발을 외부로 노출시키면 안 된다. 그때는 남정네들이 들판이나 수로를 돌보러 나가지도 않는다. 그러다가 들판에 숨어 있는 악귀에게 얻어터져 중병에 걸릴지도 모르기에 누구도 감히 그러지 못했다. 그러나 비라마니는 시장으로 나갔다. 돌아와 밤이 되자 그는 식사를 하고 침대로 갔다. 새벽 무렵 그는 누군가가 자기를 부르는 소리를 들었다.

"어이, 비라마니, 일어났어? 빨리 논에 물대러 가자! 어서 우물로 가세."

비라마니는 고추밭에 물을 줘야 했다. 그는 자기를 부르는 소리를 듣고 늦었다는 생각에 곧바로 일어났다. 그는 재빨리 옷을 주워 입고 우물로 갔다. 그를 깨운 사람이 손에는 막대를 들고, 어깨에는 밧줄과 물 담는 가죽 부대를 짊어지고 앞장섰다. 당시에는 요즘처럼 펌프가 없어서 굴대가 설치된 우물을 이용하고 있었다. 먼저 도착한 그는 아무 말도 없이 굴대 위에 자리를 잡았다. 비라마니는 그를 따라 바닥에 자리를 잡았다. 그런 뒤 둘은 굴대가 있는 우물에서 물을 퍼 올리기 시작했다. 고추밭에 물이 다 들어갔지만 그 사람은 묵묵히 일을 했다. 물이 고추밭 옆, 가지밭으로 흘러 들어

가고 다시 세 번째 밭으로 흘러갔다. 굴대가 자동으로 작동이라도 하는 듯 그 사람은 굴대 위에서 재빠르게 오르락내리락 했다. 비라마니는 피곤함에 숨을 고르면서 우물이 완전히 드러나는 것을 지켜보았다. 그러다가 비라마니는 그 사람이 숨도 가빠하지 않고, 땀도 흘리지 않고, 어떻게 쉬지도 않고, 여러 시간 동안 굴대에서 작업을 하는지 의아해졌다. 비라마니가 한 일이라곤 가죽부대를 수로 입구에 갖다댄 것뿐이었다. 그는 외쳤다.

"파, 잠시 멈춰, 파! 오줌 좀 누고 하자! 잠시만 기다려!"

고추밭은 세리에서 멀지 않은 곳에 있었다. 굴대 위에서 그 사람이 잠시 일을 멈추자, 비라마니는 빨리 집으로 돌아와 몸을 숨겼다. 잠시 후 그 사람이 달려와서 문을 두드리며, "헤이, 비라마니! 돼지고기 요리 좀 줘, 어서! 내 생각은 하지도 않고 너만 배불리 먹었구나! 조금만 줘, 얼른!" 그러자 비라마니는 그가 무엇을 원하는지 알아채고 용감하게 말했다.

"여기 있다, 들어와 먹어라! 가까이 와!"

그자가 돼지고기를 잡기 위해 손을 뻗치자, 비라마니는 매우 예리한 칼로 손을 잘랐다. 그는 잘린 손 위에다 버드나무 광주리를 덮고, 광주리 위에다 무거운 맷돌을 올려놓았다. 다음날 아침 비라마니는 그 손이 아직 있는지 확인하려고 광주리를 열어보니 그 속에는 고양이의 앞발이 있었다. 다음날 밤, 비라마니는 자기를 부르는 소리를 들었다.

"비라마니! 내 손 돌려줘! 당신이 자른 내 손 돌려줘!"

비라마니는 사흘 밤낮을 손을 돌려주지 않고 겁에 질려 보냈다. 결국 용기를 내어 비라마니가 물었다.

"당신, 나에게 또 돼지요리를 달라고 할 텐가?"

"아뇨, 아뇨! 나는 두 번 다시 돼지요리를 달라고 않겠다! 당장 떠나겠다! 당신에게서 너무 좋은 돼지고기 냄새가 나서, 당신이 시장 갈 때 내가 따라 갔다. 돼지고기가 너무 먹고 싶었다. 지금 내 손을 돌려주면, 내 갈 길을 가서 다시는 돌아오지 않겠다."

비라마니가 고양이 앞발을 던져 주고 나자 그는 더이상 나타나지 않았다. 그는 아내와 다툰 후 자살한 건장한 남자였다. 그는 자신의 완전한 죽음을 기다리는 동안 미니수프라얀이 되었는데 경솔한 비라마니에게서 풍기는 돼지요리 냄새에 이끌려 비라마니를 따라왔던 것이다.

자살한 자의 영혼은 그들이 자살한 곳에서 항상 기다리고 있다. 우물에 빠져 죽었든, 나무에 목매달아 죽었든 간에 그 자리에 맴돈다. 우리 시골에서는 해가 중천에 있든, 해가 졌든 그 근처에는 가지 않는다. 자살한 사람이 나무에 목매달아 죽었다면 우리는 당장 그 나무를 베고 뿌리까지 뽑아 버린다. 그리고 나무는 잘라서 장작으로 쓴다. 목을 매단 밧줄은 석유를 부어 태워버린다. 한번은 우르에서 가우드의 딸이 이루어질 수 없는 사랑을 비관해 천장 선풍기 축에 목을 매고 죽었다. 대장장이가 선풍기 축을 떼서 그 축을 다른 데 쓰기 전에 녹여버렸다. 이렇게 하지 않으면 망자의 영혼이 자기가 죽은 곳에 남아 가족 전체를 괴롭힐 것이기 때문이다. 만약 집 바깥에서 자살을 했다면, 망자가 자기들이 먹을 것을 찾을 때까지 시체를 매달아두는데, 먹을 것을 찾지 못하면 그는 돼지처럼 아무리 오래된 음식이라도 먹을 것이다.

수년 전 우르의 한 여자가 독나무 열매를 삼켜 자살했다. 유부녀인 그 여자는 티루라감에서 온 총각과 바람이 나서 임신을 하게 되었다. 좀처럼 바깥출입을 하지 않던 그녀는 독나무가 있는 라기밭에 나갔다. 그곳에서 그녀는 몰래 열매를 주워담아 관목 숲으로 들어가서는, 그곳에서 열매를 가루로 빻아 피마자 기름에 타서 마셨다. 그런 뒤 그녀는 아무 일도 없었다는 듯이 집에 돌아와 잠자리에 들었다. 한 시간 뒤 그녀는 고통과 신열에 몸부림치면서 침을 질질 흘렸다. 겁에 질린 시어머니가 이웃사람들을 불렀다. 하지만 시골에는 어떤 일이든 지켜보는 사람이 있고 또 모든 일을 다 알고 있는 사람이 있기 마련이다. 카푸Kappu 노파가 와서 자기가 본 것을 이야기했다.

"오, 할멈! 내가 소에게 풀을 뜯기러 가다가 이 집 며느리를 봤다고 했던가? 라기밭 뒤 관목 숲에서 그 며느리가 독나무 열매를 빻고 있었는데 아마 그것을 삼켰을 것이네!"

이 사실이 알려지자 누구도 그녀를 집안에 두려고 하지 않았다. 그 불쌍한 년은 퐁디의 병원에서 죽었는데 아무도 시신을 집으로 데려오지 않았다! 그녀가 세리에 있었더라면 우리는 새똥을 탄 물을 마시게 하여 곧바로 구토를 하게 했거나, 약간의 구리를 푼 타마린드 즙을 마시게 했을 것이다. 이런 것을 마시면 먹었던 것을 다 토해낼 뿐만 아니라 해독까지 해준다. 불쌍한 년! 물론 그녀가 잘못을 하긴 했지만 생명을 구할 수는 있었을 것이다. 그녀의 가족들은 체면이 구겨지는 것을 원치 않아 그녀가 죽도록 내버려두었다. 이 일은 우르에서 불륜이 들통나면 어떻게 되는지를 보여주고 있는데, 수치에서 벗어날 길은 없는 셈이다. 하지만 그 불쌍한 년은 죽은 뒤 되돌아 와서 사람들을 괴롭히지는 않았다.

파운치처럼 아무 일도 하지 않고, 누구도, 어떤 일로도, 괴롭히지 않는 악귀도 있다. 파운치는 별명이다. 명망 있는 그의 부모는 아들을 수쿠마란이라 불렀지만 사람들은 배가 큰 그를 파운치라는 별명으로 불렀다. 이 이야기는 내 아들이 이질에 걸렸을 당시 어느 날 일어났던 일이다. 어려서 아직 잘 걷지도 못하는 아들을 데리고 나가서는 아이를 놀게 하고, 나는 집 뒤에 있는 공터 마구간에 앉아 아들을 기다리고 있었다. 갑자기 흰 물체가 내 눈에 띄었다! 나는 눈을 크게 뜨고 자세히 보려고 했다. 그것은 눈부시게 하얀 소만을 땅에 닿도록 입고 있는 남자였다. 가슴이 터질 듯이 방망이질을 해댔다. 나는 그가 암마포누의 남편 파운치임을 알아보았다. 그는 위 수술 후 퐁디의 병원에서 죽었다. 배를 갈랐을 때 공기가 내장으로 들어가 고통스러워하다가 죽었다! 그는 우르에서 알아주는 솜씨 좋은 목수였다. 그는 도마와 찬장을 잘 만들었다. 그와 암마포누 사이에는 아이가 없었다. 지금 그녀는 애인과 같이 살고 있다. 그런데 그곳에서 파운치가 나를 보고서 있는 것이 아닌가! 그는 미동도 하지 않았다. 나는 내 아들이 놀랄까봐 고함도 못 지르고 아무 말도 하지 않았다. 그는 매우 젊었는데, 소를 돌보러 가는 길인 것 같았다. 만약 아들에게 내가 본 것을 말하면 아들이 겁에 질려 먹었던 것을 다 토할까 두려웠다. 그러나 아들 파운치를 보고서 내가 놀랠까봐 아무 말도 하지 않았다. 마치 '내가 엄마에게 말한다면, 엄마가 무서워 고함을 지를 것이라 생각하는 것처럼!' 나는 아이의 손을 잡고 얼른 집으로 돌아갔다. 나는 즉시 장뇌를 찾아 등잔을 밝혔다. 그 등잔은 밤에도 바깥에 내놓지 않았던 것이었다. 바로 그날 밤 내 남편은 물 댄 논을 살피러 나가 들판에서 자야 했다. 저녁식사 뒤 남편은 랜턴을 들고 나갔고, 집에는 두 아이와 나, 셋이 남아 있었다. 남편이 나간 뒤 이웃 사람들이 자리를 들고 시간을 보내자고 왔다. 우리는 베텔을 씹으며 이야기도 하고 노래도 불렀다. 아무 일도 없자 나는 잠자리에 들기 전에 집 뒤를 살피러 나갔다. 파운치가 아직도 거기에 꼼짝 않고 서 있었다! 그때 나는 그를 보고 악을 썼다.

"신짝으로 패 줄 테니 이리와 봐! 어째서 여기까지 와서 나를 쳐다보고 있지, 응? 나에게 볼일이 있어?"

그런 뒤에 나는 다른 사람들에게 내가 본 것들을 이야기했다.

"당신들도 알 거야! 그가 나를 찾아올 이유는 없다구! 그는 나와 아무런 상관이 없다. 그는 세탁부네 집 너머에 살았고 나는 여기, 일반 거주지에 살고 있잖나!"

내가 고함을 지르자 그는 사라졌다. 그가 어떻게 사라졌는지 모른다.

다음날 그가 다시 오자 세리의 모든 사람들은 겁에 질렸다. 그러자 사람들은 파운치를 봤다는 것이 내가 지어낸 이야기가 아니라 사실임을 인정했다. 불쌍한 파운치는 자신이 만들다 그만둔 자기 물건들이 잘 있는지 보러 온 것이었다. 그가 살아 있었다면 그는 많은 돈을 벌었을 것이다. 하지만 그는 아이도 없었고, 인생을 즐길 줄도 몰랐다. 그런데 지금은 엉뚱한 사람이 그가 누려야 할 것을 즐기고 있다.

언젠가 나는 내 딸이 살고 있는 코라이유르에 머무른 적이 있었다. 딸네 집 바로 맞은 편에는 큰 우물이 하나 있었다. 나는 집안에서 깜박 잠이 들었다가 갑자기 우물가에서 작달막하고 거무스레한 남자가 서 있고, 우물에서 솟은 아름다운 목련나무가 그 사람 이마에 드리워져 있는 것을 보았다. 그곳에서 그는 나에게 열 손가락을 펴 보이며 말했다.

"오! 나는 당신을 떠나지 않을 거야! 내가 당신을 데려가겠다. 그래, 절대 너를 떠나지 않을 거라구!"

"이놈! 올 테면 와. 빗자루로, 신짝으로 패줄 테니까, 빌어먹을 놈아! 대체 어떤 놈이야? 내가 누군지 알고 그러냐? 나는 내 딸네 집의 손님이다! 만약 내 몸에 털끝이라도 건드리면 네 열 손가락을 분질러 버릴 테다!"

신나암마, 내 주위에 정적이 돌았다. 내 잠자리 옆에 있던 등잔은 밤새도록 탔고, 밥솥은 여전히 화덕에 있었고 쌀 두 가마가 담긴 통은 그대로 있었다. 다른 사람들은 잠들었다. 내 딸이 깨어나 사태를 알아챘다. 날이 새자 딸은 나를 벽돌장사인 무당에게 데려갔는데, 그는 마르고사 가지로 내 액풀이를 했다. 어쨌든 그 뒤 한동안은 괜찮았다.

왜냐하면 내가 그 거무스레한 놈을 다시 보았기 때문이다! 다른 날을 잡아 나는 껍질을 잘 벗기고 다듬은 타마린드 20킬로그램을 가지고 딸네 집으로 갔나. 미니얌마는 나에게 일노 낳이 못하게 하고 편안하게 대해 주었다. 그날 오후에도 나는 집안에서 쉬고 있었다. 그래 신나암마, 거짓말 하나도 안 보태고 말해주지. 주정뱅이 놈이 다시 나타났다. 썩은 사과처럼 시커먼 놈이. 이것은 진짜야, 신나암마, 손가락을 걸고 맹세할 수 있다. 그는 내 옷을 벗기고 내 음부에 가죽 방망이를 들이댔다! 내 온 몸이 비틀리기 시작했다. 나는 내 탈리에 대고 맹세한다. 나는 한마디 말도 할 수 없었다. 나는 말할 힘조차 없었다. 이윽고 나는 떨리는 목소리로, "미니얌마! 미니얌마! 그가 나를 깔고 앉았다. 그가 내 사리를 들추고 내 음부에 가죽 방망

이를 찔러 넣었어!" 미니얌마는 "내 큰시숙일 거예요, 엄마! 그는 이 동네
왈짜로 레디나 체띠 같은 유지들도 겁내지 않았어요! 난봉꾼인 그는 술 마
시고 노름하는 것이 업이었어요. 그는 고통받으며 죽었어요, 엄마! 엄마에
게 치근댔던 사람은 그일 거예요. 어서, 벽돌장수에게 가요. 그가 엄마에게
부적을 해 줄 거예요!" 하고 말했다. 이해가 가, 신나암마? 내 딸의 친 시숙
이 그였다니! 그는 아내와 두 아이가 있는데, 지금 그들은 옆집에 살고 있
다. 그러나 한때 그 시숙은 미니얌마의 집에서 살았다. 그 썩을 놈은 노름에
묻혀 살다가 술집에서 고통받으며 죽었다. 결국 그는 집에 돌아오지도 못
하고 거기에 묻혔다. 콧수염이 무성한 그 술취한 놈이 자신이 한때 살았던
곳에 와서 나를 범했던 것이다! 그래서 나는 다시 액풀이를 했다. 내가 항
상 몸에 지니고 다니는 이 부적은 그때 받은 것이다. 그때 이후 나는 남편과
같이 가든, 혼자 가든, 경사에 가든, 흉사에 가든 딸네 집에서는 잠을 자지
않는다. 나는 일이 끝나자마자 카라니로 돌아왔다. 이것은 내 아들도 모르
고, 알아서도 안 되는 일인데, 신나암마 당신에게만 이야기하는 거다. 나는
우리집 문 앞에 구덩이를 파서 그 놈이 들어오지 못하도록 구덩이에 암미
ammi를 묻었다. 나는 그 주정뱅이가 다시 와서 나를 범할까봐 두려웠다.
그 썩을 놈은 아내와 즐기지도 못하고, 인생의 즐거움도 누리지 못한 채 젊
은 나이에 죽었다. 그는 교통사고로 죽은 사람들처럼 모히니가 되었다. 모
히니는 무시무시한 존재이다. 그들은 소새끼처럼 사납다!

　　죽은 사람들이 모두 그렇게 되는 것은 아니다. 단지 자신들의 다르마
dharma를 제대로 수행하지 않은 사람들만이 그런 상태로 되는데 환생을
기원하는 동안 우리들을 괴롭힌다. 그들은 우리에게 자기들이 거기 있음을
알리기 위해 훼방놓고, 키나 신발 같은 물건들을 움직이게 한다. 중요한
것은 그들이 친척들보다는 친구나 아는 사람들을 찾아다닌다는 것이다. 이
것 때문에 우리는 그들을 소리 높여 욕하는 것이다.

"헤이, 이놈! 내가 빗자루로 패줄게 기다려! 네 엄마한테 가서 붙어라! 돌아가! 뭣 하러 이곳에 왔어, 우리를 괴롭히러 왔어?"

그래 바로 이런 식으로 그들에게 말해야 한다. 지옥에 있는 사람들은 바람소리와 어스름한 날씨를 무서워한다.

그러나 우리는 평범하게 죽은 자들은 무서워하지 않는다. 오히려 정반대이다. 우리는 그들을 많이 생각하는데, 그들은 항상 우리와 같이 살며 우리도 결코 그들을 잊지 않는다. 나는 지금도 새 옷이나 과자 등을 사면 집에 오자마자 내 자식들이 숨을 거둔 곳에 그 물건들을 내려놓는다. 장뇌 등잔을 켜놓고 내가 산 물건들을 죽은 애들에게 공양하고, 엎드려 기원한다. 그런 뒤에야 그것들을 다른 사람에게 주거나 내가 먹는다. 어떻게 내 죽은 자식들을 생각하지 않을 수 있겠는가? 우리와 같이 있을 때 그 애들은 이런 과일, 저런 과자를 먹었고, 이런저런 옷들을 입고 좋아했다. 이제는 그 애들이 죽어서 어디서 어떻게 되었는지 알겠는가? 좋을 때나 나쁠 때나 우리에게 망자는 신과 같은 존재이다. 어려운 시기가 닥치면 우리는 망자에게 도와달라고 기원한다. 일례로 내 딸 순다리를 결혼시키려고 필요한 비용을 준비했지만, 여전히 100루피가 부족했다. 나는 죽은 친정엄마, 올케 그리고 내 자식들 모두에게 빌었다. 나는 그들에게 말했다.

"아이고, 죽은 당신들 그리고 내 자식들아! 레디아르의 마음을 움직여 그가 우리들에게 별도로 100루피짜리 시혜를 하사하게 해주소! 순나리의 혼인식을 제대로 치르게!"

그런 뒤 나는 내가 원하는 것을 얻었다.

신나암마, 망자들은 다르마를 잘 수행했는데, 그들은 다르마의 선행으로 우리를 보호한다.

나를 보호하는 것은 내 부모의 다르마이고, 내 다르마는 내 자식들에게 좋을 것이다. 무엇이 다르마냐고? 다르마는 생활 속에서 올바로 행동하고, 정직하고, 정숙하고, 관대하고, 인내심을 기르고 칼리같이 되지 않는 것이다. 다르마는 겸손하고, 순종적이고, 사려 깊고 다정다감하게 사는 것이다. 다르마는 신중을 기하며 예의바르고 품위 있게 말하는 것이다. 즉, 다르마는 올바른 단어를 사용하는 것이다. 만약 내가 그렇게 행동한다면 사람들은 "제대로 된 여자군! 소녀 때 여기에 와서 성장해 열두 명의 자식을 낳고, 다섯 명의 손자까지 두고, 존경받고 명예로운 삶을 살았는데, 여기 화장터에서조차 위엄 있게 떠나는구나!" 하고 말할 것이다. 사람들이 나 자신에 대해 말하는 것이 곧 내가 수행하고자 하는 다르마이며, 그것은 내 아들을 보호해줄 그 무엇이라고 할 수 있다. 사람들은 내 아들에게 "이보게, 안반! 지금 자네 일 순조롭게 풀리는 것은 모두 네 어머니의 다르마 덕택이다!"라고 말할 것이다.

선행 또한 신나암마의 다르마를 수행하는 것이다. 신나암마, 당신은 나를 위해 그런 일을 해야 한다. 왜냐하면 당신은 그럴 여유가 있으니까. 그리고 당신은 이미 그렇게 했다! 여기! 신나암마가 내게 준 사리, 내게 준 돈, 나에게 한 것들이 모두 선행이다. 나는 신나암마에게 선물을 받았지만, 나는 당신이 준 것같이 선물을 할 수 없다. 그래서 나는 당신에게 내 마음을 전하고, 내 다르마를 신나암마와 함께 나누어, 내 다르마가 당신 남편과 아이들과 함께 가고자 하는 먼 나라에서도 당신을 따라다니며 보호해 줄 것이고, 그래서 항상 행운과 건강이 함께하기를 기원할 거다.

모든 사람은 이승에서 자신들이 해야 할 의무가 있다. 예를 들어, 당신이 내게, "긴장을 풀어요! 다리를 쭉 뻗고 앉아 몸을 편안히 해요!"라고 말한다고 치자. 글쎄 난 한번도 그런 적이 없다. 알고 있었나? 앞으로도 절대 그런 일은 없을 것이다! 당신에게 내가 엄마뻘이고 내가 마음속 깊이 신나암마를 딸로 느끼는 것은 전혀 문제가 되지 않지, 신나암마는 나보다 높은 카스트에서 태어난 사람이니 말야. 나는 당신을 존경해야 한다. 나는 신나암마가 말한 대로 편안하게 다리를 뻗어서는 안 된다. 그것이 내 다르마를 수행하는 것이다! 어느 날, 내가 당신 집 테라스에 앉아 함께 이야기하고 있을 때 신나암마의 아버지가 당신 편지를 가지고 왔었다. 그를 보자 나는 깜짝 놀랐다. 나는 일어나 사리로 얼굴을 가리고 머리를 숙인 채 구석으로 피했다. 그는 곧장 나에게 "그대로 앉아 있어, 비람마!" 하고는 계단을 내려갔다. 그가 보이지 않을 때까지 나는 가만히 서 있었다. 그것이 바로 존경을 보이는 것이다, 신나암마! 그가 나에게, "그대로 앉아 있어, 비람마!"라고 말했을 때 그는 아마 "이 사람은 미천하지만 존경할 만한 여자군. 거만하지도 않고" 하고 생각했을 것이다. 나에 대한 그런 좋은 평가가 곧 내 다르마가 되며, 그 음덕은 내 후손들에게 미칠 것이다.

다르마를 제대로 수행하지 않는 자는 존경심이 부족하다. 그들은 감정을 상하게 하고, 헐뜯으며, 다툼을 일삼는다. 이제 신나암마는 절제를 배워야 한다. 비록 우리 카스트 사람들은 언쟁이 잦지만 화가 난 순간에는 말을 삼간다. 어떤 여자가 자기 다르마를 제대로 수행하지도 않고 절제를 못하고 다투면 그녀를 두고 사람들은 말할 것이다.

"저 여자가 말하는 것 좀 들어 봐! 귀신은 뭐하고 저런 년 안 잡아가나, 저렇게 헐뜯기나 일삼는 추잡한 과부를! 구렁이가 저년 가슴에 둥지나 틀어라! 입안에 종기나 나버려라! 누가 저년의 탈리를 벗겨 버렸으면! 저런 년이 어떻게 바나나 잎에다 밥을 놓고 봉헌할 수 있겠어? 자식 잡을 년이다!"

다른 사람들이 퍼부은 말들은 자신의 업으로 쌓여 그녀의 자식들이 고통받게 될 것이다. 어떤 사람이 불치병을 앓거나 열심히 노력하지만 찢어지게 가난할 때 시골 사람들은 "도대체 그 부모는 뭘 한 거지? 그들이 지은 카르마(Karma 개인의 과거와 현재의 행동으로 개인의 운명에 영향을 끼치는 것이다. 그들의 행위가 다르마에 맞는다면 이롭고, 그렇지 않은 경우에는 해롭게 나타난다)를 이들이 대신 속죄하고 있는 셈이군!" 하고 말한다. 그리고 사람들은 일거리가 없는 젊은이들에게 "네 어머니가 다르마를 제대로 수행했다면 그 가호를 받을 텐데. 네가 일자리를 얻지 못한 것은 네 엄마가 할 일을 제대로 하지 않았기 때문이다!"라고 말한다. 그러나 젊은이들은 나에게

“저 늙은 여자는 아직도 옛날 이야기를 하고 있군!” 하고 흘려버린다.

요즘 젊은이들은 이런 것을 더이상 믿지 않는다. 그러나 중요한 것은 인생을 바르게 살아야 한다는 사실이다! 두고 보면 그들도 알게 될 것이다. 야마가 그들의 삶을 평가할 것이니까 말이야! 카르마로 인하여 신나암마는 부자도 될 수도 있고 길바닥에서 죽을 수도 있다. 그러나 신나암마가 길에서 죽었더라도 이승에서 다르마를 제대로 수행했다면, 당신은 시바의 왕국으로 갈 수 있다! 돈이 있으면서도 가난한 사람 등쳐먹는 자들을 봐. 그들을 위해 일하고 있는 우리를 모욕하고 제대로 임금조차 주지 않는 자들 말이야! 가난한 우리가 무엇을 할 수 있겠어? 우리는 그들에게 “오! 벼락이나 맞아 죽어라! 다음 생에는 개나 도마뱀으로 태어나라!”고 저주를 퍼붓는다. 말뿐이지만 말야. 그러나 이런 말은 그 후손들이 감당해야 할 카르마를 더 무겁게 쌓아 놓는다. 그리고 그들은 야마 왕국의 심판대 앞에서 신의 심판을 받을 것이다. 그들은 자기가 한 짓에 따라, 개, 당나귀, 말, 심한 경우에는 도마뱀, 구렁이, 카멜레온이나 전갈로 환생하게 될 것이다. 그러나 다르마를 잘 수행한 사람들은 시바 왕국에 가서 살면서 다시는 환생할 필요가 없을 것이다.

환생이야기를 하니 말인데, 나는 이스바란이 인디라 간디Indira Gandhi를 암살한 주정뱅이를 독사로 환생시킬 것이라고 확신한다! 인디라 간디는 우리 가난한 사람들을 위해 좋은 일을 했는데! 나는 그 소식을 듣고 눈물과 분노를 참을 수가 없었다! 우리는 우물가에서 항아리에다 물을 퍼담다가 그 소식을 들었다. 그때까지 그녀는 죽지 않았다. 라디오에서도 사람들이 울부짖고 있었다. 확성기가 설치되어 우리도 소식을 곧바로 들을 수 있었다.[3] 이곳과 우르에 임시 분향소를 설치하고, 인디라 간디의 대형 사진 주변을 큰 화환으로 둘러쌌다. 그리고 밤낮으로 향을 피웠다. 여인네들은 사흘 간 쉬지 않고 번갈아 가며 애도가를 불렀다. 우르에는 차량들이 줄지어 거리를 맴돌았다. 유지들은 레디아르의 집에 모였고, 다른 무리들은 교장의 동생인 가우드의 집에 몰려들었다. 나는 아들을 나가지 못하게 했다. 나는 아들이 티루라감에서 일어난 소요사태에 휘말릴까 걱정되었다. 그러나 퐁디와 카라니를 연결하는 교통로임에도 불구하고 이곳은 모든 것이 조용했다. 퐁디와 카라니를 오고가는 무리들을 제외하고는 별다른 일이 발생하지 않았다. 라디오를 통해 델리에서 싸움이 빈번하게 발생했다고 들었다.[4]

인디라 간디의 시신을 화장하고 재를 뿌리던 날, 우르에서는 볶은 이집트콩을 모든 사람에게 나누어주었다. 불쌍한 여사! 불쌍한 인디라 간디! 그녀는 우리를 위해 헌신했다! 사람들은 그녀의 경호원들이 암살에 가담했다고 했다. 신문에서는 그들이 폭력배 카스트라고 했는데, 아니, 비란처럼 짙은 콧수염과 수염을 기른 시크Sikhs 카스트라고 했다. 당신도 신문에서 그들 사진을 보았지? 신문에서는 몇몇 카스트의 이해관계 때문에 그놈들이 복수를 한 것이라고 했다. 델리에서 권력을 쥐고 있는 우리 여사에 대항해서 그 카스트들이 일어났던 것이다. 여자가 통치하는 것을 참을 수 없었던 그들이 여사를 죽였던 것이다. 나는 티루라감에서 인디라 간디의 장례식 필름을 보았다. 그때 나는 처음으로 극장에 간 거였는데, 그 영화를 보고 정말 많이 울었다. 붉은 사리와 온통 꽃으로 치장한 그녀는 정말 아름다웠다!

도둑질만 하는 사람들

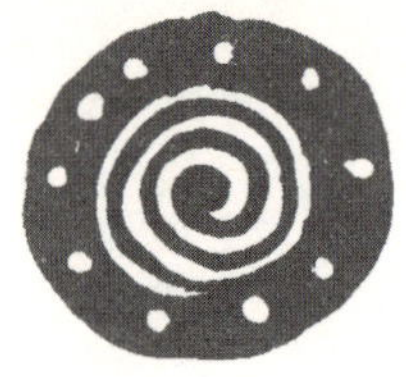

케프마리(Kepmari 도둑 카스트이며, 그들 중 일부는 지금 농부인데 스스로를 무다리아르Mudaliar라 부른다)는 도둑 카스트이다. 도둑질이 그들의 가업이다. 여인네들은 장터를 돌아다니며 특히 델리, 마유람Mayuram, 쿰바코남 Kumbakonam, 봄베이(뭄바이)와 마드라스(첸나이) 같은 대도시에 도둑질을 하러 간다. 남정네들은 수표를 소매치기 하거나 은행을 턴다. 여인네들은 사원이나 축제와 잔치가 열리는 곳에서 소매치기를 한다. 그들은 여러 언어를 구사하며, 도둑질을 하는 동안에 잘 차려 입고서 목걸이, 귀걸이, 팔찌로 치장해 돈 많은 한량처럼 행동한다. 실제로 그들은 정말 부자라고 할 수 있다. 상상이 잘 안 가겠지만 말이다.

카라니의 중심가에서 조금 떨어진 곳에 케프마리들의 거주지가 있다. 케프마리들은 논을 많이 가지고 있어 우리는 품삯을 받고 그들을 위해 농사일을 한다. 여인네들은 소고기를 먹지 않는다. 그들은 도둑질을 하기 며칠 전에 자신들의 신인 칵카빠딴Kakkappattan에게 푸자를 올린다. 성소는 강변에 있는데, 그곳은 맷돌이나 모터 소리도 들리지 않는 곳이다. 칵카빠

딴은 한번 보면 애가 떨어질 정도로 무시무시하다! 케프마리들은 그 성소에서 가족들과 함께 사흘 밤낮을 은신한다. 케프마리들은 신이 그들의 도둑질을 허락할 때까지 기다린다. 그들은 그동안 식사에 필요한 모든 것을 가지고 간다. 강에서 하루 세 번씩 목욕하고 옷이 젖은 채로 기다린다. 그들은 칵카빠딴이 말을 타고 가면서 혀로 탁탁탁 하고 내는 소리를 들으면, 집으로 돌아와 도둑질하러 갈 준비를 한다. 신의 허락을 얻기 위해서 한 달을 기다리는 경우도 있다.

대개 중요한 축제가 열리는 큰 사원으로 간다. 대부분의 사람들은 보석으로 치장한 그들의 복장을 보고 도둑일 거라고는 의심하지 않는다. 그들은 분명 약을 사용하는데, 사람들의 목과 팔에 스프레이를 뿌린 후 도구를 이용해 목걸이나 팔찌 등을 훔친다. 그들은 사람들이 미처 알아차릴 틈도 없이 눈 깜짝할 사이에 도둑질을 해치운다. 도둑질에 관한 모든 기술을 터득하고 있다. 도둑질은 그들의 생업이다! 귀금속을 소매치기해도 그들은 도망가지 않는다. 케프마리 중 몇 명이 도둑질 대상을 에워싼다. 아이들도 데리고 다니는데 애들 중 일부는 신나암마 아들만큼 어리다. 아이들은 훔친 귀금속을 약간 떨어져 있는 남정네에게 전해주는 일을 맡고 있다. 충분히 훔쳤다 싶은 생각이 들면, 그들은 천오백에서 이천 루피 정도의 보석과 현금을 가지고 마을로 돌아온다!

이들 여인네들은 정말 겁이 없다. 그들은 무슨 일이라도 할 준비가 되어 있다! 그들을 잡으려고 경찰들이 카라니에 여러 번 찾아온 적도 있다. 세리에 사는 우리 여인네들은 도로변에 나가 감옥으로 잡혀가는 케프마리들을 보기도 했다. 어떤 때는 그들이 불쌍하다는 생각이 들어 눈물을 흘리기도 했다. 경찰에게 저렇게 잡혀가다니 불쌍한 여자들이야, 정말 부끄럽네! 우리는 그들에게, "당신들은 맛있는 사탕처럼 아름다운데 도둑질은 왜 하는 거야? 왜 그런 일을 하지?" 하고 물어보고 싶었다. 그러나 그들은 전혀 개의치 않았다! 그들은 전혀 부끄러워하지 않고 경찰 차를 타고 천연덕

스럽게 경찰서로 간다. 그들은 경찰서에서 오래 있지 않을 거라고 했다. 이틀 뒤 그들은 마을로 돌아왔다. 누군가가 보석금을 내고 그들을 석방시킨 것이다.

어느 해인가 인디라 간디가 전국의 모든 도둑들을 체포해 버렸다![1] 그때 케프마리들은 경찰이 온다는 이야기를 듣고 벌벌 떨었다. 그들은 돈, 황금 동전, 보석 등 훔친 물건들을 재빨리 가지밭이나 땅콩밭에다 던져버렸다. 경찰이 떠나자 그들은 다시 그것들을 주워 모았다. 전부는 아니고 거의 다 주워 모았다고 할 수 있지. 왜냐하면 우리 쪽 두 사람이 금을 주워왔으니까 말이야. 발리는 당시 무슨 일이 일어났는지 몰랐다. 그녀는 그 근처에 소에게 먹일 꼴을 베러갔다가 햇빛에 반짝이는 반 파운드짜리 금화를 발견했다. 케프마리들이 와서 발리를 협박했지만 그녀는 금화를 돌려주지 않았다. 그녀는 "나는 이것을 훔친 것이 아니다. 누구의 지갑에서 빼 온 것도 아니다. 길을 가다 주웠을 뿐이다. 그러니 이것은 내 것이야!" 하고 대꾸했다. 그녀는 주운 금화로 딸의 혼수를 마련해주었다! 탄가벨루 역시 방가루 레디의 논을 갈고 돌아오는 길에 금목걸이를 주웠다. 그도 마찬가지로 돌려달라는 도둑들의 위협을 받았지만 돌려주지 않았다. 그는 금목걸이를 팔아 벽돌집을 지었다! 신나암마도 들었을 것이다. 그 집은 세리에 있는 유일한 벽돌집이다!

이것은 케프마리들이 무서워했던 유일한 사건이다. 그 뒤로 경찰들은 찾아오지도 않았고 그들을 체포해 가지도 않았다. 그들은 가우드가 고위층에 손을 써 그 이후로 경찰을 오지 못하게 했다고 말했다. 마을의 이름에 먹칠을 한 것이지. 그러나 만약 경찰차가 나타나면 특별한 케프마리 여인 한 명이 그들을 처리한다. 그녀는 일곱 명의 자식을 낳았는데도 수선화처럼 청초하다. 그녀는 경찰서장에서부터 형사반장, 경찰서기에서 방범들에 이르기까지 모든 경찰을 상대할 수 있다. 모든 사람들이 그녀를 알고 있다. 언제 내가 그녀를 소개시켜 줄게, 신나암마. 우르에서 누구도 그들을 고발하지 않는다. 우선 그들은 카라니에서 절대 도둑질을 하지 않기 때문이다. 그리고 또한 어려운 시기가 닥치면 그들은 한 사람씩 차례로 귀금속을 들고 나와, 금세공장이의 가격보다 약간 낮은 가격으로 가우드에게 팔아서 우르 내에서 돈이 돌도록 한다.

나는 품팔이 농사일로만 케프마리에게 가지만 아라이와 라르파이는 그 사람들의 파디알padiyal이다. 우리는 레디아르를 위해 일하면서 한 줌의 쌀이나 땅콩을 훔쳐도 겁에 질리는데 케프마리 여인네들은 어떻게 돈이나 귀금속을 훔치는지 궁금해하자, 아라이는 그것은 어떤 옷을 입는가에 달려 있다고 했다. 만약 다리를 드러내고 이런 식으로 옷을 입고 있다면 사람들의 의심을 받기에 충분하다. 도둑질을 시작하기도 전에 도둑으로 몰리고 만다. 그러나 그들은 도시에서 남의 집 대문 앞에 서성거린다! 그러다가 부잣집 대문을 두드리고 나서 물 한 컵을 청한다. 그런 다음 작업에 들어간다. 물을 마신 뒤 그들은 자기들은 먼 곳에서 왔다고 말하면서 잠시 밥을 먹을 수 있는 장소를 청한다. 잘 차려입고 보석으로 치장하고 남정네도 없이 여행하는 여인네들을 보고 차마 바깥에서 밥을 먹으라고 하지 못해 집 안으로 들인다. 그런 다음 그들은 격조 있는 대화를 나누면서 집안 곳곳을 살피며 어디에 무엇이 있는지를 파악한다. 일단 도둑질을 하고 나면 그들은 마을로 돌아온다. 집안에서 그들은 정말 온순한 사람이 된다. 그들은 자신들의 무용담을 이야기하면서 파안대소한다! 그래서 세리에 있는 우리 모두는 그들의 도둑질 방식을 잘 알고 있다!

당신은 무거운 짐과 망태를 들고 마을로 돌아오는 그들을 볼 수 있을 것이다! 그들은 버스 정류장에서 내려서 걷다가, 그 곁을 우리 남정네들이 마차를 끌고 지나가면 남정네들을 불러 자기 짐들을 2루피를 줄테니 집에까지 실어달라고 한다! 나도 한번 노파의 짐을 들어다 주고 3루피를 받은 적이 있다! 그들은 마을로 돌아오자마자, 모두 티루라감의 술집으로 간다. 나이든 노파라 해도 예외는 아니다. 그리고는 술을 엄청나게 마셔댄다. 탁자 위에는 빈 병들과 닭고기 요리, 계란 요리가 즐비하다. 내가 꾸며댄 이 야기가 아니야, 신나암마. 세리에 가서 아무나 붙잡고 물어 봐! 한번은 내가 시장에서 돌아오다 술집 앞에서 잠시 시간을 보낸 적이 있다. 그들은 술에 취해서 횡설수설하면서 웃음을 터뜨리고 있었다. 이런 광경을 보고는 그들이 도둑질에 성공했음을 짐작하는 것은 어렵지 않았다! 술집에서 우리를 알아보고 케프마리 중 한 명이 우리를 불렀다. 한때 아라이의 주인이었던 여자가 우리를 알아보았다. 그 사람은 나를 알아보았다.

"어이, 벨파카따 댁! 뭐라고 말했어? 내가 술 취한 것을 보고 있지, 그렇지? 우리와 한 잔 할래? 술 마실 줄 알지? 브랜디 마실래?"

"아니오, 아줌씨. 나는 술을 못 마셔요. 나는 가정주부이고 남편이 집에서 기다리고 있어요. 나는 당신처럼 술을 좋아하지 않아요. 그러나 대신에 2루피를 주면 내가 당신 생각을 하며 베텔 잎을 사서 씹을게요!"

그러자 그녀는 대뜸 2루피짜리 지전을 건네주었다.

며칠 후 케프마리들은 칵카빠딴에게 감사를 드리는 푸자를 준비했다. 그들은 닭 여러 마리와 염소 세 마리를 잡았다. 그리고는 퐁갈을 푸짐하게 요리했다. 그날 그들을 위해 잡일을 한 파리아들은 고기를 듬뿍 받아 가지고 왔다. 그들은 성소 앞에서 머리카락을 밀고 머리에다 목단향 분을 바른 채 트랙터에 식기류를 모두 싣고 돌아왔다. 그 다음에 쿠디야나르들에게 고기를 나누어주거나 보시를 했다. 쿠디야나르는 케프마리로부터 음식을 받아먹는다. 이 밖에도 케프마리는 드라우파디 축제에 드는 하루치 비용을 도맡는다. 그들은 자기들 방식대로 비용을 해결한다. 꽤 우스운 일이지.

오늘날에는 케프마리 중 절반 정도만이 도둑질을 생업으로 삼고 있다. 나머지는 마을에 머물면서 농사를 짓는다. 그들은 도둑질을 해서 모은 돈으로 논을 많이 장만했다. 아이딸람마Ayittalamma 사원[2] 뒤쪽의 논들이 전부 그들 소유로, 여러 개의 관개용 펌프를 설치해 농사를 짓는다. 그들은 농사를 잘 짓는 지주가 되었다. 소를 키우고 우유도 생산한다. 그들은 일을 손쉽게 하려고 레디아르나 가우드보다 임금을 조금 후하게 지불한다. 예를 들어 모심기에 레디아르가 6루피를 지불한다면, 그들은 일을 잘하고 솜씨 좋은 여인네들에게는 8루피 이상을 지불한다. 우리는 이런 조건을 주저 없이 수락한다. 우리는 레디아르에게 가서 일을 못가는 이유를 둘러대고, 누구든 간에 임금을 많이 주는 집으로 일하러 간다. 보통 그렇다. 그러나 이런 경우 항상 레디아르와 케프마리 사이에 언쟁이 벌어진다. 레디 카스트 어른이 케프마리들을 불러서 "인나빠(Innada, Innappa, Innaya, Innaga 남성을 사회적 위치에 따라 부르는 호칭으로 Innaga가 가장 존칭이며 Innada가 가장 비칭이다), 왜 일꾼들에게 그렇게 임금을 많이 주는가? 나는 들판에서 땀흘리며 돈을 벌었는데, 그런데 당신네, 당신네는 돈을 훔쳤어! 당신들은 돈을 어떻게 버는지를 몰라! 고생을 했더라면 그것을 알 터인데, 당신들은 쉽게 다른 사람들의 재산을 훔쳤어. 우리는 지금 김매는데 6루피, 들판에서 일하는 데는 10루피에서 12루피까지 지불하고 있어. 왜 우리에게 와서 모든 일의 임금을 의논해 결정하지 않는가, 응?" 하고 물었다.

케프마리는 머리를 긁적이며 말했다.

"진정하십시오! 내가 임금을 더 준 것은 잘못이지만 비가 오기 전에 해야 할 중요한 일이 있었기 때문입니다. 바로 그 때문이었어요!"

그것이 그들의 변명이었다. 올해 나는 아라이의 지주에게 반 에이커의 논을 임대해 달라고 요청했다. 나는 그에게 가서 "이르신, 당신은 아무 염려 마십시오. 나는 열 마리의 소가 있어 마차 열 대를 끌 수 있습니다. 나는 수수와 라기를 심으려고 하는데, 하지만 결정은 당신이 하세요. 내가 농사를 정말 잘 지어 당신들 몫이 충분히 돌아가도록 할게요!"라고 말했다.

그러자 그가, "두고 봅시다! 올해 우기가 끝난 뒤 결정합시다, 벨파카따 댁" 하고 대답했다.

신이 정해준 대로 살아야 한다

우리 식구들은 모두 큰 레디아르 댁에 고용되어 있다. 내 남편은 펌프를 관리한다. 레디아르 집에는 두 대의 펌프가 있는데 매일 물을 퍼 올린다. 나는 쇠똥을 모으고 마구간을 청소한다. 내 딸 미니얌마는 결혼하기 전까지 나를 도왔다. 순다리도 같은 일을 했는데, 지금은 내 며느리 암사가 이 일을 도맡아 한다. 안반은 소를 돌보는 일부터 시작했다. 지금 그 애는 내 남편과 함께 중요한 농사일을 하고 있다. 우리는 가진 논이 없기 때문에 농사일이 중요하다. 신은 우리에게 먹고 살라고 눈과 손만 주었을 뿐이다. 레디아르 댁에서 열심히 일하면 어느 정도 먹고 살 수 있다. 우리는 미니얌마와 순다리를 결혼시킬 때 발찌와 옷 몇 벌을 해 줄 수 있었다. 우리는 죽을 때를 대비해 장례비용도 모아 놓았다. 그리고 이 보석들은 나를 위해 샀다. 우리가 안반을 결혼시켰을 때, 레디아르 댁에서 금 탈리와 사리를 내 며느리 암사에게 선물했다. 레디아르에게 감사드린다. 레디아르 댁에 행운이 함께하길! 특히 논농사에 있어 행운은 중요하다. 우리는 걱정 없이 충분한 식량을 생산할 수 있도록 풍년을 기원한다. 레디아르는 매일같이 퐁디에 나간다. 그는 자기 집에서 하인으로 일하는 사람들을 믿고 쌀을 맡겨 둔다!

우르의 모든 카스트들 중에서 제일 상위 카스트는 레디아르이다. 비견할 상대가 없다. 그 다음 카스트로는 무달리아르, 나익케르(Naicker 농부이며, 반니야르 카스트 중 최상위에 있다), 가우드 등이 있다. 레디아르들은 손수 일하지 않고 다른 사람들에게 일을 시킨다. 일꾼으로 50명, 60명, 90명, 200명을 부릴 때도 있다. 레디아르 여인네들은 바깥일을 하지 않고, 외부 출입도 하지 않는다.

나는 큰 레디 댁의 모내기를 하려고 20명의 파라치를 불러모았다. 그들은 일당을 받는다. 4백 평방야드(약 1600여 평)에 모를 심으려면 네 명의 파라치가 필요하다. 우리가 레디아르 댁에서 일을 할 경우 우리는 노래를 부르지 않는다. 우리는 레디아르에 대한 존경의 표시로 입을 다물고 있어야 한다. 그들은 항상 들판에 나와 코코넛 숲 아래 또는 논 근처에다 방석을 깔고 양산 그늘 아래에 앉아 우리를 지켜보고 있기 때문이다. 큰 레디의 하인인 나는 작업을 지시하고 일이 제대로 되는지 상황을 점검해 "어이, 여기에 심어! 어이, 사로자! 저기 저 건너 쪽이 빠졌어!" 하고 지시한다. 점심 때가 되어 레디아르가 식사를 하려고 집으로 들어가면, 내가 먼저 노래를 시작한다. 남편들 다음으로 사람들이 존경하고 무서워하는 사람은 레디아르이다. 우리는 레디아르의 하인들이나, 다른 지주들은 다르다. 우리는 맘껏 노래하고 지주들도 그것을 즐긴다. 때때로 우리는 나익케르 댁에 일하러 가 농담을 주고받기도 한다. 심지어 우리는 그를 놀리기도 한다. 우리는 "옌나야! 당신 부인은 해마다 애를 낳는군요! 그녀가 개처럼 해마다 임신하게 되면 당신 정력이 고갈되어 아무것도 남지 않을 거요. 당신은 잘 녹는 버터나 커드조차 먹기 힘들게 될 거요. 더 가까이 와봐요, 아! 어서, 우리를 녹일 만한 정력을 원하면 쇠고기를 먹어요, 그럼 되요!" 하고 외친다. 이런 말을 듣고도 그는 웃어넘긴다. 이렇게 우리는 그와 농담을 해, 신나암

마. 그리고 우리는 하인으로 일하지 않는 다른 지주들과도 농담을 주고받는다. 나익케르는 농토를 많이 소유하고 있다. 그들은 약간의 토지를 소작하도록 내준다. 그들은 여러 대의 펌프가 있고, 마구간에는 가축들이 가득하다. 소와 염소도 많고, 우유도 많이 생산한다.

우리는 브라만(전통적으로 사제 카스트이며, 위계가 가장 높은 카스트이다. 타밀어로는 파빤Pappan으로 불려지며, 브라만 사제들은 주요 힌두 신들만을 모시는 사원에서만 의례를 집전한다)들과도 농담을 하지, 신나암마. 한번은 파빤(pappan, Pappar, 타밀어로 브라만을 일컫는 통칭)이 당나귀를 타고 지나갈 때 그를 조롱하는 짧은 노래를 불렀다.

파빤이다, 아디-파빤이 나가신다
웅덩이를 파서 물을 대는 사람
게 요리를 하려고 웅덩이에서 낚시를 하네
게 요리를 하려고 웅덩이에서 낚시를 하네
어린 처녀가 준 주스를 마시고는
바로 그날 밤, 달도 없는 밤
잠 못 들어 뒤척이는데
달 그림자 아래 포뚜를 한 그 남자
비라이가 오기를 학수고대하네!
난나, 난나, 나안나
난나, 난나나, 나나나나

이 노래를 듣고 그는 입안에 가래가 끓는지 언짢아하며 길바닥에 가래침을 뱉고 입가를 문지르더니 급히 지나갔다. 브라만이 게를 먹는 것을 본 적이 있나요? 그 소리만으로도 그들은 구역질을 한다! 브라만들은 사원답 이외에 거의 아무것도 없이 살고 있다. 우리는 그들을 위해 일하러 간 적이 없다. 그들은 오직 쿠디야나르에게만 일을 준다. 그래서 우리는 그들을 놀린다. 파빤은 레디아르 카스트의 혼인식, 조상에게 올리는 푸자, 그리고 이런저런 의식과 열엿새째 되는 날의 장례의례 등을 집전한다. 그들은 레디아르보다 더 낮으며 다른 고용인처럼 레디아르에게서 요리하지 않은 음식을 받는다. 그들은 신을 접하기 때문에 생식을 하고 순수한 상태로 있어야 한다. 그들은 대가로 받은 곡물들을 가지고 자신들의 집에서 요리한다. 하지만 우리는 요리된 음식을 받고 싶어한다. 그래야 요리할 시간과 비용을 절약할 수 있다. 어느 날 나는 브라만이 레디아르 댁에서 성화를 올리는 의식을 하면서 경전을 읊고 있는 것을 보았다.(웃음) 내가 창문을 통해 그 광경을 보고 있는데 큰 레디아르의 모친이 보고는 나를 쫓아냈다.

"벨파카따 댁! 여기서 나가! 여기서 나가란 말이야! 훔쳐보지 말고!"

우리는 그런 광경을 보면 안 된다. 레디아르와 브라만들은 텔루구어와 타밀어 두 가지 말을 한다. 채식주의자인 그들은 녹인 버터, 요구르트, 과일을 많이 먹고, 우유를 마신다. 시골에서 그들과 견줄만한 카스트는 없다.

카라니에는 레디아르, 무달리아르, 가우드, 우다이야르(Udaiyar 농부 카스트), 투룩칸Tulukkan, 바니얀(Vaniyan, Vaniyar, 기름을 짜는 카스트), 암바딴(Ambattan, Ambattar, 이발사 카스트로, 경사스런 축제에 악단으로 참여한다), 코무띠, 반난(Vannan Vannar, 세탁부 카스트) 등 여러 카스트가 있다. 세리에는 코라반, 사낄리(Sakkili, Sakkiliyar, 신기료 카스트이며 달리트 중에서도 가장 낮은 카스트 중의 하나로 간주된다), 반난 또는 탈라이야리talaiyari가 있다. 또 셀비파띠와 팍카누르에는 톰반Tomban이 있다. 누구도 그들을 카스트로 인정하지 않지만 말이다.[1] 그들의 주업은 돼지치기이다. 그들은 가축들과 함께 살고 있다. 톰반은 서열이 아주 낮지만, 신나암마, 내가 앞서 말했듯 그는 매우 부자가 되었다. 그가 키우는 돼지들은 새끼를 자주 낳고, 놓아기르니, 비용이 전혀 들지 않는다. 톰반은 돼지를 팔아 돈을 많이 벌고 있다. 어느 해인가 우리는 큰 싸움을 했다. 그 해 나는 레디아르 댁 소유의 아이야나르 사원 근처 땅을 빌려서 라기를 심었다. 어느 날 오후 문가에 앉아서 내가 머리에 기름을 바르고 있는데 신나빠야가 달려와 나에게 "아줌마! 아줌마! 톰반의 돼지들이 당신 라기밭을 헤집고 있어요! 얼른 나와 봐요! 얼른!" 하고 말했다. 나는 머리를 올려 한쪽으로 동여매고 신나빠야를 따라갔다. 부근에서 소를 먹이고 있던 사내애들이 돼지들을 발견하고 신나빠야를 보내 나에게 알린 것이었다.

"아줌마, 이것 보세요! 톰반네 자식들이 이곳에 아무도 없는 것을 알고 돼지들을 풀어놓고서 강에서 수영하고 있어요. 우리가 소를 몰고 지나가다 돼지가 밭에 들어가는 것을 곧장 알린 거예요, 아줌마!"

나는 화가 치솟았다. 나는 사내애들에게 그 돼지들을 잡으라고 했다. 그렇지만 그 더러운 짐승들이 얼마나 빠르던지! 돼지들을 쫓아 이리저리 달리다가 결국 놓쳐 버렸다. 톰반 집 애들은 멀리서 어떤 일이 벌어지고 있는가를 지켜보고 있다가 돼지들이 몰려오자 재빨리 물 속에서 나와 돼지들을 몰고 갔다. 하지만 신나빠야가 돼지새끼 한 마리를 잡아 말뚝에 묶어 두었다. 그러자 톰반 가운데 어른이 나타나 돼지를 돌보는 자기애들을 두들겨 팼다. 나는 그에게 "인나빠! 당신네 돼지들이 내 밭에 들어갔소. 돼지들이 내 곡식을 다 망쳤는데, 어떻게 할거요?" 하고 물었다.

그는 "제발 화를 푸세요. 나는 전혀 몰랐소. 고의로 당신 밭에 돼지를 풀어놓은 게 아니요. 다음부터는 조심하겠소!" 하고 대답했다.

"아니, 이게 당신, 할 말이요! 당신은 없던 일로 하자는 것 같은데. 당신 돼지가 내 작물을 망쳐놓았소, 그 좋은 작물들을 말이요! 보상하시오. 그렇지 않으면 레디아르 어른에게 가 고발할 거요. 모든 것을 그분이 결정할 것이요!"

나는 이렇게 톰반에게 응수하고 신나빠야에게 레디아르 어른한테 이 일을 알리라고 보냈는데 마침 그 어른은 낮잠을 자고 있었다. 신나빠야는 그 어른이 깨어나길 기다렸다가 사건의 전말을 고했고, 그 어른은 그에게 우유를 마시고 가겠다고 말했다. 그동안 우리는 새끼 돼지를 묶어두고 그늘가로 갔다. 나는 그동안 베텔을 씹고 있었다. 레디아르가 타고 오는 오토바이 소리가 들리자 나는 씹고 있던 베텔을 뱉어 버렸다. 나는 레디아르에게 다가가서, "인난가Innanga! 톰반의 돼지들이 내 곡식들을 망쳤어요! 내가 무엇으로 소작료를 지불한답니까? 어떻게 해야 될까요?" 하고 그의 의견을 물었다.

레디아르는 톰반을 향해 "인나빠! 뭐라 말해보지? 두 가지 방법이 있다고 보는데, 저 돼지새끼를 그녀에게 주든지 아니면 돈으로 보상을 하든지" 하고 말했다.

톰반은 두 다리를 꼭 모으고 두 팔을 가슴에 대고 팔짱을 낀 채(윗사람에 대한 공경의 자세) 레디아르에게 "제 잘못이지만, 제가 어떻게 하겠습니까? 고의로 그런 것이 아닙니다. 10루피 정도는 줄 수 있습니다. 다음부터 제 아이들에게 돼지를 절대로 밭에 들어가지 못하게 하도록 주의시키겠습니다, 사미!" 하고 간청했다.

그러나 나는 그럴 수 없다고 언성을 높였다.

"내가 이것으로 어떻게 소작료를 지불할 수 있겠습니까, 사미? 이런 피해를 입고 어떻게 라기 다섯 가마니를 지불할 수 있겠습니까? 나는 30루피는 변상 받아야 하겠어요!"

레디아르는 우리 둘을 진정시킨 다음 25루피를 제안했다. 그러자 톰반이 "저 돼지새끼를 당신 밭에 일하는 여인네늘의 임금으로 수시오. 나는 그만한 돈을 지불할 수가 없으니!" 하고 물러섰다.

그렇게 나는 돼지새끼를 끌고 집으로 왔다. 나는 신나빠야에게 1/2루피를, 사내애들에게는 각기 10파이세씩 나누어주었다. 그들은 칸님마의 가게로 몰려가 도넛을 사먹었다. 그래서 나는 돼지새끼를 기르게 되었는데 그놈은 아주 빨리 크고 살이 올랐다. 남편과 신기료 장수 셀밤이 돼지를 잡아 각을 떠서 티루라감 시장에 내다 팔았다. 그렇게 해서 톰반이 우리에게 제시한 변상금과 같은 25루피를 벌었다. 덤으로 우리는 돼지고기 요리를

먹었다. 셀밤에게도 우리를 도와준 대가로 돼지고기를 나누어주었다. 우리
는 돼지고기를 무척 좋아한다, 신나암마! 디파발리, 퐁갈 같은 축제 때나
카르티까이 달 축제가 다가오면 가끔씩 우리는 돈을 갹출하여 돼지 한 마
리를 사서 분배한다. 이것에 관한 짧은 노래가 있다.[2]

　돼지를 키운 사람은 라자 판디야
　돼지를 즐겨 먹는 사람은 트림하는 체띠라네

　돼지고기는 그 맛을 아는 사람이나 먹는 것이지, 돼지를 기르는 사람이
먹는 것은 아니다. 어쨌든 톰반은 부자가 되었고 이제 그들은 농부가 되었
다. 그들은 쌀, 사탕수수, 가지, 고추 등을 재배하는데, 일꾼들을 쓰려면 내
게로 온다. 그들은 부자가 되었지만 그들의 카스트 지위는 여전히 낮다. 쿠
디야나르들은 톰반에게 일을 하러 가지만, 그들에게 요리된 음식은 받지
않는다. 그렇지만 지금 세상은 모두 변화하고 있다. 이제 톰반은 우르 안에
서 살고 있다. 과거에 그들은 우리들보다 약간 상위였는데, 지금은 돈도 많
아 우리들 보다 훨씬 위에 있다! 그와 반대로 우리는 가난한 상태에 있었
는데, 지금은 이전보다 훨씬 더 가난해져 여전히 톰반에게 요리된 음식을
받고 있다.[3]

　지금 칼리에서는 돈이 최고이며, 돈을 어떻게 버는지를 알면 과거보다
카스트의 위치를 높일 수도 있다. 도시에서도 마찬가지이다. 어느 곳에서
나 돈이 모든 것을 좌우한다. 쿠디야나르를 보라. 과거에 그들은 레디아르
의 일꾼에 지나지 않았다. 그들은 레디아르 집안의 허드렛일을 하고, 머슴
들과 일꾼들에게 먹일 밥을 짓고 설거지하면서 부엌일을 도왔다. 지금 그
들은 우리들과 마찬가지로 농사를 짓고 톰반들에게도 가서 일을 해준다.
먹고살기 위해서는 돈이 된다면 무슨 일이든 해야 한다! 이들 쿠디야나르

들 중 한 가족이 마드라스로 이사를 갔는데, 우리 카스트에 속하는 처녀애가 그 집에서 가정부일을 했다. 도시는 우리들이 태어나 살고 있는 마을과는 전혀 다른 세상이다.

부자이면서 높은 카스트가 있는 것처럼 가난하면서 낮은 카스트들도 있다. 신은 부유하고 지위가 높은 카스트에게는 땅을 주고, 가난하고 낮은 카스트에게는 그 땅을 경작할 의무를 부여했다. 부유하고 높은 카스트의 의무는 우리들 팔리 파리아, 쿠디야나르를 고용하는 것이다. 그러나 쿠디야나르 중에서도 땅을 가진 사람들이 있다. 그 중에는 12에이커나 되는 땅을 소유한 자들도 있다. 그들은 품팔이를 하지 않는다. 다른 하위 카스트들은 각자의 생업이 있다. 그들은 우리보다 약간 높다. 왜냐하면 쇠고기를 먹지 않기 때문이다. 그들은 계란, 채소, 생선, 닭고기 등을 먹고 우리들과 마찬가지로 우유를 마신다. 그러나 육고기는 깨끗하지 않다고 여겨 버린다. 우유는 깨끗한 음식이다. 우리는 버리는 음식을 먹기 때문에 더러운 카스트이다. 이것이 낮은 카스트와 높은 카스트 간의 차이다.

카라니에는 우리보다는 높지만, 여러 부류의 낮은 카스트가 있다. 카라니에는 이발사 삼 형제가 있는데, 그들은 페루말 사원 옆으로 이사했다. 그들은 레디아르와 가우드를 위한 이발사이다. 그들은 머리를 자르고, 겨드랑이 털을 면도해주고, 손톱을 깎고, 기름으로 마사지를 해준다. 이발사들은 연꽃 연못 계단에서 주로 일을 하며, 레디아르들을 위해서는 직접 집으로 가서 틴나이에서 작업을 한다. 이 형제들은 우르 사람들에게만 이발을 해주지만 사나르Sanar와 사냥꾼들은 종종 이발사의 가위와 면도칼을 몰래 빌려 쓴다. 우리도 우리 이발사가 출타 중일 때는 가끔 그렇게 한다. 우리는 우르의 이발사로부터 몰래 면도칼을 빌려 쓰고 돌려준다. 사람들이 파리아와 레디아르가 같은 면도칼을 사용했다는 것을 안다면, 어휴! 큰 소동이 벌어질 것이다! 이것은 있을 수 없는 일이다! 그러나 세상일이 그렇듯이 한 이발사는 돈 몇 푼 또는 약간의 곡식을 받는 조건으로 가위를 빌려준다. 이발사들은 또한 사원의 악사이기도 한데 해마다 그 대가로 약간의 곡식을 받는다. 그들은 소녀들의 초경의식, 약혼식, 혼인식 때도 연주한다. 이발사는 경사스런 날에만 연주한다. 이런 일을 해서 얻는 것은 모두 부수입이다. 그들은 각기 다른 악기들을 연주한다. 제일 연장자는 오뚜(ottu 깊은 음색을 내는 관악기의 일종)를, 젊은이들은 나데스바람(nadesvaram 경사스런 날에 연주하는 커다란 오보에)을 연주하고, 꼬마들은 북을 둥둥둥 친다.

카라니에는 옹기장이가 두 집이 있는데, 그들은 이발사네 맞은편에 산다. 카스트 서열은 높지도 낮지도 않는데, 왜냐하면 레디아르에서 우리 파리아에 이르기까지 모두 그들이 만든 옹기를 필요로 하기 때문이다. 과거에는 옹기장이들이 칸지 3, 40그릇을 담을 수 있는 아주 큰 옹기를 만들기도 했다. 이런 옹기를 옮기려면 얼마나 힘들었겠는가! 누구라도 이런 옹기를 머리에 이고 들판에 내오자면 똥을 쌀 지경이었다! 지금은 기둥으로 고정된 대형 알루미늄 상자에 칸지를 보관한다. 두 명의 장정이 양쪽에서 들면 한결 쉽다. 옹기장이들은 과거에 비해 질그릇을 덜 만든다. 그들은 주로 물 항아리나 의례용 접시, 인형을 만든다. 나는 내 아이들이 결혼할 때 혼수로 그가 만든 그릇을 장만해주었다. 안반의 결혼 때 만든 물 항아리 장식은 정말 아름다웠다! 나는 그 대가로 옹기장이에게 곡물을 주었다. 그는 우리들보다 높은 카스트지만 우리가 주는 곡물도 받는다.

소목장이는 옹기장이 집 뒤에 살았다. 그들의 카스트는 가우드보다 낮다. 그들은 자신들끼리만 혼인을 한다. 바로 옆에는 목수들이 살고 있다. 이제 누가 남았나? 소목장이 집에서 나와 곧장 걸어가면 레디아르 댁 근처에서 대장장이 두 집을 볼 수 있다. 그들은 항상 주문이 넘쳐나는데 우리를 위해서도 일해준다. 추수철이 되기 전에 그들은 3, 40개의 낫을 주문 받는다. 그들은 오래된 날을 갈아주고 달구지를 수리하기도 한다. 대장장이가 만든 삼지창은 보리수 아래에 하나가, 우리가 사는 곳에도 하나가 있는데 아마 신나암마도 내가 멋지게 장식해 놓은 것을 봤을 거다! 나는 그 삼지

창에다 한번도 거르지 않고 푸자를 올렸고, 그곳에 장뇌 등잔을 밝혀두기
도 한다. 우르에서 집을 지으면 대장장이에게 창살, 경첩, 문고리, 우물 도
르래 등 갖가지 물품들을 주문한다. 대장장이는 낮은 카스트가 아니다. 그
들 가우드나 레디아르 집에도 마음대로 드나들 수 있다. 심지어 큰 레디아
르와 식사를 같이 하기도 한다. 나는 레디아르 결혼식 때 그들을 본 적이
있다. 대장장이 아들 중 한 명은 지금 교사를 하고 있다. 그는 퐁디에서 일
하다 여자를 만나 결혼했는데, 지금도 거기서 산다.

앵무새와 꽃으로 장식한 항아리

　　대장장이 맞은편에는 금 세공장이가 살고 있다. 옛날에는 두 집이 있어
큰집 작은집으로 불렸다. 큰집은 레디아르와 가우드가 주문한 탈리를 만들
고, 작은집은 우리를 포함한 다른 카스트들의 주문을 받았다. 그러나 작은
집은 눈속임이나 하는 자였다. 내가 직접 그런 일을 당했는데 귀고리를 수
선해 달라고 그 집에 맡겼더니 그는 그것을 번쩍이게만 하고 조금 가볍게
만들어서 돌려주었다. 다남도 그에게 탈리를 맡겼는데 이전보다 더 가벼운
탈리를 받았다고 했다! 그러나 우리는 감히 대놓고 불평을 못했다. 사람들
은 그들이 카라니에서 많은 사람들을 속이고 자기들에게 맡긴 금붙이에서
조금씩 금을 덜어 갈취했다고 한다. 그는 그런 식으로 돈을 벌다가 그 소문
이 퍼지자 어딘가로 이사가버렸다. 결국 그는 처가 동네에 자리를 잡았는

데, 거기서 시집온 비라니가 그 동네에서도 그 세공장이가 자취를 감추었다고 했다. 그 도둑놈이 어디에 사는지 아무도 모른다! 큰집 금 세공장이는 아직까지 카라니에 살고 있다. 그는 이전보다 일거리가 많아져 티루라감의 중심가에 조그마한 점포를 열었다. 지금 그는 직공을 세 명이나 두고 있다. 금 세공장이는 레디아르보다 카스트가 낮지만, 대장장이와 마찬가지로 레디아르 집에 마음대로 드나들 수도 있고 식사도 함께한다.

우르 입구 연못 근처에는 장사하는 두 집이 있는데 그들은 코무띠Komutti이다. 그들은 장사 밖에는 할 일이 없는데 어디를 가나 그들을 볼 수 있다. 신기료 장수와 레디아르처럼 그들은 텔루구어를 말한다. 그러나 그들은 레디아르는 물론 우리들과도 어울리지 않는다. 우리는 그들 집에 가지도 않고, 음식을 얻어오지도 않는다. 그들은 결혼을 축하할 때 신기료 장수에게만 베텔을 주며 그럴 때도 뒤에서 준다. 그들은 결혼식을 치를 때도 큰 소동 없이 조용히 치른다. 다른 모든 카스트들과 달리 그들은 아디 달에 결혼식을 한다. 나는 그들을 아주 좋아하는데, 왜냐하면 우리에게 상냥하게 말을 건네기 때문이다.

우르의 낮은 카스트 중에 세탁부를 빠뜨렸네! 세탁부는 네 집인가 다섯 집인가 있는데, 그 집들은 한데 붙어 있다. 그들은 당나귀 한 마리를 키우고 있다. 우르와 마찬가지로 우리 세리에도 세탁부가 있다. 그들은 우리들보다 지위가 낮은데 우리는 일의 대가로 그들에게 저녁밥을 준다. 그들은 가난하지만 해마다 마을축제를 담당하고 있다. 그들은 마이라루Mayilaru를 숭배하는데, 마일라루는 빨래통 안에 거주하는 신이다. 마일라루 축제가 시작되면 가족 중에서 푸자를 하는 사람은 목욕을 하고 새 옷을 꺼내 입는다. 그리고 나서 빨래통을 교체하고는 빨래통 앞에 장뇌 등잔을 밝힌다. 세탁부들은 퐁갈 축제 때 쌀 네 항아리와 코코넛을 받는다. 몇몇은 닭의 목을 따주거나, 드물지만 돼지를 잡아주기도 한다. 퐁갈 축제 때는 베텔, 바나나, 꽃이 끊이지 않는다. 그 모든 것들은 그들 손을 거쳐 제단으로 건네 진다. 레디아르가 우리들의 페리얀다반 축제에 기여하는 것과 마찬가지로, 우리도 그들의 축제에 기부를 하지만 우리에게 돌아오는 것은 아무것도 없다. 어쨌든 이것은 공평하다. 세탁부는 우리를 위해 일해주기에 그들의 축제 때 우리는 뭔가 기부를 해야 한다. 누구도 피할 수 없다. 세탁부의 아내인 아라이가 필요한 물품 즉, 곡식이나 기름을 걷으려고 바구니를 들고 나타나면 우리는 기부하면서 한마디씩 불평을 한다.

"당신들은 언제나 마일라루 신을 섬길 준비를 하면서도 왜 우리들 옷은 아직도 돌려주지 않아! 우르에서 세탁부같이 한가한 사람들이 없다. 이제야 일을 하네!"

그러면 아라이는 골목으로 가서 머리를 긁적이며 변명을 늘어놓는다. 비가 와서 옷이 덜 말랐다, 비가 오지 않아서 강에 물이 말랐다는 등 여러 가지 이유를 둘러댄다. 우리는 그들이 바친 공물을 나누어 먹지는 않지만 꼬맹이들은 이따금 받아먹기도 한다. 꼬맹이들은 항상 어떤 일이 일어나는지 궁금해 한다. 만약 푸자가 있다는 것을 알면 그곳으로 몰려간다. 그러면 세탁부들은 그들에게 약간의 퐁갈을 나누어준다. 꼬맹이들은 퐁갈이 달고 맛있어서 세탁부가 자신들보다 카스트 지위가 낮은지 어떤지 생각하지도 않고 그것을 얻어먹는다. 명심해야 할 것은 우르의 세탁부는 우리들보다 지위가 높으며 가우드보다는 아래라는 것이다. 나는 우르의 세탁부들에게는 항상 예우를 해준다.

사나르 역시 낮은 카스트에 속하지만 우리들보다는 한 단계 위인 카스트이다. 사나르는 레디아르와 마주칠 때 우리들처럼 공손한 자세를 취해야 한다. 그는 바로 일어서서 겸손하게 말을 해야 한다. 들에서 사나르와 파리아는 거의 동등하게 대화를 한다. 우리는 서로를 "어이, 큰언니 쿠뿌! 오, 큰오빠 칸난! 아저씨 비란!"이라고 부른다. 신나암마도 알다시피 내 친구 바나로자는 야자 주스를 판다. 우리는 서로를 좋아한다. 여름철이면 그녀는 매일같이 세리에 와 "야자 주스! 야자 주스!" 하고 외친다. 그녀는 내게 야자 주스 한잔을 주고 나는 그 대가로 나락을 한 포대 준다. 때로 추수가 줄어들 거 같으면 나는 우리 몫이 줄어들까 싶어서 그녀의 집에 나락을 한 두 포대 떨어뜨려 두고 온다. 바나로자는 그 나락을 잘 숨겨두었다가 다음 날 아무도 몰래 가져다준다. 나는 고마움의 표시로 나락 약간을 덜어 그녀에게 준다. 우리는 아주 잘 지내는데, 서로의 카스트가 달라도 개의치 않는다!

그리고 신기료 장수인 사낄리도 있다. 그들은 우리들보다 훨씬 천한 카스트이다. 신나암마도 피리 부는 셀밤을 알 거다. 그는 우리에게서 요리된 음식을 받는다. 결혼식이 있을 때면 우리는 그에게 쌀 한 포대와 1루피를 준다. 우리가 원할 때마다 피리를 부는 것은 그의 의무이다. 우리는 그들 집에 가서 술을 마시거나 음식을 먹지 않지만, 일상적인 대화는 나누면서 지내며, 길에서 만나도 서로 반갑게 대한다. 그는 종종 우리 틴나이에 앉아 이야기나 농담(그러나 버릇없게는 하지 않는다)도 하고, 베텔을 씹기도 한다. 그때 그들은 우리에게 "베텔 좀 주시오, 아주머니, 아저씨, 큰 누님" 하고 말한다. 늘 그런 식으로 그들은 말한다. 그러고 보니 신나암마, 잠깐 쉬었다 이야기해야겠네. 베텔을 씹고 싶어서 말야. 헤이! 여기 봐! 신나암마의 딸 꼬마 라지니Rajini 머리에 가르마가 두 개 있네. 가르마가 두 개면 남편이 두 명이라는데!(웃음)

아들아, 우리는 천민이다

어젯밤 바깥에서 이야기를 나누던 남편과 여러 남정네들에게, "오늘 아침 이 마을과 우르, 세리에 사는 모든 카스트에 대해 신나암마에게 이야기를 해주었는데 파리아를 빼먹었지 뭐야!" 하고 말을 건넸다.

그때 아들이 집안에서 나오면서, "하리잔이야!" 하고 정정했다.

"시끄러워, 그 이름은 절대 사용하지 않을 거야!"

"엄마는 고집이 세! 엄마 같은 사람들 때문에 우리가 마냥 이 상태에서 벗어나지 못하는 거예요!"

"들어가 이놈아, 너한테 물어본 게 아냐!"

그리고 나서 나는 남정네들을 향해 계속해서 말을 이어갔다.

"다른 카스트에 대해서 말하는 것은 쉬웠어요. 각 카스트마다 생업이 있고, 자신들만의 관습을 가지고, 다른 카스트들과 섞이지 않으면서 조화를 이루며 살고 있지. 그런데 우리는? 우리는 키나 광주리를 엮지도, 신발 수선도 못해요. 우리는 그들과 다른 카스트죠. 우리는 파리아라구요. 들에서 일하는 사람. 그런데 어떻게 해서 우리가 그렇게 되었는지를 아는 사람이 있나요? 지금은 세탁부와 신기료 장수까지도 들에서 일을 한다. 그런데 왜 우리만 파리아라고 불리죠?"

남정네들은 "우리가 안 하는 일이 뭐지? 그리고 우리의 악단이나 무덤 파는 사람들, 세금 징수원들은 도대체 뭘하지?" 하고 되물었다.

"오, 그렇게 너무 세부적으로 나가지 말고! 과거 조상시절에 누군가가 우리를 파리아라 불렀기에 그 말이 세대를 거치면서 우리를 부르는 말이 되었을 텐데. 아들아! 신나암마에게 숨길 게 뭐 있어? 그녀는 내 딸이나 마찬가지고, 네 누나와 같다. 나는 내가 살아온 이야기를 해 주고 있어. 왜 너는 나에게 파리아라는 말 대신 하리잔이라고 하라고 하면서 우리 카스트에 대해 말하지 말라고 하느냐?"

"아이, 엄마! 그녀는 백인과 결혼했고, 백인은 이런 것에 대해 알고 싶어하지 않아요!"

"예끼 놈, 여기서 나가. 너희 아버지하고 이야기 좀 하게!"

그러면 남편은 아들을 편들었다.

"그래, 네가 옳다. 만약 그 양반이 모든 것을 알게 되면 우리를 깔보게 될 것이다."

"여보! 자꾸 샛길로 빠질래요? 나는 왜 우리가 파리아로 불리는지 묻고 있는데 당신은 당신 아들처럼 왜 쓸데없는 이야기를 하고 그래요?"

그러자 남편이 대답을 했다. "당신도 알다시피 신이 해가 뜨고 지게 만들었다. 신이 이런 결정을 내린 거지. 인간이 그러지 않았다. 우주를 지배했던 마하크리쉬나Mahakrshina, 아디시반Adisivan, 비나야가르Vinayagar가 떠나자 신들은 나쿠란Nakulan, 사쿠란Sakulan, 아르주난Arjunan을 이 세상으로 보냈다. 그들은 세상을 삼등분 했다. 그러나 한 패거리들이 와서 그 한 부분을 훔쳐갔는데 이들을 파리아라고 불렀다더군. 나는 어른들에게 그렇게 들었다."

신나암마, 그날 아침 나는 무니얀 영감을 만나러 갔다. 그는 우리 세리에서 가장 나이가 많다.

"영감님, 사람들이 우리를 파리아라고 부르는데 왜 그런지 아세요?"

"들어봐, 벨파카따 댁! 태초에 신적인 존재가 우주를 다스렸다. 여러 유감(yugam 힌두 사상에 따르면 세상에는 네 개의 서로 다른 시대로 나누어져 있으며, 한 시대가 끝나면 다음 시대로 이어진다고 한다. 크리타유감(황금 시대), 트레타유감(은 시대), 드바파라유감(동 시대) 그리고 칼리유감(철 시대). 네 시대를 합쳐서 마하유감(거대 시대)이라 부르며, 432만 년에 해당된다. 비람마는 단순하게 그녀의 생애에서 한 시기 또는 한 세대를 나타내는 말로 사용하고 있다) 전에, 인간이 신에게서 우주를 이어받았다. 그 시절에는 카스트가 없었다. 글쎄, 정 알고 싶다면 두 부류가 있었다. 남자와 여자뿐이었지. 인간이 세상을 접수하자마자 세상을 어떻게 분류하느냐는 문제가 생겼어. 이전에 그런 것은 전혀 문제되지 않았다. 신들은 세상을 나누어 통치할 필요가 없기 때문이었어. 왜냐하면 신들은 온 세상에 동시에 존재했기 때문이다.

인간들이 세상을 분배하려고 하자 분쟁이 발생했다. 분쟁이 점점 추악하게 전개되자 인간들 중에 한 명이 물건들을 감추기 시작했다. 한 사람이 북을 감추려는 것을 보고는 다른 사람들이 외쳤다. "파라이야 마라이야데 Paraiya maraiyade, 어이 북을 가진 놈아, 감추지마."[1] 그때부터 우리는 파라이야르라 불렸고, 그 북을 훔친 도둑의 후손들로 천대받았다. 그놈의 자식이 아무것도 훔치지 않았더라면 우리는 모두 우르에서 나함께 살았을 것인데, 오! 왜 그 쌍놈들이 그것을 훔쳤을까? 그들은 자신들에게 몫을 나누어 줄 때까지 기다렸어야 옳아, 그렇지? 이 모든 것은 북 하나 때문에 일어났다! 그러나 벨파카따 댁, 이것은 우리의 운명이고 누구도 이것을 바꿀 수는 없다. 파리아는 더이상 존재하지 않는다고 외치는 정치인들도 마찬가지다! 알다시피 나는 머잖아 죽을 것이다.

나는 파리아로 태어났다. 내가 사는 동안 나는 내 의무를 다했고, 파리아로 죽게 되겠지. 아마 나는 내가 종살이를 했던 레디아르 댁 여인의 몸에서 다시 태어날 수도, 똥개로 태어날 수 도 있을 것이다. 누가 알겠는가? 내가 결정하는 것이 아니다! 파리아를 뜯어고쳐 다른 카스트와 함께 살게 하려고 노력하는 정치꾼들이 결정하는 것도 아니다. 정치꾼들은 우리가 살아오면서 지켜온 조화와 평화를 깨트리려는 자들이라고 신나암마에게 이야기해 줘. 모든 사람은 각자의 본분이 있는 거다. 머리를 잘 깎는 사람은 이발사 카스트가, 옷을 세탁하는 사람은 세탁부 카스트, 죽은 소를 만지는 사람은 신발장수가, 참기름을 짜는 사람은 기름 짜는 카스트가, 그 기름을 파는 사람은 체띠아르(Chettiar, Chetti 타밀 상인으로 상위 카스트에 속한다. 상업에 종사하는 많은 카스트들이 체띠아르라는 명칭을 사용하고 있다)가 되었을 것이다. 그리고 캄바땀이 되어 20여 명의 일꾼들에게 일을 시킬 레디아르가 된 사람도 있을 것이다. 이렇게 카스트가 만들어졌다."

"영감님, 영감님이 말한 것과 지금 여기 젊은이들이 있는 칼리유감과는 달라요! 내 남편은 파리아라는 말조차 듣기 싫어해요! 당신도 잘 알 거예요! 당신은 우리가 아무것도 모르고 철부지였던 시대를 살아왔어요."

"내 시대는 지나갔다, 벨파카따 댁! 세상은 이제 다른 사람들의 몫이다. 나는 조용히 살고 있다. 당신이 유일하게 나를 찾아와서는 혼란을 주는구나."

나는 그에게 베텔 두 잎과 빈랑자 세 개를 주었다. 이것이 우리 방식이다, 신나암마! 어제 저녁 내가 우리 카스트를 빼먹고 이야기한 것이 떠올라 당신이 물을 줄 알았다. 당신은 항상 이유가 무엇인지를 물으니 말야! 나는 당신이 왜 우리들이 파리아라고 불리는지 물을 걸 짐작했다.

말하자면 나는 우리가 왜 파리아로 불리는지 몰랐다. 그래서 나는 다른 사람들에게 물어 그 이유를 알아냈지. 나는 우리가 제대로 개명되지 못해서, 우리 이빨이 지저분해서, 우리가 베텔을 씹기 때문에, 우리가 밥을 흙사발에 담아 다니기 때문에, 우리가 청결이라든지 옷에 무관심해서라고 생각했다. 오늘날의 우리 아이들은 이렇지 않다. 계집애들은 나일론 사리를 입고 사내애들은 인조견 셔츠를 입고 있으며, 흙사발도 알루미늄으로 바뀌었다. 수바Subba는 나무 궤짝을 더이상 만들지 않는다. 그도 다른 사람과 마찬가지로 시장에서 철제 가방을 구입한다. 우리는 손발과 얼굴을 씻을 때 비누를 사용하며, 머리에는 시카카이를 바른다. 그런데도 우리보고 여전히 불결하다고 한다.

신나암마! 비누도 우리들의 불결함을 씻어 내지 못한다. 나는 바로 이런 점들에 관해 정당 모임이나 졸졸 따라 다니는 멍청한 내 아들 안반에게 잔소리하는 거다. 우리가 꼴이 다소 나아졌다고 해서 우리가 다른 사람들 집에 버젓이 드나들 수 있는 것은 아니다. 들판이나 우물에서 우리 손이 다른 사람들의 물동이에 닿기만 해도 여인네들은 여전히 그 물동이를 들어올리기 전에 여러 차례 헹군다![2]

내 아들은 옛날 조상들이 살던 시절에는 카스트가 없었다고 했다. 사람들은 모두 함께 모여 살았다는 말이다. 어느 날 마을 사람들은 마이람Mailam의 무루간 사원에 갔다. 그런데 그들 위를 선회하던 까마귀가 뼈다귀 하나를 사원 안에다 떨어뜨렸다. 선두에서 걷고 있던 사람이 멈춰서서 뒤돌아보고 침을 뱉으며 "퉤, 산얀Sanyan, 퉤 퉤!"라고 말했다. 뒤따라가던 사람은 그것이 소 뼈임을 알아보았다. 그는 그것을 주워서 멀리 던져 버렸다. 첫 번째 사람이 이것을 보고는 "무루가Muruga! 무루가! 네가 파리아다!"라고 말했다. 무루간은 즉시 사원을 떠났고, 그 사원은 오늘날 폐허가 되었다.

무루간은 사제에게 계시를 내려 그에게 "쇠고기를 먹는 파리아들에 의해 더렵혀진 옛날 사원에 머물고 싶지 않다. 나는 새 사원을 원하며, 그곳에는 파리아가 들어오지 못하게 하라!"고 말했다. 그때부터 우리는 파리아가 되었다. 과거에 우리가 아무것도 몰랐을 때에, 무루간과 브라만은 한데 모여 살았던 사람들을 나누자는 데 동의를 했다. 오늘날 그런 일은 전혀 일어날 수 없다!

파리아들이 다시 마이람 사원에 가기 시작했기 때문에 이 칼리유감에서는 세상이 달라졌다. 아주 오래 전에는 걸어서 그곳에 갔다. 가는 길에 우리는 식사를 했다. 도착할 즈음에는 발이 코끼리 발만큼이나 부어 있었다. 안반이 결혼하고 나서 나는 두 번째로 그곳에 가봤다. 지금은 버스가 다니고 있어 2루피만 내면 사원 바로 앞에다 내려준다. 우리는 모든 그림을 보았는데, 그것들은 정말 아름다웠다!

안반은 나에게 안으로 들어가라고 부추겼다.

"조용! 여기 오려고 얼마나 돈을 들였는데 사원에 안 가고 집에 가겠다니! 어떤 머저리가 우리보고 사원에 들어가면 안 된다고 하죠?"

"안 돼, 아들아! 그러면 안 돼! 여기 있는 신이 네 눈을 멀게 할 거야! 우리 같은 사람들은 안으로 들어갈 권리가 없어!"

"아이고, 복장 터져." 안반이 소리쳤다. "잠깐만! 성소를 보지 않으려면 왜 많은 돈을 들여 여기 왔겠어요? 엄마가 말하는 것은 모두 옛날 일이고, 옛말일 뿐입니다!"

아들은 더이상 들으려 하지 않았다. 우리가 파리아임을 내가 상기시킬 때마다, 그리고 다른 카스트들과 떨어져 조심스레 살아야 한다고 이야기할 때마다 아들은 이런 식으로 대응한다. 골백번도 더 이야기했을 것이다. "휴, 안돼, 그렇게 부티 나는 옷을 입고, 얼굴에 분칠하고, 이마에 재를 바르고 우르에 들어가지 마라! 팔찌를 하지 마라. 그런 것들은 집에다 두어라. 일을 마친 뒤에는 네가 하고 싶은 것을 할 수 있다. 우리는 가난뱅이다. 우리는 파리아라구. 우리는 하루 벌어 하루를 산다. 일이 있어야 먹고 살지. 우리 일거리는 우르에 사는 사람들이 주는 거다. 우리는 겸손해야 해, 그들보다 더 말이야. 네가 그런 옷을 입고 바깥출입을 하면 그들은 '저 뻔뻔스런 파리아 좀 봐. 저런 셔츠와 바지를 입고 여기에 일하러 왔어!' 라고 손가락질하며 비웃을 것이다. 그러면 안 돼! 겸손해야지. 분수에 맞게 살아!"

그러나 아들은 항상 "치! 그만 두세요, 그런 말 마시고! 내 나이에 바지

와 셔츠를 안 입고, 이 나이에 이마에 재를 안 바르면 언제 하겠어요? 엄마
는 부자들만 그렇게 차려 입고, 시계나 색안경을 찬다고 생각하는 모양인
데, 누구는 되고 나는 왜 안 되죠?"

"아들아, 진정해! 우리 파리아는 조용히, 없는 듯 살아야 해!"

"하지만 그런 과거의 전통은 오늘날에 더이상 맞지 않아요, 답답한 아
주머니! 조금 더 넓게 보세요!"

"그래, 이놈아! 그래 그래, 나는 답답한 아줌마다. 그래 항상 나는 이야
기를 들어주는 사람이다! 다시 한번 말하지만 나는 이 마을에 어릴 때 시
집와서 여기서 자랐고 자식도 열두 명을 낳았다. 나는 내 이름을 더럽히지
않고 살았다. 하지만 나는 이제 늙었다. 이제 네가 이곳의 주인이 될 텐데,
아이를 낳고, 좋은 평판을 얻고 살아야 한다. 내 말을 들어라. 나는 네 엄마
고, 네가 잘되기를 바래!"

그런 식으로 아들은 나를 우습게 만들고, 나와 아들은 그렇게 논쟁을
한다! 우리를 파리아라고 부른 것은 신이다. 마이람의 사원을 방문하기 이
전 시대에는 어떤 카스트도 존재하지 않았다. 그 까마귀가 떨어트린 뼈다
귀는 모든 사람의 본성을 드러나게 했다. 구역질을 느낀 브라만은 뼈다귀
에서 멀리 떨어져 침을 뱉었고, 파리아는 그 뼈다귀를 주워 들었다. 당연히
그랬을 것이다.(웃음) 그들은 또한 같이 가던 일행 중 한 사람이 신발이 헤
지자 신발의 가죽끈을 꿰매기 시작했다고 말한다. 브라만은 그것을 참지
못해 이스바란에게 고하기를, "사미, 우리는 이제 더이상 함께 살 수 없습
니다! 그 사람들 역시 불결해요! 우리를 각자의 생업에 따라 카스트로 나
누어주세요!" 이스바란은 사제의 말을 듣고 우리를 분리하고 브라만에게
"너는 브라만이 되어라. 너는 채식만 해라. 너의 생업은 푸자를 행하는 것
이고 만트라를 읊는 것이다. 너, 너는 소뼈를 만지고 고기를 먹었으니 파리
아가 되어라. 너는 네가 딛고 있는 땅에서 일을 하게 될 거고, 너는 농부가
되어라. 그리고 신발을 수선하는 너는 신기료 장수가 되어라" 하고 말했

다. 그는 모든 사람들의 생업을 물어 같은 생업에 종사하는 사람들을 하나의 카스트로 만들었다. 사람들은 집으로 돌아가 그들 카스트에 따라 우르와 세리에 서로 다른 주거지를 만들었다. 소고기를 먹는 사람들은 세리에, 다른 사람들은 우르에 정착했다.

이것이 우리 파리아가 세리에 들어와 다른 카스트와 떨어져 사는 이유이다. 그렇지만 세리에서도 우리는 다른 일을 하는 카스트의 도움을 필요로 한다. 그렇지 않으면 누가 우리의 옷을 빨아 줄 것인가? 누가 생가죽을 무두질해줄 것인가? 누가 피혁 일을 할 것인가? 그리고 우리도 사제가 필요하다. 우리 파리아들은 농사짓는 일 빼고는 할 수 있는 일이 없다. 그래서 우리들을 위한 세탁부, 이발사, 신기료 장수, 사제, 세리의 우두머리 등이 별도로 필요하다.

신나암마, 그 밖에도 당신처럼 토지를 갖고 우르에 사는 사람들도 있다. 그들 중 누가 죽으면 그들이 무엇을 할 수 있겠는가? 누가 그 소식을 멀리 떨어진 친척들에게 전하겠는가? 누가 대나무를 자르고, 새끼를 꼬고, 장례용 들것을 만들 것인가? 누가 무덤을 파고 화장용 장작더미를 쌓을 것인가? 누가 북을 칠 것인가? 그리고 출산 때에는? 결혼식은? 그리고 누가 농사를 돌보지? 누가 집집마다 돌아다니며 세금을 걷을 것인가? 높은 카스트 사람들은 이런 일을 꺼려 한다. 쿠디야나르도 하지 않으려 한다. 신은 우리에게 그런 일들을 맡겼다. 신은 우리가 굶어 죽더라도 일을 하지 않으면 음식을 주지 않는다.

우리는 그런 불결한 일, 무덤 파는 일 등 이런저런 일을 하는 게 바로 우리라는 것을 받아들여야 했다. 그래서 어른들은 마을 수호신이 있는 거리 북쪽에 살고 있는 사람들이 - 그들은 페리얀다반을 섬기고 쇠고기를 먹는다 - 이런 불결한 일들을 해야 한다고 결정했다. 그 사람들이 베띠얀이다. 해마다 시띠라이(Cittirai 타밀 월력으로 첫 번째 달이며, 4월 중순에서 5월 중순에 해당된다)달이 되면 우리는 베띠얀 중에서 여덟 명의 토띠를 선발한다. 그들은 모든 종교의례에서 북을 연주하고 장례를 담당해야 할 책임이 있다. 우르토띠(urtotti 마을의 소식을 전달하는 일을 맡고 있는 토띠이다. 우르토띠는 토띠와 우르의 합성어이다)는 소식을 전하는 일을 한다. 우르 사람들이 그에게 가서 "이봐 카루빤Karuppan, 쿠띠라이Kuttirai에 있는 내 친척들에게 어느 날 심황수 의례를 하는지 알리게!" "카루빤, 어른께서 돌아가셨어! 사람들을 불러 화장준비를 하게!" "카루빤! 드라우파디 축제날짜를 잡았네. 당신 패거리들이 와서 열여드레 동안 북을 연주해주게!" 하고 말한다. 토띠는 그 대가로 곡식 몇 자루와 일하는 동안 밥을 제공받는다. 순번제로 한 해가 지나면 다른 토띠로 교체된다. 이런 방식으로 베띠얀들은 모두 한번씩은 토띠가 된다. 지금은 내 시숙 차례이다. 내년에는 내 아들 차례인데, 그 고집불통이 맡으려 하지 않고 있다. 아들은 자자손손 내려온 베띠얀의 일을 해선 안 된다고 하면서 "왜 판나이야르(Pannaiyar 파라이아르의 하위 카스트)는 안 하고 우리만 해야 되죠?" 하고 반문한다.

나는 그에게 "우리는 쇠고기를 먹고 페리얀다반을 위해 돼지를 잡잖아. 그들은 이런 일을 안해. 그들은 페라마나르Peramanar를 신으로 섬기고 우유로 공양한다. 어떻게 그들이 이런 일을 할 거라고 생각하니? 그들은 판차야트(panchayat 선거로 뽑은 마을 위원회)에 자리를 잡고 앉아서는 지시를 내릴 뿐이다!" 하고 말한다.[3]

"들어봐요! 엄마는 우리도 페리얀다반에게 제를 올리러 가고, 더이상 베띠얀으로 이런 궂은 일을 하지 않아도 되는 세상을 볼 거예요! 우리에게 그런 일을 시키려면 그에 맞는 노임을 줘야 해요!"

"아이고, 답답한 놈아! 안 돼, 안 돼! 그렇게 해서는 안 돼! 우리는 언제나 토띠였어, 그대로 냅둬! 거절하면 우리는 아무것도 얻지 못해. 토띠의 관습을 반대하면 우리는 모든 것을 잃게 돼. 우르 사람들이 모든 돈을 쥐고 있어. 먹고살려면 우리는 그들을 따라야 해. 우리는 먹고살아야지, 자식들 결혼도 시켜야 한다. 지주들 제외하고 어디에 가서 돈을 마련할 것이냐?

참아, 우리의 생활도 점차 나아지고 있잖아."

모든 것이 변화하고 있다. 여기 우리 거주지를 봐. 신나빤은 가족 대대로 해오던 세금 징수를 그만두고 세리를 떠났어. 그의 모친만 이곳에 남아 있다. 그와 아내는 퐁디로 이사갔다. 그의 딸은 많이 배워 지금 지방의회 의원이 되었다. 그 집에는 전기제품이 가득해. 그녀는 정부에서 봉급을 받고, 그 돈으로 자식들을 학교에 보내고 있어! 그녀의 오빠는 퐁디의 공장에서 일을 하고 있고.

신나빤은 이곳 저곳으로 돌아다니며 사람들에게 세금을 내라고 돌아다녀야 했다. 레디아르 댁은 부자여서 지체 없이 제때 세금을 냈다. 그러나 농토를 조금 보유하고 있는 사람들은 항상 납기일을 연기해 줄 것을 요구했다. 신나빤은 연기일자를 조정하고자 했지만, 연기요구를 받아주거나 거절하는 것은 회계사의 마음이었다. 회계사는 항상 그에게 "어느 집이 세금을 안 냈어? 가서 소나 염소를 끌고 와 사무실 마당에 매어 놓아!" 하고 소리쳤다. 또는 그럴 만한 물건이 없는 집에 대해서는, 가서 식기를 챙겨오라고 했다. 들어봐라 아들아! 신나빤는 우리 카스트에 속해 있었지만 그가 할 수 있는 일은 세금 걷는 것뿐이었다. 그는 그 일 말고는 해본 것이 없기 때문이다. 그는 집집마다 방문해서, "인난가! 세금 내는 것 잊지 마세요!" 라고 외치고 다녔다. 그는 기일 전에 사람들에게 알려서 세금을 모두 걷고 나면, 회계사를 도와 큰 가마니를 메고 경찰의 호위 속에 그것을 퐁디까지 운반해야 했다.

우리 마을에는 세금을 내는 사람이 많이 있다. 모두 토지를 소유한 자들이다. 세리에도 1/2헥타르나 1/4헥타르, 또는 1/8헥타르의 토지를 소유한 사람들이 있다. 그들은 세금이 헥타르당 200루피에 이른다고 했다! 들어봐, 아들아, 내가 이런 이야기를 하는 것은 옛날 벤가데사가 우르의 거리를 하루 종일 지치지 않고 한 손에 막대기를 들고 합죽이 입으로 세금을 내라고 고지하고 다녔음을 상기시켜 주려는 것이다. 그러나 시대가 바뀌었다. 그의 아들 신나빤은 도시 사람이 되었다. 그러나 이것은 그가 그의 전통적인 생업을 포기했다는 걸 의미하는 것은 아니다. 왜냐하면 그는 항상 세금을 걷었기 때문이다. 그리고 그는 페리얀다반을 섬기는 푸자에 한번도 빠지지 않고 참석하고 있다!

우리들의 신에게 돼지를 공양했다

우리 베띠얀은 페리얀다반을 섬긴다. 그는 우리들의 신이며, 우리가 그에게 서원을 할 때는 돼지를 공양한다. 이때 큰돈이 들어가며 야자 두 가마니가 필요하다. 나는 이미 네 번이나 돼지를 공물로 바쳤다! 첫 번째는 내시부모가 돌아가신 다음이었다. 내 남편이 서원을 하기로 결정했다. 남편은 새끼돼지를 한 마리 샀는데, 닷새 뒤에 새끼 돼지가 도망을 가버렸다. 이것은 좋지 않은 징조이다. 우리는 무슨 좋지 않은 일이 우리에게 일어날까 걱정을 많이 했다. 사실, 새끼돼지가 도망을 간 불운은 2주일 뒤 나의 유산으로 나타났다. 두 번째는 모든 것이 순조롭게 진행되었다. 우리는 안반의 머리카락을 잘라 바치면서 돼지를 잡아 그 일을 기념할 큰 의식을 치르고 싶었다. 남편과 나는 톰반에게로 가서 새끼돼지를 한 마리 골랐다. 톰반에게는 아주 잘생기고 튼튼해 보이는 새끼돼지 한 마리가 있었다. 어쨌든 그 돼지는 우리가 고르기도 전에 우리를 보고 뛰어들어, 그놈을 쓰다듬어 주었다. 이것은 좋은 징조였다. 작은 새끼돼지는 분홍빛 반점이 있어서 다른 놈에 비해 비쌌다. 하지만 우리는 위대한 신에게 바칠 것이기 때문에 값을 문제 삼지는 않았다. 남편은 당당하게 소만 안에 접어 두었던 10루피 짜리 지폐를 꺼내어 톰반에게 주면서 말했다.

"이걸로 합시다!"

남편이 새끼돼지를 어깨에 메고 집으로 돌아왔다. 그날은 마시(Maci 타밀 월력으로 열한 번째 달이며, 2월 중순에서 3월 중순에 해당된다) 달의 수요일로 길일이었다. 우리는 날을 받아 돼지를 공양하기로 결정했는데, 그날 역시 좋은 날이었다. 비록 내가 서원을 하는 사람일지라도, 내 팡갈리(pangali 어원학상으로 '분배권이 있는 사람들'을 의미하는 복합적인 친족용어. 대개 남편 쪽 가계를 일컫지만 아내쪽으로 확대하여 사용하기도 한다)가 그 의례 비용을 지불하는 것이 관습이다. 나는 돼지에게 먹이를 주며 키우다가 희생 의례 일이 다가오자 푸자를 올렸다. 나머지 비용은 모두 판갈리 몫이다. 그들은 돼지를 바치는데 참석해야 하고, 희생의례에 드는 비용을 지불해야 한다. 왜냐하면 페리얀다반은 나 혼자만의 신이 아니라 내 남편 집안의 신이기도 하기 때문이다. 우리는 돼지를 다음날 공양하기로 마음먹었다.

시간이 얼마 남지 않아 우리는 빨리 돈을 거둬야 했다. 충분한 돈을 가지고 있는 사람은 없었다. 그래서 모두 자기 지주들에게 돈을 빌리러 갔다. 여기에 남편 집안 사람들 열 다섯 가족이 살고 있다. 그 당시는 물가가 쌌기 때문에 그들은 모두 자기 형편에 따라 20에서 25루피 정도를 가져오면 충분했다. 지금은 한 집에서 60에서 65루피 정도를 갹출해야 한다! 점심 무렵이 되서야 돈을 모두 모을 수 있었는데, 이런 의례가 있을 때면 지주들이 돈을 쉽게 빌려주었다. 지주들은 우리들의 신이 자신들을 해칠까봐 두려워한다. 다음에 모든 여인네들이 광주리를 머리에 이고 나와 티루라감으로 장을 보러 갔다. 밤이 되어서야 우리는 지친 황소처럼 헐떡거리면서 돌아왔다. 남편들은 술집이 있는 중앙도로 변에서 반쯤 술에 취한 채 우리를 기다리고 있었다. 그들은 우리에게서 술병, 내장 요리 등을 받아 들고 비틀거리며 큰 소리로 이야기를 주고받으며 집으로 돌아왔다. 우리 여인네들은 뒤따라갔다. 마을에 도착해서 모든 짐을 우리집에다 풀었다. 우리집이 공양을 올리는 장소였기 때문이었다. 우리는 틴나이에 걸터앉고, 남정네들은 약간의 술과 내장 요리 그리고 텁텁한 라기죽을 내와서 우리에게 권했다. 우리는 배가 고파 그것을 단숨에 먹어 치우고 다음날 일정에 대해 논의했다. 모든 준비가 끝나고 다들 집으로 돌아갔다. 여인네들은 새벽 네 시에 우물가에서 다시 모이기로 했다. 이날 반드시 지켜야 할 두 가지 규칙이 있는데, 첫 번째 규칙은 그날 밤에는 남편과 관계를 맺지 않아야 하고, 두 번째는 생리중인 사람은 의례에 참석해서는 안 된다는 것이다. 그렇지 않으면 의례가 진행되는 동안 불상사가 발생하거나, 그 가족에게 액운이 따르거나, 아니면 돼지가 달아나 버릴 것이다. 두 번째 규칙은 돼지가 자라기까지 5개월 동안 지켜야 하는 것이다. 내가 생리 중일 때는 생리가 끝날 때까지 다른 사람이 대신 와서 돼지에게 먹이를 주고 돼지를 씻겨 주어야 한다. 여인네들은 이 규칙을 꼭 지켜야 한다!

다음날 우리는 약속했던 대로 우물가에서 만났다. 맨 처음 몸을 씻어 우리 스스로를 정화한 뒤 머리를 감고 각자 포뚜를 붙였다. 그리고 나서 나는 돼지를 씻겼다. 돼지를 세게 문질렀다. 다시 물을 들이부어 씻겼다. 돼지를 씻긴 후 나는 그놈에게 심황가루를 칠했다. 그리고는 목에 커다란 화환을 걸어 주었다. 돼지는 윤기가 흘렀다! 이제 돼지에게 먹이를 먹일 차례가 되었다. 우리는 새로 산 토기에다 밥과 사탕수수 죽을 만들어 먹였다. 냄새가 좋았다! 돼지새끼는 그것을 맛있게 먹었는데 한번 먹을 때마다 우리를 돌아보며 먹었다. 거기에 모인 꼬마들이 소리쳤다.

"돼지가 좋아하나봐! 돼지가 좋은가봐! 돼지가 우리에게 좋다고 말을 해!"

나는 그 소리를 듣고 기분이 좋아졌다. 모든 것이 순조롭게 진행되었다. 마치 휴일 같은 분위기였다. 장뇌와 향 냄새가 세리에 가득 퍼져 우리는 마치 천국에 와 있는 기분이 들었다! 고함과 소음으로 가득한 이런 즐거운 분위기 속에 다른 집들도 서원을 하기에 좋은 길일이라고 느꼈다. 그래서 일부는 아들의 머리카락을 바쳤고, 또 어떤 이들은 딸들의 귀를 뚫어주었다. 이것은 '나' 혼자만이 아니라 '모든 사람'의 의식이었다. 지금까지도 내가 돼지를 공양하던 날 아들의 머리를 깎아주었다고 말하는 엄마들, 그리고 "벨파카따 댁이 돼지를 공양한 날 내 귀를 뚫었다!"고 말하는 계집애들이 있다. 이런 소리를 들을 때마다 나는 가슴이 뿌듯해진다, 신나 암마. 그리고 나는 스스로에게 신께서 나를 보살펴주고 있다고 말한다!

돼지공양이 끝나면 전체 세리에게 나누어 줄 퐁갈을 만든다. 어떤 이는 쌀을 씻었고, 또 다른 사람들은 야자를 갈았다. 사람들이 무리를 지어 일을 분담해서 처리했다. 생강과 야자 액 냄새가 장뇌, 향 냄새와 어울려 아주 기분 좋은 냄새를 풍겼다. 우르에서 온 사람들조차도 세리가 더럽다는 인상을 지우고 도로를 지나가면서 말했다. "흠! 세리에 축제가 있는 모양이군. 냄새 좋군!" 우리는 행복했다. 누구도 일하러 나가지 않았다. 우리는 함께 요리를 했다. 남정네들과 어린애들이 몰려와 놀거나 우리가 요리하는 것을 보았고, 우리 여자들은 퐁갈을 요리하면서 쉴새없이 킬킬대고 떠들어 댔다. 모든 준비를 끝마쳤을 때는 해가 중천에 떠 있었다. 그날만은 모두가 채식을 했기 때문에 음식으로 퐁갈, 양념, 채소요리를 만들었다. 이제 우리는 페리얀다반에게 바칠 음식을 만들 수 있었다.

우리는 돼지를 끌고 와서는 반얀 나무 그늘 아래에 묶어 놓았다. 음식이 가득 담긴 광주리를 머리에 이고 우리집에서부터 광장으로 나오는 퐁갈리pongali 행렬이 나타났다. 그들 앞에는 사람들이 몰려들고 모든 사람들이 환호성을 질렀지만 모두들 체면을 지켰다. 곧이어 돼지 주위를 음식, 바나나 다발, 야자, 빈랑자, 베텔 잎, 장뇌와 향을 담은 바구니로 둘러싸였다. 나는 아주 큰 바나나 잎을 골라 그 위에 퐁갈을 보기 좋게 떠놓고, 양념 약간, 바나나 세 개, 야자 일곱 개와 불붙인 장뇌를 놓았다. 그런 다음 그것들을 페리얀다반에게 올렸다. 모든 사람들은 조용히 엎드려 절을 했다. 그런

뒤 다시 일어나 조금도 기다리지 못하는 돼지에게 바나나 잎을 주었는데
그놈은 눈 깜짝할 사이에 모든 것을 먹어치우고 잎사귀까지도 먹어버렸다.
이 광경을 보고 꼬마들이 웃음을 터트렸다! 사람들은 곧바로 자기 집으로
돌아갔다. 풍갈을 담당한 여인네들과 함께 나는 집집마다 음식을 나누어주
었다. 바나나 잎이 여기저기 굴러다녔다. 우리는 골목마다 돌며 무덤파는
사람이나 신기료 장수조차도 빼놓지 않고 한 집도 빠짐없이 모든 집을 돌
았다. 모든 사람들이 자기 몫의 음식을 받아갔다! 음식을 모두 나눠준 후
우리집으로 가서 식사를 했다. 오후도 한참이 지나서야 돼지공양이 끝낼
시간이 닥쳐왔다. 식사 뒤에 우리는 오랜 시간 그것에 대해 논의했다.

　　우리와 마찬가지로 배터지게 먹은 돼지는 우리집 맞은편에 묶여 있었
다. 돼지는 살이 통통히 오르고 어금니가 튀어나올 때까지 5개월 간 그곳
에서 길렀다. 우리는 어금니가 드러나면 하루도 지체없이 제를 올렸는데,
그렇지 않으면 돼지를 키운 가족에게 액운이 닥치기 때문이었다. 그리고
만약 의례를 지낼 충분한 돈이 없으면 빚을 내서라도 의례를 바로 지내야
한다. 그렇지 않으면 돼지가 집안을 닥치는 대로 부숴 버릴 수 있기 때문이
었다. 남편과 나는 길일을 정해주는 사제를 찾아가 물어봤다. 그는 푸라따
시Purattaci달의 첫째 월요일에 돼지를 공양하라고 했다.

　　희생제의는 단순한 일이 아니기 때문에 준비하는데 많은 시간이 소요
되었다. 가족성원이 아니더라도 많은 사람들이 참여해 모든 것을 완벽하게
준비해 주었다. 그렇지 않았다면 페리얀다반을 모시는 의례는 어긋났을 것
이다. 그는 좋은 신이지만, 매우 예민하고 성질이 불 같아서 우리 모두 그
를 두려워한다. 자신의 바람이 지켜지지 않을 경우 그 신은 무시무시한 모
습으로 돌변할 수 있다. 그러나 사제는 우리에게 페리얀다반의 기분이 아
주 좋아 푸라따시 달 월요일에 우리의 희생제의를 받을 준비가 되어 있다
고 했다. 왜냐하면 그 신은 우리 가족들이 카라니에서 그에게 돼지 한 마리
를 빚졌다는 것을 잊지 않고 있기 때문이었다. 우리는 사제에게 야자, 바나

나 열두 개, 장뇌 약간과 10루피를 쟁반에 담아 의례일을 거듭 확인하면서 감사를 표시했다. 우리는 그에게 의례일에 와서 축원해 달라고 부탁했다.

즐거웠던 일주일이 금방 지나갔는데, 하루 일을 마친 뒤에야 의례에 필요한 모든 준비를 할 수 있어서 하루가 길게만 느껴졌다! 우선 시급한 일은 모든 가족들에게 우리가 필요로 하는 돈의 액수를 알려서 그 돈을 모으는 일이었다. 그것은 헌신 이상의 것을 필요로 했다. 남편은 급하게 큰 레디아르 댁에 75루피를 빌리러 가서 별 어려움 없이 돈을 빌려 왔다. 그 이유는 이미 말했지 내가! 우리가 서원을 하기 때문에, 우리의 부담이 가장 컸다. 내 큰시숙이 60루피를 부담했다. 다른 사람들은 40에서 50루피 사이의 비용을 부담했다. 악대, 옹기장이, 우르토띠 등등에 비용이 아주 많이 들었다. 그것은 쉬운 일이 아니다.

그날 저녁 나는 일터에서 돌아오면서 우르의 옹기장이에게 가서 필요한 토기를 주문했다. 항아리부터 화덕에 이르기까지 크기별로 주문했다. 칸다사미는 의례가 시작되기 전에 주문한 물건들을 준비해놓겠다고 자기를 믿으라고 했다. 나는 다음날부터 일을 바로 시작하라고 선불로 10루피를 주었다. 나는 매일 그곳에 들려 일의 진척 상황을 살펴보았다. 남편과 그의 사촌들은 팜바이(pambai 허리에 고정시키고, 나이얀디 악단들이 연주하는 두 개의 북)와 우두까이(udukkai 나이얀디 악단이 연주하는 장구모양의 북) 연주자를 데리러 티루만가람으로 갔다. 우리 세리에는 이들 둘을 빼고 필요한 악사들이 있었다. 우르에서 세탁부 페람반은 우두까이를 연주하고, 티루말라 가우드는 팜바이를 연주하지만 그들은 높은 카스트를 위해 연주를 하지 우리를 위해서는 절대 연주하지 않는다. 우리는 주인과 하인이 결코 같은 사람을 고용할 수 없다는 것을 안다. 어쨌든 우리는 세리에 살지 않는 사람들을 고용해서는 그들에게 비용만 지불하면 된다.

그래서 우리 남정네들은 티루만가람으로 악대를 예약하려고 갔다. 남정네들은 비용을 흥정하려고 그 사람들을 술집으로 데려가서는 30루피에 연주하기로 결정했다. 신이 희생의례를 받아들이도록 음악과 반주를 미리 정해 놓는 것이 좋다. 악대들이 빠진 의례는 소금이 빠진 음식처럼 형편없으니 말이다! 우두까이로 페리얀다반을 찬양하는 노래를 부른다. 일단 신이 북 장단에 취하고 나면, 신과의 대화가 더 쉬워진다. 바로 그래서 악대들이 필요한 것이다. 티루만가람에 있는 악대가 바빠서 오지 못할 경우, 우리는 여기서 1.6킬로미터나 떨어진 폼부르Pombur로 가서 악대를 구하는데, 이럴 경우 비용이 추가된다. 그러나 신은 항상 우리를 생각하면서 우리에게 모든 일이 잘되기를 바란다!

일터에서건 우물가에서건 우리 여인네들의 유일한 관심사는 의례이다. 우리들은 저녁 늦게까지 모여 노는데 남정네들도 합류한다. 우리는 의례에 필요한 모든 비용을 지출한다. 그 의례는 페리얀다반을 기쁘게 하고 세리 전체가 잘되길 바라는 것이다. 지금까지도 내가 올린 의례가 가장 성공적이었다고 자부한다! 모든 사람들이 그것을 기억해 나에게, "벨파카따 댁이 돼지를 공양했을 때 굉장했지!" 하고 말한다. 세리의 모든 사람들이 참여해 의례준비를 도와주었다. 내 사촌들, 내 친구들은 조언을 해주면서 음식 장만을 도왔다.

의례 전날 우리 여인네들은 광주리를 머리에 이고 티루라감 시장에 갔다. 장보러 나가기 전에 먼저 수돗가에서 깨끗이 씻었다. 그리고 우리는 가장 좋은 사리를 꺼내 입었다. 머리를 틀어 올리고 이마에는 포뚜를 붙여 마치 새 신부처럼 예쁘게 차려입었다. 우리는 태양이 이글거리는 들판을 가로질러 일벌들처럼 황급히 걸어갔다. 버스를 기다리고 있던 사람들이나 큰길에서 시간을 때우고 있던 사람들은 눈이 휘둥그레졌다. 파란 하늘 아래 가지각색 사리를 입고 머리에 광주리를 이고 가는 여인네들을 보고서 그 사람들은 마을에 무슨 중요한 일이 있다고 생각했을 것이다.

짧은 시간 안에 우리는 살 것이 많았는데 티루라감에서는 모든 것을 다

구입할 수가 없었다. 시내로 가야 할 시간이 되었다. 퐁디로 가는 버스는 많았다. 개인업자가 운영하는 버스가 막 출발하려 하고 있었다. 우리는 요금이 얼마인지 생각할 겨를도 없이, 버스에 올라 여인 지정석에 앉았다. 차장이 우리를 훑어보더니 타게 해주었다. 오, 예스! 우리는 타밀인들처럼 잘 차려 입었다! 옷이 지저분하지도 땀도 흘리지도 않았다. 우리는 오크라, 가지 또는 바나나 다발 혹은 유장과 요구르트가 담긴 광주리로 통로를 막지도 않았다. 그리고 한번도 차장이 와서 우리 지갑에 요금을 치를 돈이 있는가를 검사하지도 않았다. 그날은 일상적인 날이 아니기 때문이었다. 차장은 어떤 질문도 하지 않았고 우리도 마찬가지였다. 나는 차장에게 13루피를 주고 표 열세 장을 달라고 했다. 우리는 모두 열세 명이었는데 행운의 숫자이다! 항상 홀수가 되어야 한다.

반 시간 뒤 우리는 퐁디에 도착했다. 걸어서 큰 시장의 식료품 가게에 들렀다. 그 무렵은 한가한 시간이라 가게도 한산했다. 가게 주인은 상냥하게 우리를 대해 주었으며, 이것저것 물어도 짜증내지 않았다. "설탕은 얼만가요? 생강 10그램은 얼마요?" 광주리가 설탕, 정향, 계피, 캐슈 열매, 생강, 사탕, 건포도, 커민, 심황, 붉은 콩, 장미 다발, 샤프란과 자스민 냄새의 향, 장뇌, 쿤구맘, 냄새나는 재로 가득 찼다. 꽃집에서 우리는 신선한 꽃, 특히 노란 국화가 많이 든 화환을 샀다. 그리고 우리 머리에 맬 꽃댕기들 한 다스 이상 샀다. 집에 있는 사람들 몫은 따로 구입했나. 광주리가 무거워질수록 돈은 더 빨리 없어졌다. 그러나 그런 뙤약볕 아래서 얼음같이 찬 분홍색이나 노란색 음료수를 마시지 않고는 견딜 수 없었다. 갈증이 가시자, 우리는 퐁디에 올 때마다 그런 것처럼 생선가게에 들러 저녁에 먹을 켈티kelti를 약간 샀다.

시장을 다 본 뒤 버스 정류장까지 걸어서 갔다. 족히 한 시간 이상을 기다리니 버스가 왔다. 카라니에 도착했을 때는 이미 밤이 되었다. 남정네들이 큰길까지 나와 기다리고 있었다. 남정네들은 여인네들이 퐁디에 가면

해지기 전에 못 돌아온다는 것을 알고 있었다. 문제는 우리가 문맹자라 잘못 알아듣거나 엉뚱한 곳에 내리거나 아니면 다른 방향으로 가는 버스를 탈 수 있다는 것이었다. 하여간에 만사가 잘되어 우리는 집으로 돌아왔다. 장을 본 것을 우리집에다 풀어놓았다. 세리에 사는 모든 사람들이 장봐 온 것을 보려고 몰려들었다. 우리는 친구들과 이웃들에게 꽃을 나누어주었다. 우리를 기다리고 있던 꼬맹이들은 '시내에서 사온 사탕'을 달라고 보채었지만 모두에게 줄만큼 충분치 않아 울고불고 난리가 일어났다! 우리는 곧바로 생선찌개를 만들기 시작했다. 남정네들은 켈티를 먹고 싶은 생각에 코를 맺다. 켈티는 쿠마리Kumari가 파는 마른 생선에 비해 아주 별미였다. 우리는 고춧가루를 빻으면서 오늘 일어났던 일을 서로 이야기했다. 남편은 소식을 전해주는 사람에게서 티루만가람의 악대가 무료로 연주를 해주겠다는 말을 전해들었다고 했다. 남정네들은 술집에서 신선한 야자 술 세 항아리를 더 주문했다. 악사들이 기분좋게 취했을 때만 음악이 아주 격렬해지고 의례가 즐거워지는 법이다! 양념준비가 다 되었다. 나는 밥을 약간 지었는데 밥 냄새가 구수하게 퍼졌다. 아이들은 잠자리에 들었다. 남편은 턴나이에 걸터앉아 야자 술을 홀짝였는데 입가에 술이 흘러내리고 있었다. 마침내 우리가 생선 요리를 맛보았을 때는 멀리서 들려오던 버스 소리도 끊기고 밤이 깊은 시각이었다. 술 한 모금도 마실 수 없을 만큼 졸음이 밀려 왔다! 아이들 몫을 조금 남겨두고 아침밥을 지을 쌀을 물에 불려두었다.

페리얀다반에 대한 의례를 아침 일찍 시작해야 했기에 밤이 무척 짧았다. 사제에게서 공양 날짜를 받은 그날부터 우리는 돼지에게 밥찌꺼기를 주지 않았고, 나는 남편과 잠자리도 같이 하지 않았다. 그날은 세리의 모든 사람들이 정결해야 하며, 생리중인 여인네들은 희생의례를 지내는 곳에 나오지 말아야 한다. 그렇지 않으면 돼지가 난폭해져 달아나 버릴 것이다. 사실대로 말해 나는 그날 밤 거의 잠을 자지 않았다! 나는 너무 좋아 밤새 이것저것을 만지고 옮기다 날을 샜다. 나는 내가 감독을 맡아 연극을 꾸미는 것처럼 의례를 준비하고 있었다. 닭이 홰를 쳤을 때는 아직도 한밤중이었다. 나는 일어나 씻으려고 우물로 나갔다. 도르래 소리를 듣고는 내 동서 바나마야일이 나왔다. 팡갈리 여인네들과 그들 친구들도 나타났다. 남정네들은 큰 레디아르 댁 논에 있는 펌프로 몸을 씻으러 갔다.

날이 새자 모두 준비를 마쳤다. 나는 돼지를 씻기려 바깥으로 나갔다. 큰 소동없이 돼지를 씻겨 집으로 돌아왔다. 그런 뒤 새로 산 흰 사리를 브라만이 입는 방식으로 입고, 머리카락을 목에 감았다. 입안을 깨끗이 하려고 베텔은 씹지 않았다. 이마에다 커다란 주홍색 포뚜를 붙이고 나서, 의례를 시작할 시간이라고 신호를 했다. 의례는 세리 뒤에 있는 보리수 아래에서 시작했다.

남편과 나는 행렬에서 앞장을 섰다. 남편은 죽이 든 항아리를 들었는데, 그 죽 냄새를 맡고 우리 뒤에 따라 오던 돼지가 쿵쿵거렸다. 사제는 우리 곁에서 걸었다. 내 큰 시숙 마리무뚜가 경건하게 두 손에 창을 모아 쥐고 그 뒤를 따랐다. 여인네들은 그 뒤에서 질그릇 접시들과 베텔, 빈랑자, 향, 장뇌 그리고 양념이 가득 든 새 광주리를 들고 줄을 섰다. 시동생 아자케산은 큰 레디아르 댁에서 빌린 쌀가마니에다 야자 두 자루, 불을 지피기 위한 장작 그리고 큰칼과 작은칼들을 담아 들었다. 구경꾼들이 뒤따랐다. 세리가 텅 비었다. 모든 사람들이 그 행렬을 따라 나왔다.

새파란 하늘에 해가 솟아올랐다. 이날은 매우 맑은 푸라따시 날이었다! 보리수 아래에 도착하자 모든 사람들이 광주리를 내려놓고 휴식을 취했다! 의식이 진행되고 꼬맹이들에게 조용히 하라고 했지만, 그놈들은 잠시도 가만히 있지 않았다. 우리는 여러 패로 나뉘었다. 사제는 의례를 올릴 장소를 고르기 시작했다. 그는 질그릇 하나를 꺼냈다. 그런 뒤 그는 쌀가루와 물을 개어 끈끈한 반죽을 만들어 다양한 크기의 필라이야르상을 여러 개 만들었다. 특히 문나디얀Munnadiyan을 조심스레 만들었는데, 아주 커다란 배를 가진, 가장 큰 형상을 하고 있었다.[1] 꼬맹이들은 이것을 보고 웃음을 터트렸다. 사제는 그것을 중앙에 놓고 그 맞은 편, 해가 지는 방향에 창을 꽂았다. 사제는 상을 장식하고 창에다 꽃과 쿤구맘으로 치장하고서는 그 앞에 한 덩어리의 향을 꽂았다. 온 사방에 향냄새가 가득했다. 그 와중에 남정네들과 여인네들은 여러 패로 나누어 퐁갈을 준비하고 양념을 찧고 쌀밥을 짓느라고 정신이 없었다.

나는 돼지에게 마지막 목욕을 해주고 심황가루를 칠해 주었다. 남편은 돼지 몸뚱아리 전체에 재를 찍어 발랐다. 돼지는 왕처럼 잘 생겼는데 기분이 좋은지 꿀꿀거리고 있었다. 그놈은 커다란 보리수 아래 누워서는 자기를 둘러싼 구경꾼들을 바라보고 있었다. 돼지는 아마 우리가 그의 목에 새 신랑처럼 화환을 둘러 줄거라 생각하고 있었을 것이다. 우리는 커다란 바나나 잎 위에다 바나나 다발, 장뇌 덩어리, 베텔 잎사귀들, 빈랑자와 야자 약간, 퐁갈과 쌀밥 한 광주리, 향과 꽃다발을 내려놓았다. 사제가 만트라를 암송하기 시작했다.

사제가 내 큰시숙에게 머리로 신호를 보내자, 모인 사람들 절반 정도가 암송을 따라 하기 시작했다. 시숙은 목에 국화 화환을 걸고 새 옷을 입고 있었다. 시숙이 두 손으로 창을 꼬나들고는 묶여 있는 돼지 쪽으로 걸어갔다. 침묵이 흘렀다. 중요한 순간이었다. 모든 사람들이 창을 똑바로 꽂아 바나나 자르듯이 쉽게 돼지를 잘라 버리기를 기대하고 있었다. 큰시숙이 있는 힘을 다해 창을 내리 꽂았다. 돼지는 비명을 지르며 곧바로 자빠졌다. 남정네들은 쏟아지는 피를 받으려고 재빨리 달려갔고, 남편은 그 피를 받아 곧바로 퐁갈과 섞었다. 악대가 힘차게 연주를 하는 동안, 남편은 피를 섞은 퐁갈을 성급하게 기다리고 있는 페리얀다반의 사자(使者)들을 향해 여덟 방향으로 던졌다. 희생이 이루어지자마자 피가 섞인 퐁갈을 받지 못하면, 사자들이 우리를 패대기칠 것이다! 페리얀다반의 가호로 모든 것이 순조롭게 진행되었다. 우리는 희생의 증인이 된 문나디얀 앞에서 제를 올려야 했다. 상 앞에다 시숙이 커다란 구덩이를 팠다. 그리고는 피를 섞은 나머지 퐁갈과 바나나 잎에 놓인 제물들을 조금씩 덜어내 구덩이에 넣었다. 그리고 구덩이를 다시 메웠다. 문나이디얀이 감응했을 것이다.

신들을 위한 제가 끝났다. 이제 이 축제에 참여한 모든 사람들을 대접해야 할 차례가 되었다. 남정네들이 달려들어 땅바닥에 있던 돼지를 끌고 나왔다. 돼지는 마치 목욕을 마친 타밀 여인이 심황가루를 바른 것처럼 멋진 색을 띠었다. 시숙이 돼지의 가슴을 자르기 전에 퐁갈리들을 불러모았다. 그 부분은 퐁갈리들의 몫이다. 그리고 나서 그는 세리 전체 사람들에게 줄 고기를 갈랐다. 항상 하던 대로 우리는 집집마다 고기, 쌀, 베텔 그리고 야자를 날라다 주었다. 우리 퐁갈리들은 마지막 의식을 남겨 두고 있었다. 우리는 제쳐 두었던 돼지 가슴을 물 속에 담가 두고 청결 규칙을 지키면서 일주일간 기원한다. 그 규칙은 성 관계를 갖지 않아야 하고, 땅바닥에서만 잠을 자고, 매일 물을 갈아주고, 장뇌를 올려야 하는 것이다. 일주일째 되는 날, 우리는 돈을 조금씩 걷어 페리얀다반에게 마지막 공양을 올린다.

그러면 모든 잔치가 끝난다. 우리는 우르 사람들이 티루라감의 극장에서 심야영화를 보고 집으로 돌아오는 소리를 들었다. 우리는 피곤했지만 뿌듯했다. 남편과 나는 마음이 편안해졌다. 페리얀다반은 우리와 함께 있었고 그때 이후 우리를 절대 버리지 않았다!

시대는 변하고 있다

우리는 라디오를 통해 세리에서도 매일같이 구호를 듣는다.

"단결하라! 흩어지지 마라! 카스트를 타도하자!"

확성기를 단 차량이 매일같이 거리를 돌면서 방송을 한다.

"여러분, 부락민 여러분! 나와서 당신들 자신들을 깨우치시오! 남녀노소 구분 없이, 읽고 쓸 수 없는 사람들은 야학에 나오시오! 공부를 하고 나면 지금과 같은 대우에서 벗어날 것이요! 당신은 더이상 낮은 카스트를 원치 않을 것이요!"

우리는 야학에 나가 시원한 밤공기를 즐기면서 그들이 하는 소리를 들었다.

"존경하는 어르신 여러분! 카스트 분리에 대항해서 싸우는 우리 젊은 이들에게 동조해 주십시오! 왜 당신들의 자녀들을 1/2루피 혹은 1루피 반을 벌기 위해 일터로 보냅니까? 그리고 여인네들, 왜 당신들은 모내기하는 데 3루피만 받습니까? 5루피를 달라고 하십시오! 지금 쌀 한 포대가 2루피 반입니다. 가격을 내려야 합니다. 지주 한 명이 하루 3루피에 열 명을 고용한다면, 그것으로 살아 갈 수가 있습니까? 태어나서 죽을 때까지 우리가 하는 일이 무엇입니까? 쥐꼬리만한 돈으로 가족들을 어떻게 먹여 살리겠습니까? 임금을 올려 달라고 요구하십시오! 여자는 5루피, 남자는 10루피로!"[1]

이것은 당원들이 매일 저녁 와서 하는 이야기들이다, 신나암마! 그러면 우리는 그들에게 대답한다.

"아이고, 우리는 부모에게 쟁기와 낫으로 어떻게 땅을 갈고, 어떻게 다루고, 어떻게 물을 대는가만 배웠소. 부모들은 그런 일을 하면서 먹고살도록 우리를 가르쳤소. 그런데 지금 갑자기 당신들 모두는 우리에게 괭이를 놓고 펜을 들라고 말하고 있소! 그래 우리는 어떻게 살라고 하는 거요? 당신들과 달리, 우리 부모들은 우리에게 공부를 시키지 않았소. 부모들은 팔리, 파라이얀Paraiyan, 코무띠, 코사반(Kosavar, Kosavan 옹기 빚는 카스트) 등의 카스트로 나누어 놓은 신의 법칙에 따라 살아왔소. 그리고 이 법칙에 따라 우리를 길렀소. 그런데, 지금 당신들은 그것을 뒤집어엎으라고 하고 있소! 당신들은 우리의 행복을 원한다고 말하오. 당신들은 카스트의 구분을 없애버리고 보다 나은 정의를 말하지. 그러나 우리는 그러기에 너무 늙었소! 만약 그렇더라도 다음 윤감에서나 이루어질 것이오! 교육받은 당신들은 여전히 우리들의 일, 우리들의 노동을 필요로 하고, 여전히 우리는 당신들의 지배를 받고 있소!"

맞아, 당원들은 우리를 위해 아주 열심히 투쟁한다. M.G.R.을 봐라. 그는 우리를 위해 살았다.[2] 그는 당원들을 우리집 앞에까지 보낸 사람이다. 그는 우리에게 희망을 가지라고, 투쟁하라고, 하나로 뭉치라고 외쳤다. 신나암마, 우리가 투쟁하고 싸울 수 있는 나이라고 생각해? 우리는 이미 반평생을 더 살았다. 우리는 죽을 때가 가까웠고, 카스트가 하나로 뭉치는 것을 보지 못하고 죽을 것이다. 그래서 우리 여인네들은 정당 사람들에게 말한다.

"당신들은 우리가 함께 뭉쳐서 카스트를 없애기를 요구하지만 그것은 불가능하다. 우리는 땅뙈기 한 평도 없고, 가진 것이라고는 우리가 살고 있는 집 한 채뿐이다. 우리가 어떻게 먹고살 것인가를 생각해 봤는가? 우리 가난한 사람들이 진정으로 나서서 싸우기를 원한다면, 우리에게 땅을 살 돈을 나누어주든지, 아니면 경작할 땅을 달라. 소, 염소, 황소 두 마리를 주면 우리는 우리 먹을 것을 장만하여 배불리 먹고 자식들을 풍족히 키울 것이다. 그리고 자식들을 교육시켜 직장도 가지게 할 것이다."

내가 어릴 적에도 학교가 있었지만, 내 부모는 나를 학교에 보낼 생각조차 하지 않았다. 그들은 그것을 이해하지도 못했다. 부모들은 우리의 장래를 고려하지 않았다. 부모세대는 하루 벌어 하루 살았다. 부모가 우리에게 공부를 시켰더라면, 우리는 돈을 더 많이 벌 수도 있었을 테지만 그러기에 그들은 무지했다! 우리집에는 아들이 한 명뿐이다. 나는 아들을 힘닿는 데까지 공부시키려 했다. 나는 카라니 학교가 좋다는 것을 알고 있다. 그 학교를 지을 때 안자라이, 파끼암, 칸니마, 마나가띠와 함께 일을 했다. 우리는 석회를 바르고, 벽돌을 나르면서 많이 웃고 노래도 불렀다. 건물을 다 지을 때까지 우리는 거기에서 일을 했다. 나는 언젠가 내 아들을 이 학교에 보내겠다고 마음먹었다. 그때는 내가 안반을 낳기 전이었다. 아들을 낳고 나서 나는 아무도 모르게 아들에게 새 옷을 사줄 돈을 모아두고, 붉은 실과 팔찌 대신에 은목걸이를 해주었다. 학교에 입학하는 날 나는 아들에게 새 셔츠와 새 바지를 입혀 선생님께 드릴 과자와 설탕을 한 접시 보냈다. 큰 바띠아르Vattiar는 최근에 부임해왔다. 안반은 그 선생 밑에서 3년을 배웠는데, 그 후 새로운 선생이 부임해왔다. 그 선생은 학생들을 심하게 때렸다. 안반은 여러 번 학교에 가지 않겠다고 했다. 그러나 나는 매번 그 애를 달래서 학교에 보냈다. 한번은 안반이 달리기에 1등을 해서 컵을 타왔다. 나는 그것을 레디아르 댁에 팔았는데, 레디아르는 그 컵을 찬장에 보관하고 있다. 내 큰딸이 결혼을 하고 나자 집안에 애들을 돌볼 사람이 없었다. 내가 안반을 학교에 데려다 주어야 했다. 나는 일하러 가면서 아들을 학교에 데려다 주었다. 안자라이는 애들이 아주 어렸다. 그녀는 나의 고민을 알고 내 아들을 돌보아 주겠다고 했다. 그래서 안반은 계속 학교에 다닐 수 있었다. 나는 고마움의 표시로 그녀에게 쌀을 주었다. 그러나 결국 나는 일을 그만 두고 안반을 돌보았다. 아들 하나를 공부시키기 위해 정말로 많은 희생을 했다!

그러나 안반이 공부를 그만 둔 진짜 이유를 말해주겠다. 그 무렵 남편과 나는 많이 다투었다. 순다리는 아직 어린아이여서 앉지도 못했다. 그런데 남편은 나와 잠자리를 계속 요구했다! 나는 이미 여러 번 임신을 해서 더이상 아이를 갖고 싶지 않았다. 결국 싸움 끝에 나는 마드라스에 살고 있던 오빠네 집으로 아이들을 데리고 가버렸다. 나는 안반이 학교에 빠지지 않도록 남편 옆에 남겨두고 왔다. 남편은 며칠 동안은 그를 잘 돌보다가 그 애를 이웃에 맡겨 놓고 나를 찾아나섰다. 처음 벨파캄으로 가서 내가 마드라스에 있음을 알고 오빠 집으로 나를 찾아왔다. 하지만 돌아가고 싶지 않았고, 그는 기다렸다. 그동안에 이웃사람들이 안반을 잘 돌보아 주었다. 그들은 일하러 나가기 전에 안반에게 먹을 것을 챙겨주었고, 들에서 일을 마치고 돌아와서는 저녁을 차려주었다. 그리고 안반에게 혼자 힘으로 학교에 가라고 했다. 안반은 자신을 학교에 데려다줄 사람이 없었고 점심을 굶을 수밖에 없었다. 그는 세리의 다른 애들과 함께 몰려다니기 시작했다. 내가 돌아왔을 때는 이미 때가 늦었다. 안반은 수업을 너무 많이 빼먹었을 뿐 아니라 거의 모든 것을 잊어먹고 있었다. 그러나 그는 영화에 나오는 것은 모두 이해하고 노래 가사까지도 외우고 있다. 안반은 신문은 더듬거리며 읽는다. 산수도 어느 정도 한다. 그는 자기 이름을 간신히 쓴다. 그러나 그와 함께 학교를 다니던 많은 애들은 졸업을 했다. 지금 그들은 퐁디에 있는 공장이나 사무실에서 일하고 있다. 내 아들은 농사일을 하고 있다. 파라수라만의 동생을 보라. 어디에 있는가? 신나암마도 그를 잘 알지, 거짓말 하나 안 보태고, 말하자면 그는 분명 우리 카스트 출신이다. 그러나 그는 나익케르나 가우드처럼 경찰로 채용되었다. 그가 교육을 받았기 때문에 그런 자리에 들어 갈 수 있었다.

날리벨리의 레디아르가 선거에 당선되었을 때, 같은 공동체 출신 20여 명에게 사무직 일을 주었다. 그러나 우리 안반은 글을 몰라 그 일을 얻지 못했다. 찬드란과 칸난은 고리메두의 중심가에 있는 병원에 일자리를 얻었고, 삭티벨루는 경찰관이 되었다. 이들 세 명 모두 지금 땅을 장만해 관개용 펌프를 설치했다. 삭티벨루는 자신의 할머니가 태어난 고장에 땅을 장만해 그곳의 우르로 이사를 갔다. 그는 우르에 땅을 사 집을 지었다. 그러나 사람들은 그가 펌프가 있었어도 2년 가량 가뭄으로 고생했다고 말한다. 그 땅은 그 지역에서 좋지 않은 땅이었다. 그가 이곳에서 땅을 샀더라면 그런 고생은 하지 않았을 것이다. 그러나 그는 결코 여기 우르에 들어가 살지는 못했을 것이다. 그가 경찰관이든 아니든 상관없다. 모든 사람들이 그의 카스트를 꿰뚫고 있기 때문이다! 그의 형, 포트벨리에는 세리에서 우리와 같이 살고 있으며, 그는 농사꾼이다. 날리벨리의 레디아르는 우리 사제에게 교사자리를 천거했는데, 그는 티루라감에서 교사 자격증을 취득했다. 전기기사를 하고 있는 신나탐비를 비롯하여 대여섯 명이 공장에 취직했다. 그러나 그런 자리는 공부를 한 사람이나 차지한다. 누구나 가능한 것이 아니다! 여기에서는 가족이 먹고살려면 모두가 일을 해야 한다. 어린이도 예외가 아니다. 사내애들은 소를 돌보고, 계집애들은 땅콩을 캐거나 우리와 같이 모를 심기도 한다. 그리고 저녁에는 애들을 학교에 보내는 대신 이야기를 들려준다. 일꾼들의 이야기, 악어 이야기, 그리고 동물들에 관한 이야기들이 대부분이다.

이 칼리유감에서는 세상이 바뀌고 있다. 오늘날에는 배우지 못했던 젊은이들 혹은 어른들이 야학에 나가 읽고 쓰기를 배울 수가 있다. 퐁디 출신

선생이 와서는 틴나이에 앉아 가르쳐준다. 그래서 내 딸 순다리도 거기서 읽고 쓰는 법을 배웠다. 우리는 아무것도 해준 게 없는데, 그 애는 독학으로 이제 이름도 쓰고 어느 정도는 읽을 수도 있다.

그리고 오늘날에는 보다 많은 사람들이 자녀들을 학교에 보낼 뿐만 아니라 오랫동안 가르쳐야 한다고 말한다. 과거에 비해 정부에서 시설을 더 많이 지원해주고 있다. 사람들의 존경을 받는 M.G.R.은 교복을 무료로 나누어주었다. 남자 아이에게는 반바지와 셔츠를, 여자 아이에게는 치마와 블라우스를, 그리고 공책, 교과서, 석판, 연필, 학용품 모두를 무료로 제공해 주었다! 심지어 학생들에게 점심까지도 주었다. 부모들은 더이상 준비물을 염려하지 않아도 되었고, 점심을 마련할 필요도, 또 점심이 늦을까봐 달음박질을 할 필요도 없어졌다. 정부에서 세리의 길을 포장해 주었고, 가로등도 설치해 주었다. 학생들은 가로등 밑에 앉아 숙제를 할 수 있게 되었다. 글쎄, 이렇게 시설이 좋아졌는데 왜 이이들을 학교에 보내지 않겠어? 당신도 우리 애들이 학교에 가는 모습을 보았을 것이다, 신나암마. 머리를 잘 빗어 넘기고, 소녀들은 두 갈래로 머리를 땋고 깔끔한 매무새로 학교에 간다. 당신이라면 우르에서 온 학생들과 그들을 한데 섞어 놓았을 텐데, 그렇지? 사람들은 우르에 있는 학교에서 우리 애들 숫자가 가장 많다고 한다. 애들은 말쑥하게 차려입어서 학교 가는데 전혀 지장이 없다.

신나암마도 알다시피 집에서 돌볼 어린 동생들 때문에 학교에 가지 못하는 애들도 많다. 그들은 학교 공부를 제대로 따라갈 수가 없다. 선생들은 집안 사정을 이해하지 못한 체 학생들에게 체벌을 가하고, 자로 손가락을 때리거나, 땡볕 아래 무릎을 꿇어앉아 있게 한다. 학생들은 벌받는 것이 두려워 학교 가기를 꺼려한다. M.G.R.은 심사숙고 끝에 어린애가 있는 여자들을 도와주기 위하여 마을마다 갓난애를 위한 탁아소를 세워주었다. 엄마들이 들판에 일하러 나가기 전에 갓난애를 탁아소에 맡기도록 하여, 큰애들이 학교에 빠지는 일이 없게끔 하였다. 정부에서 두 명의 반니야르 여자를 파견하여 탁아소를 돌보게 하고 있다. 한 사람은 고리메두에서, 다른 한 사람은 퐁디에서 왔다. 그들을 도와 음식을 만드는 여자가 한 명 있는데, 그녀의 이름은 파띠Patti로 칸난의 아내이다. 그들은 갓난애들을 씻긴 후 머리 빗기고, 이마에 포뚜를 붙여 주고 나서 우유를 먹인다. 조금 큰애들도 탁아소에 갔다오면 깨끗하고 깔끔해진다. 남자애들은 빗으로 머리를 빗겨 주고, 계집애들은 머리를 두 갈래로 땋아 등 뒤로 넘긴다. 애들은 시소를 타고 미끄럼틀을 타고 논다. 점심 때가 되면 아이들은 손을 씻고 부엌으로 가 차례대로 식판을 받는다. 아이들은 줄맞춰 앉아 음식을 먹는다. 매일 쌀밥과 콩 그리고 채소가 제공된다. 갓난아기들은 보모들이 먹여준다. 식사를 마치면 큰애들은 혼자서 손을 씻고 놀러가고, 작은애들은 자리에 누워서 낮잠을 자는데, 누구도 집에 돌아가면 안 된다. 집으로 돌아갈 시간이 되면 큰애들은 손과 얼굴을 씻는다. 그들은 볶은 콩 한 줌을 간식으로 먹고 집으로 간다. 엄마들이 와서 갓난아기들을 데리고 간다. 그런 다음 두 여인은 청소를 하고, 세리에서 온 두 소녀가 탁아소 전체를 빗자루로 쓸어낸다. 끝으로 두 여인은 그들의 가방과 양산을 챙겨들고 버스를 타고 집으로 간다.

지금 탁아소는 너무 비좁다. 왜냐하면 우르의 여인들도 세리의 여인들과 마찬가지로 아이들을 탁아소에 맡길 수 있기 때문이다. 우르 사람들은 세리만 정부의 혜택을 누리고 다른 사람들은 전혀 돌보지 않는다고 불평한다. 모든 사람들을 만족시키기 위해 정부는 새로 큰 탁아소를 만들려고 한다. 새 탁아소는 우르에다 지을 것이지만, 우르의 아이들과 세리의 아이들을 같이 수용할 것이다. 우르의 여인들도 동의했다. 왜 그들이 거절할 것인가? 탁아소에 맡겨두면, 어린애들이 깨끗해진다. 그들이 우리와 함께 들판에서 모내기를 하는 동안 애들은 하루 종일 엄마를 기다리면서 우리 애들과 함께 논다. 이렇게 탁아소에서 애들을 깨끗이 씻어주고 먹여주는데 어떤 바보가 거절하겠는가? 가난한 쿠디야나르에 대해서는 정부가 나서서 항상 그들을 도와주고 있다. 그러나 그들은 우리를 거부하고 있다. 그 이유는 우리가 불결하다는 것이다. 모두가 갈라져 살았을 때는 소란이 없었다. 이제 가난에서 벗어날 수 있는 이 모든 시설들이 제공되는 마당에 사람들은 조금씩 양보를 해야 한다. 쿠디야나르는 우리를 받아들여야 하고, 우리도 노력해야 한다. 과거에 우리는 단정치 못하고, 머리도 빗어 본 적도 없고, 씻지도 않아 놀림감이었다. 이제 우리는 스스로를 단정히 한다.

세리에도 많은 변화가 있었다. 과거 우리는 하루에 1/4루피를 받고 일을 했다. 부족했지만 그래도 행복했다. 우리는 들녘에서 주운 음식이나 물로 배를 채웠으며, 그것으로 충분했다. 지금은 그렇지 않다. 지금은 도시에서 빵, 차, 석유, 과자 등을 이곳으로 가져오고, 돈을 주면 그것을 살 수 있다. 문명화가 잘된 탓이다. 돈! 돈이 있으면 모든 것을 할 수 있다. 먹고, 입고, 살고, 높은 카스트가 되고, 모든 권리를 가질 수 있다. 우리 젊은이들도 그것을 알고 교육을 받으려 하고, 많은 돈을 벌려고 한다. 이전에 우리 삶의 목표는 이런 것이 아니었다.

옛날을 회상하면 그때는 어려운 시절이라 들판에는 일거리가 없어 우리는 굶기를 밥먹 듯했다. 내 할머니는 등잔을 밝힐 기름을 고작 몇 방울을 사와서 우리에게 "얘들아, 오늘은 끼니가 없다. 불을 지피는 대신에 등잔을 밝히자. 그래야 우리가 어둠을 두려워하지 않게 된단다. 빨리 가서 자거라, 그러면 배고픈 줄 모를 거야!" 하고 말했다. 우리는 배를 깔고 서로 웅크리고 누워서 눈을 감았다. 어깨를 구부리고 아무 소리도 듣지 않으려고 이를 꽉 다물면 순식간에 잠들었다. 부모들은 말라비틀어진 베텔을 나누어 씹으면서 고단함과 허기를 달래기도 했다.

지금 어린애들은 어떻게 하고 있는가? 가장 가난한 파리아들조차 그렇게 지내지 않는다! 오늘날 애들은 빵이나 케이크를 사달라고 땅바닥에 데굴데굴 구른다. 빵이나 케이크는 어디에서나 팔고, 허기를 채우려 불을 지피지 않아도 된다. 쌀은 단지 4안나밖에 하지 않았지만, 요리하지 않은 생쌀을 먹고는 살 수가 없다. 그러나 지금은 몇 페니만 주면 만들어진 음식을 살 수 있다. 마을에는 작은 가게들만 있는데 비해, 티루라감의 시장은 크고 넓다. 정기 시장을 기다릴 필요가 없다. 우리는 돈을 빌리거나 물건을 저당 잡혀 돈을 구하고, 사정이 좀더 나아지면 갚는 식으로 돈을 마련한다. 신나암마도 알다시피 돈이 쉽게 돈다! 과거 우리는 하루 종일 김을 매주고 6파이세를 받았다. 그런데 지금은 12파이세로 올랐다. 나는 1파이세로 소금을, 1파이세로 타마린드를, 1파이세로 고추를, 1파이세로 간 절인 생선을 산 걸로 기억한다! 얼마 있지 않아 우리는 코도수수kodo millet와 개보리만 먹었는데, 그걸 먹고 우리는 배도 채우고 건강하게 되었다. 코무띠들도 코도수수와 개보리를 구입해 갔는데, 왜냐하면 그것은 팔기가 쉬웠기 때문이다. 이제는 코도수수와 개보리는 재배도 하지 않는다. 지금은 I. R. 30과 폰니 만이 있다.[3] 내 아들은 개보리 맛이 어떤지 알지도 못한다! 우리는 코도수수와 왕겨에도 안달했다. 그래요, 신나암마, 나는 아직도 내 할머니가 생각난다. 카르티까이 달에 몹시 춥고 비가 억수같이 쏟아지는 날 할머니가 뚝배기에 뜨거운 코도수수와 개보리를 담고 있던 모습이 생각난다.

그러나 모든 것은 변하기 마련이다. 날씨도 마찬가지다. 이 칼리유감에서 우리는 비를 기다린다. 뜨거운 태양이 대지를 달구고 있다. 세리에서도 모든 것이 바뀌고 있다. 우리는 우리의 행동거지를 바꿔 점점 문명화되어 간다. 남편은 모든 카스트가 바른 방식으로 바뀌어야 한다고, 처음으로 주장한 사람이 간디라고 말해 주었다. 간디의 가르침으로 세상사람들이 깨우침을 얻었다. 그리고 우리를 비롯한 모든 사람들이 간디의 가르침을 따랐다.

이제 우리는 이전에 비해 우리의 삶이 나아졌음을 안다. 내가 말했듯이 이전에 우리는 더럽고, 꾀죄죄해서 정나미 떨어지는 몰골을 하고 다녔다. 예를 들어 과거에는 관공서에 출입했던 사람들만 비누를 사용했다. 회계사, 세금 징수원, 나라야나Narayana 가우드 그리고 몇몇 사람들만이 우물가에 몸을 씻으러 왔었다고 기억한다. 그들은 비누를 사용했다. 우리는 서둘러 일을 하러 나가다 신기하게도 거품이 이는 물을 구경했다. 지금은 내 아들 안반이 다달이 다른 향이 나는 비누를 구입해 나도 그것을 사용한다. 티루라감이나 마을의 가게에서도 색색가지의 빗, 화장품, 눈썹을 그리는 연필, 루즈, 떨어지지 않는 포뚜가 있어 그것을 사서 그 사용법을 점점 익혀가고 있다. 면도날도 한 예다. 면도날은 10파이세이다. 과거에는 겨드랑이 털과 음부의 털을 제거하는데 재를 사용했다. 재로 털을 제거하면 매우 아팠다. 그래서 우리는 자주 깎지 못했다. 종종 지나가던 주정뱅이 놈이 우리를 보고는, "어이, 저 동산처럼 털 많은 곳은 없을 것이야! 그곳은 숲임에 틀림없어!"라고 말하기도 했다. 그런 말을 들을 정도로 우리는 모욕을 당했다! 오늘날 처녀애들은 면도날로 자신들이 털을 밀고 다른 사람들과 마찬가지로 블라우스를 입는다.

나도 다른 사람과 마찬가지였다. 시골에 있을 때는 나도 블라우스를 입지 않는다. 아이를 낳고 나면 파라치는 블라우스를 입어서는 안 되는데, 블라우스를 입는 것이 예의범절에 어긋나기 때문이다. 그러나 시내의 신나암마 집에 갈 때 나는 맨 어깨를 드러내지 않는다! 그래서 나는 칸니마가 퐁디에 갈 때 입는 블라우스를 빌려 입었다. 하지만 내가 당신을 보러 갈 때마다 칸니마의 블라우스를 빌려 입었으니 정도가 과하긴 했다. 그래서 나는 바구르Vagur 시장에서 노란 꽃무늬가 있는 붉은 블라우스를 샀다. 신나암마가 디파발리 축제 때 나에게 사리와 블라우스를 선물했을 때 정말 기뻤다. 지금 나는 여분으로 한 벌 더 가지고 있다. 우리는 들에서 일할 때 그런 것에 대해 거의 생각을 하지 않는다. 우리는 블라우스를 입지 않고 사리로 가슴을 가린다. 그렇지만 일할 때 가슴이 드러나는 것을 어쩔 수 없다. 그리고 우리는 레디아르와 가우드 또는 학교 교장 앞에서 그런 차림을 즐겨한다. 레디아르의 부인이 여러 번 나에게 말했다.

"어이, 벨파카따! 자네는 항상 젖꼭지를 남자들에게 드러내는군! 얼른 감춰! 좀 점잖아져! 블라우스를 입으면, 젖통이 커다랗게 보이지도 않고 더 맵시도 날 텐데!"

그러나 세리에는 말 많은 사람들이 많은 데다, 우리들을 보고 "저들 좀 보라구! 저 사람들은 아이들도 많으면서 블라우스를 입고 레디아르의 아내를 흉내내면서 꼬리치고 다니네!" 하고 욕하는 나이든 말썽꾼들도 있기 때문에 레디아르 부인의 말을 귀담아 듣지 않았다. 내가, 신나암마 당신을 방문할 때마다 세리에서 티루라감까지는 젖가슴을 드러낸 차림으로 오다가 버스를 타기 전에 블라우스로 갈아입는다. 한편으로는 블라우스를 입지 않고 버스를 타면 차장이 우리를 조롱하거나 무임 승차자로 오해해 욕하기 때문이기도 하다! 돌아갈 때도 마찬가지다. 돌아갈 때는 케바Keva 레디의 집 근처 보리수 아래에서 블라우스를 벗어 가방에 집어넣는다. 케바 레디는 티루라감의 곡물상 옆 이층집에서 사는 우리 레디아르의 친구이다. 한번은 그 레디아르가 나를 보더니만 놀래서 물었다.

"마니깜 부인, 블라우스를 입은 모습이 보기 좋은데 왜 벗어버립니까?"

나는 그 말을 듣고 부끄러워 블라우스를 얼른 벗고 그가 자기 맘대로 생각하도록 내버려두고 그 자리를 떴다. 내가, 신나암마 당신을 만나러 올 때는 그렇게 하고 온다.

내 머리도 마찬가지다. 나는 시내에 갈 때 빗도 없이 손으로 대충 올려 한쪽으로 틀어 올려서 묶은 머리를 퐁디에서 돌아올 때는 풀어헤친다. 음, 신나암마는 옷 입을 때 각 지방의 풍습을 따라야 한다! 지금 세리의 사내애들과 계집애들을 봐라! 어떤 옷, 사리, 블라우스를 입고, 머리치장이나 머리모양을 봐라! 옷에 있어서는 우리 계집애들이 신나암마보다 나을 것이다! 당신은 항상 면으로 된 사리만 입고 패물도 차지 않는 반면, 우리 세리의 젊은이들은 일을 마치고 나면 나일론 사리에다 셔츠를 입고 다닌다. 우르에서 온 사내들은 우리 처녀들을 보고 침을 질질 흘리면서 "저길 봐! 누가 파리아라고 하겠어! 너무 우아하다!" 하고 감탄한다. 모두가 변하는데 왜 우리라고 그러지 말아야 하나? 과거에 나는 가능한 항상 정갈하고 말쑥한 차림을 했다. 이제 내가 유부녀라고 다른 사람들처럼 심황 목욕을 하거나 이마에 포뚜를 붙이면 안 되는 건가? 그렇지만 사람들이 내 뒤에서 욕하는 게 두렵긴 하다. 세리에는 별 생각 없이 나를 헐뜯는 사람이 여러 명 있다. 바로 내 동서가 그런 사람이다. 특히 내가 신나암마의 집에 갈 때마다 비아냥거린다. 어제도 동서가 "그 화냥년이 저렇게 빼 입고 어딜 가나? 저년 차림새 좀 보게. 나일론 사리, 포뚜에, 머리에는 꽃까지 달았네" 하는 소리를 들었다. 다른 사람들도 나에게 물었다.

"그런데, 벨파카따! 그렇게 차려 입고 매번 버스타고 어디 가세요?"

나는 그들이 대답을 들어야만 다시 묻지 않을 걸 알기에 "카떼리꾸팜에 있는 내 딸네 집에 간다!"고 대답했다. 다남마, 키떼리, 그리고 쿠빰마는 신나암마를 안다. 남편과 그들은 내가 당신 집에 가는 것을 알고 있다. 그런데도 말다툼이 있던 날 그들은 나를 보고 소리쳤다.

"남편이 모내기를 하나, 아들이 일하러 가나, 내버려두고 매일같이 시내에 싸돌아다니는 당신하고 우리는 달라!"

맞다, 신나암마, 우리 여인네들은 질투가 심해 틈만 있으면 뒤에서 다른 사람들을 헐뜯는 것을 좋아한다.

안반은 자발적으로 조직한 단체의 젊은이들과 어울리고 있다. 여성 단체는 오래 전에 만들어졌는데, 청년단체는 최근에 구성되었다. 그들은 방을 하나 만들어 그곳에서 모임을 갖고 결혼식 피로연을 하기도 한다. 운용 자금을 마련하기 위하여 젊은이들은 모금을 했다. 그 중 10여 명 이상은 혼기를 넘긴 사람들로 그들은 한 달에 10루피를 내고 있다. 그들 중 한 명이 결혼하면 그 단체는 무이자로 돈을 빌려준다. 결혼식이 있을 경우 단체의 대표자는 소다수 몇 병과 과자, 영화배우들의 사진, 500루피가 담긴 봉투를 보낸다! 그리고 확성기를 통해 "청년 단체 부조금, 500루피!" 하고 외치면 모두가 박수를 친다. 정당들도 청년들에게 그렇게 한다. 어떤 마을에서는 K.S.가 직접 신부의 탈리를 선물했는데, 그 탈리는 금으로 만들고 곁에 정당의 상징인 떠오르는 태양이 찍혀 있다. 그런 식으로 우리는 나머지 생을 빚에 쪼들리지 않고 살 수 있다. 우리는 안반을 결혼시킬 때, 평상시처럼 레디아르에게 가서 돈을 빌렸다. 안반은 이것을 원치 않았다. 안반은 그 돈을 청년단에게서 마련할 수 있을 것이라 말했다. 그러나 나는 아들에게 우리가 돈을 빌려야 한다면 레디아르가 아닌 다른 곳에서는 빌리지 않겠다고 말했다. 몇 달 전 나는 레디아르에게 500루피와 쌀 네 가마니를 빌려달라고 했었다. 레디아르는 나에게 선불로 300루피를 주었다. 그것은 2~4그램 정도의 탈리 값이었는데, 그 외에도 신부의 사리와 가족들을 위한 술, 음식, 판달, 전등, 초대장 등이 필요했다. 나는 레디아르에게 "300루피만 빌려주시면 그 작은 돈으로 어떻게 결혼식을 치른답니까?" 하고 말했다.

"다른 사람에게 빌리든지, 청년단에 가봐."

"하지만, 당신 이외에 내가 아는 사람이 있습니까? 나는 당신 집의 일꾼이지 다른 집의 일꾼이 아닙니다."

"좋아, 좋아! 두고 보지! 그러나 시대가 빨리 변하고 모든 것이 당신들에게 이롭게 돌아가지 않나. 머잖아 당신들은 우리와 동등하게 될 걸세, 당신들은 우리 카스트와 같아질 걸세!"

그런 후 레디아르는 웃음을 터트렸다. 남편은 즉시 그에게 "아이고, 사미! 나는 그렇게 되기를 원하지 않아요! 그것은 외지인들이 부추기는 말들입니다!" 하고 말했다.

그럼에도 불구하고, 레디아르는 좋은 사람이다. 내심으로는 우리가 그렇게 관심을 받아 형편이 펴고 버젓이 생활하게 되는 것을 좋은 일이라고 생각할 것이다. 그러나 락쉬마난, 비라 레디 또는 반가루 레디 같은 사람들은 그렇게 되기를 전혀 원치 않는다. 그들은 질투심이 많은 늙은 파렴치한들이다!

"정부는 저들 편으로, 저들을 위해 투쟁하고 있다! 정부는 저 파리아 개새끼들에게 너무 많은 시설을 제공해 준다!'

세리의 안 길이 포장되고 가로등이 설치된 것을 보면 알 수 있다. 과거 세리가 무질서했다는 것은 사실이다. 어디에 집을 지어도 상관없는 데다 길은 울퉁불퉁 했다. 그러나 지금은 집안에 있는 물건들마저도 모두 바뀌었다. 토기로 만들었던 컵, 식기 그리고 쟁반들이 모두 알루미늄 제품으로 바뀌었다. 나도 알루미늄 그릇을 가지고는 있지만 양념을 만들 때는 질그릇을 쓴다. 내 생각에는 질그릇에다 만들면 양념이 더 맛있는 것 같다. 아직도 나는 알라부alavu로 쌀을 일군다. 알라부는 코코넛 잎으로 만든 빗 자루 모양같이 생긴 것으로 나는 그것을 항아리에다 걸쳐놓는다. 그렇게 수년간을 보관하는 것이 우리의 관습이었다!

물만 봐도 변화가 있다, 신나암마! 옛날에는 우르와 세리에 우물이 하나씩 있었다. 지금은 정부에서 수도를 설치했다. 세리에도 너댓 개의 공동 수도가 있다. 이제는 물을 길으러 멀리 갈 필요도, 줄을 서서 다툴 필요도 없어졌다. 수도꼭지만 틀면 물이 쏟아진다! 그렇지만 항상 그런 것은 아니다! 정부에서 수도를 우르와 세리 도처에 설치했는데, 건기에 저지대에서 수돗물을 너무 많이 사용하면, 고지대인 아이야나르 사원에는 수돗물이 나오지 않아 우르 사람들이 좋아하지 않는다. 그들은 우리가 물을 너무 많이 사용해 자신들이 마실 물조차 남겨놓지 않는다고 원망한다. 우리는 공손하게 정부가 모든 사람을 위하여 수도를 설치해 주었으니 우리도 물을 마시고 가축들도 마셔야 한다고 대답한다. 우르 사람들만 수돗물을 이용할 수 있는 것도 아닌데 왜 그리 소동을 피우는지? 그들 중 일부는 물이 필요하면 세리에 와서 물을 받아 가기도 하며, 우리 역시 수도가 고장나면 우르에 간다. 나는 레디아르 집으로 가고, 다른 사람들은 중앙 광장에 간다.

이제 더이상 더러운 것은 없다. 정부는 물 저장소와 물탱크를 만들어 수돗물을 내려보낸다. 물은 수도관을 통해 흘러나온다. 그러니 우리가 어떻게 물을 오염시킬 것인가? 우리는 우물 아래쪽에다 물통을 놓고 물을 긴지 않아도 된다. 우물을 막아 버렸기 때문이다. 수도꼭지를 틀어 우리 항아리나 우르 사람의 항아리에 같이 물을 받는다. 그래서 물이 부족할 경우 우르 사람들이 주저 없이 세리에 와 물을 받아간다. 그들이 오는 것을 보면, 우리는 공손하게 자리를 비켜주어 먼저 물을 받아가도록 한다. "먼저 하세요, 암마. 우리는 나중에 받을게요!" 이렇게 말을 한다. 그러나 항상 세리에 오기를 싫어해서 멀리 떨어진 들판까지 가서 우물물을 길어 가는 사람도 있다. 비록 그렇더라도 많은 사람들이 가까운 세리로 가서 물을 길어오고 싶은 유혹을 경험한다. 우르의 수도에 문제가 생기면 레디아르 집에서도 커다란 물통과 함석 물통들, 청동 항아리들을 마차에 싣고 온다.

이것은 우리가 우르에서 온 사람들이 싫어하더라도 우리와 그들이 더 말을 많이 한다는 것을 의미한다. 일례로 나는 작은 가우드의 베란다 옆에 멈추어 그의 모친에 관한 이야기를 듣는다. 또는 일을 마치고 돌아오는 길에, 바로 어제 몇몇 쿠디야나르가 나에게 말했다.

"음, 벨파카따, 이번 주에 어디 갔었소? 레디아르 집에서 당신을 못 봤는데, 당신 딸만 쇠똥을 모으고 있데."

나는 그들에게 말미를 얻어 마드라스에 갔었다고 말했다. 자, 신나암마, 과거에 우리는 이럴 엄두도 못냈다. 우리는 일을 하러갔다가 일이 끝나면 우르 근처에서 노닥거리지 않고 곧장 세리로 돌아왔다. 심지어 우리는 우리들의 지주를 제외하고 누가 거기에 살고 있는지도 몰랐다. 우리는 우르에 오직 일하러만 갈 뿐이었다. 거기에 살고 있는 사람들은 우리들 없이는 어떤 일도 할 수 없다. 우리 애들이 아니라면 누가 그들의 소를 돌볼 것인가? 우리가 없다면 누가 농사를 지을 것인가? 오늘날에는 보다 빈번하게 접촉하는 일들이 늘어나고 있다. 학교와 수도, 그리고 별다른 이유 없이도 만날 기회가 늘어나고 있다. 우리는 여전히 세리에 살고 있다. 우리는 우리들의 관습과 우리의 생활방식을 고수하고 있지만 사는 것은 전보다 나아졌다. 그렇지만 일을 제외하더라도 우르와 세리가 완전히 별개인 것은 아니다. 남정네들은 모이면 다음 선거를 위해서는 세리와 우르가 함께 뭉칠 거라고 말한다. 나는 이것을 믿지 않는다. 우르 사람들이 이것을 받아들일 거라고 생각지 않는다. 그러나 사실이라면, 어떤 일이 일어날지 겁난다! 만약 내게 선택권이 있다면, 나는 레디아르 집 마구간 옆에 살 것이다. 왜냐하면 우리는 그의 일꾼들이니까.(웃음). 내가 바라는 것은, 신나암마(비람마의 음성이 다시 진지해졌다), 우리가 잘 살게 되는 것이다. 만약 그들 모두가 우리와 합세하기로 결정한다면, 더이상 예전같이 존경하는 모습은 찾아보기 힘들 것이다. 그게 내가 염려하는 것이다.[4]

예를 들어서, 신나암마만 나를 보러 오고 나는 가지 않는다고 해보자. 내가 무슨 권리로 그렇게 할 수 있겠나? 나는 신나암마를 만나 행복하고, 내 딸처럼 사랑한다. 우리 둘만 있을 때 나는 마음을 터놓고 이야기하고, 말하는 도중에 당신을 만지기도 한다. 그러나 집밖에서도 내가 이럴 수 있겠는가? 안 돼! 나는 당신에게 존경을 표해야 한다. 당신은 높은 카스트니까! 모든 것이 똑같다. "모든 사람은 자신의 카스트에 있어라. 따로 살아라. 그러면 논쟁이 없을 것이다. 제대로 된 조화로운 세상이 될 것이다!"라고 신이 말했을 때처럼, 그들은 우리가 한 덩어리로 남아 있길 바랄 것이다.

오늘날 사람들은 반대로 생각한다. 사람들은 세상이 하나가 되고, 모두가 평등하고, 모두가 동등한 권리를 갖기를 바란다. 이것이 칼리유감이다! 우리가 높아지길 바라는 사람들은 좋은 사람이지만, 우리가 우리 자리에 그대로 있을 수만 있다면 그것이 더 나은 삶인 것이다. 이게 바로 내가 아들에게 항상 하는 이야기이다. 그러나 그는 귀담아 듣지 않는다. 아들은 내가 틀렸다고 생각하면서 반문한다. "어느 파렴치한 신이 우리를 파리아로 만들었는가? 우리는 모두 똑같이 태어났다! 남편이 아내와 사랑을 나누고 아이를 만들어 똑같이 열 달 동안 자궁에 들어 있었다! 그런데 왜 출산 뒤에 그들은 높은 사람이 되고, 우리는 낮은 사람이 되어야 하는가? 그리고 왜 우리는 그것을 받아들여서 10루피짜리 지폐 한 장 받고 일을 해야 하는가? 어떤 썩어빠진 신이 이렇게 만들었는가? 그 신을 만나면, 따귀를 갈겨버릴 텐데! 왜 그렇게 만들었는가, 이 잔인한 신아! 왜 그들은 부자이고, 우리는 가난해야 하는가?"

나는 "그럼 못써, 안반! 그런 식으로 말하지마! 겸손하고 공경심을 가져야지. 우리를 고용한 사람들을 욕하지 말고 존경해라. 그러면 그들도 우리를 좀더 잘 대해줄 것이다. 우리는 공경함으로써 돈을 번다. 사람들로 하여금 벨파카따가 낳은 자식이 정말 예의가 바르고, 가정교육을 잘 받았구나. 그리고 성질도 더럽고 고약해서 싸움질을 일삼는 놈은 아니구나 하는 말을 듣도록 해라" 하고 말해줬다.

그러나 아들은 항상 내 충고에 짜증을 냈다.

"씨, 엄마는 정말 옛날 사람이구나! 엄마는 내가 거지처럼 차려 입고 일하러 나가길 바라지. 내가 어떤 옷을 입더라도 엄마는 잔소리를 해. 내가 이발을 해도, 얼굴에 화장품을 발라도 항상 한마디씩 해!'

나는 화가 나서 아들에게 말했다.

"그래 이놈아, 가서 네 마음대로 해라! 예끼! 네가 원하는 데로 얼굴에 분바르고 돌아다니면 누가 너를 거들떠보기나 할 것 같아. 너는 내가 마을에서 얻은 명성을 결코 얻지 못할 것이다. 나는 너만 할 때 이 마을에 왔어. 나는 자식 낳고 손자까지 보았다. 네 아버지는 여기서 태어나, 여기서 늙어가고 있다. 사람들이 너희 아버지를 존경하는 것을 봐라. 너는, 너는 우리와 정반대로 살고 있어!"

내가 자상하게 타이르면 그놈도 깨우치겠지, 신나암마. 당신을 고용한 주인이 때리려고 한다면 허리를 구부려야지 않겠나. 그런 행동을 보고 주인은 화가 풀려 팔을 내릴 것이다. 그러나 반항하면서, "단지 우리가 카스트가 다르다는 이유로 나를 때리려 팔을 들어올립니까? 어떻게 나를 때릴 수가 있어요?" 하고 대꾸를 하면, 그는 화가 더욱 치밀어 "정당, 그 개 같은 놈들이 너를 이렇게 시건방지게 만들었구나!" 하고 말할 것이다.

이것은 시골에서 실제 있었던 이야기이다, 신나암마!

(안반은 괭이를 들고 서서는 비람마의 이야기를 들으면서, 미소를 지으며 거기에 있었다. 그리고 덧붙이기를) "엄마는 항상 나에게 엄격하셔, 신나암마. 엄마는 항상 구식을 주장한다. 사실은 우르 사람들은 우리의 지위가 높아지는 것은 물론 그들처럼 교육받는 것을 싫어해요. 왜냐고요? 우리가 앞으로 한 뙈기의 땅이라도 장만한다면, 그들은 더이상 존경받기도, 값싼 인력을 구할 수가 없을 것이고, 결국 더이상 일꾼들을 부릴 수가 없기 때문이다. 그들은 바로 이것을 염려한다! 그래서 그들은 옛날의 법칙을 주장한다. 나는 그들 앞에서는 항상 반나체로 있어야 하고, 그들에게 말할 때 항상 팔을 앞으로 모으고, 땅에 끌릴 정도로 소만을 입어서도, 그들 앞에서 걷지도, 그들처럼 옷을 입어서도 안 뒈다고 한다! 그런데 왜 그래야만 하지? 그들이 먹여주는 것도 아니고, 옷을 입혀주지도 않는데! 나는 그들에게 빚진 것이 없다. 나는 일을 해주고, 그 대가를 받을 뿐이다. 그것이 전부다! 어느 날 나는 큰 레디아르를 만났다. 나는 나일론 셔츠에 흰 소만을 입고, 머리에 기름을 발라 빗어 넘긴 차림이었다. 그는 나에게 '어이, 마니깜의 아들! 소만을 땅에 끌리게 차려입고서 어디 가는가? 그런 차림으로 조금도 주저하지 않고 걸어가다니! 간덩이가 부었구나!' 하고 말했다. 나는 '당신도 나처럼 옷을 입지 않았습니까? 나는 열심히 일하고 지금은 여유를 즐기고 있습니다. 내 돈 주고 옷을 샀는데도 그것을 입고 거리를 활보하면 안 됩니까? 왜 나를 꾸짖습니까, 어르신?' 하고 응수했다. 그러자 그는 '오! 이런 말을 할 정도로 네 간덩이가 정말 부었구나!' 하고 화를 내었다."

(비람마가 중단시켰다) "여기서 나가! 여기서 나가, 멍텅구리 같은 놈아! 신나암마에게 그런 식으로 말하는 것이 부끄럽지도 않느냐?" (안반은 여전히 웃으면서 나갔다)

저놈이 소만을 여러 벌 가지고 있다고 생각하지 마라. 남자들은 두 벌을 가지고 있어. 저놈은 네 벌이 있는데, 두 벌은 붉고 검정 색 끝단이 있는 것이다.[9] 우리 여인네들은 서너 벌의 사리를 가지고 있다. 우리는 매일 갈아입지는 않지만, 자주 빨래를 한다. 하지만 여행을 갈 때는 항상 잘 차려입는다. 멋진 사리가 없는 경우에는 대개 빌려 입는다. 결혼식이나 장례식 또는 옷을 잘 차려 입어야 할 필요가 있으면 우리는 친척이나 친구들에게 "큰언니, 마드라스 혹은 퐁디에서 산 당신 사리 좀 빌려 줘. 결혼식에 가야 하거든. 갔다와서 돌려줄게" 하고 간청한다. 소년들도 마찬가지이다. 하지만 남정네들은 거의 그러지 않는다.

안반은 시계, 바지와 나일론 셔츠를 샀다. 그는 영화 보러 갈 때 그런 차림을 한다. 젊은애들은 영화를 자주 보러 다니는데, 우리 순다리조차 영화를 좋아한다. 현재 티루라감에는 세 개의 영화관이 있다. 그들은 모든 영화배우를 꿰고 있다. M.G.R.은 가장 인기 있고, 시바지Sivaji는 괴짜로, 나게쉬Nagesh는 유머 있고, 수자타Sujata는 이렇고, 라즈니칸트Rajnikant는 저렇다는 식으로 말이다. 그들은 모든 종류의 뒷이야기를 좋아한다. 오! 안반은 라디오를 가지고 있어, 두말할 것도 없이 모든 영화 주제가를 즐겨 듣는다. 그는 라디오를 어디든지 들고 다닌다. 들에서 일할 때나, 비료를 뿌릴 때나, 우물가, 어디를 가나 들고 다닌다. 나도 결국 그 라디오를 통해 여러 가지 노래를 배우게 되었다. 그리고 나는 딸들의 성화에 못 이겨 영화를 한두 번 보러 간 적이 있다. 그러나 나는 영화를 좋아하지 않는다. 배우들의 말은 아주 빠른데다 품위 있는 말만 골라했다. 그리고 전부는 아니지만 그 중 일부는 이해되지 않는 것도 있다. 그리고 나는 붙들고 춤추는 것을 보려고 눈뜨고 앉아 있는 것이 싫었다.

우리들만의 육두문자

신나암마, 성냥으로 불이라도 지른 듯 우리 카스트 내에서도 말다툼이
번져갔다. 나는 우리가 쓰는 말이 얼마나 특이하고 상스러운지를 자세히
말하지 않을 것이다. 레디아르가 우리를 보고 상스런 말만 쓴다고 한 것은
정확하다. 우리는 입을 열기만 하면 욕을 한다. 심지어 잘 차려입거나 시장
에서 모든 사람이 섞여 있을 때도 상스런 말을 한다. 버스 안에서 버스 차
장이 "파리아가 틀림없군!" 하는 말을 하면 사람들은 우리를 피한다. 우리
는 사원이나 영화관 어디에서든 쉽게 식별된다. 그렇기 때문에 내 아들은
정치가들의 말투와, 영화에서 그리고 라디오 연속극에서 사용하는 대화를
유심히 듣는다. 그는 자신이 하는 말에 매우 주의를 기울인다. 그래서 그는
공손한 어투에 분명하고 듣기 좋은 말을 사용한다. 나와 함께 시장에 갈 때
마다 아들은 나를 놀리며 나에게 조용히 하라고 하거나, 온종일 내가 하는
말을 고쳐 준다.

"엄마는 옛날식으로 말을 해요! 제대로 말하는 법을 배워요!"

나는 아들이 그런 식으로 나를 대하도록 내버려두지 않는다.

"이놈아! 내 뱃 속에서 나온 놈이 이제 나를 가르치려 들어? 어디서 배운 버르장머리야? 대대로 우리는 이렇게 말해 왔어, 하루아침에 어떻게 고치라고? 마치 애 못 낳는 여자에게 임신하라는 소리와 같구나! 사람들이 내 나이쯤 되면 쉽사리 어투를 고치지 못한다!"

예를 들어 신나암마는 "그런데 항아리가 어디로 사라졌지? 내가 저기 둔 항아리를 혹시 보지 못했나요?"라고 말을 하지만, 우리는 곧바로 이렇게 대꾸를 한다.

"이런, 썩어 빠질! 어떤 개잡년이 집안에 있는 항아리를 훔쳐갔어? 그년의 남편을 뭉개버릴 테야! 그년의 젖꼭지를 씹어버릴 걸!"

그리고 여러 가지 욕을 퍼붓는다.(웃음) 우리 카스트 안에서 사람들은 절대로 이름을 부르지 않는다. 내가 신나암마와 이야기 할 때 언급하는 이름을 부르지 않는다. 우리는 항상 별명을 부른다. 그 사람이 키가 크면, '야자나무' 키가 작으면 '땅딸보' 피부가 검으면 '까마귀' 또는 '껌딩이' 안짱다리면 '오리' 등으로 부른다. 만약 아이들을 다정하게 부른다 해도 '꼬맹이' '애 문둥이' '내 작은 주정뱅이' 라고 한다. 하지만 당신은 '내 작은 진주' '내 앵무새' '내 자스민 같은 아들' 이라고 부른다. 우리는 노래를 부를 때만 그런 단어를 사용한다. 우리는 일상적인 대화나 애정을 표현할 때도 '썩어빠질 놈' '이런 우라질 놈의 남편' 또는 '누이와 붙어먹을 놈' 이라는 말을 쓴다. 말은 억양에 따라 달라지는데 이런 말들은 정다운 표현이지만 만약 화를 내어 말한다면 그것은 욕이 된다.

신나암마는 매일같이 보았을 테니 우리들이 말싸움을 어떻게 하는지에 대해서는 말하지 않겠다. 아주 드물지만 말싸움이 없다면 우르 사람들은 걱정하면서 무슨 일이 있어났는지, 세리에 액운이 없어졌는지 이상하게 생각한다. 왜냐하면 말다툼이 없다면 그것은 세리가 아니기 때문이다. 아이고! 부끄러운 일이다! 혹시라도 가까이 가서 그런 상황을 보려 하지마. 바로 내 가족 중에 동서 한 명이 있는데, 한번 본 적이 있을 거다. 그녀는 이유 없이 말썽을 부리는 썩어빠질 년이다. 그녀는 어제 내 남편을 붙들고 내가 퐁디 어디로 가는지 아무도 모른다고 남편에게 고자질하다가 말싸움이 붙었다. 내가 가는 곳이 정말 당신의 집이 아니라 다른 곳, 예를 들자면 바다일 수도 있다는 식이다. 알겠나, 신나암마? 내가 바닷가에서 산책할 나이냐? 우리는 심하게 말다툼을 했다. 내 남편은 술을 마시고 있었는데 내가 없는 틈을 타서 동서가 남편에게 온갖 헛소리를 해놓은 것이다. 그렇지 않다면, 알다시피, 내 남편은 매우 점잖은 사람이다. 그는 술집에서 비틀거리며 돌아오면서 나를 보고 이런 노래를 불렀다.

아이고, 나는 떠났네, 괭이를 들고, 이른 아침부터
아이고, 내 사랑스런 각시는 이른 아침부터 나에게 죽을 가져온다네
나는 떠났네, 황소를 끌고, 한낮까지
아이고, 내 마누라는 먹을 것을 챙겨 들고, 나를 데리고 멀리 날아가네!

이 소리를 듣고 모든 사람이 배꼽을 잡았다. 그는 야자술에 취해 포악해지지는 않았지만 그 반대로 나를 위해 노래를 불러주었다. 사람들은 "나쁘지 않네! 늙어도 여전히 벨파카따, 당신을 사랑하고 있어!" 하고 말한다. 나는 그 말을 듣고 마음이 뿌듯해졌지만 그 썩어빠질 년에게 내색하지 않았다. 그 뒤에 무슨 일이 일어났는지 당신은 짐작도 못할 것이다!

나는 남편의 이름을 불러 본 적이 없다. 시골에서 여자들은 남편의 이름을 부르지 않는다. 나는 그를 존경해 옛날식으로 이야기하지 않는다. 진심으로 나는 "오, 자기, 오, 친절한 사람, 귀중한 당신!" 하고 말한다. 또는 그에게 "오, 자기, 여보, 우리 마드라스에 가요!" 또는 "여보, 우리 당신 딸네 집에 가요!"라고 말한다. 우리 카스트의 많은 사람들은 자신들의 남편을 '아저씨'라고 부른다. "저기, 아저씨, 이리 오세요!" 내 생각에는 이 말은 적절치 않다. 다른 사람들은, 존경심이라곤 없이 그냥 '저기, 저기!' 라고 부

른다. 거짓말 안 보태고, 나도 가끔씩 그렇게 부른다. 그러나 나는 내 기분
이 언짢거나 참을 수 없을 때 그렇게 부른다. 내가 멀리서 부를 경우에는,
"오, 당신, 저기, 이리 오세요, 레디아르 댁에서 당신을 찾아요!" 하지만 그
가 못 듣거나 대답이 없으면 나는 상스런 말로 그를 부른다. "저기, 저기,
얼른 이리와, 저기, 레디아르 댁에서 한참 전부터 당신을 찾는데 아직도 거
기서 여편네들과 노닥거리고 있어!" 이것이 전부다. 나는 더이상 심하게
하지는 않는다. 아무리 싸움을 심하게 하더라고 이보다 심한 말을 하지 않
는다. 말다툼을 하거나 화가 나더라도 지켜야 할 선이 있다고 믿는다.

그러나 세리에서 일어나는 일들을 말하자면 끝도 없다! 언젠가 칸나빤
이 칼을 들고 아내를 위협하자, 그의 아내는 칸나빤의 소만을 잡는 척하면
서 불알을 움켜쥐었다! 좋은 구경거리였지! 그는 우리를 증인으로 삼아
"내 불알을 잡고 늘어지는 이 쌍년을 봐라!" 하고 외치면서 비명을 질렀다.
얼마나 창피한 일인가! 아내에게 얻어맞은 남편은 다음날 고개를 들고 나
가지도 못한다. 신나암마는 그런 것은 들어 본 적도 없을 것이다! 그러나
어느 개자식이 당신을 칼로 위협을 하면, 가만히 두어서는 안 된다. 누가
그를 잡아갈 때까지, 여인네들은 반격을 가하는 기지를 발휘해야 한다. 그
러는 것이 매우 효과적이다! 남자들은 그 자리에서 비명을 지른다. 그때
칸나빤은 시퍼렇게 질렸다. 지난달에도 그 집에서 큰 소동이 벌어졌는데,
그의 아내가 화가 끝까지 올랐었다. 그녀는 남편의 불알을 움켜쥐고 얼굴
에다 소리쳤다.

"저기! 당신, 우리 집에 가자. 친정에 가자고. 당신을 두 쪽으로 찢어
줄게! 당신이 내게 하는 짓을 보고 내 엄마가 고통받을 것을 생각해봐라,
이 잔챙이, 주정뱅이야!"

이런 말들은 당신 남편에게 하기에는 너무 상스럽다. 하지만 신나암마,
매일같이 그 개자식이 그녀를 썩어빠질년이라고 부른 것을 들었다면 당신
도 수긍할거야! 내가 말하려는 점은 당신은 스스로를 통제해야 하지만 우

리는 그렇지 않기 때문에 누구든 우리를 쉽게 알아차린다는 것이다. 우리는 다른 카스트와는 절대 말다툼을 하지 않는다. 그러나 두 파리아 여인이 버스 안이나 시장에서 만났을 경우 그들은 좌석 같은 조그만 일을 트집잡아 서로를 욕한다. 버스 차장이 조용히 못시킬 경우, 차장은 버스를 세워 그들을 내리게 한다. 이런 일이 종종 발생한다. 마드라스에서는 더 심하다!

그래서 나는 내 딸들에게 항상 조용히 참으라고 타이른다. 마을에는 화약고처럼 말썽이 자주 발생하는 두 곳이 있는데, 여인네들은 우물가에서, 남정네들은 술집에서 말다툼을 벌인다. 우물가에서 싸움의 발단은 계집애들이다. 말썽이 일어나면 아무도 순다리와 암사를 말리지 못한다. 그들은 각자 두세 개의 항아리를 들고 와서 줄을 세워 놓고 잡담을 한다. 여기서 마을에서 일어나는 일들을 다 알 수 있다. 뭐든 궁금한 게 있으면 우물가로 가면 알 수 있다. 여인네들은 이야기에 빠져 물 길러 왔다는 것을 잊고 있다가 누가 그들을 앞지르면 바로 말다툼이 시작된다.

"어이, 너! 내가 먼저다. 네 앞에 항아리 두 개가 안보여!"

"나도 일하러 가야 해! 너 혼자만 바쁜 사람이냐!"

온갖 욕이 난무하다가 그들은 서로 머리끄덩이를 잡고 때린다. 우르에서는 이것보다 더 심하다. 이런 사람들은 창피한 줄을 모르고 항아리를 서로의 얼굴에다 집어던진다. 아침에 일하러 나가다가 종종 부서진 항아리 조각들을 볼 수가 있는데, 이것들은 전날 있었던 말다툼의 잔재들이다!

나는 우물에 가서 바쁜 사람이 있으면 먼저 물을 받으라고 한다. 다른 사람들이 "언니, 아이고, 내가 먼저 하자! 선불 받은 데 모심으러 가야 하는데, 시간에 맞추어 가야 해. 시간이 없어 줄을 설 수가 없어. 이해해 줘, 제발!" 하고 말하면 양보해주어 다툼을 피한다. 우리에게도 이런 일이 일어나기에 나는 이해할 수 있다. 대체적으로 아침에는 주로 여인네들이 줄을 서서 물을 받고, 저녁에는 계집애들이 줄을 서는데 그들은 거기서 시간

때우기를 좋아한다. 그래서 내가 저녁에 우물가에 가는 날에는 계집애들을 보고 말한다.

"이년들아! 항아리에 물은 안 받고, 왜 나무숲이고 펌프 그늘 여기저기를 몰려다니며 잡담만 하냐, 응? 물 받으러 왔으면 물이나 받을 것이지!"

그러다 보면 서로 말이 거칠어지게 된다! 그러면 그들은 웃어넘긴다.

나는 사내애든 계집애든 간에 젊은애들을 좋아한다. 그래서 막말이나 야한 노래, 어리숙한 수수께끼로 그들을 웃게 만든다. 그들은 내 농담에 항상 당황하지만, 내 농담을 좋아한다. 이런 것은 내 젊은 시절을 생각나게 한다. 아마 내 삼촌이었던 것으로 생각되는데, 그가 들려주었던 이런 농담 투의 이야기를 매우 좋아했다. 다른 것은 몰라도 이 노래는 아주 생생히 기억한다.

아요! 무땀마를 만나거든
사미, 여기로 오라고만 전해주시오
그녀는 내게 베텔을 줄 것인데
사미, 그녀는 사랑을 훔쳐 갈 것이다

오, 처녀야! 어디를 그리 급히 가시나요?
아요! 당신은 누구와 사랑에 빠졌나요?
오, 처녀야! 나는 당신을 따라 어디론지 갈래
오, 처녀야! 갠지스 강가로 가자!

아요! 거기에서 자리를 잡으면
사미! 내가 한 가지 비밀을 말해주지
아요! 거기에는 항상 말썽이 있네
사미! 여기는 싸움꾼 파리아가 사는 세리라네!

아요! 이것이 무엇이 될까
사미! 내 왕자의 몸뚱어리?
아요! 언제까지 물을 주어야 하나
사미! 날이 샐 때까지?

아요! 일하러 가는 당신, 키가 똑 같구나
아요! 쇠똥을 모으러 가는 당신
아요! 쇠똥을 모으고 있네
사미, 좋은 침대를 만들어

아요! 똥 속에 뱀이 숨어 있네
사미, 그들을 꺼내 주지 않을래?
오, 처녀야! 입맞춤을 해줘
오, 처녀야! 옷을 벗어라!

아요! 오, 처녀가 저기 걸어가고 있네
아요! 입맞춤을 해줘
오, 처녀야! 사리 밑에 나를 넣어 줘!
오, 처녀야! 젖꼭지를 먼저 줘!

이것은 논에 물을 대면서 부르는 노래이다. 남자들은 우물에서 물을 길러 두세 개의 항아리를 포개어 머리에 이고, 엉덩이를 쭉 빼고, 가슴을 드러낸 채 걸어가는 우리 모습을 보면 큰 소리로 이 노래를 부른다. 우리는 화가 난 척한다. 우리는 그들에게 고함을 친다.

"색골들아! 입다물어라. 쓰레기들아! 오로지 젖꼭지 밖에 모르는 놈들아! 이리 와서 우리 엉덩이나 빨아라."

남자들의 관심사는 가난뱅이든 백만장자든 젖꼭지뿐이다! 하지만 고작 노래로 즐길 뿐이었다. 항상 일이 밀려 있다! 남자들은 굴대 위에서 목청껏 마지막 구절을 반복해 부르면 우리는 웃음을 터뜨렸다. 그때가 좋은 시절이었다!

나는 무리 지어 앉아 있는 젊은이들을 보면 다가가서 농담을 한다. 그들은 자신들의 이야기를 하거나, 나에게 수수께끼를 내라고 한다. 그들은 내 수수께끼가 야하다는 것을 알고 있다. 그들은 수수께끼를 들으면 자지러지게 웃는다. 며칠 전 거기에 바루, 보작칸난 그리고 산카르가 있었다. 그들은 나를 불러서 말했다.

"오, 안반의 어머니! 수수께끼 하나만 내주세요! 어서, 할머니, 처음 듣는 것으로 하나만요! 음탕하지 않은 것으로요!" 내가 베텔을 씹으러 가려 하자 그들은 "할머니, 얼른요!" 하며 채근댔다.

그래서 나는 그들에게 "내가 너희들에게 이것을 쑥 내밀면 너희는 이것을 나에게 끼워준다. 이게 뭐지?" 하면 그들은 웃음을 터트렸다.

"어이, 보작칸난! 너는 답이 야한 거라 생각하는 모양인데 그게 아니니, 잘 생각해봐!"

이런 멍청한 놈들은 일하러 갈 생각도 않고 몇 시간을 웃으면서 그 수수께끼를 반복했다.

"바보들! 그것은 팔찌야. 팔찌 가게에서, 사람들이 팔을 뻗으면 팔찌 장사가 팔찌를 사람들 팔에 끼워주지!"

그들은 답이 너무 간단하자 놀랬다. 나는 다른 수수께끼를 냈다.

"내가 이것을 내놓으면 너희는 이것을 나에게 열어준다. 이게 뭐지?"

그들은 대답할 생각도 않고 또 웃음을 터트렸다. 답은 바나나 잎이었다. 바나나 잎은 접어서 두었다가 밥을 담기 위해서는 펼쳐야 한다.

그리고는 그들에게 물었다.

"안으로 들어가기 전에 네가 기어오르는 언덕이 뭐지?"

그들은 여러 이름들을 열거했다. 그들은 마이람, 파자니, 사바리말라이 Sabarimalai 등의 지명을 대었다. 나는 그들에게 그것은 시디말라이

Sidimalai라고 했다!" 그러자 그들은 박장대소하며 말했다.

"거봐, 저 늙은이! 음탕한 이야기가 아니라면서 우리를 바보로 만드네. 여전히 여자의 거시기를 말하는 것으로 끝을 맺어."

어느 날 아침 우리는 일하러 갈 준비를 하고 있었다. 나는 기분이 좋았다. 우리 여인네들이 앞장섰다. 청년들은 쟁기와 황소를 끌고 우리들 뒤를 따라 왔다. 우리는 강 건너편에 있는 탐부 레디의 논에 일하러 가는 중이었다. 우리는 건너기에 충분한 수로와 물막이가 나오자 노래를 부르기 시작했다.

이제는 물막이와 수로를 건널 시간이다
이것 봐, 어이! 거시기가 입을 벌리고 있네!
이것 봐, 어이! 거시기가 웃고 있네. 너무 벌리면 좋지 않지!

이것을 듣고 청년들은 웃음을 터트리고, 이마를 치며 서로를 붙들고 난리가 났다.

바루가 소리높여, "저 늙은이는 너무 웃겨! 말하는 것마다 저속한 이야기다! 늙은 남편이 저 여자를 매일같이 만족시켜 줄 수만 있다면, 욕정이 가라앉을 텐데! 아이를 여럿이나 낳았는데도 여전히 암내를 풍기고 있네, 그렇지?"

나는 그에게 남편이 아직도 정력이 세지만 나를 만족시키기에는 어림도 없다고 했더니 그는 부끄러워서 그만 입을 다물었다.

잘 알다시피, 신나암마, 이것은 전혀 나쁜 것이 아니다. 나는 젊은이들, 특히 수줍음 많은 보작칸난을 그냥 사랑스럽게 놀리는 것뿐이다.

나는 또 그에게 "내가 넣을수록, 더 늘어나는 것은 뭐지?" 하고 물었다. 그 수수께끼의 정답은 저울이다. 저울 쟁반에 물건을 더 많이 올려놓을수록 눈금은 더 늘어난다.

또는, "깊이 들어갈수록, 액이 더 많이 나오는 것이 뭐지?"

보작칸난은 이 말을 듣자마자 툰두 아래로 고개를 떨구며 대답했다.

"그녀가 점점 더 진저리치는 거지! 그녀가 엄청 암내를 풍기는 거지!"

그러자 나는 "아가야, 그것은 전혀 더러운 것이 아니다. 정답은 캐슈 열매다!" 하고 대답했다. 신나암마 알다시피, 그 과일은 과즙이 많다. 입안에 바로 넣어야 과즙이 흘러내리지 않는다. 그리고 빨아댈수록 과즙이 더 많이 흘러나온다. 물론 이것은 남자의 물건을 연상케 한다. 그래서 벽에다 대고 용두질할 놈들이 웃었던 것이다!

사랑은 선택이다

신나암마, 내가 이전에도 말했듯이 나는 영화를 그리 좋아하지 않는다. 하지만 남편과 나는 추수철에 거지들이 이 마을 저 마을을 다니며 노래하고 이야기하는 것을 즐겨 듣는다. 참! 이 사람들은 모든 것을 잃었다. 집, 일, 가족까지도 모든 것을 잃은 사람들이다. 그래서 머리에 자리를 이고, 밥그릇을 들고서 이 마을, 저 마을로 식량을 구걸하며 다닌다. 그들은 수수, 라기 또는 다른 곡식들을 동냥한다. 그들은 종종 마을 가까운 타마린드 나무 아래서 쉬기도 한다. 낮에는 각자 우르로 나가 구걸을 한다. 그들은 광장에 자리잡고 앉아 노래를 부른 후 곡식이나 돈을 받는다. 저녁 무렵 우리가 일터에서 돌아올 때가 되면 그들은 세리에 온다. 이런 날에는 우리는 이른 저녁을 먹는다. 그들에게도 먹을 것을 나누어준다. 설거지가 끝나면 우리는 그들을 에워싸고 노래를 청한다. 파참마와 나는 날라탄갈 Nallatangal 이야기를 가장 좋아한다. 당신도 알다시피 이 이야기는 아주 길어 어떤 때는 이틀 동안 계속되기도 한다.[1] 우리는 거지들이 오기만 하면 돈을 아껴 베텔 잎을 사주고는 그 과부 이야기 전부를 듣는다.

결국 결혼식이 있었네, 결혼식이
카시Kasi 왕의 딸이 시집을 가네
그곳에 결혼식이 있다고 중얼거리면서
나는 바다를 건너 베텔 잎을 주러 가네

날라탄갈 이야기 그림

우리가 일하면서 이 노래를 부르면 진흙탕이건 어디건 피곤이 가시면서 손발의 아픔이 누그러진다! 게다가 일도 빨리 끝난다! 나는 거지들에게 수많은 노래를 배웠다. 그래서 신나암마가 노래를 채록하려고 세리에 왔을 때, 노래를 불러달라고 나를 찾아와서 그때부터 우리가 알게 되었지. 나는 당신이 거지들의 노래 소리를 직접 듣기를 바란다! 때때로 그들이 왔지만 그때 당신이 없었다. 혹 당신이 여기에 오면 그들이 오지 않았다. 나는 다남마에게 만일 그들이 마을에 오면 알려 달라고 부탁을 했다. 그때 그녀는 푸트라이Putrai에 있었다. 아마 그들이 일거리를 찾았든지 아니면 더 먼 곳으로 갔을 수도 있다. 그러나 문제가 되지 않는다. 다른 거지들이 있으니 말야!

세탁부들은 우두까이를 연주하면서 이야기를 잘한다. 신나암마도 그 이야기를 알고 그 중 일부를 녹음하기도 했다. 하나는 〈악어 오빠〉이고, 다른 하나는 〈만작쿠빰Manjakkuppam의 연인〉 이야기이다. 신나암마, 녹음기를 틀어봐. 우리 잠시 그 이야기를 들어보자!

악어 오빠

옛날에 어린 소녀가 머리에 일곱 개의 항아리를 이고 일곱 명의 오빠들에게 줄 점심을 가지고 갔다. 오빠들은 바다 가까이 강 건너 논에서 일을 하고 있었다. 그녀가 강둑에 도착했을 때, 밀물이 밀려들어 강을 건널 수가 없었다. 그녀는 멀지 않은 곳에 있는 악어를 발견하고 악어에게 "오, 악어 오빠! 나를 저쪽으로 건네주면 돌아오는 길에 내 오빠들이 남긴 밥을 전부 줄게!" 하고 부탁했다. 악어는 그녀의 청을 받아들였다. 악어는 항아리를 하나씩 강 건너편으로 날랐다. 그리고 나서 어린 소녀도 건너 편 언덕에 데려다 주었다. 그녀는 다시 항아리를 머리에 이고 일곱 오빠들이 쟁기질을 하고 있는 논으로 갔다. 오빠들은 여동생이 오는 것을 보고, 쟁기를 팽개치고 달려와서는 점심을 먹었다. 막내 오빠를 제외하고 모두 밥을 조금씩 남겼다. 소녀는 남긴 밥을 항아리 하나에다 긁어모았다.

돌아오는 길에 어린 소녀는 배가 고파서 나무 밑에 앉아 항아리에 담긴 밥을 거의 다 먹어버렸다. 그때야 비로소 악어와 한 약속이 떠올랐다. 소녀는 진흙을 한아름 퍼서는 남아 있던 밥풀과 함께 섞어서 마치 큰 주먹밥처럼 만들었다. 악어는 강가에서 소녀가 약속한 것을 가지고 오길 기다리고 있었다. 어린 소녀는 주먹밥을 악어에게 주었다. 악어가 하나를 삼켰다. 그러나 그것이 진흙으로 만든 주먹밥이라는 걸 알고는 얼마나 실망했겠는가! 악어는 분노가 치밀어 복수심에 어린 소녀를 물었고, 소녀는 피를 흘렸다. 소녀는 강가에서 상처를 씻고 사리를 벗어버리고, 항아리를 가지고 집으로 돌아왔다. 엄마는 소녀를 보고 크게 놀라 무슨 일이 있었는지, 그리고 어째서 피를 흘리는지 물었다. 그런데 그 썩을 년은 가족의 막내아들에게 복수를 할 요량으로 막내 오빠가 자기를 때렸다고 엄마에게 일렀다. 딸의 말만 철석같이 믿은 엄마는 막내아들에게 심한 벌을 주려고 결심했다.

저녁에 아들들은 논에서 돌아와 가축들을 끌어 매놓고 나서 저녁식사를 기다리면서 쉬고 있었다. 엄마는 그동안 아들들을 위한 생선요리를 만들었다. 그러나 막내아들을 위해서는 다른 것을 준비했다. 그것은 바로 뱀 요리였다! 그녀는 뱀의 머리를 항아리 속에 담아 놓고, 꼬리는 길가에 버리고, 나머지는 토막을 내 막내아들에게 줄 요리를 만들었다. 막내아들은 앉아서 그 요리를 먹고, 곁에 있던 고양이에게 한 토막을, 또 먹고 싶어 안달하는 개에게도 한 토막을 주었다. 그것을 먹은 개와 고양이는 바로 죽었고, 막내아들 또한 오래 버티지 못했다. 엄마는 딸의 상처에 대한 복수로 막내아들을 죽였다.

얼마 지나지 않아 예닐곱 명의 구혼자가 와서는 그 썩어 빠질 년과 혼인하기를 청했다! 마침내 혼인이 결정되어, 택일을 하고 혼인날짜가 정해졌다. 그런데 혼인할 날짜는 다가오는데, 꽃을 구할 수가 없었다. 전세계를 돌고 56개 나라 전체를 돌아다녀도 꽃이 없었다! 꽃 없이 어떻게 결혼식을 축하할 것인가? 마을의 모든 사람들이 비탄에 잠겨 있을 때, 소에게 풀을 뜯기고 있던 어린 소몰이꾼이 어쩔 줄 모르고 있는 가족에게 말했다. "여보세요! 화장터가 있는 곳에 수천 송이의 꽃이 다발로 피어 있고, 꽃나무들이 우거져 있소. 장미, 자스민, 사만디samandi가 말이요! 우리를 따라 오세요!"

한시름 돌린 아버지와 어머니는 화장터로 갔다. 어머니는 꽃을 담을 바구니를 허리에 차고 갔다. 그들은 꽃무더기를 보고 기뻐서 어쩔 줄을 몰랐다. 마침내 혼인식을 할 수 있게 되었다. 어머니는 바구니를 내려놓고 첫 번째 꽃을 따러 갔다. 하지만 그녀가 자스민에 손을 대자마자 자스민이 노래를 시작했다.

오, 엄마! 오, 엄마! 그년은 오빠가 때렸다고 말했지?
개잡년!
내 꽃을 그년의 검은 댕기에 꽂아 주려고요?

내 꽃을 잘라 그렇게 '정결한' 여자의 댕기를 장식하려고요?
내 꽃으로 그 썩어 빠질 년의 머리를 단장할 수 있을까?

이 소리를 듣고, 엄마는 비틀거리며 온몸을 부들부들 떨기 시작했다. 그녀는 그곳이 자신이 독살한 막내아들을 묻은 바로 그 장소라는 것을 알아차렸다. 그래서 온 세상의 꽃이 시들어버리고 없는데도, 그 무덤에만 꽃이 피어 있었던 것이다! 그 꽃들이 막내아들의 이야기를 노래로 하면서 진실을 말하고 있었던 것이다. "왜? 나를 모함하는 딸의 고자질만 듣고 나를 독살하더니, 지금 이 꽃들로 그 썩어 빠질 년의 결혼식을 하려고?" 그러자 엄마는 초라한 모습으로 노래했다.

막내오라비야, 막내오라비야
네 귀여운 여동생을 위하여 결혼식 화환 하나만 줄래!
아름다운 화환이 어울리게
결혼식 사리 위에!
모두가 꽃들로 장식된 아름다운 사리를 칭송하게!

노래를 부르는 꽃은 오빠 자신이었다. 이해할 수 있을 거야, 그렇지? 그래서 이렇게 끝내야만 한다는 것을 충분히 안 그는 가족에게 품었던 적개심을 풀고서, 엄마가 노래를 마쳤을 때, 그녀에게 커다란 꽃다발을 던져 주었다. 그러자 아버지가 노래를 불렀다.

막내오라비야, 막내오라비야,
네 귀여운 여동생을 위하여 결혼식 화환 하나만 줄래!
아름다운 화환이 어울리게
결혼식 사리 위에!
모두가 꽃들로 장식된 아름다운 사리를 칭송하게!

그러자 꽃나무가 대답하기를,

오, 아버지! 오, 아버지! 그년은 오빠가 때렸다고 말했지
개잡년!
내 꽃을 그년의 검은 댕기에 꽂아 주려고요?
내 꽃을 잘라 그렇게 '정결한' 여자의 댕기를 장식하려고요?
내 꽃으로 그 썩어 빠질 년의 머리를 단장할 수 있을까?

그러나 끝내 그는 아버지에게 한 다발의 꽃을 던져 주었다. 이제는 아
들들과 그들의 아내들 차례였다. 그들은 각자 노래를 불러 모두 꽃다발을
받았다. 충분한 꽃이 모아지자 그들은 꽃을 엮어서 커다란 화환을 만들었
다. 준비가 잘 되고 있었다. 신랑의 부모는 큰일을 했다. 악대, 노래, 등불,
그리고 음식, 모든 것이 제때에 준비되었다.

그러나 결혼식 하루 전날, 약혼녀와 그녀의 모든 가족들은 악귀를 퇴치
하기 위한 의례를 올리려 이웃 마을로 갔다. 가족들이 이것저것 의논하면
서 빠른 걸음으로 가고 있는데, 갑자기 약혼녀 앞에 웃음을 터트리면서 이
빨을 몽땅 드러낸 해골이 나타났다! 누구도 본 적이 없는 이 해골을 약혼
녀만은 알고 있는 것처럼 보였다! 그녀는 길을 멈추었다. 만약 그녀가 도
망을 가면 해골도 따라 올 것 같았다. 그녀는 해골을 한참 동안 자세히 살
펴보았다. 그리고는 그 해골이 오래 전에 죽은 그녀의 연인임을 알아보았
다. 살아 있을 때보다 죽은 모습이 더 잘생겼다는 것을 알고 그녀는 감정에
겨워 그에게 노래를 불러 주었다.

아요! 내 신랑, 내 사랑
오, 내 멋진 캄반
오, 멋있는 콧수염을 가진, 잘도 삐치는 내 사람아

오, 아름다운 수염을 가진 내 장난꾸러기야
나를 버리고 가더니 이렇게 숲 속에 혼자 있구나!

그녀는 해골을 껴안고 사랑을 담아 키스를 했다. 그랬다! 해골이 그녀의 입술을 빤 채 그대로 있었다. 악귀를 물리치러 가는 도중에 어떻게 그럴 수 있었는가? 그렇게 많은 사람들을 앞에 두고, 그렇게 하고서도 어떻게 결혼을 할 수 있을까? 그녀는 사리로 머리를 싸고 고개를 숙인 채 걷기 시작했다. 마을에 이르러 그녀는 머리를 가린 채 눈에 띄지 않는 집 안쪽 구석으로 누우러 갔다. 그래야 덜 수치스러울 테니까. 어떻게 그런 모습을 보여 줄 수 있었겠는가? 얼마나 불명예스럽겠어! 모두를 모욕한 것이다! 바깥에서는 의식이 거행되고 있었다. 악귀는 물리쳤지만 약혼녀를 찾을 수가 없었다. 모두가 그녀를 찾아나섰고, 결국에 그녀의 부모가 그녀를 찾아냈다. 그녀는 가랑이 사이에 머리를 처박은 채로 앉아 있었다. 그녀의 부모는 딸이 자기들과 떨어지는 것이 너무 슬퍼서 저럴 것이라 생각하고는, 딸에게 말했다.

"이리와! 가서 의식을 하는데 네가 돈을 줘야지. 일어서! 얼른!"

그녀는 부모의 얼굴을 마주하고 앉아서 해골과 키스를 했고 그게 자신의 옛 연인임을 이야기했다. 모두가 분노했다. 세상 천지에 누가 애인이 있었던 여자하고 결혼을 하려 들겠어? 웃지도 않고 누가 고함을 쳤다.

"그녀의 애인이 그녀의 입술에 달라붙어 있네! 그녀의 애인이 입술에 달라붙어 있어!"

소문이 퍼지지 않을 리가 없었다. 의식이 중단되었다. 사람들이 약혼녀를 붙잡았다. 그들은 그녀의 머리카락을 자르고 얼굴에 붉고 검은 점을 찍었다. 그리고는 당나귀에 태워 마을을 돌면서, "이년은 간통을 했소! 이년은 간통을 했소!" 하고 알리고 다녔다. 그리고 나서 그녀를 산 채로 태워 죽였다.

만작쿠빰의 연인들

한 쌍의 부부가 잘생긴 청년이 쟁기질을 하고 있던 논 옆에 난 논두렁 길을 걷고 있었다. 갑자기 여인은 뒤가 마려웠다. 그래서 남편으로 하여금 약간 앞서 가게 하고는 길에서 벗어나 물막이 뒤에 쭈그리고 앉았다. 한편 여인에게서 눈을 떼지 않고 있던, 잘생긴 청년은 여인이 그곳에다 뭔가 쓰고 있는 것이라고 짐작했다. 그는 혼자 속으로, 논으로 내려온 저 여자가 남편 몰래 뭔가를 감추고 있는 것이 틀림없다고 생각했다. 그는 호기심이 발동해 그녀가 떠나자마자, 그 여자가 쭈그리고 앉아 있던 장소를 찾아갔다. 그는 축축한 바닥 위에 심황색 자국이 있는, 젖은 벽돌 하나를 발견했다. 그녀가 손으로 오줌을 받아서는 벽돌 위에다 뿌리고, 지니고 다니던 베텔 주머니에서 심황 조각을 꺼내 벽돌에 문질렀던 것이다. 그래서 이 모습을 본 청년은 그 여인이 뭔가를 쓰고 있다고 생각했던 것이다. 깜짝 놀란 청년은 벽돌을 두고 잠시 동안 심사숙고한 끝에, 단호한 걸음으로 걸어가 황소를 풀어버리고는, 쟁기를 어깨에 둘러메고 집으로 달려갔다. 그는 황소를 물통 옆에 매놓고 두 아름의 짚을 가져다주면서 혼잣말을 했다. "오! 그녀는 나에게 만작쿠빰에 가라고 말하고 싶었던 것이다!"[2] 그리고는 아무에게도 알리지 않고 길을 떠났다. 그러나 만작쿠빰에 도착했지만, 어떻게 그녀를 찾을 것인가? 그녀가 어느 거리에 사는지? 집은 어딘지? 이런 의문들이 그를 괴롭혔다. 그는 연못가 계단에 앉아서 기다리기로 작정을 했다. 아마 그녀가 물을 길으러 여기로 올 테지? 그는 언덕 위 보리수 아래에다 자리를 잡았다. 곧이어 그는 십여 명의 여인들이 오는 것을 보았는데, 그들 가운데 그 여인이 항아리 두 개를 머리에 포개 이고 하나는 엉덩이에 받쳐들고 오고 있었다. 그는 멀리서도 그녀를 알아보았다. 그녀의 아름다운 몸매와 바나나 등걸처럼 미끈한 엉덩이가 한눈에 들어왔다. 다른 여인들과 마찬가지로 그녀도 연못에서 물을 길었다. 언덕에 내려놓은 항아리

두 개에다 모두 물을 채웠다. 그녀는 연못 속에서 세 번째 항아리를 들어내다가 그만 사리의 끝단을 연못에 빠트렸다. 그녀는 사리를 비틀어 짜고는 말리기 위해 펼치려 하였다. 그녀에게서 눈을 떼지 않고 있던, 그 젊은 쟁기꾼은 그 동작을 '그녀가 나에게 세탁소에서 기다리라고 하는구나' 하는 메시지로 받아들였다.

그는 일어나 연못을 돌아 세탁부의 집으로 갔다. 저녁까지 기다렸다. 밤이 되자 아주 어두워 지척도 분간 못할 정도가 되었다. 세탁부들이 나와서 그에게 물었다.

"아제, 어느 마을에서 왔소? 어디로 갈려고 하고 있소?"

"나는 카리캄Karikam에서 왔소. 오늘 아침부터 걸어왔더니 몹시 지쳤소. 사람Saram을 얻기 위해 아직도 먼길을 가야 하는데, 오늘 밤 여기에서 머물게 해주면 안 되겠소? 나는 내일 아침에 다시 떠나야 해요."

세탁부 가족은 그를 환대했다. 세탁부는 틴나이에서 밤을 지내라고 했다. 세탁부의 아들은 저녁밥을 얻으러 마을로 들어갔다. 저녁밥을 공양한 젊은 부인이 밥에다 자스민 세 송이를 넣었다. 어린 아들이 밥을 얻어 돌아오자, 그들이 여분의 바나나 잎을 펴주어, 젊은 쟁기꾼은 밥을 먹기 시작했다. 그가 밥을 입에 넣자 자스민 냄새가 거슬렸다. 그러나 그는 또다시 그 냄새를 '그녀가 자스민 정원에서 나를 기다리고 있구나' 하는 메시지로 이해했다.

저녁식사를 마치자 그는 바깥에 나가 비디(bidi 값싼 담배)를 피워도 되겠느냐고 양해를 구한 다음, 집을 나와 곧바로 자스민 정원으로 갔다. 자스민 정원은 웅장하고 멋진 건물 앞에 있었다. 그곳에는 부자가 살았을 것이다. 그는 정원의 담을 뛰어넘어 바나나 나무 더미 뒤에 몸을 숨겼다. 곧이어 그 여자가 집을 나와서 그와 합류했다. 그녀는 그의 손을 잡아끌고 히아신스 그늘 아래 으슥한 장소로 데리고 갔다. 그들은 그곳에서 키스하며 포옹을 했다. 그들은 이야기하고, 웃고, 서로 손을 끌어당겼다. 한마디로 말해 연인들이나 되듯 이런저런 행위를 했다. 갑자기 정원 문을 두드리는 소리가 들리더니, "암마! 이리와! 암마! 어디 있어, 암마! 암마!" 하고 그녀를 부르는 소리가 들려왔다. 남편이 돌아 온 것이었다. 남편은 정문에 이어 정원 문을 두드렸다. 그런 뒤 다시 정문으로 돌아갈 때, 아내는 재빨리 그늘을 벗어나 정문으로 다가가 졸리는 목소리로, "예, 여기 있어요! 나가요!" 하고 대답했다. 그녀가 문을 열어주었다. 남편은 그녀의 모양새, 옷차림, 머리에 붙어 있는 꽃들을 보고는 무슨 일이 있음을 짐작했지만 아무 말도 하지 않았다. 그녀는 물을 떠와서 남편의 손과 발을 씻어주고, 저녁 시중을 들었다. 여행에 지친 남편은 저녁을 먹자마자 잠자리에 들었다. 그의 아내는 아기가 우는 것을 핑계삼아 아이를 재우러 정원으로 간다고 하고 나왔다. 그녀는 다리를 쭉 뻗고 앉아 아기를 흔들어 재우면서 노래를 불렀다.

오, 살랑거리는 히아신스야
오, 살랑거리는 히아신스야
오, 내 남편, 오 내 왕자님
그가 와서는, 안에 있어요
아라로, 아라로, 아라로, 아라로
그는 궁전을 지키고 있네

다시 한번 연인은 그 메시지를 '그늘 안에 숨어 있어요. 내 남편이 돌아왔어요. 나중에 올게요'로 이해했다. 그녀는 안으로 들어가 아기를 재운 뒤 남편을 살펴보니 남편은 코를 골고 자고 있었다. 그녀는 다시 나갔다. 그늘 아래서 밤새 껴안고 즐거운 소리가 끊이지를 않았다. 까마귀가 첫울음을 울고, 동이 틀 때까지 그 소리는 이어졌다. 그녀는 연인의 팔을 풀고 눈물을 머금고 돌아와서는 어느 때보다 어렵게 남편 옆에 자리를 펴고 누웠다. 잠시 뒤 그녀는 일어나 대문 앞을 청소하고, 문지방에 물을 뿌려 쇠똥을 발라 놓고, 코람을 그렸다. 그리고 물을 끓여 커피를 타고, 남편의 목욕준비를 해놓은 뒤 아침식사를 만들었다. 남편은 식사를 한 뒤 일하러 나갔다. 아내는 곧바로 연인을 위해 아주 많은 요리를 했다. 당연할 수밖에! 그녀는 바다이와 파야삼을 만들었다. 고기도 지지고, 계란을 삶았다. 감자와 푸른 바나나를 볶았다. 그녀는 남편이 나가고 없는 집안에 연인을 부엌으로 불러 들였다. 문을 닫고 나니 아이조차 얌전히 있었다! 그들은 음식을 준비하는 동안 욕정이 끓어올라 다시 한번 사랑을 나누고, 서로 볼을 비비면서 요란을 떨더니 잠잠해졌다. 사랑 놀음이 끝나자 그녀는 연인을 따뜻한 물로 목욕시키고, 기름 마사지를 해주고, 시카카이로 머리를 감겨주었다. 그가 옷을 입는 동안, 그녀는 아름다운 바나나 잎을 골라 자신이 요리한 모든 음식을 바나나 잎 위에 올려놓았다. 두 사람은 식사를 하면서, 서로 먹여 주기도 하면서 웃음을 터트렸다. 그런데 갑자기 남편이 들이닥쳐 현장에서 들켰다. 남편은 그 전날부터 의심이 들어 자기 직감을 믿고 불시에 들이닥쳐 아내를 놀라게 했던 것이다. 남편은 두 연인을 곧바로 마을 위원회로 끌고 갔다.

위원회는 어떻게 두 사람이 서로 알게 되었는지 물었다. 여인은 그 전날 쟁기꾼이 갈고 있던 논을 지나 논둑을 따라 걸어갔던 광경을 묘사했다. 쟁기꾼은 그 모든 이야기를 자세하게 설명했다. 어떻게 그 벽돌이 자기를 유혹했는지, 어떻게 메시지를 알아차렸는지, 어떻게 만작쿠빰에 오게 되었는지, 연못가에서 어떻게 젖은 사리의 끝단이 의미하는 것을 알게 되었는지, 세탁부의 집에 있다가 어떻게 자스민 정원에서 자신이 찾던 여인을 만날 수 있을 것이라고 추측했는지를 설명했다. 위원회는 모든 이야기를 듣고 나서 그 여인에게 연인과의 관계를 끊겠다는 약속을 하고 남편과 살겠는지, 아니면 짐을 싸서 연인을 따라 떠나기를 원하는지 물었다. 여인은 이제 자신의 명예는 더럽혀졌으니 당연히 연인을 따라 떠나고 싶다고 대답했다. 위원회가 그녀에게 이렇게 물은 것은 그 여인으로 하여금 남편보다는 연인을 택할 수 있는 여지를 주기 위해서였다. 그것은 연인이 그녀를 유혹하지 않았기 때문이다. 그가 한 것이라고는 열심히 논을 갈고 있던 중에 그녀가 남긴 흔적만을 따라 온 것뿐이었다. 그는 그녀에 대해 아무것도 몰랐고, 심지어 이름이나 고향도 몰랐다. 그렇지만 그가 메시지를 알아차리도록 이미 예정되어 있었다. 세탁부의 아들이 가져온 밥에 넣은 자스민 꽃을 따라가 그녀를 만나도록 이미 예정되어 있었던 것이다. 그것은 운명이었다. 누구도 거역할 수 없는 것이다. 신이 그로 하여금 그녀와 살도록 예정한 것이었다. 이야기는 여기서 끝을 맺었다.

카라니에서도 문제가 생기면 우르에서 위원회를 개최한다. 위원회에서는 집, 토지와 같은 재산분배문제, 간통사건이나 심지어 우물가에서 일어난 여인네들 간의 말다툼까지도 해결한다. 판차야트는 항상 사미아르인 무루가이야 가우드의 의견을 듣는다. 그는 마을의 나땀(nattam 전통적으로 세습 촌장을 말하며, 마을 위원회인 판차야트를 주재한다. 공식적 지위는 아니지만 마을의 유지로 대접을 받고 있으며, 마을 제반사에 대해 대체적으로 그의 조언을 구한다)이다. 모두가 그를 존경한다. 그의 말은 곧 법으로, 그가 말을 하면 누구도 말대꾸를 하지 않는다. 그는 다투는 사람들을 보고 항상 이렇게 말한다.

"서로 그런 식으로 말하지 말아라! 서로 욕하지 말아라! 내일도 얼굴 맞대고 볼 사람들이다!"

서로 다른 카스트 간의 간통문제도 이런 식으로 해결한다. 쿠디야나르 여인과 무다리아르Mudaliar 남자 간의 간통, 우다이야르 여인과 사나르 남자 간의 간통사건도 그가 해결했다. 그는 연인에게 남자가 어떻게, 어디서 언제 유혹을 했는지를 물어본다. 그런 다음 사건의 경중에 따라 남자에게 체벌이나 벌금을 물린다.

"비람마, 우르의 남자와 세리 여인 간에 관계가 발각되면 어떻게 하지요?"

아요! 아요! 아요! 어디서 그런 엄청난 일이 일어났답니까, 신나암마? 카라니에서는 레디아르나 가우드가 공공연하게 파라치와 결혼을 한다든지, 드러내놓고 살림을 차리는 일은 절대로, 절대로 일어날 수가 없다. 게다가 우리 또한 그런 관계를 원하지 않는다! 상상할 수 있겠어? 그렇게 한다면 대중들 앞에서 몰매를 맞을 테니 살림을 차린다는 것은 불가능한 일이다! 바로 다음날 위원회가 소집되어 그곳에서 오만가지 욕을 들을 것이다!

"그년을 당장 여기로 끌고 오너라! 세상이 어떤지 가르쳐줘라! 너 같은 파라치가 감히 여기 우르의 남자를 남편으로 삼겠다니!"

얼마나 창피스런 일이냐!

물론 그런 관계가 일어날 수는 있다. 요즘에는 우리 처녀애들도 영화를 보러 나간다. 그들은 배우들 못지않게 옷을 차려입고 화장할 줄도 안다. 그들은 파리치 같이 보이지 않고, 티밀 여인네니 다름없다! 그들은 매력적이어서 사람들의 시선을 끈다. 파빤, 가우드 혹은 레디아르 남자들이 세리의 처녀와 관계를 맺기를 원한다면, 그런 일은 비밀스레 이루어질 것이다. 내가 마을에 온 이후에 일어난 사건이 하나 있다. 그 여자 이름은 코키란이었다. 그녀의 젖가슴은 쌀자루 두 개를 달아 놓은 듯 컸다. 그녀는 우르에 사는 나익케르의 정부였다. 밤이 되면 그녀는 어깨에 소만을 걸치고 흰 옷을 입고서 그와 함께 사탕수수 밭으로 들어갔다. 멀리서 보면 마치 두 남자가 바람 쐬러 가면서 잡담을 하고 있는 것처럼 보였다. 그러다가 어느 날 밤 그녀의 남편에게 발각당했다. 남편은 그녀를 개처럼 팬 뒤 친정으로 쫓아버렸다. 벨파캄에서도 한 레디 남자가 페라니Perani 출신의 한 파라치 여인과 살림을 차린 일이 있었다. 남자는 그녀와 함께 우르에서 살고 싶었지만 다른 레디아르들이 반대해 자기들 거주지에서 내쫓아버렸다. 두 연인은 남자의 옛집에서 멀리 떨어진 곳에 집을 지어 살아야 했다. 그 뒤 남자는 마드라스에 있는 가방공장에 일자리를 얻었다. 그들은 마드라스로 떠났다.

남자는 여자에게 보석을 잔뜩 해주었다. 사람들은 그녀가 레몬만큼이나 예뻤다고 말한다! 그런데 불쌍하게도 아기가 없었다. 사람들은 그 레디아르가 죽었다고 했다. 그는 마드라스에 묻혔고, 그녀는 여전히 거기에 살고 있다고 한다.

여기저기에서 그렇고 그런 관계가 발생한다. 아름다운 여자는 레디아르나 가우드의 마음을 사로잡는다. 그녀는 그들의 유혹을 받아들여 아무도 모르게 사탕수수 밭이나 논가, 또는 코코넛 농장에서 관계를 맺는다. 몇몇 여자들이 몸을 허락했다고 해서, 우리 모두가 잡년이라는 의미는 아니다. 우리가 원할 때만 그런 관계를 맺는다. 그가 레디이든 나익케르이든, 가우드이든, 누구든 간에, 우리가 동의해야만 관계를 맺을 수 있다. 누구도 강제로 할 수는 없다. 그가 우리를 창조한 이산일지라도 강제로 하지는 못한다. 세상의 모든 금을 여자에게 쏟아 부어도 여자가 동의하지 않으면 아무 소용이 없다.

"그래! 내가 어느 장소에 있겠다! 거기서 나를 만날 수 있을 것이다."

이래야만 관계가 이루어진다. 그렇지 않으면, 아무 소용이 없다! 그 남자가 누구든, 카스트가 무엇이든 마찬가지이다. 그가 레디, 가우드, 코무티 혹은 코사반이라 할지라도 소용없다. 내가 길을 간다고 가정해보자. 한 남자가 나에게 마음이 있어 내 주위를 끌려고 돌멩이 하나를 던졌다고 해보자. 내가 돌아선다. 그를 쳐다본다. 나는 쉽게 화를 내고는, "원하는 게 뭐냐, 이 빌어먹을 놈아? 뭘 해 줄까? 왜 나에게 돌멩이를 집어 던져?"라고 말한다. 그러나 내가 다른 식으로 받아들인다면 좀더 고상하게 대꾸할 것이다.

"뭐 잘못되었나요? 조용히 길을 가고 있는데 왜 돌을 집어던지죠? 내가 뭐 잘못한 게 있나요?"

그는 이렇게 대답할 것이다.

"왜 그런지 대답해 줄게. 사랑이 나로 하여금 너에게 돌을 던지게 했어.

왜 내가 길거리에서 소란을 피우겠느냐?"

그가 마음에 들면, 그가 말하는 대로 내버려둔다.

"어이, 내일 우리 어느 장소에서 어떤 시간에 만나 연애를 한번 해보자. 뭐라고? 아저씨 모시고 오는 것을 잊지마!"

그런데, 내가 그와 관계를 맺는 것을 원치 않으면, 나는 정말로 욕을 해버릴 것이다.

"헤이, 얼뜨기! 내가 빗자루로 쓸어내 주련? 네가 만마단으로 착각해 네 아내를 부르는 중이냐? 이 빌어먹을 놈아! 네가 내 남편보다 낫다고 생각하니?"

그래요! 여자가 동의하지 않는 이상 아무 일도 일어 날 수 없다. 비록 그녀가 파라치일지라도!

"그런데 세리의 남자와 우르 여인 간에 관계가 있다면 어떻게 되지요?"

아야요! 아야요! 아요! 그것은 잘못된 일이다. 대단히 잘못된 일이다! 그런 말조차 꺼내서는 안 된다! 세상이 그런 일을 용납하지 않을 것이다! 만약 파리아 남자가 레디 여인이나 가우드 여인과 관계를 맺었다면, 그날은 바로 그의 제삿날이 될 것이다! 곧바로 땅바닥에서 뼈를 추려 광주리에 담아야 할 것이다! 하여간 우르의 여자들은 언제나 집안에만 있어야 하고 혼자서 바깥출입을 할 수가 없다. 그들은 우리와 다르다. 우리는 항상 바깥에 있다. 우리는 논에도 가고, 우물에도 가고, 쇠똥을 모으러 가기도 한다. 우리를 만나기란 쉽다. 그들은 가족에 속하는 남자들만 볼 수 있다. 그들은 그들끼리만 관계를 맺는다. 형수와 시동생 간에, 삼촌과 조카 간에 밀통을 한다. 만약 밀통 관계가 발각된다면 가능한 그들 사이에서 조용히 처리한다. 이런 문제를 결코 마을 위원회로 끌고 가지는 않는다!

이혼을 허용하는 것은 카스트에 따라 다르다.[3] 판차야트를 열어서는 자초지종을 물을 것이다.

"당신은 다른 사람의 아내이다. 왜 이 남자와 살고 싶은가? 그와 자주 만나는 사이인가? 누가 다리를 놓았는가?"

모든 것이 밝혀지면, 나땀이 남편에게 묻는다.

"당신 아내에게 다른 남자가 있다는 것을 알고 있느냐? 그녀와 화해할 생각이 있는가? 그녀를 데리고 갈래 말래?" 아내에게는 이렇게 물을 것이다. "그리고 당신, 당신에게 탈리를 매어준 남자와 살래, 아니면 당신이 만난 저 남자와 살림을 차릴래?"

그러면 그녀는 이렇게 대답할 것이다.

"내가 찾은 남자와 함께 떠나기를 바랍니다. 나는 더이상 내 남편과 함께 살길 원치 않습니다. 더이상 그를 사랑하지 않습니다. 그래서 다른 남자를 찾은 것입니다."

그러면 나땀은 그 여자를 연인과 함께 떠나도록 "당신이 선택한 사람과 살아라" 하고 말해 줄 것이다. 그리고 남편에게는 "가라! 가족들에게 멋진 여자를 찾아 다시 결혼시켜 달라고 해라!"고 말할 것이다. 다음에는 판차야트에서 보상금 액수를 판정할 것이다. 여자가 남편을 떠나기로 결정했다면, 그녀는 결혼식 비용에 상당하는 금액을 변제해야 한다. 만약 반대의 경우라면, 남편이 벌금을 물어야 한다. 아이들은 어떻게 처리할 것인가? 결혼을 일찍 했다면 아이들이 있을 것이다. 남편이 아내를 떠나기로 했다면, 어떻게 여자 혼자서 어린애들을 키울 것인가? 그래서 어른들이 모여 내야 할 벌금 액수를 논의하는 것이다. 때때로 남편이나 아내가 돈을 거부하는데, 왜냐하면 돈으로 잃어버린 사랑을 대신할 수는 없다는 이유에서다. 그들은 "그 돈을 사원에다 바치세요!"라고 한다. 그러면 그 돈을 나눈다. 반은 사원에, 나머지 반은 나땀과 모임을 주관한 위원회에게 돌아간다. 커다란 구리쟁반을 들고서, 양편 사람들은 빈랑자와 베텔 잎을 판차야트 위원들에게 나누어준다. 그 문제를 의논했던 노인들에게는 따로 돈을 지불하지 않는다.

때때로 판차야트 앞에서 문제를 논의하는 가운데 화해를 하기도 한다.

산다남은 아내를 다시 데려가고 관계를 덮어두기로 하였다. 그러나 라사띠는 남편과 헤어지길 원해 떠났다. 왜냐하면 양측에서 합의를 했기 때문이다, 신나암마! 누구도 강제로 함께 살게 하거나 잠을 자도록 할 수 없다. 나나 당신, 모든 여인들에게도 마찬가지다. 고빈다가 우리를 똑같이 창조했으며, 여자가 동의하지 않는 이상 누구도 건드릴 수 없다. 남자와 여자 사이에 두 사람 모두 마음이 통해야지, 그렇지 않은 경우 남자는 여자를 결코 흥분시킬 수 없을 것이다!

나는 특히 순다리가 걱정된다. 안반도 순다리에 대해 염려하고 있는데, 왜냐하면 순다리가 자신의 남편감을 찾기 시작했기 때문이다. 안반은 자기 여동생이 가족이 정해주지 않은 사내와 걸어다니고 있는 것을 사람들이 본다면, 오빠인 자기를 얼마나 놀릴 것인가를 걱정하고 있다. 실제로 안반은 나에게 하는 만큼 여동생에게도 잘해 주고 있다. 당신도 알지, 신나암마, 나는 아주 어려서 '영감탱이'와 결혼했다. 나는 결혼 뒤에야 첫 생리를 했다. 안반의 경우에도 그에게 질녀가 되고, 나에게는 손녀가 되는 암사와 결혼을 했는데, 그때 암사도 성년이 되기 전이었다. 그러나 요즘 처녀들은 늦게, 초경을 한 지 몇 해가 지나야 혼인을 한다!

결국 순다리는 자기가 알아서 괜찮은 놈을 구했다. 그는 10학년을 마쳤는데, 자기 앞으로 땅이 1카니가 있고, 무엇보다도 매우 신실한 청년이었다.[4] 안반은 결혼식을 서둘러 해야 한다고 생각했는데, 그렇지 않으면 집안 전체의 수치가 될 것이라 여겼다. 신랑 쪽에서는 결혼식을 아바니(Avani 타밀 월력으로 다섯 번째 달이며, 8월 중순에서 9월 중순에 해당된다)달에 하자고 약속했다가 다시 판구니 달로 연기했다. 그들을 이해해줘야 한다. 한 집안에서 두 형제를 혼인시킨다는 것은 비용이 엄청나게 드니까 말이다. 과거에는 50루피로 결혼식을 치를 수가 있었다. 구혼자가 마련해야 할 돈이 그렇게 많지 않았다. 남자는 사리 한 벌, 은으로 만든 탈리 하나를 주었는데, 그게 전부였다. 오늘날에는 사정이 많이 달라졌다. 탈리는 금으로 만든 것인데다 가격이 300루피 이상이다. 신부가족이 신랑가족에 비해 훨씬 많은 비용을 지불해야 하는 것이 사실인데, 그것은 신부지참금 때문이다. 요즘 신랑측 부모는 혼수로 스물한 가지를 요구하는데, 손목시계, 자전거, 라디오, 선풍기, 침대, 찬장, 바지와 셔츠 등이 포함된다. 신나암마도 머잖아 아들과 딸을 혼인시키면 알게 될 것이다, 신나암마! 나는 당신 자녀의 결혼식에는 꼭 참석할 것이다, 아요! 안다바!

귀신을 물리는 사람들

신나암마, 얼마 전에 내가 세리에 와서 노래 부르는 거지들 이야기를 했었지. 바이락칸누가 나땀에게 허락을 받아 돈을 모았다. 그날은 페리얀다반에게 우유 공양을 올리는 날이기도 했다. 그들은 퐁갈 항아리를 가지고 돌아오는 행렬과 합세해서는, 칼리에게 바치는 노래를 불렀다.

날송장을 당신이 먹었지, 그렇지?
~~우유~~치럼 똑똑 흘리면서
흩어져 있는 모든 뼈들을, 당신이 와드득 깨물었지, 그렇지?
그것이 사탕수수라고 말하면서 먹었지
종지뼈를 당신이 먹었지, 그렇지?
그것이 무루꾸murukku[*]라고 말하면서 먹었지
곤봉을 움켜쥐고는
당신은 당신의 가슴 패기와 화살을 함께 묶었지!
창을 움켜쥐고는
당신은 당신의 가슴 패기와 화살을 함께 묶었지!

---

[*] 콩가루와 쌀가루로 만든 비비조인 모양의 튀긴 입가심 과자

이 노래를 듣자마자, 암사에게 신이 내려 누구도 통제할 수가 없었다. 암사를 무루가이야 가우드의 집으로 데려가니 그가 부적을 하나 주었다.

무루가이야 가우드는 마을의 나땀일 뿐 아니라, 주문을 걸기도 하고, 귀신도 물리치는 유명한 사람이다. 신나암마도 사람들이 그 집 문 앞에서 우글거리고 있는 것을 보았을 것이다. 차례를 기다리려면 번호표를 받아야 한다! 그는 모든 일을 어떻게 다루어야 하는지 잘 알고 있으며, 실제로 그는 모든 것을 관장한다! 아이를 원하나? 또는 아이를 원하지 않느냐? 그는 어떻게 해결할지를 알고 있다. 그는 매듭이 있는 실 꾸러미, 호신부, 부적을 준다. 그는 마르고사 잎으로 귀신을 물린다. 주문을 외우지만, 귀신을 물려 달라고 한 사람의 이름은 절대 발설하지 않는다. 또한 다른 사람에게 주문을 걸 수도 있다. 예를 들어, 누가 신나암마를 유혹하려 하는데, 당신이 응하지 않는다면, 그 남자는 가우드를 찾아갈 것이고, 가우드는 당신에게 주문을 걸 것이다. 그러면 모든 사람들, 신나암마의 아버지, 어머니, 남편, 가족들 모두를 잊어버리고, 당신을 원하는 그 남자를 따라 나서게 될 것이다. 그 남자는 당신을 데리고 그의 고향마을로 가서는 살림을 차려 함께 살 것이다. 그러면 남편은 함께 보낸 즐거운 날들을 잊지 못해 슬픔에 잠겨서는, 귀신 물릴 줄 아는 다른 사람을 찾아가 당신에게 어떤 주문이 걸렸는지를 알아 볼 것이다. 왜냐하면 주문을 건 사람은 결코 그 주문을 풀 수 없기 때문이다. 그런 일을 대신 할 사람이 항상 있게 마련이다. 결혼한 부부도 상대방에게 주문을 걸 수가 있다. 만약 남편이 아내를 더이상 다루기가 힘들어지면, 그는 자기 자신에게 말할 것이다. '그녀가 무례해져 더 이상 존경하는 말투를 사용하지 않는다. 그녀에게 다른 사람이 생겼을까?' 그리고 그는 가우드를 찾아가 해결책을 구한다.

내 조카가 그것 때문에 심하게 앓았다. 조카는 아름다운 여자로 항상 웃음을 잃지 않았다. 그런데 어느 날부터 사리에다 얼굴을 묻고서 침대에서만 나날을 보내고 있었다. 두통, 오한이 생기고 다리에는 근육통이 일어났다. 그 어떤 약도 아무 소용없었다. 조카의 부모는 그것을 이상히 여겨 조카를 에리빠뚜Erippattu의 푸사리(pusari 브라만이 아닌 사제)에게 보이러 갔다. 푸사리에게 신이 내리고, 신이 그를 통하여 모든 것을 말했다. 조카 딸 비라이는 주문에 걸렸는데, 남향집에 살고 있는 어떤 피부색에, 어떤 키를 가진 남자가 한 짓이라고 했다. 그 푸사리는 참기름을 달라고 해 그것을 비라이에게 마시게 했다. 그런 다음 조카에게 식물로 만든 약을 주었고, 라삼(rasam 고추와 심황으로 만든 매운 물로, 식사 마지막에 밥과 함께 섞어 먹는다)을 반 리터나 마시게 했다. 물론 조카는 하루 종일 설사를 했는데, 마지막에 물렁하고 작은 덩어리가 나왔다. 푸사리는 주문이 걸린 작은 덩어리가 생선 요리에 섞여 들어갔었다고 말했다. 비라이는 아무것도 모른 채 그것을 먹었던 것이다. 푸사리는 그녀에게 그것을 씻어서 여러 사람들과 가족들에게 보여주라고 했다. 그래서 우리 모두는 무슨 일이 일어났는지를 알게 되었다. 비라이는 다시 이전처럼 잘 웃고 명랑한 여자로 되돌아왔다.

모든 것은 자신의 별자리에 달려 있다. 만약 비라이의 운명이 얄궂었다면, 죽었던지 아니면 유산을 하던지 혹은 비라이의 아이가 아주 어려서 죽었을 것이다. 그러나 항상 주문이 있고 또 역주문이 있다. 음식에 주문이 걸려 있으면, 제거하기가 아주 쉽다. 그러나 나무에 주문이 걸려 있으면 이것은 아주 위험할 수도 있다. 코코넛 숫나무 또는 바나나 나무에 걸린 주문은 풀기기 이럽다. 그리고 누가 갠지스 강에 주문을 설었다면, 이것은 치명적이다. 머리를 바칠 때만 주문이 풀린다.

내 할아버지 사미깐누가 말씀하시길, 도제 주술꾼은 맨 처음에 개에게 주문 거는 것을 배운다고 했다. 솜씨 좋은 주술꾼은 한번에 개를 죽일 수 있어야 하며, 그렇지 않으면 이름난 주술꾼이 되지 못한다고 했다. 만약 주술에 걸린 개가 살아 있다면, 그 개는 밤이고 낮이고 짖어 댈 것이다. 그리고 그 주술꾼이 실패하면 그의 만트라의 효력이 약해질 것이다. 몸주(섬기는 신)는 더이상 그의 말을 듣지 않을 것이다. 왜냐하면 몸주가 주술꾼의

영매이기 때문이다. 몸주는 주문을 어느 곳에다 걸어야 하는지를 결정한
다. 어디에서 누가 잠을 자고 있는지 혹은 어디에서 목욕을 하고 있는지,
또는 쇠똥을 모으고 있는지 혹은 땔감나무를 모으고 있는지를 알려준다.
필라이야르 사원 근처에 살고 있는 아이에르 역시 귀신을 물리는 사람이
다. 그는 부적도 써주고 만트라도 아주 잘 알고 있다. 그러나 위중한 경우
에는 돈이 훨씬 더 많이 들어도 우리는 무루가이야르에게 찾아간다.

무루가이야르가 귀신물리는 사람이 되기 이전에, 우리는 귀신을 물리
려 쿠따바람Kuttavaram까지 갔다. 악귀가 들린 사람이 있는 경우에는 마라
야누르Malayanur로 갔다. 그곳은 내 시어머니의 여동생 때문에 가본 적이
있다. 그 당시 나는 새색시였고 아이도 없었다. 우리는 그릇과 밥을 챙겨
가지고 팔라르Palar의 언덕에 자리를 잡았다. 점심 무렵에 우리는 밥을 지
어 가지 요리와 간 절인 생선과 함께 먹었다. 저녁 무렵, 약 네 시경에, 우
리는 걸어서 강을 따라 화장터로 향했다. 수백 명의 사람들이 우리와 마찬
가지로 걸어가고 있었는데, 각 가족마다 누군가 신들린 사람이 있었다. 나
는 거기서 우리 앞에 걸어가고 있는 귀신 들린 아름다운 여인을 보았다. 그
녀는 목청껏 노래를 부르고 있었다.

커다란 보리수 옆이었다네
정말일까?
그곳은 커다란 보리수 옆이었다네
내가 당신을 만난 것은
그곳은 커다란 보리수 옆이었다네
난나, 나, 난나
오! 귀신이여, 나를 내버려 둬!

대여섯 명이 그녀의 가슴과 엉덩이를 굵은 줄로 묶어서 끌고 가는데,

그녀는 끌려가지 않으려 하면서 다른 방향으로 줄을 끌고 있었다. 그녀 몸 안의 귀신이 이렇게 싸우고 있었던 것이다! 불쌍한 여자! 그녀는 마루뚜르 Maruttur에서 왔다. 그녀는 귀신들린 모든 사람들과 마찬가지로, 마라야누르 사원에 가는 길을 벗어나서 여기저기를 헤매고 다녔다.

사원 근처에는 불타고 있는 장작더미가 있었다. 사원 근처에 다다르자 귀신들린 사람들은 가족들을 밀쳐버리고는 장작불로 달려갔다. 그들은 그곳에서 고함을 치고, 뜀을 뛰고, 춤을 추고, 땅바닥에 뒹굴기도 했다. 그것을 바라보는 데는 용기가 필요했다! 어떻게 내가 그것을 지켜보았는지 모르겠다. 그곳에는 머리 타래처럼 드리어진 보리수가 한 그루 있었다. 흑단 같은 가지가 드리워진 그 나무를 보았다면 왜 그 많은 사람들이 마라야누르로 가는지를 이해할 것이다! 푸사리는 마르고사 잎으로 그 나무를 두드리고 나서, 귀신들린 사람들에게 살점이 뚝뚝 떨어지는 시체 토막을 하나씩 주었다. 정상적인 사람들이라면 그것을 먹을 수 있겠는가!

귀신들린 사람들로 하여금 살점을 씹게 만든 것은 그들을 조종하고 있는 그 잔인한 귀신들이다! 사원으로 가는 길목에는 이승을 떠나기 싫어하는 귀신들이 죽치고 앉아, "나를 내버려 둬. 나는 내 땅으로 돌아가고 싶다!"고 말하고 있었다. 다른 귀신들은 장작불 곁에서, "나는 더이상 바라는 것이 없다. 나는 그녀에게서 떠나련다! 나는 떠난다. 나는 집에 간다"고 말했다. 그러나 끈질긴 놈은 싸움을 계속하면서, "안 돼! 나는 그녀를 떠날 수 없어! 내게 맹세한 것을 주지 않으면 나는 떠나지 않을 것이다!"라고 외친다. 그러면 푸사리가 닭이나 염소를 바친다. 그는 닭이나 염소의 피를 밥덩어리와 버무려 신들린 사람들의 얼굴에다 던진다. 이것을 받아먹고서야 귀신은 항복을 한다. 귀신은 푸사리의 손을 잡고 맹세를 한다. "나는 더이상 그녀를 괴롭히지 않을 것이다. 이제 끝났다. 나는 그녀를 떠나려 한다. 내가 있어야 할 곳에 나를 보내 줘!" 그런 다음 푸사리는 귀신들린 사람의 정수리 머리카락을 한 줌 쥐고는 작은 뱀처럼 꼰다. 푸사리가 귀신 들린 사람을 커다란 보리수 아래로 인도하여, 나무 몸통에다 그들의 머리카락을 묶어 그들을 매어 놓는다. 그리고 나서 머리 다발을 자른다. 그런 뒤 다시 그들을 사원으로 데려와서 장작불에서 꺼낸 뜨거운 재를 입안에 넣는다. 그러면 귀신은 기뻐하며 떠난다. 우리는 귀신들이 산으로 간다고들 말한다. 마라야누르에 다녀 온 이후 내 사돈은 아이를 가졌다.

우리를 치료한 사람은 무루가이야르였다. 한때 남편과 안반이 아팠었는데 남편이 더 심하게 앓았다. 만약 가우드가 아니었더라면, 오늘날 내 목은 썰렁거렸을 것이다.[1] 그 병은 욱신욱신 쑤시고 열이 나기 시작하다가 어린애들이 가지고 노는 장난감 항아리만한 혹이 생긴다. 나는 베텔 잎과 산사나무 열매로 찜질을 해주었다. 우리는 이렇게 하면 낳는다고 생각한다. 혹이 터졌다. 그러나 며칠 후, 다시 종기가 나고 터지더니 아물었다. 불쌍한 영감은 고통이 이만저만이 아니었다. 종기가 신나암마 유방만 해졌는데, 어떻게 일을 하며, 어떻게 쟁기질을 했겠어? 우리는 돈도 많이 썼다. 그러나 낫지를 않았다. 또한 어느 날 양념 속에서 자스민 부스러기가 발견되었는가 하면, 다른 날에는 불 속에서 남자의 무릎 뼈를 발견했다. 어떤 때는 내가 방금 주워 모은 쇠똥 속에 레몬이 있기도 했다. 어느 날 안반이 비를 맞고 나서 몸살이 났다. 그런가 하면 마시는 물을 담아 놓은 항아리에 피가 떠 있었다.

나는 이런 문제들을 볼 만큼 보았다. 오뚜메두에 있는 귀신물리는 사람을 불러서 왜 그런지를 물었다. 그러나 귀신물리는 사람들이라고 해서 모두가 정직한 것은 아니었다. 효험도 없으면서도 돈만 많이 요구하는 돌팔이도 있다. 그는 나에게 집안을 깨끗이 청소하고 소 오줌을 뿌리고 쇠똥을 바른 다음, 집안 한가운데에 앉으라고 했다. 그리고는 바닥에 원과 네모를 그렸다. 공물을 담은 쟁반을 모든 방향에다 놓고, 만트라를 읊었지만, 아무 것도 달라진 것이 없었다. 그는 돈만 5루피를 챙기고 떠나갔다. 그러자 셀

바라지가 폼부르에서 온 한 놈을 소개해 주었다. 그 사람은 흰 쌀, 노란 쌀, 고기 그리고 야자 술을 포함한 푸짐한 공물을 요구했다. 그리고서 심황가루를 푼 물을 우리에게 뿌렸다. 다음에는 만트라를 외우면서 모든 방향을 향해 레몬 조각을 던졌다. 역시 아무 소용이 없었다.

남편과 아들뿐만 아니라 나도 심하게 앓았다. 나는 아파서 레디아르 댁에 일을 하러 갈 수도 없었다. 그래서 나는 가우드를 찾아가기로 결심했다. 사방에서 그를 찾아 사람들이 몰려오는데, 나를 치료하는 것은 문제도 아니겠지? 그러나 나는 많은 비용 때문에 망설였다. 사람들은 돈 때문에 걱정을 한다. 그 자신은 아무것도 달라고 하지는 않지만, 기부함에 많은 돈을 넣어야만 한다. 나는 그렇게 할 만큼 충분한 돈이 없어 주저했다. 그러다가 어느 날 용기를 내어, 번호표를 받아 들고는 남편과 함께 그에게 나아갔다. 나는 그를 보고 말했다.

"사미! 우리는 여러 달 동안 앓았는데도 어떻게 해야 할지를 모르겠습니다. 이제 우리는 당신의 손에 달려 있습니다. 우리를 치료해 주십시오!"

그는 눈을 감았다. 그는 무언가를 중얼거리더니 이렇게 말했다.

"원인은 당신의 시누이야. 당신 남편의 막내 여동생이 일년 하고 90일 전에 계란 세 개를 각기 서로 다른 세 곳에다 묻어 놓고는 당신에게 주문을 걸었다. 보복을 하지 않고 주문을 풀기를 원하는가, 아니면 그녀에게 받은 만큼 되돌려 주기를 바라는가?"

그는 자신이 그런 것을 결정하지 않는다. 그는 단지 요구하는 것만 들어준다.

"사미, 그년은 정말 얼간이입니다! 아무 생각도 없는 년이기 때문에 우리들에게 이렇게 저주를 걸었습니다. 나는 덩달아서 얼간이가 될 생각이 없습니다! 그녀에게 주문을 걸고 싶지는 않습니다. 치료만 해주신다면 그것으로 족합니다!"

그는 나를 보고 내가 티루라감의 금세공장이에게서 사온 구리로 만든 잎 모양의 장식을 가져오라고 했다. 그리고 마르고사 가지로 우리에게서 귀신을 쫓아내었다. 그런 다음 구리 장식 위에다 원과 네모꼴을 그리고는 뭔가를 썼다. 그는 그것을 말아서는 은으로 만든 통 속에 담아 우리에게 되돌려주었다.

집에 돌아와서, 나는 가족들에게 시누이가 했다는 일들을 모두 이야기했다. 우리는 그녀에게 침을 뱉었다. 남편은 그런 여동생이 있다는 것을 창피스러워 했다. 왜 우리에게 그런 원한을 품었을까? 우리는 부모의 재산을 공평하게 나누어 가졌는데 무슨 심사로 이런 일을 했을까? 두 여동생을 공평하게 결혼시켜 주었는데, 왜 그녀는 우리에게 그런 짓을 했을까? 그것은 단지 질투심 때문이었다! 우리는 레디아르의 일꾼으로 일을 했기에, 몇 마리의 가축도 사고 우리 아이들도 괜찮게 결혼을 시킬 수 있었다. 그리고 나 역시 점차 레디아르 댁에서 일하는 시간이 줄어들어, 집에서 일하는 시간이 많아지게 되었다. 이런 모든 것이 그녀로 하여금 질투심을 불러일으켰다. 게다가 시누이는 안반의 결혼식에도 오지 않았고, 우리 또한 그녀 아들의 결혼식에 가지 않았다. 나땀이 우리를 화해시키려 했다.

"당신은 집안의 어른이고, 부모를 대신하는 것이 당신의 의무이다. 원한은 내버려두고 조상에게 제를 올려라."

그러나 남편도 안반도 동의하지 않았다. 나는 결혼하는 부부에게 우리가 줄 것은 주고, 결혼식에는 참석하지 않기로 했다. 우리는 신혼부부에게 소만, 툰두, 그리고 사리 한 벌을 선물로 주었다.

우리가 고통을 받았던 모든 것을 이야기하고 있는 동안에도, 우리를 잃아눕도록 그녀가 저주했었다는 것이 믿어지지가 않았다. 안반은 자세한 이야기를 듣고 싶어하지 않았다. 그 놈은 주술을 믿지 않는다고 말한다.

"엄마! 쓸데없는 소리 좀 하지마! 그 외눈박이 잡년이 집에다 주술을 건 레몬을 집어넣어서 엄마가 아팠다는 말인가? 그리고 마치 이것이 전부 사실인 양 말하고 있잖아?"

"아요! 안반! 그런 식으로 고모를 헐뜯지 마라. 그녀가 실수를 했다고 해서 네가 그렇게 말해서는 안 된다! 그는 나와 마찬가지로 여자이다. 그뿐이다!"

그것은 사실이다. 내가 그녀와 잘 지내지 않는다고 해서 그녀를 비방할 이유가 되는 것은 아니다. 그녀가 잡년이라고 생각하지는 마라, 신나암마! 안 돼, 안 돼, 안 돼! 그러나 그녀는 자신을 억제하지 못하는 그런 사람임에 틀림없다. 사람들을 헐뜯고 아무 이유 없이 모함을 한다. 누구도 존경하지 않는다. 자기 오빠를 "지겨운 놈! 잔챙이! 네가 좋아하는 것은 오로지 네 마누라의 젖통뿐이구나! 네 가죽 방망이는 그년만 보고 있어! 왜 저년을 그렇게 받들어 모시는지 알만하구나, 이 잔챙아!" 하고 욕한다. 정말이지! 절제라는 것을 모르는 사람이다. 그년을 잊어버리자, 신나암마!

어찌되었든 무루가이야 가우드가 만들어 준 부적은 영혼을 지키고 악귀를 쫓아내어 지금까지도 우리를 보호해주고 있다! 내 부직은 달리와 함께 목에 걸고 다닌다. 남편과 안반은 허리춤에 차고 다닌다. 만약 당신 자신에게 문제가 생기거나, 집안 식구 중에 누가 아프면, 망설이지 말고 가우드를 찾아가라, 신나암마. 당신의 아이들이나 바깥양반이 아픈 경우일지라도 그를 찾아가면 해결된다. 내가 가서 번호표를 받아다 줄게. 그는 사미아르이고, 큰 힘을 지니고 있다! 사람들은 아주 멀리서도 그를 찾아온다. 마이소르Mysore에서, 방가로르Bangalore에서, 하이데라바드Hyderabad에서, 그리고 모든 사람들이 만족하고 돌아간다!

그는 마을에서 박티를 지닌 사람이며, 정결한 사람이다. 그는 무루간에 도달할 만한 힘을 지니고 있다. 물론 그는 모든 법칙을 준수한다. 그러나 그것으로는 불충분하다. 그는 무루간의 박티를 얻었기 때문에 그 모든 것을 할 수 있다. 그는 카라니에 건립한 무루간 사원의 소유주이며, 해마다 타이 푸삼Tai pusam 의례를 거행한다. 마을에서 타이 푸삼을 거행한 첫해, 그는 무루간을 위하여 백 개의 코코넛을 머리로 깨겠다고 서원을 했다. 그러나 열 개를 깨자 마을 어른들이 그를 말렸다. 해마다 타이 푸삼을 위하여 가우드에게 일곱 차례나 세정(洗淨)을 시킨다. 그를 정화하기 위한 목욕물 중 다섯 통은 신선한 빨간 고춧가루로 만든 것이고, 한 통은 우유로 그리고 나머지 한 통은 요구르트로 만든 것이다. 뿐만 아니라 순례자들은 고통을 느끼는 신체의 여러 부위에다 바늘을 꽂는다. 볼, 관자놀이, 혓바닥에다 주로 꽂는다.[2] 올해는 세리 사람들이 가우드를 찾아와서는, "당신이 우리에게 하라고 시키는 것은 참회자가 되라는 것과 감사의 표시든 아니면 여러 달 동안 가슴에 통증을 앓고 있는 비라이처럼 치료를 받는 자가 되어 바늘을 꽂으라고 하는데 어떻게 하는 것인가" 하고 물어보기도 한다. 그러면 그는 그들에게, "당신들은 정결해져야 한다. 성 관계를 맺지 말고, 깨끗한 자리 위에서 잠을 자고, 새 솥에다 채소만을 요리해서 먹어야 한다"고 설명해준다. 그리고 나서 단식을 해야 할 날짜를 정해 준다. 고행자들은 그가 말한 것을 완전히 이해하고, 꼬마들까지도 카바디(kavadi 타이 푸삼축제 때 무루간Murugan의 숭배자들이 그들의 어깨에 메고 운반하는 나무로 만든 장식용 굴레이다. 싸움에 진 악마 이툼판Itumpan이 무루간에게 공물로 바친 멍에를 상징한다. '카바디 노래'라는 말은 무루간을 숭배하는 노래라는 뜻이다)를 가져온다. 가우드 자신은 신성한 카바디를 목수가 만든 색종이에 싸서 판다. 모든 사람들이 카바디를 운반할 수 있다. 심지어 나이든 여인들까지도 참여할 수가 있다.

무루간 사원

지난번 축제 때 회계사의 등을 갈고리로 꿰어서는 들어올린 채 다른 두 남자가 함께 맴을 돌리던 모습을 보았을 것이다, 신나암마. 수많은 사람들이 병든 갓난아기를 품에 안고 나와 그 앞으로 달려가고 있는 모습을 보았을 것이다. 아요! 아요! 어떤 사람들은 아주 멀리서 속죄를 하기 위해 찾아온다. 등 뒤에 있는 갈고리로 트랙터를 끌고 있는 사람들도 있다. 우리 모두는 칸난의 아들과 네따빠까따Nettappakkatta의 동생을 무서워한다. 한 명은 작은 수레를 끌고, 다른 한 명은 맷돌을 끈다.

우리는 결코 이해할 수 없다! 우리는 부정한 자여서 알지도 못하는 사이에 나쁜 짓을 할 수도 있다. 마두라이파끼탄Maduraipakkitan은 등 뒤에 두 개의 갈고리를 꽂고는 열 개의 코코넛을 달고 다닌다. 우리는 그들을 뒤따라가면서 고함을 지른다, "고빈다! 고빈다!" 동시에 그들의 친척들 모두가 길가에 나와 심황가루를 푼 물을 뿌리며 "벨 무루가Vel Muruga! 벨라 Vela! 벨 무루가!" 하고 외친다. 그들은 신에게 감사를 드리며 별탈 없이 세 바퀴를 돌았다. 이윽고 소년들이 사원에 도달했을 때, 푸사리가 그들의 갈고리를 벗겼다. 그는 그들의 상처에 재를 발랐다. 그들을 자리에 눕힌 뒤 불결한 것 모두를 치우고, 소 오줌과 심황 물을 그들에게 뿌렸다.

그런 다음 마르고사 가지로 그들을 두드렸다. 그는 여러 차례 그들에게 참회의 표식을 만들어 주고, 마지막으로 집으로 돌려보낸다. 그들은 잠이 들었다가 점차 기억이 되살아난다. 그들의 박티가 그들을 구원한 것이다. 만약 그들이 죄를 범했다면, 그들의 살은 찢기고, 상처가 곪고, 심지어 숨이 막혀 죽었을 것이다. 불결한 자들은 그 사람들을 단지 바라만 보아야 한다. 무루간은 불결한 자들을 지나쳐가고 그들을 거부할 것이다. 그것이 카바디 운반자들이 세리에 오지 않는 이유이다. 수행자를 제외하고 나면, 세리에서는 단지 소수의 사람들만이 이 축제에 참여한다. 우리는 연못가에서 퐁갈을 지으면서 거리를 두고 바라만 본다. 가우드가 창으로 살갗을 꿴 채 내 손가락 굵기의 못이 박힌 나무 샌들을 신고 걸어갈 때는, 사람들이 그에게 바치는 공물을 얻어먹으려 꼬마들만 가까이 다가갈 뿐이다! 그는 수행자들의 앞장을 서는데, 수행자들 모두가 볼에 창을 꿰고 있다! 아요! 무슨 기분일까! 얼마나 아플까! 우리는, "오, 무루가! 무루가! 오, 무루가! 무루가! 오, 무루가!" 하고 외친다. 사람들은 쿤구맘 컵을 들고 집 밖으로 나와 수행자들이 지나갈 때 뿌린다. 가우드에게는 향나무 가루와 심황 물을 뿌려준다. 그리고 그의 발 밑에다 우유와, 쌀과 요구르트로 만든 죽, 쌀 과자와 볶은 콩을 올린다.

나는 올해처럼 가까이 가서 이 축제를 바라본 적이 없다. 대개 멀리서 잠시 바라보다가 들어온다. 왜냐하면 항상 할 일이 많이 있었기 때문이다. 소 떼, 염소 떼를 돌보아야 하고 칸지를 운반해야 했다. 나는 곤봉을 든 경찰을 볼 때마다, 잡혀가 두드려 맞을까봐 겁이 난다. 무엇보다도, 그것을 보기 위해서는 수많은 박티를 지니고 있어야 한다. 지옥에 있는 우리들은 노력을 하더라도 그것을 얻을 수가 없다. 나는 무루간이 화를 낼까봐 겁이 난다. 무루간이 나를 채찍으로 때릴까봐, 그리고 내 다리 하나를 불구로 만들까봐 혹은 호통을 칠까봐 두렵다! 나는 여러 명의 자식들이 있고, 할머니가 되었지만, 무루간 사원에는 한번도 가본 적이 없다. 너무 무서웠기 때문이다. 우리가 왜 이처럼 불결하게 되었는지는 알 수 없다! 그러나 신나 암마, 올해 나는 아침에 소를 끌어다 매어 놓고, 하루 종일 먹을 풀을 주고는, 당신이 거기 있다는 것을 기회 삼아 다른 사람들과 함께 모두 잘 차려 입고 무루간 숭배자들의 전통을 보려고 나왔다.

황소 풍갈과 드라우파디 축제

　　신나암마, 나는 무루간은 두려워하지만 아이야나르는 사랑한다. 아이야나르는 모든 사람들을 위한 신이고, 위대하고 선한 신이어서 우리는 그를 매우 숭배한다. 우르에 그를 모시는 사원이 있으며 동쪽을 향해 있다.[1] 최근까지도 우리는 이 사원에 들어가는 것이 허용되지 않았다. 나는 종종 그곳에 가서 사제에게 줄 장뇌를 바치는 공양을 한다. 사제는 사원 안에서 푸자를 올리고 나서, 나에게 그 재를 돌려준다. 일하러 가는 도중이나 일을 마치고 오는 노중에도, 대부분의 논이 그쪽 방향에 있어서, 우리는 엎드려 절을 하고 나서 두 손을 합장하고는, "아버지 아이야나르여, 우리에게 건강을 주시고, 어디에 가든 우리를 보호해 주십시오" 하고 소원을 빈다.

　　한번은 내 시동생이 매일같이 피를 토할 정도로 심하게 앓아누워 있을 때, 낫게만 해주면 양 한 마리를 바치겠다고 아이야나르에게 서원을 했다. 희생제의를 하는 날, 양의 이마에 포뚜를 붙이고 목에는 화환을 걸어 양을 잘 단장시켰다. 그런데 그 양을 아이야나르에게 끌고 갈 필요도 없이 양이 제 발로 아이야나르 사원으로 곧장 가서는 신상 앞에 주저앉았다. 사제는 푸자를 할 때 바친 공물의 절반을 돌려주고 나머지 절반은 자신이 가져갔다. 양을 바치고 하루가 지나면 사제는 양고기를 가족들에게 돌려준다. 양고기는 약 8킬로그램에서 10킬로그램 정도였다. 내 시동생은 그 고기를 퐁갈과 함께 모든 팡갈리들에게 나누어주었다. 나는 우리집의 검은 암소 때문에 아이야나르에게 빌러간 적이 있는데, 그때 암소에게 계속 누런 눈곱이 끼었기 때문이다. 나는 서원을 했다. 암소가 완치되었을 때, 나는 나락 한 자루와 코코넛 한 개, 꽃송이 약간 그리고 바나나를 약간씩 아이야나르에게 바치고 요리한 퐁갈을 올렸다. 사제는 그 모든 것을 신에게 올린 다음 나에게 퐁갈을 되돌려 주었다. 나는 그 퐁갈을 집으로 가져와서는 식구들 모두에게 나누어주었다.

우리는 본래 퐁갈 날에 아이야나르를 숭배한다.[2] 의례는 아이야나르 사원 앞 광장에서 치러진다. 아이야나르는 그곳에서 자신의 모든 말들과 함께 숲으로 사냥 나갈 채비를 한 모습으로 있다. 두 소년 신상이 아이야나르 사원을 지키고 있다. 한 명은 앉아서 북을 치고 있는 모습인데, 우리와 비슷하게 가난하다. 다른 한 명은 일어서서 막대를 들고 돈 자루를 매고 있는 모습을 하고 있으며, 부자의 아들이다. 그는 서쪽의 수호자이다. 말과 수호자의 조각상들은 신자들이 기부한 것이다. 세상 모두가 아이야나르에게 기도한다. 그가 사람과 가축을 비롯하여 온 세상을 보호하기 때문에 우리는 퐁갈 날에 모든 가축들을 사원으로 몰고 온다.

우리는 큰 퐁갈 날에는 즐기지 않는다. 큰 퐁갈은 당신과 같은 사람 그리고 레디아르들을 위한 퐁갈이다. 레디아르들은 한 포대의 햅쌀을 새로 산 큰 솥에다 넣고 밥을 짓는데, 솥에다 생강, 심황 뿌리, 나락 목을 묶은 줄기를 함께 엮어 두른다. 밥이 끓어올라 밥물이 넘쳐 나오면, 사람들은, "퐁갈로! 퐁갈로! 퐁갈로!"라고 외치면서 곧바로 밥물을 항아리에 담는다. 아이야나르 사원 우물에서 물을 길어와서 사제의 축원을 받은 다음, 이 퐁갈 밥물과 함께 커다란 항아리에다 넣고 섞는다. 모두 각기 이 물을 재빠르게 자기 논으로 가져가야 한다. 논이 한 떼기가 있든 많이 있든 상관없이 사람들은 자신들의 논 사방에 이 퐁갈 물을 뿌려야 한다. 뿌리면서 "퐁갈로, 퐁갈로, 퐁갈로! 퐁갈로, 퐁갈로!"라고 외친다. 그런 다음 모두 집으로 돌아가 목욕을 한다.

퐁갈축제를 위한 코람

우리에게 중요한 것은 황소 퐁갈, 육식의 날 그리고 송아지 퐁갈이다. 타이 달이 시작되기 일주일 전, 남편과 레디아르는 암소와 황소를 위하여 모든 장신구들을 꺼내 놓는다. 방울과 뿔에다 씌우는 투구(koppi 황소의 뿔에 매달아 주는 작은 구리 고깔로 방울과 함께 단다)를 빠트려서는 안 된다. 남편은 그것들을 깨끗이 청소한 다음 정성스레 준비해 둔다. 그런 다음 티루라감으로 페인트를 사러 간다. 색상은 레디아르가 선택한다. 대개 빨강, 초록, 노랑 색상을 선택한다. 몇몇 사람들은 회의당(Congress 국민회의파. 민족주의 운동과 결부되었던 정당. 1947년 독립 이후 그리고 1964년 네루의 사망 이후, 여러 분파로 나누어졌지만 타밀나두를 제외하고 여전히 인도 정치를 지배하고 있다. 타밀나두에서 회의당은 1967년 드라비다 정당들이 출현한 이후부터 1990년대까지 권력의 중심에서 밀려나 있다) 색깔을 선택하고, 다른 사람들을 DMK(Dravidar Munnetra Kajagam '드라비다인 해방을 위한 연맹'. 1949년 C.N.

안나두라이에 의해 창립된 지역주의 정당으로, 발족 당시에는 DK와 유사한 이데
올로기적 토대에서 출발했다) 색깔을 고른다. 내 남편은 레디아르 댁의 모든
소들의 뿔에 칠을 한다. 레디아르 댁의 소는 최소한 서른 마리가 넘는다.
그리고 남은 페인트를 가지고 와서 우리집 소들의 뿔에다 칠을 한다. 그런
다음 벼와 수수 줄기, 참깨 다발, 산딸기 덩굴, 설익은 망고, 등나무 줄기와
꽃사과 열매, 검은 콩 꼬투리와 모든 종류의 작물들을 한데 모은다. 코코넛
섬유를 빠트리면 안 된다. 밧줄을 만들기 위하여 남편은 코코넛 껍질을 한
짐 가득 짊어지고 왔다. 레디아르는 남편에게 2루피와 약간의 시카카이와
목욕용 기름도 주었다. 다음날 아침 남편은 소들을 끌고는 연못으로 몰고
갔다. 한 마리씩 씻긴 다음 심황물로 목욕을 시키고 소 머리에다 포뚜를 바
른다. 그런 다음 장신구들을 달아주고, 마구간으로 몰고 와서는 짚을 주었
다. 남편도 기름 목욕을 한 다음, 레디아르 댁에 가서 바나나 잎에다 차려
진 푸짐한 음식을 먹는다. 식사를 마치고, 가축들의 목에 화환을 걸고 나면
행진준비가 완료된다. 남편이 식사를 하고 있는 동안에, 레디아르가 소만
과 툰두를 선물로 가져다준다. 남편은 새 소만과 툰두를 갈아 입고 세리로
돌아온다. 그는 우리 가축들도 행진할 준비를 시킨다. 안반이 미리 씻겨 둔
가축들 목에다 화환을 걸어준다. 지주들 집에서 일꾼으로 일하는 모든 파
리아들은 똑같은 방식으로 준비를 한다. 그들은 주인들의 가축을 먼저 단
장하고, 다음에 자신들의 가축을 단장한다.

그렇게 마을의 모든 가축들을 단장시키는 일이 네 시 무렵이 되어서야
끝이 난다. 이제 거대한 행렬이 시작될 시간이다. 모든 사람들은 자기 가축
을 끌고 참여한다. 내 남편은 레디아르 댁의 가축들을 이끌고, 안반은 우리
가축들을 몰고 간다. 행렬의 선두에서 파리아 악대들이 북을 연주하는 소
리를 들을 수 있다. 파라, 파라, 파라, 파라! (웃음) 나이얀디 악대들이 다음
에 서고, 그 뒤에 가축 떼가 따라간다. 가축 떼 뒤에는 아이들을 가득 태운
수레가 따르고, 주위에서는 우리 여인네들이 행렬을 둥글게 에워싼 채 따

라간다.

여인네들은 모두 옷을 잘 차려 입었으며, 머리에는 꽃을 꽂고, 이마에는 푸뚜를 붙이고, 허리 짬에는 푸자를 올릴 공양물을 담은 광주리를 들었다. 우리 모두는 한결같이 가축들로 득실거리는 큰 도로를 따라 내려간다. 쟁기질용 황소가 종을 울리며 위엄 있게 걸어간다. 떨그렁, 떨그렁! 떨그렁! 상상이 되지, 신나암마. 세리의 모든 가축들과 우르의 모든 가축이 한 마리도 남지 않고 나왔다. 어마어마한 숫자였다! 암소들은 신이 나서 종소리를 울리며 뜀을 뛰었다. 딩 댕 딩 댕 딩! 아이들은 역시 기뻐서 고함을 지르고 난리였다! 모든 사람들이 아이야나르 사원 광장으로 몰려간다. 그곳에서 우리는 가축 떼를 중앙으로 몰아 넣고 둥글게 원을 만든다. 미처 피하지 못하는 사람들도 많이 있다! 그리고 나서 이발사 악대를 동반하고 오는 이스바란 신과 페루말 신을 기다린다.

트랙터로 이 신상들을 끌고 온다. 신상 앞에다 징뇌를 올리고 악대들이 숨가쁘게 연주를 하기 시작하면, 우리 토띠가 "퐁갈로, 퐁갈로! 퐁갈로, 퐁갈로!" 하고 외친다. 아이들은 그들을 따라 "퐁갈로, 퐁갈로!" 함께 고함을 지르며 달려가면서, 소 떼들의 목에 달린 사탕수숫대와 싱싱한 망고를 잡아채고, 기장 줄기를 떼어내려고 애를 쓴다.

이러는 동안 모든 사람들은 공양 광주리를 들고 사원에 도달한다. 나는 우리집 공양물을 담은 바구니를, 남편은 레디아르 댁의 것을 들고 간다. 바구니에는 코코넛, 바나나, 장뇌, 꽃과 쌀가루로 만든 과자 등이 들어 있다. 우리 여인네들은 이쯤에서 코담(kodam 여인들이 부르는 후렴이 있는 짧은 노래) 춤을 추고 카바디 노래, 들노래와 우스개 노래를 부른다. 끝으로 모든 사람들이 자신들의 가축을 몰고 집으로 간다. 남편은 레디아르가 모든 공양물을 조금씩 떼어준 것을 담은 광주리를 들고 집으로 온다. 그 속에는 코코넛 반 토막, 바나나 몇 개, 약간의 쌀, 과자 등이 담겨 있다. 그리고 레디아르는 우리 가족 전체에게 바나나 잎에 담은 정식 식사를 대접함으로써,

자신의 일꾼들인 우리를 뿌듯하게 만든다. 모든 종류의 채식 요리가 있었다. 볶은 가지요리, 오크라, 홍당무, 양배추 그리고 삼바르 등의 음식이 있었다. 모든 음식은 그 집 부엌에서 직접 요리한 것들이었다. 식사가 끝난 후 레디아르는 일꾼들에게 세경으로 새 옷을 주었다. 다른 고용인들에게는 돈을 주었다. 올해 나는 빨간 블라우스와 꽃무늬가 있는 사리를 받았다. 내 딸도 마찬가지로 사리와 블라우스를 받았다. 내 남편은 이미 말했듯 소만과 툰두를 받았다. 그러나 레디아르는 안반에게 젊다는 이유로 바지와 셔츠 한 벌을 주었다.

풍갈을 위해 치장한 집

세리에서는 황소 풍갈에도 풍갈 요리를 만든다. 모두가 자기들 집 앞에다 구덩이를 파고 거기에다 새 솥 단지를 걸고 불을 피워 밥을 짓는다. 집집마다 흰색을 칠하고 장식을 한다. 벽에다 장식을 해 주는 사람은 카폭이다. 나는 이 청년을 좋아한다. 그는 종종 우리집에 와서 놀다가기도 하는데, 나는 가끔 그에게 베텔을 주기도 한다. 그의 아내는 그가 발기불능이라고 하면서 집을 나가버렸다. 카폭은 매우 자상하다. 풍갈 이전에 모든 종류의 식물들에서 필요한 색깔을 얻으려고 노력하고 있는 모습을 당신도 보았을 것이다. 물감을 만드는 데는 오랜 시간이 필요하다. 초록이 가장 어렵다고 한다. 그는 우리가 쌀을 찧을 때처럼, 벽돌을 갈아댄다. 그는 매년 코람을 가지고 나를 많이 도와줄 뿐 아니라, 우리집 벽에다 그림도 그려준다. 그는 신에게 바치는 푸자에 필요한 것을 준비하는 모든 일을 도와준다. 농기구들은 한곳에다 모아 놓아야 한다. 괭이, 낫, 밀낫, 그리고 쟁기와 쌀자루 등 모든 연장에다 코코넛과, 바나나, 꽃 그리고 장뇌로 멋지게 장식을 한다. 우리는 푸자를 올린 다음, 그에게 퐁갈을 한 그릇 가득 담아준다. 그리고 다른 바나나 잎에다 모든 음식을 조금씩 덜어 낸 다음 소들에게 가져가 먹인다.

황소 퐁갈 다음날은 육식 퐁갈이다. 이날은 우리들에게 정말 좋은 날이다! 우리가 가장 기다리는 날이기도 하다! 그날에는 세리에서 쇠고기를 판다. 우르에 있는 사람들도 고기를 먹기는 하지만 염소고기만 먹는다! 나는 항상 쇠고기 두세 덩이를 사서 양념요리를 하여 퐁갈과 같이 먹는다. 나는 두 가지를 모두 푸짐하게 마련한다. 그날 우리는 모두 기분이 들떠 술을 마신다! 속담에 이르기를, '카리낰karinal, 베리낟verinal' 이라고 하는데, 이 말은 '육식의 날, 미치는 날!' 이라는 뜻이다.

이것이 바로 세리의 풍경이다! 다음날은 송아지 퐁갈이다. 우리는 작은 솥단지에다 모닥불을 피워 새로 퐁갈을 요리한다. 우리는 송아지들을 한데 모아놓고, "퐁갈로 퐁갈로! 퐁갈로 퐁갈로!" 하고 외치면서 송아지를 몰고 간다. 그날 레디아르 댁에서는 쇠똥으로 푸자를 올린다. 쇠똥을 마구간에다 바르고 나서, 한가운데다 쇠똥을 쌓는다. 마구간에서 준비가 끝나면, 레디아르의 부인이 코코넛, 설탕가루, 쿤구맘, 꽃 그리고 장뇌를 가득 담은 쟁반을 들고 나온다. 그녀는 나에게 쇠똥으로 필라이야르 상을 만들라고 한다. 그녀가 나에게 쟁반을 건네주면 나는 필라이야르 상에다 장식을 한다. 처음에는 빨강색으로, 다음에는 꽃으로 장식을 한다.

다음은 나 자신을 단장할 차례이다. 나는 심황 반죽으로 얼굴을 문지르고, 머리에는 꽃을 꽂는다. 내가 모든 필라이야르 신상 앞에 쟁반을 올려놓으면 레디아르 부인은 쟁반마다 장뇌를 밝혀둔다. 그리고 나서 쟁반을 바

닥에 놓고 우리는 함께 필라이야르 상과 쇠똥 무더기 앞에 엎드려 절을 한
다. 절을 마친 다음, 일어서서 벽에다 쇠똥을 열 개쯤 붙인다. 일을 마치고
나면 칸지를 담을 항아리를 들고 사리자락을 내민다. 레디아르의 부인이
코코넛 반쪽, 바나나 한 개, 약간의 설탕가루를 담아주면 그것을 싸들고서
집으로 온다.

　나는 첫 퐁갈을 검정 소의 어미에게 바쳤다. 나는 그 소를 나가팔라이
얌Nagapalaiyam 시장에서 사왔다. 남편은 항상 황소를 사자고 한다. 황소
가 일을 더 잘할 뿐 아니라 나이가 들면 백정에게 팔 수도 있기 때문이다.
그러나 한번은 내가 암소를 사자고 했다. 우리는 이마에 흰 점이 있는 멋진
암소를 샀는데, 어느 날 내 빌어먹을 아들놈이 소에게 풀을 먹이다가 다리
를 다치게 했다. 내 아들놈이 들판에 누운 채, 소를 자기에게 오게 하려고
돌을 던졌는데 돌이 그만 소 발굽에 정통으로 맞은 것이었다. 소가 절뚝거
리며 오는 모양을 보자니 내 가슴이 찢어지는 듯했다! 나는 소의 상처에다
심황을 발라주고, 또 다른 사람들이 하라는 대로 조치를 취했지만 아무 소
용이 없었다. 사킬리가 나에게 암바바람Ambavaram에 사는 그의 외삼촌이
이런 문제를 잘 안다고 했다. 우리 둘은 곧장 달려가 그를 데리고 왔다. 그
는 소의 발굽을 마사지하고 붕대를 감았다. 이렇게 하는데 비용이 30루피
나 들었지만 아무 효과도 없이 소는 여전히 절뚝거리고 있었다. 우리는 더
이상 어쩔 수 없다고 결론을 내렸다. 우리 마을에서 멀리 떨어진 백정에게
소를 팔려고 마음먹고, 팔기 전에 기념으로 나는 소꼬리의 털을 약간 잘랐
다. 그 암소는 항상 우리에게 행운을 가져다주었다. 그 소가 우리집에 있을
때 우리에게는 항상 행운이 뒤따랐다! 지금까지도 나는 그 암소를 위하여
매주 화요일과 금요일에 장뇌를 밝히고 기도를 한다.

　내가 암소를 구입해서는 그 소를 레디아르 댁의 마구간에 매어 두었다.
레디아르댁 사람들이 그 암소의 젖 전부를, 자기네 소가 새끼를 밸 때까지

마셨다. 나는 그 우유를 마신 대가로 10파이세를 달라고 하지 않았는데, 그 이유는 레디아르가 안반의 결혼식에 해준 배려 때문이었다. 그는 예식용 사리, 쌀, 코코넛과 탈리 등을 마련해 주었다. 그리고 암소가 그 집 마구간에 있을 때 내가 먹이를 마련해 주지 않았다는 점도 감안해야 한다. 나는 일터에서 돌아 올 때 레디아르 댁의 건초를 내 소에게 가져다주곤 했다. 당시 그의 마구간은 거의 비어 있었다. 하여간, 가축은 곧 신이었기에 나는 가축들을 성심껏 돌보았다. 신나암마도 사원 입구에서 뿔을 잘 단장한 황소를 본 적이 있을 것이다. 깨끗하고, 멋지다고 생각하지 않았나? 가축은 그렇게 돌보아야 한다. 암소는 성스러운 동물로, 곧 락쉬미 신이다.

　　매주 금요일에는 쇠똥으로 집안을 단장하는데, 암소가 곧 스리데비 Sridevi이기 때문이다. 나는 암소의 오줌을 받아 그 오줌을 집안에 뿌리면서 행운을 기원한다. 우리는 암소 오줌으로 얼굴을 씻는데, 이렇게 하면 우리가 일을 하고 있는 대낮에 우리를 잠들게 하는 무데비Mudevi를 쫓아 낼 수 있다.[3] 소의 오줌에는 강력한 힘과 커다란 행운이 깃들어 있다. 소 오줌은 우리로 하여금 불결함에서 벗어나게 하는데, 생리 중일 때 우리는 반드시 소 오줌을 마셔야 한다. 어른들은 성수처럼 그것을 우리들의 손에 조금씩 부어준다. 소 오줌은 일종의 박티이다. 어느 날 맞은편에 사는 이웃집 딸이 등불을 빌리러 왔다. 나는 그녀에게 들어와서 가져가라고 했다. 바로 그날 저녁 나는 그녀의 엄마와 다투었고, 아팠다. 끊임없는 두통에 시달렸고 식구들과도 다툼이 계속되었다. 나는 뭔가 이상하다고 생각하고 만가루르 Mangalur에 있는 신들린 사람을 찾아갔다. 내가 가까이 가자마자, 그가 말했다.

　　"한 계집애가 당신 집에 와서는 등불을 빌려 달라고 하지 않았나?"

　　"그래요!"

　　"그녀는 생리 중이었다. 그녀의 부정한 피 세 방울이 당신 집 문 앞에 떨어졌다. 그것이 당신에게 달라붙은 도샴이고, 당신네 집에 분란이 일어난 것이다. 먼저 집안을 단장하고, 소 오줌을 뿌려놓고, 사흘 동안 땅콩기름, 참깨기름 그리고 아주까리기름으로 등잔불을 밝혀 놓아야 한다. 셋째날에는 과부들과 아이를 못 낳은 여자들에게 퐁갈을 대접해야 한다.”

나는 그가 시킨대로 해서 도삼에서 벗어났다.

금요일에는 황소와 암소들에게 물을 듬뿍 뿌려주며 소의 몸통을 씻어준다. 암소는 심황물로 목욕을 시키는데, 마치 새색시와 같이 다뤄 머리에 포뚜를 붙여준다. 암소들은 항상 결혼한 여인들이 씻겨주어야 하는데, 우리집에서는 내가 한다. 나는 마치 락쉬미를 대하듯 암소들에게 “우리는 당신 덕분에 잘살고 있다, 어머니 신 락쉬미여. 어머니 신께서 우리를 보호하시길!” 하고 기원한다. 락쉬미는 우리 여인들이 남편한테 자신을 기만했다는 터무니없는 의심을 받을 때 우리들을 보호해주는 여신이다. 신나암마, 세리에서 남편과 아내 사이에 일어난 싸움을 알고 있지! 남편들은 대개 이렇게 말한다,

“그날 너는 모모 장소에 갔었지, 이 화냥년아! 그날 밤 너는 나를 속이고 갔어!”

그러면, 여인네들은 암소의 꼬리를 잡고서 “어머니 신이시여, 그가 나에게 뭐라고 하는지 들어보세요! 그것은 사실이 아닙니다. 당신이 그에게 사실을 말해줄 수 있는 유일한 분입니다!” 하고 대꾸를 한다. 암소의 꼬리에다 대고 맹세를 할 때는 누구도 거짓말을 할 수 없다는 것을 알고 있기 때문이다. 만약 거짓말을 한다면 장님이 되거나 죽을 수도 있다.

이것이 암소를 존경하며 돌보는 또 다른 이유이기도 하다. 등불을 밝힐 저녁 무렵에는 암소에게 종종 장뇌 등잔불을 올리기도 한다. 락쉬미는 부를 상징한다. 집에 여러 마리의 가축을 가져다준데 대해 감사를 드리는 것이다. 황소 두 마리가 얼마나 많은 일을 했으며, 암소들은 얼마나 많은 우유를 생산해서 우리들을 이롭게 하는지를 생각해 보라.[4] 우리들에게 이 가축은 축복이다! 물론 주위에 먹일 만한 풀이 없을 때는 황소와 암소에게

먹일 사료를 사와야 한다. 우리는 티루라감 시장에서 특별한 사료를 구입한다. 그것은 바로 왕겨, 참깨 그리고 땅콩이 섞인 배합사료이다. 레디아르댁에서 참깨를 짜면 우리에게 약간의 배합사료를 남겨주지만, 땅콩은 시장에서 따로 구입해야 한다.

우유를 짜기 전에 암소에게 배합사료로 만든 쇠죽을 준다. 배합사료는 우리가 아침에 일하러 가기 전에 물에 담가 풀어놓는다. 그러면 가루 반죽이 부풀어올라 부피가 늘어나는데, 요구르트처럼 부드러워진 사료에다 왕겨를 섞는다. 암소들이 이것을 먹고 나면 우유를 엄청나게 생산한다.

우리는 하루에 두 번 우리가 조합원으로 가입한 협동조합으로 암소를 몰고 간다. 작은 가우드가 조합장이다. 그는 정부에서 돈을 융자받았다. 우르와 세리에서 소유하고 있는 소들이 생산한 우유를 조합에 납품하면 큰 집유차가 와서는 우유를 퐁디로 싣고 간다. 그 우유는 물 한 방울 섞이지 않은 원액이다. 만약 물이 한 방울이라도 섞여 있으면 기계검사를 통해 곧바로 확인이 된다. 세리에서 두 여인이, 그리고 우르에서 한 여인이 우유에 물을 약간 섞은 적이 있었다. 글쎄, 그들은 곧바로 우유를 들고 집으로 되돌아가야 했다! 우유를 교유기에 넣어 버터를 만들기 때문에 원액만을 수집하는 것이다. 그 버터는 퐁디에서 판매된다.

우유 1리터는 2.5루피로 2주일마다 계산해 준다. 나는 소 두 마리로 한 달에 60에서 80루피 정도를 버는 셈이다. 조합의 일꾼들이 우유를 짜주면, 소 한 마리 당 5루피를 주어야 한다. 하지만 나는 우유 짜는 법을 알고 있고, 안반 역시 알고 있다. 우리는 함께 소를 몰고 조합에 나간다. 내가 우유를 짜고 안반은 측량을 해서 집유차에 쏟아 부어준다. 조합에서 우유를 짜지 못하면, 요구르트를 만들어 시장에 내다 판다. 하지만 지금은 내 검은 암소가 새끼를 배고 있어 우유가 제대로 나오지 않는다. 우리는 이 우유를 집에서 사용하는데, 남편과 아이들이 차를 마시고 있기 때문이다. 그래도 남으면 우리는 요구르트를 만든다.

나는 수의사에게 접을 붙여 달라고 했는데, 그들이 데려오는 이상한 황소들은 크고 힘이 세기 때문이다. 우리 시골에서는 그런 소를 매우 좋아한다. 게다가, 당신도 알다시피 카라니에 있는 모든 소들은 이 황소들과 교배한 것들인데, 전부 우유를 많이 생산하고 있다. 내 암소는 하루에 3~4리터를 생산한다. 그래서 나는 수의사들이 데려온 소를 선호한다. 그들은 암소 한 마리를 접붙이는데 4~5루피를 요구하는데, 나는 항상 그들에게 덤을 얹어준다. 왜냐하면 들판에다 소를 놓아서 접붙이는 것이 쉬운 일이 아니기 때문이다. 나는 그것을 꼬마 소몰이꾼과 함께 접을 붙이려다 확실히 알게 되었다.

소몰이꾼은 나익케르, 나단 레디아르 그리고 락쉬마난 레디아르 댁들의 소들을 함께 돌보고 있었다. 모두 친구사이인 소몰이꾼 꼬마들은 함께 소 떼를 풀어서 풀을 뜯기고 있었는데, 나도 우리 소를 몰고 가서 풀을 먹였다. 아주 큰 황소가 콧김을 몰아쉬면서 조그만 암소 위에 거칠게 올라타는 것을 보고 나는 화가 나서 "암소를 올라타고 있는 저놈들은 일할 생각은 않고, 접만 붙으려고 하고 있구나! 이 더러운 놈들아!" 하며 황소들을 쫓았다. 이 소리를 들은 꼬마 소몰이꾼들은 웃음을 터트리며 서로 마주보고서는 "저 늙은 여인네 좀 봐! 저 황소들에게 하는 말 좀 들어봐! 저것은 바로 저 늙은 벨파캄 댁이 항상 생각하고 있는 짓거리가 아니냐!" 하고 말했다.

우리들은 연못가 그늘 아래에 자리를 잡고 앉아서 이런 저런 이야기를 하다가 나는 갑자기 그들에게 "어이, 꼬맹이들! 소 불알이 늘어져 있는 것을 보았어!" 하고 말했다. 그러자 즉시 반응이 나타났다. 그들 모두는 웃음을 터트리며, 서로 입을 가리고 난리였는데, 나는 그들이 박장대소하는 모습을 보는 것이 즐거웠다.

지난번에 암소를 접붙이는데 10루피였는데, 지금은 70루피까지 치솟았다. 수의사는 한 마리씩 차례로 접을 붙였다. 그는 집 뒤 조용한 곳에 가서 나무에다 암소를 매어 놓고는 황소를 끌고 와 접을 붙였다. 이 사람들은 소를 전문으로 다루는 수의사들이다. 그들은 주의할 것과 하지 말아야 할 것이 무엇인지를 잘 알고 있다.

신의 가호로 흰 소에게는 곧바로 접을 붙였는데, 검정 소에게는 제대로 삽입이 되지 않아 바닥에다 정액을 쏟아버렸다. 검정 암소가 누런 눈곱이 멈추지 않았을 무렵이었다. 수의사가 손을 집어넣어 검사를 하는 동안 나는 암소 머리를 두 기둥사이에다 끌어매었다. 암소는 고통으로 신음하며 울다가 점차 누그러졌다. 암소가 점차 익숙해지는 것 같았다.

그러자 황소가 정액을 방출했다. 황소가 정액을 그렇게 많이 쏟아내는 것은 처음 보았다! 수의사는 나에게 약을 주고는 한 달 뒤에 다시 오라고 했다. 다음달에 수의사가 와서 다시 손을 집어넣어 검사를 하고는 아무것도 없다고 했다. 두 번째는 인공수정을 했다. 다음번에 내가 수의사에게 갔을 때, 수의사는 "새끼를 밴 지 2개월 되었습니다. 암소에게 삶지 않는 죽을 주고, 풀을 먹이면 안 됩니다"라고 했다. 그들은 우리에게 음식을 주고는 새끼를 밴 소들에게는 특별한 사료를 먹였다.

인공수정을 하고 나서 검정 암소가, 신나암마가 지금 보고 있는 저 뿔도 아직 없는 송아지를 낳았다. 암소는 성질이 급하고 예민하다. 내가 풀을 뜯기고 있던 어느 날 암소는 송아지를 낳았다. 나는 암소가 비정상적으로 선고 있는 것을 보았다. 암소는 몇 걸음을 걷다가 그 자리에 누웠다. 그러다가 다시 일어나 걷다가 또다시 누웠다. 암소의 젖꼭지는 막대같이 단단해지고, 젖통이 부풀어오르고, 옆구리가 움푹해지고, 배가 바닥에 닿을 정도가 되었다. 산도가 벌어지더니 점액질이 흘러 나왔다.

나는 그것을 보자 곧 송아지를 낳겠구나 하고 짐작을 했다. 그날 따라 남편과 안반이 카라니에 없어서 나 혼자서 모든 것을 처리해야만 했다. 나는 출산한 경험이 있는 여인이고, 암소 또한 암컷이었다. 하지만 암소는 누구의 도움도 필요로 하지 않았다. 암소는 혼자 힘으로 송아지를 낳았다. 암소는 드러누워서는 네 발굽을 뻗고서 힘을 주었다. 어떤 소들은 서서 새끼를 낳는데, 내 소는 그렇지 않았다. 송아지는 머리가 먼저 나오고, 나중에 몸통이 빠져 나왔다.

송아지가 땅에 닿는 순간에 큰 소리로 송아지의 성별을 말하면 안 된다. 송아지가 저 혼자 알아서 나오게끔 해야 되는데, 우리는 늘 그런 식으로 하고 있다. 그 다음에 암소와 송아지를 조심스레 세리로 몰고 와서는 태반이 나오도록 했다. 문제가 있을 수도 있는데, 만약 그렇다면 코딕쿠빰 Kodikkuppam에서 온 남자를 찾아간다. 그러나 이번에는 모든 것이 순조롭게 끝났다. 나는 암소에게 사탕수수 가루를 섞은 수수가루를 주었다. 그것을 먹고 난 암소는 기운을 차려 지체없이 태반을 밀어낸다. 나는 태반을 짚에 말아서 세리 뒤 보리수에 매달아 놓았다.

우리는 태반을 항상 높은 곳에 달아놓아 개나 고양이가 물어가지 못하도록 한다. 개나 고양이가 태반을 물어 가면 암소에게서 우유가 나오지 않는 경우도 있다. 태반을 빵나무에 매달아 놓을 수 있다면 더욱 좋다. 빵나무 가지에는 유액이 나오는데, 이 나무에 태반을 달아 놓으면 암소의 젖이 용솟음치듯이 나올 것이라 여긴다.

송아지를 낳고 나면, 일주일 동안 쌀을 씻었던 따뜻한 물로 암소를 씻기고, 젖통과 발굽에도 그 물을 뿌려준다. 먼저 나는 노란 초유를 받아 과자를 만드는데 사용한다. 우리는 초유로 노란 색을 띤 반짝이는 크림을 만드는 데, 그 맛과 냄새는 너무 좋다. 과자와 크림은 신에게 바치기 위하여 집 중앙에다 둔다. 그리고 난 다음 크림을 약간 만들어 마리암만 사원에 바치고, 나머지 크림을 모든 사람들에게 나누어주면서 송아지의 성별을 이야기해준다. 레디아르 댁에서도 똑같이 하는데, 나는 그 댁에서도 종종 크림을 얻어 온다. 송아지를 낳은 다음 금요일에는 출산한 여인과 마찬가지로 암소를 심황물로 목욕시키고, 커다란 포뚜를 이마에 붙여준다. 끝으로, 황소 풍갈 날에 코코넛 속에 마른 고추와 소금을 넣어 암소와 송아지에게서 악귀를 쫓아낸다.

신나암마, 나는 물소에 대해서는 아무 말도 하지 않았는데, 왜냐하면 물소는 바로 우리를 저승으로 인도하는 야마신이 타는 것이기 때문이다. 물소는 암소나 황소처럼 축하를 해주지도 않을 뿐더러 공경하지도 않는다. 우리는 단 하루를 제외하고는 물소에게는 치장도 해주지 않는데, 그 하루는 불꽃놀이가 있는 축제기간으로 피 섞인 쌀을 팍카수란Pakkasuran에게 던지고, 심황물로 씻은 후 목에 화환을 두른 소들이 수레를 끌고 간다.

그날은 가우드 한 명이 팍카수란처럼 옷을 차려입고 우르를 돌면서 쌀을 걷는다.[5] 그는 얼굴에 붉은 칠을 하고, 가루다처럼 날개를 달고, 여섯 개의 줄로 묶인 채 세 사람이 다른 방향에서 끌고 가는데, 이것은 그가 악마에게 끌려가고 있다는 것을 나타낸다. 그는 "나는 비란이다, 다! 비란!" 이라고 고함을 친다. 집집마다 돌아다니며 쌀을 걷는네, 특히 레디아르들과 서원을 한 집에서는 손수 쌀을 들고 나온다. 쌀을 담은 모든 항아리들은 팍카수란의 수레로 운반되는데, 우르의 남쪽 끝에 있는 집들을 마지막으로 들린 다음, 연못 옆에 있는 무루간 사원 뒤에 이르러서야 항아리들을 내려 놓는다. 수백 명의 사람들이 그곳으로 몰려들어 피 섞인 쌀을 던지는 것을 지켜본다. 우리는 그 쌀을 공짜로 얻는데, 몇몇 신봉자들, 특히 자식이 없는 사람들은 2~3루피를 지불하고 쌀을 받는다. 이 행사는 드라우파디 축제 마지막 날에 벌어지며, 이것이 끝난 후에야 불꽃놀이를 한다.

신나암마, 나는 드라우파디 축제를 혼자 가본 적이 있다. 이 축제는 마을에서 가장 큰 축제로 18일간 계속된다. 축제 중간에 바라탐을 읽을 때는 모든 사람들이 경청한다. 귀기울여 듣는 사람들은 그 의미와 힘을 이해하는 자들이고, 우리 같은 문맹자들은 단순하게 우리들의 잘못을 속죄한다. 아이에르 한 명을 초대하는데, 그의 생업은 드라우파디 사원에서 바라탐을 읽어주는 것이다.[6] 아침에 책을 펴고 앉으면 등불을 켜고 군중들이 모여드는 저녁까지 일어나지 않는다. 자세히 들으려고 가까이 갈 필요가 없다. 아이에르는 자신을 위해 세워진 연단에서 마이크를 이용하여 바라탐을 읽는다. 사원 지붕과 우르의 연못 옆에 확성기를 달아 놓기 때문에 세리에서도 바라탐을 들을 수 있다.

판구니 달이 시작되고 사흘째 되는 날, 축제를 주관하는 모든 사람들은 그들의 허리에 노란 끈을 찬다. 축제를 거행하기 위해 마이람에서 불러온 악사들, 사제들, 아이에르, 가우드 그리고 춤꾼들도 허리에 노란 끈을 찬다. 그리고 나서 깃발을 올릴 날짜를 결정한다.[7] 무루가이야 가우드는 토띠를 보내서는 악사들에게, "데이, 모모 날에 우리는 깃발을 올릴 것이다. 악기를 가지고 그날에 모두가 참석해야 하네!"라고 전한다. 그리고 우르토띠에게 북을 치면서 마을마다 소식을 전하라고 한다. 우리 마을의 우르토띠는 밤낮으로 이 축제를 지키고 있어야 한다.

그들은 아침부터 저녁까지 행렬을 뒤따라 다녀야 하는데, 왜냐하면 카르나(karna 긴 철제 나팔로 그 무게 때문에 위로 치켜들고 연주를 한다)를 지닌 파리아 악대와 사원 악대들은 여신을 위해 사원을 지켜야 하기 때문이다. 우리 악대들이 항상 앞장을 선다. 그들은 길을 치우는 자들이다. 그들의 북소리는 아주 크게, '파라 파라 파라' 하고 울리는데, 이 소리를 듣고서 이웃 마을 사람들은 "여신이 카라니에 도착했단다. 연극 무대가 열릴 모양이다. 어서 보러가자!" 하고 말한다. 파리아의 북소리를 듣고, 신남페트 Sinnampet, 코둑쿠르, 티루라감 등지에서도 사람들이 몰려온다. 축제기간에는 음악과 등불이 끊이지 않고, 우리 토띠들은 한 시간도 쉬지 않는다. 왜냐하면 여신이 마을에 강림할 때, 북을 연주하는 것이 우리들의 의무이기 때문이다. 이발사들은 연주를 할 수 없지만, 베띠얀들은 연주를 해야 한다.

우리는 다른 사람들과 마찬가지로, 우리가 서원한 모든 것을 얻을 수 있다. 우리는 사원 토지에서 추수 때 몫을 분배받는다. 몫을 분배받는 사람들로는 베띠얀, 이발사, 카르나 연주자와 세탁부가 있다. 무르가이야 가우드가 우리들 몫을 각자에게 나누어준다. 토띠는 한 명당 쌀 네 자루와 약간의 돈을 받는데, 우리들의 노력에 비해 많지 않은 액수이다. 그래서 논쟁이일어났었다. 당신에게 말했듯이 우리 젊은이들은 다른 악사들과 같은 액수를 받기를 원하였다.

아침 일찍 우리가 일하러 나가기도 전에, 토띠들은 팔 아래 북을 끼고 연주하기 시작한다. 그들은 사원 근처에 앉아서 신이 수레로 강림하기를 기다리고, 북소리가 좋아질 때까지 두드리면서 북이 따뜻하게 데워지도록 한다. 탕 탕 탕 탕! 아주 멀리서도 파리아의 북소리를 들을 수 있다. 그렇지 않으면 그 먼 곳에서 어떻게 신이 내려 왔는지를 알 수 있으며, 어떻게 시기를 놓치지 않고 축제에 참여할 수 있겠는가? 이발사의 악대로는 이런 소리를 기대할 수가 없다. 이발사 악대는 수레 바로 옆에 서서 오직 신만을 위해서 연주한다. 우리는 신의 강림을 알릴 뿐 아니라, 모든 사람들을 위해 연주한다.

그래서 우리는 이발사들을 보고, "수레가 온다! 돈 받을 준비를 하라!"고 농담을 한다. 이발사들은 하루만 연주하는데, 그날은 불꽃놀이를 하는 날이다. 다른 날에는 자기들에게 돈을 지불하는 사람들만을 위해서 연주한다. 이것이 토띠들하고 다른 점이다. 토띠들은 아침부터 저녁까지 연주를 해야 한다.

어느 신이 아침에 강림하는지 지금 생각이 나지 않는다. 잠깐, 페루말 신이다. 페루말 신은 가루다를 타고 온다. 페루말 신은 이른 아침에 우르의 구석구석을 도는데 아이야나르 사원에도 들려서 차려 놓은 공물을 살펴본다. 사제들이 손에 종을 들고서 수레를 타고 지나가면, 사람들이 페루말 신에게 바칠 공물쟁반을 가져와서 바친다. 수레는 원래 황소가 끄는 바퀴가 있는 마차였는데, 이날을 위해 레디아르가 돈을 내고 빌린 것이다. 그런 다음 택시에 신상을 태운다. 18일 동안 돌아가면서 하루씩 한 가족이 책임을 맡기 때문에, 전체 판갈리가 참여를 하는 셈이다.

회계사 가족이 첫째 날을 맡는다. 이날은 단조로운 축하를 하는 날이지만, 연희패들의 연극이 있다. 깃발을 올리는 날이 고정되자마자, 회계사는 연희패에게 가서 베텔 잎을 공양한다. 연희패는 매년 바뀐다. 마이람에서 올 수도 있고, 네따빠깜, 넬릭꾸빰Nelikkuppam, 콜라빠깜Kolappakkam 등지에서 올 수도 있다. 연희패는 축제 동안 우르를 돌아다닌다. 모든 사람들이 쌀과 채소 등 그들의 식사에 필요한 것들을 내어준다. 그들은 손수 밥을 해먹고 사원 마당에서 잠을 잔다. 그들은 매일 공연을 하지는 않는데, 그것은 자신들이 하는 전 과정을 보려고 돈을 지불하는 사람들이 없기 때문이다! 그러나 연희 없이는 축제가 진행되선 안 되며, 만약 연희가 없다면 부끄러운 일이 될 것이다! 그래서 몇 가지 춤과 몇몇 특이한 노래를 부르라고 연희패를 고용한다.

둘째날은 우다이야르 가족이 책임을 맡는다. 일이 그다지 많은 것은 아니다. 신이 내려오고, 폭죽을 몇 개 터트리는 것이 전부다. 셋째날은 무르가이야 가우드가 담당한다. 이날은 굉장하다. 곳곳에 불을 밝히고, 폭죽과 불꽃놀이가 시작된다. 그리고 가우드는 수레를 끄는 사람들, 춤꾼들, 그리고 토띠들을 포함해서 모든 사람들에게 공양을 한다. 넷째날은 나다르 가족 차례이다. 사람들은 거의 가지 않고 연희도 없다.

다음날은 암바디Ambadi 가족이 맡는데, 마찬가지로 가족이 적어 아무 볼거리가 없다. 나익케르는 여섯째날, 일곱째날 그리고 여덟째날을 담당하는데, 볼거리가 아주 많다! 버터를 훔친 신이 내려온다. 우리는 버터를 먹으면서 수레에 타고 있는 그 신을 볼 수 있다. 그 신만이 나중에 피리를 연주한다. 나는 그 신의 이름을 잊어먹었다. 그는 머리를 묶어서 한쪽으로 매듭을 엮었다. 아! 키쉬탄Kishtan이다! 맞아, 그는 키쉬탄이다!⁸⁾ 신상은 그의 동작을 아주 잘 표현해 마치 살아 있는 것 같다! 나익케르는 그에게 버터가 가득한 항아리를 바친다. 이 기간에는 연희가 있다. 연희패는 키쉬탄

이 버터를 훔치고 소녀들을 유혹하고 코코넛 나무에 올라간 이야기를 들려
준다. 아홉째날은 도둑들의 날인데, 우리는 그들을 '새집 사람들'이라고
부른다. 그들도 등불을 밝히고, 확성기를 달고서 아주 거창하게 축제를 진
행한다.

열 번째날은 아주 부자들인 가우드들이 맡는다. 저녁에는 연희가 있다.
열한 번째날과 열두 번째날은 누가 하는지 잘 모르겠다. 가우드가 한다. 확
실하다. 하지만 이날에는 연희가 없다. 탐부 레디아르가 열세 번째 날을 맡
는다. 이날도 아주 굉장하다. 모든 것이 다 있다. 폭죽, 불꽃놀이, 등불도
있고, 저녁에는 연희도 있다. 다음이 몇 번째더라? 열네 번째날인가? 이날
과 그 다음날을 누가 담당하는지 모르겠다. 열여섯 번째날, 아! 캄바땀들
이 드라우파디의 결혼식을 실제처럼 꾸미지! 그날은 세리에서 사람이라고
는 한 명도 찾아 볼 수가 없을 정도이다.

모두가 우르로 그 축제를 보러 가는데, 이 축제를 값으로 따지면 최소
2천 루피 이상일 것이다! 여신 드라우파디의 결혼식장은 코둑쿠르에 있다.
그래서 여인네들은 공양을 하기 위해 코둑쿠르로 간다. 이날 여신은 붉은
결혼식 사리를 입고, 목에는 화환을 걸고, 커다란 황금 탈리를 찬다. 코코
넛, 베텔, 아레카 넛, 쌀과 지폐를 여신의 사리에 묶어 놓는다. 그리고 토
띠, 연희패 그리고 모든 사람들에게 음식을 공양한다. 왜냐하면 결혼식이
기 때문이다! 다음날 고팔라Gopala 가우드 가족이 축제의 책임을 맡는데,
진주로 만든 수레가 등장한다. 모든 사람들이 배불리 먹고 불꽃놀이를 하
고, 물론 연희도 벌어진다.

끝으로, 마지막 날은 목수들의 날로서 신상들을 불 속에다 던져 태운
다. 아침에는 불 위를 걷는 의식이 거행될 장소 옆에서 전투장면을 실연한
다. 사람들은 마르고사 가지로 축원을 받고 신체는 흰 가리개로 감싼다."
아요! 바라탐 사제는 그의 성서를 읽기 시작하고, 목수는 모닥불을 준비한
다. 무루간 사원 곁에 5미터 크기의 구덩이를 파고 두 개의 큰 직사각형 틀

을 만든다. 첫 번째 것은 불을 나타내고, 두 번째 것은 물, 즉 팔라르Palar 강을 나타내는 것이다. 왜냐하면 불 위를 걸은 사람들은 그 다음에는 물로 들어가야 하기 때문이다.[10] 아침부터 순례자들은 장작불을 피울 나무 뭉치를 가져온다. 공이 혹은 절구 같은 것도 들고 온다. 세리의 사람들조차 나무를 가져온다. 마르고사 통나무를 자르고 장작을 일렬로 세운다.

잔가지들도 마찬가지로 자른다. 이런 나무들이 얼마나 잘 타는지를 볼 수 있을 것이다. 나무들은 "콜라 콜라 콜라 콜라" 하는 소리를 내면서 일제히 탄다. 마치 빨간 꽃밭 처럼 보인다. 여신의 박티가 이 모든 것을 가능하게 한다! 저녁 무렵에 다 탄 불덩이를 첫 번째 직사각형 틀에다 골고루 편다. 세리에서 온 많은 사람들은 물론, 서원을 한 신자들은 이날 눈 주위, 목, 관자놀이, 등짝, 그리고 모든 부위에 바늘을 꿴다.

우리는 새로 산 노란 옷을 차려입고, 손에는 소 오줌을 섞은 심황물이 담긴 항아리를 들고 우르로 간다. 우리는 사원 앞을 돌면서, "고빈다! 고빈다!" 하고 외친다. 어떤 사람들은 긴 못을 삼키기도 한다. 다른 사람들은 등에 꿴 고리로 수레를 끌기도 한다. 그들의 박티가 그들을 보호해준다! 살갗에도 갈고리가 꿰어져 있지만, 그들은 전혀 고통을 느끼지 않는다. 그들은 천천히 한 걸음씩 서둘지 않고 걸어간다. 몇몇이 신자들을 인도하는데, 사원을 세 바퀴 돌고 나서 연못 근처 불구덩이 곁에 있는 큰 수레 앞으로 데리고 간다. 그리고는 갈고리를 제거하고 상처에 재를 바른다. 당신도 수레에 앉아 있는 이 여신의 얼굴을 본 적이 있을 것이다. 마치 얼굴에다 참깨를 뿌려 놓은 것 같다!

오후에는 무루가이야 가우드가 카라감을 운반한다. 그는 여러 날 동안 고행을 하고 정결의 규칙을 준수한다. 신자들도 마찬가지로 이 규칙을 준수해야 한다. 가우드는 허리춤에 매듭이 있는 줄을 차고 있는데, 이것은 그가 서원한 것을 상징하며, 불더미 속으로 들어갈 때 그를 보호해주는 것이다. 여신이 그를 두드리거나 때리기 때문에 카라감 항아리를 들고, 입에 재갈을 문 채 무루가이야 가우드는 자기와 마찬가지로 신실한 신자들 십여 명과 함께 사원을 나선다.

크리쉬나 신상

그들은 사원을 세 바퀴 돈다. 그가 먼저 불덩이 속으로 걸어 들어간다. 그 다음에 신자들의 무리가 그를 따른다. 큰 사람, 작은 사람, 젊은이, 늙은 이, 심지어는 태어난 지 몇 시간밖에 안 된 갓난아이도 다른 신자들의 팔에 안겨 참여한다. 그들은 불덩이 위를 걸어가는데, 목에는 화환을 걸고, 허리 춤에는 꽃을 차고서, "고빈다! 고빈다! 오, 고빈다!"하고 외친다. 그들을 바라보고 있는 우리들도 마찬가지로 "고빈다! 고빈다! 오, 고빈다!"하고 외친다. 그런 다음 그들 모두는 파라르로 들어간다. 그들이 물에서 나오면 사제가 채찍으로 한 대씩 때려준다. 캄바땀도 맞는다. 당신 할아버지라도 예외 없이 맞아야 한다! 채찍질하는 소리가 "스냅, 파다, 파다, 파다" 하고 들릴 것이다! 살갗이 새빨갛게 변한다. 채찍으로 맞지 않으면 죽는다! 드 라우파디 사원에서 또 한번 채찍을 맞는다. 그러면 정신이 돌아온다. 그들의 영혼이 다시 그들에게 찾아온 것이다. 사람이 영혼을 일깨워 준 것이 아니라, 신의 자비로 말미암아 그렇게 된 것이다! 그러고 나서 신자들에게 재를 나누어주고, 각자 집으로 돌아간다.

우리 파리아들은 단지 지켜만 볼 수 있다. 우리는 불 위를 걸을 수가 없다. 아침이 시작되자마자 우리는 세리를 떠나는데, 그 행렬이 연못에까지 이어진다. 우리는 모두가 잘 차려입고 있다. 깨끗한 사리를 입고, 머리에는 꽃을 꽂고, 이마에는 포뚜를 붙였다. 머리에 광주리를 이고 간다. 광주리 안에는 다양한 크기의 항아리들과 국자들, 공양물을 담은 쟁반, 쌀, 장작, 꽃, 물 등 퐁갈을 요리하는데 필요한 모든 것들이 들어 있다. 우리들은 각자 강가에 자리를 잡고, 불을 피워 퐁갈을 요리한다. 아침이 끝날 무렵, 사원 앞에다 항아리들을 일렬로 세워 놓고 공양을 올린다.

불 위를 걷는 모습을 보고 나서 세리로 돌아온다. 그리고 축제 때문에 열린 마을의 난장(亂場)으로 간다. 주위를 돌아보는 것도 힘들 정도로 사람들이 많이 몰려들었다. 온갖 뜨내기 장사치들이 난장에 몰려들 뿐 아니라, 티루라감 시장 상인들마저도 연못 근처에다 이틀간이나 장을 펴기 때문에, 숨이 막힐 정도로 많은 사람들이 몰려든다. 장을 지나다 보면 회전목마도 있고 차, 바나나, 과자 그리고 구리, 알루미늄과 스테인리스로 만든 접시들을 파는 조그만 상점들도 볼 수 있다. 그날 상점을 낸 사람들은 꽤 짭짤한 수입을 올린다. 순례자들이 안드라Andhra, 마드라스, 퐁디 등 사방팔방에서 몰려올 뿐만 아니라, 열여드레째 되는 날에는 티루라감과 이웃마을에서도 황소 달구지를 타고 우리 여신 드라우파디에게 퐁갈을 올리려고 사람들이 몰려온다.

주인의 믿음을 저버릴 수 없다

우리 레디아르는 파종시기를 상의하기 위하여 브라만을 부르러 보냈다. 레디아르는 브라만의 견해를 듣고는 아무런 반응을 보이지 않더니, 퐁디로 나가서는 다른 브라만을 찾아 농사에 관해 다시 조언을 구했다. 사람들은 퐁디의 브라만이 학식이 더 높다고 말한다. 우리 역시 우리들의 사제에게 조언을 구한다. 결혼에 대해서는 발루바르(Valluvar 달리트 사제로 비쉬누파에 속한다)를 찾아가 의논을 하는데, 그는 페루말 사원 옆에 살고 있다. 그는 운명을 좌우하는 별자리와 배우자의 궁합이 잘 맞는지를 말해준다. 농사에 대해서는 판다람(Pandaram 달리트 사제이며, 시바파에 속한다)에게 묻는다. 그는 오랜 전 것부터 최근의 것까지 자신이 필요로 하는 모든 별자리 달력을 전부 가지고 있다. 그는 달력 속에서 우리가 알고 싶어하는 태풍, 홍수 또는 가뭄이 언제 발생할지를 찾아준다. 그는 언제 비가 내릴지, 그리고 어떤 곡물을 언제 파종해야 하는지 알려준다.

왜냐하면 우리가 원한다고 해서 아무 날에나 파종을 할 수가 없기 때문이다. 레디아르는 브라만이 길일을 말해 준 이후에야 씨앗을 만진다. 날짜가 정해지면 그는 우리들에게 와서 일러준다.

"데이, 오늘은 음력으로 초파일이니 (혹은 보름이 지난 뒤 9일째 되는 날이니) 씨앗을 뿌릴 준비를 해라!"

아무나 씨앗을 첫 번째로 만질 수 있는 것은 아니다. 그것은 행운을 가져오거나 식물재배에 일가견이 있다고 정평난 사람들만이 만질 수 있다. 레디아르 댁에서는 내가 한다. 나는 카니의 네 모퉁이에 커다란 항아리를 세워 놓고 일곱 자루의 삼바(samba 6~7월부터 12~1월까지의 주 경작 시기. 이 시기에 대대로 경작해 온 전통적인 벼 품종) 씨를 붓고 물을 채워둔다. 일반적으로 씨나락 일곱 자루는 많은 양인데, 나머지는 우리가 가진다. 내가 논을 경작할 경우 나는 레디아르 댁과 같은 날에 씨나락을 뿌리고 나서 아이에르에게 들려 농사가 풍년이 들지를 물어본다. 사흘이 지나면 씨나락에 싹이 튼 것을 볼 수가 있다. 싹은 마치 바늘처럼 가늘고 아주 예쁜 모습을 하고 있다. 씨나락을 담근 지 사흘째 되는 날에 파종을 한다. 닷새째 되는 날부터 땅에 뿌리를 내리고, 엿새째, 여드레째 그리고 열흘째 매일 매일 달라지는 모습을 볼 수 있다. 열흘째 되는 날에 줄기와 잎이 나오기 시작한다. 신나암마의 눈에는 잎이 싹트는 모양이 한낱 초록빛으로만 보일 것이다.

여러 씨앗들 중에는 싹을 틔우지 않고 곧바로 파종하는 것도 있다. 우리는 그것을 빌비라이vilvirai라고 부른다. 씨뿌리는 날에는 첫닭이 울기 전에 마대 자루에 씨앗을 담아 머리에 이고 나간다. 들판에는 남보다 먼저 나가야 하며, 가는 길에 누구도 만나서는 안 된다.

남편과 안반은 항상 레디아르 댁의 씨앗을 파종한다. 여성보다는 남성이 이런 일을 해야 하며, 항상 두 사람이 함께 해야 한다. 들판에 도착하면 남편과 안반은 곧장 사니Sani의 구석 쪽으로 간다.[1] 안반은 그곳에다 내가 집에서 준비해 준 푸자를 올릴 바구니를 내려놓는다. 나는 바구니에 몇 개의 벽돌과 어린 새싹, 꽃 몇 송이, 개밀 풀, 장뇌, 심황 반죽, 붉은 색 가루와 쇠똥을 넣었다. 남편은 푸자를 올릴 준비를 한다. 그는 아랫단에 벽돌을 놓고 그 앞에서 쇠똥으로 필라이야르 상을 만든다. 필라이야르 상에 심황 반죽을 칠하고 이마에는 붉은 포뚜를 그린다. 그런 다음 여인네들이 머리에 꽃을 꽂듯이, 꽃과 개밀 풀로 필라이야르 상을 장식한다. 그는 두 손에 씨앗을 가득 담아서는 필라이야르 신상들 앞에다 한줌씩 놓는다. 장뇌에 불을 밝힌 후 남편은 안반과 같이 엎드려 절을 한다. 그리고 나서 모판을 만든다. 적당한 장소를 고른 뒤 한 평 정도의 모판을 만든다. 씨나락을 뿌리기 전에 괭이로 흙을 뒤집고는 평평이 골라 구멍이 생기거나 덩어리지지 않게 모판을 정리한다. 씨나락이 가득 담긴 키를 들고 한쪽에 나란히 서서 키를 흔들면서 씨나락을 뿌리고, 다시 되돌아오면서 뿌린다. 마치 비라도 오는 것처럼 씨나락을 빈곳이 없도록 골고루 뿌린다. 씨나락이 다 없어질 때까지 뿌린다. 마르고사 가지로 모판의 네 귀퉁이에 표시를 하고 나면 씨나락을 뿌리는 의식이 끝난다. 씨나락 뿌리기가 끝나면, 사니의 구석 쪽으로 가서 필라이야르에게 바친 씨나락을 담는다. 이 씨나락은 이제 그들의 몫이다. 남편과 안반은 펌프의 물로 몸을 씻고 집으로 돌아온다.

다음에는 내가 그들이 가져온 씨나락을 받아 집 정 중앙에 모셔 두고 모두 함께 엎드려 절을 한다. 오후에는 그 씨나락을 들고 나와 티를 없애고 절구질을 한다. 설탕가루와 섞어서 참기름이 있다면 참기름을 몇 방울 떨어트리고, 가끔 채소를 섞을 수도 있다. 그러면 맛이 아주 좋다. 이것을 맨 처음 신에게 바치면서 모든 일이 잘 이루어지게 하고, 잘살게 해 달라고, 그리고 밥을 굶지 않게 해달라고 기원을 한다. 그리고 나서는 이웃들에게 나누어준다. 내가 절구질을 한 것을 본 여인들마다 "형님, 씨나락을 절구질했다면서요. 나에게도 조금만 나누어주세요, 예!" 하고 말한다. 이웃들에게 나누어주고 남은 것은 아이들과 함께 먹는다.

레디아르 댁에서는 씨나락을 그날 바로 절구질하지 않고, 자기 신에게 바치기 위해 보관해 둔다. 그 집에서는 씨나락을 바람에 날린다. 나는 씨나락을 날리는 사람들 중의 한 명인데, 그 일을 하는 데는 시간이 오래 걸린다. 이 일을 마칠 즈음에는 항상 힘들어서 기어 나올 정도가 되며, 내 손은 나락 껍질에 쓸려 여러 군데 물집이 잡힌다. 나락을 날릴 때 그것은 마치 아름다운 꽃처럼 떨어진다. 떨어진 나락을 담아 다시 뜨거운 모터 속에다 붓는다. 이 일은 레디아르 부인이 도맡는다. 두 명이 절구질을 하는데, 빠르고 정확한 박자로 한순간도 멈추지 않고 일을 해야 한다. 그렇지 않고 너무 느릴 경우에는 쌀이 찧어지지 않고 가루가 되기 때문이다. 일을 마치면 레디아르 부인은 쌀과 설탕을 섞은 것을 한 몫 떼내어 바나나 잎에 담아서 신에게 바치고, 그들의 친척들에게 나누어준다. 세리에서 우리가 나누어준 것처럼 우리도 레디아르 부인으로부터 우리 몫을 분배받는다.

씨나락을 뿌리고 나면, 모판에 싹이 내릴 때까지 기다린다. 모판의 싹이 손가락 길이만큼 자라고 잎이 두세 개 나오면, 풍년이 들 징조이다. 씨나락의 질이 좋지 않은 경우에는 싹이 여기저기 찔끔거리면서 나거나 썩고, 아니면 완전히 말라비틀어지기도 한다. 열하루째나 열사흘째 되는 날에 한줄기 불빛처럼 갑자기 싹이 나오면 우리는 안심하고 만족해하면서 스스로에게 '괜찮아! 내가 만든 모판인데 안 좋을 리가 없지. 싹이 잘나왔어, 머잖아 모내기도 할 수 있겠어!' 하고 말한다. 싹이 나오기 시작하면, 해충이 들지 않도록 잘 관리한다. 우리는 쇠똥을 태운 재 같은 것을 뿌리기도 하는데 이 재는 이빨을 닦을 때도 사용한다. 화학비료는 그런 뒤에 사용한다. 라디오에서는 농작물 관리에 대해 모든 것을 알려준다. 지금은 모두가 라디오를 가지고 있어서, 틴나이에 앉아서 채널만 돌리면 쉽게 들을 수가 있다! 라디오에서는 I.R.8 또는 I.R.50, 칸나기kannagi, 말꼬리 삼바 또는 폰니를 추천하고 있다.[2] 이 품종들의 벼는 낱알이 너무 작아 요리를 하면 마치 자스민 꽃잎 또는 마드라스산 풀라오pulao 쌀처럼 보인다. 밥을 먹고 나서 두 시간 후면 허기가 진다!

모레까지 나는 여섯 자루의 삼바를 빌려야 하는데, 물론 이자를 붙여 돌려주어야 한다. 신나암마도 짐작하다시피 누구도 이윤 없이 빌려주려 하지 않는다. 전세계의 56개 국 어디나 마찬가지이다. 어디에서나 사람들은 같은 일을 하는데, 신나암마나 가우드도 마찬가지이다. 곡물을 차용하면 두 배로 갚아야 한다. 만약 신나암마가 라기 한 마라까(marakka 퐁디체리의 곡물 계량 단위로 약 3.2킬로그램에 해당한다)를 빌리면, 추수가 끝나면 두 배로 갚아야 한다. 결혼식을 위해 한 자루의 백 분의 일이라도, 쌀을 빌렸을 경우에도 똑같다.

신의 은총으로 나는 나락 한 가마니를 이웃집 여자에게 빌려 줄 수가 있었다. 그때는 그녀가 아들을 결혼시킬 때였다. 그녀는 내게 와서는 "형님, 나락 한 가마니만 빌려주시오. 형님 아들 안반이 장가갈 때 이자까지 갚아 줄 테니"라고 말했다. 또 한번은 파끼암이 와서는 "람마, 비람마! 나락 좀 빌려 줘! 내 손녀가 초경을 시작했는데 내가 심황 물을 준비해 줘야 해. 벼가 익으면 갚아줄게" 하고 부탁했다. 나락 한 가마니를 빌려주면, 10 마라까를 이자로 받고 나락 세 가마니를 찧으면 쌀 두 가마니가 나온다. 결혼식을 준비하기 위해서는 쌀이 많이 필요하다. 왜냐하면 결혼식을 돕는 모든 사람에게 현물을 지급해야 하기 때문이다. 아이에르는 요리하지 않는 쌀을 주지만, 악사들과 세탁부에게는 밥을 해주어야 한다. 어디에서 돈을 마련할 수 있겠는가? 우리는 레디아르에게 가서 얼마간의 돈을 빌린다. 우리 임금에서 먼저 이자를 제하고 나머지를 현금으로 준다. 우리가 그 정도의 현금을 벌기 위해서는 다른 방법으로 돈을 벌어야 한다. 그러기 위해 우리는 다른 지주들에게 가서 일용 노동자로 일을 하든지 아니면 사원토지나 국가토지를 약간 얻어 소작을 한다.

우리 베띠얀들은 우르의 악사들과 이발사들과 마찬가지로 사원토지 2 카니를 경작할 권리를 가지고 있다. 그 토지는 우리를 위한 것이며, 무엇을 경작하든지 생산한 곡물을 함께 분배한다. 그러나 그 땅은 메마르고 토질이 좋지 않아 일손만 들이고 아무것도 건지지 못하는 경우도 있다. 그래서 우리 베띠얀의 젊은이들은 악사가 되는 것을 꺼려하는데, 왜냐하면 2카니의 토지에서 소출이 거의 없는 데다가 악사를 한 대가로 받는 사례도 아주 적기 때문이다. 무덤 하나 파는데 2루피 반을 받고, 연주를 하면 악사 한 명 당 7루피를 받는다. 그만 하자. 이 이야기는 이미 신나암마에게 다 말한 것들이다. 국가토지 역시 농사를 짓기가 매우 어려운데, 왜냐하면 물이 아주 멀리 떨어져 있기 때문이다. 이와 달리 사원은 30카니 이상의 좋은 토지를 소유하고 있으며, 매년 이 토지들은 임대한다.

나는 이제까지 1/4카니의 사원 토지를 나락 여덟 자루로 임대해왔다. 화학비료와 농약을 구입하는데 200루피 이상이 필요한 데다, 남편, 안반, 순다리, 암사 그리고 나를 포함한 우리 식구 모두가 농사를 짓는다. 추수는 세 번 하는데, 매 추수마다 여덟 자루의 나락을 생산한다. 임대료로 여덟 자루를 주고, 나머지 반은 우리가 가지고, 다른 절반은 우리 논에다 물을 대준 레디아르에게 준다. 이것으로 우리는 먹고살고, 나머지는 빚을 갚거나 결혼식을 위해 비축해 두거나, 친척들에게 좋은 장례를 치러준다. 어떤 사람들은 자신들이 번 것을 가지고 더 부자가 되기도 한다. 신나암마도 벽돌집을 짓고 사는 사람들을 본 적이 있을 것이다. 그리고 레디아르에게 빌린 것 전부를 갚고 나서 머슴 신분에서 벗어난 사람을 본 적도 있을 것이다. 그들은 "아야! 나는 해방이다. 나는 이제 당신을 위해 일할 채무가 없어졌다, 나는 이제 떠날거다. 아야" 하고 작별인사를 한다.

그러나 올해는 사원에서 임대료를 열 자루로 올려서 우리는 사원토지를 임대할 수가 없었다. 우리는 그 정도의 위험을 감수할 수 없다. 알다시피 농사가 해마다 항상 풍년이 든다는 보장도 없을 뿐 아니라, 나락 열 자루를 임대료로 지불하고 나면 남는 것이 없기 때문이다. 신나암마가 땅을 빌린다면, 3년 뒤에는 모든 것을 해결해야 한다. 왜냐하면 3년마다 입찰이 있기 때문이다. 우리는 올해 막 임대를 끝냈다. 지난번에는 우리 파리야 여섯 명이 공동으로 1과 1/2 카니를 빌렸는데, 올해는 입찰에서 떨어졌다. 더

욱이 올해는 담보와 저당까지 요구했다. 토지를 소유하고 있는 사람들만 입찰에 참여할 수 있는데, 누구도 열 자루의 나락을 임대료로 내려고 하지는 않았다. 위험부담이 그렇게 높지만 않았더라도, 몇몇 가우드들이 임대해 그 토지를 우리들에게 재임대해 주었을 것이다. 카리만갈람 Karimangalam에서 온 가우드들은 우리가 흉작이더라도 임차료를 지불할 것을 잘 알기에, 토지를 임대하더라도 지주들에게 신임을 잃지 않을 것이다.

농지를 소유하고 있는 개인지주들의 소작인이 되는 것은 점차 어려워지고 있는데, 왜냐하면 우리가 그들의 토지를 차지하지 않을까 두려워하고 있기 때문이다. 신나암마도 잘 알다시피 우리는 그런 사람이 아니다. 그래서 사람들은 우리를 신뢰하고 있다. 그러나 정부가 그렇게 부추기고 있다. 정부가 토지를 경작하고 있는 사람들에게 머잖아 그 토지가 자신들의 소유가 될 것이라고 바람을 넣고 있다. 간혹 재판에서 토지소유가 확정된 사례가 있었는데, 퐁디에서 체띠야르 한 명이 이런 식으로 토지를 잃었다는 소문이 나돌았다. 그래서 우리가 개인지주의 토지를 소작하기가 점점 어려워지고 있을 뿐 아니라, 지주들은 우리들에게 소작을 주더라도 토지를 나누어 한 사람에게는 1/4카니를, 다른 사람에게는 1/8카니를 나누어준다. 왜 우리같이 가난한 사람들이 레디아르의 머슴이 되는지를 짐작할 수 있을 거다. 그것은 바로 그들의 신뢰를 얻기 위해서다. 우리는 우리 소유의 땅을 한 평도 가지고 있지 않다. 그래서 우리들 모두가 중개인 없이 그리고 저당 없이 레디아르의 토지를 조금이라도 빌리려고 노력하고 있다. 그들이 우리를 믿어줘야 한다. 그렇지 않으면 우리가 땅 한 뼘도 없이 어떻게 입에 풀칠을 하겠는가?

몇 년 동안 흉작이 계속될 경우에는 정부에서 그 사실을 확인만 해주면 우리는 돈 한 푼 내지 않아도 된다. 지주가 들판에 나와서는 물이 부족하여 작물이 시들고 있음을 확인한다. 그는 아무말 없이 되돌아가고 우리는 시름에 잠긴다. 무엇을 할 수 있겠는가? 마하데반Mahadevan이 우리에게 비를 내려주지 않으니 굶을 수밖에 없다.[3] 결국 우리는 한 달에 10부의 이자로 100루피를 빌려 다시 시작해야 했다. 돈을 빌리지 못할 경우 우리는 티루라감의 마르와리에게 가서 동으로 된 항아리 또는 접시, 패물들을 저당잡힌다. 그는 100루피 정도의 물건을 저당잡고서는 겨우 10루피를 빌려준다. 땅을 가지고 있는 사람들은 땅을 담보로 잡혀서 돈을 빌리고, 그 땅을 경작하여 돈을 갚은 뒤 담보를 푼다.

마을의 학교, 약국, 탁아소 등에는 퐁디에서 온 사람들이 일을 하고 있어 그들에게 돈을 빌리기도 하는데, 그들은 나락을 받고 돈을 빌려준다. 나는 올해 아라이를 위해 대부를 주선해 주었다. 그는 농사를 짓고 싶어했지만 씨앗을 살 돈이 없었다. 약국의 간호사는 여윳돈 500루피가 있었기 때문에 논을 갈아줄 사람을 찾고 있었다. 그 간호사는 나를 믿고 있었기 때문에, 내가 보증을 섰다. 간호사는 내가 산파 일을 했던 무렵부터 나를 알고 있었다. 추수가 끝난 후 아라이는 원금 500루피와 이자로 나락 두 가마니를 갚았다. 하지만 때때로 이자와 원금을 한꺼번에 갚을 수가 없는 경우에는 이자를 먼저 갚고 원금을 조금씩 갚아나가기도 한다. 이렇게 하는 것이 돈을 갚을 수 있는 유일한 방법이다. 흉년이 들면, 내년에 갚을 수 있도록 노력을 해야 한다. 그게 바로 농사일이다! 그러나 풍년이 들면, 수익의 대부분은 소를 사거나, 자식들의 결혼자금으로 비축하거나, 집을 수리하는데 사용된다. 만약 사돈집에서 혼인 날짜를 잡으면, 우리는 암소, 황소, 나락 가마니 등 온갖 것을 내다 팔고, 다시 무일푼이 되어 소 한 마리를 사려고 노력을 하고, 또 다른 한 마리를 늘리려고 애를 쓴다. 이렇게 해서 우리는 순다리를 시집보냈다.

나는 작은 가우드에게 1/4카니의 토지를 빌려 달라고 사정했다. 왜냐하면 조그만 토지라도 경작하고 있는 것이 중요하기 때문이다. 지금은 참깨를 경작할 시기인데, 참깨는 많은 비를 필요로 하지 않는다. 참깨는 땅을 갈고 잡초만 제거해주면 저절로 자란다. 그냥 추수만 하면 된다. 이 정도의 면적에서는 참깨 서너 가마니를 생산할 수 있다. 참깨 한 가마니의 가격은 지금 800루피에서 900루피 정도인데, 절반은 토지소유주인 가우드에게 주고 나머지 절반은 내가 갖는다. 왜냐하면 참깨는 물댈 필요가 없기 때문에 물을 대준 사람은 계산에 넣지 않으며, 물을 대더라도 시간 당으로 요금을 지불하기 때문이다.

나는 작은 가우드가 땅을 빌려주리라 기대한다. 그의 아버지는 나이가 들어 더이상 재산 관리에 관여하지 않는다. 그리고 그는 정부에서 융자를 얻어 자전거 대여점을 열었기 때문에 농사를 관리할 시간이 거의 없다. 게다가 그는 돈이 많아 대부를 하고 있어 그 이자만으로도 넉넉하게 살 수 있기 때문이다! 그는 지난해에 농토의 절반을 다른 사람들에게 소작으로 내어주었다. 소작을 준 모든 농토는 관개용 펌프에서 아주 멀리 떨어진 곳에 있었다. 그리고 그는 "누구라도 경작하고 싶은 사람이 있다면 나는 수확량의 1/3만 받아도 만족할 것이다"라고 말했다. 맞는 말이다. 건답에는 이런 식으로 소작을 준다. 만약 흉년이 들면 소작인만 망할 것이고, 풍년이 들면 지주는 1/3을 가지게 될 것이다.

우리는 토지가 없어서 이런 소작이라도 받아들인다. 우리는 누구도 고용하지 않고 소와 우리 힘만으로 경작한다. 나는 작은 가우드가 우기가 되면 소작을 줄지 주지 않을지를 결정하리라 본다. 그는 나에게 남은 비료를 팔지 말라고 했다. 그렇지 않으면, 일년에 세 번 경작할 수 있는 관개용 펌프 근처의 양질의 논 1/4평방 마일을 임대할 것이다. 그 정도의 토지를 임대하려면 2천5백 루피를 담보로 제공해야 하고, 두 번만 경작하는 토지에 대해서는 천5백 루피를 담보로 제공해야 한다. 소작이 끝나면 담보는 되돌려주지만 일시불로 담보를 지불할 수 있어야 하며, 여러 달 동안 그 돈 없이 지탱할 수 있어야 한다. 우리 같은 가난한 자들에게 이것은 그림의 떡이다.

세리에서도 몇몇 사람들은 토지를 갖고 있다. 몇 사람은 1/4카니를, 몇몇은 1/2카니 이상의 많은 토지를 소유하고 있다. 그러나 그런 사람은 극히 소수로 여덟 명도 채 안 될 것이다. 사람들은 내 시아버지와 그들의 조상들도 토지를 소유했었다고 말했다. 그러나 과부들이 토지를 모두 처분해 버렸다고 한다. 과거에 파리아들은 무지했다. 그들은 가우드와 레디아르에게 토지를 저당잡힌 뒤 결국에는 그 토지를 되찾지 못했다. 세리의 나이든 어른들은 종종 내게 우리 가문이 현관이 있는 큰집에서 살았었다고 이야기를 하곤 했다.

술주정뱅이가 우리집에 불을 질렀는데, 왜냐하면 우리 집안의 딸이 그를 차버리고 다른 남자에게 시집을 갔기 때문이었다. 큰불이 나서 참깨 항아리와 땅콩기름 항아리가 하루 종일 불에 탔다고 했다. 내 남편은 형제가 네 명, 누이가 한 명 있었다. 시어머니는 아이를 많이 낳았지만 이들만 살아남았다. 말하자면 내 남편은 존경받았던 사람의 아들이었다. 우리는 그것을 페낭Penang에 살고 있는 그의 형제들이 찾아 올 때 확실히 알 수 있었다. 남편이 어렸을 때 누군가가 그의 동생을 속였다. 어느 날 남편이 소 떼를 돌보고 있을 때, 어떤 놈이 남편의 동생을 납치해서는 물 건너 다른 사람에게 팔아버렸다. 그러나 남편 동생은 자기 마을과 가족 이름을 기억하고 있다가 한참 후에 우리를 찾아왔다. 남편 동생은 우리에게 자기 사진을 보냈다. 내가 당신에게도 이미 그 사진을 보여 주었을 것이다. 그 사진은 지금 우리집 벽에다 붙여 놓았다. 그는 우리에게 수표를 보냈는데, 가우드의 아버지가 배서를 해주어서 그 돈을 찾아 쓸 수 있었다.

이 시동생은 티루파캄Tiruppakam 출신의 한 여인과 혼인을 했는데, 그녀는 아이를 낳지 못했다. 그래서 그는 포라뚜르Porattur 출신 여자와 재혼을 해 네 명의 자식을 낳았다. 어느 날 그가 이곳에 와서 나도 그를 만나 보았다. 그는 매우 뚱뚱했는데, 목에 두른 금테는 신나암마가 차고 있는 것보다 두꺼웠다. 그리고 손가락마다 반지를 끼고 있었다. 우르에서 온 모든 사람들도 그에게 공손하게 말을 걸었다! 올해 그가 죽었는데, 우리는 그의 사진을 놓고 16일 간이나 제를 올렸다. 장남인 내 남편이 의식을 주관했다.

사람들은 옛날에는 토지를 갖는 것이 어려운 일이 아니었다고 말했다. 하지만, 신나암마도 분명히 보았을 테지만, 지금도 모든 토지가 경작되고 있는 것은 아니다. 누구를 잡고 물어도 토지가 있다고 말할 것이다. 그렇지만 문제는 지금은 물이 부족하다는 것이다. 모든 것이 메말라 간다. 관개수로, 연못, 강, 우물, 모든 곳이 다 그렇다! 비가 내린다 해도 아주 소량에 불과하다. 마을에서 펌프를 두 개나 소유하고 있는 사람들조차도 펌프를 하나만 가동하고, 나머지 하나는 물이 메말라 농작물을 망치고 있다. 정부에서도 모든 조치를 취하고 있다. 집 근처에 수도를 설치하고, 들판에 펌프를 설치해 주었지만 정작 모터로 끌어올릴 물이 없다. 과거에는 달랐다. 매번 축제 때마다 비가 내렸다. 사람들은 일년 내내 녹음이 가득했다고 이야기한다. 강과 수로에는 물이 넘쳐 나서, 논에다 항상 물을 댈 수가 있었다. 사람들은 소나 1/4카니의 논을 살 만한 돈을 저축해두고 있었다. 그런데 바보 같은 우리들은 그 모든 것을 가우드와 레디아르에게 갖다 바쳐버렸던 것이다. 그리고 이제 내 남편은 가우드의 논 바로 옆에 있는 큰 레디아르 댁의 논에서 일하고 있다. 만약 큰 레디아르의 부친이 살아 있다면, 그는 야자나무 그늘 아래다 멍석을 펴고 앉아 퉁명스런 텔루구 억양으로 이렇게 소리를 칠 것이다.

"데이, 마니깜! 데이, 파트차야빤Patchayappan의 아들! 네 할아버지들은 논을 장만해 놓고도 그것을 자손들에게 물려줄 방법을 몰라, 지금 네가 여기 너희 집의 소유였던 논에서 머슴살이를 하고 있구나."

그래, 합죽이가 항상 나에게 말했듯이, 그 당시는 칼리유감 시대가 아니었고 기후도 오늘날과는 달랐다. 그때는 가난도 지금처럼 심하지는 않았다. 사람들의 수도 많지 않아 서로를 잘 알고 있었으며, 그것이 미덕이었다. 합죽이는 고결한 양치기 소녀가 이 세상을 저주해서 모든 것이 바뀌었으며, 그래서 지금 우리가 물이 부족한 고통을 받게 되었다는 이야기를 들려주었다. 옛날에 양치기 소녀가 소 떼를 몰고 있는 오빠들에게 주려고 칸지 일곱 동이를 이고 가고 있었다. 맨 꼭대기에 얹혀진 동이가 하늘을 찔러 동이가 떨어졌다. 그 양치기 소녀는 순결하고 고결한 여인이었지만 화가 났다. 그녀는 하늘을 저주하며 "땅에서 멀어져라. 그리고 우리가 닿지 못하게끔 떨어져라. 수레 열 대에 담긴 줄로도 닿지 못할 만큼 멀어져라!" 하고 외쳤다. 매우 낮은 곳에 있던 하늘은 땅에서 멀리 떨어져 이전처럼 끊임없이 비를 내리지 않게 되었다. 집으로 돌아오는 도중 그 양치기 소녀는 길에서 먹으려고 나락 알갱이를 훑곤 했다. 모든 것이 손만 뻗으면 닿는 거리에 있었다. 그러나 그녀는 찧지 않아도 되는 쌀을 씹다가 턱에 염증이 생겼다. 고통이 심해지자 그녀는 "칼리유감 시대가 시작되는구나. 나는 정숙한 여자다. 내 어머니도 마찬가지였다. 쌀에 껍질을 씌우게 하소서!"라고 말했다. 그래서 이 칼리유감 시대에는 쌀이 아니라 나락을 추수하게 되었다.

나는 몹시도 가물었던 어느 해를 기억하고 있다, 신나암마! 아무것도 싹이 트지 않았다. 우리는 먹을 만한 것을 한 톨도 찾을 수가 없었다. 쌀 한 되 가격이 1.5루피에서 5.5루피로 치솟았다. 다섯 식구가 있는 집에서 어떻게 모두를 먹여 살릴 수가 있었겠는가? 우리는 가축처럼 땅콩껍질과 잎사귀까지도 먹었다. 세리에서 기장 한 되 가격은 1루피였다. 우리는 양파를 수확했을 때 아무것도 버리지 않고 모아 기장에 양파 뿌리와 껍질을 섞어 먹었다. 세상이 말라비틀어지고 있었다. 쌀, 기름, 소금 등 모든 것이 귀해졌다. 나도 다른 사람들처럼 호박과 참외를 심어 그것으로 연명을 했다.

어느 해인지는 정확하지 않지만 내가 아주 어렸을 적에, 세상이 불덩이처럼 달아올라 비도 오지 않고 물도 없었던 때가 있었다. 그때 하루 임금은 4센트였다. 기근에는 쌀을 뒷박으로 팔지 않고 한줌씩 팔았다! 우리는 한

줌의 쌀로 곧바로 밥을 짓지 않았다. 쌀을 천으로 싸서는 끓는 물 속에 몇 분간 담가 두었다가, 천을 꺼내어 물을 짜서는 그 물을 마시고 나서 밥을 짓는다. 다음날에는 반쯤 삶은 쌀을 말려서 다시 옷에 싸서는 익혀 두 번째로 그 물을 짜내 마신다. 사흘째 되는 날에 가서야 밥을 지어먹는다.

옛날에는 지금 경작하고 있는 쌀과는 다른 품종으로 농사를 지었다. 시루마니Sirumani는 진짜 자스민 꽃과 같았다. 우리는 그 쌀을 가루다의 삼바라고 불렀는데, 왜냐하면 나락의 끝이 독수리의 부리처럼 구부러져 있었기 때문이다. 다른 삼바는 바나나처럼 길쭉한 낟알을 생산했다. 바이쿤담, 무꾸띠mukkutti, 캄말kammal은 싹이 트는데 21일이 소요되었으며, 7개월이 지나야 추수를 할 수 있었다. 이런 쌀로 밥을 지어먹고 나면 몇 시간 동안 배가 꺼지지 않았으며, 하루 동안 두었다가 다음날 먹어도 여전히 밥맛이 좋고, 밥이 변하지 않고 그대로 있었다. 우리가 지금 재배하고 있는 쌀은 밥을 지어먹고 나면 금새 허기가 지고, 고리메두에 있는 병원 신세를 져야 한다! 이 품종들은 매우 빨리 자라 우리는 화학비료를 사용하면 일년에 세 번까지 수확할 수 있다.

과거에는 화학비료를 사용하지 않았다. 논을 갈고 물만 대주어도 잘 자랐다. 레디아르 댁의 논에는 펌프가 있다. 시동을 켜기만 하면 논에 물이 자동으로 들어간다. 레디아르의 동생 중 한 명이 책임을 맡고 있다. 그들은 항상 여러 명의 일꾼을 필요로 한다. 지금은 내 아들이 쟁기꾼을 구하는 일을 담당하고 있다. 아들은 세리의 모든 사람들을 찾아가 "형님, 레디아르 댁에 논일을 할 마음이 없소? 그리고 아저씨도 논일하러 올라요?" 하고 묻는다. 그들은 몇 번씩 논일을 하러 간다. 첫 번째는 보습으로 논을 간다. 두 번째는 큰 쟁기로 간다. 세 번째는 진흙을 부드럽게 갈아 업고는 우리집 문짝을 이용하여 양쪽에 황소 한 마리를 매고 중간에 쟁기꾼이 서서 논을 평평하게 써레질을 한다. 논바닥은 21일간 부드럽게 유지되도록 한다. 그전에 우리는 튤립 나무 가지에서 잎을 따내 소여물과 호박넝쿨 등을 땅에다 섞는다. 이것이 바로 거름이다. 이렇게 거름을 주고 나면 낟알이 굵고 여물이 잘 든다. 하지만 이렇게 해도 내가 앞서 두 차례나 말했듯이 때때로 흉작이 들기도 한다. 지금 우리는 과거와 같은 기근을 겪지 않는다. 정부가 우리를 잘 돌봐주고 있고, 배급소도 있다.[4] 그들은 머리통이 뇌를 보호하듯이 우리를 보호해준다. 지금은 세상이 바뀌었다.

그때부터 우리는 거의 매년 비를 내리게 해달라고 코둠바비(kodumbavi 가뭄을 막기 위한 의례에서 사용되는 것으로 불임여성을 형상화한 진흙인형)여신상을 만들어 놓고 기원을 하고 있다. 우리 토띠는 논바닥에서 진흙을 퍼와 옹기장이에게 가져다주고, 북을 치면서 우르로 가서 집집마다 쌀을 모은다. 횃불을 든 사람도 그들과 함께 간다. 우르의 옹기장이가 진흙으로 코둠바비 여신상을 만들면, 토띠가 그 상을 거리마다 끌고 가고, 여자들로 구성된 합창단이 찬송을 부르며 뒤따른다. 그 여신에게 우리가 가뭄으로 얼마나 허약해지고 시들어졌는지를 느끼게 하고 보여 주어야 한다. 그런 다음 신상을 아이야나르 사원 옆으로 끌고 가서는 신상을 연못 속에 던진 다음 어느 쪽이 먼저 떠오르는지를 살펴본다. 떠오른 쪽이 비가 오는 방향을 가리키는데, 그쪽부터 당장 비가 오거나 아니면 사오일 후에 비가 온다.

한번은 사이클론이 오는 시기인데도 마실 물이 동이 났다. 우리는 연못으로 가서 오랫동안 모래를 팠다. 반으로 쪼갠 야자 껍질을 이용해 단지에 물을 담아 집으로 돌아와 그 더러운 물로 밥을 지어야만 했다. 내 생애에 두 번 아주 무시무시한 사이클론을 경험했다. 첫 번은 결혼을 했지만 아직 벨파캄에 살고 있을 때였다. 강물 위에 커다란 항아리가 떠내려가는 것을 보았는데, 그 크기는 사람이 여러 명 들어갈 정도였다. 항아리 속에는 땅콩이 가득 들어 있어 우리가 나누어 가졌다. 황소, 암소, 염소들과 같은 가축들도 떠내려가고 있었다. 어떤 것은 산채로, 어떤 것은 죽은 채로 떠내려갔고, 토끼, 자고새, 까마귀 같은 짐승들과 온갖 종류의 물건들, 나뭇가지, 등걸, 통나무 등이 떠내려 왔다. 나는 심지어 5루피짜리 종이돈을 줍기도 했다! 하지만 우르에 비해 세리는 피해가 적었다. 세리는 집터를 따라 흐르는 수로 덕분에 우리가 사는 곳까지 물이 올라오지 않았기 때문이다. 우리집에는 아무런 피해가 없었지만, 우르에서는 벽돌집과 지붕이 무너져 전 가족이 몰살하기도 했다. 그들을 위해 할 수 있는 것은 아무것도 없었다. 그 이후 나는 아이를 열두 명이나 낳았고, 할머니가 되었지만, 아직까지도 그 집에 는 아무도 얼씬거리지 않는 흉가가 되었고 집터도 텅 비어 있다.

내가 이곳에 살고 있었을 때 두 번째 사이클론이 닥쳤다. 그때는 이미 아이들도 있었다. 사이클론으로 연못 근처의 집들이 날아갔다. 세리의 가 옥들도 지붕이 날아가고 뒤집히기도 했다. 쿠디야나르들은 연못 근처에서 목숨을 부지하고 있던 가축들을 찾아서 몰고 갔지만, 나머지 죽은 짐승들 은 우리들에게 주었다. 내 남편은 죽은 암소와 양을 가지러 다른 파리아들 과 함께 나갔다. 그는 쟁기와 굴대를 주워 왔다. 바유 바가반Vayu Bhagavan 이 그 모든 것을 보냈는데, 그는 나무들과 집들을 넘어뜨리고 홍수를 몰고 왔다.' 우리는 이런 현상을 누이를 소유하고 싶어했던 오누이간인 두 신 때문에 일어난다고 말하기도 한다. 여신은 도망을 가고자 호박 속에 숨어, 호박을 굴리고 굴려서 바다까지 갔다. 그들은 아직도 그곳에 있다. 바다에 서 일어나는 첫 번째 큰 파도는 숨으려고 하는 누이 파도이다. 오빠 파도는 그녀를 놀리며 뒤를 따라 온다. 남신 파도가 여신 파도를 따라 잡는 날은 세상이 끝나는 날이 될 것이다. 온 세상이 물에 잠길 것이다. 56개 국이 씻 겨 나갈 것이다. 아무도 살아 남지 못할 것이다.

들판에서 논갈이가 끝나면 모를 심는 것은 우리 여인네들 몫이다. 남정 네들은 논을 갈고 씨앗을 뿌리고 물을 대고 잡초를 뽑지만, 여인네들은 모 내기를 한다. 모내기 하루 전날 큰 레디아르는 나를 불러, "벨파카따! 내일 서른두 명의 파라치 여인들을 모아 와야 하네! 오늘 저녁에 선불을 갖다 줘"하고 이른다. 그들은 항상 일꾼들을 선점하기 위하여 약간의 웃돈을 선불로 주는데, 그렇게 하지 않으면 일꾼들이 일당을 많이 주는 집으로 일하러 가버리기 때문이다. 모내기철에 지주들은 항상 웃돈을 얹어 주는데, 특히 레디아르 댁이 그렇다. 때때로 선금을 받고도 몇몇 여인들은 다른 곳으로 일을 하러 가기도 하지만, 내가 선금을 주고 일을 맡기면 그들은 약속을 지킨다.

아침에 일어나 집안일을 마치고 나면, 우리는 곧바로 모내기를 하러 함께 나간다. 맨 처음 집안을 청소한다. 마당에 물을 뿌리고 쇠똥을 바르고 마구간을 치우고 쇠똥을 모은다. 그 다음에 나는 레디아르 댁으로 달려가 집 앞을 쓸고 마구간을 치우고 항아리를 씻는다. 그들은 나에게 쌀을 찧거나 쌀겨를 채질하라고 한다. 일을 마치면 나는 먹을거리를 받아서 집으로 되돌아온다. 집에서 쿠지를 만드는데 소금과 물을 연하게 섞어 들에 있는 남편에게 보낸다. 그런 다음 우리는 일하러 나간다. 머슴들과 품팔이 일꾼들, 시어머니와 며느리들이 모두 함께 간다. 가는 길에 노래를 부른다. 노파가 우리 일행에 끼어 있을 경우에는 그들을 위해 축원가를 부른다.

아요! 아주머니! 당신이 걸려서는 안 될 치명적인 병에 걸려 돌아가신다면
당신이 문간에 누워 있다면
아주머니, 당신을 위하여, 나는 향을 사르고
야자 하나를 제물로 올리리

아요! 아주머니! 당신이 치명적인 병에 걸려 돌아가시면
당신이 마당에 누워 있다면
아주머니, 당신을 위하여, 나는 향을 사르고
내가 세탁부의 아들을 부르러 가겠소

그녀가 우리를 보고, "데이, 왜 네가 세탁부의 아들을 부르러 갈려고? 내 자식들도 있는데! 화장할 장작더미에 불붙여 줄 아들들도 있는데" 하고

대꾸를 하면 우리 모두 웃음을 터뜨린다.

일단 논에 도착하면, 레디아르가 거기에 있기 때문에 우리는 노래를 멈춘다. 그가 양산 그늘 아래 앉아 있는 동안에는 우리는 그를 존경하는 뜻에서 노래를 부르지 않는다. 그가 자리를 떠 야자나무 그늘 아래 있는 펌프가로 성큼성큼 걸어가고 나면, 여자 머슴이 일을 감독하게 된다. 레디아르 댁에서는 내가 바로 그 역할을 하는 사람이다.

"어이 빨간 사리를 입은 당신, 손을 빨리 좀 놀려! 모를 줄맞춰 촘촘히 심어. 그렇지 않으면 레디아르가 네 머리통을 떼버릴 거야!"

레디아르가 오토바이를 타고 점심 먹으러 집으로 가면, 들판은 우리들 차지가 된다! 슬픈 노래, 모내기 노래, 순남부(sunnambu 석회. '순남부 노래'는 석회가마에서 일하는 여인네들이 부르는 노래이다) 노래 등 가장 노래를 크게 부르는 사람이 들판을 차지하게 된다. 뜨거운 땡볕 아래서 한두 카니의 논에 모를 내노라면 다리와 팔이 빠지는 듯 쑤시고, 허기가 저 뱃가죽이 등에 달라붙을 정도가 된다. 우리는 이 고통을 노래로 달랜다. 레디아르는 한 시경에 돌아온다. 그는 모든 것을 살펴보고 나서, "벨파카따, 이리 좀 와봐! 이 돈은 파라치들 몫이야" 하면서 돈을 내어준다. 나는 그 돈을 받아 모든 일꾼들에게 나누어주고 집으로 간다. 왜냐하면 우리 여인네들에게는 점심을 제공하지 않기 때문이다.

쟁기질을 하는 남정네들에게만 점심을 제공한다. 남정네들이 우리 캄바땀을 위해 일을 할 때 스무 개의 쟁기를 볼 수 있을 것이다. 그들은 한 시간도 채 안 돼 논갈이를 끝내 버린다. 그들은 황소와 쟁기를 씻고 나서 자신들의 몸을 씻은 후 레디아르 댁에서 내오는 점심을 기다린다. 늙은이들은 한 줌씩 입에 넣고 오물거리거나 한입에 털어 넣어 버리기도 한다. 그러나 안반은 식기에 담거나 야자 잎에 떠서 먹는다. 펌프 옆 그늘 아래서 잠간 휴식을 취하다가 태양이 그늘 아래로 들어오면 다시 일을 시작한다. 그들은 연장을 수리하고 비료나 농약을 뿌리고 논에 써레질을 한다. 레디아르는 오토바이를 타고 돌아와 논가에 서서 일을 지시한다.

"데이! 저 아래 배미논 말인데, 제대로 써레질 했어? 물꼬를 좀더 높여! 이 배미에는 비료를 뿌렸어? 제대로 했겠지, 응?"

대답을 하는 사람은 내 남편이다. 레디아르는 돈을 꺼내어 일꾼들에게 지불한다.

이렇게 해서 우리 여인네들이 남정네들보다 먼저 일을 마친다. 집으로 돌아오는 길에 푸른 잎과 들풀을 꺾어 사리에 꽂는다. 나는 레디아르 댁의 논가와 펌프 가에다 채소를 심었다. 과거에는 굴대를 이용해 연못의 물을 퍼 올렸는데, 한 사람은 굴대 끝에 서고 다른 한사람은 굴대 위에 올라가 커다란 물주머니를 이용해 물을 퍼 올렸다. 굴대로 물을 퍼 올리는 남정네들은 호흡을 맞추기 위하여 항상 노래를 부르며 일을 했다.

필라이야르가 오는구나!
필라이야르가 오는구나!
시바가 오는구나!
시바와 필라이야르가 함께 오는구나!
오, 오마발리Omavalli, 오랫동안 당신을 보지 못했소!
무땀마와 나는, 파트남Patnam으로 가요
입맞춤을 해 주세요, 오 여인이여, 한번만 입맞춤을
(웃음)

우리는 가지와 오크라, 대콩을 굴대 옆 연못가에 심었다. 조그마한 울타리를 만들어 주면 오이와 덩굴박이 그것을 타고 자라난다. 내가 오늘 아침에 당신에게 가져다준 팔미라 야자 열매도 내가 펌프가에다 2년 전에 심은 나무에서 따온 것이다. 지금은 키가 아주 크고 처치가 곤란할 정도로 과실이 많이 열린다. 우리는 웬만한 것은 집 옆에다 심는데, 씨앗을 모두 가지고 있어 문제가 없다. 그러나 문제는 항상 물이다. 우리는 충분한 물이 없어 먼 곳까지 가서 물을 길어와 물을 주고 있다. 그래서 작은 묘목을 들판에다 옮겨 심으려 하고 있다. 우리같이 식구가 단출한 가정에서는 고추밭 가에 반 쿠지의 씨를 뿌려 오크라와 대콩을 키울 수가 있다. 또한 대마를 재배할 수도 있다. 이런 작물들은 손이 덜 가고 빨리 자랄 뿐 아니라, 그 잎사귀를 따서 먹을 수도 있다. 다 자란 대마는 줄기를 벗겨내 흐물흐물해질 때까지 돌 위에다 놓고 두들겨 패서 섬유질이 나오게 한다. 그 섬유질을 꼬아 밧줄을 만들어 소 코뚜레를 만들거나 멍에 줄을 만든다. 그래도 밧줄이 남으면 필요한 사람들에게 가져다준다.

내가 땅을 빌려 소작을 할 때는 벼를 수확한 다음에 가지를 심는다. 가지를 수확하기 위해서는 최소한 세 달은 기다려야 하는데 그동안에 많은 문제가 발생한다. 우리는 새싹이 충분히 자랄 때까지 기다려 첫 번째 옮겨 심기를 한다. 물을 충분히 대주면 가지는 금방 자란다. 그러면 두 번째로 긴을 매고 비료를 준다. 마침내 열매가 맺히면 세 번째로 김을 매고 퇴비를 준다. 그러면 발육상태가 좋아져 열매가 크고, 석 달 뒤에는 5,60킬로그램 정도의 가지를 수확할 수 있다. 어떤 때는 심지어 100킬로그램까지 생산하기도 한다. 장사치가 들판에 와서 곧바로 가지를 사간다.

가지와 고추가 제대로 발육하지 못하면, 나는 마리암만에게 기원을 한다.

"어머니 마리암만 신이시여! 올해 내가 심은 가지와 고추가 풍년이 들면 첫 수확을 당신께 바치겠소."

숯불 위를 걷는 행사를 하는 날, 우리는 고추나 가지, 망고, 또는 돈부콩을 2~3킬로그램 제단에 바친다. 나는 제물을 시띠라이 축제의 첫째 날에 마리암만 사원에 바쳤다. 다른 사람들은 비나야가르 사원에 가서 제물을 올린다. 우리는 제물을 높이 던져 누구나 받을 수 있도록 한다. 제물을 올리는 날에는 어른 아이 할 것 없이 우리를 보고, "데, 데, 데! 나에게로, 나에게로, 데, 데!" 하고 보챈다.

벼를 수확하고 나면, 레디아르는 대개 푸른 렌즈콩이나 땅콩을 재배한다. 신나암마도 렌즈콩의 그 커다란 꼬투리를 볼 수 있을 것이다! 우리는 이 렌즈 콩깍지 한 개에서 여러 개의 알맹이를 얻을 수 있다. 렌즈콩을 수확할 때만 아이들을 데리고 간다. 아이들은 거의 비슷한 또래로, 큰애들보다는 주로 작은애들인데, 왜냐하면 키에 따라 임금을 따로 지불해 주기 때문이다. 꼬마들은 1루피, 중간애는 2루피, 그리고 큰애들은 3루피를 준다. 레디아르는 꼬마들이 렌즈콩을 슬쩍해가지 못하도록 일이 끝날 무렵 꼼꼼하게 감독한다. 그는 나를 검사하지도 않지만, 나 역시 콩을 훔치지 않는다. 일을 마치고 나면 푸른 렌즈콩을 큰 포대에 가득 한 자루 받고, 덤으로 콩대를 약간 받는다. 렌즈콩을 잘 까서 자루에 넣기 전에 선별을 한다. 선별을 하고 나면 깨어진 렌즈콩이 큰 자루로 하나, 토실토실한 알갱이 렌즈콩이 작은 자루로 두 개나 된다.

땅콩을 수확할 때도 역시 일꾼들을 고용한다. 첫 번째로 우르의 쿠디야나르에게 간다.

"내일 레디아르 댁에서 땅콩을 수확하네. 땅콩 밭에 일하러 갈래?"

그 다음에 나는 세리로 가서 일꾼을 구한다.

"데, 젊은이들! 땅콩 걷으러 가자, 내가 땅콩을 한아름씩 줄게. 내일 레디아르 댁에서 땅콩을 수확하네!"

나는 어린애들도 부른다. 모두 일렬로 땅콩을 캔다. 나는 감독을 한다. 나는 작업 줄 사이로 들어가서 땅콩을 쉽게 뽑을 수 있도록 낫으로 주변을 정리하면서 "빠트리지 말고 조심해서 모두 주워 담아! 뿌리를 제대로 뽑아! 땅바닥에 있는 것은 모두 주워 담고, 한 톨도 흘리지마!" 하고 주의를 준다. 그리고 사리에다 감추는 사람이 없나 감시를 한다. 사리 속에 땅콩을 감추어 가는 사람들은 나처럼 가난한 사람들이다. 땅콩을 조금 집어 갈 수도 있지만, 표가 나게 가져가서는 안 된다. 모두가 한 자루씩 가져간다면 밭주인에게 뭐가 남겠는가? 이삼십 명이 한 자루씩 가져간다고 생각해봐라! 땅콩을 경작한 사람에게 얼마나 남겠는가? 이익을 보아야 할 사람은 바로 경작자이다! 그래서 나는 레디아르의 머슴으로서 수확 때 감시를 하고, 쿠디야나르에게도 "당신 사리 속에 숨긴 것을 내놔. 군입거리로 먹을 만큼만 남기고 나머지는 내려놓아. 그래도, 내 말을 듣지 않을래? 내가 꼭 검사를 해야 내어놓을래? 내가 당신을 레디아르에게 데리고 가서, 그가 우산대로 당신을 때리면서 '네 사리 속에 있는 것이 무엇이냐?' 하고 물어봐야 되겠어?" 이런 방식으로 내가 그들을 다스린다. 그렇지 않으면, 레디아르가 와서는 머리를 흔들면서 이렇게 퉁명스레 말할 것이다.

"여기서 뭐 하고 있어, 어이 파라치? 그들이 모든 것을 훔쳐가서 당신 솥단지에 넣어 줄 것이라 생각해? 내 땅에서 나는 것은 당신 남편도 먹고, 당신 아들도 먹고, 당신도 먹을 것들이야. 그리고 내가 당신을 때리더라도 당신은 내 땅에서 일을 해야만 하는 것을 알아야지!"

그래서 나는 추수 때마다 여인네들에게 "정직해라, 당신은 쿠디야나르고 나는 파라치다. 당신들 때문에 레디아르가 나에게 화를 내고 있다. 한 줌씩만 가지고 나머지는 꺼내 놓게!"라고 말한다.

하루일과가 끝나면 일꾼들은 들판 한가운데로 수확한 것을 가져온다. 레디아르는 장부를 들고 서 있고, 내 남편이 바구니로 수확한 것을 가늠한다. 일꾼들이 차례로 수확물을 가져오면, 남편은 수확물의 양을 재고는 공터에 쏟아 붓는다. 레디아르는 수확량을 장부에 기입하고, 수확량에 따라 임금을 지불하고 나서, 덤으로 약간의 땅콩을 바구니에 담아 준다. 손놀림이 빠른 일꾼들은 네다섯 바구니를, 노파들은 한 바구니 반을, 어린애들은 3/4이나 반 바구니를 그리고 아주 꼬마들은 1/4 바구니를 수확해 온다. 그런 다음에 나는 땅바닥의 땅콩을 한곳에 쓸어모은다. 힘든 일이다. 이 일을 마치고 나면 공터로 가는데, 이때쯤이면 온몸이 땀에 절어 파김치가 된다. 레디아르는 남편을 보고, "벨파카따에게도 땅콩을 주지 그래!" 하고 말한다. 그는 내 남편이면서도 많지도 적지도 않게 다른 사람들에게 준 만큼 서

너 되를 준다. 솔직히 말하자면, 신나암마, 하루 종일 일한 대가로 레디아
르가 나에게 주는 양에 대해 불만이 많다. 나는 들에 나가면 크고 실한 땅
콩만을 골라 작은 항아리에 담는다. 이런 땅콩은 요리를 해놓으면 마치 우
유처럼 흰색이 된다. 나는 이 항아리를 땅콩 밭 그늘에 숨겨 놓는다. 하루
가 끝날 무렵 나는 숨겨둔 항아리를 몰래 꺼내들고 항아리 주둥이에 황소
를 먹이려고 모은 풀을 담아 가린 채 들고 간다.

"그런데 레디아르에게 발각되면 어떻게 해요?"

설령 그가 나를 보더라도 그는 모른 듯이 아무 말도 하지 않는다. 우리
가 뱀이나 도마뱀에 물리기까지 하면서도 농사를 돌본 것은 우리가 그의
머슴이었기 때문이 아니었던가? 다른 파라치들은 하루 종일 일한 대가로
임금을 받지 않는가? 하지만 그들이 우리만큼 레디아르를 위해 일을 하나?

"그런데 다른 사람들은 어떤가요. 당신이 땅콩을 가져가는 것을 보았을
때 어떻게 해요?"

다른 사람들도 마찬가지로 아무 말도 하지 않는다. 내가 도둑질했다고
일러바칠 이유가 없으니까. 그들 역시 하루 벌어 하루를 사는 사람들이다.
그들은 정확한 시간에 도착해 정확한 시간에 일을 마치고 간다. 나는 그들
이 일을 마치고 돌아간 다음에도 뙤약볕 아래서 서너 마지기의 논에서 마
무리 일을 더 해야 한다. 내가 임금을 받고 일을 한다면 나도 그렇게 할 것
이다. 그러나 나는 그 집의 머슴이어서 돈을 안 받아도 그렇게 해야만 한
다. 나는 레디아르 가족을 위하여 뼈빠지게 일을 한다. 내 남편이나 내 아
들, 심지어는 우리집 황소까지도 그 사람들을 위하여 일을 한다. 남녀 할
것 없이 우리는 집안 대대로 그 집을 위해 일하고 있다. 물론 우리는 침착
하게 약간의 땅콩을 슬쩍할 수 있다. 그렇다고 해서 다른 사람들이 우리를
보고 도둑이라고 부를 하등의 이유가 없다. 그러나 다른 사람들이 그렇게
할 수는 없다. 우리는 추수를 하면서 여기저기에서 조금씩 슬쩍해 간다. 추
수가 끝나는 날, 모든 곡식을 모아 가마니에 넣고 나면, 레디아르는 우리에

게 여덟 가마니를 준다. 네 가마니는 머슴으로 일한 세경이고, 네 가마니는 자신의 마구간에서 쇠똥을 모은 파라치의 삯이다.

기장을 추수할 때도 쇠똥을 모은 대가를 받는다. 이때는 사리에다 가득히 받는다. 이렇게 받고 나면 마치 임신한 여인처럼 걸음을 걷기가 거북해진다. 사리에다 받은 기장을 빻으면 알곡으로 반 자루 정도가 된다. 그리고 바구니에 슬쩍 담아 온 것도 있고, 2루피를 따로 받아 온다. 나는 한번도 내가 가져온 것을 돌려달라는 말을 들은 적이 없다. 나는 그들의 머슴 파라치이기에 그것은 내 몫이다. 다른 사람들에게는 이런 일이 용납되지 않을 뿐더러, 그들의 바구니에 조금이라도 슬쩍한 것이 있다면 반드시 내놓아야 한다. 레디아르는 나를 보고, "벨파카따! 여인네들이 슬쩍한 것들을 모두 끄집어내게 해. 일을 마치기 전에 한 사람씩 검사를 해!"라고 말할 것이다. 검사가 끝나고, 그들이 슬쩍한 것을 모두 꺼내 놓으면, 그들 각자에게 기장 세 디발과 5루피를 준다. 그리고 혹시 일꾼들이 기장을 감추었는지를 보기 위해 들판도 검사한다. 지주들은 양산을 쓰고 논둑에 서서 살펴본다. 지주들은 어른보다도 어린애들을 더 믿지 않는다. 그들은 아이들에게 기장 한 묶음을 주고 쫓아 보낸다. "데이! 이것을 가지고 집에 가라!" 그래야만 엄마들이 슬쩍한 기장을 아이들을 통해 가져가지 못하기 때문이다.

내 남편과 아들도 기장과 수수를 추수할 때 그들의 몫을 따로 받는다. 머슴의 몫으로 각자 한 바구니 가득 받아온다. 대개 바구니에 가득 받는데, 어떤 사람은 낱알이 흘러내릴 정도로 받는다. 레디아르가 이것을 보면, "좋아! 그래, 제대로 담았다고 생각해? 데이, 무게가 얼마나 나가는지 보게, 한번 들어 올려 봐라?" 말할 것이다. 그러면 누군가가 나서서 "글쎄요, 20리터 정도는 될 것 같은데……" 하고 말한다. 레디아르는 다시 "좋아, 가지고 가라. 저 당나귀는 단지 가져갈 줄만 알고 가족들에게 뽐낼 줄만 아는구나!" 하고 말할 것이다.

신나암마, 우리가 비록 머슴이지만, 우리도 좀더 안락하게 살고 싶고,

땅마지기도 마련하고 싶다. 그러나 사람들은 정직해야 한다. 나는 내 주인의 곡식을 너무 많이 훔칠 수는 없다. 그는 자신의 파라치인 우리를, 자신의 파라이얀인 우리를 믿고 있다. 기장이나 라기를 추수하더라도 집으로 식사를 하러 갈 때는 일꾼들을 우리에게 맡기고 간다. 나는 그 믿음을 져버릴 수가 없다. 그 순간을 이용하여 네 자루나 되는 곡식을 훔칠 수는 없다. 그렇게 할 경우 내 맘이 편치 않고 또 별다른 도움도 되지 않는다. 그러나 내가 적당한 범위 내에서 뭔가 슬쩍한다면, 아무런 문제도 없을 것이다. 우리에게 일거리를 주는 자들의 입장에서 보아도 "내버려 둬! 저 불쌍한 사람들도 먹고살아야지. 그것으로 논을 사겠어, 집을 짓겠어. 아니면 관정을 하나 만들겠어!"라고 말할 것이다. 우르에는 지독한 구두쇠 지주가 몇 명 있는데, 그들은 항상 눈을 부라리고 있다. 우리 레디아르 사람들은 정반대이다. 그들은 스스로 "이 사람들은 우리가 시키는 대로 일을 하고, 우리 살림을 돌보아 주는 사람들이다. 그들을 내버려 둬"라고 말한다.[6]

신나암마, 레디아르 댁에는 일거리가 끊임없이 이어진다! 벼를 추수할 때는 열흘 정도 일을 하는데, 인부가 50에서 90명 정도가 필요하다. 50명의 일꾼들이 1카니 당 다섯 자루의 나락을 받는다. 이 기간에 나는 일꾼들의 아침을 짓기 위하여 아침 일찍 레디아르 댁에 가서 커다란 모닥불을 피운다. 모든 사람들은 점심 때까지 벼를 베고 묶어서 쌓아 놓는다. 나는 불을 피워 계속 때는데, 그 속에 불결한 것은 없기 때문이다. 그러나 요리는 쿠디야나르가 하는데, 왜냐하면 일꾼들 중에 반니야르가 몇 명 있기 때문이다. 우리 레디아르 댁의 음식은 항상 같다. 잘 익힌 쌀 칸지, 일년 동안 묵힌 오렌지 장아찌가 곁들여 나온다. 다른 사람들은 칸지와 다른 것, 이를테면 망고 껍질 장아찌 같은 것을 주기도 한다.

요리가 끝나면, 우리도 들판에 나가 다른 일꾼들과 합류한다. 여인네들이 벼를 베어 남정네들에게 건네주면, 남정네들이 일차로 나락을 떨어낸다. 두 번째는 여인네들이 떨어내는데, 알곡을 완전히 떨어내고, 짚은 따로 쌓는다. 과거에는 마차를 이용하여 짚을 마구간으로 실어 날랐는데, 지금은 트랙터를 이용한다. 레디아르는 탈곡기를 한 대 빌려 탈곡을 하는데, 탈곡기 한 대가 과거 우리들 절반이 붙어서 했던 일만큼을 처리한다. 뙤약볕 아래서 일을 하다보면 이내 땀이 비오듯이 쏟아지고 혀가 빠질 정도가 된다. 정확히 점심 때가 되면, 우리는 간식거리를 들고 간다. 몇몇 쿠디야나르들이 음식을 나누어준다.

작은 항아리에 담긴 칸지를 식히기 위해 식기에다 붓고 기다려야 하는데, 내가 이미 말했듯이 몇 사람은 곧장 손으로 집어 먹어버린다. 어린애를 데리고 온 아낙네들은 작은 반합을 가지고 와서는 아이들과 함께 나누어 먹는다. 가끔 레디아르가 나와서는 손자들과 함께 있는 나를 볼 때가 있다. 그때는 음식을 시중 드는 사람이 누구든 간에 레디아르는 "데이, 벨파카따가 손자를 두 명 데리고 왔군. 한 국자 가득 퍼주어라" 하고 이른다. 그는 식사시간에는 항상 자리를 지키고 있는데, 이는 칸지를 제대로 나누어주고 있는지를 확인하기 위해서이다. 때때로 시종을 불러, "벨파카따에게 가서 우리집에서 식사를 하라고 전해라. 그녀는 우리집의 파라치이다!" 하고 이른다. 나는 레디아르의 집으로 가서 쌀밥과 반찬을 걸게 차려 먹는다. 집으로 돌아가기 전에 나는 다른 할 일이 있는지를 물어본다. 나는 혹시 누구를 불러 와야 하는지 혹은 세리로 돌아갈 때 심부름을 할 것이 있는지를 알아본다.

추수를 하는 남정네들은 볏가리를 쌓는 것을 끝으로 하루 일을 마친다. 그들은 일당을 받고 집으로 돌아간다. 그들은 품삯을 매일 계산해서 받고, 추수가 끝나면 각자 여섯 자루의 나락을 받는다. 무엇을 숨긴다는 것은 불가능하다! 만일 당신이 한 자루의 나락을 훔친다면, 그것을 찧어 쌀로 만들기까지 이틀이 걸린다. 어떻게 이틀간이나 들키지 않고 나락을 찧을 수 있겠는가? 우리가 곳곳에서 지켜보고 있고, 레디아르도 결코 용납하지 않을 것이다. 레디아르는 탈곡마당에서 마지막으로 나오는 돌 섞인 나락 두 자루를 나에게 준다. 안반에게는 짚 한 동과 나락 한 자루를 주는데, 이것은 레디아르가 아들에게 수로 덮개를 만들고, 소 떼를 씻기고, 소에게 물과 풀을 먹이라고 시킨 잡일에 대한 대가이다. 아들은 레디아르가 요구한 대로 모두 하고, 심지어 수레까지도 끌었기에 레디아르가 그 만큼의 몫을 준 것이다. 그러면서 "데이, 에띠얀! 이것을 가져가라, 이것은 네 몫이다!"라고 말한다. 그는 남편에게는 나락 열 자루를 주었는데 그것은 그가 밤에 논을 지킨 대가이다. 모든 것이 끝나고 마지막 날 밤, 레디아르는 집으로 들어가기 전에 나락더미에 봉인을 한다. 우리는 타작 마당을 전부 쓸고, 나락을 산더미처럼 쌓아 양쪽을 똑같게 수평을 맞춘다. 그리고는 검불을 태운다. 짚은 쉽게 타오르고 재만 남는다.

그 재를 나락 두 가마니와 섞어 그것으로 추수를 했다는 표식을 한다. 마치 공책에 글씨를 쓰는 것과 같다. 그리고 나면 누구도 훔쳐 갈 수가 없다. 남편은 재빨리 집으로 간다. 남편은 간단히 씻고 배를 채운 뒤, 랜턴과 막대기를 들고 추수한 나락을 지키려 나온다. 그는 레디아르 댁의 나락을 지키지만 다른 사람들은 다른 지주의 나락을 지킨다. 야경꾼들은 한곳에 모여서 온 밤을 잡담과 노래를 하면서 보낸다. 때때로 막대기로 땅바닥을 두들기면서 누군가 지키고 있음을 알려 좀도둑이나 짐승들이 얼씬거리지 못하게 한다. 다음날 추수한 나락은 현장에서 수매된다. 매년 레디아르의 나락을 사기 위해 수많은 트랙터들이 몰려오는데, 레디아르가 세어 놓은 나락자루를 개수도 확인하지 않고 실어간다.

그들은 삼바와 카라이라 불리는 벼를 재배하는데, 이 쌀은 주로 팬케이크를 만드는데 쓰인다. 나락을 담은 자루들을 싣고서 레디아르 댁으로 온다. 쌀을 찌는 데는 온종일이 걸린다. 이런 날은 남편과 나는 점심 먹으러 집에도 가지 못하고 하루 종일 우르에서 일을 한다. 남편이 수증기로 찐 쌀을 시멘트 바닥에 가져다 부어 놓으면 나는 발로 으깬다. 왜냐하면 오랜 시간 손으로 으깰 수가 없기 때문이다. 쌀이 다 말랐다고 판단되면, 알갱이를 집어 들고 "이것 봐, 낟알이 하나도 부스러지지 않았어. 채로 쳐서 부대에 담을 까?" 하고 말하면, 그들은 그것을 살펴본 뒤 낟알을 까본다. 낟알을 깔 때 부스러지면 더 말려야 한다고 말한다. 과거에는 낟알을 절구통에 넣고 쇠절구나 막대기를 이용하여 사람 힘으로 벗겨냈다. 지금은 기계에다 넣고 모든 것을 자동으로 한다. 레디아르 앞에서 쌀자루의 숫자를 확인한다. 남편은 레디아르의 수레에다 쌀자루를 싣고, 황소에게 멍에를 씌워서 수레를 끌고 간다. 그는 고삐를 잡고 나는 자루 위에 올라앉는다. 레디아르는 오토바이를 타고 먼저 떠난다. 우리는 방아기계가 있는 아나이콜라이 Anaikollai의 캄바땀 댁에서 만난다. 모든 일을 마치고 돌아오는 길에, 남편은 나락 창고에 들려 일고여덟 되의 나락을 바구니에 담아온다. 그것은 그의 실제 품삯이라 레디아르는 아무 말도 하지 않는다. 그 나락은 남편 몫으로 주어진 것이다. 그는 그것을 들고 나가 팔아서 돈을 만들어서, 술 마시거나, 딸네 집을 방문하거나, 손자들에게 줄 잡화를 사거나, 그가 좋아하는 고기나 내장 한 접시 혹은 도사를 사 먹는데 쓴다.

우리는 이런 것들을 사먹을 기회가 거의 없다. 레디아르 댁에서 검은콩을 수매할 때, 우리는 부스러기와 짐승들이 먹다 남은 것들을 모아둔다. 이렇게 모은 것이 두 되 가량 되는데, 한 되는 품삯으로 받는다. 우리는 주워 모은 콩과 삯으로 받은 콩을 함께 섞어 햇볕에 말린다. 그리고 기름을 바르고 보관해 두었다가 카르티까이, 암마바사이(Ammavasai 새 달이 뜨는 날, 특히 아디, 푸라따치Purattaci, 타이Tai 달에 조상을 숭배하면서 찬양한다) 같은 축제일에 온 가족을 위해 도사와 이들리를 즐겨 만든다. 그렇지 않으면 대부분 채소 만을 먹는다.

옛날에는 아무 곳에서나 가지와 호박을 키웠다. 그래서 따서 먹기만 하면 되었다. 일을 마치고 돌아오면 맛있는 양념과 고추를 듬뿍 넣고, 튀긴 생선과 땅콩을 넣어 종종 요리를 했다. 쌀밥을 배불리 먹을 수가 없었기에, 주로 기장으로 만든 밥을 먹었다. 레디아르는 항상 가지를 재배했는데, 우리도 종종 가지를 얻어먹었다. 고추도 마찬가지였다. 그는 고추도 재배했는데, 나는 고추를 두 손으로 가득 두 번을 받아 와서는 고추에다 소금을 대충뿌려 일주일 정도 태양 아래 말린다. 그리고 나면 고추는 잘 익어 좋은 냄새를 풍긴다. 남편은 아침식사에 내가 이렇게 만든 고추를 넣어 보내주는 것을 좋아한다. 낮이 되면, 우리는 레디아르 댁에서 가져온 쿠지를 마시고 각자 칸지 한 항아리씩을 배당받는다. 내 아들과 딸도 소에게 꼴을 뜯기다가함께 와서 나누어 먹는다. 옛날에는 다른 식으로 일을 했다. 주위에 자라는것들을 따서 한데 모았다. 예를 들자면 진흙 속에 묻혀 있는 땅콩을 주워 모아 기름을 짰다. 우리는 주워 모은 땅콩을 깨끗이 씻어 막대기로 두드려 껍질을 벗기고, 큰 나뭇잎을 이용해 검불을 털어 내고 강아지 풀잎에 싸서 기름을 짜고, 콩 찌꺼기는 먹었다. 오늘날에는 기름을 짜고 난 나머지를 먹지않는다. 그것은 거름으로 쓰거나 황소에게 준다.

레디아르는 참깨도 재배하는데, 1/4 또는 1/2 카니 정도 심는다. 나 역시 종종 그만큼을 심는다. 우리는 레디아르의 참깨도 수확한다. 참깨는 대를 잘라 씨를 털어 낸다. 여인네들은 채를 쳐서 검불과 돌가루를 털어 내고자루에 담는다. 자루는 커다란 콘크리트 물통에 담아 물이 스며들게 한 다음, 끄집어내어 검정 물이 빠지게 쌓아둔다. 그러면 더러운 물과 찌꺼기가흘러나온다. 그런 다음 참깨를 마당에 골고루 펴서 말린다. 네 개의 빻는기계로 참깨를 사정없이 내리 치면서 발을 밟는다. 껍질이 벗겨지고 나면참깨는 모두 새하얗게 된다. 그 뒤 우리는 키를 들고 두세 번 쳐내 부스러기와 검불을 완전히 털어 낸다. 검불을 털어 내고 나면 하얀 알갱이만 남는다. 이렇게 하고 나서 우리는 티루라감의 기름집으로 간다. 남정네들은 깡통을 들고, 여인네들은 머리에다 커다란 바구니를 이고 손에는 4~5킬로그램의 팔미라 설탕을 들고 간다. 기름집 주인은 깡통에 기름을 담아주고찌꺼기는 바구니에 담아준다. 깻묵은 정말 맛이 좋은데, 레디아르는 자신의 친척들과 반니야르 그리고 기름을 짜지 않는 모든 사람들에게 그것을 나누어주고, 나머지는 자기 파리아들에게 준다. 그는 참기름을 일년 내내 보관한다. 참기름은 마치 장미즙과 같다! 다른 지주들은 깻묵을 나누어주지 않는다. 그들은 깻묵을 티루라감의 잡화상들에게 파는데, 잡화상들은 깻묵을 조그만 덩어리로 나누어 일반인들에게 비싼값을 받고 판매한다. 깻묵은 한 계절에만 생산되기 때문에 비싸다. 신나암마, 나 역시 깻묵을 티루라감 시장에서 사왔다! 세상이 바뀌었기 때문이다. 나는 땅콩 찌꺼기는 사지 않는데, 왜냐하면 그것이 너무 무거울 뿐 아니라 별로 좋지도 않다고 생각하기 때문이다.

우리도 이제는 저녁에 쌀밥을 먹는데, 네 명이 한 양푼 반을 먹는다. 아침에는 칸지를 먹는데, 내가 이미 말했듯이 푸른 채소가 없다면 양파와 고추를 반찬 삼아 먹는다. 오후에 레디아르 댁의 일을 마치고 나면, 그의 아내가 종종 무루꾸 또는 그녀가 만든 과자와 함께 팬케이크를 준다. 니는 내 기분에 따라 애들과 남편을 위해 남겨두던지, 아니면 집으로 오는 도중에 먹는다. 마지막으로 나는 바구니를 들고 손자들을 데리고 티루라감의 시장으로 간다. 나는 손자들에게 온갖 종류의 과자와 분홍색 아이스크림을 사주거나 저녁거리로 싱싱한 생선을 고른다. 과거에는 우리가 필요한 것을 사러 그곳까지 나가지도 않았거니와 그곳에도 요즘처럼 상점이 많지도 않았다.

맞아, 신나암마에게는 과거가 좋았을 것이다. 당신들은 과거에 1루피 또는 1과 1/2루피로 우리에게 하루 종일 일을 시킬 수가 있었고, 우리는 들판 언저리에 자라는 것만을 먹어야 했었다. 오늘날 이 칼리유감에서는, 쟁기꾼은 10루피 또는 15루피를 요구한다. 정부가 개입하여 임금을 정하였다. 과거에도 우리를 오늘날처럼 돌봐주는 정부가 있었던가? 우리는 시장에 가더라도 단지 하루치만을 살 여유밖에 없었다. 이제 우리는 저축을 할 수도 있고, 2~3일치의 양념을 한꺼번에 살 수도 있다. 나는 쌀, 간 절인 생선, 베텔을 샀는데, 아직도 여윳돈이 있다. 나는 그 돈을 신용금고나 여성 조합에 예치해둔다. 아들과 내가 쌀을 한 가마니 가득 받는다면, 절반은 집에 두고 나머지는 좋은 가격을 받고 판다. 그렇게 해서 우리는 레디아르 댁에서 빌린 돈을 갚아 나갈 수 있었다. 나는 일을 하면서 빚을 조금씩 갚아 나가는데, 만약 내가 죽으면 내 아들이 그 빚을 떠안을 것이다. 그도 마찬가지로 일을 해서 갚을 수밖에 없다. 어느 날 아들이 더이상 머슴살이를 하기 싫다면, 그는 송아지, 암소, 염소들을 팔아 버릴 것이다. 그리고 그 돈으로 빚을 청산할 것이다. 그는 자유의 몸이 되어, 날품팔이를 할 수 있을 것이다.

왜냐하면 마을에는 항상 일거리가 널려 있기 때문이다! 우르에는 복 많은 사람들이 여러 명 있어, 5,60 심지어는 80카니의 토지를 소유한 집안도 있다. 이 땅을 경작하려면 아주 많은 사람들이 필요하다! 바로 그 때문에 우리가 이곳에 살고 있다. 우리는 땅을 가진 사람들을 위해 일을 하려고 이곳에 살고 있다. 그들은 지주이고, 그래서 부자이다. 당신은 왜 그들이 땅바닥으로 내려와 농사지어야 한다고 생각하는가? 그들은 집안 시원한 곳이나 수로 옆의 양산 아래에 있다. 그 사람들은 자기들이 소유하고 있는 토지를 경작하도록 태어나지 않았다. 농사꾼으로 태어난 사람들은 우리 파리아, 몇몇 팔리, 몇몇 파라이야치, 그리고 가난한 쿠디야나르들이다. 지주들은 우리를 필요로 한다, 신나암마. 우리들 없이 어떻게 우르의 사람들이 존재할 수 있겠는가? 열 마리의 소를 소유해도 부족하다고 한다. 풀을 뜯기는 것은 당신 아들이 아니라 내가 할 일이다. 여기 있는 당신 아이들은 그늘 밑에서 공부를 하고, 우리 애들은 들에서 일을 하게 될 것이다. 그래서 지주들이 파리아에게 "내 논의 수로를 높이는데 8루피를 줄 테니, 일하러 올래?" 하고 말하면 파리아는 "아닙니다. 그 돈을 받고서는 일을 할 수가 없어요. 내게 아이들이 있는데, 그놈들도 먹여야 하고 옷도 사 입혀야 합니다. 어떻게 8루피를 받고서 그 일을 할 수가 있습니까?"라고 대답한다. 과거에 우리는 먹기 위해 일을 하고 결혼을 시키기 위해 일을 했다. 레디아르만이 항상 산뜻한 차림새를 하고 있었다. 그는 흰색의 소만과 셔츠를 입고, 머리를 잘 다듬은 채 손에 반지를 끼고, 허리 참에는 시계를 차고 다녔다. 우리 세리의 남정네들은 허리까지 말아 올린 짧은 소만만을 입고, 머리에는 질끈 동여맨 터번을 두르고 있었다. 이런 옷차림은 주인을 공경하는 자세를 나타내는 차림새이다. 오늘날에는 우리도 당신네들과 같은 차림새를 하고 다닌다. 그러나 이런 차림을 하려면 돈이 많이 든다. 우리는 일이 힘든 것은 겁내지 않는다. 우리는 우리에게 주어진 모든 일을 할 준비가 되어 있다. 안반을 봐라. 나는 그를 안드라 프라데쉬 주에 있는 큰 레디아르의 친척집으로 일을 하러 멀리 떠나보냈다. 그는 그곳에 거처를 마련하여, 먹고 자고 하루에 20루피를 번다! 공부를 하지 않았어도 오늘날에는 대체로 만족할 만한 수입을 얻을 수가 있다.

하여간 공부한 사람들이 항상 더 쉽게 돈을 버는 것은 아니다. 카라니를 떠나 퐁디의 공장으로 일하러 간 사람들은 공장 문이 닫히자 마을로 되돌아왔다. 사나르는 티루라감에 아이스크림 가게를 열었고, 다른 사람들은 지금 신선한 생선이나 간 절인 생선을 팔고 있다. 도시에서 일거리를 잡지 못한다면 당신은 무엇을 할 것인가? 도시는 공부를 많이 한 수많은 사람들이 몰려와서 직업을 구하는 그런 곳이다. 그들은 우리 자식들에게는 사무실이나 공장의 일거리를 주지 않는다. 그들은 '우리가 공부할 때 왜 들판에서 일을 하고 있었는가?' 하고 독백을 한다. 그래, 신나암마도 아무 일거리도 찾지 못하면 농사를 지으러 돌아올 수밖에 없다. 바로 그렇게 때문에 남아 있는 사람들은 어떻게 쟁기질을 하는지, 수로를 어떻게 만드는지, 그리고 모내기는 어떻게 하는지를 배운다. 먹고살기 위해서는 누구나 직업을 가져야 한다! 대체로 공부한 사람들은 들판에서 일을 하려고 하지 않고, 티루라감에 나가 작은 사업을 하려고 하는 경향이 있다.

나는 바구니를 들고 매일 저녁 티루라감으로 장을 보러 나간다. 나는 시장 통을 어슬렁거리는 것을 좋아한다. 그곳에는 볼거리도 많고 살 것들도 많다! 어느 날 내 딸 미니얌마의 집에 들렀다가 돌아오는 길이었다. 오후 네 시쯤이었을 것이다. 나는 티루라감으로 가는 버스를 타고 오다가 시장 통에서 내려 생선, 고춧가루, 생강 및 저녁 반찬거리를 샀다. 갑자기 소란스럽게 누군가 외치는 소리가 들렸다.

"형수님! 형수님! 저녁거리로 푸른 바나나와 오크라를 찾고 있소?"

그 사람은 셀바라지로, 만가빠깜에서 온 고자였다. 그는 티루라감에서 채소 행상을 하고 있었다. 내가 가까이 다가가자 그는 "어서 오세요, 형수님! 어디 갔다 옵니까? 잠시 쉬었다 가세요. 여기 앉아, 베텔도 좀 씹어보세요. 요즘 들어 퐁디에 자주 나가신다고, 세리 사람들이 와서 이야기를 하던데. 당신이 신나얌마에게 가서 노래를 부른다면서요."

나는 그를 다시 만나 반가웠다. 그는 한동안 다른 곳에 가서 채소 행상을 했었다. 나는 그가 앉아 있는 바로 옆 땅바닥에 주저앉았다. 그리고는 그의 목소리를 흉내내어 노래를 부르는 억양으로 이야기를 건넸다.

"아요! 나와 함께 언제 신나얌마 집에 노래 부르러 한번 가볼래. 언제 내가 퐁디로 데리고 가지. 네가 이야기나 노래를 나와 함께 할 수 있다면 머잖아 내가 데리고 갈게!"

그는 곧바로 애도가를 부르기 시작했다. 노래의 첫 소절이 끝나자 그는 내 사리에다 코를 닦았다. (웃음) 무슬림 상점 옆에다 자리를 잡고 있던 모든 행상인들도 웃음을 터뜨렸다. 무슬림 상점에는 카사바, 고구마, 그리고 구아바guavas를 팔고 있다. 하여간 시장에서 우리는 그를 만나기만 하면 그에게로 다가가는데, 왜냐하면 그는 항상 이야기를 들려주거나 노래를 불러주기 때문이다. 그는 나에게 '나쁜 소식을 전하는 전보에 관한 애도가'를 가르쳐 준 사람이다. 그가 나에게 "데! 그 노래를 신나얌마에게 가서 불러주세요. 그러면 그녀가 즐거워 할 거예요!"라고 말했다.

그 고자는 만가빠깜에 살지만 원래는 페리얌바깜Periyambakkam 사람이다. 그는 무희만큼이나 잘 빠진데다 춤도 잘 췄다. 드라우파디 축제가 열리면 당신도 그를 만날 수 있을 것이다! 추수 기간에는 고자들이 마을에서 마을로 돌아다니면서 들노래, 우스운 노래 그리고 다른 여러 가지 노래들을 불러 준다. 나는 그들의 노래들을 매우 좋아한다. 나는 그들을 불러 앉혀서 노래를 듣고, 배우고는 그 대가로 50~75파이세를 준다. 그러던 어느 날 내가 셀바라지의 소만에다 손을 얹고 "어이, 네 불알이 진짜로 없어?" 하고 물었다.

"없어요, 나도 당신 같은 여자요."

"내가 확인하게 잠깐만 보여줘 봐."

그는 진짜로 불알도 성기도 없었다! 암비가이와 나는 우리들의 눈을 의심했다. 우리는 그를 집안으로 데리고 가서는 옷을 벗기고 그의 몸 구석구석을 살펴보았다. 그는 진짜로 아무것도 없었다. 거기에는 그냥 커다란 흉터만 있고 우리처럼 평평했다. 아무것도 없이 거세되어 버린 것이었다. 그 모습을 보고 우리가 웃음을 터뜨리자, 그는 "아예, 디! 씹할! 니기미!"하고 욕을 했다. 아요, 신나암마! 그들이 말하는 모습은 정말 귀엽고 재미있다. 나는 그가 방금 말했던 욕을 할 때까지 그를 놀리는 것을 즐겨 한다.

신나암마, 내가 언제 날을 잡아 넬리펫Nellipet으로 데리고 가서 폰누땀비Ponnuttambi를 만나게 해주지. 신나암마도 그를 알 것이다. 내가 이미 여러 번 말했었다. 그는 드라우파디 축제가 열리면 그곳에서 푸른 바나나 튀김, 단 콩, 밀가루 빵 등을 파는 사람이다. 그의 몸짓, 말투, 억양은 정말 여자 같다. 아니 여자보다 더 여자 같다! 그는 매우 좋은 사람이며 친절하다. 어느 날 저녁 그를 우연히 만났는데, 그는 깡통을 들고 기름을 사러 티루라감 시장으로 가고 있는 중이었다. 내가 그에게 안부를 묻자, 그는 "아요! 그 악당 놈들이, 남색한들이! 그놈들이 나를 납치를 해서는 욕심을 채울 때까지 농락했어요, 안반 어머니!"

그 소리를 듣자, 신나암마, 내 눈에서 눈물이 흘러내려 통곡을 했다. 그는 그의 친척들에게 납치를 당했는데, 그 주정뱅이들이 그에게 그들의 성기를 빨게 하고 남색을 했던 것이다. 그들은 그의 항문을 찢어 놓았다. 변태들은 서로를 동물처럼 대한다! 그는 아주 건강했으며, 아름다운 머리를 위로 틀어 올리고, 귀에는 커다란 귀고리를 하고 있으며, 탐스러운 젖가슴을 가지고 있었다! 그는 체띠아르이며 기름 짜는 카스트 출신이다. 대개 그는 이들리, 도사, 튀김을 파는데, 세리의 세탁부 거주지에 있는 벽돌집 베란다에 앉아 장사를 한다.

내가 당신에게 소개하고 싶은 사람이 그의 마을에 두 명이나 더 있다. 그들이 그곳에 거주한지는 오래 되지 않는다. 둘 다 예쁜데, 한 명은 피부가 검고 다른 한 명은 북부에서 온 여인처럼 피부가 하얗다. 그들의 모양새라니! 그들을 그냥 보기만 해도 웃다가 속이 뒤집힐 지경이다. 어느 날 그들은 머리를 늘어트린 채 우리집에 왔다. 그들은 틴나이에 앉아 나에게, "구멍난 도넛이네, 이것을 어떻게 만들지?" 하고 물었다. 그들은 항상 웃음을 몰고 다녔다! 그들은 여배우들처럼 차려 입고 눈 화장을 매우 정성스레 한다.

신의 가호로, 만약 우리가 어느 날 넬리펫으로 함께 갈 수가 있다면, 당신은 녹음기를 들고, 그들의 이야기를 모두 녹음할 수 있을 텐데! 그렇게 해서 우리는 반복해서 그 이야기를 들을 수가 있을 텐데. 피부가 흰 사람은 노래를 부를 줄 모른다. 그러나 다른 사람은 매우 영리하다! 그리고 그는 옷도 아주 잘 차려 입어! 그는 항상 사리를 갈아입고 다니는데, 면으로 만든 사리이다. 보석을 온 몸에 차고 다니는데, 발, 손가락, 탈리에도 보석을 달고 다닌다. 아마도 신이 실수로 그를 남자로 만든 것 같다. 그들의 신은 쿠딴다바르Kuttandavar인데, 그들은 그 신을 위해 탈리를 차고 있다.[7] 매년 필라이야르꾸빰Pillaiyarkkuppam에서 열리는 쿠딴다바르 축제를 위해 그들은 한 달 전부터 준비를 한다. 그들은 장터에서, 시장에서, 추수 기간에, 노래를 부르며 마을마다 돌아다니면서 쌀, 곡식, 돈을 모금한다. 그들은 그 돈으로 숫염소를 사서 숫염소의 피와 쌀을 섞어 공양을 한다. 수천 명의 고자들이 이 축제에 참여한다. 그들은 모두 아주 멋지게 차려 입고 가짜 유방을 만들어 찬다. 그들은 탈리를 공양하고 그들의 신에게 팔찌를 던진다. 우유 세 항아리와 물 일곱 항아리를 자신들에게 들이붓는데, 이렇게 하는 것이 그들의 박티이다. 그날에는 수많은 사람들이 신들림에 빠진다. 그래서 축제가 시작되기 전에, 가죽으로 싼 둥근 북을 치면서 축제가 시작된다는 것을 알리고 임신 3개월 이상 된 임신부는 참석하지 말라고 경고한다. 그들은 심지어 《디나탄디Dinatandi》 신문에 기사가 실려 자신들의 축제가 온 세상에 알려졌다고 이야기를 하고 다닌다.[8] 언뜻 봐도 그날에는 필라이야르꾸빰의 마른 강바닥이 '조개'들로 가득 찬 것처럼 여겨질 정도라고 한다.

나도 언젠가는 이 축제를 꼭 보고 싶다. 나와 같이 갈래, 신나암마? 그런데 당신은 너무 젊어, 매우 조심해야 돼. 암비가이가 그곳에 한번 간 적이 있다고 했다. 내 딸의 시누이가 반디팔라이얌Vandipalaiyam으로 시집을 갔는데, 그곳에서 멀지 않은 곳이다. 그 시댁은 괜찮게 사는 집으로 수레가 한 대, 논 2카니, 관정을 하나 소유하고 있다. 안반의 혼인 때 그 안사돈이 아주 많은 예물을 가져 왔다. 그 안사돈이 쿠딴다바르 축제를 보러 오라고 우리를 초대했는데, 그때 마침 암사가 귀신이 들렸기 때문에 가지 못했다. 나는 죽기 전에 반드시 그 축제를 보러 갈 것이다.

그래도 나는 천민이다

레디아르는 퐁디에 사업차 자주 왕래를 하는데, 내가 보기에 정치와 관련된 일인 것 같다. 그는 선거에서 두 번이나 이겼다. 내게 어느 정당이냐고 묻지 마! 물레 그림이 있는 정당이라고 생각된다. 나는 정치에 대해 잘 모른다.[1]

"간디 할아버지, 간디 할아버지, 분디(bundi 과자 또는 소금을 넣고 콩가루를 튀긴 주먹과자)를 먹지 마세요."

이것은 '매국노 카마라지' Kamaraj, '아저씨 네루', '정숙한 인디라 여사', '우리의 주인 안나두라이' Annadurai, '시인 카루나니디' Karunanidhi 등에 관해 사람들이 이야기하는 것 그리고 학교 노래와 슬로건을 듣고 내가 기억하고 있는 단어들이다.

예전에는 이 나라를 백인 왕이 통치했는데, 그는 돈을 산더미처럼 쌓아놓고 심지어 똥구멍으로 뭉개고 있던 퐁디 왕국의 지배자였다. 여기 있는 사람들 모두가 그런 사실을 이야기하고 있다. 바티아르Vattiar의 아버지 가우드, 그리고 내 시아버지도 그런 이야기를 했다. 간디는 내가 출생한 이후

"

에 등장했다. 그들은 간디가 마치 지렁이처럼 흐느적거리는 노인이었다고 말했다. 그러나 그는 위대한 영혼을 지닌 사람이었으며 연설을 잘했다고 했다. 여러 정치인들 중에서도 그의 딸 인디라 간디가 가장 출중했다고 했다.[2] 그 정숙한 여인은 우리같이 가난한 사람들을 위해 투쟁을 했다. 그녀가 이곳에 한 번 들린 뒤에는 모든 것이 좋아졌다. 그녀가 세리에 수돗물을 끌어다 주었다. 우물을 묻어버렸고, 40~50카니를 소유하고 있던 지주들에게 1카니나 1과 1/2카니를 가난한 사람들에게 분배해 주라고 하여 가난한 사람들도 먹고 살 수 있게 만들어 주었다. 인디라 간디는 라디오와 방송차를 통해 정부에서 저수지 근처와 수로 인근의 토지를 분배한다는 것, 우리를 위해 같이 투쟁할 것임을 널리 알리게 했다. 그러나 반대 정당이 그녀의 정부를 공격했다. 그들은 그녀를 감옥에 보내야 한다고 말했다. 남자들은 여자가 정부를 좌지우지하는 것을 질투했다. 결국, 내가 이미 말했듯이, 그녀는 주정뱅이한테 살해되었다. 불쌍한 인디라 간디! 한 번도 그녀를 본 적이 없지만, 나는 그녀를 숭배했다. 그녀가 퐁디에 오던 날, 나는 그곳으로 우리를 실어다 주던 트럭을 탈 수가 없었다. 나는 그날 할 일이 산더미처럼 쌓여 있었을 뿐 아니라, 작은 레디아르 댁의 논에서 땅콩을 거둬들여야만 했다. 하지만 수많은 사람들이 인디라 간디를 보러 갔다. 그들은 그녀가 마치 백인처럼 피부가 희고, 머리를 항상 가리고 있었다고 했다. 그녀는 날저럼 예뻤다고 했다. 정숙한 여인이여!

성부(聖父) 안나두라이는 타밀나두를 다스린 사람들 중 한 명이었다. 그는 우리를 위해 열심히 투쟁했던 분이다. 그런데 가난한 사람들을 위해 투쟁한 사람들은 오래 살지 못했다. 반대 정당의 한 홀아비가 그에게 주문을 걸어 그 주문으로 인해 위대한 신의 화신이었던 그가 죽게 되었다. 우리는 주어진 운명보다 더 오래 살 수는 없다. 그가 죽었다는 소식을 듣고 나는 한동안 슬퍼했다. 나는 곧장 안잘라이네로, 칸니마네로 그리고 아라이약카네로 달려가 아름다운 마음으로 수많은 가난한 사람들의 아버지가 되어 주었던 그에게 조의를 표하기 위하여 아주 긴 애도가를 함께 불렀다. 내가 다음과 같이 시작했다.

> 오, 성부여!
> 당신은 이땅의 모든 가난한 자들의 등불이었습니다!
> 오, 다르마를 다한 사람이여!
> 오, 성인이시여! 정녕 당신이 우리를 두고 떠났습니까?
> 여기 있는 우리는, 오늘 고아가 되었습니다

우리의 애도가는 너무나 애절하여 사람들마다 모두 눈물을 흘리면서 오랫동안 그 노래를 불렀다. 나중에 남편은 나를 기차에 태워 마드라스로 데려갔다. 나는 아버지를 따라 마드라스에 가본 적이 있는데, 당시 아버지는 파리아 거주지에서 한치도 벗어나려고 하지 않았다. 그 당시에 우리들은 어느 곳도 방문할 수가 없었다. 그러나 오늘날에는 모든 곳이 우리들에게 개방되어 있다. 우리는 단지 우리가 어디로 갈 지만 결정하면 된다! 그래서 나는 대부분의 시간을 여러 곳을 방문하며 보냈다. '살아 있는 자들의 학교'(동물원), '죽은 자들의 학교'(박물관), 시장, 그리고 안나두라이의 사마디Samadi를 보러 갔다.[3] 나는 자스민 한 다발을 그곳에다 바쳤다. 그의 무덤은 꽃과 향으로 뒤덮여 있었다. 이땅은 그래도 배은망덕한 나라가 아니었다!

말하자면, 나는 인디라 간디와 안나두라이로부터 개인적으로 어떤 혜택도 받지 않았다. 땅 한 뙈기나 동전 한 푼도 받은 적이 없다. 위대한 사람들이 우리들처럼 가난한 사람들을 염려하고 있다는 사실만으로도 충분하다. 요즘 우르와 세리에서 하는 이야기는 모두 정당 회합과 대회에 관한 것으로, 우리 젊은이들이 먼저 개입하고 있다. 내가 아는 유일한 것은 이런 짓거리는 분열, 적, 싸움, 보복과 살인을 불러온다는 것이다. 그리고 우리 여인네들의 걱정은 남정네들과 젊은이들이 술을 마셔도 농담도 안하고 노래도 흥얼거리지 않는다는 것이다. 그들은 서로를 욕하고 그들이 속한 정당의 강령을 놓고 싸움을 하고 있다. 특히 우리 젊은이들은 점점 거칠어지고 있다. 그런 와중에도 늙은 세대들이 젊은이들을 타일러 분위기를 가라앉히고 있는 것은 바람직한 일이다. 안반은 젊은 무리들을 이끌고 있는 우두머리이다. 나는 그에게 무엇을 하고 있는지를 설명해 달라고 했지만, 그가 하는 말들을 당최 이해할 수가 없어서 당신에게 안반이 한 이야기를 해줄 수가 없다. 안반이 일을 마치고 돌아오면, 당신이 내 아들이나 남편을 붙들고 궁금한 것을 직접 물어 보아라. 그런 문제에 관해서는 그들이 할 이야기가 많을 것이다. 나도 당신과 함께 들어보련다.

(다음날 남편 마니깜이 비람마와 같이 와서 옆에 앉았다.)

"그런데 신나암마! 비람마의 생애를 마치고 나면, 내 생애를 이야기하라고 할 건가?" (비람마) "그래요, 그래! 당신이 나보다 나이가 많잖아요! 당신이 보고 듣고 한 일이 많이 있지요. 그 모든 것을 신나암마에게 말해 줘요! (비람마 웃음) 우리가 듣고 싶어하는 것이 무엇인지를 이미 당신에게 말해 줬잖아요. 정당들, 정치인들에 관한 이야기를 하세요. 그리고 그 기계 주위를 어슬렁거리지 말아요!" (비람마가 녹음기를 가리켰다)

(마니깜 웃음) "머잖아 이 여자가 나보다 더 많은 것을 알게 되겠구먼! 나보다 훨씬 문명화되겠어!"

(비람마) "누가 당신에게 그걸 물어 봤어! 정당들에 관해 알고 있는 것을 말하라니까. 어서요, 당신이 알고 있는 것을 다 털어놔 봐요!"

(마니깜이 이야기를 시작했다) 애초에 인도에는 우리를 위한 회의당만 있었다. 인도와 영국간의 전쟁시기에 말이다.[4] 두 번째 정당이 등장했는데, 이 정당은 러시아로부터 들어온 것이었다. 공산당이다. 러시아에 갔었던

정치인들은 이곳의 노동자들을 위해 같은 일을 할 수 있을 것으로 보았다. 백인들의 통제아래 선거가 시작되었다. 투표는 하루 종일 계속되었으며, 사람들은 자신들이 지지하는 정당을 선택했다. 두 정당 모두 가난한 자들을 위해 투쟁했지만 서로 아무런 교섭도 하지 않았다. 공산당에서는 가난한 자들이 가난한 자들을 위해 싸운 반면 회의당은 양쪽 모두가 참여했다. 부자들과 가난한자, 진실한 자와 사기꾼들 모두가 회의당에 들어갔다. 회의당의 정책은 좋았으며 영향력 있는 인물들이 많았다. 인디라, 카마라지, 네루, 간디 같은 인물이 있었다. 나는 간디가 제일이라고 생각한다. 그는 여행을 많이 했다. 그는 여러 지역, 여러 읍내, 여러 모퉁이, 여러 거리에서 사람들을 만나 미래에 대한 희망을 가지라고 역설했다. 그는 사람들에게 "이 나라가 미혹에 빠질 수밖에 없는 무지를 제거함으로서 미래를 얻을 수 있다"고 말했다. 간디는 또한 영국에 대항해서 싸웠다. 그는 인도를 독립시켰다. 맞다, 백인들, 영국인들은 여기에 정착해 이 나라가 자신들에게 소속되었다고 말했다. 간디는 그들에게 말했다.

"당신들은 모든 사람들을 속였다. 당신들은 여기에 손님으로 와서는 우리 인도를 빼앗았다. 여기 온 길을 따라 되돌아가시오."

그리고 수많은 투쟁 끝에 국토에 회의당 깃발을 꽂아 그는 독립을 쟁취했다. 나도 그의 연설을 들은 적이 있다. 그는 쉬운 말로 연설을 했다.

"누구도 두려워하지 마라. 당신들에게 일을 시키는 레디아르, 가우드도 두려워하지 마라. 무엇보다도 먼저 당신의 무지를 없애라. 이 칼리유감은 당신들, 하리잔들에게 혜택을 줄 것이다. 당신들은 당신들의 무지를 극복하기 위해 열심히 노력해야 한다. 레디아르와 가우드에게 물어봐라. 진보가 그들만의 전유물인지, 그들만이 부자가 될 자격을 타고났는지?"

간디는 바로 이런 내용을 연설했다. 그는 우리들의 카스트를 바꾼 사람으로, 우리는 하리잔이 되어 불가촉천민이라는 굴레에서 벗어났다. 그러나 그는 위대한 영혼과 관대함에도 불구하고 총에 맞아 죽었다. 사람들은 그

를 저격한 사람이 무슬림이라고 했다.[5]

그 무렵이거나 조금 뒤에, 프랑스와 인도 연방정부간에 전쟁이 일어났다. 내 아버지께서는 종종 백인들의 시대가 살기 좋았다고 말씀하셨다. 그 당시에는 세상 물가가 적당했다고 했다. 남자들의 하루 품삯은 1안나 또는 1과 1/2파농(fanon 인도 독립 이전 프랑스령 인도의 화폐 단위로 1/8루피에 해당한다)이었다. 그 돈으로 모든 식구가 그런 대로 먹고 살 수 있었다. 1페니의 가지, 1페니의 양념만으로도 충분했다. 모든 작물이 풍족했다. 모든 곳에 물이 흘렀다. 60센티미터만 파고 들어가도 물이 나왔다. 우리는 가지, 호박, 라기, 땅콩과 참깨 밭에 쉽게 물을 댈 수 있었으며, 가난한 사람들 대부분이 이런 일들을 했다. 백인들은 퐁디에서 사람들을 고용하여 일을 시켰으며, 가우드들도 자기 아이들을 취직시키고자 백인들을 만나기를 고대했다. 우리와 마찬가지로 백인들은 술을 마셨고, 쇠고기도 먹었다. 우리는 그런 관습을 버리기를 원치 않았다. 그러나 레디는 그렇게 생각하지 않았다.

서로 다른 공동체 출신의 레디들이 힘을 합쳐 수천 명의 사람들을 모았다. 그들은 공포분위기를 조성하려고 사람들을 무장시켜 각지로 보냈다. 그들의 행동은 조직적이었다. 구버트 파파Goubert Papa와 니루가라이Nilugarai, 친나팔라이얌Cinnapalayam과 날리벨리 출신의 레디들이 이 모든 일을 주도했다.[6] 그들은 필요한 모든 것을 가지고 있었다. 지프차, 트럭, 장정들 그리고 마드라스 경찰들까지 동원할 수 있었다. 바후르Bahur가 먼저 함락되었고, 다음에는 네따빠깜, 그리고 서서히 열여덟 개의 공동체를 접수했다. 우리만 남게 되었다. 하지만 우리를 함락시키는 것은 쉬운 일이 아니었다. 카르메감Karmegam 가우드와 닥쉬나무르티Dakshnamurti 가우드는 저항할 수 있는 모든 수단을 다 동원했다. 그러나 당연히 군두라이안Gundurayan 레디아르는 다른 레디 편에 서 있었다. 그는 돈을 주고 사람들을 동원하여 마따이(mattai 야자 줄기로 만든 지팡이 또는 곤봉과 철퇴)를 들고 오게 했고, 마드라스 경찰에게 총을 들고 진압할 것을 요청했다.

카라니, 우르는 물론 세리에서도 사람들은 밤낮으로 경비를 섰지만 가우드는 퐁디로부터 기대했던 도움을 받지 못하였다. 우리쪽 사람들이 잠에 취해 있던 어느 날 밤, 무장한 사람들 여러 명이 트럭을 타고 몰려왔다. 그들은 마을로 몰려와 사람들을 공포에 질리게 한 다음 마을에 불을 질렀다. 그래도 아무 반응이 없자 그들은 마을을 전소시켰다. 모든 사람들이 달아나기에 바빴다. 그러나 어디로 갈 수 있겠는가? 티루라감은 이미 회의당이 장악하고 있었다. 단지 셀리파뚜Sellipattu와 넬리펫만 남아 있었다. 그러나 그곳에서도 총성이 들려오고 있었다.

내 장인, 장모는 자식들을 등에 엎고 도망가 무뚜벨Muttuvel의 가족들과 함께 판다너스 숲 아래 숨어 모든 것을 지켜보았다. 피 흘리고, 상처난 사람들, 불에 타고 있는 집을 바라보았다. 레디가 집에 붙은 불을 끄기 위해 들어왔다. 왜냐하면 사람이 살고 있는 집이 불타는 것은 불운을 가져오기 때문이었다. 동시에 그는 포로로 잡은 자들을 트럭에 태워 네따빠깜으로 데려가라고 명령했다. 한편에서는 다른 놈들이 추수한 곡식들을 짓밟고 있었다. 그들은 찾아낸 나락, 라기, 기장, 수수 등 모든 곡식들을 쌓아 놓고 석유를 부어 불을 질렀다. 우르에서 그들은 돈을 훔치고 모든 문서들을 불태워버렸다. 상황이 종료되자 레디들은 만가빠깜에서 쌀을 보내주었고, 그들 무리들은 이 쌀로 잔치를 하며 회의당 깃발을 꽂았다.

불안한 시간들이 족히 일주일 이상 지속되었지만 며칠이 지나가자 피난을 갔던 사람들이 하나 둘씩 모여들기 시작했다. 하지만 멀리까지 피난을 나갔던 사람들, 도시의 친척들 집으로 갔던 사람들은 두세 달 뒤에야 돌아왔다. 그리고 네따빠깜의 감옥으로 끌려갔던 사람들도 돌아왔는데, 그들은 감옥에서 개머리판으로 두들겨 맞은 이야기며, 자신들의 오줌을 마셔야만 했던 이야기들을 들려주었다. 여기에서 그 이야기를 하고 있는 사람들은 마치 엊그제 그런 일이 일어났던 것처럼 생생하게 기억하고 있다. 그리고 나이 든 세대들은 젊은 세대들에게 그런 이야기를 들려주면서 크게 웃음을 터뜨린다. 우리가 백인들을 지지한 대가는 그거였다.

이제 우리 마을에도 모든 정당들이 있다. 공산당, 회의당, DMK, Anna DMK(Anna Dravida Munnetra Kajagam 1972년 DMK로부터 분리된 이후 M.G. 라마찬드란에 의해 설립된 정당. 여기에서 안나는 DMK의 설립자 안나두라이의 약자이다), 반니야르당, 자나타당(Janata 1977년 인디라 간디의 회의당에 대항해서 북인도에서 창당한 정당. 자나타 달Janata Dal은 1989년 선거에서 라지브 간디를 물리쳤으며 1996년에 다시 정권을 장악했다)을 지지하는 사람이 골고루 있다.[7] 모든 정당들은 가난한 자들, 즉 하리잔을 위해 투쟁을 한다. 정당들은 다 우리를 위해 존재한다고 한다. 그러나 우리는 그들 중 한 정당이 정권을 잡도록 해야 한다. 그래서 우리는 누가 선거를 이끄는지를 보고 선택을 한다. 예를 들어 DMK당은 신생 정당이다. 그들은 구 페리야르Periyar의 정당인 DK(Dravidar Kajagam '드라비디안 연맹. 1944년 북인도와 상위 카스트들의 헤게모니에 대항해서 드라비디안 국가(남인두)를 추진하기 위해 E. V. 라마싸미 나익케르Ramassami Naicker - 페리야르Periya로 알려져 있다-에 의해 타밀나두에서 발족된 사회개혁 운동) 즉 아디-드라비다Adi-Dravidar에 M을 더하였다. 안나Anna가 이 정당(DMK)을 만들었다.[8] 이 정당은 가난한 자들을 위해 투쟁을 했고, 카스트 분할을 반대했다. 우르에서 가장 영향력 있는 선거꾼은 아난다Ananda 가우드였고, 세리에서는 칼리야빠Kaliyappa였다. DK가 강력한 정당이었기에 이곳 카라니에서도 DMK가 쉽게 권력을 장악할 수 있었다. 이제 DK에는 누구도 남아 있지 않아 힘없는 정당이 되고 말았다. 안나의 죽음 이후 카루나니디와 MGR이 분쟁을 일으켜 결국 두 개의 다른 정당으로 분당되었다. 우리들 중 안반이 DMK 당원이다. 이들 두 개의 정당은 같은 정책을 표방하고, 민주주의를 원하고, 가난한 사람들을 위해 정치를 하려고 하고 있지만, 일단 정권을 잡고 나면 그들은 우리를 생각하지 않는다. 그들은 모두 정직하지 못한 자들이다. 처음 안나 시대에 그 정당은 양심이 있었다. 그들은 자신을 뽑아 준 가난한 사람들을 위해 일을 해야 한다고 말하곤 했다. 그들은 정책을 가지고 있었다. 그러나 일단 정권을 잡고 나면 그들은 돈을 밝히고, 선출된 사람들은 마음을 바꾸어 이렇게 말을 한다.

"왜 우리들의 지배를 받고 있는 사람들에게 그렇게 많은 시설들을 해 주어야 하는가? 안 돼! 먼저 우리들의 호주머니를 채우고 나머지 대부분은 부자들을 위해 써야 해!"

그래서 우리는 선거 이전이나 이후나 다를 바 없이 읽고 쓰지도 못하는 문맹자로 남겨진다. 실제 퐁디에 하리잔을 위한 사무실이 있지만, 우리는 어떻게 청원서를 작성하고 사인하는지 모른다. 만약 신나암마가 그 사무실에 갈 경우 당신은 읽고 쓸 수가 있기 때문에 환대 받고 원하는 것을 얻을 수 있을 것이다. 그러나 우리가 가서 뭔가 요구하면, 그들은 "20일 뒤에 다시 오시오!" 또는 "3개월 기다리시오!"라고 한다. 우리가 이해할 수 있는 것은 단지 "저 수로를 높이 쌓아라!" "땅을 파라!" "저기로 물을 대라, 여기에는 비료를 주어라!" 같은 말뿐이다. 그리고 나면 하루 종일 그런 일을 한 대가로 15루피 또는 20루피를 받을 뿐이다.

우리가 사회에서 투표권을 인정받은 뒤부터 나는 항상 고팔라 가우드를 찍었다. 그는 우리와 마찬가지로 일꾼 출신이었다. 그는 우리가 얼마나 고달픈지 잘 알고 있다. 그리고 무엇보다도 우리의 문제를 터놓고 이야기할 수 있을 뿐 아니라 마을이나 사원 토지의 일부를 우리에게 양도해 달라는 청원을 할 수도 있다. 그는 상황을 이해하고 최소한 답변은 해준다. 레디들은 그늘 밑에 앉아 과일을 먹고 우유를 마시면서 살고 있다. 그들은 우리가 찾아가서 뵙기를 청해도 만나주지 않는다. 그들을 만나 이야기를 하기 위해서는 몇 시간을 기다려야 하거나 "어르신이 주무신다"거나 "어르신이 목욕 중이다" "어르신이 바쁘다"라는 대답만을 듣고 온다. 하여간 그들은 우리들의 걱정을 이해하지 못한다. 우리는 그들을 위해 일하지만, 심정적으로는 공산당을 지원한다. 공산당은 가난한 자들을 위한 정당이다. 이 정당의 목표는 무산자들을 위한 투쟁으로, 무산자들에게 보다 나은 삶을 가져다주는 것이다. 다른 정당들이 원하는 것은 돈과 토지를 착복하고, 부자들에게 더 좋은 세상을 만드는 것이다. 안나가 살아 있었을 때 그의 정당은 정직했지만 지금은 모든 것이 부패했다.

어느 날 정당들과 관련된 큰 사건이 일어났다. 큰 레디아르는 내가 공산당에 투표하는 것을 모르고 있었다. 그는 우리 모두가 자신의 말대로 투표를 하는 줄 알고 있었다. 어느 해 고팔라 가우드가 선거 전 날 가두행진을 하기 위해 자신의 추종자 모두를 불러모았다. 그러나 쿠빡싸미가 딸네집에 가버려 그때 붉은 깃발을 들고 집회를 이끌지 못하게 되자, 고팔라 가우드는 그것을 나에게 대신하라고 했다. 나는 큰 레디아르가 그것을 원치 않을 걸 알았기에 주저했다! 그러나 결국 나는 그것을 승낙해 세리로 행진하면서 "만세 수바이아Subbaiah! 만세 우리 정당! 인민을 위한 진짜 정당, 공산당에 투표를!" 하는 구호를 외쳤다.

불행하게도 잎사귀 두 개를 문양으로 하는 정당에서도 그날 가두행진을 하기로 결정했다. 그리고 그들이 고함을 쳤다.

"잎사귀 두 개 밑에다 투표를!"⁹⁾

두 집단은 상대방보다 더 크게 구호를 외치며 서로 경쟁했다. 우리가 드라우파디 사원 부근에 다다랐을 때 안나 DMK 깃발을 든 자가 내 발을 걸었다. 나는 그에게 말했다.

"인나빠! 그만두시오. 그렇지 않으면 싸움이 일어날 것이오! 당신은 당신대로 행진을 하고 우리는 우리대로 하겠소!"

하지만 그 무리들은 내가 들고 있던 깃발을 빼앗아 찢어버리고는 나를 장대로 때리려 위협했다. 우리는 맞서 싸운 끝에 그들을 물리쳤다. 그러나 경찰서에 신고가 들어갔다. 경찰관 한 명이 나에게 총을 겨누며 걸어왔다. 나는 현장에서 붙들려 곧바로 체포되었다. 그 자리에 있던 가우드가 나를 옹호했고 모두가 조용해졌다. 나를 비롯한 다른 몇 사람이 경찰에게 체포되어 퐁디로 끌려갔다. 법정에서 가우드가 다시 나를 변호해 주었다. 그래서 결국에는 유치장에서 몇 대 맞고 하룻밤을 지샌 후 우리는 세리로 돌아왔다.

그 사건 이후 K.S.가 선출되었을 때 나는 공산당을 탈퇴했다. 바로 그날 저녁 나는 고팔라 가우드를 만나러 가서 말했다.

"아야! 나는 오랫동안 이 정당을 위해 투쟁했으며 어제까지 한결같이 싸웠다. 이 정당은 좋은 이념을 가지고 있지만, 나는 먹여 살려야 할 애들이 있다. 나는 일거리가 필요하고 내 아들도 마찬가지이다. 내 가족 모두는 레디아르 댁의 머슴이어서 우리는 그가 주는 쿠지를 먹고살아야 한다. 나는 그에게 완전히 의존하고 있다. 먹을 것이 없거나, 집안에서 중요한 행사를 치를 때도 그의 집으로 달려가 도움을 청해야 한다. 나는 그의 화를 돋우고 싶지 않으며, 우리는 그에게 투표를 해야만 한다. 이 점을 널리 이해하시고 나를 용서해주시오."

고팔라 가우드는 내 처지를 이해한다고 말했다. 그리고 "내가 바라는 것은 가족 중에서 한 명만이라도 나에게 표를 달라는 것이다. 당신 표만이라도…… 다른 모든 표는 레디아르에게 해도 된다"고 덧붙였다. 이것이 우리가 투표하는 방식이며, 세리에서는 모두 이런 식으로 투표를 하고 있다.

모든 사람들은 과거에 간디, 네루 그리고 카마라지가 있을 때의 회의당이 좋았다고 말한다. 그러나 우리는 더이상 북부에서 일어나는 일들을 이해할 수가 없다. 국회의원 선거에서 사람들은 가난한 사람들을 위해 열렬히 투쟁했던 간디에 대한 충성심으로 회의당에 투표를 했다. 그는 진정한 우리들의 대변자로서 우리를 하리잔의 반열로 올려준 사람이다. 그런데 델리의 국회에서 DMK 같은 타밀 정당은 무엇을 했는가? DMK는 타밀어를 사용하는 사람들을 위한, 타밀나두의 문제를 해결하기 위한 정당이다. 사람들은 다르마라자dharmaraja를 위해 투표하곤 했지만, 그가 죽은 뒤 안나 DMK는 정상을 지키지 못하고 카루나니디Karunanidhi가 대부분 정권을 장악했다.¹⁰⁾ 그는 애초에 같은 정당에 있었고, 우리들을 위해 투쟁을 했다. 우리 레디아르도 지난 몇 년간 안나 DMK에게 투표를 했으며, 사람들도 그를 따라 투표를 했다. 캄바땀은 누구를 지지할 것인지 누구를 지지하지 않을 것인지를 알아야만 한다. M.G.R.의 죽음 이후 그는 DMK에 투표를 했으며, 사람들도 그를 따라 투표했다. 우리는 스스로에게 "나는 그가 하는 대로 할 것이다. 나는 일꾼이고, 그는 캄바땀이다. 나는 그의 머슴이다. 만약 그가 잘된다면, 그 기쁨의 대가로 네다섯 자루의 나락을 얻을 것이다. 물론 나는 열심히 일하는 일꾼이며 내 가족들은 그에게 얽매여 있고, 돈도 거기서 나온다"고 말했다. 그래서 우리는 그를 따라 투표한다. 그리고 우리 선거구에서 혜택을 받는다. 가난한 사람들을 위해 수도가 설치되었으며, 세리 전체에 전기가 가설되었다. 그리고 우리는 타마린드 열매를 3년간 채취할 수 있게 되었고, 배급 카드를 받았다. 과부와 장애자들은 쌀과 옷가지를, 아이들은 학교에서 급식을 받고 있다. 산티같은 여자애도 공부를 해서 경찰관이 될 수 있다.

그러나 이것은 모든 것을 정상화시키기에는 불충분하다! 공공토지를 예로 들어보자. 이 토지는 우리들에게 임대되어 왔지만, 회의당이 집권하자 도로 가져가 버렸다. 회의당은 가난한 사람들을 위해 투쟁할 수도 있지만, 정작 정당을 좌지우지하는 자들은 부자들이다. 그들은 상점에 갈 때 커피나 차를 대접받는 그런 부류의 사람들이다. 그들은 시원한 저녁나절 베란다 위 안락의자에 앉아서 여행 계획을 세우고, 의사결정을 하고, 어느 마을 촌장에게 몰래 200루피 또는 300루피를 주어야 할지를 의논하고, 토지 장부를 매수하기 위해 어느 회계사에게 얼마쯤의 돈을 주어야 할지를 결정하는 그런 부류의 사람들이다. 그들은 우리가 받았어야 할 토지를 가로챈 사람들이다. 그리고 우리가 그 토지를 얻기 위하여 싸우려 하면, 그들은 회계사를 불러 "인나빠! 레디아르나 가우드가 저 토지들을 필요로 한다. 이 이름과 저 이름을 지워라. 장부에서 확실하게 빼 버려라. 그러면 돈 보따리가 당신에게 굴러갈 것이다" 하고 말한다. 그리고 그 돈을 마을 촌장, 회계사와 탈라이야르가 나누어 갖는다. 다음날, 공공 토지를 관리하는 공무원이 줄자를 들고 나와서 우리들에게 고지를 한다.

"인나빠! 이제부터 이 토지 전부는 레디아르 소유가 되었다. 당신들은 더이상 이곳에 농사를 지을 수 없다. 그렇지 않으면 수갑을 차고 감옥에 가게 될 것이다."

우리가 대항하려고 일어서면 그들은 호통을 친다.

"이 호로 새끼들, 우리에게 달려들다니 간뎅이가 부었구나!"

그리고 그들은 우리를 개 패듯이 두들겨 팬다. 우리들 모두는 이미 한번쯤은 반대를 한 경험이 있는 사람들이다. 공산당을 지지한 가족들의 대표자 모두가 거기에 나와 구호를 외쳤다.

공산당 만세! 인도 만세!
수바이야 만세! 고팔라 가우드 만세!
공공 토지는 가난한 사람들에게로!
공공 토지를 우리가 경작하게 하라!
정부는 물러나라!

그리고 우리는 붉은 깃발을 땅에 꽂았다.

우리를 체포하려고 경찰들이 출동했다. 그들은 깃발을 뺏고 우리를 유치장으로 끌고 갔다.

"인나빠! 왜 이렇게 반대를 하십니까? 당신들은 주지사, 주행정장관, 정부관리들에게 청원서를 제출해야 합니다. 당신들은 공산당 깃발을 들고, '수바이야! 수바이야!' 라고 외쳤습니다. 당신들은 그 사람만이 공공 토지를 당신들에게 가져다 줄 사람이라고 생각하십니까?"

"맞아요. 그는 우리를 위해 투쟁을 했어요! 그는 가장 정직한 사람이고, 우리가 믿는 사람이요. 나머지는 오로지 부자들만 돕고 있을 뿐이요."

사건이 발생하자 다른 정당들의 활동가 특히, DMK 정당원들이 유치장으로 달려왔다.

"자, 자! 우리는 이 문제를 모두 함께 논의해 조속한 결정을 내려야 합니다. 자, 세리에 사는 가구가 얼마나 됩니까? 60, 아니면 75세대? 우리가 매 가구에 20쿠지를 나누어주겠소. 데모도 필요 없소! 반대도 필요 없소! 우리가 당신들을 돌봐 주겠소. 어서, 어서 집으로 돌아가시오. 우리가 나중에 다시 연락하겠소!"

이런 이야기는 우리가 데모를 할 때마다 듣는 이야기이다. 그러나 우리에게는 아무 일도 일어나지 않았고, 공공 토지는 여전히 우르 사람들이 소유하고 있으며, 우리에게 소유권이 넘어오지도 않았다. 때때로 선거 이전에 세리에서도 한두 사람이 약간의 땅을 임대하기도 한다. 저수지도 마찬가지이다. 과거에 우리는 논바닥에서 조개, 달팽이, 가재 그리고 민물고기를 잡아먹었다. 우리 이외에는 누구도 그런 것을 먹지 않았다. 지금은 반니야르도 그런 것들을 먹기 시작했는데, 그들이 바로 어로 허가권을 얻은 사람들이기도 하다. 그들은 큰 그물로 고기를 잡아서는 우리들에게 생선을 팔고 있다! 그리고 내가 아들에게 저수지의 어로 허가권을 얻자고 말하면, 그는 나에게 부끄러운 짓이라고 말한다! 그러나 우리는 가장 가난한 사람들이다. 일을 해야만 먹을 수 있다. 일이 없으면 배를 채울 수가 없다. 그런데 왜 우리에게는 토지나 저수지를 임대해 주지 않는가? 우리같이 땅 없는 사람들에게 임대해 주어야 하지 않는가? 하지만 부자들이 정권을 쥐고 있고, 가난한 사람들을 걱정하지 않기 때문에 토지나 저수지를 임대하는 것은 어려운 일이다.

이런 사실을 명백하게 알 수 있었던 것은 내가 안반의 혼사 때문에 레디아르를 찾아갔을 때였다. 나는 그에게, "내 아들을 결혼시키려 합니다. 나는 아들에게 짝을 맺어주고자 합니다, 어르신!" 하고 말했다.

"흠! 배필을 찾아 아들을 결혼시키려 한다고? 허! 그렇게 하는데 얼마나 들 것 같은가?"

"현금 500루피와 나락 다섯 가마니가 필요합니다, 어르신."

그는 여전히 안락의자에 앉아 발을 구르며 말을 이었다.

"흠! 현금 500루피와 나락 다섯 가마니가 필요하다고. 도합 1000루피나 되는구먼! 언제 그 돈을 갚을 수가 있겠는가?"

"인난가! 나는 당신 손에 달려 있어요. 내 아들과 아내, 딸을 포함해 우리 네 식구 모두가 당신을 위해 일을 하고 있는데, 우리가 어찌 갚지 않으리라 생각하십니까?"

"좋아, 그래 네가 갚을 수 있다 그 말이지! 하지만 나는 그 만큼을 빌려줄 수가 없네. 200루피와 나락 한 가마니를 빌려줌세. 내가 결혼용 사리와 탈리를 예물로 사주겠네. 그렇게 하면 성대한 결혼식이 될 것이네! 현금은 나중에 갚고, 나락은 품을 팔아 갚아 나가게."

"어르신, 우리는 이미 당신을 위해 일을 많이 하고 있습니다! 좀더 빌려주실 수가 없겠습니까?"

"데이! 네 아버지가 죽었을 때 내가 100루피를 주었어. 네 어머니가 죽었을 때도 내가 또 100루피를 주었어. 그리고 네 동생이 죽었을 때 내가 50루피를 주었어. 사람이 죽거나 태어날 때 너는 나에게 뭔가를 요구했어!"

"매번 돈을 받은 것은 사실입니다, 어르신. 그러나 나는 항상 어기지 않고 갚았습니다. 지금 필요로 하는 돈을 빌려주신다면, 도합 1500루피가 됩니다. 그 돈으로 저는 아들을 남부럽지 않게 결혼을 시킬 수가 있습니다!"

"오, 안 돼! 나는 그만큼을 빌려줄 수가 없네. 단지 200루피와 나락 한 가마니뿐이네. 나머지는 딴 데 가서 빌려 보게!"

"내가 어떻게 다른 곳에 가서 빌릴 수가 있겠습니까, 어르신? 나는 당신 집의 머슴인데요. 내 황소와 내 가족이 당신을 위해 일을 하는데, 그런 것은 고려하지 않으시렵니까?"

"그러면 내가 임금을 선불로 주겠네."

"좋습니다. 그러나 나락이 큰 자루로 한 자루가 3루피 20파이세인데, 내가 어떻게 그것으로 연명을 하겠습니까? 저에게 농사지을 땅으로 1/4카니의 논을 임대해 주시면 그것으로 그럭저럭 살아 갈 수가 있겠습니다. 내가 서너 자루의 나락을 생산하면 절약하고 저축을 해서 어르신께 빌린 것을 갚아 나갈 수가 있을 것입니다."

그러나 그렇게 되지 않았는데, 이유는 단순했다. 레디아르는 우리가 빚을 갚을 만큼 여유가 있는 것을 원치 않았기 때문이다. 그들은 자기들끼리 내가 1/4카니의 토지에서 두 가마니만 소출을 올려도 그들을 존경하지 않을 것이라고 이야기했다.

"그리고 나면 파리아들이 할 짓거리는 우리들처럼 머리를 짧게 자르고, 소만과 셔츠를 걸치고 담배를 물고 다닐 것이야. 그러나 우리가 그 땅을 빌려주지 않는다면 우리는 그를 머슴으로 부릴 수가 있을 뿐 아니라 그들은 허리춤에 옷을 말아 올리고 터번을 쓰고 다닐 수밖에 없을 것이다."

그들은 이 나라에서 자신들의 일꾼들이 존경받고 문명화되는 것을 원치 않는다, 신나암마. 그들이 바라는 것은 그들이 앞서가고 우리는 뒤쳐지는 것이다. 우리 파리아들은 상부상조한다. 그래서 서로가 잘 되도록 노력하고 서로 돕는다. 우리들 중에 누가 굶어 죽는다면, 형제들, 팡갈리들이 그에게 뭔가 먹을 것을 가져다 줄 것이다. 만약 한 여인이 비람마에게 와서 "형님, 오늘 저녁거리가 없어요. 쌀 한 됫박만 빌려주시겠어요? 내일 아들이 노임을 받아오면 갚아 줄게요"라고 청하면 우리는 곧바로 내어 준다. 불시에 누군가 방문을 하면 우리는 이웃집으로 달려가서 다음날 갚는다고 하고 돈을 꾸어 온다. 세리에서 우리는 서로 돕고 산다. 우리는 사람들이 굶어 죽도록 내버려두지는 않는다!

그러나 당신 카스트에서는 파리아들을 억누르려고 하고 있다. 당신의 땀은 물에 불과하지만 우리의 땀방울은 피다! 양산 아래 서서 우리들을 부리는 것은 쉬운 일이다. 그리고 시간에 맞추어 음식을 먹고 커피를 마실 수가 있다. 나는 여덟 시에 아침을 먹는다. 점심 때 레디아르는 싱싱한 바나나 잎 위에 온갖 반찬을 놓고 쌀밥을 먹는다. 그리고 나에게 "데이! 가서 손을 씻어라!" 하고 손에다 음식을 부어 준다. 저녁에는 옷을 벗어서 빤다. 소만을 맨 뒤 공손히 두 손을 모으고 들어가 임금을 받아온다. 그런 다음에야 진짜로 휴식을 취할 수 있다. 나는 손수 콩, 가지나 간 절인 생선을 조금 산다.

"그리고 2루피어치 술도 잊지 말아요!"(비람마 웃음)

"그것은 내가 하루 종일 일한 다음 누리는 아주 작은 즐거움이다."

"알았어, 알았어, 계속해."

레디아르가 나를 일찍 집에 들어가게 하는 날에는 나도 일찍 먹고 일찍 잠자리에 든다. 하지만 그 반대의 경우에는 늦게 자고 늦게 일어난다. 만약 내가 조금이라도 일하러 늦게 나가면 레디아르는 나에게 "데이! 네 마누라가 잡고 늘어졌어? 마누라가 젖가슴으로 너를 쥐어짰나 보군, 그렇지? 밤새 재미보느라 늦은 건가"라고 말을 던진다.

왜 아내와 자는 것까지 그들에게 미주알고주알 일러바쳐야 하는가? 그들만 자식을 생산할 권리가 있고 우리는 없는가? 우리 역시 그들과 마찬가지로 남자고 여자이다. 우리도 욕구를 지니고 있다. 그들은 한밤중에도 우리에게 일을 시킬 수가 있다. 저녁 여섯 시쯤 그들이 손을 씻고 나면, 그들의 아내가 음식을 내어 온다. 그 뒤에는 휴식을 취하든지 아내와 잠자리를 함께한다. 그들은 피곤할 틈이 없다. 우리는 하루 종일 괭이질을 한 뒤 돌아와 허겁지겁 음식을 먹고 나서야 겨우 이야기도 하고, 장난도 치고, 서로를 쳐다보고, 그리고 남자와 여자로 살을 섞을 여유가 생긴다. 이것이 우리들의 즐거움이다.

우리는 그런 식으로 한평생을 레디아르를 위해 일해왔는데, 우리가 아주 중요한 일로 새 집에 등불을 밝히려고 돈을 빌리려 했을 때 그는 200루피와 쌀 한 자루만 내주었다. 그것으로 무엇을 할 수 있겠는가? 그리고 결혼식 다음날 평상시처럼 일을 하러 나오지 않는다면, 그는 당장 "내가 그 파리아에게, 결혼식을 하라고 돈까지 주었는데. 봐! 일하러 나오지도 않았어. 간뎅이가 부었군!" 하고 욕을 할 것이다.

신나암마도 그런 부류이다. 당신은 레디아르다. 당신만이 쉴 수 있는 권리가 있다. 당신은 높은 카스트이니 "저 파리아 홀아비 놈이 아직도 허리를 구부리지 않았어!"라고 말할 수 있다. 우리를 파리아, 파리아라고 부르는 저 홀아비들은 도대체 누구인가? 모든 홀아비들이 우리를 보고 파리아로 부른다! 우리가 가난해서가 아니라 단지 파리아로 태어났다는 이유로 가장 멸시를 당하는 것이다.

"데이! 가서 쇠똥을 치우든지 다른 일을 해. 그렇지 않으면 몽둥이 찜질이다!"

이런 식으로 레디아르는 어릴 적부터 나를 위협했다. 이제는 그도 나를 때리려 손도 올리지 못하지만, 그는 나를 항상 그때의 어린 나이로 취급한다. 그리고 참지 못하고 나를 때리기라도 하면, 그 주위에 있는 가우드, 나익케르나 파리아가 그를 말린다.

"인나야! 비록 그가 당신 집의 머슴일지라도 당신 나이만큼 먹은 사람을 때리는 것은 옳지 않아요. 당신은 깊이 생각하지도 않고 그를 때리려 하네요. 그를 낳아주고 얼르고 달래주고 밤낮으로 보살펴준 그의 부모들조차 감히 그렇게 때리지는 못했어요."

이제 레디아르는 나를 인정해 주고 있다. 왜냐하면 내가 정도가 있는 사람이고, 정직하고 극단적인 사람이 아니기 때문이다. 나는 내 분수를 지킬 수가 있다. 그러나 만약 누군가 말다툼을 걸어오면 나는 내 자신을 방어하기 위하여 그들과 토론할 수 있다.

6개월 전에 내 아들 안반이 두들겨 맞은 적이 있다. 나는 화가 치밀어 올랐다! 이 일은 내가 어렸을 때 처음으로 아주 심하게 두드려 맞았던 기억을 떠올리게 했다. 아마 그때가 열두 살이었을 것인데 지금도 아주 생생하게 기억하고 있다. 그때 나는 약 스무 마리의 소 떼를 돌봐야 했는데, 그 중에서 항상 말썽을 피우는 황소 두 마리와 눈만 깜짝하면 남의 논에 들어가는 암소가 두 마리 섞여 있었다. 조용히 풀을 뜯긴다는 것은 불가능했다. 소들이 가우드의 논에 들어가 작물을 훔쳐먹지 못하게 하고 무사히 마구간으로 끌고 간다는 것은 매우 어려운 일이었다. 소가 가우드의 논에 들어갔던 어느 날, 가우드는 화가 나서 달려와 소리쳤다.

"인나다! 네가 레디아르, 캄바땀 댁에서 일한다고 해서 무사할 줄 생각하느냐? 네 주인 레디아르는 자기 소가 내 농작물을 뜯어먹어도 괜찮다고 생각하는 모양이지? 기다려 내가 가서 네 주인한테 따져 물어야겠다!"

"인난가! 나는 단지 소몰이꾼에 지나지 않아요. 항상 날뛰는 암소들이 있어 조용히 풀을 뜯기기가 어렵습니다!"

"그래 그렇다면, 그놈들의 뿔 하나를 붙들어 매!"

나는 암소의 뿔 하나를 매어 놓았지만 더욱 사나워지며 더 날뛴다고 대답했다. 그러나 그는 더이상 들으려고 하지를 않았다. 오히려 나에게 욕을 바가지로 퍼부었다.

"인나다! 이 후레자식아! 지에미 씹할 놈아! 네놈이 좋은 카스트라면, 이런 식으로 행동을 하지 않았을 테지! 진짜 파리아 놈이구나, 이 빌어먹을 놈아!"

그리고 그는 막대기로 내 허벅지를 때렸다. 매우 아팠다. 그래서 나는 곧바로 그에게 욕지거리를 퍼부었다.

"가우드가 헐래 붙어 낳아 놓은 이 더러운 놈아! 후레자식아! 네가 감히 이곳까지 와서 나를 때려, 내 부모도 나를 때리지 않는데!"

곧바로 그는 레디의 집으로 달려가 그에게 말을 전했다.

"인나야! 당신의 파리아 꼬마 놈이 내 카스트를 무시하고 높은 카스트와 낮은 카스트에 더이상 구별이 없는 듯 나를 모욕했어요! 나는 가우드이고 그는 파리아인데 나를 보고 후레자식이라고 욕을 하고 내가 여동생과 상피를 붙었다고 욕을 했어요! 이런 말을 듣고 어떻게 해야 합니까?"

나는 점심 때 집에 들어가지 않았다. 나는 가축들을 돌보면서 다른 소몰이꾼을 시켜 레디아르 댁에 내 칸지를 가지러 보냈다. 그들이 레디아르 댁에 도착했을 때 레디아르는 그들에게 "데이! 내 파리아 놈은 어디 있어?"라고 물었다.

"인난가! 모든 소 떼를 돌보고 있어요. 그는 한시도 소 떼에게서 눈을 뗄 수가 없어요. 그렇지 않으면 소 떼들이 날뛰어 난리가 나요. 소 떼를 돌보느라고 우리에게 자기 몫의 음식을 대신 가져오라고 했어요."

"알았다, 알았어! 기다렸다가 오늘밤에 몽둥이 찜질을 하지! 이것을 가지고 가라!"

소년들이 돌아와서 이 사실을 전해주었다. 나는 나 자신에게 말했다. '다른 사람이 이미 나를 때리고 갔는데 왜 그가 또 나를 때리려고 하지?' 그날 저녁 나는 가축들을 마구간으로 몰아넣고 잘 매어 두었다. 나는 차례로 암소, 쟁기질하는 황소 그리고 송아지들에게 먹이를 주었다. 그리고 나서 나는 레디아르의 부인에게로 가서 쌀 반 말을 주라고 간청했다. 내가 툰두에 쌀을 넣고 있는데 레디아르가 내 등 뒤에서 나타났다. 그는 나를 쳐다보지도 않고, 등나무 지팡이로 나를 두들겨 팼다. 내가 고함을 질렀다.

"아야! 아야! 왜 나를 때리십니까?"

"데이! 팔리, 파다이야치에게 뭐라고 말했느냐, 응?"

"아요, 어르신! 그 사람이 나를 후레자식이라고 했고 지에미 씹할 놈이라고 했어요! 그래서 내가 그에게 욕을 했어요!"

내 아버지가 그곳에서 일을 하다가 달려 와서는 나를 옹호해 주었다.

"어르신! 소 떼가 팔리의 곡식을 망쳐놓았다면, 그는 소를 잡아 놓거나 당신에게 사정이 이러니 변상을 하라고 했어야 마땅합니다. 그리고 이 다루기 힘든 짐승들을 어떻게 내 아들이 다스릴 것이라 여깁니까? 그리고 돈은 얼마나 준다고 그러세요? 우리는 당신 집 머슴이니까 한 달에 작은 되로 여섯 되 주어도 모든 일을 감수하고 있고, 아이들마저도 당신 집에서 일을 하고 있어요."

처음으로 레디아르가 나를 때린 것이었다. 그는 다른 날 또 나를 때렸다. 그때는 바로 내 결혼식을 앞두고 있었다. 그는 논둑에 서서 땅콩을 수확하는 것을 감독하고 있었다. 대략 50여 명이 땅콩을 거두고 있었다. 나는 멀지 않은 곳에서 소에게 풀을 뜯기고 있었다. 레디아르가 나를 "마니깜! 마니깜!" 하고 불렀다. 하지만 남쪽에서 불어오는 바람소리와 사람들의 고함소리들 때문에 그 소리를 듣지 못했다. 그래서 대답도 하지 않고 소떼 옆에 앉아 있었다. 그는 타마린드 나무 작대기를 들고 내 뒤로 와서는 머리를 세차게 때렸다. 나는 기절해 의식을 잃었다. 모든 사람들이 달려왔다.

"이게 무슨 일입니까, 캄바땀. 당신이 젊은 사람을 때리다니! 건강한 사람이라 한번도 맞아 쓰러진 적이 없는데. 뒤에서 사람을 때리다니!"

모든 사람들이 일을 멈추었다. 그들은 쓰던 연장과 바구니를 내버려 둔 채 일을 중단했다. 여인네들은 사리에다 땅콩을 잔뜩 주워 담을 수 있는 기회를 잡았다. 그들은 나를 데리고 병원으로 갔다. 레디아르는 집으로 가서 사태를 설명했다.

"내가 마니깜을 타마린드 작대기로 때렸다. 일꾼들이 몰려들어 그를 병원으로 데리고 갔다. 하지만 그는 상태가 좋지 않았다……"

그러자 그의 모친이 텔루구어로 그에게 고함을 질렀다.

"어떻게 우리가 아들처럼 키운 그 애를 네가 때릴 수가 있어? 그가 깨어나면, 보복을 하려고 할 텐데, 어쩔 것이야! 그는 네가 한 짓 그대로 너에게 되돌려 주려 할 것이다. 네가 돈이 있다고 그가 너를 겁낼 거라고 생각하느냐?"

병원에서 의사들은 나에게 무슨 일이 일어났는지를 물었다. 나는 이 일에 경찰이 개입되는 것을 원치 않았고, 레디아르를 고소하고 싶은 마음도 없었기에 진실을 말하지 않았다. 어쨌든 먹고살려면 그 집에서 일을 해야 한다! 그리고 그들이 부를 때마다 법정에 나가야만 한다. 나는 그럴 만큼 부자도 아니었다. 그 문제가 해결되기도 전에 내가 먼저 죽을 것이다. 그래서 나는 의사에게 내 머리통에 통나무가 떨어졌다고 말해 주었다. 그러나 의사는 그것이 사실이 아님을 알고 있었다. 의사가 물었다.

"아무것도 숨기지 마세요. 두려워말고 사실을 말해 주세요. 누군가 당신을 때렸지요?" 나는 재차 통나무가 머리통에 떨어졌다고 말해 주었다.

레디아르의 아버지가 병원으로 문병을 왔다. 그리고 내가 의사에게 말한 것을 증명해 주었다. 그러나 사람들이 밖으로 몰려가 그에게 그의 아들이 한 짓에 대해 불만을 터뜨렸다. 그는 사람들에게 "예빠! 내가 아들보고 그러라고 시키지 않았다. 손해배상을 하겠네. 마니깜에게 화를 내지 말라고 해라"고 말했다. 그는 25루피를 건네주었는데 나는 그 돈으로 병원에서 좋은 음식과 술, 맥주를 사서 마실 수 있었다. 그러는 나를 보고 아버지가 말했다.

"네 아버지로서 하는 말인데 그러면 안 된다. 어떻게 받은 돈인데 그렇게 허비하느냐?"

그런 와중에 나는 나 자신에게, '나는 이번 일을 그냥 둘 수 없다. 내가 그곳에서 못살더라도 주먹 맛을 보여 주어야 해! 복수를 할 것이다'고 다짐했다. 나는 상태가 호전되자 더이상 레디아르 댁에 일하러 나가기가 싫었지만 아버지는 일하러 나갈 것을 강요했다.

다음 농사철이 시작된 어느 날, 어머니와 함께 땅콩을 주워 담고 있을 때 큰 레디가 어머니를 불렀다.

"아디, 무니얌마Muniyamma! 아디, 무니얌마! 이리 와봐, 디!"

"어머니, 어머니, 그가 부르고 있어요! '무니얌마, 이리와' 라고 하지 않고, 그가 '아디! 아디! 이리 와봐, 디! 바디-포디vadi-podi' 라고 하네요."[11]

레디는 그 말을 듣고 나에게 고함을 쳤다.

"아예! 이 파리아 후레자식아! 네 마누라를 덮쳐버릴 것이다, 이 누이 하고 붙어먹을 놈아!"

큰 레디의 아들이 달려들어 우산으로 나를 때렸다. 나는 기회를 봐서 괭이로 등허리와 허벅지를 내리쳤다. 그는 당장 경찰을 부르러 달려갔다. 그는 경찰들에게 자기 집에서 일하는 파리아 놈이 자기를 때렸고, 들에 있던 품팔이 일꾼들이 놀라서 도망을 쳤다고 했다. 나는 그냥 집으로 갔다. 모든 사람들은 그 구타사건으로 내가 유치장으로 끌려갈 것을 두려워했다. 내가 막 몸을 씻고 나자 형사와 경찰이 오토바이를 타고 도착했다. 형사가 나를 불렀다. "데이! 이리와!"

사람들이 순식간에 몰려들었다. 내가 대답했다.

"옷도 입지 않았는데 어떻게 나오라고 합니까? 나는 지금 목욕 중이요!"

"데이, 그래! 간뎅이가 부었구나! 당장 이리 나와. 그렇지 않으면 내가 네 뼈마디를 주물러 주지!"

"딴데 가서 알아보시오! 나는 이미 당신 같은 경찰을 많이 보았소! 나를 협박하지 마시오!"

"데이! 네가 레디를 때려 놓고도 여전히 말장난을 하자는 것인가? 우리가 네 놈을 매달아 놓고 실컷 패 주지, 이놈!"

"아요! 존경하는 법을 배우시오. 그리고 법을 존중하시오! 경찰관의 임무를 넘어 월권하지 마시고, 나를 너무 바보로 다루지 마시오! 당신은 내가 식민지 시대의 파리아로 보입니까? 마음대로 모욕하면 겁먹을 그런 사람으로 보입니까? 나는 당신과 경찰서로 가지 않을 것이요! 내가 레디를 때렸다고 합디까? 그렇다면, 나를 퐁디 중앙 경찰서로 끌고 가시오. 치안 판사가 나를 호출할 때까지 그곳에 있겠소."

"아하, 가지 않겠다고! 내가 퐁디로 사람을 보내기를 원한다고! 우리가 네 놈의 뼈를 분질러 놓기 전에는 너를 보내주지 않을 것이다!"

"마음대로 하시오, 예! 나는 당신 같은 사람을 수십 명이나 겪었고 그들 모두가 내 뼈를 부러트려 놓겠다고 했소! 어디 한번 해 보시오. 그리고 나서 무슨 일이 일어나는지 봅시다. 해보시오. 여기서 당장 나갑시다. 다른 사람들에게는 40루피나 60루피를 받지만, 내가 가난하니 4루피나 5루피를 받는다는 말은 말고 그냥 나갑시다. 당신은 여기서 시간 낭비를 하고 있소!"

"그런데 왜 그랬지? 너는 파리아인데 일은 하지 않고 레디를 때렸어!"

"그들이 우리에게 '이리와' 하길래 갔다. '저쪽으로 가' 해서 그쪽으로 갔다. '여기에 앉아' 해서 앉았다. 그들은 우리를 팰 수가 있지만 만약 우리가 받아치면 그들은 경찰을 부른다. 우리는 경찰서 유치장으로 끌려가 맞아 터진다."

"뭘 원하나, 이봐! 그것이 세상 돌아가는 이치야! 너희 파리아들은 군말 없이 일을 해야 하고 만약 대꾸를 하는 날에는 매가 돌아올 뿐이다."

"맞아요, 당신들이 부자의 뒷배를 봐주고 우리 파리아들을 두들겨 패지!"

신나암마, 만약 우리가 곧바로 말을 하더라도, 무엇이 어떻게 되었는지 말해주어도, 그들은 수첩에 몇자 끌쩍이고는 레디아르를 보러 가서는 다른 식으로 말할 것이다.

"인나야! 당신 뜻대로 그들이 일을 하게끔 만들어야지요. 이런 제재, 저런 벌칙을 따르지 않을 때 그때는 이전처럼 두들겨 패야지요. 비록 모든 경찰이 당신 편일지라도, 그들을 이유 없이 패서는 안 됩니다. 이 청년이 고발하겠다고 합니다. 그는 우리 총수에게로 가려 합니다. 그래서 우리가 그를 심하게 구타를 한다면, 우리 역시 모가지가 떨어질 것이요. 만약 당신이 원한다면, 당신도 고발을 할 수가 있습니다!"

결국 그들은 나를 유치장으로 데리고 갔는데 나는 거기서 그들 각자에게 10루피를 주고 무마시킬 수 있었다. 뇌물은 당신이 줄 수 있는 만큼 주어야 한다. 그들은 뇌물을 받고서야 나를 놓아주었고, 레디아르에게 가서 "인난가! 그가 집에 없네요. 도망을 가서 어딘가에 숨어버린 것 같습니다. 그를 찾을 때까지 좀 기다려 주시오. 우리는 그놈을 구덩이에 쳐넣고, 그놈의 토막을 셀 수 있을 만큼 늘어지게 패줄 것이오!"

이틀 뒤에 레디아르가 그들을 만나러 갔다.

"그런데 그놈을 체포했습니까? 그놈을 두들겨 패는 직무유기는 하지 않았겠지요?"

"인난가! 그놈은 달아나 당신을 고발하는 고발장을 접수했어요. 대질 심문을 위해 모레 당신을 소환할 예정이오!"

"아! 그 파리아 놈이 고발장을 접수할 만큼 간뎅이가 부은 모양이군! 그놈 혼자서 이런 일을 생각하지는 못했을 것이요. 누군가 뒤에서 그놈을 조종하고 있음이 틀림없어. 내가 이 신사분께서 어디까지 가는지를 두고 보겠어! 그가 부자인 것 같아요! 그놈은 담보로 잡힐 것이라곤 오두막 한 채밖에 없는데. 어디서 그런 돈을 구했을까요?"

그리고 나서 그는 돌아가 모든 사람들에게 불만을 터뜨린다.

"그 파리아 놈이 나를 고발했어. 그는 재판에 들일 돈이 충분히 있는 모양이야!"

다른 사람들, 이웃사람, 친구, 심지어 나와 같은 불가촉천민까지도, 그에게 이런 말을 한다.

"인난가! 감히 파리아가 당신에게 대항하려고 하다니. 당신은 벌로써 그를 때렸는데 그가 당신을 맞받아 쳤어. 모든 사람들이 이렇게 싸운다면 우리는 어떻게 살아야 합니까? 이제 그 문제는 덮어두어서는 안 됩니다. 레디아르가 있는데 어디서 그런 몹쓸 짓을 하는 파리아가 있습니까?"

그러나 파리아를 지지하는 사람들은 다음과 같이 말한다.

"그가 파리아라는 것 때문에 왜 차별을 받아야 합니까? 레디아르의 몸에만 피가 흐르고 파리아는 피가 흐르지 않습니까? 우리가 파리아에 대해 이야기할 때 그들은 비웃습니다. 그리고 파리아라고 해서 다른 사람들처럼 아내가 없고 자식이 없습니까? 레디아르만 자식을 가진 사람들이 아닙니다. 그들의 자식들이 문제가 되었을 때는 그들은 아주 노심초사합니다. 그러나 파리아의 자식은 아주 적은 것으로도 만족해야 합니다. 아주 적은 기름, 세수하는데 쓰는 적은 분량의 시카카이만으로도 만족해야 합니까? 레디아르의 아들은 향기가 좋은 비싼 비누를 사용하는데, 이것을 어떻게 생각합니까? 그리고 그는 여러 개의 접시에다 음식을 먹습니다. 파리아들은 자식들에게 그렇게 해 줄 수가 없습니다. 그래서 자식들을 레디아르에게 보내 소를 돌보게 하고, 머슴이 되게 하고 그래서 두드려 맞게 하고 있습니다!"

하지만 그 중에는 레디아르에게 가서 일러바치는 사람들도 있다.

"안 됩니다. 안 되요! 그놈을 달아나게 해서는 안 됩니다. 그런 놈은 여기로 끌고 와서는 줄매를 때려야 합니다!"

이 사건이 종료된 후 나와 우리 가족은 레디아르를 위해 일하던 것을 그만 두었다. 마구간은 치우지 않았고 쇠똥도 모아두지 않았다. 소를 몰고 나가지도 않았다. 레디아르는 다른 사람을 채용했지만 일을 순조롭게 처리하지 못하였다. 나는 그 집의 관습을 잘 알고 있다. 다른 사람들은 내가 하던 식으로 일을 처리할 수가 없다. 레디아르는 자신이 원하는 대로 그들이 일을 할 수 있도록 가르치고 기다릴만한 인내심이 없다. 나는 이웃 마을 캄바땀으로부터 수천 루피의 돈을 거둬 올 만큼 신뢰를 받았으며, 그 밖에 농사일도 주관했다. 신참자에게 그런 요구를 하는 것은 무리였다.

6개월 동안 나는 그에게 대항했으며, 내 가족들 중 누구도 레디아르 댁에 일하러 가지 않았다. 나와 내 어머니는 날품팔이 일꾼이 되었다. 나는 벌목을 하고, 논도 갈고, 우물에서 물을 퍼올리는 일까지 했다. 6개월 만에 레디아르는 혼잣말로 "그 파리아들이 없으니 제대로 되는 일이 없군. 다른 사람들을 구하긴 했지만 해야 할 일을 제대로 처리하지 못하는군" 하고 말했다. 그래서 레디아르는 암비가이가 일을 해주고 있는 다른 레디아르에게 가서 나를 불러달라고 했다. 그는 파자니 가우드에게 말했다.

"큰 레디 집에서 나온 파리아가 이런 저런 짓을 했다. 그래서 그를 때렸는데 그 뒤로 일하러 오지 않았다. 돌아오라고 말 좀 해줘!"

그렇게 해서 무루가이야 가우드가 나를 불렀다.

"인나빠! 레디아르 집에 일 다니는 것을 그만 두었다고 들었는데, 무슨 일이 있었어?"

"네, 어르신! 나는 더이상 그를 위해 일하고 싶지 않습니다. 임금도 싸고, 그는 나에게 땅 한 뙈기도 임대해주지 않으면서 나를 때리기만 합니다. 내가 왜 이런 조건 속에서 그를 위해 일을 해야 합니까?"

"알겠네, 알겠어. 모든 것이 좋지 않았구먼. 이제 그는 어미가 자식을 돌보듯이 당신을 돌볼 것이네. 그리고 당신도 이 레디아르 집에서 여생을 마감해야 하네. 당신은 다른 곳으로 일하러 가면 안 돼."

"아닙니다. 아야! 만일 그가 나를 필요로 한다면 직접 찾아오라고 하세요. 그렇지 않으면 그는 '오, 그놈이 진짜로 어렵게 살았나 보구먼! 그래서 결국엔 나에게 돌아오는구만!' 하고 착각할 것입니다. 레디아르가 직접 찾아와 '이보게, 마니깜, 이리오게!' 할 때까지 내버려두십시오. 그러면 내가 가겠습니다. 그러기 전에는 내가 먼저 그 집에 일하러 가지는 않겠습니다."

얼마 뒤 레디아르가 나를 찾아 왔다. 사람들이 우리를 에워쌌다. 나는 사람들에게 말했다.

"나는 내 아들의 결혼식에도 매우 적은 돈을 받았다. 나는 두드려 맞고 상처를 입었다. 경찰까지 나를 체포했다. 이것이 캄바땀이 해야 하는 명예스런 일인가? 그가 오늘 나를 부르려고 오는 게 보기 좋은가? 그의 명예는 어떻게 하고?"

세리의 한 어른이 말을 이어받았다.

"맞아! 그는 항상 파리아가 레디아르를 무서워하고 그래서 자기들이 부르기만 하면 달려온다고 생각하지. 그렇게 생각해서는 안 되지."

사다얀Sadayan은 "데이! 그에게 다른 데 가서 알아보라고 하소! 그는 당신을 6개월이나 빈둥거리게 했어! 그는 당신을 때린 데다 경찰서에 넘겨 고발까지 했소. 그리고 이제와 '이보게, 다! 마니깜!' 하고 있어. 마치 왕자처럼" 하고 말했다.

그 말을 듣자 레디아르는 자신이 정말 잘못을 저질렀음을 깨달았고, 모든 파리아들도 그것을 알고 목청을 높이고 있음을 알았다.

"알았어, 알았어! 이봐! 이제부터 당신에게 아무짓도 않겠네! 당신도 열심히 일해주고 내게서 얻은 것을 잘 받아주게. 경작할 땅도 조금 가지게 될 것이네. 그렇지만 내 재산을 제대로 관리해 주길 바라네!"

그러자 누군가 대답을 했다.

"당신 아들도 그렇게 때릴 것이오? 그는 부잣집 아들인데다 특별한 존재로 태어났기에 다른 사람을 때릴 수가 있지만, 우리는 기댈 곳이 없어요. 우리는 두들겨 맞을 수밖에 없어요. 법원으로 불려갈 수밖에 없지요. 당신은 돈도 많고, 글도 읽을 수 있지만, 우리는 불가촉천민이오! 우리는 가난해서 당신의 도움으로만 살아 갈 수가 있어요!"

"알겠네." 레디아르가 대답을 했다. "당신이 원하는 것은 무엇이든 요구할 수가 있지만, 마니깜만은 우리집에 와서 일을 해야 돼!"

세리의 모든 어른들이 이야기를 끝마쳤을 때, 무루가이야 가우드가 입을 열었다.

"자, 이제 당신들이 하고 싶은 말은 다한 것 같은데…… 그러나 캄바땀이 개인적으로 일꾼을 찾으러 왔을 때는 그냥 가도록 해줘야지. 당신들도 그들의 관습과 그들의 가족사, 그리고 살아가는 방식을 잘 알고 있을 것이다. 그들은 당신들을 필요로 한다. 자 해산!"

그래서 나는 다시 그 집에 머슴살이를 하게 되었다.

(비람마가 자신의 이야기를 시작했다) 올해는 일찌감치 선거인 용지를 받

았다. 내 아들과 조카도 받았다. 레디아르 댁에는 수많은 사람들이 몰려들었는데, 아리야날루르Ariyanallur의 캄바땀과 그의 아내도 레디아르 댁에 머물고 있었다. 밤낮으로 손님이 몰려들었다. 잔치가 벌어져 투표자들에게 음식을 나누어주었으며, 스피커에서는 음악이 울려 퍼지고 있었다. 마치 혼인 잔치 같은 분위기였다! 레디아르가 우리 파라치를 불러서는 쌀을 채질하라고 했다. 그 많은 사람들을 먹이기 위해서는 쌀이 네 가마나 필요했다! 여기서 남은 음식은 우리들 차지가 되었기 때문에 우리는 집에서 밥을 하지 않아도 되었다.

거리에다 커다란 연단을 세우고, 길다란 돗자리를 줄맞춰 깔고, 줄을 선 사람들 앞에다 바나나 잎을 차례로 놓았다. 그것은 시중드는 카스트인 쿠디야나르와 파리아들을 위한 것이었다. 비록 고기는 없었지만 한 명도 빠짐없이 모두 음식을 받았다. 그날처럼 음식을 푸짐하게 먹는 경우는 아주 드물다! 지방 유지들, 예를 들면 가우드, 나익케르, 우다이야르 등은 가족을 동반하지 않고 홀로 왔다. 그들은 2층에서 음식접대를 받았는데, 특별하게 퐁디의 큰 음식점에서 가져 온 술과 닭고기 요리를 대접했다. 세공장이의 아내인 팍키리가 나에게 다른 사람들의 식사가 끝나면 더러워진 바나나 잎을 치우는 일을 자신이 맡았다고 말했다. 사람이 엄청나게 많았다! 레디아르의 아내는 매우 인자한 사람이었는데 팍키리에게 멋진 사리와, 속치마 그리고 블라우스 한 벌을 주었다. 그러나 팍키리는 입지 않아 블라우스를 자기 시누이에게 주었다. 쌀을 채질한 대가로 우리는 각각 5루피 정도밖에 받지 못했지만, 그런 하찮은 일을 하느니 돈을 덜 받는 게 나았다.

모든 사람들이 자신들의 정당을 위해 투표를 했다. 레디아르가 한편이고, 가우드는 다른 편이었다. 우리는 우리가 원하는 대로 투표를 했다. 나는 내가 일을 하고 있는 레디아르 쪽에 투표를 했으며, 다른 여인네들은 자신들의 지주들 쪽에다 투표를 했다. 하지만 우리가 좋아하는 사람을 위해 투표를 할 수도 있었다. 투표를 하고 나면 우리는 좋은 것이 좋다고, 모든 사람들에게 그들 쪽에다 투표를 했다고 말해준다. 우리는 표를 찍어달라고 하는 모든 쪽에서 돈을 받았다! 그들 모두가 엄청나게 많은 돈을 가지고 있었기 때문이다. 한번은 다섯 정당으로부터 돈을 받은 적도 있다. 쟁기를 상징으로 하는 정당에서는 20루피와 술 한 병을 주었고, 잎사귀 두 개를 상징으로 하는 정당은 25루피와 공장에서 만든 매우 밝은 색상의 사리를 주었으며, 암소와 송아지를 상징으로 하는 정당은 25루피와 땅콩기름을 조금씩 주었으며, 물레를 상징으로 하는 정당은 15루피를, 그리고 또 다른 정당 역시 15루피를 주었다.[12] 우리는 그들 모두에게 그들의 정당에 투표를 할 것이라고 말하고는 돈을 받아 챙겼다. 그러나 우리는 한 표만을 행사할 수밖에 없다. 단 한 사람에게만 투표를 해야 한다. 모두가 돈을 주었지만, 우리는 돈을 받은 모든 정당에 투표를 할 수는 없다! 손이 두 개 있다고 해서 두 번 투표를 할 수가 없지 않은가!

아요, 신나암마! 우리가 투표하러 간 곳에는 사람들이 엄청나게 많았다. 거의 영화관 입구에서 줄서 있는 것 같았다. 거기에는 경찰 차량 두 대, 경찰관들, 형사들, 간호사들이 있었다. 경찰관들은 막대기를 들고 경호를 하면서 "자자, 한 사람씩 차례로! 이 문으로 들어가서 저 방으로 들어가요!" 하면서 고함을 지르고 있었다. 우리는 거기서 나눠주는 것을 차례로 받아들고, 마지막에 선거인 명부를 든 사람 앞에 갔다. 그는 명부를 보고 호명을 했다. "마니깜" 그리고 "마니깜의 부인, 비람마" 그 다음에 "안반"을 확인했다. 내 차례가 되자 그 사람이 나에게 물었다.

"당신 남편의 이름이 무엇입니까? 당신 카드를 보여 주세요!"

약간 나이든 사람이 들어와서 모든 것을 확인했다.

"거기 이름이 있는지 확인해 봐요. 남편 이름도 보구요. 투표용지는 어디 있어요?"

우리는 두 줄을 섰다. 한 줄은 남자, 다른 줄은 여자였다. 집에서 받은 투표용지는 유효한 것이 아니었다. 우리는 거기서 다른 용지를 받았다. 투표 부스에 가서 스탬프로 우리가 원하는 정당의 기호 아래 표시를 하고는 투표한 용지를 함에다 넣었다.

한번은 내가 실수를 했다. 떠오르는 태양 표시에다 표를 찍어야 했었는데, 손바닥 표시에다 투표를 해버렸다. 내가 나오자, 남편은 '떠오르는 태양과 손바닥도 구별하지 못했다'고 꾸짖었다. 물론 구별을 할 수가 있지만, 종이 위에 그려진 모양이 얼룩이 져서 구별하기가 어려웠다. 그는 화를 냈고, 다른 사람들도 마찬가지였다. 나는 그들에게 "날 혼자 내버려둬요! 이렇게 많은 남정네들 앞에 창피스러워 못 있겠네, 정말. 지금 내가 무엇을 어떻게 할 도리가 있나요? 다음 선거 때나 봅시다!" 하고 말했다.

요즈음에는 선거 바로 전날에 세리에서 새로운 일이 벌어진다. 보라! 거리가 잘 정비되었을 뿐 아니라, 새로운 세리의 도로도 포장을 해주었다. 귀퉁이마다 공동 수도를 설치하고, 가로등을 세웠다. 정말 시설들이 좋아져 밤중에 집밖으로 나가는 것을 무서워하지 않게 되었다. 이전에는 밤중에 남자들이 사탕수수밭에 숨어 있다가 몰래 다가와 놀라게 하곤 했다. 옛날 세리의 엉성하던 집들이 모두 넓은 집터 위에 방을 갖춘 현대식으로 바뀌었는데, 그 모든 것이 가족 규모에 따라 결정되었다. 우리는 이미 집을 가지고 있었고, 함께 사는 식구가 꼬맹이 한 명뿐이어서 아무런 혜택을 받지 못했다. 그들은 내 남편에게 "당신이 원하는 곳 어디에서든 살 수가 있어요. 당신 집도 충분히 크고요. 그러나 당신 동생은 새 거주지에 입주할 자격이 있습니다" 하고 말했다. 그래서 시동생네가 새 거주지에 살게 되던 것이다. 형제가 한집에 살고 있다면, 두 명 중 한 명 또는 네 명 가운데 두 명이 새로운 토지를 받게 된다. 그렇게 해서 모든 사람들이 정부에서 준 토지 위에 그들의 재량대로 새 집을 지었다.

세리의 모든 사람들이 자기 집을 가지고 있다. 우리집은 지붕을 새로 갈아야 한다. 나는 마차를 불러 사탕수수 잎을 벨 때를 기다린다. 그 일은 꼬박 이틀이 걸린다. 치떠라이댁의 사탕수수 밭에서 잎을 가져가라고 하여 지붕을 다시 이었다. 과거에 우리는 카루다이 삼바karudai samba 짚으로 지붕을 이었는데, 2년 이상을 갈지 않아도 될 정도였다. 그러나 신품종 벼를 재배하면서부터, 이 품종의 볏짚으로 이은 지붕은 그렇게 오래 가지 못했다. 어제 신나빤네 집 지붕을 개수하는 것을 보았는데, 그는 탈라이야리talaiyari이며 지금 퐁디에 살고 있다. 그는 드라우파디 축제 때마다 가족과 함께 이곳에 와서 한 달 정도 머문다. 마을을 떠난 모든 사람들이 가끔씩 오기 위해 그런 식으로 집을 가지고 있다. 정부에서도 그의 일을 인정하고 있다. 사례 없이 아니 거의 사례를 받지 않고 마을에서 산파일을 하는 사람은 나뿐이다. 신나빤의 아내는 여성협회의 회장이다. 그녀는 당신과 닮았다, 신나암마. 당신도 알다시피 그녀는 우르 출신으로 파라치가 아니었다. 협회는 새 거주지에 회관을 두고 있는데, 그곳에서 신나빤의 아내가 퐁디의 다른 여인들과 함께 와서 연설을 하곤 한다. 나는 그녀에게 산파 일을 하는 대가로 돈을 받을 수가 없느냐고 물었다. 그리고 나땀인 칼리얀에게도 역시 물어 보았다. 그러나 어느 후레자식도 그 일에 관심을 두지 않았다. 누구도 나를 위해 청원을 하려 하지 않았다.

이 일에 관해 나는 세리 출신 청년인 무랄리Murali에게 이야기를 해 보았다. 그는 교육을 많이 받았다. 그는 모든 시험을 통과하고 지금 퐁디의 성부 관청에서 일을 하고 있다. 그는 떠오르는 태양 정당 당원이다. 그는 정당 사람들 앞에서 연설을 하기도 한다. 하지만 나에게는 항상 "기다려 보십시오, 아주머니. 서둘지 마시고. 당신에게 참석하라는 문서가 배달될 것입니다!"라는 말만 되풀이했다.

"그래, 그래!" 나는 그에게 "그래, 내가 화장터에 갈 때나 받아 볼 수 있겠지!"라고 대꾸를 한다. (웃음) 그 청년은 항상 도움을 준다. 그는 우리를 위해 하리잔 사무소에 청원서를 제출한다. 내가 황소 두 마리를 살 돈을 융자받은 것도 그를 통해서였다. 나는 그와 나땀에게 각각 25루피씩 주었다.

둘이서 모든 서류를 들고서는 사무실로 가서 그들이 원하는 사인을 받기 위하여 두세 사람에게 약간의 돈을 찔러주었다. 내가 돈을 주지 않았더라면 아무것도 얻지 못했을 것이다!

무랄리는 정당에서 무슨 일이 일어날 때면 우리 젊은이들을 데리고 간다. 그는 그들에게 지시를 하고 싸움을 끝낸다.

"레디가 당신에게 충분한 임금을 지급하지 않았다. 당신은 싸워야 한다!"

"이 사람은 배반자이고, 저 사람은 진짜 도둑놈이다!"

우리 젊은이들이 서로 이야기하는 말들이다! 이런 말에는 모두가 흥미를 보인다. 우리의 지주들도 그들을 함부로 하지 못하는데, 그렇게 했다가는 곧바로 반격을 당하기 때문이다. 이것이 정당들이 부추기는 바로 그 내용이다. 영화 또한 그들의 머리를 틔게 하고 있으며 그들에게 이상을 불어넣어준다. 어느 날 칸니마의 아들이 쿠뿌싸미의 찻집에 가서는 차를 달라고 요구하는 것을 보았다. 쿠뿌싸미는 그를 보고 공손히 자신의 컵을 가지고 오라고 요청을 했지만, 그 소년은 그 찻집의 컵으로 마시겠다고 요구하면서 쿠뿌싸미를 모욕하기 시작했다. 정말로 간뎅이가 부은 짓이었다! 바로 영화 장면에서 남자들이 누구의 잔인지 가리지 않고 마신다고 해서 현실에서도 그렇게 하라는 것을 의미하지는 않는다! 파리아가 자신들의 컵이 아닌 컵으로 마시기 시작한다면 쿠뿌싸미의 장사는 어떻게 되겠는가? 우르 사람들은 아무도 그 집에 차를 마시러 가질 않을 것이다![13]

이것은 정치인들의 연설을 듣고 초래된 짓거리이다. 물론 아직까지 격정할 필요가 없다. 신의 은총으로, 우리들은 물론 그들의 부모들도 여전히 일을 할 수가 있다. 그러나 우리들도 더이상 일을 하지 못할 때가 곧 다가올 것이다. 그러면 그들은 우리의 지주들에게 가서 도움을 청해야만 할 것이다. 먹지 않고 살 수는 없으니까. 그들을 먹여 살리는 것은 정당도 아니고 정부 관리들도 아니다. 도둑도 훔치는 일만 하면서 영원히 살아갈 수는 없다. 언젠가는 그들도 정상적인 삶으로 돌아가야 한다. 그리고 우리 젊은 이들 역시 정치만으로 먹고 살 수가 없다! 그들은 닭대가리다. 그들은 멋지게 휘파람을 불고 다니며 고주망태가 될 때까지 마시고 다닌다. 우리는 어떻게든 먹고 살 길을 찾아야 한다. 티루라감의 마르와리에게 돈을 빌리기 위해 전당을 잡힐 것이 있는가? 우리가 가진 유일한 것은 우리들의 손 뿐이다. 쿠지가 없는 날이면, 우리는 당장 레디아르에게 달려가서 그에게 쌀 몇 되나 돈 몇 푼을 빌려 올 수가 있다. 그렇기 때문에 나는 항상 우리 지주를 존경하고 그에게 복종하라고 가르치고 있다. 그리고 그것은 레디아르가 투표하는 사람에게 나도 항상 투표를 하고 있는 이유이다. 내 의식은 항상 나에게 그를 위해 투표를 하라고 되뇌고 있다. 나는 그 집 일을 하고 있다. 그는 나를 보호하고 나 역시 그를 보호해 주어야 한다. 모든 사람들이 나와 같이 생각하고 있다. 우리를 먹여 살려주고 있는 사람을 속여서는 안 된다! 가우드는 레디아르보다 많은 돈을 주고 표를 찍어달라고 한다. 그는 우리를 보고 이야기를 한다.

"당신, 레디아르에게 표를 찍지 마시오! 우리에게 표를 주시오!"

그러나 레디아르가 우리 자식들 모두를 결혼시켜 주었다! 비록 내가 가우드에게 투표를 하더라도, 가우드는 우리를 위해 아무것도 해주지 않을 것이다. 선거 이전에는 우리를 생각하지만, 선거가 끝난 뒤에는 우리가 어디 살고 있는지조차 모를 것이다!

이번 선거 이전에 세 번의 선거가 있었다, 신나암마. 싸움도 일어났다. 우리 젊은이들은 페루말 가우드의 정당에 표를 찍는 것을 중단하고 그 대신에 신생 M.G.R. 정당에 표를 찍기로 했다. 두 정당 사람들 간에 여러 날 동안 분쟁이 계속되었다. 어느 날 저녁, 페루말 가우드 정당 소속 사람들이 몽둥이를 들고 왔다. 우두머리 중 한 명은 바디벨루라 불리는 가우드였는데, 그는 항상 세리에 들려 순찰을 하였다. 그때마다 그 놈은 "데이! 누이하고 붙어먹을 놈들아! 누가 여기에 이렇게 많은 시설들을 설치해 주었느

냐? 퐁디를 관할하고 있는 사람들이 해주었지, 그렇지?" 하며 언성을 높였
다.

매일 저녁 그들은 술을 마신 다음 떼를 지어 몰려왔다. 그리고 바디벨
루는 우리를 보고 고함을 질렀다.

"데이! 씨발놈들아, 사람들은 당신들이 높고 위대해서 우리들에게 표
를 찍지 않을 것이라 하는데 맞는 말이야? 응! 누구도 당신들을 위협하지
않았어, 당신들도 알지? 당신들이 원하면 우리에게 표를 찍어. 그렇지 않
으면 투표를 하지 마라!"

우리는 조용히 듣고만 있었다. 그러나 항상 뒤에서 고함을 치는 젊은이
가 있기 마련이다. "이제 모두 끝장났다. 잘난 체하는 친구야! 이제 이전처
럼 네놈도 좆을 치켜들고 돌아다니지도 못할 뿐더러 우리 머리에다 모자를
씌우지도 못할 것이다! 네가 항상 우리를 속여 왔지만, 이제는 더이상 속
지 않을 것이다!"[14]

다행히 어른들이 그들을 가라 앉혔다. 다음날 우리는 레디아르와 우르
의 어른들을 뵈러 갔다.

"어르신 여러분! 우리는 아무런 잘못도 없는데 어제 저녁 바디벨루
Vadivelu와 가우드 무리가 우리 세리에 몰려 왔습니다. 그는 우리를 때리겠
다고 위협을 했습니다. 그는 우리를 심하게 모욕했습니다. 우리는 우리 젊
은애들을 말리느라고 애를 먹었습니다!"

레디아르는 즉시 가우드를 불렀다. 그리고는 그에게 심하게 질책을
했다.

"인나다! 어제 술을 마시고 세리에 가서 사람들을 때리려고 위협했다
면서, 불쌍한 사람들이 겁에 질려 숲으로 가 짐승처럼 숨었다고 한다!"

그러자 가우드가 대답을 했다.

"인난가! 왜냐하면 그들이 돈을 받아먹고서는 나에게 투표를 하지 않
으려 했기 때문입니다. 그래서 내가 그들의 집으로 찾아갔던 것입니다!"

우리는 레디아르가 개입한 것에 만족하면서 그에게 일 처리를 맡겨버렸다. 세리에 와서 거들먹거리고 다녔던 유일한 사람이 바로 바디벨루 그놈이다!

언젠가, 오래 전에, 매우 심각한 일이 벌어진 적이 있다. 그 당시 나는 다섯째 딸을 아직 품에 안고 있을 때였는데, 그때 물이 말라 기근이 들었다. 쌀통도 거덜나서 시장에 나가 뭔가 사와야만 했다. 우리는 매일 같이 날리벨리, 만가빠깜 또는 넬리펫으로 땅콩을 캐러 나갔다. 낮에는 일할 수가 없었는데, 왜냐하면 젖먹이를 키워야 하는 데다 주인들이 하루에 여러 번 젖먹이러 나가는 것을 싫어했기 때문이었다. 나는 아이를 데리고 품팔이 일꾼들이 흘리고 간 것을 주워모았다. 주로 작은 꼬투리나 줍기 어려운 알갱이들이었다. 그렇게 주워모은 땅콩이 매일 한 되에서 세 되 정도였는데, 그것을 팔아 3∼4 루피를 벌었다. 여러 달 동안 비가 내리지 않은 탓에 모든 작물이 메말라 우리는 거의 아사 직전에 있었다.

내 아버지가 마드라스에서 일을 하고 있어서 우리는 그에게 일자리를 부탁하자고 결정을 했다. 남편은 우리를 그곳에다 맡겨두고는 쿠따로레Cuddalore의 나바브nabob 밑에서 밀수를 하는 패거리에 들어가 일을 하기 시작했다.[15] 그들은 야자 설탕, 야자 껍질과 열매 그리고 만다린 껍질을 추출해서는 마을 외곽에서 밀주를 만들었고, 남편은 그것을 운반하는 일을 했다. 남편은 나바브를 위해 담배와 금도 운반해 주었다. 그는 하루에 25루피를 받았는데, 술과 음식은 별도였다. 그 돈으로 어떻게 살아갈 수 있었겠는가? 우리는 다른 일거리를 찾아야만 했다. 쌀 한 말이 매우 비싼 시절이었다! 그러나 나바브가 체포되어 감옥으로 가자 우리는 카라니로 돌아올 수밖에 없었다.

그때가 바로 선거 전이었다. 매일같이 확성기를 단 차량이 카라니로 와서 우리 레디아르를 상대해서 입후보한 날리벨리의 레디에게 표를 달라고 연설을 했다. 세리는 물론 우르에서도 누구 한 사람 그 말을 귀담아 듣지 않았다. 날리벨리의 레디는 우리들의 표를 얻을 수가 없다는 것을 깨닫고, 어느 날 차를 몰고 와서는 그에게 투표를 하라고 요구하면서 위협을 했다. 그러나 누구도 심각하게 받아들이지 않았으며, 누구도 그의 말을 신뢰하지도 않았다. 우리들은 서로 다음과 같이 말을 주고받았다.

"세상에 그 사람이 우리 마을을 위해 무엇을 해줄 수 있을 것인가, 그리고 세상에 누가 그런 원숭이 상을 한 사람에게 어떻게 투표를 할 것인가?"

선거는 순조롭게 끝이 났고, 이틀 동안은 아무도 마을에 나타나지 않았다. 하지만 어느 불길한 셋째 날 아침, 아직 모두가 집안에 있을 시간이었는데, 우리는 알맞게 자른 마따이(곤봉)를 잔뜩 싣고 오는 트럭을 보았다. 그 트럭은 우르와 세리 중간에 멈추었다. 차 안에는 두 명만 있었다. 조금 뒤 건장한 청년들을 태운 트럭 두 대가 왔다. 우리는 이제 막 잠에서 깨어나 무슨 일이 일어났는지 모르고 있었다. 그런데 갑자기 그 놈들 모두 트럭에서 뛰어 내리더니 마따이를 하나씩 쥐고 산지 사방으로 흩어져 갔다.

그들은 모든 집으로 달려갔으며(비람마 웃음), 마주치는 사람들을 두들겨 패고 접시를 깨고 약탈을 했다. 우리는 도망을 쳤다. 큰 레디아르와 그 가족들은 차를 타고 마을 뒤에 난 길을 따라 도망을 갔다. 바띠야르의 부모와 몇몇 사람들은 퐁디로 가는 버스를 타고 도망갔다. 다른 사람들은 저수지와 나무 아래에 숨었다. 마치 개미집을 허물어 놓은 것 같았다. 모두가 도망가기에 바빴다. 우르에서는 여러 집에서 패물을 도난당했다! 트럭 두 대에 가득 실려 온 남자들이 우리를 두들겨 패거나 죽였다! 우리를 집에서 쫓아내면서, "데이! 네놈들이 우리에게 표를 주지 않았지. 이것이 그 대가이다!"라고 했다. 다행히 남편은 집에 없었다. 그렇지 않았더라면 그 역시 두들겨 맞았을 것이다. 나는 내 딸을 팔에 안고 있었다. 나는 태양 아래 늙은 신기료 장수와 함께 앉아 있었다. 비마Bhima처럼 커다란 세 놈이 들이닥쳐서는 그를 보고 고함을 쳤다.

"데이, 늙은이! 일어나!"

그러나 그는 "내가 어떻게 일어날 수 있을 것이라 생각하십니까, 어르신! 다리가 후들거려요, 다리가. 나이가 들어 마음처럼 안 됩니다!"라고 대답했다.

그들은 그를 차버리고는 파끼암의 집으로 향했고, 나를 보고 "아예! 아이들과 함께 이리 나와, 이 쌍년아! 너도 우리에게 투표를 하지 않았지, 응?" 하고 물었다.

내가 어떻게 대처했는지도 모른다. 나는 그들의 주먹을 맞고 완전히 기절했다. 정신을 차려 보니 벨파깜으로 가는 길가에 쓰러져 있었다. 정신을 차리자 겁이 났다. 그들은 모든 것을 부수고 깨어 버렸을 뿐만 아니라 레디 아르 댁 옆에 있는 등기사무소에도 불을 질러버렸다. 마을에는 개미 새끼 한 마리도 남아 있지 않았다. 살아 숨쉬는 것이라고는 아무것도 남아 있지 않았다. 그들은 마음대로 약탈을 해갔다. 라아빤은 신한 상처를 입었다. 그는 들것에 실려 퐁디의 병원으로 가 며칠간 입원을 했다. 그가 퇴원해서 돌아 왔을 때는 마치 무슬림 시체처럼 온몸에 붕대를 감고 있었다.(비람마 웃음)

다음날 우리는 하나 둘씩 되돌아 왔다. 등기사무소는 여전히 불에 타고 있었다. 가축들 중 일부는 달아나고, 일부는 죽어 있었다. 수많은 물건들이 부서지거나 도난을 당했다. 세리에서는 접시들이 모두 깨어져 있었고, 음식들은 밟아 뭉개진데다, 곡식 저장고는 구멍이 나 있거나 약탈당한 상태였다. 우리는 거의 아무것도 없는데서 다시 시작해야 했기에 삶이 힘들어졌다.

그런데, 신나암마, 그날 날리벨리의 레디는 아주 재빨리 달아났어!

"어디로?"

바이쿤담(저승)으로! (웃음) 사건이 발생하고 이틀 밤 사흘 낮 동안 들리는 소리라곤 가난한 사람들이 그 개새끼를 저주하는 소리뿐이었다.

"그 상놈이 죽었기를 바래!"

"그 사지를 찢어 죽일 놈은 눈도 못 감고 뒤져야 해!"

"씨를 말려야 해!"

"어느 놈이 그 놈의 여편네를 업어나 가지!"

그리고 우리들은 서로를 위로했다.

"인난가! 이 세리와 우르에 어디 그런 후레자식이 있었답니까? 고결한 여인이 하나라도 있어 그녀의 저주가 효과가 있다면 좋을 텐데! '

얼마 후 우리는 작은 레디아르 댁 논에서 일을 하고 있다가, 날리벨리의 그 개새끼가 심장마비로 죽었다는 소식을 전해 들었다! 우리는 모든 것을 팽개치고 아이들을 데리고, 우리 여인네들이 앞장을 서서 행진을 했다. 남정네들도 뒤따라 왔다. 야마를 괴롭힌 그 놈이 죽었더라도, 그 놈이 영원히 우리의 저주를 듣기를 바랐다. 그들은 우리를 밀어내려고 했지만 그 놈에게 받은 빚을 갚으려고 모인 사람들이 너무 많았다.

"썩어 자빠질 염병할 놈아! 네 놈이 우리를 두들겨 패러 사람을 보냈지만, 신이 네 놈을 일찍 데리고 갔구나! 얼른 가거라, 이 땅에서 누구도 네 놈을 다시 보기를 원치 않는다!"

흠! 고상한 사람은 다 죽었군! 그는 일꾼들에게 임금을 지불할 때 돈을 가방이나 자기 소만 안주머니에 넣어 두지를 않았다. 그는 돈을 삽에다 올려서 땅바닥에다 던져주고, 일꾼들이 돈을 서로 줍겠다고 난리를 떠는 모습을 지켜본다! 파라치가 거리에서 급히 가는 것을 보노라면, 그는 그들을 향해 "아예! 누이 붙어먹을 놈들아! 어디로 그렇게 좆빠지게 달려가나?" 하고 소리친다. 그의 말투는 항상 이렇다. 그의 장례식에는 들것에 꽃을 장식할 여유는 있을지 몰라도, 그 꽃들은 우리의 저주로 말미암아 이내 시들고 말 것이다! 우리의 분노를 보고 불안을 느껴, 가족과 경찰들은 시체를 집안에 오래 두지 않기로 결정했다. 그들은 화장시간을 앞당겼다. 모든 것을 서둘러 마치고 장례식도 되는 데로 진행했다. 일곱 번 환생해서 말뚝에

찔리는 것으로 끝을 맺기 이전까지 그는 화장터에서 오랫동안 기다려야 할 것이다. 이스바란이 그런 놈들에게 내릴 수 있는 벌이다!

이 칼리유감에서는 그런 일이 일어날 수가 없다, 신나암마. 그들이 우리를 찾아와서는 투표를 해달라고 돈을 주면, 우리 젊은애들은 멍청하게 모든 것을 잊어버린다. 정부가 우리들을 위해 일을 한다. 과거에는 지주들이 가난한 사람들에게 일을 시키고 먹을 것을 주었다. 그들의 말이 곧 법이었다. 누구도 우리가 원하는 것이 무엇인지를 와서 물어보지 않았다. 그런데 오늘날에는 우리에게 표를 달라고 하고, 우리 파리아들도 문명화되었다. 과거보다 더 가난해진 사람들이 많아졌지만 그들은 자신들이 필요한 것을 요구한다. 내 입장에서 보더라도 나는 힘들지만 가족을 위해 일을 하고 모두들 잘살고 있다. 그들의 다르마 덕택에 나 역시 잘살고 있다. 내 자식들 모두가 결혼을 했고, 손자들도 있다. 나는 이 세상에 와서 뭔가를 남기고 떠난나. 나는 굶지 않고 살고 있다, 신나암마.

나데스바람nadesvaram 경사스런 날에 연주하는 커다란 오보에.

나땀nattam 전통적으로 세습 촌장을 말하며, 마을 위원회인 판차아트(panchayat)를 주재한다. 공식적 지위는 아니지만 마을의 유지로 대접을 받고 있으며, 마을 제반사에 대해 대체적으로 그의 조언을 구한다.

나룬구nalungu 혼인식 전 날 악귀를 쫓아내는 의식.

나맘namam 비쉬누파의 표시. 콧마루까지 그린 붉은 줄무늬를 두 개의 흰색 줄무늬가 감싸고 있는 'V' 자 모양의 형태

나이얀디naiyandi 젊은 파리아들이 자체적으로 조직한 악단으로 사랑노래와 우습고 풍자적인 노래를 주로 부른다.

다르마dharma 개인들 각자의 세속 및 종교적 의무로 그들의 사회적 위치에 따라 결정되는데, 이것은 세상의 질서를 보존하기 위하여 필요한 것이다.

데비devi 여신, 여왕 혹은 부인을 부르는 일반적 호칭.

데de! 소녀 또는 여인들을 향하여 애정을 보이는 감탄사.

데이dei! 소년들이나 남자들을 향하여 대개 경멸을 내포하는 뜻의 감탄사. 그러나 때때로 애정의 감탄사로 쓰이기도 한다.

도사dosai 발효시킨 쌀가루와 콩가루로 만든 일종의 구운 빵 같은 것.

도샴dosham 일종의 신들림으로 특히 어린이들에게 설사와 탈수를 불러온다.

드라비다르 카자감 Dravidar Kajagam (DK) '드라비디안 연맹.' 1944년 북인도와 상위 카스트들의 헤게모니에 대항해서 드라비디안 국가(남인도)를 추진하기 위해 E. V. 라마싸미 나익케르(Ramassami Naicker)-페리야르(Periyar)로 알려져 있다-에 의해 타밀나두에서 발족된 사회개혁 운동.

드라비다르 문네트라 카자감 Dravidar Munnetra Kajagam (DMK) '드라비다인 해방을 위한 연맹.' 1949년 C.N. 안나두라이에 의해 창립된 지역주의 정당으로, 발족 당시에는 DK와 유사한 이데올로기적 토대에서 출발했다.

데바스devas   성스러운 하늘의 신적 존재. '신'(god)으로 번역되며 악마, 아수라의 앙숙으로 나타난다.

라기ragi   남인도에서 곡물의 통칭.

라뚜laddu   병아리콩 가루와 캐슈 열매, 건포도 및 생강을 넣고 만든 덩어리 과자.

라삼rasam   고추와 심황으로 만든 매운 물로 식사 마지막에 밥과 함께 섞어 먹는다.

마따이mattai   야자 줄기로 만든 지팡이 또는 곤봉.

마라까marakka   퐁디체리의 곡물 계량 단위로 약 3.2킬로그램에 해당한다.

마르카지Markaji   타밀 월력으로 아홉 번째 달이며, 12월 중순에서 1월 중순에 해당된다.

마시Maci   타밀 월력으로 열한 번째 달이며, 2월 중순에서 3월 중순에 해당된다.

마이소르 팍mysore pak   병아리콩 가루로 만든 바삭바삭한 빵.

무루꾸murukku   콩가루와 쌀가루로 만든 비비꼬인 모양의 튀긴 입가심 과자.

바이쿤담vaikundam   비쉬누의 안식처 또는 천국으로, 메루산 위 또는 북해에 있다고 알려져 있다. '바이쿤담으로 가라'는 말은 '죽어라'라는 뜻이다.

박티bhakti   헌신, 굴종 및 믿음을 나타내는 말로 신에 대한 강렬한 사랑. 호혜적이기도 하다. 신은 숭배자에게 스스로를 내어준다.

베다이vadai   콩, 병아리콩 및 검은콩에서 추출한 것으로 만든 가루 반죽 푸딩 또는 도넛. 어떤 것은 둥글고 어떤 것은 반지 모양인데, 반지 모양은 여자나 여인들을 빗대는 용어로 사용된다.

벨파까따Velpakkatta   문자 그대로 벨파캄에서 온 여인'이다. 비람마의 택호이다.

본다bonda   검은콩과 커민 씨앗, 생강, 푸른 고추, 양파, 야자 그리고 후추 열매로 만든 튀김.

분디bundi   과자 또는 소금을 넣고 콩가루를 튀긴 주먹과자.

비디bidi   값싼 담배.

사미Sami   신을 부르는 통칭, 혹은 남성 신을 지칭하며 확장하여 주인을 일컫는 말로 사용된다.

사미아르samiar   신통력을 지닌 거룩한 사람.

삼바samba   1. 6~7월부터 12~1월까지의 주 경작 시기. 2. 이 시기에 대대로 경작해 온 전통적인 벼 품종.

삼바르sambar   콩과 채소로 만든 양념.

세나이senai   나데바스바람의 작은 형태로, 북인도의 전통 음악 세나이(shenai)와 관련된 관악기로 성스러운 악기로 간주된다.

세라부selavu   생강과 으깬 커민, 겨자 및 암미 열매로 만든 가루.

세리ceri '거주지' (colony)로 알려져 있으며, 마을의 일부로 달리트들이 살고 있는 구역이다. 다른 카스트들이 살고 있는 마을 중심부인 우르와 떨어져 있다.

소만soman 하얀 면으로 된 허리에 두르는 간단한 옷으로, 바느질을 하지 않고 만드는 남자들 옷이다. 무릎까지 내려 입는 것보다 발목까지 내려 입는 것이 보다 공손한 차림이다.

순남부sunnambu 석회. '순남부 노래' 는 석회가마에서 일하는 여인네들이 부르는 노래이다.

시카카이sikakai 비누로 쓰이는 덩굴식물. 꼬투리를 따서 샴푸로 사용한다.

시타람sitalam 고열과 오한을 동반하는 병의 통칭.

신나암마Sinnamma 어원상으로는 '작은 엄마' 또는 '새 아씨' 를 의미하지만, 비람마는 조시안 라신느(Josiane Racine)가 젊고 높은 카스트라는 점을 고려해 부르는 용어이다. 일반적으로 젊은 숙모를 혹은 카스트상 자신들이 일을 해주면서 잘 알고 지내는 갓 결혼한 젊은 여인을 부르는데 쓰인다.

아디Adi 타밀 월력으로 네 번째 달로 칠월 중순에서 팔월 중순에 해당된다.

아람alam 라임과 섞은 심황 물. '아람을 올린다' 는 말은 구리 쟁반에다 이 물과 베텔을 담고, 장뇌에 불을 붙여 숭배하는 신상 앞에서 구리쟁반을 돌린다는 것이다.

아바니Avani 타밀 월력으로 다섯 번째 달이며, 8월 중순에서 9월 중순에 해당된다.

아수라asuras 하늘의 신적 존재로 매우 강력한 일종의 타이탄이다. 일반적으로 악마(demon)로 번역되며, 데바스(devas)의 앙숙이다.

아야ayya 윗사람을 부르는 경칭.

아요ayo! 놀람, 슬픔, 애도를 나타내는 감탄사.

아요요ayoyo! 아요의 강조형.

아이예르Iyer 타밀나두에서 시바파 브라만들을 일컫는 말이다. 특히 세리의 시바파 사제는 달리트이며 발루바르(Valluvar) 카스트 출신인데도 이런 영예로운 직위를 부여하고 있다.

안나anna 타밀의 옛날 화폐 단위이다. 1안나는 1/16루피 또는 12파이세이다. 독립 이후 십진법이 도입되어 1루피가 100파이세가 되었다. 그러나 4안나는 아직도 1/4루피 혹은 25파이세로 통용되고 있다.

안나 드라비다 문네트라 카자감 Anna Dravida Munnetra Kajagam(ADMK) 1972년 DMK로부터 분리된 이후 M.G. 라마찬드란에 의해 설립된 정당. 여기에서 안나는 DMK의 설립자 안나두라이의 약자이다.

암마바사이Ammavasai 새 달이 뜨는 날. 특히 아디, 푸라따치(Purattaci) 및 타이(Tai) 달에 조상을 숭배하면서 찬양한다.

오뚜ottu　깊은 음색을 내는 관악기의 일종.

우두까이udukkai　나이얀디 악단이 연주하는 장구모양의 북.

우르토띠urtotti　마을의 소식을 전달하는 일을 맡고 있는 토띠이다. 우르토띠는 토띠와 우르의 합성어이다.

우르ur　달리트가 거주하는 세리와 구별하여 마을 자체를 일컫는 말이다. 브라만, 지주 카스트에서부터 이발사 같은 서비스 카스트에 이르기까지 모든 카스트가 우르에 살고 있으며, 이스바란(시바) 페루말(비쉬누)을 모시는 마을의 주요 사원들이 이 곳에 있다. 이들 사원에는 달리트들의 입장이 금지되어 있다.

우뿌마uppuma　호밀 또는 양념과 양파를 넣어 튀긴 간식거리.

우자꾸ujakku　곡식을 계량하는 가장 적은 단위. 그래서 키가 작은 사람을 비유하는 말로 쓰인다.

유감Yugam　힌두 사상에 따르면 세상에는 네 개의 서로 다른 시대로 나누어져 있으며, 한 시대가 끝나면 다음 시대로 이어진다고 한다. 크리타유감(황금 시대), 트레타유감(은 시대), 드바파라유감(동 시대) 그리고 칼리유감(철 시대). 네 시대를 합쳐서 마하유감(거대 시대)이라 부르며, 432만 년에 헤당된다. 비람마는 단순하게 그녀의 생애에서 한 시기 또는 한 세대를 나타내는 말로 사용하고 있다.

이들리idli　쌀과 콩을 익힌 케이크.

인나다, 인나빠, 인나야, 인나가 Innada, Innappa, Innaya, Innaga　남성을 사회적 위치에 따라 부르는 호칭으로 인나가가 가장 존칭이며 인나다가 가장 비칭이다.

자나타Janata　1977년 인디라 간디의 회의당에 대항해서 북 인도에서 창당한 정당. 자나타 당은 1989년 선거에서 라지브 간디를 물리쳤으며 1996년에 다시 정권을 장악했다.

자야 만갈람 Jaya mangalam　승리를 노래하고, 행운을 부르는 찬송.

질레비jilebi　당밀로 만든 빵의 일종으로, 결혼식 때 먹는다.

치띠라이Cittirai　타밀 월력으로 첫 번째 달이며, 4월 중순에서 5월 중순에 해당된다.

카니kani　5350평방미터의 땅으로, 100쿠지(kuji)로 분할된다. 비람마가 종종 1/4카니를 언급하고 있는데 약 1338평방미터에 해당하는 땅이다.

카라감karagam　물을 담아 마르고사 잎으로 덮개를 씌운 항아리로- 쿰밤(kumbam)처럼- 삭티(Sakti)를 재현한 곳에서 행렬할 때 사용한다.

카르나karna　긴 철제 나팔로 그 무게 때문에 위로 치켜들고 연주를 한다.

카르마karma　개인의 과거와 현재의 행동이 운명에 영향을 끼치는 것이다. 그들의 행위가 다르마에 맞는다면 이롭고, 그렇지 않은 경우에는 해롭게 나타난다.

카르티까이Kartikkai   타밀 월력으로 여덟 번째 달이며, 11월 중순에서 12월 중순에 해당된다.

카바디kavadi   타이 푸삼(Tai pusam) 축제 때 무루간(Murugan)의 숭배자들이 그들의 어깨에 매고 운반하는 나무로 만든 장식용 굴레이다. 싸움에 진 악마 이툼판(Itumpan)이 무루간에게 공물로 바친 멍에를 상징한다. '카바디 노래'라는 말은 무루간을 숭배하는 노래라는 뜻이다.

칸지kanji   주로 하루 전에 지은 밥을 말하며, 물에 담가 두었다가 아침 이후에 먹는다. 쌀 부스러기로 지은 죽을 가리키기도 한다.

칼리kali   수수나 라기로 만든 걸쭉한 죽. 쿠지(kuj)는 같은 재료로 만든 묽은 죽.

칼리유감kaliyugam   힌두 사고 체계에 따르면 철의 시대 또는 암흑 시대이다. 칼리의 시대이며 혼돈의 세상이다. 비쉬누의 열 번째 화신인 칼키(Kalki)가 지배할 세상이다. 비람마가 이 말을 쓰는 것은 현재를 나타내며 그녀의 어린 시절부터 사회 질서가 변화했음을 의미한다.

캄바땀kambattam   지주를 가리키는 말이지만, 특히 한 마을에서 가장 부유한 지주나 전통이 깊고 부유한 지주 가문의 수장을 가리키는 용어이다.

코둠바비kodumbavi   가뭄을 막기 위한 의례에서 사용되는 것으로 불임여성을 형상화한 진흙인형.

코람kolam   쌀가루로 바닥에 그린 행운을 부르는 기하학적 문양. 모든 카스트의 여인들이 즐겨 그리는 대중적인 그림으로 다양한 모양이 있다.

코삐koppi   황소의 뿔에 매달아 주는 작은 구리 고깔로 방울과 함께 단다.

콘담kondam   여인들이 부르는 후렴이 있는 짧은 노래.

쿠뚜kuttu   콩과 채소 또는 푸성귀로 만든 수프.

쿠람kulam   일반적으로 사원 근처의 우물 또는 물이 많이 있는 장소.

쿠지kuj   수수와 라기로 만든 죽. 주로 일꾼들의 점심으로 제공되는 주식.

쿠지도삼kujidosham   화장터 부근에서 빠지는 신들림으로 어린이들에게 설사를 일으킨다.

쿤구맘kungumam   물, 레몬 주스, 라임 및 샤프란 가루로 개어 만든 반죽으로, 결혼한 여인들의 이마에 붙이는 붉은 포뚜(pottu)로 사용된다.

쿰밤kumbam   마르고사 잎으로 덮은 물이 담긴 항아리— 카르감과 마찬가지로—이지만 마리암만(Mariamman)이 주재하는 집안의 장소에다 모셔둔다.

타이Tai   타밀 월력으로 열 번째 달이며, 1월 중순부터 2월 중순에 해당된다.

탈리tali　남편이 죽기 전까지 기혼 여성들이 목걸이와 함께 차고 다니는 금으로 된 패물.

텔루구Telugu　안드라 프라데쉬 주의 공용어이며, 드라비다 언어 중의 하나.

토띠totti　매년 파라이메람 악단을 구성하는 파리아의 하위 카스트인 일곱 명의 베띠얀 (Vettiyan)을 가리킨다.

툰두tundu　남자들이 어깨에 걸고 다니는 면으로 된 숄인데, 가끔 낮은 카스트의 일꾼들은 터번으로 사용하기도 한다.

틴나이tinnai　기둥 앞에 만들어 놓은 집 바깥의 넓은 공간으로, 길과 대문을 구별하고 있는 평평한 연단이다. 방문객 또는 집안으로 들여놓기를 꺼리는 낮은 카스트 성원들은 이곳에서 응접할 수 있다.

파농fanon　인도 독립 이전 프랑스령 인도의 화폐 단위로 1/8루피에 해당한다.

파라이메람paraimelam　브라만을 제외하고 모든 카스트의 장례식 때 연주하는 파리아들의 악단이며, 우르의 축제 때 행렬을 선도한다.

파빠르, 파빤 Pappar, Pappan　타밀어로 브라만을 일컫는 통칭.

파야삼payasam　우유, 푸른 콩, 버미첼리 및 타피오카, 생강, 향료, 캐슈 열매 그리고 건포도를 넣어 만든 후식용 음식.

파이사paisa　1루피의 1/100. paise는 복수형이다.

판갈리pangali　어원학상으로 '분배권이 있는 사람들'을 의미하는 복합적인 친족용어. 대개 남편쪽 가계를 일컫지만 아내쪽으로 확대하여 사용하기도 한다.

판구니Panguni　타밀 월력으로 열두 번째 달이며, 3월 중순에서 4월 중순에 해당된다.

판달pandal　손님이 많이 올 때 의식을 치르기 위해 대나무를 골조로 하여 야자 잎을 덮어 만든 차양막.

판차야트panchayat　선거로 뽑은 마을 위원회.

팜바이pambai　허리에 고정시키고, 나이안디 익단들이 연주하는 두 개의 북.

패디paddy　나락. 벼를 추수하여 타작을 해서 수확한다.

페이pey　자살한 자 또는 사고로 죽은 자의 악령.

포뚜pottu　과부를 제외하고, 여인들의 이마에 붙이는 행운의 표시. 전통적으로 어린 소녀는 검은 색으로 기혼 여성들은 붉은 색을 사용한다. 상징적으로 포뚜는 '삭티의 눈' 즉 파괴의 눈을 나타내는데, 성스러운 여인의 정수인 삭티를 시바 신에게 바치는 것이다.

푸뚜puttu　설탕과 야자를 넣고 찐 쌀밥으로 소녀의 초경의식 때 제공된다.

푸라따치Purattaci　타밀 월력으로 여섯 번째 달이며, 9월 중순에서 10월 중순에 해당된다.

푸사리pusari 브라만이 아닌 사제.

푸자puja 숭배자의 행위 및 신성스런 존재에 공양을 하는 것이다. 다소 의례화된 절차
가 있다.

피차추picacu 아수라와 싸우기 위해 칼리가 만들어낸 신령.

퐁갈pongal 1. 축제 때 쌀에다 우유를 넣고, 육고기, 콩과 양념을 섞어 끓여서 만든 음
식. 2. Pongal. 추수 축제로 둘째날에 황소와 암소에게 퐁갈을 준다.

회의당Congress 국민회의파. 민족주의 운동과 결부되었던 정당. 1947년 독립 이후 그리
고 1964년 네루의 사망 이후, 여러 분파로 나누어졌지만 타밀나두를 제외하고 여
전히 인도 정치를 지배하고 있다. 타밀나두에서 회의당은 1967년 드라비다 정당들
이 출현한 이후부터 1990년대까지 권력의 중심에서 밀려나 있다.

신들의 이름

고빈다Govinda 크리쉬나의 다른 이름으로 '소를 발견한 자'라는 뜻이다. 크리쉬나는
비쉬누의 여덟 번째 화신이다.

드라우파디Draupadi 마하바라타에 의하면 판다바 다섯 형제의 부인으로 뒷날 대중적인
여신이 되었다.

락쉬미Lakshmi 비쉬누의 동반자로, 재물과 미의 여신이며 세속 및 영적인 축복을 위해
기원한다.

마리암만Mariamman 천연두의 여신으로, 삭티의 여러 형식 중의 하나.

만나라사미Mannarasami 진흙으로 만든 링감으로 시바의 남근을 상징하는데, 이 링감 앞
에서 지상으로 추방당한 카마치가 12년간 명상을 했다.

무니Muni 파트차이얌마가 만든 일곱 명의 수호신으로 시바가 두 번째 저주를 내린 이
후에는 카마치로 불렸다.

무루간Murugan 시바의 둘째 아들로 남성미, 젊음, 전쟁과 산의 신이다. 그는 공작새를
타고 다닌다.

비란Viran 이차적인 신격으로, 무섭고, 인육을 먹으며, 술을 즐기는 신이다. 신화에 따
르면 시바의 장인인 닥샤가 모든 신들을 초대해서 푸짐한 희생제의를 하면서 시바
를 초대하지 않자 시바가 그에 앙심을 품고 닥샤를 죽이기 위해 창조한 아들이다.

삭티Sakti 성스런 에너지 또는 힘을 의인화 한 여신이며, 파르바티, 시바의 아내, 전쟁
의 신 두르가, 파괴자 칼리 등 여러 여성상을 내포한다. 마리암만 같은 이차적인 여

신들도 삭티의 여러 형태 중 하나로 간주된다.

수호신Guardian   작은 신들 중의 하나로, 카발카란(Kavalkaran)이다. 그의 성소는 대략 삼각형으로 생긴 바위 다섯 개이다.

아이야나르Aiyanar   이전에는 드라비다의 신이었으나, 시바의 아들 및 비쉬누의 여성형 모히니로 일찍이 브라만 신성 체계에 융합되었다. 농사의 수호신이며 마을을 지키는 무장한 수호신이다. 이 신의 사원은 항상 마을 언저리에 위치한다.

안다바Andava   시바의 다른 이름 중의 하나.

안자네야르Anjaneyar   원숭이 신인 하누만의 다른 이름이다. 하누만은 라마야나에 의하면 스리랑카의 왕인 라바나와 라마가 싸울 때 라마를 도왔다고 한다.

야마Yama   죽음의 신이다.

에띠얀Ettiyan   화장터의 수호신이며 죽음의 신 야마의 보좌이다. 파리아의 하위 카스트인 베띠얀들은 자신들이 에띠얀의 후예라고 믿고 있다. 그래서 그들의 의례적인 일은 죽음과 결부되어 있으며 무덤 파는 일을 하고 있다. 비람마는 베띠얀에 속한다.

에주마리얀Ejumaliyan   비쉬누의 다른 이름으로, '일곱 산의 신'이란 뜻이다.

이스바란, 이산 Isvaran, Isan   시바의 다른 이름 중 하나로, '주인'이란 뜻이다. 타밀 지역에서 가장 대중적인 신이다.

카마치Kamatchi   시바에 의해 12년간 지상으로 추방된 파르바티(Parvati)의 형상을 가리키며, 그녀는 캄파(Kampa) 강가의 정원에서 진흙으로 만든 링감〔Mannarasami〕앞에서 명상을 했다. 두 번째 저주를 받아서는, 파트차이얌마(Patchaiyamma)라는 이름을 얻어 일곱 명의 수호신, 무니(Muni)를 만들었다. 그녀의 만족한 표식은 집안의 제단 옆에 모셔두는 작은 청동쟁반 또는 동으로 만든 기름 등잔 위에 비쳐진다.

칼리Kali   시바의 아내로 추정되는 여신들 중 가장 무시무시한 모습을 하고 있는 여신이다. 해골 목걸이를 한 칼리 또는 칼리 마(검은 엄마)는 인산을 도살하는 자로 피의 공양을 요구하는 신이다.

파라칼리Parakali   화가 나 있는 무서운 형태의 칼리 여신.

파르바티Parvati   시바의 아내.

파차이싸미Patchaissami   비쉬누의 화현으로 파트차이얌마를 수호하는 일곱 무니의 우두머리.

페루말Perumal   비쉬누를 일컫는 가장 일반적인 타밀 이름. 그는 큰 독수리 가루다(Garuda)를 타고 다닌다.

페리얀다반Periyandavan   시바의 장인인 닥샤(Daksha)가 만든 시바를 빼닮은 '위대한 신'이다. 비람마의 친족들의 신.

포라이야따^{Poraiyatta} 경계의 여신이며 마을 영토의 수호자이다.

필라이야르^{Pillaiyar} 코끼리 머리를 한 신으로 가네산(가네쉬), 가나파티 및 비나야가르로 알려져 있다. 그는 부를 관장하고 모든 일의 성공을 보장해준다.

카스트 이름

참조 끝에 'ar'이 붙는 것은 카스트 전체를 한정하기 위해 사용되는 접미사이다. 그리고 존칭어로도 사용되며 특정한 개인을 지칭할 때 소위 낮은 카스트에 대해서는 일반적으로 사용하지 않는다.

가우드^{Gounder} 반니야르(Vanniyar) 카스트를 부르는 보편적인 이름으로 반니야르는 농업에 종사하는 카스트이다.

나익케르^{Naicker} 농부이며, 반니야르 카스트 중 최상위에 있다.

레디아르, 레디^{Reddiar, Reddi} 텔루구 지역에서 기원한 상위 카스트로 지주계층.

마르와리^{Marwari} 라자스탄의 마르와르에서 기원한 장사 공동체이다. 그들의 구성원들은 인도 전역에 깔려 있다. 그들 중 많은 사람들이 전당포 주인이거나 고리대금업자이다.

바니야르, 바니얀^{Vaniyar, Vaniyan} 기름을 짜는 카스트.

반나르, 반난^{Vannar, Vannan} 세탁부 카스트.

반니야르^{Vanniyar} 농부 카스트로, 타밀어권의 북부지역에서 가장 인구가 많은 카스트. 그들의 사회적 위치에 따라 카스트의 성원들은 서로를(또는 다른 카스트 성원들도) 다른 이름으로 부른다. 예를 들어 나익케르, 가우드, 파다이야치, 팔리 또는 쿠디야나르 등.

발루바르^{Valluvar} 달리트 사제로 비쉬누파에 속한다.

베띠야르, 베띠얀^{Vettiyar, Vettiyan} 파라이야르의 하위 카스트로, 특히 장례와 관련된 의례적 업무를 수행한다.

브라만^{Brahman} 전통적으로 사제 카스트이며, 위계가 가장 높은 카스트이다. 타밀어로는 파빤(Pappan)으로 불려지며, 브라만 사제들은 주요 힌두 신들만을 모시는 사원에서만 의례를 집전한다.

사낄리야르, 사낄리^{Sakkiliyar, Sakkili} 신기료 카스트이며 달리트 중에서도 가장 낮은 카스트 중의 하나로 간주된다.

사나르^{Sanar} 야자와 야자나무 즙을 모으는 카스트.

우다이야르^{Udaiya} 농부 카스트.

암바따르, 암바딴-Ambattar, Ambattan   이발사 카스트로, 경사스런 축제에 악단으로 참여한다.

체띠아르, 체띠 Chettiar, Chetti   타밀 상인으로 상위 카스트에 속한다. 상업에 종사하는 많은 카스트들이 체띠아르라는 명칭을 사용하고 있다.

케프마리Kepmari   도둑 카스트이며, 그들 중 일부는 지금 농부인데 스스로를 무다리아르(Mudaliar)라 부른다.

코라바르, 코라반-Koravar, Koravan   반 유목 생활을 하는 사냥꾼 부족. 코라띠(Koratti)는 이 부족의 여인들을 지칭하는 이름이다.

코미띠Komutt   텔루구어를 사용하는 상인 카스트.

코사바르, 코사반-Kosavar, Kosavan   옹기 빚는 카스트이다.

쿠디야나르Kudiyanar   자자손손 농업 노동을 하는 반니야르(Vanniyar) 카스트 성원들 중 가장 가난한 사람들이다.

파다이야치Padaiyatchi   반니야르 카스트의 구성원이다.

파라이야르Paraiyar   타밀어를 사용하는 지역에서 가장 인구가 많은 달리트 카스트이다. 포르투갈어, 불어 및 영어권에는 파리아(Pariah)로 번역되어 있다.

파라치Paratchi   파라이야르 카스트의 여성을 나타내는 타밀 구어체.

판나이야르Pannaiyar   파라이야르의 하위 카스트이다.

판다람Pandaram   달리트 사제이며, 시바파에 속한다.

팔리Palli   반니야르 카스트의 구성원이다.

신을 경배하는 날 나는 태어났다

1) '머슴(serf)'은 아디마이adimai를 번역한 말이다. 가족 대대로 지주에게 귀속되거나 의존해서 살아온 농업노동자를 말한다. '예속 노동bonded labour'의 한 형태인 아디마이는 지금 인도에서 불법이다. 그들은 주인의 귀속재산이 아니라 일정 정도의 자치권을 가지고 다른 지주를 위해 소작농 또는 일용노동자로 일할 수 있다. 그러나 그들은 지주에 대한 의존성 때문에 지주에게 예속되어 있다. 이것은 한편으로 항상 저임금으로 착취될 수 있음을, 다른 한편으로는 일자리가 보장됨을, 의례나 결혼, 죽음과 같은 가족의 중요한 행사 때 지주에게 빚을 낼 수 있어 상대적인 안정감을 주기도 한다. 그러나 부모세대의 빚은 자식에게 전수되며 이 빚을 갚으려고 몇 세대에 걸쳐 지주들을 위해 일을 하게 된다. 원칙적으로 이런 식의 의존형태는 사라졌지만 — 지주들은 아디마이를 최소화하고 일용노동자를 선호한다 — 이 같은 전통적인 관계는 여전히 비람마 세대에게 내재화되어 있다. 이런 관계는 특히 레디와 같은 강력한 지주에게 존경심을 표시하는 것으로 표현되고 있다.

2) 이 경우에 고모aunt는 비람마와 혈연관계에 있는 사람을 지칭하지 않는다. 이 책에서 비람마 아버지 나데산의 누이인 아디만이 유일하게 혈연관계인 고모이나 그녀는 계속해서 마을주민들을 말할 때 인척-할아버지, 할머니, 큰오빠, 큰언니, 시누이, 사위-관계의 용어들을 공통적으로 사용하고 있다. 예를 들어 비람마는 시어머니를 '고모'라고 부른다.

3) 카라니Karani에서 세리ceri의 주민들은 대부분이 파라이야르Paraiyars들인데, 이들은 우르ur의 거주민들을 타밀Tamils이라고 부른다. 이것은 존경을 표하는 동시에 전적으로 이데올로기적 관행이기도 하다. 인종적으로 많은 타밀인들이 하는 그대로 따라 하고 있다. 그들의 관습은 불가촉성이라는 이데올로기를 정의하는 사회적 배척을 반영하는 것이다.

4) 인도사람들은 관습상 외가에서 아이를 낳는데, 비람마가 그런 것처럼 산모는 아이를 낳으려고 친정에 간다.

5) 비라이Virayi처럼 비람마는 비란Viran신에서 유래한 여자이름이다.

6) 인도 다람쥐는 등에 세 개의 줄무늬가 있는데 정통 시바파sivaite 힌두 특히, 정통 브라만들은 푸자puja를 마친 뒤에 시바Siva를 상징하는 세 개의 줄무늬를 이마에 표시한다.

7) '우리 위의 카스트'는 멜자티아르meljatiar를 문자 그대로 번역한 것이다. 타밀 달리트Dalit에게 있어 이 표현은 높은 카스트뿐만 아니라 중간 카스트를 의미한다. 그러나 비람마는 이 말을 결코 최고 카스트를 의미하는 것으로 사용하지 않는다. 그녀에게 있어서 '우리 위의 카스트'라는 말은 모든 높은 카스트들(우야르나다자티아르uyarnadajatiar) 즉 달리트보다 항상 상위에 있는 카스트들을 구분하지 않고 부르는 말이다.

나를 여자로 만든다고 했다

1) 디파발리 또는 디왈리Diwali는 거대한 힌두 축제 중의 하나로 인도 전역에서 기념하는 행사이다. 그것은 아입파치Aippaci에서 새로운 달이 뜨기 전 날(9월 중순에서 11월 중순) 크리쉬나Krishna가 악마 나라카수라Narakasura를 물리친 것을 기념하기 위해 폭죽을 터트리는데 모든 참가자들은 새 옷을 입는다.

2) 삼지창[sulam]은 시바의 상징물이다.

3) 결혼서약(니챠얌nitchayam)은 두 가족만 참석하는 반면 약혼(파리얌pariyam)은 공개적으로 행해지며 친구, 이웃, 친척늘이 의식에 소내된다. 세 번째 의식은 악마의 눈(나룬구nalungu)을 피하는 의식이며, 네 번째 의식은 그 다음날 치러지는 결혼의식이다.

4) 하루하루는 행운과 불행 또는 불길한 시간을 포함하는데 이것은 역서와 달력에 구체적으로 나타난다. 대부분의 사람들은 이런 구분을 심각하게 받아들이면서 불행한 시간에 사업을 시작하거나 여행하는 것을 거부한다. 하지만 공식적으로 액 막음하는 경우도 있는데, 예를 들자면 상징적으로 불길한 시간에 앞서 가짜로 먼저 출발하고 다음에 제시간에 맞추어 진짜 출발을 한다. 진짜 출발에 앞선 상징적인 가짜 출발이 진짜 출발의 불길함을 중화시켜준다는 것이다.

나도 이제 여자가 되었다

1) 외삼촌(엄마의 남동생)은 가족에서 핵심적인 인물이다. 전통적으로 질녀가 결혼할 때 외삼촌의 동의가 기본적으로 필요하다. 외삼촌은 질녀의 결혼에 우선권이 있으며 외삼촌과 질녀간의 결혼은 아직도 보편적으로 이루어지고 있다. 외삼촌은 필요한 경우 여동생과 질녀를 돌볼 의무를 지게 된다.

첫경험을 생각하면 온몸이 떨린다

1) 벨파카따는 벨파캄에서 온 여자를 의미한다. 여자들이 태어난 마을 이름을 따서 부르는 것은 일반적인 관행이다

2) 마하디스바란Mahadisvaran은 '위대한 이스라반' 즉, '위대한 시바'를 의미하는데, 엄청난 힘을 지닌 사람을 가리킨다

3) 부락[colony]은 세리를 보다 중립적으로 또는 완곡하게 표현하는 근대적 명칭이다.

4) 티루반나말라이tiruvannamalai는 카라니에서 약 60킬로미터 떨어진 유명한 순례지이다. 카르틱까이 디팜Kartikkai Dipam 축제 때 아루나찰라arunachala 사원의 사제들은 기름을 담은 큰 솥에 꽂아 놓은 양초심지에 불을 밝힌다

5) '마타이 우리mattai uri.' 마타이는 섬유질을 벗기지 않은 코코넛이다. 사람들은 코코넛을 두 발로 고정시켜 놓고, 앉은 자세로 껍질을 벗긴다. 이 성교자세는 한 명이 다른 한 명 위에 앉으면, 남자(또는 여자)가 여자(또는 남자)를 두 다리로 꽉 조이는 자세이다.

영감은 지금도 나를 원해!

1) 아낙카이루annakkayiru는 아이가 태어날 때 또는 아이가 처음 아플 때 아이 허리에 묶어주는 실이다. 그것은 매듭을 짓거나 병, 악귀로부터 보호해주는 부적을 달고 있는데, 성인들은 살아가는 동안 허리에 부적을 묶어놓고 다닌다.

2) 징후적symptomatic 편견. 인도 남부 지역에서 힌두와 무슬림 사이의 관계는 평화롭지만 힌두는 무슬림에 대한 몇 가지 편견을 가지고 있다. 특히 무슬림들이 주술에 조예가 깊다고 믿고 있다.

3) 구어적인 타밀어로 치료가 불가능한 병을 표현한다.

4) '끔찍한 질병' 은 나병으로, 대중적으로 사람들은 그것이 성병의 최악의 상태로 믿는다.

5) 비람마는 신성한 에너지를 가지고 있는 산야시sanyasi 탁발승이 들고 다니는 지팡이 또는 마을 사원에서 신들의 수호자가 들고 있는 곤봉을 가리켜 수쿰마따디 sukkumattadi라는 단어를 사용한다. 이 말은 초인간적인 힘을 함축하는 것으로 요술 지팡이를 의미하기도 한다.

6) 산야시sanyasi는 대개 남자이지만 때로는 여자가 산야시가 되기도 한다. 이들은 세상과 단절하고 영적인 지혜를 추구하면서 윤회로부터 벗어나기를 바라는 은둔자 또는 떠돌이 탁발승으로 살아간다.

아이 열두 명을 낳았다

1) 이것은 여자가 생리를 했는지 하지 않았는지를 묻는 일반적인 방식이다.

2) 인도에서 임신은 마지막 생리가 끝나는 날까지 세서 보통 10개월 간 지속되는 것으로 여겨진다. 타밀나두에서는 여러 가지 바리사이varisai 의식으로 기념되는데, 이때 친정어머니 쪽의 여자들이 음식물을 담은 쟁반(바리사이)을 지속적으로 가지고 온다. 임신 중기에 먹는 쌀밥 즉, 아라소르arrasor는 임신한 지 5개월째에, 등허리에 물이나 우유를 뿌리는 의식인 무두구니르mudugunir는 6개월 또는 8개월째에 한다. 그리고 패물을 착용하는 의식 즉, 시만탐은 7개월째에 한다.

3) '풀숲으로 간다' 는 말은 배변하는 것을 의미한다.

4) 음식을 데우고 식히는 것은 트리도사tridosha 이론의 범주에 속하는 것인데 이것은 전통적 인도 약제의 기초가 된다. 그것은 공기, 열, 차가움 같은 세 가지 물질적 요소 사이에 균형이 잘 이루어지는 데서 건강이 나온다고 본다. 열과 차가움은 사람들이 먹거나 마실 때 느낄 수 있는 것을 말하는 게 아니라 다양한 형태의 음식이 신체에 미치는 효과를 말하는 것이다.

5) 타밀어에서 '수녀sister' 는 기독교적인 의미 없이 간호사를 뜻한다

6) 열여섯 개의 문은 죽은 사람의 영이 육신을 떠나는 다른 방식들을 말한다. 그것은 세 집단으로 나뉘며 사후에 영의 운명에 영향을 미친다. 비람마는 일반적으로 그 개념을 죽음의 신인 야마가 해탈의 길을 열어주며, 그녀의 환생을 예비해 줄 것이라는 의미로 사용하고 있다.

많은 아이들이 죽었다

1) 시바신에게 저주받은 후 숲을 떠도는 위협적인 여신인 카떼리는 아이들을 낳게 해
   주고 보호해준다고 해서 사람들이 숭배하는 신이다. 그렇지만 카떼리는 〈아이를
   잡아가는 귀신〉에서 비람마가 설명한 것처럼 임산부를 괴롭히는 사악한 신이기도
   하다.

2) 아이들은 처음 머리를 깎는 의식에서만 이름을 부여받을 수 있으며, 그때 집안의
   신에게 아이들의 출생을 신고한다. 달리트들은 이 의식을 경제적인 이유 때문에
   아주 뒤늦게-네 살 또는 다섯 살에- 한다. 부유한 카스트는 이 의식을 훨씬 더 빨
   리 하는데, 아기가 엄마와 떨어져 요람에서 자기 시작하는 생후 6개월쯤 되면 이
   름을 부여받는다.

3) 순다리Sundari는 비람마가 바라탐Bharatam이라 부르는 서사시 『마하바라타
   Mahabharata』의 여주인공 드라우파디의 여러 이름 중의 하나이다. 비람마는 그것
   을 불로 빗대어 말하는데 이는 마하바라타를 상기시켜준다. 드라우파디는 자기 아
   버지인 드루파다가 붙인 제의용 불 속에서 태어났으며, 다섯 판다바Pandava 형제
   의 아내가 된다. 이들 판다바 형제들은 그들의 사촌들인 백 명의 카우라바Kaurava
   들을 쿠룩세트라Kurukshetra 전투에서 물리친다. 그러나 구체적으로 이것은 후대
   의 신화에 나타나며, 마하바라타로부터 6세대 이후 판다바들의 후예 중의 한 명인
   수니단Sunidan 왕이 제의용 불을 지폈다고 한다. 드라우파디는 악마 아수라뿌띠란
   Asrapputtiran의 천 개의 머리를 베려고 불에서 나타났으며, 그때 인간들이 자신을
   위해 사원을 짓고 쿠룩세트라 전투 기간인 열여드레 동안 축제를 열면 인간들을
   보호해주겠다고 선언한다. 〈황소 풍갈과 드라우파디 축제〉에서 기술된 것처럼 드
   라우파디 축제는 불 위를 걸을 때 최절정에 달한다.

4) 아요다Ayodhya는 힌두교의 성스러운 도시 중의 하나이며, 라마야나에 나오는 라
   마Rama의 아버지인 다사라타 왕King Dasaratha의 웅장한 수도이다.

아이를 잡아가는 귀신

1) '정결한 상태로 죽는 것' 이라는 표현은 누군가가 죽을 때까지 약해지거나 메마르
   지 않고 활동적인 상태를 유지하는 것을 의미한다.

2) 타밀나두의 인접한 주인 케랄라에서는 마라야람Malayalam어를 사용한다. 마라야

람은 기원 전 4세기에서 13세기에 이르기까지, 수백 년에 걸쳐 타밀어에서 분열된 드라비디안Dravidian 언어 가운데 하나이다.

3) 마구디magudi는 뱀을 부리는 사람들이 사용하는 관악기로 조롱박 통에 길다란 목으로 이루어져 있다. '사진을 찍는 것'은 코브라가 꼿꼿이 서서 그 덮개를 여는 것을 일반적으로 표현하는 말이다.

4) 퐁디체리Pondicherry의 주의회 의원을 가리키며, 카라니가 그의 지역구이다. 일반적으로 이름의 이니셜로 정치인들을 부른다.

고빈다! 오, 고빈다!

1) 안드라 프라데쉬Andhra Pradesh 남쪽에 위치한 티루파티는 남부 인도에서 가장 중요한 순례지이다. 주 성소는 페루말(비쉬누)을 모시는데, 그는 티루말뿐만 아니라 티루파티에서도 벤카테스바라 또는 벤카타파띠 즉 '산의 제왕'이라고 불린다. '우리는 천하지만 신앙이 깊다'라고 하는 비람마의 주장은 달리트들이 자신들의 지위로 인하여 부수적인 신이나 주신들의 부차적인 화현의 모습을 숭배하는데 한정되어 있다는 사실과 우르에 있는 주신들의 사원에 출입을 금지 당하고 있다는 사실을 반영하고 있다. 이름난 순례지의 사원에는 자신들의 정체를 감추고 쉽게 접근할 수 있지만, 중요한 사실은 비람마가 자신의 티루파티로의 순례여행에 대해 이야기하면서 벤카데스바라에 대해서는 아무 말도 하지 않는다는 것이다. 그녀는 티루파티로 가는 길에 잠깐 들렸던 만가바르타마 사원(그리고 칼리의 신상) 그리고 티루파티에서 일하는 이발사에 대해 주로 이야기한다.

역신 마리아따가 도착했다!

1) 어원상 '천연두의 모신'을 뜻하는 마리암만은 타밀어를 사용하는 지역, 특히 달리트들에게는 중요한 여신들 중의 하나이다. 카라니에는 우르와 세리에 이 여신을 모시는 사원이 있다. 이 여신은 비람마가 부분적으로 언급하고 있는 신화 속의 힌두 신격으로 통합되었다. 시바는 현명한 남자의 모습을 하고 파바티는 그의 부인 행세를 했는데, 그녀는 레눅카로 불렸다. 레눅카가 어느 날 아침 평소와 다름없이 물을 긷다가, 아주 멋진 사자(使者)의 환영에 혹해서 남편의 푸자에 필요한 물과

꽃을 모을 수 있도록 그녀에게 부여된 주문을 중단해버렸다. 그녀가 신기료장수의 아내인 불가촉천민의 품에 자신을 숨기자, 시바가 화가 나서 아들 중의 한 명에게 그녀의 목을 베라고 했다. 시바의 아들은 어머니를 환생시키라는 허락을 받았지만, 혼동을 일으켜 여신의 머리를 불가촉천민의 몸에, 불가촉천민의 머리를 여신의 몸에 붙였다. 그때부터 시바는 세상에 천연두를 퍼뜨리고 봉헌물로 채식과 육식 모두 받아들이는 이 애매한 존재-반은 브라만이고 반은 불가촉천민인-를 비난했다.

전통을 깨뜨리지 마라

1) 다른 말로 남자들에게 20루피를, 여자들에게 15루피를, 아이들에게 10루피를 주었다는 말이다.

2) 하위서열의 사원을 헌당하는 예식 – 세리에 있는 사원들은 하위 서열의 신을 섬기는 사원으로, 발루사르 카스트에 속하는 달리트들이 사제를 맡고 있기 때문에 – 브라만 사제가 세리까지 들어와 주재한다는 것은 특별한 경우이다. 비람마는 그를 아트챠가르artchagar 즉, 하위서열에 있는 브라만 전문사제라고 구체화하는데, 이 경우 마리암만은 기본적인 여성적 신성성을 나타내는 삭티의 형태로 본다.

3) 나리카라는 나리 코라반 즉, '여우들의 코라반' 을 축약한 말로, 이들은 가장 중심적인 코라반 부족으로 다른 물품들과 함께 값싼 목걸이를 팔고 다닌다.

4) 비람마는 종교축제에서 어느 정도 전문적인 또는 때로 아마추어 극단원이 공연한 대중연극인 쿠뚜kuttu의 레퍼토리(연주곡목)를 가리키고 있다. 테루꾸뚜 극단은 서사시를 전문으로 한다. 락쉬마난은 라마야나 영웅들 중의 하나이며, 비마와 아르쥬나, 그들의 부인 드라우파디와 그들의 적 카르나는 마하바라타에 나오는 인물들이다. 나다칸 극단은 푸라나에 나오는 힌두 신화와 카따바라얀과 마두라이 비란의 이야기와 같은 전통적인 타밀 신화를 전문으로 하고 있다.

5 '퐁디에서 온 놈들' 이란, 드라비다 지역 정당 즉 DMK당의 활동적인 당원을 지칭한다.

물의 정령들

1) 돼지치기는 아주 낮지만, '불가촉천민' 은 아니며, 톰반 카스트의 성원들이다. 그
들은 세리에 거주한 적은 한번도 없지만 그들의 사회적 지위로 인하여 거주지는
우르 중심부가 아닌 외곽지역으로 한정되어 있다. 비람마가 언급하고 있는 변화는
가장 중심적인 불가촉성의 표지(標識)중 하나인 분리거주를 없애기 위해 정부가,
특히 DMK정부가 주도하고 있는 것들이다. 그녀가 지적한 것처럼 외부에서 온 교
육받은 달리트들은 우르에서 받아들여졌지만, 우르의 낮은 카스트 구성원들은 세
리의 중심부에 사는 것에 대해 동의하지 않을 것이다.

2) 여기서 사냥꾼들이란 긴기Gingee와 티루반남말라이 주변 숲에서 살았던 이루라
부족 성원을 가리키는 것 같다. 1906년에 출판된 남부 아르콧 지명사전에 보면,
W. 프란시스는 이루라족이 오래 전부터 숲을 떠나 마을 외곽지역에 정착해서 사
냥을 하거나, 농사를 짓고, 야경꾼도 하면서 생계를 이어갔다고 기록하고 있다. 비
람마의 설명은 그들이 지배적인 사회와 경제에 훨씬 더 동화된 단계를 가리키고
있다.

어머니가 돌아가셨다

1) 타밀나두의 레디아르는 본래 안드라 프라데쉬에서 이주해 왔으며 그들은 텔루구
Telugu를 모어(母語)로 사용하고 있다.

2) 하리찬드란은 야요다Ayodha의 신화상의 왕이다. 그는 그의 왕국을 구하기 위해서
라면 무엇이라도 하겠다고 성자 비쉬바미트라Vishvamitra에게 맹세하여, 온갖 종
류의 수모를 겪었으며, 그 중에서도 화장터에서 불가촉천민으로서 일한 것은 가장
천한 일이었다.

3) 많은 마을에서 화장터는 공동묘지 기능을 한다. 여기에는 달리트들을 위한 공간과
우르의 다른 카스트들을 위한 공간이 구분되어 있다.

4) 창은 시바 신의 아들인 무루간을 나타내는 상징이다. 파리아들이 기도를 하지 않
는다거나 집안에 신을 모시지 않는다는 비람마의 주장은 액면 그대로 믿을 수는
없다. 왜냐하면 달리트들도 신실한 종교생활을 하고 있으며, 모든 사람들이 집안
에 시바나 비쉬누 등을 나타내는 종교적 상징물을 모시고 있다. 그것들은 오히려
상위 카스트들의 종교행위와 같은 형태나 규칙을 따르지 않기 때문에 달리트 자신

들의 영적인 삶을 비하하고 있는 소회의 한 예라고 하겠다.

망자의 영혼

1) 일반인들의 믿음에 따르면, 영혼은 야마에 의해 심판을 받은 다음 즉시 환생하는 것이 아니라, 야마의 심판에 따라 처음에는 하늘이나 수많은 힌두 지옥들 중 하나로 간다. 그러나 비정상적 죽음이나 장례가 적절하게 이루어지지 않은 경우에는, 망자가 환생을 기다리는 동안 악귀가 되어 이승으로 되돌아와 살아 있는 사람들을 괴롭힌다고 한다.

2) 부담Budam은 거인과 같은 초자연적 존재로 그가 나타나면 두려움에 떨게 된다. 카떼리와 모히니는 여성 악귀이고, 미니수프라얀은 미니로 불리기도 하며, 남성과 여성 모두 해당될 수 있으며 희생자의 울대를 끊어 놓을 수도 있다.

3) 시크Sikhs 분리주의자들의 본부였던 암리트사르Amritsar의 황금사원을 인도 군대가 폭격한 지 다섯 달 뒤, 인디라 간디는 자신의 경호원 두 명에게 저격당했다. 그 때가 1984년 10월 31일이었다. 그녀의 사망 소식은 연기되었고, 아들 라지브 간디 Rajiv Gandhi가 그날 저녁 수상으로 선출되었다

4) 비람마가 언급하고 있는 것은 수천 명의 시크교도들이 살해되고 부상당했던 1984 년 11월에 발생한 북인도의 폭동사태이다.

도둑질만 하는 사람들

1) 인디라 간디 정부가 선포한 1975년 6월부터 1977년 3월까지의 비상 사태는 민주 화 과정을 중단해버렸다. 비상사태에 대한 비난을 상쇄하기 위하여, 이전에는 일 정한 형태로 정치적 묵인을 받았던 부패와 대규모 또는 조직 범죄들을 규제하는 수많은 조치들을 선포하였다.

2) 아이딸람마는 카라니에 있는 체띠아르Chettiar의 두 아내, 즉 아이Ayi와 탈람마 Talamma를 한꺼번에 가리키는 이름이며, 그들은 오랜 옛날 남편이 죽어 화장할 때 그 불에 뛰어 들어 함께 헌신했다.

1) 비람마가 열거한 것이 전부는 아닌데 약간의 설명이 필요하다. 우르의 카스트들 중에서 우다이야르는 레디아르 및 가우드와 마찬가지로 농부이며 지주이다. 레디아르는 가장 강력한 지주 카스트이며, 가우드는 농토를 가장 많이 보유하고 있는 카스트이다. 카라니에는 엄밀한 의미에서 높은 지주 카스트인 무달리아르 카스트가 없다. 그러나 도둑 카스트인 케프마리가 이 명칭을 사용하고 있다. 투룩칸은 무슬림을 가리키는 일반적인 용어이지만 비람마는 종종 마을에 임명되어 오는 공무원 또는 티루라감에서 오는 장사꾼을 가리키는 것 같다. 비람마는 세리에서 주요 카스트인 파리아와, 파리아의 하위 카스트인 베띠얀과 판나이야르Pannaiyar를 빼먹었으며 다음 장에서 이들을 기술한다. 여기에서 반난은 세리의 세탁부이며 사낄리는 아주 낮은 신기료 장수이다. 세리에는 나리 코라바Nari Korava 부족의 일파인 코라바르Koravar들은 없지만, 가끔 마을을 지나가기도 하며 사낄리를 종종 그들과 같은 부류로 취급하기도 한다. 탈라이야리Talaiyari는 카스트라기보다는 직업에 더 가깝다. 〈아들아, 우리는 천민이다〉 마지막에 기술된 마을 회계사의 보조자 지위이다. 그리고 톰반이 카스트체계 외부에 존재한 것처럼 기술된 것은 오류이다. 〈물의 정령들〉 도입부분에 명확하게 언급했듯이, 그들은 낮은 지위 때문에 우르의 외곽에 살고 있다. 비람마의 과장된 표현은 다음에 나오는 특정 톰반과의 싸움에서 기인했을 것이다.

2) 카르티까이는 타밀 달력으로 8월이며(11월 중순에서 12월 중순 사이), 카르티까이 디팜dipam 축제가 열리는 때이다. 모든 집에서 등잔을 밝혀두고 그날 밤 티루반나말라이Tiruvannamalai에서 시바에게 올리는 의식을 기념한다. 여기에 관해서는 〈첫경험을 생각하면 온몸이 떨린다〉 주4에서 상세하게 언급했다.

3) 카스트체계의 특징은 음식교환에 있어 지켜야 할 규칙이 있다는 것이다. 원칙적으로는 요리된 음식은 자신보다 높거나 같은 카스트 성원들에게서만 받을 수 있다. 그래서 쿠디야나르가 경제적으로 톰반에게 예속되어 있을 지라도, 요리된 음식을 받지 않는 것으로 우위를 주장하고 있는 것이다. 요리하지 않은 음식이나 곡물 같은 기본식량은 빈번하게 교환된다. 비람마가 말하고 있듯이 옹기장이도 그녀에게서 곡물을 받는다.

아들아, 우리는 천민이다

1) 파라이야르는 타밀나두에서 달리트에 속하는 카스트들 중 가장 큰 카스트이다. 이들은 16세기 포르투갈인과 처음으로 접촉하였으며, 그 후 18세기에 프랑스인, 영국인과 접촉한 뒤부터 그들의 카스트 명칭은 유럽화된 '파리아'로 통용되고 있다. 무니얀 영감은 신화 속에 나오는 이야기들 중에서 하나를 거론하고 있다. '파라이야 마라이야데paraiya maraiyade는 파라이메람paraimelam 악단에서 북치기 파라이야르가 연주하는 특수한 가죽 북이다. M. 모팻Moffat은 그의 저서 『남인도의 한 불가촉천민 공동체』에서 는 파라이야 마라이야데는 북이 아니라, 시바와 아디의 네 아들이 나누어 가졌던 한 조각의 쇠고기를 가리킨다고 주장하고 있다.
2) 비람마는 영어 'decent'를 '문명화 된' 것으로 기술하는데, 그녀는 이것을 높은 카스트들이 설정한 청결함 그리고 의복을 착용함에 있어서 사회적인 제약이나 기준들과 동의어로 사용하고 있다.
3) 베띠얀과 판나이야르는 파라이야르의 하위 카스트이다. 후자가 약간 높은데 왜냐하면 그들은 피를 희생하는 것이 아니라, 우유로 그들의 신께 제를 올리기 때문이다. 그리고 베띠얀이 아닌 판나이야르가 법령으로 마을 동회, 즉 판차야트에 의원직을 보장받았기 때문이다.

우리들의 신에게 돼지를 공양했다

1) 문나디얀은 '처음 오는 자'라는 뜻이며, 주신을 모시는 부신(附神)이다. 페리얀다반의 문나디얀은 타밀어로 가네쉬Ganesh를 의미하는 낱말 중의 하나인 필라이야르와 유사하다.

시대는 변하고 있다

1) 이 대화는 1983년으로 거슬러 올라간다. 1990년에 카라니의 품삯은 쟁기꾼이 자신의 황소를 가지고 하루 일하면 대략 20에서 25루피였다. 논에서 김을 매는 여자들의 하루 일당은 8에서 10루피였고 모심기를 하는 여인들의 일당은 10루피였다. 따라서 노임은 올랐지만, 〈그래도 나는 천민이다〉에서 마니깜이 지적한데로 쌀값

도 따라서 올랐다.

2) M.G. 라마찬드란Ramachandran은 유명한 영화배우였으며, 1972년 Anna DMK를 세워 분리해 나가기 전까지 그는 DMK의 재무를 담당했다. 그는 1977년부터 그가 사망한 1987년까지 타밀나두 정부를 이끌었다. 카라니는 사실상 퐁디체리 정부에 속해 있었지만, 대부분은 회의당과 DMK가 번갈아 가며 지배했으며, 비람마는 라마찬드란이 무료급식과 탁아소 같은 시설을 포함해서, 마을을 바꾸어주었다고 확신하고 있다. 드라비디안 정당으로서 DMK와 Anna DMK의 정당 이데올로기는 퐁디체리 정부에도 영향을 끼쳤다.

3) 다수확 벼의 변종들이다.

4) 우르와 세리가 함께 결합할 것이라는 의미는 달리트가 공식적으로 우르에 살 수 있게 한다는 것이다. 분리해야 한다는 법적인 근거는 없지만, 카스트에 따라 마을을 구분하는 전통적인 관습을 종식시키려는 법률이 제정된 바도 없다.

5) DMK의 지지자들은 붉은 색과 검정 색 끝단이 있는 소만을 입는다. Anna DMK 지지자들은 붉은 색, 흰 색 그리고 검정 색 끝단이 있는 소만을 입는다.

우리들만의 육두문자

1) 말라이malai, 즉 산이란 낱말로 시작하는 말장난이다. 여러 순례지들 즉, 마이람, 파자니, 사바리마라이 등은 언덕 위에 세워진 사원들의 이름이다. 그리고 시디sidi는 여성의 음부를 가리키는 비속어다. 시디말라이는 따라서 '비너스의 산'이라는 시적 표현과 유사하다.

사랑은 선택이다

1) 일반적인 이야기에 따르면, 날라탄갈은 남편의 충고를 무시하고 일곱 명의 아이들과 기근이 지속되는 동안 그녀의 오빠 날라탐비Nallatambi와 함께 지내고 있었다. 그러나 올케가 그들에게 물과 음식을 주지 않았다. 그래서 오빠 집에 온 것을 후회하며 울분을 참지 못해 일곱 애들을 우물에 던져버리고 자살을 했다. 이 사실을 안 오빠 날라탐비는 아내의 머리카락을 밀고 나서 당나귀에 태워 동네를 돌린 뒤 죽여버렸다.

2) 여기에 나오는 이야기를 이해하기 위해서는 어원학이 도움이 될 것이다. 타밀어로 '심황turmeric'은 만잘manjal이고, 쿠빰kuppam은 가까운 곳에 물이 있는 장소, 즉 습지를 의미한다.

3) 비록 가끔 발생하기는 하지만 상위 카스트에서는 이혼을 비천한 일로 여기고, 과부는 재혼이 금지된다. 다른 카스트들, 특히 달리트들은 마을 위원회 앞에서 상호 합의를 통하여 상위 카스트보다는 쉽게 이혼을 하는 경향이 있다. 대개는 실제 이혼 없이 별거하는 것이 보통이다. 따라서 사실상의 중혼은 드물지 않다. 그리고 비람마가 〈신을 경배하는 날 나는 태어났다〉에서 그녀의 할아버지의 아내들에 대한 사례를 기술했듯이 일종의 동거는 말할 필요도 없다.

4) 인도의 학제는 1학년부터 시작된다. 10학년은 15세 가량의 어린이들이 다니고 있다. 대부분의 달리트들은 10학년에서 학교를 그만둔다.

귀신을 물리는 사람들

1) 과부가 되면 탈리를 벗기기 때문에 목이 썰렁했을 것이라는 말이다.

2) 타이 푸삼 축제는 푸삼이라는 별의 이름에서 따왔다. 푸삼은 힌두 태음력으로 여덟 번째 별자리이다. 이 축제는 타이 달의 보름 무렵에 거행된다. 타이 푸삼 축제의 특징은 무시무시한 고행 행렬이다. 신봉자들은 창으로 볼을 꿰고, 등 뒤에 갈고리를 꽂아 무거운 물건들을 끌거나 공중에 매달리기도 한다. 이런 행위의 궁극적인 목적은 질환을 치료하는 것이다. 비람마가 언급한 바늘은 고통이 있는 신체 부위에 꽂는 것이다. 시바의 아들인, 무루간은 높은 지위의 신이어서 특히 비람마가 무서워한다. 카라니에서 최근 성행하고 있는 무루간 축제는 지방 사미르인 무루가이야르 가우드의 영향에 힘입은 바가 크다. 사미르가 고행 의식을 하는 드라우파디 축제는 전통적으로 본 마을의 축제였다. 브라만들이 의례를 주도하고 모든 카스트들이 마을의 의례적 질서 속에서의 위치를 반영하는 상징적 역할을 담당한다. 예를 들어, 파리아들은 악대를 끌고 그 행렬의 선두에 서지만 불 가까이 가기에는 너무 불결한 것으로 간주된다. 그러나 타이 푸삼은 상이한 영적 세계의 모델을 제공한다. 의례를 주관하는 무루가이야르 가우드는 위계상 중간에 속하는 카스트 출신이다. 이 축제에 달리트들은 사회적 집단으로서 참여하는 것이 아니라 개인 자격으로 참여한다. 달리트들도 정화에 필요한 행위들을 수행할 수 있으며 따라서 무루간의 수행자가 될 수 있다.

1) 타밀나두에서, 아이야나르는 시바와 비쉬누- 비쉬누의 여성 화신인 모히니- 의 아들이라고 간주되며, 마을의 수호신이다. 따라서 아이야나르 사원은 카라니에서와 마찬가지로 마을 외곽에 있거나 마을에서 멀리 떨어진 곳에 있다. 아이야나르 사원은 신, 신의 수호자 그리고 말들을 나타내는 수많은 토기로 만든 신상들이 많은 것으로 유명한데, 작은 말 신상들은 숭배자들이 공물로 바친 것들이다.

2) 벼를 추수하는 시기인 1월 중순경에 벌어지는 퐁갈은 농사와 관련된 중요한 축제이다. 이날에는 가축과 대지가 함께 축원된다. 마르카지 달의 마지막 날이 축제가 개시되는 날, 즉 보구이Bogui이며, 집안과 농기구들을 청소하고 깨끗이 단장한다. 비람마는 퐁갈 축제의 서로 다른 네 가지 날을 기술했다. 추수한 햅쌀로 밥을 짓는 큰 퐁갈, 황소 퐁갈, 육식 퐁갈 그리고 송아지 퐁갈로 구분하고 있다.

3) 락쉬미는 비쉬누의 아내이며, 부와 미의 여신으로 세속적 그리고 정신적인 축복을 내려주는 신이다. 스리데비는 락쉬미의 다른 이름 중 하나이며, 무데비는 그녀의 자매 중 하나인데 불운과 곤란을 가져다주는 불길한 여신이다.

4) 쟁기질하는데 필요한 두 마리의 황소를 소유하고 있는 농업 노동자는 땅주인의 소를 가지고 논을 가는 사람들에 비해 거의 두 배의 임금을 받는다.

5) 팍카수란은 아수라 즉 악귀이다. 『마하바라타』에 매일 쌀 한 수레를 요구하여 수레와 쌀을 모두 먹어치워 한 마을을 초토화시키는 악귀로 나타난다. 그는 판다바 형제 중 한 명인 비마Bhima에게 죽임을 당한다.

6) 비람마가 믿고 있는 것과는 달리 바라탐을 읽는 사람은 아이에르(시바를 추종하는 브라만)가 아니라 레디이다. 비람마의 설명에서 아이에르가 등장하는 것은 그녀가 혼돈을 일으키고 있음을 나타내준다.

7) 깃발을 올리는 날, 즉 코디 에뜨람kodi ettram은 드라우파디 축제의 첫째 날이며, 불덩이 위를 걷는 날은 마지막 날 즉, 18일째 되는 날이다. 깃발을 올리는 것을 포함해서 복잡한 의식들(마을 외곽에서 여덟 방향을 향하여 만트라를 암송하고 여덟 개의 중요 방위 각각에서 특정한 신을 불러들이는)은 마을을 보호하기 위해, 그리고 축제를 방해하려고 하는 다른 신이나 악귀들을 몰아내고자 하는 의도를 담고 있다.

8) 키쉬탄은 타밀어를 사용하는 지역에서 크리쉬나를 부르는 통칭이다. 비람마는 크리쉬나의 젊은 시절에 대해 잘 알려진 일화들을 열거했다. 버터 훔치기, 소몰이 소녀들 즉 고피gopi들과의 유희 그리고 여인들이 목욕하는 것을 훔쳐보려고 나무에 올라가 숨기 등을 언급하고 있다.

9) 일반적으로 18일간의 드라우파디 축제는 『마하바라타』에 나타나는 판다바 형제와 카우라바Kaurava 형제간의 쿠룩세트라에서의 18일간의 전투를 상기시킨다. 그리고 마지막 날은 매우 특별하게 진행된다. 연회자들은 가리개 아래 누워 있는데 이는 전투에서 죽은 사람들을 가린 가리개를 나타낸다.

10) 팔라르는 타밀나두에서 성스러운 강들 중의 하나이다.

주인의 믿음을 저버릴 수 없다

1) 사니 또는 사니아르Saniar는 사툰Saturn과 일치하는데, 아홉 개의 행성 중 하나이며, 여덟 개의 중요 방위 중 하나인 북동쪽을 지키는 신이다. 쟁기질을 하기 전 또는 모판을 만들기 전에 논의 북동쪽 귀퉁이에서 풍요를 기원하는 푸자를 올린다.

2) 이들 품종은 최신 종으로 교배종이다. 구 품종보다 생산량이 많고 재배기간이 짧다. 벼를 재배하는 주 시기 즉 삼바는 6,7월에서 12,1월까지이며 전통적인 삼바 품종은 6,7개월 간 소요된다. 관개시설이 잘된 논이라면 최근에는 세 번까지 경작할 수 있다. 폰니 같은 품종은 4개월 반 정도면 추수가 가능하고 8월에 모를 낸다. 칸나기와 I.R. 품종 8, 20 및 50은 재배기간이 4개월 미만이며, 4, 5월에 시작하는 소르나바리sornavari 철, 또는 12,1월에 시작되는 나바라이navarai 철에도 재배를 할 수가 있다. 비람마는 시루마니sirumani, '작은 풀 진주', 무쿠띠mukutti, '코에 꿰는 진주', 캄말kammal, '귀고리' 같이 약간 오래 된 품종만을 언급했다.

3) 마하데반은 '위대한 신', 시바의 다른 이름 또는 드물게 비쉬누의 다른 이름으로도 불린다.

4) 60년대 중반부터 정부에서 곡물 저장소를 보급한 이후, '배급 상점' 또는 '원가 상점' 등 시장가격보다 낮은 값으로 판매를 하는 상점들이 인도 전역에 들어서게 되었다.

5) 바유는 베다 시대의 바람 신이다.

6) 비람마는 아디마이adimai에 대한 지주의 책임을 열거하고 있다. 레디아르는 소규모의 좀도둑질은 눈감아주어야 하며, 마니깜과 안반에게 나락, 기장 또는 수수를 매 추수 때마다 주어야 하고, 그들이 필요로 할 때 돈을 대부해 주어야 한다. 반대로 그들은 레디아르의 곡식을 너무 많이 훔쳐간다거나 하여 주인의 신뢰를 져버리지 않아야 한다. 비람마는 지속적으로 그들간의 사적인 관계를 강조하고 있다. 즉 '그 자신의 머슴' 또는 '그 자신의 파라치 또는 파라이얀' 이라 부르고 있으며, 그

들의 관계가 집을 송두리째 빼앗긴 채 중매인을 거쳐 채석장이나 심지어 다른 주(州)로 가서 건물 공사장에서 일을 하면서 살아야 하는 '채무 노동자'와 같은 부류와 다르다는 것을 강조하고 있다.

7) 쿠딴다바르 신화에 따르면, 아루주나Arjuna 신의 아들인 아라반Aravan은 쿠룩세트라 전투에서 죽었다. 그의 희생으로 판다바를 이길 수가 있었다. 그러나 아라반이 미혼이어서, 그 결과를 예측하기가 어려웠다. 그래서 크리쉬나가 다시 비쉬누 신의 여성형인 모히니로 변하여 아라반과 혼인을 하였으며, 아라반은 그때부터 쿠딴다바르로 알려지게 되었다. 아라반의 죽음 이후, 모히니는 그녀의 탈리를 벗어 던져버렸는데, 지금 고자들이 쿠딴다바르 축제에서 그 행위를 모방하고 있다. 아르주나 자신은 비쉬누로서 양성을 표현을 하고 있다. 널리 회자되고 있는 이야기에 따르면, 아루주나는 숲으로 추방당한 뒤 일년 간을 동성애자로 살았다고 한다. 그러나 『마하바라타』에는 단지 고자이자 춤의 대가로 변장한 비라타Virata 대왕의 궁궐에서 일년 간을 보냈다고 기록하고 있다.

8) 『디나탄디』는 타밀어로 발행되는 주요 일간 신문이다.

그래도 나는 천민이다

1) 비람마 혹은 마니깜이 레디아르나 가우드가 선거에서 이겼다고 말할 때는, 그들이 지지하는 정당의 후보자가 이겼다는 것을 말하는 것이지 개인적으로 선거에서 이겼다는 말이 아니다.

2) 간디나 할아버지 간디는 마하트마 간디를 일컫는다. 마하트마 간디는 비람마가 태어나기 훨씬 전인 1919년에 징계에 입문했으며 1948년에 저격 당했다. 네루는 독립 이후 초대 수상이 되었으며, 1947년부터 1964년 사망할 때까지 수상을 역임했다. 그의 딸 인디라 간디는-마하트마 간디와 관계가 없다 - 1966년부터 1977년까지, 그리고 1980년부터 1984년까지 수상을 역임했으며, 1984년에 암살당했다. 카마라지는 마드라스 주에서-나중에 타밀나두로 개칭-1957년부터 1963년까지 회의당 대표직을 역임했으며, 그 후 회의당의 전국의장이 되었다. 그가 '반역자'라고 불리는 것은, 인디라 간디가 그와 그의 추종자들로부터 떨어져 나가 1969년 당을 분열시켰기 때문이다. 안나두라이-안나라 불리기도 한다-는 1949년에 타밀 지역주의 정당인 DMK를 만들었다. 그는 1967년 마드라스 주의 수상이 되어 1969년 암으로 죽기 전까지 재임했다. 안나두라이 사후 M. 카루나니디가 수상직을 승계

하여 1977년까지 재임했다. 1972년 M.G. 라마찬드란이 Anna DMK를 창당하여 1977년 주 의회 선거에서 이겨 정권을 잡았다. M.G.R이 1987년 사망하자 카루나니디가 정권을 다시 잡아 1989년부터 1991년까지 집권했다. 자야랄리타Jayalalitha가 이끄는 Anna DMK가 다시 선거를 휩쓸어 정권을 장악했다. 하지만 1996년에 거행된 선거에서는 카루나니디와 DMK가 이겨 다시 정권을 잡았다.

3) 사마디는 유명한 사람의 무덤 혹은 기념비이다. '살아 있는 자들의 학교' 란 동물원이고, '죽은 자들의 학교' 란 박물관이다.

4) 마니깜은 민족주의 운동이 한창이던 독립 이전 시기를 가리키고 있다. 이때는 회의당에 의해 거의 대부분이 주도되던 시기이다.

5) 사실상 간디는 힌두 극단주의자에게 암살 당했는데, 그는 간디가 무슬림들에게 너무 많은 양보를 하고 있으며 분리를 조장했다고 비난하였다.

6) 구베르트 파파는 에두아르드 구베르트이며, 파리 국회에서 프랑스령 인도의 대표자였다. 그는 1953년에 프랑스령 관할지역이 인도에 반환되어야 한다는 회의당의 주장을 지지했다. 찬더나가르는 1949년 인도에 병합되었으며, 다른 무역 거점들, 즉 퐁디체리, 카리칼, 마헤 그리고 야나온 등은 1954년 멘데스-프랑스 정부에 의하여 사실상 반환되었다. 이 반환은 1962년 법률로 승인되었는데, 마니깜이 기술한 것처럼 폭동이 있었음에도 불구하고, 인도와 프랑스 또는 영국 간에 전쟁이 있었다는 주장은 은유적으로 이해되어야 할 것이다.

7) 반니야르 카스트는 원래 농부였지만, 여러 다른 명칭을 지닌 집단을 포함하고 있다. 쿠디야나르, 팔리, 가우드 그리고 나익케르 등. 그리고 타밀나두 북부에서 가장 인구가 많은 카스트이기도 하다. 그들은 여러 정당들을 만들었다. 1950년대에서 1960년대에는 농부와 일꾼들의 정당 그리고 공익 정당으로, 그리고 1980년대 선거에서는 파딸리 마깔 카치로. 자나타는 인디라 간디의 회의당에 반대해서 1977년 북인도에서 창당됐다. 자나타 달은 1989년 선거에서 라지브 간디를 물리쳤고 1996년 선거 이후 권력을 장악하기 위해 거대 연합으로 조직되었다.

8) 페리야르(위대한 사람)로 알려진, E.V. 라마싸미 나익케르는 1925년에 반 브라만 자존 운동anti-Brahmin Self-Respect Movement을 전개했다. 그리고 1944년에 드라비다 카자감Dravidar Kajagam, 드라비다인 연맹을 설립했다. 북인도와 상위 카스트의 헤게모니로부터 남인도를 해방시키려는 목적의 사회 개조운동이다. 안나두라이가 이끌던 DK의 구성원들이 1949년에 같은 강령을 지닌 정당으로서 DMK를 구성했다. 어원상으로 아디-드라비다인은, 인도의 토착민으로 간주되는 원 드라비다인을 일컬으며, 이들은 기원 전 3세기에 북부 인도에 정착한 아리야 인과 구

별된다. 그리고 드라비다인은 드라비다어를 사용하고 있는 남부 인도- 타밀나두,
안드라 프라데쉬, 카르카타카 그리고 케랄라-의 사람들을 포함하고 있다. 아디-드
라비다는 타밀나두의 달리트를 지칭하는 말로도 쓰인다.

9) 인도에 병합되기 전과 후에 수바이야가 퐁디체리 준주Territory에서 공산당을 이끌
었다. 잎사귀 두 개는 Anna DMK의 상징이다.

10) 인도 연방에는 두 가지 형태의 국회가 있는데, 연방정부 수준의 주 의회와 국가
적 수준에서의 국회인 록 사바Lok Sabha와 라쟈 사바Rajya Sabha가 그것이다. 마
니깜이 지적한 대로 회의당의 후보자는 일반적으로 국회의원이 되는 반면 DMK
및 Anna DMK는 그들의 지역주의 정책을 내세우며 타밀나두 주의회를 장악한
다. 다르마라자, 즉 다르마의 왕은 M.G. 라마찬드란을 일컫는 말로 그는 안나
DMK의 창설자이다.

11) '아디! 바디-포디' 라는 말투는 일종의 경멸을 뜻하는 의미를 내포하고 있다.

12) 쟁기꾼 그림은 자나타 당이며, 이 정당의 상징이 한때 쟁기였다. 잎사귀 두 개는
안나 DMK의 상징이다. 물레는 원래 회의당의 상징이었는데 1969년 인디라 간
디에 의해 당이 분리된 이후 구 회의당 또는 회의당 조직체가 이 상징을 보유하
고 있다. 떨어져 나간 정당은 신 회의당 또는 회의당-I이라고 하며 손을 상징으
로 채택했다. 그래서 비람마가 다음에 기술하듯이 떠오르는 태양 대신에 손 표시
에다 도장을 찍었다는 것은, 그녀가 DMK 대신에 반대 정당인 회의당-I에다 투
표를 했다는 것을 의미한다.

13) 마을 수준의 찻집에는 두 종류의 컵을 보유하고 있다. 한 종류는 달리트를 위하
여, 다른 것은 보다 상위 카스트들을 위한 것이다. 이것은 아직도 불가촉 관습이
지속되고 있다는 것을 보여주는 대표적인 사례이다. 하지만 이것은 우르에 있는
사원에 달리트가 들어가는 것을 금지하고 있는 것보다는 덜 차별적이다.

14) '우리 머리에 모자를 씌운다' 는 말은 속인다는 뜻이다. 모자를 파는 어느 행상인
이 나무 그늘 아래서 모자를 곁에 두고 잠이 들었다는 대중적인 이야기에서 나온
말이다. 원숭이 떼가 그 모자들을 훔쳐서는 나무 위로 가지고 올라갔다. 장사꾼
은 원숭이들이 빠트리고 간 모자 하나를 머리에 눌러쓰는 눈속임을 함으로써 모
자를 돌려 받았다는 것이다. 원숭이들이 나무에서 모두 내려와 그를 흉내내며 그
의 머리에다 모자를 씌어 주었던 것이다.

15) 여기서 나바브nabob는 밀수를 주도한 사람이 쿠따로레 읍에 사는 무슬림이었다
는 것을 가리킨다. 쿠따로레는 퐁디체리에서 남쪽으로 20킬로미터쯤 떨어진 곳
에 위치한다.

해방으로의 여정
맥락으로 본 달리트의 생애사

인도 독립기념 50주년 전날인 1997년 7월 17일 K. R. 나라야난은 인도의 대통령으로 선출되었다. 공산당에서 힌두 민족주의자들에 이르기까지 인도 주요 정당들의 연합으로부터 지지를 받은 그는 역대 대통령 출마자 가운데 가장 높은 수치인 95퍼센트의 득표율을 기록했다. 그는 과거 불가촉천민이라 알려진 카스트 출신으로는 처음으로 대통령에 당선되었다. 달리트로서 인도 공화국에서 가장 높은 위치에 압도적으로 당선됨으로써 위상을 드높였다.

선거가 있기 불과 며칠 전인 6월 30일 타밀나두의 마두라이 지방에서 버스를 타고 가던 아홉 명의 달리트들이 낫을 든 깡패들에게 공격을 당했다. 여섯 명은 그 자리에서 즉사했다. 희생자 중 한 명인 K. 무루게산은 목이 베어진 채 죽었으며, 근처 우물에서 목이 발견되었다. 그는 몇 주일 전에 선거에서 메라바라부 마을의 위원회 의장으로 선출되었다. 그 선거를 둘러싸고 선거 이전부터 말썽이 있었다. 처음으로 '지정된' 지역구 제도가 지방 선거에까지 확대되었다. 지정선거구제는 국회의원 선거와 주 의회의원 선거에서는 보편적인 제도이다. '지정 카스트' – 불가촉천민과 동의어로 쓰이는 행정용어 – 구성원만이 이 지역구에서 출마할 수가 있으며, 그렇게 해야만 그들의 공동체는 선출된 기구의 대표자로 인정을 받을 수가 있다. 메라바라부의 일단의 상층 출신 힌두들은– 상위 카스트만을 의미하지 않는다 – 이런 식의 명확한 차별에 동의할 수가 없었으며, 그들 마을을 불가촉천민이 통치하는 것을 막으려고 무슨 짓이든 하려고 했던 것이다.

지난 세기에 가장 주목할 만한 달리트는 B. R. 암베드까르이다. 그는 인도 독립 이후의 인도 헌법제정을 위한 준비위원회의 의장을 역임했다. 1950년 이후 대학과 관공서에 할당제가 도입되자 수천 명의 달리트들이 의회뿐만 아니라 중앙 정부, 그리고 그들이 살고 있는 인도의 모든 주에서 고위직을 차지할 수 있게 되었다. 그러나 이런 와중에도 달리트 대중들은 대대로 이어져 온 가난, 문맹, 편견과 더불어 그들을 억압하는 역학관계 속에서 신음하고 있다. 뿐만 아니라 달리트를 향한 악행이 중단되지 않고 있다. 수백 건의 살인사건, 수천 건의 강간과 정치적 폭력 사건들이 매년 반복되고 있다. 동시에 정도의 차이가 있지만 수백만의 달리트들이 신분상으로 얽매여 있는 지주계층들에게 모욕당하고, 짓밟히고 억압당한 채 대대로 빚에 몰려 살아간다.

달리트라는 용어의 정확한 의미는 '짓밟히고, 억눌러 있다' 는 것이다. 달리트라는 용어는 당시 미국에서 활동하던 '검은 표범'(Black Panther)을 본떠서 1972년 마하라쉬트라에서 '달리트 표범'(Dalit Panther)을 만든 불가촉천민 운동가들과 작가들이 선택한 자체적인 정의라고 할 수 있다. 이 글에서 그 뜻을 언급한 것처럼 '불가촉천민' 또는 '이전의 불가촉천민' 이라는 용어를 대체하기 위하여 달리트라는 용어를 대중화한 운동가들 덕분에 달리트라는 용어는 그 자체로 독자적인 의미를 가지고 있다. 영국 지배 아래에서 일반적으로 쓰였던 불가촉천민이라는 용어와는 반대로, 달리트라는 용어는 불결하다는 가정을 거부하고, 그들이 박탈당한 것은 그들의 본성이나 성스러움의 속성 때문이 아니라 경제적 이데올로기로서 역사적으로 억압당해 온 결과 때문이라는 것을 내포하고 있다. 1930년대 마하트마 간디가 불가촉성을 없애자는 사회운동을 하면서 선택한 '하리잔(Harijan-신의 자녀들)'이라는 새로운 용어와는 달리 달리트는 힌두 온정주의 형태에 대항하려는 의도를 가지고 있다.

불가촉성은 수천 년 동안의 인도 사회를 특징지어 온 암적 존재이지만, 그 기원에 대해서는 역사학자들조차 확실히 규명하지 못하고 있다. 불가촉성을 정당화하는 구절이 처음 나타난 것은 3세기 경에 쓰여진 마누 법전으로, 네 개의 바르나 혹은 질서로 구조화된 '이상적인' 사회질서에 관한 규범적인 형태가 제시되어 있다. 브라만, 지식과 의례를 관장하는 사람들. 크샤트리야, 권력과 전쟁을 관장하는 사람들. 바이샤, 교환과 상업에 종사하는 사람들. 그리고 수드라에는, 공예사, 이발사, 세탁부 등을 포함하는 서비스 카스트와 농사 카스트가 포함되는데, 남인도에서는 권력을 쥐고 있고 존경받고 있는 지주 카스트들도 여기에 포함된다. 불가촉천민은 바르나 체계에 포함되지 않지만 그렇다고 해서 카스트 체계 외부에 존재하는 것도 아니다. 불가촉천민들도 그들 나름의 카스트로 조직되어 있다.

불가촉성에 대한 믿음의 근저에는 오염의 관념이 있다. 전통적인 사고에 따르면, 불가촉천민은 불결한 것으로 간주되기 때문에 문자 그대로 '만져서는 안 된다'고 한다. 직접적으로든 간접적으로든 그들과 접촉한 모든 상위 카스트들은 오염되는 것으로 간주된다. 원리주의자들은 자신이 불가촉천민을 접촉하거나 불가촉천민이 자신을 접촉하는 것 자체로 오염되었다고 간주할 뿐만 아니라, 불가촉천민들이 거주하고 있는 곳의 우물물을 마시더라도 오염되는 것으로 여긴다. 불가촉천민들이 만진 물건들도 오염된다. 그가 물을 길은 물통, 차를 마신 찻집의 찻잔 등은 비록 깨끗이 씻었더라도 오염된 것으로 본다. 청결하다는 것은 정(淨)하다는 말이 아니다.

불가촉성(종종 카스트 체계와 혼동하지만 카스트 체계가 아니다)은 법으로 폐지되었다. 헌법은 그것을 범죄로 규정하고 있다. 비록 많은 변화가 있지만, 불가촉성은 실질적으로는 아직 사라지지 않고 있다. 오늘날 달리트들 역시 유명한 순례지나 도시의 사원에는 들어갈 수가 있지만, 지방의 '비 불가촉' 카스트들이 다니는, 그들의 마을에 있는 사원에는 여전히 마음대로 출입을 할 수가 없다. 카스트 내혼이 이루어지고 있는 사회에서도 불가촉성은 지속되고 있다.

현대 인도에서 전통적인 카스트 정체성과 카스트의 업무는 어떤 측면에서는 점점 느슨해지고 있다. 마찬가지로 카스트 체계의 근본적인 불평등성은 상이한 집단으로부터 도전 받고 있다. 그러나 지위상의 이런 변화는 대부분 전통적 이데올로기 내에서 발생하지 전통적 이데올로기에 반대해서 나타나지는 않는다. 뿐만 아니라 달리트들의 낮은 위치를 이데올로기를 동원하여 정낭화시키고 있다. 즉 전생의 업으로 인하여 비천한 존재로 다시 태어났으며, 나쁜 카르마를 지니고 있기 때문에 자신들의 카스트 의무를 다하는 것이 다르마라고 강요하고 있다. 다르마는 그들이 태어난 사회적 지위에 따라 모든 사람들이 사회 질서와 우주의 질서를 유지하기 위하여 준수해야 할 책임이다. 예를 들어, 베띠얀은 농업 일꾼이어야 하는데, 왜냐하면 그들의 다르마가 '높은 카스트로 태어나기' 에는 미천해 자신들을 고용한 주인을 섬기고 공경하고, 그들의 차별적인 의례직 의무(북을 치는 자로서, 그리고 장례를 담당하는 자로서)를 충실히 수행하는 것이기 때문이다. 다른 말로, 달리트들은 전통적으로 배제되고, 박탈되고, 차별의 대상인 동시에 마을 경제와 공동체의 의례를 수행함에 있어서 필수적인 존재이기도 하였다.

이런 구시대적 이데올로기는 오랫동안 비난과 혹평을 받으며 논란의 대상이 되어왔지만 개혁을 위한 다양한 접근 때문에 그 발전은 느리게 진행되어 왔다. 어떤 점에서 모든 것은 하나의 질문으로 귀결된다. 불가촉성은 힌두이즘의 일탈인가 아니면 힌두이즘의 논리적 결과로 나타나는 위계적 원리의 근본 중의 하나인가? 최근 수많은 개혁론자들과 아주 유사하게, 마하트마 간디는 전자라고 믿어 달리트들의 불가촉성과 해방을 위해 투쟁하는 것이 곧 힌두이즘을 개선하는 것이라 생각했다. 암베드까르(그리고 보다 급진적인 세력들은)를 따르는 사람들은 '카스트 철폐'를 주장했다. 보다 광범위하게 DMK같은 지역정당들은 브라만을 제외한 남인도의 모든 카스트를 통일하려는 시도를 하였다. 그들은 카스트 이데올로기와 소위 '아리얀'이라 부르는 북인도의 브라만 헤게모니에 범주상으로 대항하는 공통의 드라비디안 정체성을 내세웠다.

과거의 개혁 운동들은 상이한 결과를 가져왔지만, 오늘날 일어나고 있는 개혁운동들은 그렇지 않다. '상위 카스트로 태어난' 사람들이 시도한 개선정책은 충분하지 않다. 점차 무장한 달리트들이 시위를 하면서 집단화 노력을 하고 있다. 힌두, 新불교도, 기독교인, 마르크스주의자, 페미니스트 또는 다른 부류에 속하는 달리트 지식인들은 매우 급진적이든 다소 급진적이든 간에, 힌두 전통과 카스트 이데올로기에 의해 발전된 형식이든 아니면 자유 민주주주의적 세속주의 형태로 남아 있든지 간에, 상위 카스트들이 헤게모니를 유지하고 있는 지배 문화와 사회에 대항하기 위한 효율적인 방안을 강구하고 있다. 우리는 여기서 더이상 달리트 지식인들과 운동가들 사이에 일어나고 있는 논쟁을 반복하지 않으려 한다. 내일 당장 통합이 이루어지지는 않을 것이다. 그러나 그런 와중에도 남녀노소를 불문하고 정의, 권리 및 그들의 존엄성에 대한 자각과 이 나라에서의 그들의 위치를 쟁취하려는 열정이 확산되고 있다.

이런 역사적 또는 이데올로기적 맥락 속에 비람마의 이야기를 어떻게 자리매김 할 수 있을 것인가? 1980년대부터 우리는 십 년 간에 걸쳐 비람마의 이야기를 들었다. 그녀는 지배적인 가문에 고용되어 일을 하고 있는 농업 노동자였으며, 그녀의 노래와 재능 때문에 소리꾼으로 알려져 있었다. 그녀는 또한 세리 여인들을 돌보는 산파이기도 했다. 해가 거듭되고 만남이 늘어가면서 두 여인 사이에는 신뢰와 연대가 쌓여져 갔다. 두 사람 모두 타밀인이었다. 비람마의 이야기는 대개 사람들이 말하지 않는 것으로, 상황에 따라 굴욕감이 들거나 다른 사람이 같이 있는 경우에는 침묵할 수밖에 없는 이야기들이었다.

비람마는 대략 6천만 정도의 인구가 살고 있는 타밀나두에서 태어났다. 그녀 세대의 많은 사람들처럼 그녀 역시 문맹자로 자신의 정확한 나이를 모른다. 하지만 60대에 속할 것이다. 어릴 때 결혼한 그녀는 퐁디체리에 속해 있는 남편의 고향(우리가 카라니라 부른 곳)에서 사춘기를 거친 후 지금까지 그곳에서 살고 있다. 타밀나두에 속하는 이 지역에서 전통적으로 불가촉천민으로 불린 가장 큰 카스트는 파라이야르이다. 어원상 이 용어는 '파라이 사람들' 이라는 뜻으로 매년 베띠얀 하위 카스트- 비람마와 그녀의 남편이 속한 하위 카스트- 남자들이 구성하는 의례용 악단인 파라이메람 paraimelam들이 사용하는 북parai에서 따온 말이다. 이 타밀 용어 파라이야르Paraiyar에서 포르투갈어, 불어와 영어의 파리아Pariah가 유래되었다.

파리아라는 말은 사용법에 따라 경멸의 뜻을 내포하는, 드러내놓고 하는 모욕 혹은 피할 수 없는 운명으로 이해할 수 있다. 그녀의 남편이나 아들과는 달리 비람마는 이 말을 항상 사용하고 있는데, 그래서 우리도 그녀의 용법을 따라 사용하고 있다. 이에 비해 달리트라는 용어는 공공연하게는 사용되지 않고 있지만, 타밀나두 정부를 비롯한 많은 사람들이 모든 카스트의 명칭을 폐기해야 한다고 주장하고 있다. 그러나 비람마는 항상 자신을 이 용어로 표현하며, 일상생활에서도 늘 사용하고 있다. 파라치는 파리아 여성이며, 파라이메람은 파리아 악단을 뜻하며, 파라세리는 파리아가 거주하는 세리라는 뜻으로, 분리된 구역 또는 진보적이고 행정적인 용어로는 거주지를 말한다. 세리는 마을의 중심부인 우르와 떨어진 곳에 있으며,

우르에는 불가촉천민이 아닌 사람들이 살고 있다. 그녀의 말과 세계관을 나타내기 위해서 우리는 달리트라는 말을 그녀에게 굳이 강요하지 않았다. 그녀는 십 년 간에 걸친 대화 속에서도 달리트라는 용어를 이해하지 못하고 있었으며, 1996년까지도 그 말의 의미를 파악하지 못하고 있었다. 그녀의 카스트를 지역적인 관습에서 떼어놓는 것은 독선이자 위선이라 여겨 우리는 비람마의 직설적인 표현을 수정하지 않았을 뿐 아니라, 그녀의 이야기를 보다 극적으로 강조하기 위하여 타밀나두나 다른 지역에서 달리트들에게 저질러진 범죄들의 파급효과를 덧붙이지도 않았다.

달리트 문학은 어떤 특정한 목적을 가지고 있어야 한다는 의미에서 봤을 때 비람마의 이야기를 듣고 서술한 기록물은 하나의 달리트 텍스트가 아니라 한 명의 달리트에 관한 텍스트이다. 엄밀한 의미에서, 이것은 억압을 공격하고 있는 텍스트가 아니라, 억압당한 여인이 어떻게 살고 있으며 어떻게 생각하고 있는지를 이야기하는 텍스트이다. 불평등한 체계 때문에 비람마를 선택한 것은 아니었다. 그녀는 자신이 '먹고살아야' 하기 때문에 지주를 위해서 일을 해야 하고 뙤약볕 아래서 땀을 흘려야 한다는 것을 알고 있었다. 그러나 그녀는 그런 삶을 거역하지도 않았고, 적대적인 태도를 취하지도 않았다. 대부분의 사람들과 마찬가지로 비람마는 억압 속에서 살고 있었다. 생존이 어렵다고 해서 가족을 져버리지도 않았고, 재담가로서 소리꾼으로서 그리고 상상가로서의 타고난 재능을 버리지도 않았다. 동시에 그녀는 자신의 자리에서, 공동체에서, 삶과 생각의 틀 속에서, 그리고 세상의 질서 속에서 의미를 찾아내었다. 비록 그 틀과 질서가 억압을 정당화하거나 해방의 여지를 제한하고 있다고 하더라도 말이다. 그녀의 삶은 본질적으로 억압을 내재화하고 있는 표본이다. 그녀에게 있어서 억압은 세상의 오랜 질서를 대변하는 이데올로기적 체계로서 이해되어야 한다. 자신의 삶을 이야기하고, 자신의 철학을 드러내면서, 비람마는 그 체계에 대한 비난과 비판을 구체화하지 않았다. 그녀는 단지 자신의 용어로 마을 공간

에서, '고귀한 몸'으로 태어난 사람들과 '비천한 몸'으로 태어난 사람들의
머릿속에서 어떻게 그것이 작용하는가를 말해주었다. '비천한 몸'으로 태
어난 사람들에 대한 그녀의 이야기는 그 체계가 어떻게 오랫동안 지속되어
왔는지 그리고 왜 오늘날 와해되고 있는지를 이해할 수 있게 해주었다.

인도의 마을을 조사하는 사람들은 상이한 방식으로 불가촉성의 실체에
대한 해석을 제시하고 있다. 모팻Michael Moffat 같은 사람들은 동의의 중요
성을 강조하고 있으며, 멘처Joan P. Mencher 같은 이들은 파라이야르는 카스
트 체계에 소속되거나 포섭되지 않은 것으로 본다. 공산주의를 옹호하는
비람마의 남편 마니깜과 DMK에 가입하고 있는 비람마의 아들 안반은 후
자의 견해를 지지한다. 안반의 말처럼 권력자들은 그의 공동체가 땅 한 평
가지는 것조차 거부하고, 자유를 쟁취하고 더 나아가 인간으로서의 존엄성
획득을 막기 위하여 무슨 짓이든 하고 있다. 안반과 마니깜은 그들 나름대
로 반역을 꾀하였다. 안반은 한내 자신의 카스트에게 맡겨진 의례적 의무
를 수행하기를 거부함으로써, 그리고 지주들 앞에서는 항상 자신을 낮추고
반쯤 벗은 자세를 취하는 대신 자신이 원하는 방식대로 마을을 가로질러
걸어감으로써 일탈을 감행했다.

다른 곳에서 자신의 존엄성을 찾은 비람마에게도 이런 일이 이미 자주
발생하고 있다. 그녀는 세리에 제한되기는 하지만 물질적 번영을 가져온
이데올로기적 변화를 걱정하고 있다. 비람마는 새로운 관념의 확산과 젊은
이들의 정치화를 걱정하고 있으며, 그녀에게 있어서 정치인들의 약속보다
더 중요한 주인의 보호를 잃을까봐 노심초사하고 있다. 그녀는 조금이나마
자신들의 공동체가 발전하는 것을 언짢게 보면서 그것에 대해 보복하고 억
압할 능력이 있는 권력자들을 두려워하고 있다. 그래서 그녀는 아들에게
공손한 태도를 가지라고 타이르면서 파라이메람을 더이상 수행하지 않으
려고 하는 젊은이들을 비난하고 있으며, 찻집에서 새 잔을 달라고 소란을
일으키는 성깔 사나운 놈들에 대해 반대한다. 비람마는 확실히 보다 나은

삶을 추구하고 있으며, 자신의 유년 시절에 비해 더 나아진 상황들을 빼놓지 않고 지적하고 있지만, 그녀는 단지 '고귀한 몸'으로 태어난 사람들이 허용하는 발전만을 바라고 있을 뿐이다.

마르크스주의자의 용어로 말하자면, 비람마는 소외의 전형적인 모습을 하고 있다. 자신의 소외 그 자체 속에서, 자신의 확실성과 마찬가지로 불안함 속에서, 그녀는 새로운 세상을 인지하지 못할 뿐만 아니라 감히 인지할 수도 없는 그런 여성과 남성들의 일반적인 모습 즉, 박탈을 벗어나고자 하는 사람들보다도 자신들을 박탈시키고 있는 질서를 믿고 있는 사람들의 억압논리 속에서 오랫동안 억눌려 살아온 사람들의 보편적인 양태를 보여주고 있다. 그러나 동시에 그녀는 자신의 어려운 생활에도 불구하고, 심오한 인간성을 내포한 채 자신의 일상을 채워 가는 여유, 용기와 정신력을 보여준다. 물론 그녀의 삶은 그녀를 소외시키는 것으로 구성되어 있다. 그러나 인도의 모든 비람마와 세상의 모든 비람마를 해방시키기 위해서는 그들을 본질적으로 이해하고 존경하는 것이 필요하다.

이런 접근은 달리트가 희생자가 되고 있는 잔학행위를 부인하지도, 정반대로 불가촉성을 근절하려는 노력을 폄하시키려는 것도 아니다. 세상 어디에서나 투쟁 없이 해방을 쟁취할 수는 없다. 그러나 언제가 될지 모르지만 짓밟히고 억눌린 자들이 존엄성을 인정받고, 무엇보다도 먼저 그들 자신들이 자각할 때 불가촉성은 사라지게 될 것이다.

비람마가 너무 순종적이라고 판단할 달리트 운동가들에게 말하고 싶다. 제발 이 이야기를 들어라. 이 이야기가 당신 어머니, 당신의 고모, 당신의 할머니를 상기시키지는 않는가? 종속된 자들의 진솔한 이야기를 제공하고 있지 않는가? 우리는 과거에 관한 이런 이야기와 기억을 보존하는 것이 남녀를 불문하고 각각에게 자기 몫의 존엄성과 진실을 가져다 줄 미래를 건설하는데 조금이나마 보탬이 될 거라 믿고 있다. 비람마는 해방이 진행되고 있다는 것을 이해하지 못하며, 이점에 있어서 비람마는 무지하다.

그러나 그녀는 자신이 파라이야르로 불리는 것에 대해 부끄러워하지 않는다. 이에 관한 한 그녀는 옳다고 할 수 있다. 끝으로, 비람마가 들려준 이야기들은 혁명 '이전'의 마을 사회와 세대의 모습일는지 모른다. 이 글이 비람마에게 불가능해 보이는 해방에 기여할 수 있기를, 그리고 수세대 동안 억압받아온 모든 사람들이 운자이 란잔Unjai Ranjan이 편집인으로 있는 달리트 저널에 붙인 단순한 제목 '마누상가' Manusanga 즉 '인간'으로서 존중받는 사회에서 자신들의 자리를 찾는데 도움이 되기를 바란다.

조시안, 장-뤽 라신느

저항과 순종의 역사

이 책은 퐁디체리와 인접한 남인도 타밀 나두의 어느 농촌마을에 살고 있는 한 여성 불가촉천민의 생애를 '기록'한 것이다. 그러나 화자가 구술한 내용을 단순히 채록하여 옮긴데 그친 것이 아니라, 채록한 내용을 다시 화자에게 들려주어 이야기한 내용을 대조하고 다시 채록하는 방식으로 기술한 저서이다. 따라서 생애사를 기술하는 방법론에 있어서 철저한 검증과 자기성찰을 하고 있다는 점에서 일반적인 생애사 기술과 구별된다. 화자가 자신의 생애사를 이야기하면 청자가 듣고 기록하는 단순한 입장을 넘어, 두 사람이 감정적인 교류는 물론 세세한 일상사까지 공유하고 있다는 점에서 이 책은 생애사 쓰기의 전형을 보여주고 있다. 이런 방법론과 감정적인 교감을 거쳐 쓰여진 책이기에, 청자이자 기록자는 이 책의 주저자를 화자인 비람마로 내세우고 있다. 화자와 청자가 이야기를 하고 듣고 다시 확인하고 또 기록하는 방식의 작업이 무려 10년이 넘게 지속적으로 이루어졌다는 사실은 생애사를 자서전과 비슷한 부류로 다루고 있는 우리 학계에 많은 시사점을 던져준다.

이야기의 화자인 비람마는 타밀나두 주의 한 마을에서 '불가촉천민' 인 파리아의 딸로 태어났다. 비람마가 속한 카스트 즉 파라이야르Paraiyar라는 말은 영어권에 흡수되어 '천민' 혹은 '최하층민' 을 뜻하는 파리아pariah라는 말로 사용되고 있다. 비람마의 생애사는 여성으로서의 일생과 불가촉천민으로서의 삶, 농업노동자로서 지주와 맺고 있는 전통적인 관계 그리고 사회변화로 말미암은 세대간 갈등 등 인도 농촌사회의 구조적인 측면을 잘 보여주고 있다. 뿐만 아니라 다양한 인간들과 관계를 맺고 있으며 인간세계의 경계 바깥에 존재하고 있는 귀신들, 그리고 보다 상위에 있는 신격들에 관한 이야기들이 있다. 이런 신들의 이야기와 더불어 인간세계에서 성적으로 혹은 계층적으로 주변인에 속하는 사람들의 일상과 그들에 대한 일반인들의 시각을 잘 그려내 주고 있다.

이 책은 전반적으로 불가촉천민이라는 입장에서 읽어야 비람마의 생애를 잘 이해할 수가 있다. 인도에서 불가촉천민이라는 용어 즉 영어의 'Untouchables' 는 공식적으로 사용이 금지된 말이다. 불가촉천민에 속하는 범주의 사람들은 바르나 체계에 속하지 않는다. 바르나 체계는 재생카스트에 해당하는 브라만, 크샤트리야, 바이샤 그리고 비재생카스트인 수느라로 구성되어 있다. 불가촉천민은 이런 바르나 체계의 바깥에 존재하는 즉 비카스트에 속하는 범주의 사람들을 일컫는 말이다. 비교적 최근까지 불가촉천민은 카스트체계에 속하는 사람들과는 마주칠 수도, 같이 음식을 먹을 수도 없었으며, 우물물도 같은 두레박으로 퍼 담을 수도 없을 뿐 아니라 거주지도 달리하고 있었다. 심한 경우에는 이들의 그림자와 닿는 것마저도 회피할 정도로 미천한 존재였다. 상위 카스트에게 있어서 불가촉천민은 접촉만으로도 종교적으로 '오염' 되는 존재를 의미했다. 오늘날까지도 대부분의 농촌

사회에서 이들은 마을 내에서 상위 카스트들이 드나드는 사원에 출입할 수가 없다. 비록 법적으로 불가촉천민에 대한 차별이 금지되고 있지만 사회적으로는 이런 차별이 아직도 공공연히 존재하고 있다.

이런 종교적인 측면에서의 분리와 차별 이외에 불가촉천민들은 경제적으로도 상위 지주카스트들에게 대부분 농업노동자의 신분으로 얽매여 있다. 불가촉천민들은 지역에 따라 약간의 차이는 있지만 별도의 노임을 받지 않고 강제노역에 동원되기도 하며, 마을 청소, 동물의 사체처리, 무덤파기, 기타 잡일을 담당한다. 인도 독립 뒤에 토지재분배 정책이 실시된 덕분으로 약간의 토지를 무상으로 분배받기도 하였지만, 불가촉천민들 대부분은 아직도 토지가 없는 상태에 있으며 단순노무자에서 크게 벗어나지 못하고 있는 실정이다.

불가촉천민들에게 가해지고 있는 이런 종교적·세속적인 차별을 없애기 위하여 인도의 많은 지도자들은 물론 불가촉천민 내부에서도 차별철폐 혹은 평등을 성취하기 위하여 노력하고 있다. 그 중에서도 대표적인 두 인물이 인도 독립의 선구자인 간디와 그 자신이 불가촉천민이면서 인도의 초대 정부에서 법무부 장관을 역임했던 암베드카르이다. 간디가 카스트 체계 내에서 불가촉천민의 불평등을 해소하기 위해 노력했다면, 암베드카르는 카스트 체계 자체의 불평등을 없애자는 입장이었다. 하지만 힌두체계 내에서 카스트 불평등 철폐에 한계를 느낀 암베드카르는 나중에 자신의 추종자들과 함께 힌두이기를 포기하고 불교로 개종한다.

간디가 불가촉천민의 열악한 지위와 차별을 해소하고자 내세운 용어가 '신의 아이들'이라는 의미를 담고 있는 하리잔Harjan이라는 용어이다. 한편 암베드카르의 입장을 이어받았다고 할 수 있는 사회운동가들은 불가촉천민의 신분적·경제적 차별철폐를 위해 '억압받는 자들'을 뜻하는 '달리트'Dalit라는 용어로 자신들을 범주화한다. 이런 용어 이외에도 불가촉천민을 가리키는 말로 '지정카스트'Scheduled Castes가 있다. 지정카스트라는 용어는 역사적으로 불가촉천민들이 사회경제적으로 억압받고 희생당해 왔던 것에 대한 보상차원에서, 인도 정부에서 이들에게 각종 혜택과 이득을 줄 수 있도록 헌법에 불가촉천민에 속하는 카스트들의 명칭을 부칙으로 확정 시켜놓은 데서 그 이름이 유래한다.

이 책에서도 비람마는 자신을 카스트 명칭인 파리아로 부르는데 비해, 카스트 불평등에 대해 의식화되어 있는 비람마의 아들은 달리트라는 용어를 고집하고 있다. 불가촉천민이 자신들을 파리아로 부르든 아니면 달리트라 범주화하든, 문제는 자신들의 사회적·경제적 혹은 정치적 불평등을 해소시킬 수 있는 정치적 기제가 없다는 데 있다. 많은 정치인들이 중앙정부 혹은 지방정치 차원에서 카스트 불평등, 그 중에서도 불가촉천민들이었던 사람들의 권익을 위해 공약을 내세우고 변화를 시도하고 있지만 현실적으로 이들의 삶은 크게 달라지지 않고 있다. 이런 사실은 이 책에 기술된 비람마의 생애를 통해서도 잘 드러나고 있다.

역자로서 바람이 있다면, 이 저서가 불가촉천민으로서 그리고 여성으로서의 비람마의 삶에 대한 이야기 수준을 넘어 실질적으로 인도 농촌사회의 현실을 이해할 수 있는 디딤돌이 되었으면 한다. 번역을 하는 동안 내내 문맹자인 비람마를 머리에 떠올리면서, 60대 여인이 사용했음직한 어투의 우리말로 옮기려고 노력하였다. 하지만 얼마나 감칠맛 있게 옮겼는가 하는 점에 관해서는, 솔직히 말해 자신이 없다. 번역작업을 하면서 책의 전반부는 전남대 인류학과 박사과정의 정효진 양이 맡아서 했다. 그의 노고로 보아 실제로 공역이나 마찬가지라 할 수 있다. 끝으로 인도에 관한 저서가 많지 않은 현실에서 이 책의 출판을 결심하고 번역을 맡겨준 달팽이 출판사에 감사를 드린다.

옮긴이 박정석

경북대학교 고고인류학과에서 학사 및 석사과정을 마치고, 인도의 하이데라바드 대학교에서 인류학으로 박사학위를 받았다. 국립민속박물관에서 학예연구사 그리고 전남대 호남문화연구소에서 학술연구교수로 재직한 경험이 있으며, 현재 목포대학교 역사문화학부 문화인류학전공 전임강사로 있다. 인도에 관한 주요 논문으로는 「모방교차 사촌혼에 관하여」 「남인도 친족분류와 혼인에 관하여」 「인도 농촌의 계조직」 「남인도의 불가촉천민에 관하여」 등이 있고, 저서는 『카스트: 지속과 변화』(공저)가 있다.

파리아의 미소 한 불가촉 천민의 인생사

초판 1쇄 찍음   2004년 12월 7일   **초판 1쇄 펴냄**   2004년 12월 15일

지은이 비람마·조시안·장–뤽 라신느 | **옮긴이** 박정석

펴낸이 김영조 | **펴낸곳** 달팽이출판

등록 2002년 2월 28일 제 22–2112호

주소 137–070 서울시 서초구 서초동 1420–6 성협빌딩 3층

전화 02–523–9755 | **팩스** 02–523–9754 | **이메일** ecohills@dreamwiz.com

ⓒ달팽이출판, 2004

ISBN   89–90706–09–2(03910)   책값은 뒤표지에 있습니다.